『안용복(安龍福)과 '竹島一件'』

김호동 지음

景仁文化社

책을 내면서

　1982년에 영남대학교 민족문화연구소에 첫 발을 내딛으면서 1997년, 경상북도의 지원을 받아 1998년에 『울릉도·독도에 관한 종합적 연구』를 발간하였다. 필자가 당시 민족문화연구소 간사직을 맡고 있던 '총론'과 독도 연구인 「군현제의 시각에서 바라다 본 울릉도·독도」를 첫 논문을 썼다. 이것이 필자가 독도·울릉도와 첫 인연을 맺게 된 계기였다. 뒤돌아보면 독도 연구를 35년이 된다.

　『울릉도·독도에 관한 종합적 연구』의 경우, 첫째, 국사학·문화인류학·국제법·국문학·생태학의 다학문 검토이고, 둘째, '총론'에서 "독도가 울릉도민의 생활권역의 일부분"임을 강조한 바 있듯이 울릉도의 '가시거리'에 있는 독도의 의미는 울릉도와 독도가 하나의 생활 권역이었음을 말한다. 필자의 저서인 『안용복과 竹島一件』의 경우, '동남해연안민들은 생활 권역'임을 강조해야 한다.

　2007년 6월에 『독도·울릉도의 역사』(경인문화사, 영남대학교 독도연구소 독도연구총서 1)를 단독 저서를 내었다. 『독도·울릉도의 역사』의 경우, '안용복의 독도·울릉도 영유권 확인 활동'은 6/297쪽이고, 즉 0.2%이다. 독도를 지킨 사람들 가운데 빠짐없이 등장하는 인물이 '안용복'이다. 그 때문에 필자가 책임을 느껴, 그 후 『안용복과 울릉도·독도』(목포해양대학교 청소년바다문고 1. 교우미디어, 2015)를 단독 저서를 내었다.

　우리나라에서 안용복을 숙종 때 울릉도와 독도가 조선 땅임을 일본 막부정부가 자인하도록 활약한 '민간 외교가'라고 하거나, 흔히들 '장군'으로 부른다. 1954년 부산의 애국단체인 大東文敎會에서 '독전왕 안용복 장군'으로 추존식을 거행한 것이 안용복을 장군으로 칭하게 된 계기이다. 부산 수영사적공원에 안용복을 모시는 사당인 '守彊祠'가 있고, 그 앞에 '安龍福 將軍 像'이 있다. 울릉도 독도박물관 앞에 '안용복장군충혼비'가 있다. 그 때문에 흔히들 '안용복'을 '장군'으로 인식한다. 그렇지만 일본의 자료인 『竹島考』에 실려 있는 안용복 호패에는 '私奴'로 되어 있다.

한국에서는 '안용복'을 독도를 지키는 영웅으로 치켜세우는 반면, 일본의 경우 연구자들도 '안용복'을 '허구와 과장으로 꽉 차 있다.'라고 한다. 지금의 경우, 한일 양국에서 '안용복'에 치중하여 연구하는 경향이 있다. 흔히들 안용복을 독도를 지킨 인물로 치켜세우면서, '장군', 혹은 '민간 외교가'로 부르며 영웅시한다. 하나의 역사적 사실에는 여러 가지 원인이 복합되어 있다. 어느 개인의 능력이나 심리상태가 역사적 사실의 중요 원인으로 부각되면 역사가 우연의 소산물로 이해되거나 영웅주의 역사관에 빠질 위험이 있다.

안용복이 살았던 시대는 17세기 소빙기로 인한 대재난의 절정시기이다. 대재난에 빠진 조선의 동남해연안민들이 삶을 개척하기 위해 울릉도·독도에 많이 들어갔다. 그 일원 가운데 '안용복'과 '박어둔'이 일본 오야가의 어부들에 의해 납치되었다. 그것으로 인해 조선 조정-동래부와 일본 에도 막부-쓰시마 번에서 '鬱陵島爭界(竹島一件)'가 발생하였다. '안용복 납치사건'으로 인해 조선 조정은 우리나라 동남해연안민들이 울릉도와 독도에 드나들었다는 것을 알게 되었다. 일본 어부들에 의해 납치되었다는 것을 알게 되어 적극적으로 일본 에도 막부-쓰시마 번과의 외교 교섭을 통해 울릉도와 독도를 지킬 수 있었다. 민초들의 적극적 삶이 있었기 때문에 조선 조정은 울릉도와 독도를 지켜낼 수 있었다.

'안용복'을 강조하기 보다는 '鬱陵島爭界(竹島一件)'를 강조해야 한다. 국가와 국가 사이에 외교전을 통해 울릉도와 독도를 지켜낼 수 있었다는 것을 부각하여야 한다. 이 저술에는 안용복 납치사건으로 인해 국가와 국가 사이에 '鬱陵島爭界'가 일어나 외교전을 통해 동해 울릉도와 독도를 지켜낼 수 있었다는 것을 강조해야 한다.

한국 측 사료에 근거하여 '안용복 상'을 그려낸다 하더라도 일본을 설득시킬 수 없다. 이제 그들이 금과옥조로 신빙하는 일본 사료들을 통해 새로운 '안용복 상'을 그려낼 필요성이 있다. 일본 사료들과 한국 사료들을 국제적 시각, 객관적으로 비교할 필요가 있다.

『竹島考』上, 「或問」의 경우, "일본의 지명조차도 조선국에서 가까운 곳은 그처럼 호칭하였다. 그러니 竹島에 한해서 자기의 관할지를 일본식으로 읽을 이유가 없다."라고 하여, '다케시마'·'마쓰시마'의 경우 한자로 '竹島', 혹은 '竹嶋' 및 '松島' 혹은 '松嶋'를 쓰고 있다. 그 때문에 일본의 홍보를 싫어하므로 '竹島', 혹은 '竹嶋' 및 '松島', '松嶋'라고 쓴다.

필자의 학문생활은 가족들의 희생속에 이루어진 것이다. 열심히 의학 공부중인 아들과 의무실에서 군복무중인 두아들과 아내의 희생덕분에 학문을 연구할 수 있었다. 가족들의 그 고마움을 이 책으로 대신합니다. 마지막으로 어려운 여건에서도 책을 출판해주신 경인문화사 한정희 사장님, 그리고 편집담당자님 편집을 맡아 애쓰신 여러분께 감사함을 전합니다.

2018년 5월 8일
범어산과 팔공산을 바라보면서 필자의 세제에서

차 례

제1편
머리말

독도를 지킨 사람들 가운데 빠짐없이 등장하는 인물이 '安龍福'이다. 우리나라에서 안용복을 숙종 때 울릉도와 독도가 조선 땅임을 일본 막부정부가 자인하도록 활약한 '민간 외교가'라고 하거나, 흔히들 '將軍'으로 부른다. 1954년에 부산의 애국단체인 大東文敎會에서 '독전왕 안용복 장군'으로 추존식을 거행한 것이 안용복을 장군으로 칭하게 된 계기이다. 부산 수영사적공원에 안용복을 모시는 사당인 '守疆祠'가 있고, 그 앞에 '安龍福 將軍 像'이 있다. 울릉도 독도박물관 앞에 '安龍福將軍忠魂碑'가 있다. 그 때문에 흔히들 '안용복'을 '장군'으로 인식한다. 그렇지만 일본의 사료인『竹島考』에 실려 있는 안용복 호패에는 '私奴'로 되어 있다.

한국에서는 '안용복'을 독도를 지키는 영웅으로 치켜세우는 반면, 일본의 경우 연구자들도 '안용복'을 '허구와 과장으로 꽉 차 있다.'라고 한다.[1] 일본 외무성 홈페이지의「竹島-竹島 문제를 이해하기 위한 10의 포인트」홍보 팸플릿(2008년)에서 "한국이 자국 주장의 근거로 인용하는 안용복의 진술내용에는 많은 의문점이 있습니다."라고 하였다. 이케우치 사토시(池內 敏)는 "竹島(독도)에 실제로 도달한 조선인은 문헌 사료 상으로는 안용복뿐이다. 안용복은 조선국 지도에 그려온 于山島를 실재하

---

1) 가와카미 겐조(川上健三),『竹島の歷史地理學的硏究』古今書院, 1966. "그 논거가 되고 있는 비변사 취조에 대한 안용복의 진술을 검토하면 심할 정도로 허구와 과장으로 꽉 차 있다. 그 중에서도 가장 결정적이고 명백한 허구는 그가 僧 雷憲 등을 꾀어 울릉도로 향할 때 동 섬에는 '倭船亦多來泊(왜선이 많이 와서 정박해 있었다.)'라고 밝히고 있는 점이다. 그러나 그 해 元祿 9년(1696)에는 大谷·村川 양가 모두 울릉도에 도항하지 않았다."

는 松島(독도)와 연결하여 설명했음에도 불구하고 그것 자체는 안용복
사건의 당시도 그 이후도 일절 논의가 되지 않았다. 山陰地方 사람들이
사용하고 있었던 섬 이름인 松島의 명칭은 조선 측 사료 중에서는 안용
복의 발언과 별개로 존재하는 것은 없고, 안용복이 평가되고 있는 점은
항상 '울릉도를 지켰다.'는 사실이다. 松島는 조선 왕조에 있어서도 영유
인식의 대상 외였다."라고 하였다.[2] 이제까지의 한국 연구자는 한국 측
사료들에 의존하였던 결과다.

한국과 일본이 독도가 자국의 영토라고 주장하는 역사적인 근거를 밝
히는 사료들은 현재 거의 다 제시되었다고 해도 좋을 정도이다. 그런데
도 한국 측의 독도 연구, 안용복을 연구하는 태도는 일본의 사료들을 도
외시한 채, 국내의 사료들과 한국에게 유리한 사료들만을 대상으로 하
여 이루어졌다는 문제점을 지니고 있다. 한편 일본 측 안용복 연구의 경
우 일본의 유리한 사료들을 부가하였다.

최근 한국의 연구자들도 일본 사료들을 검토하는 경우가 있지만 일본
사료들 중에서 한국 측에 유리한 사료들을 취사선택하여 '긍정적 안용
복 상'을 그려낸다. 일본 연구자들도 한국 측 사료들을 불신하고, 일본의
사료들을 왜곡하여 '그릇된 안용복 상'을 그려내 안용복을 '모든 악의
근원'이라고 하는 경우가 있다.[3]

지금의 경우, 한·일 양국에서 '안용복'에 치중하여 연구하는 경향이

---

2) 이케우치 사토시(池內 敏), 「安龍福英雄伝說の形成·ノート」『名古屋大學文
學部硏究論集』史學 55 ; 이케우치 사토시, 「일본 에도시대(江戶時代)의 다케
시마(竹島)-마츠시마(松島) 인식」『독도연구』6, 영남대학교 독도연구소, 2009,
217쪽.

3) 시모죠 마사오(下條正男), '竹島의 날' 조례로부터 2년', '改竄된 韓國의 論據',
島根縣 竹島問題硏究會, 『竹島問題에 관한 調查硏究最終報告書』 2007.

있다. 흔히들 안용복을 독도를 지킨 인물로 치켜세우면서, '장군', 혹은 '민간 외교가'로 부르며 영웅시한다. 하나의 역사적 사실에는 여러 가지 원인이 복합되어 있다. 어느 개인의 능력이나 심리상태가 역사적 사실의 중요 원인으로 부각되면 역사가 우연의 소산물로 이해되거나 영웅주의 역사관에 빠질 위험이 있다. 본고의 경우 안용복 개인의 영웅적 활동에 국한하여 독도영유권을 언급하는 틀을 깨고, 1693년에 안용복 일행의 울릉도 행과 일본 어부들의 안용복 납치는 독도영유권에 집착하지 말고, 거시적 시각에서 17세기 소빙기에 따른 대재난을 극복하기 위한 노력의 일환이었음을 드러내었다.

안용복이 살았던 시대는 17세기 소빙기로 인한 대재난의 절정시기이다.4) 대재난에 빠진 조선의 동남해연안민들이 삶을 개척하기 위해 울릉도·독도에 많이 들어갔다. 그 일원 가운데 '안용복'과 '박어둔'이 일본 오야가의 어부들에 의해 납치되었다. 그것으로 인해 조선 조정-동래부와 일본 에도 막부-쓰시마 번에서 '鬱陵島爭界(竹島一件)'가 발생하였다. '안용복 납치사건'으로 인해 조선 조정은 우리나라 동남해연안민들이 울릉도와 독도에 드나들었다는 것을 알게 되었다. 일본 어부들에 의해 납치되었다는 것을 알게 되어 적극적으로 일본 에도 막부-쓰시마 번과의 외교 교섭을 통해 울릉도와 독도를 지킬 수 있었다. 민초들의 적극적 삶이 있었기 때문에 조선 조정은 울릉도와 독도를 지켜낼 수 있었다.5)

'안용복'을 강조하기 보다는 '鬱陵島爭界(竹島一件)'를 강조하여야 한

---

4) 김호동, 「조선 숙종조 영토분쟁의 배경과 대응에 관한 검토-안용복 활동의 새로운 검토를 위해-」『대구사학』94, 대구사학회, 2009.

5) 김호동, 「울릉도·독도 어로 활동에 있어서 울산의 역할과 박어둔-조선 숙종조 안용복·박어둔 납치사건의 재조명-」『인문연구』58, 영남대학교 인문과학연구소, 2010, 120쪽.

다. 국가와 국가 사이에 외교전을 통해 울릉도와 독도를 지켜낼 수 있었다는 것을 부각하여 한다. 이 저술에는 안용복 납치사건으로 인해 국가와 국가 사이에 ‘鬱陵島爭界’가 일어나 외교전을 통해 울릉도와 독도를 지켜낼 수 있었다는 강조해야 한다.

일본의 오야·무라카와 두 가문이 ‘조선의 울릉도’임을 속이고, 새로운 무인도인 ‘竹島’를 발견하였다고 하여 ‘竹島渡海 免許’를 받은 것이다. 또 일본 에도 막부가 ‘본국(일본)의 竹島’에 조선 어부들이 건너오지 말라는 요구는 ‘조선의 울릉도’임을 모르고 요구한 것이다. 한·일 양국의 연구자는 ‘竹島=울릉도’라고 여긴다. 그렇지만 ‘竹島’의 명칭의 변화에도 신경을 써야 한다. 그것을 고려하여 이 책의 제목을 『안용복과 鬱陵島爭界』라고 하지 않고, 『안용복과 竹島一件』이라고 잡은 이유는 거기에 기인한다.

이런 판국에서 한국 측 사료들에 근거하여 ‘安龍福 像’을 그려낸다 하더라도 일본을 설득시킬 수 없다. 이제 그들이 금과옥조로 신빙하는 일본 사료들을 통해 새로운 ‘安龍福 像’을 그려낼 필요성이 있다. 일본 사료들과 한국 사료들을 국제적 시각, 객관적으로 비교할 필요가 있다.

『竹島考』上,「或問」의 경우, “일본의 지명조차도 조선국에서 가까운 곳은 그처럼 호칭하였다. 그러니 竹島에 한해서 자기의 관할지를 일본식으로 읽을 이유가 없다.”라고 하여, ‘다케시마’·‘마쓰시마’의 경우 한자로 ‘竹島’6), 혹은 ‘竹嶋’7) 및 ‘松島’·‘松嶋’8)를 쓰고 있다. 그 때문에 일

---

6) 『竹島考』·『元祿六年癸酉年竹島一件拔書』·『竹島考證』·「竹島渡海由來記拔書控」·『竹島文談』·『竹島雜誌』·「竹島に關する七個條返答書」의 경우 한자로 ‘竹島’를 쓰고 있다.
7) 『竹嶋紀事』·『竹嶋紀事本末』·『竹嶋之書附』·『元祿六年癸酉年竹嶋一件拔書』·『竹嶋紀事本末』·「元祿九丙子年朝鮮舟着岸一卷之覺書」의 경우 한자로

본의 홍보를 싫어하므로 '竹島', 혹은 '竹嶋' 및 '松島'·'松嶋'라고 쓴다.

'竹嶋'·松嶋를 쓰고 있다.

8) 『竹嶋紀事』·『竹嶋紀事本末』·『竹嶋之書附』·『元祿六年癸酉年竹嶋一件拔書』·『竹嶋紀事本末』·「元祿九丙子年朝鮮舟着岸一卷之覺書」의 경우 한자로 '竹嶋'·'松嶋'를 쓰고 있다.

제2편
'안용복'과 '鬱陵島爭界(竹島一件)' 관련 사료 현황

李孟休의 『春官志』에 '鬱陵島爭界'가 나온다. 이것을 따라 우리는 '울릉도쟁계'라고 한다. 이에 관한 한국 측 사료는 『肅宗實錄』과 『承政院日記』, 『備邊司謄錄』, 『邊例集要』, 『漂人領來謄錄』의 관찬사료에 나오고, 『星湖僿說』, 『星湖僿說』, 『星湖先生全集』, 『旅菴全書』, 『燃藜室記述』, 『春官志』, 『靑城雜記』, 『和國志』, 『順菴先生全集』, 『碩齋稿』, 『增正交隣志』, 『萬機要覽』, 『弘齋全書』, 『五洲衍文長箋散稿』, 『研經齋全集』, 『熙朝軼事』, 『蘭谷集』, 『紀年東槎錄』 등에 나온다. 부록에는 조선시대 관찬사서와 개인 문집의 한국 사료들을 실었다.

　한국 연구자들은 그간 『숙종실록』과 『승정원일기』 등을 중심으로 안용복 사건과 '울릉도쟁계'를 다루고 있다. 이들 사료에 근거하면 1693년(숙종 19) 봄에 안용복과 박어둔 등의 어부가 울릉도에 고기잡이 나갔다가 일본 오야가의 어부들에 의해 일본에 납치되었을 때 '울릉도와 독도는 일본 땅이 아니기 때문에 일본 어민들의 출어를 금지시키겠다.'는 도쿠가와 막부의 서계를 받았다고 한다. 그때 쓰시마 번주는 안용복으로부터 서계를 빼앗고, 50일을 억류하다가 부산포의 왜관으로 이송하였다. 안용복은 부산포의 왜관에서도 40일이나 더 구금된 후 동래부로 넘겨졌다. 동래부에서 안용복은 서계 강탈 사건에 대하여 소상하게 보고했지만 동래부사에 의해 '越境罪人'으로 몰려 감금되었다. 에도 막부의 명령을 받은 쓰시마 번주는 橘眞重을 사신으로 파견하여 울릉도가 일본의 '竹島'라고 주장하면서 조선어민들의 출어를 금지하여 달라는 요구를 함으로써 '鬱陵島爭界', 즉 '竹島一件'이 발생하였다.

한일 양국 사이에 '울릉도쟁계'가 벌어지는 와중인 1696년(숙종 22) 봄, 안용복이 재차 鬱陵島와 子山島(독도)를 거쳐 일본에 들어가 울릉도와 독도가 조선의 영토임을 주장하였음을 『숙종실록』과 『승정원일기』 등은 전한다. 그러나 숙종 19년과 22년의 안용복의 진술이 적혀 있는 『숙종실록』 등의 조선 측 사료와, 이에 근거한 한국의 연구 성과를 일본 측에서는 신빙성이 없는 것으로 치부하고 있다.

일본 측 '竹島一件' 사료는 『竹島問題에 관한 調査研究 最終報告書』 (2007년 3월)의 부록 사료집(CD-ROM)에 다음과 같은 에도시대의 문헌, '竹島一件' 사료가 있다.

> <일본의 에도(江戶)시기(1603~1867년)의 독도 문헌>
> A. 돗토리 번정사료(鳥取藩政資料) : ① 『控帳』, ② 『御用人日記』,
>   ③ 『御用人日記瀉』, ④ 『竹嶋之書附』, ⑤ 『因幡志』, ⑥ 『伯耆志』,
>   ⑦ 『伯耆民諺記』, ⑧ 『伯耆民談記』
> B. 오카지마 가문(岡嶋家)사료(岡嶋文庫) : ① 『竹島考』, ② 『因府年
>   表』, ③ 『因府歷年大雜集』, ④ 『增補珎事錄』, ⑤ 『隱州視聽合紀』,
>   ⑥ 『竹島渡海由來記拔書』
> C. 무라카와(村上) 가문 문서 : ① 「元祿九丙子年朝鮮舟着岸一卷之覺書」
> D. 쓰시마 藩政 사료 : ① 『竹嶋紀事』
> E. 에도 막부 관계 사료 : ① 『通航一覽』, ② 『磯竹島事略』(『磯竹島
>   覺書』)

위 사료들에 대한 간단한 소개를 하고자 한다.

(1) 『竹嶋紀事』

『竹嶋紀事』는 안용복 납치사건을 계기로 조선과 일본에도 막부의 명을 받은 쓰시마 번 사이에 일어난 울릉도를 둘러싼 영유권 교섭에 관한 내용을 기술한 책이다. 1693년(元祿 6) 5월부터 1699년(元祿 12) 10월까지를 기록을 담고 있다. 이 책은 1726년 12월 쓰시마 번사인 고시 쓰네에몬(越常右衛門)이 편찬했다. 사건 당시 쓰시마 번 家老였던 오우라 리쿠에몬(大浦陸右衛門)이 집필했고, 아네노무리 호슈(雨森芳洲)가 교열했다. 안용복 납치사건에 관한 일본 측 교섭 당사자가 정리한 공적 기록으로, 1693년 울릉도에서 일본 오야 가문들의 어부들에 의해 납치된 안용복과 박어둔의 심문 기록 및 1696년 안용복의 도일 사건에 관한 심문 기록, 그리고 '울릉도쟁계'에 관한 조선과 왕복 외교문서, 于山島에 관한 내용 등을 담고 있다. 『竹嶋紀事』는 권오엽·권정에 의해 번역, 발간되었고, 경상북도 사료연구회원들이 번역하여 『竹嶋紀事』 Ⅰ·Ⅱ(경상북도, 2013년) 발간되었다.

(2) 『竹島考』

돗토리 번(鳥取藩)의 藩士 오카지마 마사요시(岡嶋正義)가 1828년에 지은 상, 하 두 책에서 경우가 일본의 오야, 무라카와 두 가문의 울릉도 도해에서부터 금지에 이르는 경위. 울릉도의 지리와 산물 등이 기록되어 있다. 오카지마는 자서에서 여러 사료와 돗토리 번이 막부에 제출한 '竹島一件' 관련 보고서를 근거로 인용하였다고 하나 일본의 屬島를 조선의 간계에 속아 빼앗겼다고 하면서, 기회를 보아 탈환해야 한다는 내용을 담고 있다. 울릉도에 대한 도해 금지령을 비판하고, 도해 재개에 자신의 기록이 도움이 되기를 염원하고 있다.『竹島考』에는 1693년에 일본에 피랍된 안용복과 박어둔의 호패가 기록되어 있다.

오카지마 마사요시(岡嶋正義)가 지은『竹島考』와『因府年表』(1844)는 돗토리 번이 발행한『因府紀要』(1907)나『鳥取縣鄕土史』(1932)에 거의 그대로 인용되었다.『竹島考』는 경상북도 독도사료연구회원인 정영미가 번역하여『竹島考』上·下(경상북도·안용복재단, 2010) 발간하였다.

(3)「元祿九丙子年朝鮮舟着岸一卷之覺書」

1696년 5월 안용복의 도일 당시 안용복을 취조했던 오키도(隱岐島)의 관리가 이와미주(石見州)에 보고했던 공술 문서이다. 시마네 현 오키군(隱岐郡) 아마정(海士町)의 무라카와가(村上家)에 소장되어 있던 것으로 2005년에 공개되었다. 이 문서에는 안용복이 1696년 도일했던 당시의 상황이 소상히 적혀 있는데, 동행했던 인물, 도일 목적, 경위, 상황, 내용, 배의 크기와 배에 실린 물건, 소지했던 지도 등에 대해 기술되어 있다. 주요 내용은 다음과 같다. ① 배에는 11인이 탔는데, 俗人 安龍福, 李裨元, 金可果와 이름을 알 수 없는 속인 3인, 승려 雷憲·衍習과 이름을 알 수 없는 승려 3인이 더 있다.[1] ② 안용복은 43세로 검은 갓을 썼고, 수정이 달린 줄과 얇은 목면 상의를 입었으며, 허리에 호패를 찼는데, 겉에

---

1) '안용복기념관' 야외 광장에는 1696년 배에 타고 있는 안용복을 포함한 11명의 동상이 있다. 그 동상의 경우 승려 1명의 동상이 있다. 승려 4명을 동상을 더 세워야 한다.

는 '통정대부 안용복 갑오생(1654년) 동래'라는 글자가 새겨져 있었다.
③ 안용복 일행은 5월 15일 竹島(울릉도)를 떠나 그날 松島(독도)에 도착
했고, 다음날에 松島를 떠나 18일 아침에 오키(隱岐)의 서촌 해안에 도
착, 20일에 오쿠무라(大久村)로 갔다. ④ 안용복 일행은 울릉도와 독도가
조선 땅이라는 사실을 알리려고 도해하였다. ⑤ 안용복, 雷憲, 김가과 등
3인은 안용복을 通詞로 하여 문답했으며, 안용복이 소지했던 「조선팔도
지도」를 제시했다. ⑥ 「조선팔도지도」에는 '竹嶋'와 '松嶋'가 강원도에
속해 있었다. 이 문서를 통하여 안용복의 1696년의 도일 경위와 목적, 항
해 루트와 일정, 오키도에 도착 후에 이루어진 안용복에 대한 취조 사항
등이 소상하게 밝혀졌다. 그리고 이 문서가 공개되어 종래 안용복의 진
술이 허구와 과장이라는 일부 일본 학자의 주장이 거짓임이 드러났다.
이 문서가 막부의 공식 입장은 아니지만, 1696년 안용복의 도일 행적을
일본에서 작성한 공문서라는 점에서 사료적인 가치가 매우 높다.[2]

「元祿九丙子年朝鮮舟着岸一卷之覺書」는 영남대학교 독도연구소에 최
초 탈초, 번역하여 공개하였다.[3] 그 후 손승철에 번역하였고,[4] 권오엽·
오오니시 토시테루에 의해 번역하여 발간하였다.[5]

---

2) 손승철, 「겐로쿠 병자년 조선주착안 일권지각서」, 『독도사전』 한국해양수산개발
   원 편, 2011, 23쪽.
3) 『독도연구』 창간호, 영남대학교 독도연구소, 2005.
4) 손승철, 「安龍福의 제2차 渡日 공술사료-元祿九丙子年朝鮮舟着岸一卷之覺書
   에 대하여」 『한일관계사연구』 24, 2006.
5) 권오엽·오오니시 토시테루, 『독도의 원초기록 元祿覺書』 제이앤씨, 2009.

(4) 『磯竹島覺書(事略)』

쓰쿠바 대학 소장의 도서는 표지가 '磯竹島事略'이며, 본문의 표제는 '磯竹島覺書'로 되어 있다. 일본 국립공문서관 소장의 도서는 표지와 본 문의 표제가 '磯竹島覺書'로 되어 있다. 1696년의 당대의 기록이지만 저 자는 미상이고, 관찬의 성격을 갖고 있다. 1695년 8월 12일부터 같은 해 12월 10일 사이에 있었던 한국과 일본 양국에서 벌어졌던 '鬱陵島爭界' 인 울릉도 영유권을 둘러싼 갈등에 관한 기록을 담고 있다. 에도 막부가 울릉도를 조선 땅을 인정하여 '竹島渡海禁止令'을 내리기까지의 과정에 서 수집한 문서들 정리, 기록하고 있다. 『磯竹島覺書』에는 "松島(독도)는 양국(伯耆·因幡)에 부속된 섬이 아니다. 竹島(울릉도)로 도해하는 도중 에 있는 섬이다."라고 하여 울릉도·독도는 일본의 영역에 포함되지 않 음을 분명하고 있다.6) 明治 8년(1875)에 太政官正院地誌課 나카무라 겐 키(中村元起)가 교정을 한 '竹島一件'에 관한 明治 정부의 사료집이다.

(5) 『御用人日記』

돗토리 번주(鳥取藩主)의 측근인 어용인이 기록한 일기이다. 「御祐筆 日記」, 「日記下書」라고 불린다. 번주의 거처에 따라 '在國(鳥取)', '道中', '在府(江戶)'의 3종류가 기록되었다. 『돗토리 번사(鳥取藩史)』 등에서는 「御在國日記」, 「御在府日記」라고도 불린다. 寬文 10년(1670)~安永 8년

---

6) 김화경, 「磯竹島事略의 해설」『독도연구』창간호, 영남대학교 독도연구소, 2005 ; 송병기, 『재정판 울릉도와 독도』단국대학교출판부, 2007.

(1779)의 기록이 남아 있다. 숙종 조 안용복사건과 관련된 사실이 적혀 있다.

「어용인일기」 사본인 「御用人日記瀉」가 있는데, 재국, 재부로 분할되는 「어용인일기」를 1년에 1권으로 다시 베껴 쓴 것이고 그 내용은 '어용인일기'와 중복된다. 원제는 「御在國御在府日記」이다. 寬文 13년(1673)~天明 7년(1787)의 기록이 남아 있다.

(6) 『控帳』

일반적으로 控帳은 備忘錄이다. 控帳은 후일을 위해 돗토리 번의 현지의 家老(重臣)가 기록한 일기이다. 「御櫓日記」, 「家老日記」라고도 부른다. 돗토리 번 연구에 가장 기본이 되는 사료이다. 죠오(承応) 4년(1655)~메이지(明治) 6년(1873)의 일기가 남아 있다. 여기에서 안용복 사건과 오야(大谷), 무라카와(村川) 두 가문에 관한 내용이 1666년, 1667년, 1692년, 1693년, 1694년, 1696년, 1716년분의 기록에 등장하여 안용복 사건에 임한 돗토리 번의 동향을 살필 수 있다. 권오엽은 번역하여 『일본고문서의 독도, 控帳』 제목으로 발간하였다.[7)]

(7) 『竹島文談』

스야마 돈오(陶山鈍翁, 1657~1732년)의 저서이다. 스야마 돈오는 통칭

---

7) 권오엽 편주, 『일본고문서의 독도, 控帳』 책사랑, 2010.

스야마 쇼에몬(陶山庄右衛門)이라고 하는데 쓰시마 번의 유학자이다. 『竹島文談』은 스야마 돈오와 가시마 헤이스케(賀島兵助)가 竹島(울릉도)에 관해 주고받은 서신을 지칭한다. 집필 일자는 명확하지 않으나 가시마 헤이스케 앞으로 보낸 서신은 7월 8일자로 되어 있다. 1693년의 울릉도를 둘러싼 안용복 사건으로 인한 '鬱陵島爭界'의 경과에 대해 쓰고, 그것이 어떻게 낙착될지 우려하고 있는 것으로 보아 1694년에서 1695년 사이에 쓰여진 것으로 추정된다. 이 문서는 『日本經濟叢書』 13에 수록되어 있는데 해제자 다키모토 류이치(瀧本誠一)는 해제에서 『竹島文談』의 내용과 형식, 안용복 사건에 대한 저자의 견해를 다음과 같이 소개하고 있다. "『竹島文談』은 竹島(울릉도) 처분에 대해 말하고, 이것을 점령하는 것은 불가능하다는 것을 논하면서, 가시마 모씨에게 보낸 서신 및 이에 대한 가시마의 답서를 합쳐 놓은 것이다. 스야마의 말에 의하면 竹島(울릉도)는 일본 땅에서 약 164 리 떨어져 있는데 조선 땅에서는 나무와 해변까지 보일 정도이다. 그 섬을 계속 일본의 속도라 하자고 하는 말은 설사 그렇게 된다고 할지라도 일본의 쇼군님에게 그 나라의 섬을 무리하게 빼앗아 바치는 것이 되므로 不義라고 할 수는 있어도 忠功이라고 할 수 없다. 조선으로부터는 우리 조상 때부터 은혜를 입어 왔으나 무리하게 그 쪽 섬을 취해 일본에 붙이는 것은 실로 不仁不義한 일이다 운운"라고 했다. 서신에 흘러넘치는 竹島 처분에 대한 돈오의 속마음을 알 수 있다."[8]

　권오엽·오오니시 토시테루(大西俊輝) 편·역주하여 『竹島文談 : 고문서의 독도』(한국학술정보, 2010년)를 발간하였다.

---

8) 정영미, 『竹島文談』 『독도사전』 한국해양수산개발원 편, 2011, 71쪽.

(8) 『通航一覽』

嘉永 6년(1853) 막부의 명령에 따라 大學頭인 하야시 아키라(林飛·復齋)가 여러 외국과의 응접을 위한 사료로 편찬한 에도 막부의 대외관계 사례집이다. 미카와(三河) 시대부터 文政 8년(1825)의 異國船 격퇴령까지를 포함하고 있다. 본편 350권, 부록 23권으로 구성되었다. 본편은 관계 제국과 나가사키로 부문을 나누어 각각의 항목을 만들어서 편집 연도순으로 관련 사료를 제시하였다. 부록은 海防 관계에 관한 내용이다. 인용 사료는 광범위하며 기술은 객관적이고 정확하다는 평을 받고 있다. 일본 근세의 대외관계의 기본 사료이다. 『通航一覽』정편은 1912~1913년에 國書刊行會에서 8책으로 간행되었다. 독도 관련으로는 권129(朝鮮國部 105)의 무역 부분에 '竹島(朝鮮國屬島)'라는 항목이 있다. 권137에는 1693년 안용복 사건과 관련된 서계와 일본 측 사료를 소개하고 있다.

(9) 『因府歷年大雜集』

岡島正義 지음이다. 전 15권에 성립연도는 자세하게 알 수 없지만 寬永 9년(1632)부터 嘉永 7년(1854)까지의 기록이 수록되어 있다. 『因府年表』등의 저술 과정에서 완성되었다고 생각된다. 지금의 일본 돗토리 현의 에도시대 지명인 이나바국(因幡國)과 호키국(伯耆國)을 지배하던 돗토리 번(鳥取藩)의 사서. 돗토리 번은 2차에 걸쳐 안용복이 도일하여 울릉도와 독도가 조선 령임을 주장한 곳이다.

(10) 『朝鮮通交大記』

고려와 대마도 관계를 시작으로 조선시대 초기부터 계해약조에 의한
통교정책, 삼포왜란과 임진왜란, 전후 국교회복, 독도문제, 왜관에서의
무역과 표류·표착, 그리스도교 금제 문제 등 다방면에 걸친 문서를 수록
하고 있다. 독도와 관련된 내용으로는 1693년의 안용복 사건이 기록되어
있는데, "(안용복 일행이 우리 <땅인> 隱州에 竹島에 왔다)."라고 하자
조선 정부가 "왜인일 말하는 竹島는 바로 우리나라의 울릉도이다."라고
답했다는 내용이 수록되어 있다. 조선과 쓰시마 및 일본 사이의 여러 문
제를 고찰하는 데 중요한 사료이다. 다나카 다케오(田中健夫)와 다시로
가즈오(田代和生)에 의한 교정본이 간행되어 있다(1978년).[9]

(11) 『竹島雜誌』

일본 막부 말기의 북방(홋카이도) 탐험가인 마쓰우라 다케시로(松浦
武四郎, 1818~1888년)가 쓴 울릉도 기행문이다. 마쓰우라는 1845년 처음
으로 홋카이도에 가서 1849년까지 탐험하여 에조치(蝦夷地)라 불렸던 지
금의 홋카이도에 '홋카이도'라는 이름을 붙인 사람이다. 이 잡지는 서문
에 '1870년 3월 동경 히비야(日比谷)의 바카쿠사이(馬角齋)에서 저술하였
다.'고 되어 있다. 竹島(울릉도)의 위치, 지형, 산물 등과 안용복의 도일
결과로 벌어진 鬱陵島爭界에 대해 기록하고 있다.

---

9) 신동규,『朝鮮通交大記』같은 책 2011, 300쪽.

(12) 「竹島渡海由來記拔書控」

이 책은 '竹島一件' 후 150년 이상 경과한 1868년에 오야 가문의 자손에 의해 쓰여졌기 때문에 틀린 기술도 많다. 일본 분세이 연간(文政年間, 1818~1829) 에 일본 호키 주(伯耆州) 요나고(米子) 거주 오야가(大谷家) 11대 당주 가쓰오키(勝義)가 17세기 초 오야 진키치(大谷甚吉)로 알려진 오야가의 초대 당주 가쓰무네(勝宗) 때부터의 울릉도 도해 관련 문서들을 취합하여 필사해 놓은 문서이다. 아베 시로고로(阿倍四郎五郎)를 통해 '竹島渡海면허'를 받고, 竹島 산물을 막부에 헌상하여 장군을 대대로 알현하는 영광을 입었으나 1696년 '竹島渡海禁止令'이 내려져 가업을 접기까지의 오야가가 소장한 울릉도 관련 서류를 취합, 오야가의 후소인 오야 후미코(大谷文子)가 1983년에 편찬한 『오야가 고문서(大谷家古文書)』에는 현대 문체로 바뀌어 수록되었다.10)

(13) 『因幡志』

돗토리 번의(藩醫)였던 아베 교안(安陪恭庵, 1734~1808년, Abe Kyoan) 이 간세이(寬政)년간(1789~1800년)에 편찬한 因幡國(현 돗토리 번 내 지역) 地誌이다. 제3권에는 1696년 안용복 일행의 돗토리 체재시의 사료가 수록되어 있다.

---

10) 정영미, 「竹島渡海由來記拔書控」 같은 책 2011, 70쪽.

(14) 『因府年表』

돗토리 번의 번사인 향토사가였던 오카지마 마사요시(岡島正義 : 1784~1858년)가 집필한 돗토리 번의 연대기. 본서 이외에『因府年表續編』이 있다. ‘부언’에 의하면 “아직 돗토리 번의 지난 사적에 마음을 쓰는 사람이 있다는 말을 못들었다.”라고 하고, “다른 집들에 전해져 오는 기록이 있다고 들으면 이를 찾아 모으거나 혹 서점에 있는 고 기록 중에서 발췌”하는 식으로 모은 사료를 편집한 것이라고 하였다.『因府年表』는 1630년부터 1747년까지『因府年表續編』은 1748년에서 1841년까지의 돗토리 번에서 일어난 사건을 날짜별로 기록하였다. 1693년 및 1696년 안용복이 방문했던 당시의 돗토리 번의 기록도 수록되어 있다.[11]

『竹島問題에 관한 調査研究 最終報告書』(2007년 3월)는 이들 사료를 적극적으로 해석하여 독도를 자국의 영토라는 보다 더 확신을 가질 수 있다는 입장을 곳곳에서 비치고 있다. 일본 측 연구자들은 한국의 연구자들이 일본 측 사료를 거의 참조하지 않는다는 점을 최대의 문제점으로 지적하거나[12] 일국주의 역사관의 입장을 견지하고 있다는 비판을 하고 있다.[13] 그리고 그 비판의 핵심에는 에도시대의 안용복에 관한 일본 측 사료에 대한 한국 측 연구자들의 태도이다. 이러한 비판을 극복하기 위해서는 위의 사료들이 하루빨리 번역되고, 그 주석 작업이 이루어져야 하고, 그것을 바탕으로 이들 사료에 대한 활발한 연구가 이루어져야

---

11) 정영미,『인푸연표』같은 책 2011, 271쪽.
12) 이케우치 사토시(池内 敏),「隱岐·村上家文書と安龍福事件」『鳥取地域史研究』9, 2007, 4쪽.
13) 内藤正中,『竹島(鬱陵島)를めぐる日鮮關係史』多寶出版, 2000, 9쪽 ;『獨島와 竹島』제이앤씨, 2005, 22쪽.

한다.

'竹島一件'에 관한 중요한 사료를 『울릉도·독도 일본 사료집Ⅰ』(김강일·윤유숙·하혜정, 동북아역사사료총서 42, 동북아역사재단, 2012년)를 동북아역사재단에서 번역했다. 이 사료집에 실린 네 편의 사료인 『元祿六年癸酉年竹島一件拔書』, 『이나바노쿠니에 조선인이 도해한 사건과 관련하여 분고노카미님께 문의한 내용 및 회답, 기타 전말에 관한 기록』, 『譯官記』, 『竹嶋紀事本末』은 쓰시마 번의 宗家記錄으로, 모두 '竹島一件' 관련 사료이다.14)

경상북도 독도사료연구회 편의 경우, 『독도관계 일본 고문서 1』(경상북도, 2014년)와 『독도관계 일본 고문서 2』(경상북도, 2014년)이 번역했다.

(15) 『元祿六年癸酉年竹嶋一件拔書』

1693년 안용복의 일본 납치사건에서 시작해서 竹嶋渡海에 관한 막부의 최종 의사가 조선에 전달되기까지의 과정이 압축적으로 기록되어 있다. 아마도 竹嶋渡海 건에 관해서 쓰시마 번 내에서 작성된 기록들 중에서 중요하다고 판단된 사료들을 발췌하여 정리한 것으로 추정된다.

---

14) 김강일·윤유숙·하혜정, 『울릉도·독도 일본 사료집Ⅰ』 「해제」 동북아역사사료총서 42, 동북아역사재단, 2012, 8~10쪽.

(16) 『이나바노쿠니에 조선인이 도해한 사건과 관련하여 분고
노카미님께 문의한 내용 및 회답, 기타 전말에 관한 기록』

안용복의 1696년의 도일 시에 막부가 그의 처리를 둘러싸고 돗토리
번, 쓰시마 번과 논의한 내용을 담고 있다. 특정한 목적 하에 도해한 조
선인에 대해 어떻게 대응하고, 어떤 방식으로 귀국시킬 것인가 하는 과
제를 놓고 의견을 교환하여 결정사항을 지시하는 과정이 비교적 상세하
게 기록되어 있으므로 안용복의 1696년 도일 시 그의 귀국이 1693년 안
용복의 납치 때와 상이한 형태로 추진된 원인 등을 파악하기에 적절한
사료이다.

(17) 『譯官記』

1696년 쓰시마에 건너간 問慰行(渡海譯官使)에 관한 기록이다. 동년 8
월 무렵 안용복이 돗토리 번에서 강원도 양양현으로 귀국한 후 문위행
은 쓰시마 번주 소 요시쓰구의 서거에 조의를 표하기 위해 도해하였다.
관례적인 접대의례가 거행되는 과정에서 쓰시마 번은 문위행 일행에게
일본 내에서 안용복의 1696년 도일을 어떻게 인식하고 처리했는지, 그리
고 竹島渡海의 건에 관해서는 금후 일본인의 竹島渡海를 금하기로 했다
는 막부의 의사를 전달했다. 여기에는 竹島가 이나바(因幡)·호키(伯耆)
에 속하지 않는 섬이라는 중요한 언급이 등장한다.

(18) 「竹島圖說」

기타조노 미치안이 오키도 어부들의 구술을 모아 편찬한 것이다. 1751~1763년 무렵에 발간된 것이기 때문에 기록이 정확하지 않다.『文鳳堂雜纂』에 수록되어 있으며, 일본 국립문서관 내각문고에 소장되어 있다.「竹島圖說」의 오키국 松島 기술에 근거하여 일본 측은 독도를 이미 일본의 영토로 인식하고 있었다는 주장을 하고 있다. 이것은 민간에서 독도를 오키의 일부로 보았다는 증거는 될 수는 있으나 정부 차원에서 일본 령으로 천명한 것으로 볼 수는 없다. 더구나 "竹島에서 바라보는 조선 산이 곧 조선의 울릉 산이다."라고 하여 竹島가 독도인 것처럼 기술된 부분도 있으므로 사료로서의 신빙성에 문제가 있다.15)

(19) 『多氣甚麼襍誌』

일본 막부 말기의 홋카이도 탐험가인 마쓰우라 다케시로(松浦武四郎)가 쓴 울릉도 기행문의 초본으로 추정된다. 글의 말미에 '가에이(嘉永) 7년(1854) 마쓰우리 다케시로 미나모토 히로시(松浦竹西郎源弘誌)'의 기록이라고 되어 있으므로 보아『竹島雜誌』(1871년)보다 먼저 쓰인 초본으로 보인다.16)

---

15) 김호동,「竹島圖說」『독도사전』한국해양수산개발원 편, 2011, 68쪽.
16) 정영미,『多氣甚麼襍誌』같은 책 2011, 72쪽.

(20) 『竹島雜誌』

일본 막부 말기의 북방 홋카이도인 탐험가인 마쓰우라 다케시로(松浦武四郎)가 쓴 울릉도 기행문이다. 그 내용은 竹島(울릉도)의 위치, 지형, 산물 등과 안용복의 도일 결과로 벌어진 '鬱陵島爭界'에 대해 기록하고 있다.[17]

(21) 『竹島版圖所屬考』

일본 외무성 서기관 기타자와 미사나리(北澤正誠)가 울릉도 영유권에 대해 1881년 8월 20일자 보고서이다. 본문에서 "竹島(울릉도)가 일본과 조선 사이에 있으므로 옛날부터 분쟁이 있었으나 1696년 '안용복사건'으로 조선 소속으로 판명 나고 다른 이의가 없었다."[18]

(22) 『竹嶋紀事本末』

'竹島一件'과 관련된 조일 교섭의 진행 사항과 더불어 양 측의 외교문서가 수록되어 있다. 이 사료에는 1693년의 안용복의 일본 연행부터 시작하여 조선 정부가 보낸 竹島謝書에 대한 소 요시자네(宗義眞)의 답서(1699년)까지가 수록되어 있으며, 鬱陵島爭界의 결과에 대한 저자의 비

---

17) 정영미,『竹島雜誌』같은 책 2011, 72쪽.
18) 정영미,『竹島版圖所屬考』같은 책 2011, 72~73쪽.

평이 마지막에 기술되어 있다.

경상북도 독도사료연구회는 박지영이 번역한 『竹嶋之書附』에 돗토리 번이 에도 막부에 제출한 '竹島渡海'와 관련된 사료이다.19)

(23) 『竹嶋之書附』

돗토리 번이 에도 막부에 제출한 '竹島渡海'와 관련된 사료이다. 원래 따로 한 장씩 정리되어 있던 사료를 돗토리 현립 도서관에서 소장하고 있을 때에 1권으로 엮은 것이다. 藩史 편사 시대에 붙인 것으로 보이는 '付箋'이 붙어 있다. 『竹嶋之書附』는 1724년에 제작했다. 작성자는 미상 이지만 오시 번주(忍藩主) 아베 마사타가(阿部正喬)의 가신 아키야마 소 에몬(秋山惣右衛門)으로 추정된다. 소장처는 돗토리 박물관이다. 이 사 료에는 1692년에 일본 요나고의 죠닌(町人) 무라카와 이치베(村川市兵 衛)가 파견한 선원들이 울릉도에서 조선 어부들과 처음으로 조우한 때 의 기록으로부터 시작하여 1693~1696년의 소위 '竹島一件' 관계 사료와 함께 1722년, 1724년에 에도 막부가 돗토리 번에 보낸 竹島渡海에 관한 질문과 그 회답서가 수록되어 있다. 마지막에 울릉도에 서식하는 동식 물과 관한 소개와 지도가 첨부되어 있다.

19) 경상북도·안용복재단, 『2011 경상북도 독도사료연구회 연구보고서』 2011.

(24) 『무라카와씨 구기(村川氏舊記)』

『무라카와씨 구기(村川氏舊記)』는 17세기에 일본 돗토리 번 요나고 (米子) 주민으로 에도(江戶)막부로부터 이른바 '竹島渡海 免許'를 받아 오야 진키치(大谷甚吉)와 함께 울릉도에 도해했던 무라키와 이치베(村川 市兵衛) 家 소장 문서 중의 하나이다. 일본 동경대학교 사료편찬소에는 같은 제목으로 두 종류의 『무라카와씨 구기』가 소장되어 있다. 하나는 총 730쪽에 달하는 분량의 사료(청구번호 2075-1098)이며, 다른 하나는 이번에 번역한 72쪽 분량의 사료(청구번호 3071.72.4)이다. 전자는 인터 넷 검색을 통해 내용의 일부를 열람할 수 있는데, 730쪽을 10장 단위로 나누어 이미지화 한 것의 첫째 쪽과 마지막 쪽이 사료편찬소 홈페이지 에 공개되어 있다. 후자는 기관 방문을 통해서만 열람할 수 있다. 『무라 카와씨 구기(村川氏舊記)』에 따르면, 원소장자는 돗토리 번 에미군(會見 郡) 요나고정(米子町)의 무라카와 도키치호(村川藤吉郞)인데, 이번에 번 역한 저본은 메이지 28년(1895)에 동경대학 사료편찬위원이며 문과대학 조교수였던 다나카 요시나리(田中義成)가 돗토리 현지를 방문 발굴하여 다음 해(1896) 3월에 등사한 것이다. 『무라카와씨 구기(村川氏舊記)』로 명명한 것도 다나카 요시나리인 듯하다. 두 종류의 문서 모두 무라카와 가의 울릉도 도해 관련 문서인데, 전자에는 '별본 무라카와씨 구기(別本 村川氏舊記)'라는 별도의 제목과 함께 「竹島渡海由來記拔書控)」등 4개 의 문서군이 편철되어 있다. 후자에는 이른바 '竹島渡海 免許' 관련 문 서, 1724년에 에도 막부가 오야·무라카와의 竹島渡海를 재조사한 것과 관련된 문서들, 寬文 6년(1666) 오야 가의 배가 울릉도에 갔다가 조선의 부산으로 표류한 것과 관련된 문서 등 19점의 문서가 편철되어 있다.[20]

(25) 「竹島에 관한 7개조 답변서」

「竹島에 관한 7개조 답변서」는 1960년대에 시마네 현이 竹島 관계 사료를 편철하면서 붙인 이름인 듯하다. 시마네 현은 돗토리 현 향토사 사료를 참고하여 보충했음을 밝혔다. 이 문서는 (1) 에도에서 보내온 질문서, (2) 7개조 답변서로 구성되어 있다. 이들 내용의 대부분은 「竹嶋之書附」에도 수록되어 있다. 에도 막부가 7개조를 질문한 시기는 1724년 4월이고, 이에 대해 돗토리 번이 「竹島에 관한 7개조 답변서」를 제출한 시기는 1724년 윤4월 3일이다. 돗토리 번은 요나고의 두 가문 오야 구에몬과 무라카와 이치베로부터 답변서를 제출받았다. 이 문서 말미에는 '주서'로 "이상은 오사다 와카지 소장본에서 등사함, 시마네 현사 편찬과"라고 쓰여 있다. 그리고 괄호에 "(쇼와 29년 2월 23일 홍보문서과)" 쓰여 있다. 이는 시마네 현사 편찬과가 등사한 것을 1954년에 시마네 현 홍보문서과가 입수하여 가지고 있었던 것임을 의미한다. 시마네 현사 편찬과가 오사다본을 언제 등사한 것인지는 알 수 없다.[21]

(26) 『이케다가 문서(池田家文書)』

『이케다가 문서(池田家文書)』는 앞(25)에 수록한 「竹島에 관한 7개조 답변서」에 이어져 있는 문서로 '(이케다가 문서) 1724년 막부에 제출한 문서 부분'이란 제목이 붙어 있다. 앞의 '7개조 답변서'와 동일한 필체이

---

20) 경상북도·독도사료연구회편, 『독도관계 일본고문서 2』 「무라카와씨 구기(村川 氏舊記)」 해제, 경상북도, 2015, 9~10쪽.
21) 경상북도·독도사료연구회편, 같은 책 2015, 143쪽.

므로 동일인이 등사한 것으로 보이지만, 마지막에 실린 ‘비망록(覺)’ 만은 毛筆로 작성되어 있으며 필체도 다르다. 이 문서의 주요 내용은 1724년 윤4월 16일에 막부로 제출한 문서의 부본과 1692년 이후 竹島로 도해한 일에 관한 내용, 그리고 竹島의 鳥獸, 竹木, 초분류에 대한 비망록, 마지막으로 비망록이란 제목으로 竹島로 건너갔던 사람과 배에 관한 것으로 구성되어 있다.22)

안용복과 관련된 일본 사료를 이해하려면 당시 일본의 에도 막부의 막번제 통치를 이해해야만 한다. 중앙정부 통치는 幕府가 맡고, 지방정부 통치는 藩府가 나누어 맡는 정부 형태이다. 조선의 국왕이나 중국의 천자에 해당하는 국가 최고 위치로 天皇과 그를 보좌하는 조정 및 朝臣들이 있기는 있었나, 이런 천황, 조정, 조신이니 하는 기관들을 통치권을 전혀 행사하지 못했다. 무력을 장악한 쇼군(將軍)과 幕府, 幕臣들이 그들의 통치권을 모조리 빼앗아 권한을 독점하고 있다. 따라서 천황과 조정 조신들이 있던 쿄토(京都)는 전혀 통치가 중심지가 아니었다. 쇼군과 막부가 있던 에도(江戶)가 사실상의 수도였다. 그래서 당시 에도를 東都, 또는 武都라고 부르기도 했다.

막부는 오늘날의 중앙정부, 행정부에 해당한다. 막부의 최고위직에는 쇼군(將軍)이 있고, 그를 보좌하는 4명의 老中이 있다. 老中이란 조선의 정승에 해당한다. 그 老中 아래 조선의 판서에 해당하는 奉行이 있다. 봉행의 숫자는 35명 정도를 자신이 분장하는 업무를 수행하였다. 老中은 아래에서 설명하는 지방의 번주, 즉 다이묘(大名)가 주로 임명되었다. 老中으로 임명된 다이묘들은 1~3개월씩 돌아가며 1명이 막부에 출근하여 업무를 수행하였다. 이를 ‘月番老中’이라 불렀다. 쇼군과 다이묘가 쇼군

---

22) 경상북도·독도사료연구회편, 같은 책 2015, 163쪽.

을 중심으로 공존한다는 의미에서 이때의 정치체제를 '막번체제'라고 부른다.

현재의 일본의 지방행정단위는 47개로서 1都 1道 2府안 43縣으로 되어 있다. 안용복이 활약하던 17세기 당시에는 지방은 68國으로 구분되었는데, '國'을 '州'라고도 불렀다. 이 국은 단순한 지방 구분일 뿐 그것이 통치 단위인 것은 아니었다. 실제의 통치단위는 그 '國' 아래에 있던 '藩'이었다. 번에는 '藩主'가 있다. 그 번주 중에서 그 번의 크기가 곡물생산량 1만석 이상이어서 쇼군으로부터 그 번을 통치하도록 직접 인정받은 사람을 다이묘라고 부른다.

안용복이 도착한 이나바국(因幡州)에는 돗토리 번(鳥取藩)을 비롯하여 6개의 번이 있었고, 호키국(伯耆州)에는 요나고 번(米子藩)을 비롯한 5개 번이 있었다. 당시 대마도는 1국으로 취급되어 對馬國으로 불리었으나 크기가 작았기 때문에 1개의 對馬藩이 있었다. 그런데 호키국과 이나바국의 11개 번을 다스리는 대명은 안용복이 일본에 갔을 때 이케다 미츠나카(池田光仲)라고 불리는 한 사람이었다. 이처럼 2국 이상을 다스리는 대명이 이 당시 일본 전국에 모두 5명이 있었다. 이케다 미츠나카는 돗토리 번만 직접 통치하고 나머지 10개 번에는 자신의 가족이나 가신들을 앉혔다. 울릉도에 출어하는 일본 어선들의 기지였던 요나고번은 가신 아라오 오오카즈(荒尾大和)에게 맡겨서 통치하였다. 번과 번은 형식상으로는 서로 독립적이고 대등한 것이나 대명이 돗토리 번에 군림하는 이상 나머지 10개 번은 돗토리 번의 영향 하에 있게 되었다. 그래서 돗토리 번의 수도인 돗토리성은 마치 호키국과 이나바국 전체의 수도처럼 역할하게 되었다. 호키국과 이나바국을 동시에 다스리는 이케다 미츠나카는 영지 내 곡물생산량이 32만 석으로 랭킹 10위의 커다란 대명이었다. 가신 수가 총 430 명이고, 에도에 있는 번 저택(이를 '屋敷'라고 불렀다.)은 4개의 건물에 65명의 가신이 근무할 만큼 그 규모를 자랑하고 있다. 조선과의 외교교섭을 하는 쓰시마국은 곡물생산량이 16,000석에 불과하였다. 조선과 에도 막부는 쓰시마 번을 매개로 외교와 교역을 했다. 문서를 보낼 때도 쓰시마 번을 통해야 했다. 또한 통신사가 파견될 적의 실무도 쓰시마 번이 담당했다. 그렇지만 일본의 모든 지역이 번으로 조직된 것은 아니었다. 오키섬(隱岐島)은 오키국이라고 불리었으나 막부의 직할지였다. 막부 직할지에는 藩主, 藩府, 藩臣이 없고 막부에서 직접 다스렸다. 이런 지역을 天領이라 불렀고, 그 다스리는 관리를 代官, 그 대관의 집무소를 役所라고 불렀다. 대관이란 의미는 쇼군의 직할령에 대해 통치 상 쇼군을 대신한다는 뜻이고, 역소란 집무실이란 의미이다. 당시 일본에서는 대관이 다스리는 천령이 전 국토의 10% 정도였다.[23]

---

23) 방기혁·정영미 공저,『울릉도·독도 사수실록-안용복의 역사행적을 찾아서-』비봉출판사, 2007, 48·65~67쪽.

제3편

안용복과 '鬱陵島爭界(竹島一件)'에 대한

한국 정부 및 일본 정부의 견해

제1장 안용복과 '鬱陵島爭界'에 대한 한국 정부 및 일본 정부의 견해

　지금의 경우, 한·일 양국에서 '安龍福'에 치중하여 연구하는 경향이 있다. 흔히들 안용복을 독도를 지킨 인물로 치켜세우면서, '將軍', 혹은 '민간 외교가'로 부르며 영웅시한다. 하나의 역사적 사실에는 여러 가지 원인이 복합되어 있다.

　'안용복 납치사건'으로 인해 조선 조정은 우리나라 동남해연안민들이 울릉도와 독도에 드나들었다는 것을 알게 되었고, 일본 어부들에 의해 납치되었다는 것을 알게 되어 적극적으로 일본 에도 막부의 대리인, 쓰시마 번주와 교섭을 통해 울릉도와 독도를 지킬 수 있었다. 민초들의 적극적 삶이 있었기 때문에 조선 조정은 울릉도와 독도를 지켜낼 수 있었다. '안용복'을 강조하기 보다는 '鬱陵島爭界(竹島一件)'를 강조하여야만 한다. 국가와 국가 사이에 외교전을 통해 울릉도와 독도를 지켜낼 수 있었다는 것을 강조하여야만 한다. 한·일 양국의 경우 선행연구는 '안용복' 개인만을 강조하였다.

　1693년 울릉도에서 안용복과 박어둔이 일본 오야가의 어부들에서 납치되어 일본으로 건너간 것을 계기로 조선정부와 일본 에도 막부 사이에 울릉도 영유권 분쟁이 발생했다.

　한국정부의 외교부 홈페이지 '독도 사이트(http://dokdo.mofa.go.kr/kor)'에서 '독도에 대한 정부의 기본입장'을 다음과 같이 밝히고 있다.

독도에 대한 정부의 기본입장

독도는 역사적, 지리적, 국제법적으로 명백한 우리 고유의 영토입니다. 독도에 대한 영유권 분쟁은 존재하지 않으며, 독도는 외교 교섭이나 사법적 해결의 대상이 될 수 없습니다.

우리 정부는 독도에 대한 확고한 영토주권을 행사하고 있습니다. 우리 정부는 독도에 대한 어떠한 도발에도 단호하고 엄중하게 대응하고 있으며, 앞으로도 지속적으로 독도에 대한 우리의 주권을 수호해 나가겠습니다.

외교부 홈페이지 독도 사이트의 경우 '독도에 관한 15가지 일문일답' 가운데 'Q.05'를 통해 "독도와 관련하여 안용복 활동은 어떤 의미가 있나요?"라고 하면서 다음과 같은 답변을 기술하고 있다.

안용복은 조선 숙종 때의 인물로서, 1693년 울릉도에서 일본인들에 피랍되는 등 두 차례에 걸쳐 일본으로 건너갔습니다. 1693년 안용복의 피랍은 한·일 간 울릉도의 소속에 관한 분쟁(울릉도쟁계)이 발생하는 계기가 되었고, 이 과정에서 울릉도와 독도의 소속이 밝혀지게 되었다는 점에서 의미가 있습니다.

1696년 안용복의 두 번째 도일(渡日)과 관련하여 『숙종실록』은 안용복이 울릉도에서 마주친 일본 어민에게 "松島는 자산도(독도)이며 우리나라 땅이다."라고 말하고, 일본으로 건너가서 우리나라 땅인 울릉도와 독도에 대한 일본의 침범에 항의하였다고 진술한 사실을 기록하고 있습니다.

안용복이 일본으로 건너갔던 사실은 우리나라 문헌뿐만 아니라 『죽도기사』, 『죽도도해유래기발서공』, 『인부년표』, 『죽도고』등의 일본 문헌도 전하고 있습니다.

특히 최근(2005년) 일본에서 새로이 발견된 사료인 「원록구병자년조선주착안일권지각서」(1696년 안용복이 오키섬에 도착하였을 때 오키섬의 관리가 안용복을 조사한 내용을 기록한 문서)는 안용복이 울릉도(竹島)와 독도(松島)가 강원도 소속이라고 진술하였다고 기록하고 있어, 『숙종실록』

의 내용을 뒷받침하고 있습니다.

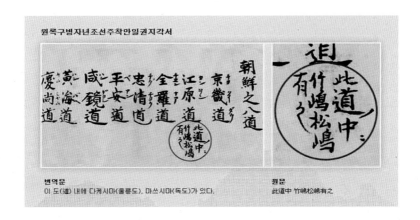

원록구병자년조선주착안일권지각서

변역문
이 도(道) 내에 다케시마(울릉도), 마쓰시마(독도)가 있다.

원문
此道中 竹嶋松嶋有之

그렇지만 외교부 홈페이지 독도 사이트의 경우 안용복이 나오고 '鬱陵島爭界'란 한 줄도 나타나고 있다. '울릉도쟁계'의 경우 국가와 국가 사이의 외교전으로 울릉도·독도를 지킬 수 있었다. 외교부 홈페이지에서 그것을 강조해야만 한다.

2008년 일본 외무성은 竹島 홍보 팸플릿, 「竹島-竹島 문제를 이해하기 위한 10의 포인트」를 발표하고, 그것을 외무성 홈페이지에 게시하였다.

「竹島-竹島 문제를 이해하기 위한 10의 포인트」

1. 일본은 옛날부터 다케시마의 존재를 인식하고 있었습니다.
2. 한국이 옛날부터 다케시마의 존재를 인식하고 있었다는 근거는 없습니다.
3. 일본은 울릉도로 건너갈 때의 정박장으로 또한 어채지로 다케시마를 이용하여, 늦어도 17세기 중엽에는 다케시마의 영유권을 확립했습니다.
4. 일본은 17세기말 울릉도로 건너갈 때의 울릉도 도항을 금지했습니다

만, 다케시마 도항은 금지하지 않았습니다.

5. 한국이 자국 주장의 근거로 인용하는 안용복의 진술내용에는 많은 의문점이 있습니다.

6. 일본정부는 1905년 다케시마를 시마네 현에 편입하여, 다케시마 영유 의사를 재확인했습니다.

7. 샌프란시스코 평화조약 기초과정에서 한국은 일본이 포기해야 할 영토에 다케시마를 포함시키도록 요구했으나 미국은 다케시마가 일본의 관할 하에 있다고 해서 이 요구를 거부했습니다.

8. 다케시마는 1952년 주일 미군의 폭격훈련구역으로 지정되었으며, 일본영토로 취급되었음은 분명합니다.

9. 한국은 다케시마를 불법점거하고 있으며, 일본은 엄중하게 항의를 하고 있습니다.

10. 일본은 다케시마 영유권에 관한 문제를 국제사법재판소에 회부할 것을 제안하고 있습니다만, 한국이 이를 거부하고 있습니다.

3, 4, 5의 경우 '안용복'과 '울릉도쟁계'와 관련된 내용이다. 포인트 5에서 "한국이 자국 주장의 근거로 인용하는 안용복의 진술 내용에는 많은 의문점이 있습니다."라고 하면서, 아래와 같은 근거들을 들고 있다.

1. 막부(幕府)가 울릉도 도항 금지를 결정한 후, 안용복은 다시 일본으로 건너왔습니다. 그 후, 다시 조선에 송환된 안용복은 울릉도 도항 금지를 어긴 자로서 조선 관리의 취조를 받는데, 이때의 안용복의 진술이 현재 한국의 다케시마 영유권 주장의 한 근거로 인용되고 있습니다.

2. 한국측 문헌에 따르면, 안용복은 일본에 왔을 때 울릉도 및 다케시마를 조선 령으로 한다는 서계(書契) 즉 문서를 에도 막부로부터 받았으나, 대마도(對馬島)의 번주(藩主)가 그 문서를 빼앗았다고 진술한 것으로 되어 있습니다. 그러나 일본측 문헌에 의하면, 안용복이 1693년과 1696년에 일본에 왔다 등의 기록은 있으나, 한국측이 주장하는

것과 같은 서계를 안용복에게 주었다는 기록은 없습니다.

3. 더욱이 한국측 문헌에 의하면, 안용복은 1696년 일본에 왔을 때 울릉도에 다수 일본인이 있었다고 말한 것으로 되어 있습니다. 그러나 안용복이 일본에 온 것은 막부가 울릉도 도항 금지를 결정한 후의 일로서, 당시 오야(大谷), 무라카와(村川) 양가는 모두 이 섬에 도항하지 않았습니다.

4. 안용복에 관한 한국 측 문헌의 기술은 안용복이 국금(國禁)을 어기고 국외에 도항하여, 그 귀국 후 취조를 받았을 때의 진술에 의거한 것입니다. 그의 진술은 상기 내용뿐만 아니라 사실에 맞지 않는 바가 많으나, 그런 것들이 한국 측에 의해 다케시마 영유권의 한 근거로 인용되어 왔습니다.

이러한 일본 외무성의 주장은 『숙종실록』 권30, 숙종 22년(1696) 9월 25일(무인)조에 실려 있는 안용복의 진술이 위증이라는 일본 학자들의 연구를 근거로 한 것이다. 『숙종실록』 22년 9월 25일(무인)조의 안용복 진술을 살펴보기로 한다.

비변사에서 안용복 등을 추문하였는데, 안용복이 말하기를, "저는 본디 동래에 사는데, 어머니를 보러 울산에 갔다가 마침 승려 雷憲 등을 만나서 근년에 울릉도에 왕래한 일을 자세히 말하고, 또 그 섬에 해물이 많다는 것을 말하였더니, 雷憲 등이 이롭게 여겼습니다. 드디어 같이 배를 타고 영해 사는 뱃사공 유일부 등과 함께 떠나 그 섬에 이르렀는데, 主山인 三峯은 삼각산보다 높았고, 에서 북까지는 이틀길이고 동에서 서까지도 그러하였습니다. 산에는 잡목과 매(鷹)·까마귀·고양이가 많았습니다. 왜선도 많이 와서 정박하고 있어 뱃사람들이 다 두려워하였으므로, 제가 앞장서서 말하기를, '울릉도는 본디 우리 地境인데, 왜인이 어찌하여 감히 지경을 넘어 침범하였는가? 너희들을 모두 포박하여야 하겠다.'라고 하고, 이어서 뱃머리에 나아가 큰소리로 꾸짖었습니다. 그랬더니 왜인이 말하기를, '우리들은 본디 松島에 사는데 우연히 고기를 잡으러 나왔으나 이제

본소(本所)로 돌아갈 것입니다.'라고 하므로, '松島는 子山島로서 그것도 우리나라의 땅인데 너희들이 감히 거기에 사는가?'라고 하였습니다. 드디어 이튿날 새벽에 배를 몰아 子山島에 갔는데, 왜인들이 막 가마솥을 벌여 놓고 고기 기름을 다리고 있었습니다. 제가 막대기로 쳐서 깨뜨리고 큰소리로 꾸짖었더니, 왜인들이 거두어 배에 싣고서 돛을 올리고 돌아가므로, 제가 곧 배를 타고 뒤쫓았습니다. 그런데 갑자기 광풍을 만나 표류하여 玉岐島(오키도 ; 隱岐島)에 이르렀는데, 도주가 들어온 까닭을 물으므로, 제가 말하기를, '근년에 내가 이곳에 들어와서 울릉 자산 등의 섬을 조선의 지경으로 정하고, 관백의 서계를 받았는데, 이 나라에서는 定式이 없어서 이제 또 우리 지경을 침범하였으니, 이것이 무슨 도리인가?'라고 하자, 마땅히 호키 주에 전보하겠다고 하였으나, 오랫동안 소식이 없었습니다. 제가 분완을 금하지 못하여 배를 타고 곧장 호키 주로 가서 '鬱陵子山 兩島監稅將'이라 가칭하고 사람을 시켜 본도에 통고하려 하는데, 그 섬에서 사람과 말을 보내어 맞이하므로 저는 푸른 철릭(帖裏)를 입고 검은 布 笠을 쓰고 가죽신을 신고 교자를 타고 다른 사람들도 모두 말을 타고서 그 고을로 갔습니다. 저는 도주와 청위에 마주 앉고, 다른 사람들은 모두 중계에 앉았습니다. 도주가 묻기를 '어찌하여 들어왔는가?' 하므로, 답하기를, '전일 두 섬의 일로 서계를 받아낸 것이 명백할 뿐만이 아닌데, 쓰시마 도주가 서계를 빼앗고는 중간에서 위조하여 두세 번 차왜를 보내 법을 어겨 함부로 침범하였으니, 내가 장차 관백에게 상소하여 죄상을 두루 말하려 한다고 하였더니, 도주가 허락하였습니다. 드디어 이인성으로 하여금 소를 지어 바치게 하자, 도주의 아비가 호키 주에 간청하여 오기를, '이 소를 올리면 내 아들이 반드시 중한 죄를 얻어 죽게 될 것이니 바치지 말기 바란다.'고 하였으므로, 관백에게 품정하지는 못하였으나, 전일 지경을 침범한 왜인 15인을 적발하여 처벌하였습니다. 이어서 저에게 말하기를, '두 섬은 이미 너희나라에 속하였으니, 뒤에 혹 다시 침범하여 넘어가는 자가 있거나 도주가 혹 함부로 침범하거든, 모두 국서를 만들어 역관을 정하여 들여보내면 엄중히 처벌할 것이다.' 하고, 이어서 양식을 주고 차왜를 정하여 호송하려 하였으나, 제가 데려가는 것은 폐단이 있다고 사양하였습니다." 하였고, 雷憲 등 여러 사람의 공사도 대략 같았다.

안용복의 진술을 보면 1693년에 일본에 가서 울릉, 子山(독도) 등의 섬을 조선의 지경으로 정하고, 에도 막부의 관백의 서계를 받았다고 하였다. 그리고 1696년에 울릉도, 독도에서 왜인을 발견하고 우리나라 땅이라고 주장하면서 왜인들을 뒤쫓아 일본으로 갔다고 기술하고 있다. 그것을 외무성의 竹島 홍보 팸플릿은 부인하고 있다.

일본 외무성의 竹島 홍보 팸플릿은 '울릉도로의 도해 금지' 항목에서 【소위 「竹島一件)」】에 관한 견해가 다음과 같이 기술하고 있다.

1. 막부로부터 울릉도로의 도해를 공인받은 요나고의 오야와 무라카와 양가는 약 70년에 걸쳐 외부로부터 방해받는 일없이 독점적으로 사업을 하였습니다.

2. 1692년 무라카와가(家)가 울릉도를 방문하였을 때 다수의 조선인이 울릉도에서 고기잡이를 하고 있었음을 발견하였습니다. 또한, 다음 해 오야가(家) 역시 많은 수의 조선인을 발견하였으며, 이 때 안용복과 박어둔 두 사람을 일본으로 데려가게 되었습니다. 또한 이 당시에 조선왕조는 자국의 국민들의 울릉도로의 도항을 금지하고 있었습니다.

3. 상황을 알게 된 막부는 쓰시마 번(강호시대, 조선과의 외교·무역의 창구였음)을 통하여 안(安)과 박(朴)의 두 사람을 조선으로 돌려보낼 것과 조선 어민의 울릉도로의 도해 금지를 요구하는 교섭을 개시하도록 명령하였습니다. 그러나 이 교섭은 울릉도의 귀속 문제를 둘러싼 의견의 대립으로 인하여 합의에 도달하지 못하였습니다.

4. 쓰시마 번으로부터 교섭결렬의 보고를 받은 막부는 1696년 1월 '울릉도에 일본 사람이 거주하고 있는 것은 아니며, 또한 울릉도까지의 거리로 보아 이 섬은 조선 령으로 판단된다. 쓸모없는 작은 섬을 둘러싸고 이웃 나라 간의 우호를 잃게 되는 것은 득이 되는 정책은 아닐 것이다. 조선이 울릉도를 빼앗아 간 것은 아니므로 단지 도해를 금지하는 것으로 한다.'라는 조선과의 우호관계를 존중하여 일본인

의 울릉도로의 도해를 금지시키는 결정을 내렸으며, 이를 조선 측에 전달하도록 쓰시마 번에게 명령하였습니다.

이상의 울릉도의 귀속을 둘러싼 교섭의 경위는 일반적으로 '竹島一件'이라고 합니다.

2008년의 경우, 竹島 홍보 팸플릿, 「竹島-竹島 문제를 이해하기 위한 10의 포인트」의 경우 일본어와 한국어로 된 경우는 위와 같이 되어 있지만 2014년 일본어로 된 경우는 같지만 한국어로 된 경우는 변경되었다.

2014년 3월 일본 외무성 홈페이지 한국어로 된 '竹島' 사이트와 「전단 : 竹島」, 「竹島 팸플릿」에서는 '竹島一件' 관계 기록이 빠지고, 「전단 : 竹島」의 경우 "17세기 초에는, 일본의 상인이 에도 막부의 허가를 받아 울릉도로 갈 때 다케시마를 항로 설정의 기준으로, 또한 강치 등의 어획지로 이용했습니다. 늦어도 17세기 중반에는 일본이 다케시마의 영유권을 확립했다고 생각합니다."라고 되어 있고, 「竹島 팸플릿」에서는 다음과 같이 기술하고 있다.

竹島의 영유

○ 1618년(주) 돗토리 번 호우키노쿠니 요나고의 주민인 오야 진키치와 무라카와 이치베는 막부로부터 울릉도(당시의 일본명 '竹島') 도항 면허를 받았습니다. 그 후 양가는 교대로 매년 한 번 울릉도에 도항해 전복 채취, 강치 포획, 수목 벌채 등의 일에 종사했습니다.

양가는 장군가의 접시꽃 문양을 새긴 깃발을 배에 걸고 울릉도에서 어업에 종사하고, 채취한 전복은 장군가 등에 헌상하여, 이른바 이 섬의 독점적 경영을 막부 공인하에 행했습니다.

그 동안 오키에서 울릉도로 가는 뱃길에 있는 다케시마는 항해의

목표나 도중의 정박지로서, 또 강치나 전복 포획의 좋은 어장으로서
자연스럽게 이용되기에 이르렀습니다. 이리하여 일본은 늦어도 17
세기 중엽에는 다케시마의 영유권을 확립했다고 생각됩니다.

○ 또한 당시 막부가 울릉도나 다케시마를 외국 영토로 인식하고 있었
다면, 쇄국령을 발해 일본인의 해외 도항을 금지한 1635년에는 이들
섬에 대한 도항을 금지했을 것이지만, 그런 조치는 취해지지 않았습
니다.

㈜ 1625년이라는 설도 있습니다.1)

2008년과 비교해 "한국이 자국 주장의 근거로 인용하는 안용복의 진술
내용에는 많은 의문점이 있습니다."는 것도 빠졌고, '竹島一件'이 기술이
빠졌고, "일본은 17세기말 울릉도로 건너갈 때의 울릉도 도항을 금지했
습니다만, 竹島(독도) 도항은 금지하지 않았습니다."라는 기술도 빠졌다.

일본 연구자들이 이같이 주장하였다. 일본 白耆州 요나고(米子)의 무
라카와 이치베(村川市兵衛)와 오야 구에몬(大谷甚吉) 두 가문은 '竹島渡
海 免許'를 받은 후 약 40여년 후인 1661년경 '松島渡海 免許'를 막부로
부터 기도했으나 이때에는 성공하지 못하였고, 3년 후인 1661년에 松島
에 도착하였다. 이에 무라카와·오야 두 가문은 막부에 각각 '松島渡海
免許'를 신청했는데, 이때에는 '竹島渡海 免許'를 두 가문에게 내어 주는
데 알선이 노력을 한 아베 시로고로(阿部四郎五郎)의 장남이 이어서 노
력하여 몇 개월 후인 1661년경에 막부의 면허를 얻어 내는 데 성공하였

---

1) 오카지마 마사요시(岡嶋正義)가 쓴 『竹島考』에서 1618년에 '竹島渡海 免許'를
받았다고 기록하였다. 그것에 근거하여 가와카미 겐조(川上健三)가 '1618년 설'
을 주장했으나(『竹島の歴史地理學的研究』古今書院, 1966.) 이케우치 사토시
(池內 敏) 도해면허에 연서한 老中들의 재직 기간 등을 '1625년 설'을 제기한 바
있다(『大君外交と武威』名古屋大學出版會, 2006, 245~251쪽).

다. 그러나 도쿠가와막부가 무라카와·오야 두 가문에 '松島渡海 免許'를 허가해 주었다 할지라도 이것은 '竹島渡海 免許'와 마찬가지로 외국(조선) 영토인 松島에 건너가서 고기잡이를 하고 돌아오는 월경 어채의 허가장이었지 松島의 소유권을 하사해 준 것은 전혀 아니었다. 그 명백한 증거로서 도쿠가와막부는 무라카와·오야 두 가문이 고기잡이를 하며 다투게 될 것을 염려하여 한 가문씩 각각 격년으로 松島에 건너가서 고기잡이를 해 오도록 한 곳에서도 이를 알 수 있다. 또한 도쿠가와막부나 무라카와·오야 두 가문이나 모두 독도(松島)가 일본영토가 아니라 조선 영토임을 알고 있었기 때문에 외국 영지에 월경할 때 '도해면허'를 신청하고 또 허가한 사실에서도 알 수 있다.[2]

그리고 일본의 중·고등학교 교과서의 경우 독도는 '일본의 고유영토'라고 한다. 독도 영유권은 17세기, 에도시대부터 확립하였다고 한다.

우리나라 중·고등학교 교과서의 경우 안용복을 내세우고, '울릉도쟁계'를 거의 다루지 않는다. 각종 교과서나 인터넷을 보면 독도를 지킨 사람으로서 안용복을 강조하고 있으면서 안용복을 '민간 외교가'나 '장군'으로 묘사하고 있다. 그렇지만 1693년에 안용복·박어둔 납치사건으로 인해 조선 정부는 울릉도와 독도에 조선 사람들과 일본 어부들이 드나들었던 것을 알고 일본 에도 막부 명을 받은 쓰시마 번과의 외교적 교섭을 통해 울릉도와 독도를 우리나라의 영토로 지켜낼 수 있었다. 1693년 일본 어부들에 의한 울릉도에서 안용복·박어둔 납치사건을 계기로 조선 조정과 일본 에도 막부 사이에서 '鬱陵島爭界(竹島一件)'가 울릉도 영유권 다툼이 일어났고, 울릉도와 독도를 지켜냈다.

---

2) 신용하, 『개정증보 독도영유권에 대한 일본주장 비판』 서울대학교출판문화원, 2011, 63~64쪽. '1861'은 오류이고, '1661'년을 바로잡았다.

제2장 안용복과 관련한 용어 사용 문제

안용복의 업적을 기리는 경상북도의 경우 '안용복기념관' 건립, 부산에서 '안용복 생가'를 각기 추진되고 있고, 경상북도에서 2009년에 '안용복재단'이 만들어지기도 하였고, 2014년의 경우 '안용복재단'이 '독도재단'으로 바뀌었다. 최근 일본은 1905년의 무주지 선점론 대신에 17세기를 적극 내세우면서 안용복을 폄하하고 있는 점을 감안한다면 경상북도와 부산시가 경쟁적으로 '안용복장군기념관'과 '안용복 생가'의 건립에 나서는 점을 이해가 할 수 있다. 전자는 울릉도와 독도를 행정적으로 관할하고 있는 곳이라는 점에서, 후자는 안용복이 살았던 지역이 동래였다는 점에서 서로 안용복을 내세우는 것을 탓할 수 없다. 그렇지만 안용복장군기념관 및 안용복 생가의 건립을 하면서 한정된 사료 속에서 얼마만큼 특성화할 수 있는지 의문이다. 그럴 경우 예산의 낭비가 아닐지 모른다. 그런 점을 불식하기 위해서는 양자 간의 부단한 협의 속에 상생하면서 특성화할 수 있는 방안이 강구되어야 할 것이다.

또 안용복을 '장군'으로 호칭하고 있는데, 언제부터 어떻게 하여 그렇게 부르게 되었는가를 알리려고 한 노력을 보였는지 궁금하다. 그런 설명 없이 장군으로 부르다보니 일본으로부터 노비인 안용복을 영웅화하고 있다면서 공박당하고 있는 실정이다. 이제 안용복을 '장군'으로 칭할 것인지, '장군'으로 칭한다면 왜 그런 칭호를 부쳐야하는가에 대한 논리를 개발할 필요가 있다. 일본 측의 『竹島考』등에 실려 있는 안용복의

호패에 의하면 그는 '서울에 사는 吳忠秋의 私奴'인 '用卜'으로 되어 있
다. 안용복을 '장군'으로 익히 들었던 일반 국민과 어린 학생들이 만약
일본인과 대화하게 되었을 때 일본인들이 안용복이 사노비라고 된 사료
를 거론한다면 얼마만큼 대응할 수 있을 것인지? 그리고 국제사회에서
일본이 이 사료를 거론하면서 한국 측의 이야기가 허황하다고 한다면
한국 측의 다른 주장도 믿을 바 못된다고 하지 않을까?

　1954년 부산의 애국단체인 大東文敎會에서 '독전왕 안용복 장군'으로
추존식을 거행한 것이 안용복을 장군으로 칭하게 된 계기이다. 그 후
1957년 안용복장군 기념회가 발족하였고, 1966년 사단법인 안용복장군
기념사업회가 만들어지게 되었다. 동 기념 사업회는 1960년 3월『안용복
장군 약전』(500부), 『安龍福將軍-附鬱陵島·獨島의 來歷』(김의환 편집, 안
용복장군기념사업회간)을 발간하였고, 1967년 부산 수영공원 내에 '안용
복장군 충혼탑'을, 1971년에 울릉도에 '안용복장군충혼비'를 건립하였

〈安龍福 將軍 像〉

다. 동 기념 사업회는 수영공원에 안용복 장군의 사당인 '守疆祠'를 건립하고, 충혼탑을 이건 건립함과 동시에 '安龍福 將軍 像'을 세웠다.[1] 그 동상이 다음 사진과 같다.

긴 칼 차고 있는 장군의 모습인 '安龍福 將軍 像'은 한일 양국의 사료에 나타나는 안용복과는 너무도 거리가 멀다. 다음 사료에 보다시피,

> 드디어 이튿날 새벽에 배를 몰아 子山島에 갔는데, 왜인들이 막 가마솥을 벌여 놓고 고기 기름을 다리고 있었습니다. 제가 막대기로 쳐서 깨뜨리고 큰 소리로 꾸짖었더니, 왜인들이 거두어 배에 싣고서 돛을 올리고 돌아가므로, 제가 곧 배를 타고 뒤쫓았습니다.[2]

1696년에 子山島(독도)에 간 안용복은 막대기를 사용한 적은 있다. 그런 안용복을 동상에서 형상화시켰다면 더 좋은 교육의 사료가 되지 않았을까 한다. 국왕이나 장군 등이 나라를 지키는데 큰 역할을 하였다는 것보다는 하찮고 별 볼일 없는 민초들의 삶의 투쟁이 울릉도·독도 수호에 일익을 담당하였다고 할 때 보다 설득력이 있을 것 같다.

안용복은 1693년(숙종 19)과 1696년(숙종 22) 두 차례 일본에 갔었다. 흔히들 첫 번째 안용복이 박어둔과 함께 울릉도에서 일본 어부들에게 붙잡혀 일본에 간 사건을 '1차 渡日' 사건이라고 하고, 두 번째 울릉도에 갔다가 독도를 거쳐 일본에 간 사건을 '2차 渡日' 사건이라고 한다. 필자는 1693년의 일본 행을 '1차 渡日'이라고 한 용어에 대해 부정적 시각을 갖고 '被拉', 혹은 '拉致'라는 단어를 사용한 바 있다.[3]

---

1) 안용복장군기념사업회, 『守疆祠志』 2004.
2) 『숙종실록』 권30, 숙종 22년(1696) 9월 27일(경진).
3) 김호동, 「조선 숙종조 영토분쟁의 배경과 대응에 관한 검토-안용복 활동의 새로운

안용복 사건을 1, 2차 도일사건으로 부르는 것에 대해 이케우치 사토
시(池內 敏)는 「일본 에도시대(江戶時代) 다케시마-마츠시마 인식」에서
"한국에서는 1693년의 사건을 안용복의 제1차 도일사건, 1696년의 것을
제2차 도일사건으로 부르고 있다. 그러나 본인의 의지와는 무관하게 돗
토리 번령에 연행된 1693년의 사건과 본인의 의지로 돗토리 번령을 가
기 위해 도항한 1696년의 두 사건을 제1차, 제2차로 분류하는 것은 타당
하지 않다고 생각한다."고 하면서 1696년 사건을 '협의의 안용복 사건',
1693년의 사건까지를 포함하여 '광의의 안용복 사건'이라고 할 수 있다
고 하였다.4) 이에 대해 필자는 돗토리 번령에 연행된 1693년과 본인의
의지로 돗토리 번령으로 가기 위해 도항한 1696년의 두 사건을 제1차,
제2차로 분류하는 것은 타당하지 않다고 한 이케우치 사토시(池內 敏)의
견해에 전적으로 동의한다. 그렇지만 필자는 1693년의 경우를 '안용복
피랍 사건', 혹은 '안용복 납치 사건'으로 규정하여 사용한다고 하면서
이케우치 사토시(池內 敏)가 1696년의 안용복의 도일행위를 '협의의 안
용복 사건'으로 규정하고, 1693년의 사건까지를 포함하여 '광의의 안용
복 사건'이라고 한 것도 적절하지 않다는 견해를 밝힌 바가 있다. 그 이
유에 대해 1693년의 안용복 사건은 국제적인 피랍사건이기 때문이다. 필
자로서는 당시 조선정부가 '鬱陵島爭界(竹島一件)'의 문제 때 이 문제를
부각시키지 못한 점은 문제가 있다고 보기 때문이며, 그런 점에서 1693
년까지의 사건을 포함하여 '광의의 안용복사건'이라고 한 것은 '被拉'이

검토를 위해-」『대구사학』94, 대구사학회, 2009, 83쪽 ; 이케우치 사토시, 「일본
　에도시대(江戶時代)의 다케시마(竹島)-마츠시마(松島) 인식」『독도연구』6, 영
　남대학교 독도연구소, 2009, 231쪽.

4) 이케우치 사토시, 「일본 에도시대(江戶時代)의 다케시마(竹島)-마츠시마(松島)
　인식」『독도연구』6, 영남대학교 독도연구소, 2009, 205쪽.

라는 문제가 희석되지 않은가 한다는 의견을 낸 바 있다.5) 이케우치 사토시(池內 敏)의 경우 1693년, 1696년의 안용복 사건을 한국에서 1, 2차 도일사건이라고 부르고 있다고 표현한 견해에는 한국에서 안용복의 울릉도와 독도 영토 주장이라는 적극적 의지를 내포한 의미로서 사용하기 위한 의도를 갖고 있었다고 해석하고 있다. 안용복 사건을 1차 도일, 2차 도일로 표현하는 학자들은 국내의 대부분 독도연구자들이다. 그렇지만 이 용어를 사용하는 것은 문제가 있다. 1, 2차 도일이라고 부를 경우 1693년의 안용복 사건이 '납치사건'이라는 것이 초점이 흐려진다.

---

5) 김호동, 「이케우치의 '일본 에도시대의 다케시마·마츠시마 인식'에 대한 문제 제기」『독도연구』 6, 2009, 231쪽.

제4편
17세기 울릉도·독도 산물

17세기인 동남해연안민들이 미역·전복, 대나무를 벌채하였다.[1] 울릉도의 "남구만이 전일의 回書를 고치기를 … 우리나라 백성이 漁採하던 땅은 본시 울릉도로서, 대나무가 생산되기 때문에 더러 竹島라고도 하였는데, 이는 곧 하나의 섬을 두 가지 이름으로 부른 것입니다."[2]라고 하여 대나무가 생산했다.

"가령 거짓말로 속였다고 해도 배 안에 쌓여둔 짐 중에 강치 가죽이나 말린 전복 같은 것이 있었을 터인데 이는 다름 아닌 竹島의 산물이다."[3]라고 하여 강치 가죽이나 말린 전복의 울릉도의 산물이다. 그 섬에서 밤에 대나무를 구부려 바다에 담구어 두었다가 그 다음날 아침에 건져내면 가지와 잎에 마치 감자처럼 전복과 굴이 붙어 있었다는 등의 말을 한다고 하여[4] 울릉도에 전복과 굴이 있다. "그 섬에서 주로 나는 것은 전복, 강치의 두 종이다. 강치는 또 미치라고도 한다. 해변 가 암석으로 올라오는 것을 노려 총을 쏘아 잡고 껍질을 벗기고 기름을 낸다. 그 기름은 등잔을 밝히는데 쓰는 것일까 다른 용도가 있는 것일까. … 졸음이 오면 섬 위로 올라와 코를 골며 잔다. 단 한 마리만은 자지 않고 사방

---

1) 「元祿九丙子年朝鮮舟着岸一卷之覺書」를 살펴보면 안용복 일행들이 "배 13척 중에 12척은 竹嶋에서 미역과 전복을 따고 대나무를 벌채하였다."라고 하였다.
2) 『숙종실록』 권27, 숙종 20년(1694) 8월 14일(기유).
3) 오카지마 마사요시(岡嶋正義), 『竹島考』上, 「或問」 1828, 정영미 역, 경상북도·안용복재단, 2010, 59쪽.
4) 오카지마 마사요시(岡嶋正義), 같은 책 上, 「或問」 1828, 정영미 역, 경상북도·안용복재단, 2010, 79쪽.

을 살피고 있다가 만일 어선이 오면 즉시 다른 것들을 깨워 물속으로 들어가 숨는데, 매우 빨리 숨기 때문에 잡기가 힘들다. 그 고기는 맛이 없어서 단지 기름을 짤 뿐이다. 역시 서쪽 지역의 곳곳마다 이것들이 있다."라고 하여[5] 울릉도 산물들은 전복과 강치의 종류이다. 강치 고기는 맛이 없고, 강치의 기름은 등잔을 밝히는데 쓴다.

또 『日本事跡考』에서 말하길, "오키국의 바다에 竹島가 있어 대나무가 많고, 전복은 진미이다. 바다짐승은 아시카라 한다고 한다. 이 섬에는 매우 전복이 많고, 이는 노시를 만든는데 쓴다."고 하여[6] 울릉도 산물들은 대나무가 많고, 전복과 강치가 많다.

또, 『武鑑』을 보면 울릉도의 산물들의 경우 "해초에는 메노하라는 것이 있는데 미역의 일종이라고 한다. 초목에는 무, 복분자, 양하, 땅두릅, 백합, 우엉, 아오키바, 수유나무, 복분자, 이타도리, 오엽송, 황벽, 솔송나무, 동백나무, 대나무, 인삼" 등이 있다.[7]

"寬永 15년(1638)의 일인데, 에도 니시 성을 수리한 일이 있었는데, 진작부터 오야·무라카와에게 명하여 향나무를 바치라고 하였다. … 그 竹島에서 나는 향나무(栴檀樹)라고 하는 것은 흔한 다른 목재와는 다른 것으로 이파리 색이 자흑색이다. 열매는 치자 열매 같고, 그 색은 하얗다고 한다. 이 신기한 나무로 서원의 마루판을 깔고 남은 것은 책장을 만들었다고 한다."라고 하여 향나무는 서원의 마루판을 깔고, 남은 것은

---

5) 오카지마 마사요시(岡嶋正義), 같은 책 上, 「或問」 1828, 정영미 역, 경상북도·안용복재단, 2010, 112~115쪽.

6) 오카지마 마사요시(岡嶋正義), 같은 책 上, 「或問」 1828, 정영미 역, 경상북도·안용복재단, 2010, 117쪽.

7) 오카지마 마사요시(岡嶋正義), 같은 책 上, 「或問」 1828, 정영미 역, 경상북도·안용복재단, 2010, 119쪽.

책장을 만들었다.[8]

亨保 7年(1722) 11월의 경우, "호키국 요나고의 죠닌 우야 구에몬과 무라카와 이치베는 매년 '竹島'로 선장을 보내 전복을 채취하게 했습니다."라고 하였다.[9] 元祿 6년(1693) 5월 22일의 경우, "무라카와 이치베와 오야 구에몬이 에도로 가서 쇼군 배알을 허락받았을 때 竹島의 전복을 헌상했습니다."라고 하였다.[10] 같은 날의 "竹島에서 전복을 캐는 것에 대해 세금을 부과하지는 않습니다. 호키노카미가 헌상하는 전복도 앞의 두 죠닌이 부리는 자들이 마련해서 바친 것입니다."라고 하였고, "竹島에서 강치를 잡아 현지에서 그 기름을 짜고, (그것을 가지고) 돌아와 팝니다. 이 기름에도 세금을 부과하지는 않습니다."라고 하였다.[11] 첫째, 울릉도에 호카노카미와 에도로 가서 쇼군 배알을 허락받았을 때 울릉도의 전복을 헌상했다. 둘째, 울릉도에서 강치를 잡아 현지에서 그 기름을 짜고, 돌아와 판다.

『竹島考』下, 「조선인이 처음으로 竹島에 도래하다」의 경우, 元祿 5년(1692) 울릉도에 "해안을 보니 전복이 많이 보이기에 심중에 다행이라고 여겼다. … 예의 외국인(조선) 두 사람만 상륙하게 하고 나중에 증거로 삼기 위해 그들이 만들어 논 꼬지 전복과 삿갓 1개, 갓 1개, 메주 한 덩어리를 취하였다."라고 하여 '꼬지 전복'이 증거로 남겼다.[12]

---

8) 오카지마 마사요시(岡嶋正義), 같은 책 下, 「오야·무라카와가 향나무(栴檀樹)를 막부로 나르다」1828, 정영미 역, 경상북도·안용복재단, 2010, 165~166쪽.

9) 『竹嶋之書附』「竹島渡海之覺」亨保 7년(1722) 11월.

10) 같은 책 「竹島渡海之覺」 元祿 6년(1693) 5월 22일, 간죠가사라(勘定頭) 마쓰다이라 미노노카미(松平美濃守)에게 보낸 문서의 사본.

11) 같은 책 「竹島渡海之覺」 元祿 6년 5월 22일, 간죠가사라(勘定頭) 마쓰다이라 미노노카미(松平美濃守)에게 보낸 문서의 사본.

12) 같은 책 下, 「조선인이 처음으로 竹島에 도래하다」 정영미 역, 경상북도·안용복

안용복 일행들이 울릉도에 가서 "우리들이 그 섬으로 건너간 이유는 전복과 미역이 많이 있다고 들어 돈벌이를 위해 건너간 것입니다."라고 하여13) 전복과 미역이 많다고 돈벌이를 위해 건너간 것이다. 안용복·박어둔 일행들이 울릉도에 "꽤 많은 전복과 미역이 널려 있는 곳이 있었다. … 임시로 만든 헛간 안에 있던 외국인(조선인) 한 사람과 만났는데 전복과 미역을 엄청 따 두었기에 어떻게 된 일이냐고 물었으나 말이 전혀 통하지 않았다."라고 하여 안용복 일행들이 전복과 미역을 했다.14)

울릉도, 독도에 "일찍이 연해의 수령을 지낸 사람의 말을 들어보니, 바닷가 어민들이 자주 무릉도와 다른 섬(독도)에 왕래하면서 대나무도 베어오고 전복도 따오고 있다 했습니다."라고 하여 경상도의 바닷가 어민들이 대나무도 베어오고 전복도 따오고 했다는 기록이 있다.15) 回啓하기를, "… 어민들이 자주 무릉도와 다른 섬(독도)에 왕래하면서 큰 대나무를 베거나 또한 鰒魚를 잡는다고 하다. 回啓하기를, "… 어민들이 자주 무릉도와 다른 섬에 왕래하면서 큰 대나무를 베거나 또한 鰒魚(전복)를 잡는다. …"16)라고 하였다. 울릉도와 독도에 왕래하면서 큰 대나무를 베거나 또한 鰒魚를 잡는다고 하였다.

울산의 고기잡이 하는 사람들이 안용복, 박어둔 일행들이 해변에서 표류하여 울릉도에 들어갔다가 "초목으로는 대나무와 갈대가 많았고 날짐승과 길짐승으로는 까마귀·소리개·고양이·너구리·살쾡이가 많았는

재단, 2010, 209~211쪽.

13) 『竹嶋紀事』「朝鮮人口書」元祿 6년(1693) 9월 4일.

14) 오카지마 마사요시(岡嶋正義), 『竹島考』下, 「오야의 선원들이 조선인을 잡아오다」 정영미 역, 경상북도·안용복재단, 2010, 215·217쪽.

15) 『備邊司謄錄』숙종 19년(1693) 11월 14일.

16) 『邊例集要』권1, 「別差倭」癸酉年(1693) 9월.

데, 왜인들이 잡아가는 바가 되었으며, 그 섬으로부터 伯耆洲까지는 7晝夜가 걸린다."[17] 월송만호 田會一이 울릉도를 수토하여 "紫檀香·靑竹·石間朱·魚皮 등의 물건을 바쳤다."고 하였다.[18] 삼척영장 이준명과 倭譯 崔再弘이 울릉도에 수토하여 "紫檀香·靑竹·石間朱·魚皮 등의 물건을 바쳤다."고 하였다.[19]

동남해연안민들은 17세기의 울릉도, 독도의 산물은 漁採하는 곳으로 미역·전복, 강치라는 것을 잡았다. 강치 껍질을 벗기고 기름을 내고, 그 기름은 등잔을 밝히는데 쓰는 것이다. 울릉도의 대나무, 향나무를 벌채하였다.

일본 측 사료인『大谷氏旧記』와『村川氏旧記』등에 의하면, 竹島渡海로 획득하려고 한 물품에 인삼과 전복, 그리고 강치가 기록되어 있다.『村川氏旧記』에는 도해 시 필요한 경비를 돗토리 번에서 빌렸고, 귀향 때 전복으로 정산했다는 것을 기록하고 있으며, 전복과 은의 환산비 등이 기록되어 있다.『大谷氏旧記』의 1664년 6월 18일의 문서에도 전복과 은의 교환율이 기록되어 있고, 은을 상납한 구체적 액수가 수록되어 있다.[20] 그런 점에서 고가의 인삼 및 전복이 울릉도를 찾는 사람들의 관심의 주된 대상이었음을 짐작할 수 있다. 안용복은 그런 점에서 고가의 인삼 및 전복과 일본의 은과의 교역에 목적을 두고 울릉도 행과 일본 행을 감행하였다고 할 수 있을 것이다.

---

17)『숙종실록』권25, 숙종 19년(1693) 11월 18일(정사).

18) 같은 책 권36, 숙종 28년(1702) 5월 28일(기유).

19) 같은 책 권36, 숙종 28년 5월 28일(기유).

20) 衫原隆,「大谷家, 村川家 關係文書再考」『竹島問題に關する調査硏究 最終報告書』竹島問題硏究會, 2007.

제5편
안용복이 살았던 시대

제1장 고대~조선시대 '鬱陵島爭界' 전후 시기까지의 울릉도·독도에 간 사람들

    일본 외무성 홈페이지의 '竹島' 홍보사이트의 주장에 의하면 독도는 일본의 고유영토라고 한다. 독도에 대한 영유권이 확립된 시점을 에도시대 초기에 해당하는 17세기 중엽이라고 한다. 그 근거로 1618년, 혹은 1625년에 에도 막부로부터 울릉도로의 도해를 공인받은 요나고의 오야와 무라카와 양가가 약 70년에 걸쳐 외부로부터 방해받는 일 없이 독점적으로 사업을 하였다는 것을 내세우고 있다. 그것이 가능하였던 것은 조선왕조가 국민들의 울릉도 도항을 금지했기 때문이라고 본다. 그런 상황에서 1692년에 울릉도에서 조선인들이 어류채취를 종사한 것을 조우하면서 그 독점적 관계는 깨어지기 시작하였다고 본다. 이듬해 울릉도에서 다시 조선인들을 발견한 오야가의 선원들이 안용복·박어둔 두 사람을 납치하여 일본으로 끌려가게 되면서 '鬱陵島爭界(竹島一件)'가 발생하여 에도 막부가 1696년 1월, 조선과의 우호관계를 존중하여 울릉도 도항 금지를 내렸지만 竹島(독도) 도항은 금지하지 않았기 때문에 독도에 대한 영유권은 일본이 갖고 있었다고 본다. 거기에 반해 일본이 竹島(독도)를 실효적으로 지배하고 영유권을 확립하기 이전에 한국이 이 섬을 실효적으로 지배하고 있었다는 사실을 보여주는 명확한 근거가 제시되지 않는다는 점을 부각시키고 있다. 이러한 일본의 주장이 성립되기 위해서는 일본이 1692년 이전에 울릉도·독도에서 독점적으로 어업활동을 하였는가? 즉 조선에서 그 이전에 울릉도·독도로 어로 활동을 하지 않았는가가 검토가 되어야 하며, 竹島渡海禁止令이 내려진 이후에 일본에서 독도만을 대상으로 어로 활동을 하였는가 하는 점이 먼저 밝혀져야만 한다. 그런 시각에서 한국과 일본 양국에서 '울릉도와 독도로 건너간 사람들'의 존재를 드러냄으로써 일본의 고유영토론, 17세기 중엽 영유권 확립설에 대한 비판을 하고자 한다.

제1절 울릉도와 독도를 건너간 사람들에 대한 이해를 위한 전제

한국과 일본 모두 독도에 관한 언급을 하면서 그 지리적 위치, 거리를 내세운다. 최근 정부출연기관인 동북아역사재단 홈페이지에 대한 '독도' 관련 주장을 보면 지도상 거리를 제시하는 것보다 울릉도에서 독도가 보인다는 사진을 게시하고 있다. 동북아역사재단의 경우 2008년 7월부터 2009년 12월까지 울릉도에서 독도를 관측하고 그 모습을 촬영하는 '독도 가시일수 조사'를 한 후에 『독도! 울릉도에서는 보인다』(홍성근·문철영·전영신·이효정, 동북아역사재단, 2010)를 발간하면서 '총론'에서 "독도 가시일수 조사를 통해 울릉도에서 바라보이는 독도는 혼자 외롭게 떠있는 섬이 아니라, 역사·문화적으로 울릉도와 밀접한 관계를 맺고 있는 섬이라는 것을 확인할 수 있다. 실로 독도는 예로부터 우리와 삶을 같이한 우리 일상의 동무이자 이웃이며, 나아가 우리 삶의 터전인 것이다."라고 하였다. 이것은 『세종실록』「지리지」의 '風日淸明則可望見'을 직접 조사한 사례 연구에 해당한다. 역시 1998년에 『울릉도 독도의 종합적 연구』인 필자가 '총론'에서 "독도가 울릉도민의 생활권역의 일부분"

임을 강조한 바 있듯이[1] 울릉도의 '가시거리'에 있는 독도의 의미는 울릉도와 독도가 하나의 생활 권역이었음을 말한다. 그런 것을 의식한 가와카미 겐조(川上健三)의 경우 복잡한 수학공식을 통해 울릉도에서 독도를 볼 수 없다는 것을 증명하고자 하였다.[2]

'지리적 연속성에 대한 국제 판례'는 한·일 양국에 적용되지 않는다. 첫째, 일본의 경우 독도는 역사적, 국제법으로 일본의 고유영토라고 한다. 그렇지만 대한민국의 경우 독도는 역사적, 지리적, 국제법적으로 고유영토라고 한다. 독도는 한국에 가깝고 일본이 멀기에 울릉도에서는 독도를 육안으로 볼 수 있지만 일본의 서쪽 끝, 오키섬에서 볼 수 없기 때문에 지리적으로 대한민국의 고유영토라고 한다. 역사적으로『세종실록』「지리지」에서 울릉도에서 于山島, 즉 독도가 '바람 부는 날, 날씨가 맑으면(風日淸明)' 때 보인다고 하였다. 따라서 독도는 울릉도의 속도이며, 대한민국의 영토이다. 둘째, 미국과 네덜란드 사이의 1928년 팔마스섬 사건에서 미국도 지리적 연속성 주장을 했지만, 막스 후버 중재 재판관은 "영해 밖의 섬이 가장 가까운 육지를 소유한 국가에 속한다는 국제법은 확인할 수 없다. 지리적 연속성이 영토주권의 권원이 될 국제법상 근거가 없다."는 판결을 내렸고, 1998년 에리트리아와 예멘 간의 중재사건에서도 재판부는 지리적 연속성이 그 자체로 영토권원을 형성할 수 없다고 보았다. 셋째, 한·일 양국은 '鬱陵島爭界(竹島一件)' 때 일본 에도 막부가 울릉도가 일본에 멀고 조선에 가깝다고 하여 '竹島渡海禁止令'을 내린 적이 있고,[3] 넷째,『竹島考證』(1881)에서 松島를 거론하면서 "만약

---

1) 영남대학교 민족문화연구소편,『울릉도·독도의 종합적 연구』영남대학교 출판부, 1998, 6쪽.
2) 가와카미 겐조(川上健三),『竹島の歷史地理學的研究』古今書院, 1966.
3)『竹嶋紀事』권4, 元祿 9년(1696) 1월 28일, "전임 태수가 竹島의 일로 인해 사절

조선이 문제를 제기한다면 어느 쪽에서 더 가깝고 어느 쪽에서 더 먼지에 대해 논하여 일본의 섬임을 증명해야 한다."는 기록이 있다.4) 결론적으로 한일 양국이 멀고 가깝다는 것을 들어 영유권 분쟁을 해결한다는 것이 역사적 관습이 있었으므로 "지리적 연속성이 영토주권의 권원이 될 국제법상 근거가 없다."는 국제 판례가 성립할 수 없다.

한국에서 독도는 울릉도민의 삶의 터전, 혹은 울릉도의 부속도서임을 강조하여 왔다. 그렇지만 간과한 것은 독도는 울릉도민의 삶의 터전일 뿐만 아니라 동남해연안민들의 삶의 터전이라는 것이다.5) 또 일본의 어

을 귀국에 파견한 것이 두 차례인데 사절의 일이 불행히도 완료되지 않은 채 별세했으므로 이로 말미암아 사절을 소환했습니다. (宗義眞이) 머지않아 上船해서 江戶에 입관했을 때에 (老中의) 질문이 竹島의 지형과 방향에 미치자 사실에 근거해 대답했습니다. 그러자 그것이 본방으로부터의 거리는 매우 멀리 떨어져 있으나, 오히려 귀국으로부터의 거리는 가깝다는 것이었습니다. 또한 두 나라 사람들이 (그곳에서) 섞이면 潛通과 私市 등의 폐단이 반드시 있을 것입니다. 따라서 곧 명령을 내려 사람들이 가서 漁採하는 것을 불허했습니다. 무릇 틈이 벌어지는 것은 細微한 곳에서 생기고 禍患은 하찮은 것에서 일어나는 것이 고금의 通病이니, 미리 못하도록 막는 것이 오히려 낫다고 생각됩니다. 이로써 100년의 우호를 더욱 돈독히 하고자 하니 하나의 섬에 불과한 작은 일을 곧바로 다투지 않는 것이 두 나라의 아름다운 일일 것입니다. 유념하시기 바랍니다."

4) 기타자와 미사나리(北澤正誠), 『竹島考證』下 제8호, 「松島 개척에 대한 안건」 明治 9년(1876) 7월 武藤平學 첨부문서, "어떤 사람은, 일본이 지금 松島에 손을 대면 조선이 문제를 제기할 것이라고 말하지만, 松島는 일본 땅에 가깝고 예로부터 우리나라에 속한 섬으로서 일본 지도에도 일본 영역 안에 그려져 있는 일본 땅이다. 또 竹島는 도쿠가와(德川) 씨가 다스리던 때에 갈등이 생겨 조선에 넘겨주게 되었으나, 松島에 대한 논의는 없었으니 일본 땅임이 분명하다. 만약 조선이 문제를 제기한다면, 어느 쪽에서 더 가깝고 어느 쪽에서 더 먼지에 대해 논하여 일본의 섬임을 증명해야 한다. 실로 日朝간의 왕래와 북쪽의 외국 땅과의 왕복에 있어 중요한 땅이므로, 만국을 위해서는 일본이든 조선이든 빨리 좋은 항구를 선택해 먼저 등대를 설치하는 일이 지금의 급무이다."

부들도 울릉도에까지 어로 활동을 해왔었다. 그 노정에서 울릉도로 오
가면서 독도를 바라보거나 독도에서 어로 활동을 한 것은 사료 상 확인
이 된다. 문제는 이때 조선에서는 동·남해 연안지역에서 울릉도와 독도
로 어채활동을 하였음에 비해 元祿 연간부터 오야, 무라카와 두 가문이
여타의 일본인들이 울릉도에 드나드는 것을 배제하면서 울릉도 도항을
독점하고자 하였다. 그것을 위해 오야·무라카와 두 가문은 울릉도가 조
선의 소유임을 알고서도 돗토리 번과 에도 막부에 울릉도와 다른 가상
의 섬인 '竹島'를 황폐한 섬으로 내세워 거짓 보고를 하여 울릉도 도항
을 감행하였음이 부각되지 않았다. 본고는 위와 같은 기본 시각을 갖고
울릉도와 독도에 건너간 사람들을 다루고자 한다.

울릉도와 독도가 동남해연안민들의 삶의 터전이었음을 부각하기 위
해서는 울릉도에서 독도가 보인다는 것만 제시하는 것을 넘어서 강원도
동해안 지역과 울릉도가 서로 보인다는 것을 입증할 필요가 있다. 그것
을 통해 강원도 동해안 지역과 울릉도가 하나의 삶의 터전임을 드러낼
수 있을 것이다. 『조선왕조실록』의 곳곳에 강원도·함경도에서 울릉도,
혹은 三峯島, 蓼島를 보았다는 기록이 나온다. 강원도·함경도에서 바라
본 '삼봉도', '요도'는 울릉도이다. 안용복 사건 직후에 조선 조정의 명을
받아 울릉도에 파견된 張漢相은 『鬱陵島事蹟』(1772년)를 남겼는데, 거기
에 다음과 같은 구절이 나온다.

① 동쪽으로 5 리쯤에 한 작은 섬이 있는데, 高大하지 않으며 海長竹
이 한쪽 면에 무더기로 자라고 있다. 비 개고 안개 가라앉는 날 산
으로 들어가 中峯에 오르면 남북 兩峯이 높다랗게 마주보고 있는데

5) 김호동, 「울릉도와 독도로 건너간 사람들」『독도영유권 확립을 위한 연구』Ⅴ, 영
남대학교 독도연구소 독도연구총서 9, 선인, 2013, 402~412쪽.

이를 三峯이라고 한다. 서쪽을 바라보면 대관령의 구불구불한 모습
이 보이고 동쪽을 바라보면 바다 가운데 한 섬이 보이는데 아득히
辰方(동남쪽)에 위치하며 그 크기는 울도의 3분의 1 미만이고 (거리
는) 삼백 여리에 불과하다.6)

　　장한상은 중봉에서 대관령과 독도를 본 것을 기술하고 있다. 이상의
사료를 통해 강원도의 동해안지역 사람들은 울릉도를 바라보았고, 울릉
도에서 강원도와 독도를 바라보았다. 거기에서 바라보이는 독도로 건너
갔고 다시 울릉도로 돌아와 강원도로 드나들었다고 보아야 한다. 울릉
도와 독도는 강원도 동해안 지역민의 삶의 터전으로서 하나의 생활공동
체였다고 할 수 있다. 그것을 입증하는 사진들이 다음의 사진들이다.

〈삼척 소공대에서 바라본 울릉도〉

〈울릉도에서 바라본 강원도〉

〈독도에서 바라본 울릉도〉

〈울릉도에서 바라본 독도〉

6) 張漢相, 『鬱陵島事蹟』 1772년.

위 사진들에서 보다시피 강원도 ↔ 울릉도 ↔ 독도는 육안으로 바라
볼 수 있는 지근거리이다. 흔히들 말하는 이른바 '공도정책'이 내려졌다
고 하더라도 눈에 보이는 울릉도에 사람들이 건너가지 않았을까? 울릉
도에 들어간 사람들이 독도로 건너가지 않았을까? 울릉도에서 독도가
잘 보이는 시기는 『세종실록』「지리지」에서 언급한 바와 같이 '風日淸
明' 때 잘 보인다. 이 시기는 가을에서부터 이듬해 봄이다. 그리고 아침
해가 떠올라 해수면 기온이 상승하여 해무가 일어나기 이전의 시점에,
그리고 비 온 직후나 태풍이 온 직후에 잘 보인다.[7] 일본 외무성 홈페이
지의 「竹島-竹島 문제를 이해하기 위한 10의 포인트」에서 말한 것처럼
아득히 먼 곳에 있는 일본은 옛날부터 독도를 인지하였지만 눈에 보이
는 지근거리에 있는 독도를 한국에서 인지하지 못하였을까?

한국의 경우 강원도 동해안 지역의 사람들뿐만 아니라 후술하겠지만
조선시대 후기의 사료에 의하면 경상도의 울산, 부산지역의 연안 민들
은 물론 멀리 전라도의 거문도 지역 등의 '羅船'들도 울릉도와 독도로
건너가 어로 활동에 종사하였다. 거문도 주변의 해류는 동남쪽으로 연
결되었다. 거문도 주변의 해류는 제주도해역에서 동쪽으로 올라오는 대
만난류의 직접적인 영향을 받아 북동쪽으로 물이 낙조 할 때 남서쪽으
로 드는 물의 속력보다 빨라 이 조류를 타면 빠르게 동남쪽 해역으로 드
나들 수 있었다. 남동해안 항로에 위치한 거문도는 연도, 욕지도를 돌아

---

7) 홍성근·문철영·전영신·이효정, 『독도! 울릉도에서는 보인다』동북아역사재단,
   2010 ; 張漢相, 『鬱陵島事蹟』(1772년), "비 개고 안개 가라앉는 날 산으로 中峯
   에 오르면 남북 兩峯이 높다랗게 마주보고 있는데 이를 三峯이라고 한다. 서쪽
   을 바라보면 대관령의 구불구불한 모습이 보인다. 동쪽을 바라보면 바다 가운데
   한 섬이 보이는데 아득히 辰方에 위치하며 그 크기는 울도의 3분의 1 미만이고
   (거리는) 삼백여 리에 불과하다."

경상도 연안으로 진입하여 장기곶을 지나 울진, 영해 등으로 진출하여
울릉도와 독도로 진출하였다. 그리고 북동계절풍을 타고 역순으로 돌아
와 장기곶을 거쳐 남해안의 섬과 섬 사이를 타고 돌아왔다.[8] 이렇게 볼
때 울릉도와 독도는 강원도, 경상도, 전라도의 동남해연안민들의 삶의
터전이었음을 알 수 있다.

제2절 고대~조선시대 '鬱陵島爭界' 전후 시기까지의 울릉도·독도에 간 사람들

　삼척, 울진 등의 동해안지역 사람들은 육안으로 울릉도를 바라보았고,
울릉도에서 강원도와 독도를 바라보았다. 울릉도에서 독도를 육안으로
볼 수 있다. 울릉도에 들어간 사람들은 독도로 건너갔고 다시 울릉도로
돌아와 삼척, 울진, 영해 등지로 드나들었다고 보아야 한다. 울릉도와 독
도는 삼척, 울진, 영해 등의 동해안 지역민의 삶의 터전으로서 하나의
생활공동체였다고 할 수 있다. 그렇지만 일본 최서단에 위치한 오키섬
에서 독도를 볼 수 없다. 그래서 흔히들 우산국의 영토 안에 독도가 포
함되었다고 본다.

　고려 현종 조 우산국이 멸망한 후 한동안 울릉도는 황폐했었지만 고
려의 개척정책으로 인해 울릉도에는 사람이 살았다. 고려 말 조선 초 왜

---

8) 이에 관해서는 추효상, 「하계 한국 남해의 해항 변동과 멸치 초기 생활기 분포 특
　성」(『한국수산경영지』 35, 2002) 및 고희종 외 2인, 「한반도 주변 해역 5개 정점
　에서 파랑과 바람의 관계」(『한국지구과학회지』 26, 2005)의 연구 성과를 활용한
　김수희, 「개척령기 울릉도와 독도로 건너간 거문도 사람들」(『한일관계사연구』
　38, 한일관계사학회, 2011, 207~208쪽)의 연구 논문이 있다.

구의 준동이 심각하였다. 이때 왜구의 피해를 입은 상황에서 섬이나 해변을 비우고 그 주민을 내륙으로 옮기는 정책이 실시되었다. 흔히들 이 정책을 '空島政策'이라고 부르지만 외적의 침입 때 산성이나 해도 입보를 통한 淸野戰術을 계승한 '淸島戰術'의 전술적 측면에서 이해하는 것이 바람직하다.9) 그 연장선상에서 태종 3년(1403)의 경우, 울릉도의 주민들이 육지로 소개되었다.10) 그렇지만 방지용이 울릉도에 건너가 假倭로서 활동한 기록과11) "왜적이 于山·武陵을 구략하였다."12) 등의 기록을 통해 울릉도와 于山島(독도)에 왜구가 침입하였다고 볼 수 있다. 아마 울릉도에 살던 사람들이 독도에 어업활동을 하다가 왜구의 침입으로 인해 피해를 입었다고 생각된다. 태종·세종 연간에 삼척, 울진 사람들이 울릉도에 군역과 세금을 피해 울릉도에 들어가는 것이 계속 되자 設邑을 고려하였지만 왜구의 침입 가능성과 설읍을 하면 군역을 모면하려는 사람들이기 때문에 딴 곳으로 옮겨가리라고 예상하여 결국 쇄출, 쇄환 조치로 귀결되었다.13) 특히 세종 20년(1438)의 울릉도에 대한 '순심경차관'의 파견을 기점으로 해서 그 이전의 '안무사' 파견에 의한 단순한 거민 '쇄출'에서 '처벌'로 강화되었고, 그 결과 울릉도에서의 거주가 불가능해졌다.14) 세종~성종 조에 蓼島와 三峯島를 정부 차원에서 찾는 탐색

---

9) 김호동, 「독도 영유권 공고화와 관련된 용어 사용에 대한 검토」『대구사학』98, 대구사학회, 2010, 96쪽.

10)『태종실록』권6, 태종 3년(1403) 8월 11일(병진), "강원도 武陵島 거주민들에게 육지에 나오도록 명령하였는데, 이것은 감사의 품계에 따른 것이다."

11) 같은 책 권32, 태종 16년(1416) 9월 2일(경인).

12) 같은 책 권34, 태종 17년(1417) 8월 6일(기축).

13) 김호동,『독도·울릉도의 역사』경인문화사, 영남대학교 독도연구소 독도연구총서 1, 2007, 68~76쪽 ;「조선 초기 울릉도·독도 관리정책」『동북아역사논총』20, 동북아역사재단, 2008, 336~345쪽.

이 전개된 이후『조선왕조실록』에는 숙종 조 1693년에 이르기까지 우산과 무릉에 관한 기사가 거의 안 나온다.

대개 조선 초기까지 본토에서 울릉도와 독도로 건너간 사람들은 강원도 동해안 지역 삼척, 울진, 평해 등 지역의 주민들이 대부분이다. 그에 반해 조선 후기에 오면 강원도는 물론 경상도의 울산, 부산, 그리고 전라도의 거문도 등지의 사람들이 울릉도와 독도로 건너왔다. 그러한 관행은 숙종 조 수토정책이 확립되었음에도 불구하고 이어졌다. 결국 울릉도와 독도는 역사적으로 동남해연안민들의 삶의 터전이었다고 할 수 있다.[15)]

그에 반해 일본의 사료는 17세기 사료들에 일본 어부들이 울릉도·독도에 드나들었다는 것을 확인할 수 있다. 일본의 경우 1618년, 혹은 1625년 경, 오야·무라카와 두 가문의 경우 울릉도와 다른 섬인 황폐한 섬인 '竹島'를 개척한다고 내세워 '竹島渡海 免許'를 발급받아 그들의 영지인 것처럼 행세하면서 다른 일본 어부들을 배제한 채 울릉도로 건너왔다. 조선의 어부들은 해금정책 때문에 관에 알리지 않고 몰래 왔고, 오야·무라카와 두 가문은 폐도를 개척하여 자신의 영지인 것처럼 행세하였기 때문에 서로 묵인한 채 각기 어로 활동을 하면서 상업 활동을 하였을 것이다. 그렇지만 숙종 조 조선에서 울릉도와 독도로의 어로 활동과 상업 활동을 위해 동남해연안민들이 울릉도로 대거 진출하면서 양측은 충돌하게 되었고, 결국 오야 가문의 어부들이 안용복·박어둔 납치사건으로

14) 손승철,「조선시대 '空島政策'의 허구성과 '搜討制' 분석」『이사부와 동해』창간호, 한국이사부학회, 2010, 290~291쪽.
15) 김호동,「울릉도와 독도로 건너간 사람들」『독도영유권 확립을 위한 연구』V, 영남대학교 독도연구소 독도연구총서 9, 선인, 2013, 402~412쪽 ;『해양문화연구』78, 전남대학교 이순신해양문화연구소, 2012.

발전하게 되었다고 보아야 한다. 1693년의 오야 가문의 안용복·박어둔 납치사건은 조선에서 건너온 어채인과 일본 오야, 무라카와 두 가문이 상업적, 무역 활동의 주도권 쟁탈로 인해 그간의 묵인관계가 깨어지면서 일본 어부들의 무력 사용으로 인해 역사의 표면으로 드러난 것이라고 보아야 할 것이다.[16]

　숙종 19년(1693) 울릉도에서 고기잡이를 하고 있던 안용복 등의 동래·울산·전라도 어부들 41명과 울릉도에 출어한 일본 어부가 충돌한 것을 계기로 '鬱陵島爭界', 즉 '竹島一件'이 조선과 일본 사이에 일어나게 되었다. 그렇지만 일본은 竹島가 울릉도임을 알고 '竹島渡海禁止令'을 내렸다(1696년 1월 28일). '竹島渡海禁止令'이 돗토리 번에 통보되면서 일본 어부들은 울릉도와 독도에 오지 못하였다. 그렇지만 '鬱陵島爭界' 이후 조선에서 울릉도에 수토관이 2~3년마다 월송만호와 삼척영장이 교대로 한번 씩 이루어졌지만 실제 현지 바다사정 등을 빌미로 수토가 지연되기도 하고 형식적으로 행해지기도 하였다. 이로 인해 동해안 및 남해안 변민들의 울릉도·독도와 그 근해로의 출어와 벌목을 근원적으로 막을 수 없었다.

16) 이에 관해서는 김호동, 「조선 숙종조 영토분쟁의 배경과 대응에 관한 검토-안용복 활동의 새로운 검토를 위해」(『대구사학』 94, 대구사학회, 2009) ; 「울릉도·독도로 건너간 사람들」(『한·일 양국의 관점에서 본 울릉도·독도』 김병우·김호동·이케우치 사토시·박병섭, 지성인, 2012)에서 검토된 바가 있다.

제2장 안용복이 살았던 시대 : 소빙기로 인한 대재난의 절정기

안용복이 1693년(숙종 19), 울릉도에 갔을 때 울산 배 1척(10명), 부산 가덕도 배 1척(15명), 전라도 배 1척(17명), 도합 배 3척 42명이 들어갔다. 울릉도 가는 곳은 41명이었다.[1] 그리고 1696년, 안용복이 울릉도, 독도에 들어가 어로 활동을 하고 있는 일본 어부들을   아내고 일본으로 건너갔다. 그때 안용복이 진술하기를 울릉도에 배 13척이 들어갔다고 진술하고 있다. 고대에서부터 조선 전기까지 사료 상 삼척, 울진 등지에서 울릉도·독도로 드나든 기록만 전할 뿐이다. 안용복이 울릉도·독도로 건너간 시기에 왜 울산·부산·전라도에서 많은 사람들이 울릉도·독도로 드나들었을까?

인류 역사에서 17세기는 小氷期가 닥쳐 기상이변에 의한 한발, 폐농, 기근, 전염병 등의 대재난이 엄습한 시기였음은 이론의 여지가 없다. 안용복이 울릉도로 드나들었던 시기는 1592년의 임진왜란과 정묘호란 (1627년)·병자호란(1636년)을 겪으면서 전쟁의 상채기가 깊게 드리워진 시기인 동시에 그 상흔을 극복하기 위한 노력이 한참 이루어진 시기이다. 그렇지만 소빙기로 인한 1651~1700년 사이에 대기근과 전염병이 조선 전역을 휩쓸면서 농업을 기반으로 한 조선사회가 휘청거렸다. 대기

---

1) 『竹嶋紀事』권1, 元祿 6년(1693) 9월 4일, 「조선인 구두진술서」, "우리들은 (울산 배) 1척에 10명이 승선하고 있었는데 그 중의 1명이 몸져누운 탓에 영해라고 부르는 곳에 남겨두고 9명이 타고 竹嶋(울릉도)로 건너갔습니다."

근과 전염병은 이 시기 뿐만 아니라 17세기 내내 일어났고, 조선에 국한
된 상황만이 아닌 전 세계적 현상이었다. 1693년 안용복 일행의 울릉도
행과 일본 어부들의 안용복 납치는 독도영유권에 집착하지 말고 거시적
시각 하에서 바라볼 필요가 있다. 연이은 전쟁의 여파에 따른 이웃나라
의 정세변화와 대기근을 극복하기 위한 노력의 하나로 '안용복 사건'을
바라보기 위해 '안용복이 살았던 시대'란 주제로 제목을 잡은 이유는 거
기에 있다.

제1절 숙종 조 영토 갈등('鬱陵島爭界'·'백두산정계비')의 배경

숙종 대는 울릉도·독도 해역을 두고 일본과의 영토분쟁이 일어났을
뿐만이 아니라 압록강과 두만강을 사이에 두고 청나라와 '犯越'을 둘러
싼 분쟁도 있었다. 조일, 조청 사이의 영토분쟁은 북쪽의 내륙과 동해의
바다, 그리고 시간적 차이로 인해 각기 별개의 사건으로 다루어졌다. 이
러한 연구 방법론을 반성하면서 조선 숙종 조 안용복으로 인해 일어난
'鬱陵島爭界'와 조·청 사이의 '犯越' 문제와 관련시켜 숙종 조 영토 갈등
배경에 관한 검토를 하고자 한다.

숙종 대에 왜 북방, 그리고 동해바다에서 영토 갈등이 일어났는가? 그
리고 그 영토 갈등에 대한 중앙정부의 대응정책이 어떻게 전개되었는가
를 검토한다면 안용복의 울릉도·독도로의 출어배경과 일본 오야가의
어부들이 납치, 혹은 도일활동의 배경에 대한 새로운 해석이 가능할 것
이다.

울릉도와 독도에 조선과 일본 양국의 어민들이 들어와 각축을 벌였을

뿐만 아니라 북방의 경계인 조선과 청나라 사이에도 '犯越' 문제로 인해 첨예한 대립이 있었다. 숙종 38년(1712)에 백두산정계비가 세워졌기 때문에 북방의 청나라와 국경분쟁은 안용복 사건이 일어난 시기와 시간적 차이가 있는 것 같지만 숙종 초부터 압록강·두만강을 사이에 두고 조선과 청나라 두 나라 사이에는 범월로 인한 분쟁이 간단없이 진행되었다.

청나라에서 吳三桂·耿精忠·尙可喜 등이 일으킨 三藩의 난(1673년)이 조선에 전해지자 조선 조정은 이에 대한 촉각을 갖고 주시하면서, 북방 경계를 강화하였고, 일각에서 북벌론을 제기하기도 하였다. 숙종 즉위년(1674)에 함경도 관찰사 남구만의 건의에 의해 甲山鎭의 東堡權管을 雲坡에 새로 설치한 堡로 옮기고 萬戶로 승직시켰으며, 同仁堡를 甘坪堡와 옛 雲寵堡의 두 堡 사이로 옮기고, 또 魚面堡를 厚州에 옮겼다.2) 그리고 양서지방의 군사 조련 등 軍政을 크게 벌리고, 폐사군 지역에 진을 설치하고자 하였다.3)

숙종 6년(1680) 5월, 평안도 관찰사 柳尙運이 廢四郡은 동서가 황해도보다 길고 남북은 조금 못한데, 버려두기는 아깝다고 하자, 숙종은 형세와 방략을 조사해서 보고하도록 하였다.4) 그로부터 3년 후 병조판서 南九萬이 폐사군에 4鎭을 설치하도록 청하여 4진의 邊將을 차출하게 하였다. 이때 평안도 관찰사를 역임하였던 대사간 유상운은 이곳에 진을 설치하면 나무를 베고 길을 통하며 농토를 개간함으로써 첫째, 적에게 길을 열어 주게 되고, 둘째, 토지를 개간하면 貂皮와 山蔘의 이익도 끊어지고, 셋째, 그 폐단이 반드시 많아서 국경을 침범하는 근심이 있을 것이

---

2) 『숙종실록』 권1, 숙종 즉위년(1674) 10월 8일(무술).
3) 폐사군은 세종 때 개척된 閭延·虞芮·茂昌·慈城의 4군을 말한다.
4) 『숙종실록』 권9, 숙종 6년(1680) 5월 26일(갑인).

며, 넷째, 겹겹이 쌓인 험준한 봉우리가 사방으로 막혀서 통할 수 없으
므로, 비록 봉수를 설치하려고 하더라도 시작할 길이 없다는 이유를 들
면서 설진을 반대하였다. 이에 대해 남구만은 "북로의 초피와 산삼은 三
水와 甲山에서 생산되고, 삼수·갑산에 고을을 설치한 지는 벌써 여러 백
년에 이르렀는데도 그 이익은 끊어지지 않았습니다. 지금 아무리 4郡을
설치한다고 하더라도 어찌 하루아침에 단절되겠습니까? 그리고 강변으
로 왕래하는 길이 한둘이 아닌데, 적이 어찌해서 꼭 사군을 거쳐서 오겠
습니까? 도리어 적의 길을 열어 준다는 말도 그렇지 않습니다. 수목이
아무리 가림이 된다고 하더라도 어찌 사람을 모집하여 들여보내는 것과
같겠습니까?"라고 하였다. 이러한 논의 끝에 茂昌·慈城의 2진의 설치가
이루어졌지만 얼마 안가 폐지되었다.5) 그러나 폐사군의 설진 논의는 이
후에도 계속되었다. 숙종 22년(1696) 이충립이 "네 고을을 다시 설치하는
것이 한편으로는 기근을 구제하고, 한편으로는 변방을 방비하고, 한편으
로는 天時에 순응하고, 한편으로는 인심을 기쁘게 할 것"이라는 이유를
들어 설진을 주장하였다.6) 이에 대해 유상운은 "남구만의 경우는 국경
을 넘어가는 죄를 범하는 것은 그곳에 사람이 없는 데에 말미암는다고
말을 하였습니다. 그렇지만 지금 아무리 백성을 모집하여 들어가 살게
하더라도 모집해서 들어간 자들이 또 다시 국경을 넘어가는 죄를 범한
다면, 방어하고 수비하기가 어찌 더욱 어렵지 않겠습니까?"라고 하면서
만약에 "우리 국경의 강을 따라 鎭을 설치하여 서북 지방으로 길을 통하
게 한다면" 청나라가 이 길을 빌려 寧固塔으로 갈려고 하지 않겠는가라
고 하면서 설진을 거듭 반대하였다.7) 이에 대해 좌의정 尹趾善은 "신이

---

5) 같은 책 권14, 숙종 9년(1683) 4월 3일(을해).
6) 같은 책 권30, 숙종 22년(1696) 1월 16일(계유).

비록 확실하게 이롭고 해로움에 대해서는 알지 못한다고 하더라고 10년 안에는 국가의 형세를 소생시키기 어려울 듯하니, 경솔 하에 의논할 수 없습니다."라고 하였다.8) 사관이 "말세에 거듭 큰 흉년을 겪은 시기를 당하여 아직도 이러한 일을 말할 수 있겠는가? 그리고 이미 설치한 뒤에도 그 이익은 매우 적고 그 해로움이 매우 큰 것이겠는가?"라고 평한 것은9) 당시 설진을 반대하는 논리를 요약한 것이라고 볼 수 있다.

이와 같이 숙종 조는 서북 양계가 모이는 지역인 폐사군(여연·무창·우예·자성) 등에 설진하는 여부를 비롯하여 북방 변경의 방비와 개척에 대해 시각차가 컸었다. 그 논의의 중심에 청과의 관계, 즉 범월 문제와 청나라에게 길을 열어줄지도 모른다는 점과, 거듭된 흉년 문제가 있었다.

조선과 청나라 사이에 범월 문제로 인해 다툼이 벌어진 것은 숙종 6년(1680)부터 시작된다. 숙종 6년, 穩城의 柔遠鎭 사람이 벌목으로 인한 犯越 때문에 영고탑 守將에게 사로잡힌 일이 있었는데, 영고탑이 만주족의 발원지였기 때문에 청나라는 황제의 칙서를 갖고 와서 조사를 벌일 정도로 민감하게 대응하였다. 이듬해 5월에는 영고탑의 次將이 인삼을 채취하려는 사람을 잡으러 20명을 거느리고 厚春으로부터 내려가는 것을 탐문하였다.10)

조선과 청나라 사이의 범월 문제는 인삼채취와 관련되어 주로 제기되었다. 특히 숙종 11년(1685)부터 인삼채취와 관련된 범월이 급증하여 조청 양국 사이에 긴장국면이 조성되었다.11) 이 문제로 인해 청에서 칙사

---

7) 같은 책 권31, 숙종 23년(1697) 6월 3일(신해).
8) 같은 책 권31, 숙종 23년 6월 3일(신해).
9) 같은 책 권31, 숙종 23년 6월 3일(신해).
10) 같은 책 권11, 숙종 7년(1681) 5월 10일(임술).
11) 같은 책 권16, 숙종 11년(1685) 10월 9일(병신)·10월 10일(정유)·10월 12일(기해)·

를 파견하였고,12) 범월 채삼의 기찰과정에서 변장들의 조직적 참여가
드러나게 되었음을 숙종의 비망기를 통해 알 수 있다.

① "전부터 비록 혹시 국경을 넘어가서 山蔘을 캐었어도 몇 사람이 몰
래 넘어간 것에 불과한데 鎭堡의 邊將들은 배를 나누어 대어주고
土卒들은 전부 국경을 넘어가서 설치고 다니며 난을 일으킨 것이
어찌 오늘날처럼 난잡한 적이 있었겠는가? 그런데도 道臣은 이를
살피지 못하여 끝내 국가에까지 욕을 끼치게 하였다. 이는 본직만을
갈 것이 아니니 함경도의 전 감사 李秀彦을 나문하여 죄를 정하라."13)

변장들의 조직적 참여가 드러나자 厚洲鎭의 軍官과 土兵들이 연달아
스스로 목매어 죽었고, 僉使 趙之瑗도 스스로 목을 찔러 죽는 사태가 발
생하였다.14) 그것은 이들이 인삼의 이익을 탐하여 軍器를 주어 국경을
넘어가 인삼 채취를 허락하였기 때문이다.15)

'이번에 인삼을 채취하였던 백성들은 본래 스스로 범월한 것이 아니
고 대부분 변장들이 아는데서 나온 것'이라는 결론이 내려지면서 각 진
의 변장들을 의금부에서 잡아 가두었고, 감사와 병사의 죄를 논정하기
에 이르렀다.16) 그 과정에서 參商을 금단하는 것을 논의하기에 이르렀
는데, 대개 삼상들은 북쪽 길 뿐만이 아니고, 남방에도 또한 있어서, 內
局과 倭館의 수용이 오로지 이에 의지하고 있으니, 형세가 일체로 엄하

10월 13일(경자)

12) 같은 책 권16, 숙종 11년 10월 22일(기유).
13) 같은 책 권16, 숙종 11년 10월 27일(갑인).
14) 같은 책 권16, 숙종 11년 11월 4일(경신).
15) 같은 책 권16, 숙종 11년 11월 8일(갑자).
16) 같은 책 권16, 숙종 11년 12월 13일(기해).

게 금단하기 어렵다는 의견이 대두되어 금단을 둘러싼 논쟁이 팽팽하였
다. 결국 금단의 법식이 마련되었다.[17]

범월 채삼 문제는 어렵사리 설치한 厚州의 존폐를 둘러싼 논쟁으로
번졌다. 현종 때 남구만의 주장에 의해 설치된 후주는 월경하여 산삼 캐
는 길로 지목받게 되면서 후주는 파해졌다.[18]

인삼을 금단하게 된 뒤부터는 商賈들의 왕래가 끊어져 민들의 離散
과, 그에 따른 변방의 지경이 허술해질 염려가 제기되었다.[19] 그런 우려
때문에 숙종 16년(1690), 함경도의 백성 10여명이 厚春에 몰래 들어가 그
들이 캔 인삼을 빼앗는 일이 생겼을 때 "淸人을 砲殺하고 그들이 캔 인
삼을 빼앗았는데, 다른 오랑캐(胡)가 발각하고 慶源府까지 쫓아와 그 정
상을 고하였으므로, 북병사 李相勗이 啓聞하니, 임금이 備局에 명하여
本道에 알려 범월한 사람들을 찾아 잡아서 앞으로 査勅이 오기를 기다
리게 하였다."[20]

삼상의 금단은 북방지역 뿐만이 아니라 남쪽 왜관지역에서도 문제를

---

17) 같은 책 권16, 숙종 11년 12월 18일(갑진), "壽恒이 또 전일 사간원의 啓辭를 들
    어 진품하기를, '蔘商을 금단하는 것은 근본을 따르려는 의논이 되겠지마는, 또한
    방해되는 곳이 있습니다. 대개 삼상은 북쪽 길 뿐만 아니고, 남방에도 또한 있습
    니다. 內局과 倭館의 수용이 오로지 이에 의지하고 있으니, 형세가 일체로 엄하
    게 금단하기는 어려울 것입니다.' 하니, 임금이 여러 신하들로 하여금 각각 소견
    을 진달하도록 하였다. 남구만이 형조 판서 呂聖齊·대사헌 李翊相·廣州留守
    尹趾善과 獻納 李國芳과 교리 徐文裕와 더불어 모두 '엄하게 금단하는 것이 마
    땅하다.' 하였고, 鄭載嵩·예조 판서 申晸·호조 판서 柳尙運·예조 참관 徐文重 등
    은 '금단할 수 없다.' 하였다. 金壽恒은 남북의 삼상들을 엄하게 금단하여서 이를
    범하는 자는 一罪로 논정하기를 청하니, 임금이 이로써 法式을 정하게 하였다."
18) 같은 책 권17, 숙종 12년(1686) 3월 13일(정묘).
19) 같은 책 권18, 숙종 13년(1687) 5월 11일(무자).
20) 같은 책 권22, 숙종 16년(1690) 9월 11일(무술).

불러일으켰다. 동래사람이 館倭에게 인삼을 팔았다가 그 일이 발각되자 동래부에서는 그 사람을 법대로 죽였으나 왜인은 인삼을 산 자를 죽이려 하지 않았다. 이에 대해 관왜는 대마도주가 인삼을 에도(江戸)에 진공해야 하는데 금제에 구애되어 이번 일이 일어났다고 하였다. 결국 동래부사 이덕성이 "商賈가 서로 통하지 않아 이미 원망이 많습니다. 이는 交隣의 우호를 온전히 하는 방법이 아니다."라고 한 건의에 따라 開市를 허락하였다.21)

이상에서 보다시피 범월의 주된 이유는 '인삼 채취'에 있었다. 그리고 그 범월에는 蔘商과 邊將이 연결되어 있었고, 그들은 동래에서 일본과 교역을 통해 은과 바꾸기까지 하였다.22) 당시 일본에서 인삼에 대한 수요가 대단히 커서 인삼을 수입하고 이를 결제하기 위해 지불한 거액의 은이 조선으로 들어왔다.

조청 사이의 採蔘을 위한 범월에 蔘商과 邊將이 연결되었고, 京商 등을 통해 왜관과도 연결되었다면 숙종 조의 안용복 사건도 그런 시각에서 바라볼 수 있지 않을까? 영조 대의 기록이지만 강원감사 홍명한이 울릉도 수토관인 삼척영장 홍우보와 결탁하여 울릉도 인삼을 몰래 채취하여 潛商을 통해 판 사건이 있었고,23) 이규원이 울릉도를 검찰 할 때 산

---

21) 같은 책 권20, 숙종 15년(1689) 윤3월 7일(갑진).

22) 같은 책 권7, 숙종 2년(1676) 4월 2일(갑인), "사헌부에서 아뢰기를, '江界府使 朴振翰은 일찍이 闔帥가 되어 權門에 뇌물을 바쳤고, 本任에 제수됨에 이르러서는 2백 근의 인삼과 수백 領의 貂皮를 京商에게 실어 보내고 東萊에서 銀과 바꾸었으며, 지나친 형벌로 사람을 죽게 한 것이 8인에 이릅니다. 청컨대, 나문하여 죄를 정하게 하소서.' 하였는데, 답하기를, '박진한이 권문에 뇌물을 보낸 일은 내가 이미 알았지만, 인삼과 초피를 실어 보낸 일은 이제 처음 들었다. 그 수량이 2백에 이르고 사람의 생명을 살상한 것도 수가 많으니, 이보다 더 놀라운 일이 없다. 나문하여 또한 해당 도로 하여금 조사해 아뢰게 하라.'고 하였다."

삼을 캐는 채약인이 있는 것으로 보아[24] 울릉도를 찾는 사람들의 목적 가운데의 하나가 採蔘에 있었을 것이다. 조정 사이에 채삼으로 인한 범월 때문에 인삼에 대한 금단조처가 내려지자 울릉도의 인삼은 조선과 일본인들에게 관심을 불러일으키게 되었을 것이다. 그것이 영조 45년 (1769)에 홍명한·홍우보의 사건으로 세상에 드러났다고 볼 수 있다.[25] 다음 해인 영조 46년(1770)에 울릉도에서 인삼 캐는 일을 금지시켰다.[26]

울릉도의 경우 이곳에 부적된 주민도 없고, 설읍도 이루어지지 않았기 때문에 일체의 부역이나 조세 수취가 없었다. 울릉도 채삼의 경우 수입에 따른 세금의 부과란 있을 수 없기 때문에 일본과 조선 양 쪽에서 채삼인들이 몰려들었을 것이다. 결국 안용복의 울릉도에의 출항은 비록

---

23) 『영조실록』 권113, 영조 45년(1769) 11월 29일(정미)·12월 9일(정사).
24) 이규원, 「울릉도검찰일기」 울릉군지편찬위원회, 『울릉군지』 2000.
25) 『영조실록』 권113, 영조 45년 12월 9일(정사), "강원감사 洪名漢을 遞差하도록 명하였다. 당초에 울릉도에 인삼을 캐는 潛商을 삼척영장 洪雨輔가 염탐하여 붙잡았는데, 추잡한 비방이 많이 있었다. 일이 발각되어 홍우보가 죄를 받아 폄출되었는데, 이때에 이르러 홍명한이 서신을 왕래하여 참섭하였다는 것으로써 장령 元啓英이 상소하여 논핵하기를, '울릉도에 대한 禁令이 얼마나 엄중한 것인데, 강원감사 홍명한은 그 집안의 무신인 삼척영장 홍우보와 몰래 서신을 왕래하여 사람들을 모아 몰래 들어가서 인삼을 채취한 것이 자그마치 수십 근에 이르렀습니다. 지방관에게 現發되기에 이르러서는 금령을 범한 백성은 道內에 형배하고 속공한 인삼은 돌려 주어 사사로이 팔았으며, 인하여 또 다른 일을 끌어대어 本官을 狀罷함으로써 미봉할 계책을 삼았으니, 이것은 이미 용서하기 어려운 죄입니다. 그 죄범을 논하면 진실로 영장보다 더한데, 가벼운 譴罰이 단지 영장에게만 그치고, 誅罰이 홍명한에게는 미치지 않았습니다. 국법이 행해지지 않는 것은 진실로 작은 일이 아니며, 훗날의 폐단도 또한 염려하지 않을 수 없습니다. 신의 생각에는 강원 감사 홍명한에게 빨리 削職의 율을 시행하는 것이 옳다고 여깁니다.' 하였는데, 소장이 들어가자 임금이 挾雜이라고 責諭하고 허락하지 않았다."
26) 같은 책 권114, 영조 46년(1770) 1월 4일(임오), "강원감사 徐命善을 인견하였는데, 울릉도에서 蔘 캐는 일을 금지시켰다."

고기잡이하러 울릉도에 갔다고 기록이 나오지만 실상은 인삼 채취도 포함되었을 것이다. 숙종 22년(1696), 안용복의 도일 때 사정을 담은 「元祿九丙子年朝鮮舟着岸一卷之覺書」를 살펴보면 '배 13척 중에 12척은 竹島에서 미역과 전복을 따고 대나무를 벌채하였다.'고 하였지만, "호키 주(伯耆州)의 용무가 생각나서 竹島로 돌아가 12척의 배에 짐을 고쳐 싣고, 6, 7월경에 돌아와서 영주(殿)에게 드릴 예정"이라고 한 품목 가운데 인삼이 포함되었을 가능성이 많다. 그런 관점에서 볼 때 다음의 사료를 주목할 수 있다.

> ② 승지 兪集一이 말하기를, "신이 근년 동래에 奉使하였을 때에 安龍福을 추문하였더니, 말하기를, '伯耆州에서 준 銀貨와 문서를 대마도 사람이 겁탈하였다.' 하였는데, 이번 그가 백기 주에 呈文한 데에는, '대마도 사람이 2천 金으로 나를 贖하여 본국에 내보낸다고 거짓말을 하고 그 은은 본국에서 받겠다고 하였다'고 하였으니, 전후에 한 말이 매우 어그러집니다. 또 대마도 사람은 본디 贖銀을 와서 거둔 일이 없고, 壬戌約條도 비밀에 관계되는데, 안용복이 어떻게 들을 수 있었겠습니까? … 이러한 사정들은 매우 의심스러우니, 다시 覈査하여 실정을 알아 낸 뒤에 죄를 논하는 것이 마땅하겠습니다."라고 하였다.[27]

백기 주에서 준 은화를 대마도 사람이 겁탈하였다는 안용복의 진술에 대해 유집일이 의심스럽다고 하였지만, 그 이면에는 인삼과 은의 교역체계에 따른 대금일 가능성이 많다. 그러나 그것은 백기 주나 안용복 모두 대마도-동래 사이의 통교체계에 벗어난 새로운 루트, 즉 밀무역에 의한 것이었을 가능성이 농후하였다. 그래서 그 사실을 은폐하여 얼버무

---

27) 『숙종실록』 권30, 숙종 22년(1696) 10월 23일(병오).

린 것이기 때문에 전후에 한 말이 어그러질 수밖에 없었을 것이다. 일본 측 사료인 『大谷氏旧記』와 『村川氏旧記』 등에 의하면, 竹島渡海로 획득하려고 한 물품에 인삼과 전복, 그리고 강치가 기록되어 있다. 『村川氏旧記』에는 도해 시 필요한 경비를 돗토리 번에서 빌렸고, 귀향 때 전복으로 정산했다는 것을 기록하고 있으며 전복과 은의 환산비 등이 기록되어 있다. 『大谷氏旧記』의 1664년 6월 18일의 문서에도 전복과 은의 교환율이 기록되어 있고, 은을 상납한 구체적 액수가 수록되어 있다.[28] 그런 점에서 고가의 인삼 및 전복이 울릉도를 찾는 사람들의 관심의 주된 대상이었음을 짐작할 수 있다. 안용복은 그런 점에서 고가의 인삼 및 전복과 일본의 은과의 교역에 목적을 두고 울릉도 행과 일본 행을 감행하였다고 할 수 있을 것이다.

동아시아 국제교역을 검토한 연구결과에 의하면 동아시아 국제교역은 3단계로 구분된다. 1단계는 16세기로서 중국의 비단과 원사, 조선의 면포 및 은, 일본의 구리, 은 등이 교환되는 형태로서, 이 교역관계는 일본이 가장 불리했기 때문에 이를 타개하는 방안으로 임진왜란이 발생하였다고 하였고, 2단계는 임란 이후 일본은 유입이 급격히 감소하는 1720년대까지로서, 이 시기는 전 지구적으로 소빙기의 자연재난이 계속되었고, 만주가 동아시아 교역권에 편입된 시기로 파악하고 있다. 조선의 입장에서 보면 1660년 이후 30~40년간은 조선의 중개무역의 최성기로 막대한 이윤이 창출되어 국내 상업발전과 상품생산에 상당한 영향을 끼친 시기로 파악하였다. 3단계는 1720년 이후 19세기 중엽까지 인삼수출무역 수출체제로 특징되는 시기이다. 이 시기는 일본 은의 유입이 급격히 감

---

28) 衫原隆, 「大谷家, 村川家 關係文書再考」『竹島問題に關する調査硏究 最終報告書』竹島問題硏究會, 2007.

소함으로써 중국과의 무역결제수단으로서 은 대신에 인삼이 출현하였
고, 국내에서 家蔘 재배가 성공하여 국제교역에서의 불리함을 타개할
수 있었던 시기라는 것이다.29)

동아시아 국제교역의 2단계에서 만주가 동아시아 교역권에 편입될 수
있었던 것은 蔘商들이 이곳에 진출하면서 변장과 결탁하여 범월 채삼에
관여한 것도 요인으로 작용하였을 것이다. 조선이 후주, 그리고 폐사군
지역의 개척에 적극 나서기 시작한 것도 만주가 동아시아 교역권에 포
함된 것과 연관되어 취해진 조치였다고 볼 수도 있을 것이다. 특히 소론
측은 역관 등의 중인은 물론 동래상인·시전상인 등의 상인층과 밀착하
여 정국을 장악하고자 하였기 때문에30) 남구만 등의 소론은 북방 개척
에 적극적이었을 뿐만 아니라 鬱陵島爭界 문제가 일어나자 적극적 대응
과 설읍을 당초 주장하였다. 甲戌換局에 이르기까지의 소론의 환국 기도
에 참여한 전직 관료는 대개 의주, 은산, 안성, 동래 등 상업의 요지에서
수령을 지내던 인물들이었다. 그들은 이들 지역의 부상대고와 일정한
연계가 있었을 것이고, 따라서 상인의 이해를 대변하는 면이 있었다고
볼 수 있다. 務本抑末策의 입장을 견지한 남인정권은 중·소지주와 자영
농의 보호에 중점을 두고 당시 발흥하던 상공인 세력을 억압하는 면이
있었기 때문에31) 蔘商의 금단 및 북방지역에의 設鎭에 반대 입장을 보
였다고 볼 수 있다.

청나라 역시 만주의 중요성이 커지자 조선의 북방개척을 주시하면서
채삼 범월 문제를 빌미로 조선을 압박한 면이 있다. 실제 숙종 17년

---

29) 이태진, 「국제무역의 성행」『한국사시민강좌』9, 일조각, 1992.
30) 정석종, 『조선후기사회변동연구』일조각, 1983, 94~132쪽.
31) 정석종, 위의 책 1983, 129쪽.

(1691)에 오면 채삼범월을 빌미로 삼아 심양에서 군졸을 뽑아 연습하는
데 필요한 조총 2~3천 자루를 요구하였다. 또 『一統志』를 찬수한다는 명
목 하에 그들의 발상지였던 영고탑, 烏喇 등지의 城地·산하 등 기록이
잘못된 곳에 대한 정확한 고증을 한다는 것을 빌미로 하여 조선으로 하
여금 길 안내와 역참의 준비, 조선의 길을 빌리고자 하였다.[32] 이에 대
해 조선의 여론은 "심양에서 영고탑으로 가려면 길이 험하고 멀지만, 만
약 우리나라의 서북의 변경을 거쳐서 간다면 매우 가까우니, 저들에서
만약 급박한 변고가 있어 옛날에 살던 땅으로 되돌아가려고 하면 틀림
없이 돌아가는 길을 버리고 질러가는 길로 나아가면서 우리나라의 서북
변경을 짓밟으려고 한다."[33]는 인식과 그들이 실상은 '조선의 도로를 엿
보려는데' 저의가 있다고 하면서 조선의 길이 험하여 도저히 통과할 수
없다는 뜻을 누차 비치었다. 이러한 일련의 논의에 대해 북방 변경지역
과 울릉도에 설진을 주장하였던 남구만은 땅을 비워두는 것이 국경을
넘는 죄를 범하는 것보다 더 심한 잘못이라고 하면서 설진 등의 적극적
대응을 주장하였다. 그런 그였지만 현실적으로 "거듭 기근이 든 나머지
공용과 사용이 모두 곤궁하게 떨어진 때를 당한 지금 진을 옮기고 고을
을 설치하는 것은 거론하기 어렵다."는 사실을 인정하지 않을 수 없었
다.[34] 이렇게 볼 때 숙종 22년 울릉도에 설진을 주장하였던 남구만이 울
릉도를 다녀온 張漢相의 보고를 듣고 설진을 뜻을 접고 수토정책을 건
의하게 된 것 역시 거듭된 기근에 따른 민의 유망 때문에 사세 상 개척
을 이루기 어렵다고 판단하였기 때문이다.

---

32) 배우성·구병진 역, 『국역『同文彙考』疆界 史料』동북아역사재단, 2007, 98~105쪽.
33) 『숙종실록』권31, 숙종 23년(1697) 5월 18일(정유).
34) 같은 책 권31, 숙종 23년 5월 18일(정유).

왜 대다수의 중신들이 북방에서의 조청 사이의 영토분쟁과 조일 사이
의 영토분쟁에 대해 설읍, 설진보다는 폐읍과 수토정책으로 대응한 이
유는 어디에 있을까? 그것은 계속된 기근에 따른 민의 유망현상 때문이
었다.

③ 穩城府使 尹理가 소를 올려 本道의 여러 가지 폐단을 조목조목 나
누어 다음과 같이 진달하였다. 첫째, 富寧 이북의 남쪽에서 변방으
로 옮겨진 백성들이 요즈음 도망하여 되돌아가는 경우가 많아, 형세
가 장차 텅 비게 될 듯하니, 청컨대 科條를 거듭 엄격하게 하여 즉
시 쇄환하도록 하되, 容隱한 자도 徙邊하는 律을 적용하게 하소서.
둘째, 본도에는 生齒가 번성하지 못한데, 六鎭이 그 중에서 최고입
니다. 거기다가 유랑한 軍額으로 한갓 빈 장부를 채우고 있는데, 이
제 한결같게 조정의 명령에 의거하는 시기를 당하여, 그 빠뜨려진
것을 채워 넣으려고 소요스럽게 수색하여 모은다면, 틀림없이 백성
들의 마음을 크게 실망시키게 될 것입니다. 청컨대 천천히 조금 풍
년이 들기를 기다렸다가 점차로 보충하여 세우도록 하소서. … 다
섯째, 청컨대 공사 간에 商賈가 富寧 이북으로 왕래하는 폐단을 엄
격하게 금지하도록 하소서. 여섯째, 端川 이남의 蔘을 캐는 죄인은,
청컨대 육진에다 옮기지 말도록 하여 傳業하며 犯越하는 폐단이 없
도록 하소서.[35)]

위의 사료를 통해 북방지역은 생치가 번성하지 못하고, 유랑한 군액
으로 인해 한갓 빈 장부를 채우고 있는데, 북방개척에 따른 남쪽 주민에
대한 사민정책이 취해졌지만 도망하여 되돌아가는 사태가 속출하여 읍
이 텅 빌 지경에 도달하였음을 알 수 있다. 풍년을 기다려 군액을 채울
것을 건의한데서 이들 사태의 주된 원인이 계속된 기근으로 인해 나타

---

35) 같은 책 권12, 숙종 7년(1681) 9월 22일(신미).

난 현상으로 볼 수 있다. 그런 점에서 "동해 바닷가는 토질이 모래와 자갈이 많아 경작할 수 없어 바닷가 백성들은 오직 고기잡이, 벌채로 생활해 나가고 있는데, 울릉도에는 큰 대와 전복이 나므로 연해 고기잡이하는 사람들은 금함을 무릅쓰고 이익을 탐하여 무상으로 출입합니다."36) 라고 한 것에서 당시의 자연재해의 어려움을 타개하고자 하는 바닷가 어민들의 노력을 엿볼 수 있다.

북방지역 주민의 유랑과 범월, 그리고 동해 바다의 절해고도인 울릉도와 독도로 사람들이 진출한 숙종 조는 소빙기의 내습에 따른 기상이변에 의해 한발, 폐농, 기근 등의 대재난이 엄습한 시기이다. 숙종 조에 해당하는 17세기는 전 세계적으로 소빙기에 따른 재난이 내습하였다.

제2절 17세기 대재난의 흔적들

인류 역사에서 17세기는 소빙기가 닥쳐 기상이변에 의한 한발, 폐농, 기근, 전염병 등의 대재난이 엄습한 시기였음은 이론의 여지가 없다. 다만 소빙기의 시기와 그 원인에 대한 진단에는 다양한 의견이 있다. 소빙기가 17세기에 국한된 것이 아니라 1450~1850년의 400년간, 1500~1750년의 250년간 일어났다는 주장 등이 있지만 소빙기가 절정에 이른 시기가 17세기라는 데는 이론이 없다.37) 소빙기의 자연재해 현상의 요인에 대해 태양흑점활동의 쇠퇴설이 주장되기도 하지만 다량의 운석 형 유성의 낙하에 따른 현상, 즉 외계충격으로 인한 대재난설,38) 유별난 화산활동

---

36) 李盟休, 『春官志』「鬱陵島爭界」.
37) 김덕진, 『大饑饉, 조선을 뒤덮다』 푸른역사, 2008, 22쪽.
38) 소빙기의 외계충격대재난설에 의하면, 1392~1862년 470년간 서울 상공 관찰 운석

에 의해 생겨난 현상이라는 해석도 있다.[39)]

소빙기로 인해 잦은 가뭄과 홍수를 유발하는 일기불순이 장기간 반복하는 현상이 일어났고, 지구의 평균 기온이 1~2도 내려가고 서늘한 여름과 한랭한 겨울이 낮아 이상저온이 장기간 지속된다. 소빙기 기후는 식물의 성장기를 단축하고 경작지를 축소해 농산물의 생산을 감소시켰다. 소빙기의 자연이상 현상으로 농업이 심대한 타격을 입었다. 특히 여름철 저온 현상은 작물의 발육 부진과 고산 농지의 폐기를 가져왔고, 겨울철의 혹한은 강과 운하의 결빙을 초래하여 교통을 마비시켰다. 여기에 더해 사람과 동물의 방역체계까지 흔들려 면역력을 크게 떨어뜨렸다. 그로 인해 우박·서리·때 아닌 눈 등 기온강하와 관련되는 기상이변, 한발과 홍수, 해일·지진 등의 지상·해상의 재앙, 이로 인한 실농, 기근, 전염병·충해, 불황 등의 연쇄 고리 현상이 일어났다. 결국 반란, 전쟁, 혁명이 빈번하게 일어났다.

기후변동이 준 영향은 상공업 부면에서도 일어났다. 소빙기 시기에 유럽 상인들의 해상활동은 당시의 농업경제의 한계를 보충, 극복하려는 의지가 작용된 면이 없지 않으며, 그 수출입 상품 가운데 보온성이 높은 모직, 모피 등이 큰 비중을 차지하고, 면화재배와 면직물 보급이 활발하게 이루어졌다. 이 시기에 유럽에서 벽난로 공급이 늘어나고, 한국에서 전면 온돌이 보급되기 시작하였다. 유럽에서 프랑스, 독일 등 농업국가

형 유성의 수 3431개 가운데 1500년에서부터 1750년의 시기 3330개이고, 1760년 이후는 급격히 줄어든다고 한다. 외계충격대재난설의 대표적 견해는 이태진, 「小氷期(1500-1750) 천번재이 연구와 『조선왕조실록』」(『역사학보』 역사학회, 1996) ; 「외계충격 대재난설과 인류역사의 새로운 해석」(『역사학보』164, 역사학회, 1999) ; 『동경대생들에게 들려준 한국사』(태학사, 2005) 등이 참고 된다.

39) 김덕진, 앞의 책, 2008, 23쪽.

가 심대한 피해를 입은 반면 곡물 교역 등 국제교역에서 장점을 가진 네덜란드나 모직물 생산과 석탄광개발에 나선 영국이 경제적 우세국으로 변신하였다.40)

명·청 교체 역시 소빙기 현상으로부터 영향 받은 동아시아 역사의 큰 소용돌이였다. 청대 초기는 중국 역사상 제5차 소빙하기로 기후가 몹시 한랭 건조하여 매년 기근과 흉년에 시달려야 했다. 청대 초엽의 三藩의 난의 경우도 강희제의 削藩政策에 기인한 것이기도 하지만 기후의 악화도 관계가 있다.41) 명말 후반기 기후가 가장 한랭하였고, 한재 역시 극심하였다.

소빙기의 기온강하는 전반적으로 농경조건을 어렵게 만들었고, 그 가운데 만주일대에서 추수를 거두는 곳이 요동지방에 한정된 상태에서 이를 둘러싼 양 측의 쟁패가 일어날 수밖에 없었다.42) 연속되는 자연재해로 인해 실농이 잇따르고, 삼번의 난이 일어나는 상황에서 만주지역에서 추수가 가능한 요동지역을 봉금정책으로 방기할 수는 없었다.

조선의 경우 17세기에 소빙기가 닥쳤지만 1650년대와 1670년 전후, 그리고 1690년대 후엽의 대재난이 심각하였다. 특히 1670(현종 11년 ; 경술년)~1671년(현종 12년 ; 신해년)의 '경신대기근'과 1695(숙종 21년 ; 을해년)~1696년(숙종 22년 ; 병자년)의 '을병대기근'의 재해는 냉해, 가뭄, 수해, 풍해, 충해 등 5대 재해가 겹쳐 흉작이 극심한 대 재해였다. '경신대기근' 때 장선징은 "밝으신 상제께서 발끈 화를 내고 동녘 땅 수 천리에 참혹함을 내리어 반드시 1백만의 생명을 죽이려 한다."43)고 하였고, 6개

---

40) 이태진, 앞의 논문 1999 ; 앞의 책 2005.
41) 유소민 지음 ; 박기수·차경애 옮김, 『기후의 반역』 성균관대학교 출판부, 2005, 196쪽.
42) 이태진, 앞의 논문 1996, 228쪽.

월 뒤, 윤경교는 기근과 여역으로 떠돌다 죽은 사람과 고향에서 죽은 사람을 모두 합하면 그 수가 거의 1백만 명에 이르렀고,[44] 둘이 하나 죽어도 모르고 먹는 상태로 내몰리었다.[45] 그로부터 30여 년이 경과한 1695~1699년에는 4년 가까이 지속된 초강력 재난으로 인해 전체 인구의 25~33%나 되는 400만 여명이 목숨을 잃었다.[46] 소빙기 재난의 여진은 1700년대 초반까지 간헐적으로 지속되었다.

대기근이 발생하자 전국에서 유리걸식하는 백성들이 먹을 것을 찾아 꼬리를 물고 서울로, 서울로 모여들었다. 특히 1671년 1월에 도성 내외에 진휼소를 개설해 무료 급식을 시행하자 기아자들이 전국에서 구름처럼 몰려왔다. 이 때문에 서울의 전염병은 들불처럼 번져 병자가 거의 수천에 이르렀다. 전염병이 서울에 만연하자 1671년 2월에 현종이 감염을 우려하여 창덕궁을 떠나 경덕궁으로 옮기기까지 하였다. 이처럼 병을 피해 떠나는 사람들이 줄을 이었다. 서울의 관리들이 감염되어 장기간 결근하거나 병을 피해 사직하는 경우가 있었고, 청사가 텅 빈 지방관청과 역참이 텅 비어 국가의 행정 공백과 교통·통신망이 마비되었다.[47]

숙종 조의 대재난은 그 절정기에 해당한다. 그로 인한 기근·질병이 전국적으로 연속해서 음습함을 『숙종실록』의 사료는 보여준다. 숙종 2년(1676)의 경우 "팔도가 흉년이 든 것은 예전에 없는바"라고 하였으며,[48] 그 이듬해에도 "바야흐로 지금 괴상하고도 놀랍기만 한 재변이 다

---

43) 『현종개수실록』 권24, 현종 12년(1671) 6월 4일(계미).
44) 같은 책 권24, 현종 12년 12월 5일(임오).
45) 『현종실록』 권19, 현종 12년 4월 6일(정해).
46) 김성우, 「17세기의 위기와 숙종대 사회상」 『역사와 현실』 25, 1997, 25쪽.
47) 김덕진, 앞의 책 2008, 132~144쪽.
48) 『숙종실록』 권5, 숙종 2년(1676) 2월 3일(을묘).

달이 생기다가 이번에는 요망한 혜성이 더욱 참혹한 이변을 보인다.''49)
고 하거나 "날이 크게 가물어 팔도가 함께 재해를 입었다."고 하였다.50)
그리고 숙종 12년(1686)에는 "금년 凶異荒이 庚戌보다도 심하다."고 하였
는데, 경술년(현종 11 ; 1670)의 경우 농민이 기근과 癘疫으로 사망한 것
이 온 나라를 통틀어 합하면 그 수가 거의 100만 명에 이를 것이며, 심한
경우에는 한 촌이 모두 죽는 경우가 상당수 있어서 비록 임진왜란 병화
의 참혹함도 이보다는 지나치지 않았을 것이라고 하였다.51) 또 남인들
이 집권하고 있는 기사년(숙종 15 ; 1689)부터 갑술년(숙종 20 ; 1694)까지
5년간은 거의 매년 흉년이 들지 않은 해가 없었다. 숙종 16년 심중량은
"상경 시에 지나온 大村 10 중에 7·8은 비었고",52) "유민이 길에 가득하
여", 이 해의 흉년은 예전에 없던 것이라고 하였다.53) 숙종 18년(1692),
숙종 19년(1693)도 자연적인 재해가 휩쓸고 있었다.

숙종 20년(1694), 갑술환국으로 소론이 정권을 장악하였지만 이때에도
자연재해는 끊이지 않았다. 숙종 21년(1694)부터 숙종 25년(1699)까지도
연속해서 흉년이 들었다. 숙종 21년에는 "크게 가물고 찬바람이 연이어
불고 서리가 자주 내려서 밀·보리는 싹을 피우지 못하고, 곡식의 파종이
늦어져서 드디어 크게 흉년이 들었다."고 한다.54) 그리하여 가을의 쌀
한 말 값이 50전에서 다음 해 봄까지 200전으로 뛰어올랐다.55) 다음 해

---

49) 같은 책 권6, 숙종 3년(1677) 4월 11일(정사).
50) 같은 책 권6, 숙종 3년 10월 2일(병오).
51) 『현종개수실록』 권25, 현종 12년(1671) 12월 5일(임오), '헌납윤경교상소' ; 『승정
   원일기』 제237책, 현종 12년 12월 임오.
52) 『숙종실록』 권22, 숙종 16년(1690) 12월 17일(계유).
53) 같은 책 권23, 숙종 17년(1691) 7월 1일(갑신).
54) 같은 책 권28, 숙종 21년(1695) 4월 1일(임진).
55) 같은 책 권29, 숙종 21년 8월 23일(임자).

인 숙종 22년의 경우에도 아사자가 속출하는 현상이 계속되어 도성 내
에서 東活人署·西活人署에서 죽을 마련하여 굶주린 백성에게 나누어 먹
였다.56) 3월의 기록에 의하면, "현재 設賑에 나온 사람 수는 서울이 1만
명을 넘고 8도가 각기 수만을 헤아리는데 영남에서의 보고는 56만 여명
으로 되고 있으며 사망자만도 전후 수만 명을 헤아린다."고 하였다.57)
전국이 대개 같은 현상이었지만 특히 관서지방의 기근이 더욱 심하여58)
살아 있는 사람의 고기를 먹는 사람이 나타나기까지 하였고,59) 함경도
에 괴질마저 나타났다.60)

　이듬해인 숙종 22년(1696)에는 4, 5월 우박, 서리, 눈이 내리는 등 이상
저온 현상이 관찰되지만 농업의 작황에 그다지 큰 피해를 입히지는 않
은 듯하다.61) 숙종 23년(1697)에 또 다시 큰 피해를 이상저온이 밀어 닥
쳤다. 초여름인 6월에 이르기까지 각처에서 서리, 우박, 눈이 내리는가
하면 한발까지 겹쳐 이 해 봄 작황이 매우 부실했다. 이 해 6월의 자연

---

56) 같은 책 권30, 숙종 22년(1696) 정월 6일(계해).
57) 같은 책 권30, 숙종 22년 2월 20일(병오).
58) 같은 책 권30, 숙종 22년 3월 29일(을묘).
59) 같은 책 권31, 숙종 23년(1697) 2월 10일(신묘), "賊人 李億金이 草葬을 파내어
　　시체의 옷을 벗겨 입은 죄를 斬刑으로 논하였다. 근년에 오면서 거듭 飢饉이 들
　　어 백성들의 생활이 가난해져 明火賊들이 사람을 죽이고 재물을 약탈하는데, 곳
　　곳마다 모두 그러하였으나, 有司가 전부 금지시킬 수 없었다. 심지어 살아 있는
　　사람의 고기를 먹으며 시체의 옷을 벗겨서 입으니, 참으로 예전에 없었던 變故로
　　識者들이 한심스럽게 여겼다."
60) 같은 책 권30, 숙종 22년(1696) 8월 14일(정유), "함경관찰사 李光夏가 文川 등
　　여섯 고을의 민간에서, 어지러워 쓰러져 갑자기 죽는 괴이한 병으로 죽은 사람이
　　매우 많다고 치계하였는데, 예조에서 제사하여 재앙을 물리치기를 청하니, 윤허
　　하였다."
61) 김성우, 앞의 논문 1997, 32쪽.

재해에 대해서 『숙종실록』은 다음과 같은 기록을 전하고 있다.

> 이 달에 팔도 모두 대단히 가물었고, 바람, 우박, 서리, 눈, 황충 등의
> 재해가 곳곳마다 참혹했다. 그리고 포악한 호랑이가 사람을 잡아먹어 비
> 록 평원과 광야, 마을과 잇닿는 곳이라도 사람이 감히 혼자 단지 못했
> 다.[62]

현종 12년 대기근 당시 경상도의 기민수가 최대 30만 명을 넘지 않았
다는 점을 상기한다면, 경상도에서만 56만 여명의 기민을 기록한 이 시
기 재난의 심각성을 미뤄 짐작할 수 있을 듯하다.[63] 숙종 22년(1696)의
경우, 한 해 동안의 사망자 관련 기록을 모두 추출, 검토하면 그 대강의
경향성은 파악할 수 있다.

> 1월 4일 : 경상도 및 경기도에 기민으로서 아사한 자들이 많다.
> 1월 23일 : 경상도에서 아사한 자들이 54명이다.
> 4월 3일 : 서울의 동·서 진제소에서 아사한 자들이 전후 200여명이다.
> 9월 9일 : 함경도 문천 등 6읍에서 어지러워 쓰러져 급사하는 괴질로
>   사망한 자들이 많다.
> 9월 22일 : 평안도 6읍에서 8월 이후 아사자는 1,500여명이다.
> 11월 11일 : 평안도에서 여역을 사망한 자들이 605명이다.

위의 기사를 종합하면 숙종 22년(1696) 봄 무렵까지 주요 사인은 기근
으로 인한 영양결핍이었음을, 그리고 여름 이후부터는 여역, 곧 장티푸
스가 주요 사인으로 전환되었음을 알 수 있다. 즉 영양 결핍으로 병원에

---

62) 『숙종실록』 권31, 숙종 23년(1697) 4월 30일(기묘).
63) 김성우, 앞의 논문 1997, 34쪽.

대한 저항력이 급격하게 저하된 사람들 사이에 수인성 급성전염병이 크
게 유행하면서 사망자가 확대되었던 것으로 여겨진다.64) 숙종 22년에
들어와서도 괴질로 인한 사망자와 아사자는 계속되어 사람이 사람을 잡
아먹는 지경이었다.65) "이 해에는 八路가 大飢하였다. 기호지방이 더욱
심하였으며 도성 내에 쌓인 시체가 산과 같았다."66)고 하였고, 이듬해의
경우도 "성내의 누 만호에 아사자가 서로 相枕하고 있으며 기호와 타도
도 마찬가지다."67)라고 한 표현은 이 당시의 참상을 잘 말해준다.

숙종 23년에 1년 동안의 작황이 극도로 부실한 편이었다. 그리하여 이
해에도 대량의 기민과 아사자 발생, 그리고 전염병 창궐과 사망자의 속
출과 같은 상황이 충분히 예상되지만,『숙종실록』에서는 다음의 기사가
당시 재난의 실상을 어느 정도 암시해줄 뿐이다.

> 근년에 오면서 거듭 기근이 들어 백성들의 생활이 궁핍해져 明火賊들
> 이 사람을 죽이고 재물을 약탈하는데, 곳곳마다 그러했으나 관리들이 모
> 두 금지시킬 수 없었다. 심지어 산 사람의 인육을 먹고, 시체의 수의를 벗
> 겨서 입으니, 참으로 예전에 없는 변고로서 식자들이 한심스럽게 여겼
> 다.68)

숙종 23년(1697)의 대기근은 이듬해에도 계속 이어져 숙종 24년(1698)
6월에 이르러서는 곡가가 400%나 급등하는가 하면, 기근의 정도가 특히
심각했던 평안도 일대에서는 청으로부터 무상 1만 석, 유상 2만석의 양

---

64) 김성우, 위의 논문 1997, 34쪽.
65)『숙종실록』권31, 숙종 23년 2월 10일(신묘).
66) 같은 책 권31, 숙종 23년 10월 23일(경오).
67) 같은 책 권32, 숙종 24년(1698) 정월 임진.
68) 같은 책 권31, 숙종 23년(1697) 2월 10일(신묘).

곡을 수입해서 도민들에게 공급해주는 형편이었다.[69] 청에 대한 복수
의식과 북벌 대의가 주요 정서로 시로 남아 있던 숙종 대에 청으로부터
3만석에 이르는 곡물을 수입했다는 사실만으로도 당시 기근의 심각성을
보여주는 데 부족하지 않을 것이다.[70] 이와 같이 참담했던 대재난은 숙
종 25년(1699)까지 계속되었다. 숙종 25년의『숙종실록』기사 또한 재난
상황이나 사망자의 추이를 정확하게 파악하는 데 어려움을 주지만, 그
해 사망자에 대한 국가의 공식 통계에 의하면 서울 3,900여명, 각 도 총
합 250,700여명에 달한 것으로 미루어[71] 이 해의 참혹했던 대재난 상황
을 충분히 짐작할 수 있다. 대재난의 마지막 해였던 숙종 25년(1699)에
작성된 '기묘호적'을 재난 발생 이전인 숙종 19년(1693)에 작성된 '계유
호적'과 비교해 보면, 불과 7년여 만에 호구가 각각 253,391호(16.39%),
1,416,274명(19.70%)이나 감소했던 것이다. 호적상의 이러한 호구 급감
현상은 이전, 이후를 통틀어 유례를 찾아볼 수 없었다. 이 시기 집중된
대재난의 얼마나 참혹했던가를 엿볼 수 있는 대목이다.[72]

을병대기근(1695~1699년) 시에도 사망자는 서열, 연령별로는 아약자,
노약자, 임산부가, 신분별로는 노비를 비롯한 상민층이 대부분이 있을
것으로 생각된다. 그리고 아약자 및 노비층의 다수가 호적에 등재되지
않았을 것임을 예상한다면, 이 시기 희생자의 예상 수치는 400여만 명에
이른다. 당시 인구가 최소 1천 2백만 명~최대 1천 6백만 명에 이른다고
가정했을 때, 전체 인구의 25%~33% 정도가 이 시기에 희생되었을 것으

---

69) 같은 책 권32, 숙종 24년(1698) 4월 26일(경오).
70) 김성우, 앞의 논문 1997, 34~35쪽.
71)『숙종실록』권33, 숙종 25년(1699) 12월 30일(갑오), "이 해에 癘疫이 상기 치열하
   여 서울에 강시가 3천 9백여 軀이고, 各道의 사망자는 도합 250,700여명이었다."
72) 김성우, 앞의 논문 1997, 36쪽.

로 여겨진다.[73)]

현종 대의 '경신대기근'보다 못지않은 것은 숙종 대의 '을병대기근 (1695~1696년)'이었다. 1696년의 경우 안용복이 1693년에 이어 재차 울릉도와 독도에 들어가 일본 어부들을   아냈다. 이 해에는 13척의 배가 울릉도로 들어갔다. 대기근 상태에 몰린 어부들은 삶을 찾아 수령이 없는 울릉도로 향할 수밖에 없었다.

제3절 대재난을 극복하기 위한 노력들

17세기 소빙기가 초래한 대기근을 극복하기 위한 노력들을 살펴보고, 그 일환으로서 안용복 일행의 울릉도 행이 이루어졌다는 것을 강조하기 위해 절을 바꾸어 '먼 바다와 섬으로 진출한 사람들-안용복은 왜 울릉도·독도로 건너갔을까?'에 관해 살펴보기로 한다.

(1) 전염병을 막기 위한 노력들

연속된 자연재해로 인해 전염병과 가축병이 창궐하자 그 전염병을 구제하고자 하는 노력이 기울어졌다. 전염병이 발생한 집이나 마을 입구에 소나무 가지로 막아 사람의 출입을 통제하거나 지붕에 가시나무를 올려 모든 사람이 전염병 환자의 집이라는 사실을 알도록 하였다. 또 병에 걸려 죽은 자를 바로 땅에 묻어 병균이 확산되는 것을 막았고, 마을에서 멀리 떨어진 곳에 病幕, 避幕, 山幕이라고 하는 오두막을 지어 환자

---

73) 김성우, 위의 논문 1997.

를 격리, 수용하였다. 환자를 치유하고 소생시키기 위해 정부는 도성과 지방에 의관과 의녀, 그리고 의서와 약재를 보냈고, 감영 소재지에 있는 삼약이라는 의관에게도 치료에 만전을 기하라고 주문했고, 九味羌活湯이라는 약재를 복용하도록 권했다. 1613년에 허준은 『東醫寶鑑』을 간행한 이후 『新撰辟瘟方』, 『辟疫新方』 등 역병 의서를 편찬했고,74) 정부는 효종 9년(1658)에 약령시를 개설해 약재 유통의 길을 열어주었다.75)

지방에서는 수령과 향리들이 나서서 구호활동을 펼쳤지만 전문 시설이 부족해 전염병에 제대로 대응하지 못했지만 그나마 서울은 내의원, 전의감, 혜민서 등의 의료기관과 도성 안의 전염병 환자를 전문 치료하는 活人署가 있어서 지방보다는 나았다. 그렇지만 1670~1671년 경신대기근으로 인해 도성 내외에 진휼소를 개설해 무료 급식을 시행하자 기아자들이 전국에서 구름처럼 몰려왔다. 이 때문에 서울의 전염병은 들불처럼 번져 병자가 거의 수천에 이르렀다.

비록 17세기에 대기근에 따른 전염병을 막지는 못하였지만 18세기 무렵의 민간의료 보급은 17세기 들불처럼 번지는 전염병을 막기 위한 노력의 결과이다. 1980년인 문화재청의 의뢰를 받은 영남대학교 민족문화연구소에서 대구·경북지역의 典籍 조사팀(책임자 : 이수건)의 일원으로 참가한 필자는 곳곳의 양반 가문에서 필수적으로 자가 처방을 할 수 있는 의학 관련 서책이 구비되어 있음을 발견한 적이 있다.

---

74) 김호, 『허준의 동의보감연구』 일지사, 2011, 149쪽.
75) 김대원, 「18세기 민간의료의 성장」 『한국사론』 39, 국사편찬위원회, 1998, 193쪽.

(2) 삶의 터전을 잃고 서울로 몰려든 사람들과 '도적'으로 나선 사람들

농업을 기반으로 한 조선사회에 17세기의 소빙기가 초래한 대재앙은 싹도 못나게 하는 봄 가뭄, 걷잡을 수 없는 여름 물난리, 냉해에 의한 농작물의 피해, 닥치는 대로 갉아먹은 병충해로 인해 대기근과 전염병으로 인해 토지를 이탈하는 농민이 대거 발생하였다. 결국 민의 유망이 격증하자 도적이 창궐하였다. "모이면 도적이 되고 흩어지면 백성이 된다(聚則盜 散則民)."는 말처럼 전근대의 群盜인 도둑은 기본적으로 백성, 곧 농민이다. 17세기의 대재난으로 인해 토지로부터의 유리는 필연적이다. 농민이 농토를 떠나면 그 사회는 붕괴할 수밖에 없다. 기근으로 발생하는 유민은 대개 떠돌다 죽거나, 어렵게 살아남으면 고향으로 다시 돌아갈 수밖에 없지만 계속된 기근으로 인해 유민 가운데 상당수는 진휼과 방역 제도가 잘 갖춰진 서울로 몰려들었다. 특히 현종·숙종 대의 두 대기근 당시 전국의 유민들이 서울로 대거 몰려든 사실은 각종 사료에 생생히 기록되어 있다. 그 결과 서울은 당시 그 어느 지역보다도 인구 증가율이 높게 나타났고, 그것이 서울의 공간 구성과 산업 구조의 변화에 일조했다는 것이 현재 학계의 연구 결과다.[76]

유민은 서울과 상공업 지역에 들어가 새로운 삶을 개척하기도 하지만 절해고도, 심산유곡에 들어가 도적의 무리가 되어 이리저리 움직이기도 했다. 이들은 어떤 계기가 되면 일정한 근거지를 가진 채 조직화되면 군도로 변한다. 이들 유민을 심산유곡에 규합해 세력화하고 전통적 가치를 공허한 이념으로 돌리는 토착 농민과 재야 지식인들도 적지 않았다.

---

76) 고동환, 『조선시대 서울도시사』 태학사, 2007 ; 김덕진, 『대기근 조선을 뒤덮다』 푸른역사, 2008, 311쪽.

그 결과 각종 유언비어가 난무하는 가운데, 새로운 세상을 꿈꾸는 반란, 조직, 예언서, 도인이 주목받을 수밖에 없다. 혹심한 경신대기근 속에서 ‘금산반란’이 일어났고, 17세기 후반 숙종 대에 발생한 검계, 살주계, 미륵신앙, 장길산 사건, 명화적의 출몰 역시 모두 연이은 대기근과 국제정세 속에서 터진 것이다.[77] 조선 후기에 변란을 꿈꾸는 ‘홍길동’은 조선시대에 이미 소설화되었고,[78] ‘임꺽정’은 일제 강점기에,[79] ‘장길산’은 해방 이후에 모두 소설화되었다.[80] 도둑을 영웅시하는 사회는 어딘가 곪아 있는 병든 사회다. 병든 체제에 대한 저항이 군도가 형성한 이미지인 것이다. 임꺽정 부대가 활동할 당시 사관은 다음과 같이 말하고 있다.

경기관찰사 沈守慶이 배사하니, 전교하였다. “관찰사가 할 일은 이미 교서에 일러 놓았다. 도적 잡는 모든 일을 각별히 잘 조처하여 늦어지지 않도록 하라.”

사신은 논한다. 근래 지방관이 배사할 때에 상의 교유는 으레 도적 잡

---

77) 정석종,『조선후기 사회변동연구』일조각, 1983.

78) 조선 연산군 때 충청도 일대를 중심으로 활약한 도적떼의 우두머리이다. 許筠이 지은『洪吉童傳』모델이 되었으며, 명종 때 임꺽정(林巨叱正 또는 林巨正), 숙종 때 장길산과 더불어 ‘조선 시대 3대 도적’으로 꼽기도 한다.

79) 홍명희의『임꺽정』은 백정 출신인 도적 임꺽정의 활약을 통해 조선시대 민중들의 생활상을 생생하게 그린 대하 역사소설이다. 이 작품은 1928년부터 10여 년에 걸쳐「조선일보」에 연재되어 폭넓은 독자들의 사랑을 받았고, 일제 말에 초판이 간행되자 전 문단적인 찬사를 받으며 우리 근대문학의 고전이라는 정평을 얻었다. 해방 직후에는『임꺽정』재판이 간행되어, 식민지 시기 일본어로만 교육을 받다가 해방 후 처음 한글로 교육을 받게 된 새로운 세대의 독자들에게 특히 인기를 끌며 널리 읽혔다.

80) 황석영이 지은『장길산』인 대하 역사소설이다. 1974년 7월 11일부터 1984년 7월 5일까지「한국일보」에 2,092회에 걸쳐 연재되었으며 1984년 현암사에서 전 10권으로 완간되었다. 이후 출판사를 옮겨 1995년 창작과비평사에서 재 간행되었다.

는 것을 위주로 하니, 이는 병이 아픈 것만을 알고 병이 생기는 근본은 생각하지 않는 것이다. 저 도적이 생긴 것은, 도적질하기를 좋아해서가 아니라 飢寒이 절박하여 부득이 도적이 되어 하루라도 연명하려고 하는 자가 많기 때문이니, 그렇다면 백성을 도적으로 만든 자가 과연 누구인가. 권세가의 문전이 시장을 이루어 공공연히 벼슬을 팔아, 무뢰한 자제들을 州郡에 나열하여 백성들을 약탈하게 하니, 백성이 어디로 간들 도적이 되지 않겠는가. 상은 이런 것을 알지 못하고 도적 잡는 한 가지 일만 매번 간곡히 부탁하니, 탄식을 이루 금할 수 있겠는가.[81]

소설이 아닌 실제의 홍길동과 임꺽정, 장길산은 과연 의적이었을까? 그들은 정말 탐관오리만을 응징하는 그런 도둑일까? 하지만 그들의 이름은 아름답게 남는다. 부정직한 체제와 지배자에 대한 저항만으로도 그들은 아름답게 기억된다.[82] 그렇지만 명종 16년(1561)보다 더 극심한 대기근이 숙종 대에 발생하였다. 숙종 13년(1687)부터 활동을 본격화하는 극적 장길산 부대는 숙종 23년(1697)경에 산간의 승려들과 한성 내의 庶流들과도 결탁되어 봉건정권을 뒤엎으려는 계획에도 관련이 되어 있다는 것을 염두에 둘 때 유리걸식하면서 아사자가 속출하는 시대의 백성들은 장길산의 활동에 열광하였을 것이다.[83]

(3) 국경을 넘는 犯越者들

삶의 조건이 파괴된 상황에서 국가의 조세와 군역 부담을 피해 북방의 청과의 국경지대에 들어가는 사람들이 증가하였다. 조선과 청나라

---

81) 『명종실록』 권27, 명종 16년(1561) 10월 17일(계유).
82) 강명관, 『조선의 뒷골목 풍경』 푸른역사, 2003, 80~81쪽.
83) 정석종, 『조선후기의 정치와 사상』 한길사, 1994, 53~54쪽.

사이에 범월 문제로 인해 다툼이 벌어진 것은 숙종 6년(1680)부터 시작
된다. 조선과 청나라 사이의 범월 문제는 인삼채취와 관련되어 주로 제
기되었다. 특히 숙종 11년(1685)부터 인삼채취와 관련된 범월이 급증하
여 조청 양국 사이에 긴장국면이 조성되었다.[84] 토지로부터 이탈한 민
들이 압록강과 두만강 주변지역으로 들어가면서 충돌이 일어나자 중앙
정부는 그간 버려진 땅, 돌보지 않았던 지역을 적극 개발하여 設邑·設鎭
하고자 하였다. 숙종은 일찍부터 종래의 廢四郡地에 관심을 보여 茂昌·
慈城 2鎭을 설치, 옛 땅의 회복 운동을 시작하였다. 기근 등의 자연재해
로 인해 유망이 잇따르자 북방지역을 안정시키기 위해 厚州, 폐4군지에
대한 설진이 시작되었다. 이것은 자연재해를 극복하려는 의도와 청나라
의 동북지역의 '招民出關開墾令'에 상응하는 조처였다.[85] 양국의 북방
변경지역에 대한 개척정책은 '犯越' 문제로 인한 영토분쟁으로 번질 수
밖에 없었고, 그것이 결국 백두산정계비의 획정으로 이어질 수밖에 없
었다. 초기의 경우 채삼범월이 주된 논의였지만 점차 기근과 조세수탈
에 벗어나기 위해 월경하여 정주하는 형태로 발전하면서 백두산정계비
의 획정으로 발전하였다고 볼 수 있다. 숙종 38년(1712)에 백두산정계비
가 세워졌기 때문에 북방의 청나라와 국경분쟁은 안용복 사건이 일어난
시기와 시간적 차이가 있는 것 같지만 숙종 초부터 압록강·두만강을 사
이에 두고 조선과 청나라 두 나라 사이에는 犯越로 인한 분쟁이 간단없
이 진행되었다.[86]

---

84) 『숙종실록』 권16, 숙종 11년(1685) 10월 9일(병신)·10월 10일(정유)·10월 12일(기
   해)·10월 13일(경자).
85) 이일걸, 「동북공정과 간도 영유권 문제」 『한국사론』 41, 국사편찬위원회, 2004.
86) 김호동, 「조선 숙종조 영토분쟁의 배경과 대응에 관한 검토-안용복 활동의 새로운
   검토를 위해-」 『대구사학』 94, 대구사학회, 2009.

(4) 대기근 속에 '가진 자'의 미덕을 발휘한 사람들

식량을 대량으로 비축하고 있는 일부 양반 지주나 부농들은 아무리 기근이 들어도 끄떡없었다. 쌀을 많이 가진 부자에게는 흉년이야말로 없는 사람들의 논밭을 헐값으로 사들여서 재산을 늘릴 수 있는 절호의 기회였다.

양반 지주나 부농들은 넓은 농토를 자가 노비나 고용 머슴을 부려 경작하는 자경지와 빈농들에게 임대해 경작하는 임대지로 나누어 관리했다. 이 중에는 토지세를 전가하거나 고율의 임대료를 요구하고 심지어 볏짚까지 몰수하는 등의 악독한 방법으로 농지를 경영하는 지주들이 있어 임차인의 원성을 사기도 했다. 이러한 방법으로 거두어들인 막대한 식량을 시장에 내다 팔거나 자가의 곳간에 쥐와 좀이 갉아먹을 정도로 쌓아놓고 고리대를 놓아 재력을 늘렸다. 그렇지만 17세기 대기근에 봉착하면서 양반 지주나 부농들은 기근 시 비축 식량을 혼자만 먹지 않았다.

인조 6년(1628)에 대기근 때 전직 관료 이익빈은 나락 1천석과 목면 40필을 국가에 바쳤다.[87] 그리고 순창에 사는 재력가 양운거는 일찍이 몇 백석이 미곡을 관아에 납부했는데, 1661년(현조 2)에 흉년이 들자 자기 재산을 기아자들에게 나누어주었다.[88] 이들이 기부한 식량은 굶주린

---

87) 『인조실록』 권19, 인조 6년(1628) 9월 21일(무인), "진휼청이 아뢰기를, '신들이 삼가 듣건대 전 목사 李翼賓은 국가가 변란을 당할 때면 그때마다 관아에 곡식을 바쳤는데, 전후에 걸쳐 납부한 正租가 1천 석에 木綿가 40여 필이나 된다고 합니다. 그런데 지난해 동궁이 남쪽으로 내려갔을 때에 단지 僉知로만 제수하였습니다. 많은 양을 바쳤는데도 그에 따른 賞典이 가볍다면 뒷날 권장할 명분이 없게 되니, 별도로 아름답게 여겨 推獎한다는 상전을 베푸는 것이 합당할 듯합니다.'' 하니, 답하기를, '加資하여 수령으로 제수하라.' 하였다."
88) 『현종실록』 권4, 현종 2년(1661) 1월 5일(을묘), "태화가 진달하기를, '淳昌人 楊

자들을 살려는데 큰 도움이 되었다. 이 공로를 기념하기 위해 국가는 기부자들에게 관직을 내리기나 품계를 올려주었고, 지역 주민들은 곳곳에 선정비나 불망비를 세우며 『읍지』에 그 내역을 수록했다.

경주에서 12대 만석꾼, 9대 진사를 배출한 경주 최 부자 집은 이 시대의 '노블레스 오블리제(noblesse oblige ; 특권계층의 솔선수범)'를 실천한 대표적 가문이다. 흔히들 12대 만석꾼, 9대 진사를 배출할 수 있었던 것은 대대로 내려오는 가훈을 충실히 따른 때문이었다. 첫째, 과거를 보되 진사 이상은 하지 말라. 둘째, 재산은 만석 이상을 모으지 말라. 셋째, 過客을 후하게 대접하라. 넷째, 흉년기에는 남의 논밭을 매입하지 말라. 다섯째, 최씨 가문 며느리들은 시집온 후 3년 동안 무명옷을 입어라. 여섯째, 사방 100 리 안에 굶어 죽는 사람이 없게 하라. 이것이 경주 최 부자 집을 지탱해온 가훈이다. 이 가훈은 조선 선비의 '노블레스 오블리제'로 비견될 정도로 평가받고 있다.[89] 그 실천의 계기가 된 것은 1670~1671년의 경신대기근 때문이다. 최부자의 1대는 최진립이다. 2대 崔東亮(1598~1664년)은 많은 재산을 물려받고 큰 땅을 구입한다. 최진립의 셋째아들 최동량이 죽은 뒤 상중에 明火賊(밤에 횃불을 들고 약탈하는 도적)에

雲擧는 일찍이 몇 백 석의 미곡을 관에 납부했으며, 또 흉년이 들자 자기 개인 저축을 흩어 기민들에게 나누어 주었으므로 이에 힘입어 온전히 살아난 자가 자못 많습니다. 지금 만약 재물을 희사하여 빈민을 구제한 사람에게 상을 주던 옛날의 제도를 시행하기로 한다면 운거에게 상을 줌이 마땅합니다.' 하니, 상이 상당한 관직을 제수하도록 명하였다. 운거는 대대로 호남에 살았는데, 재산이 넉넉하여 백만장자라는 명성이 있었다. 선왕조에도 일찍이 운거에게 嘉善의 품계를 제수했으나 받으려고 하지 않았는데, 이때에 와서 사옹원 참봉에 제수하였다."

89) 조용헌, 「조선선비의 노블레스 오블리제는 무엇인가」 『5백년 내력의 명문가 이야기』 푸른역사, 2002, 43~53쪽 참조. 시오노 나나미의 『로마인 이야기』에 의하면 로마 천년을 지탱해준 철학은 바로 '노블레스 오블리제(Noblesse Oblige)', 즉 '혜택 받은 자들의 도덕적 책임'이었다고 한다.

100여명이 쳐들어와 물건과 재산증명서 등을 훔치고 아들 최국선 형제 2명을 칼로 찌른 사건이었다. 최국선은 당시 상황과 빼앗긴 물건 목록을 적어 경주부윤의 공증을 받았다. '최국선 외 서실입안'(1665년)에 그 사실이 담겨 있다. 최국선은 명화적이 자신의 종과 소작인을 알고 크게 깨닫게 되어 가진 자의 미덕을 발휘하게 된다. 최국선은 1670~1671년의 경신대기근이 들자 농민들이 쌀을 빌려간 것을 못 갚자 아들 앞에서 담보문서를 모두 없애고 죽을 쑤어 거지들에게 푸짐하게 나눠준다. 배고픈 보릿고개 때에는 100석의 쌀을 베푼다. 경주 최 부잣집 가훈의 '사방 백리에 굶어 죽는 자가 없도록 하라.'는 최 부자 집의 선행 덕분이었을까. 활빈당의 불길 속에서도 최 부자 집은 살아남는다. 그런 점에서 경주최씨 가문은 수많은 시행착오를 거쳐 타협한 끝에 상생의 길을 마련했고, 그 산물로 '노블레스 오블리제'가 탄생했다고 볼 수 있다.

(5) 대기근을 극복하기 위한 정부의 노력들

조정에서는 아사자와 민의 이탈이 가속화되자 민의 안집을 위한 여러 가지 대책을 강구하였다. 기민구제를 위해 정부 보유의 관곡, 군자곡을 동원하는 것으로 대처하였지만 자연재해가 장기화됨에 따라 납속공명첩의 발급을 통해 私有穀을 동원하지 않을 수 없는 상황이 되었다. 숙종 3년(1677)에 진휼을 위한 공명첩 발매는 그 한 예이다. 대동법, 雇役制, 양전사업과 호패제 시행의 추진, 양역이정청의 설치 등은 민의 이탈에 따른 정부의 대응책의 일환이다. 배고픔을 이기지 못한 사람들 가운데 자신의 아이들을 거리에 버리는 자가 많았다. 그리하여 수많은 아이들이 길거리에 쏟아져 나와 방황하거나 죽어갔다. 이 버려진 아이들, 즉 유기아들을 처리하는 문제가 기근이 격심한 현종 대에 본격적으로 정비

되어 숙종 대의 '을병대기근' 때 입법화되었고, 영조 대의 『續大典』에 수록되었다.[90]

이런 정부의 각종 비상대책은 구체제를 붕괴시키는 요소로 작용했을 뿐만 아니라 자연현상이 약화되거나 끝났을 때는 사회를 발전시키는 활력소가 되었다.[91] 일면 숙종 조는 소빙기가 아직 끝나지 않은 상황이었기 때문에 정부의 대책이 도리어 민의 이탈을 가속화시킨 측면도 없지 않다. 조선 초 태종·세종 조 울릉도로 많은 사람들이 들어가고, 이를 두고 설읍과 쇄출의 논의가 분분하였던 것은 이 시기가 유례없는 기근이 든 시기였고, 또 북방의 개척에 따른 사민정책, 그리고 철저한 호구조사 등이 하나의 요인이었음을 감안하면[92] 숙종 조 백두산 정계 및 鬱陵島 爭界 문제가 역사의 전면에 떠오르는 이유를 알 수 있다. 양 지역으로의 민의 유입은 조선으로부터만 있었던 것이 아니라 북방의 경우 청나라, 울릉도의 경우 일본으로부터도 있었기 때문에 그곳에서 상호 대립, 갈등이 일어날 수밖에 없었다.

제4절 바다와 섬으로 진출한 사람들-안용복은 왜 울릉도· 독도로 건너갔을까?

17세기 소빙기에 의한 대기근으로 인해 바다와 섬으로 진출하는 사람들이 증가하였다. 바다는 열려 있는 공간이다 보니 교류와 교역과 약탈

---

90) 김덕진, 앞의 책 2008, 313쪽.
91) 이태진, 앞의 논문 1996 참조.
92) 김호동, 「조선 초기 울릉도·독도 관리정책」『동북아역사논총』 20, 동북아역사재 단, 2008.

이 공존하는 공간이다. 특히 서양사의 경우 고대나 중세, 그리고 대항해 시대 이후 바다로 진출하는 것이 부를 획득하는 과정이요, 해외개척의 장, 모험과 진취성을 상징한다. 그래서 바다는 일면 침략과 약탈의 상징으로 비추어지기도 한다. 특히 대항해시대 이후 해양을 통한 부국강병, 대외교류를 핑계 삼는 해양의 거대담론 속에 바다는 '갈등과 투쟁의 장' 으로서의 '제국의 바다', '식민의 바다'가 되기도 한다. 동양은 서양에 비해 바다에 관한 관심이 상대적으로 적었다. 특히 우리나라는 삼면이 바다로 둘러싸여 있음에도 불구하고 열린 공간을 향한 몸짓, 해외개척의 공간보다 타자로부터의 침탈의 공간으로 흔히 인식되는가 하면, 바다와 섬은 소외되고, 버려진 존재, 귀양살이의 유배지로 흔히들 인식한다.

특히 조선시대에는 먼 바다로 나가는 것을 금지한 '海禁政策' 때문에 먼 바다와 섬으로 진출하는 것은 억지되었다. 그렇지만 17세기 대기근이 발생하면서 열린 공간인 바다로부터 민중의 질곡을 해방시키는 메시아를 염원하는 기원이 두드러진다. 『咸以完金鐵等推案人』 및 『李榮昌推案』 등을 보면 '海島中'의 '鄭姓眞人'의 출륙을 맞이한다는 기록이 나온다.[93] 해도 중 정성진인은 현실사회의 모순을 그들 자신의 힘으로 개변시켜 보려는 의적의 존재로 파악되기도 한다.[94]

李榮昌 반역 모의에 연루된 洪箕疇가 朱棐가 점을 쳤다는 海島占을 내어 보이면서 말하기를, "주비가 울릉도가 이미 倭地가 되었지만 청하여 맞아 올 수 있다."고 하였다.[95] 해도의 노비출신의 정진인의 존재는 당시 일반 하층 민중에게 깊고 광범위하게 전파되어 있던 미래예언서로

---

93) 『推案及鞠案』「咸以完金鐵等推案人」·「李榮昌推案」.
94) 정석종, 『조선후기의 정치와 사상』 한길사, 1994, 121쪽.
95) 『숙종실록』 권31, 숙종 23년(1697) 1월 10일(기사).

서의 『鄭鑑錄』에 나타나는 인물, 바로 그 사람이다. 당시에는 『언서정감록』이 유행하였을 정도이므로 일반 서민들에게까지 정감록의 영향이 깊었다.[96] 울릉도를 이상향인 '무릉도'로 여기고, 그곳으로 삶의 길을 찾아 떠난 사람들, 안용복을 따라 일본으로 간 박어둔이나 雷憲 등과 같은 인물에게 안용복은 그런 인물로 비치었을 것이다. 민중의 질곡을 구원하는 메시아, 즉 '鄭眞人'은 바다에서 온다. 이러한 시대적 분위기에 편승하여 『홍길동전』[97], 『허생전』[98]이 만들어질 수 있었을 것이다. 당시 민들은 '鄭眞人'의 출현을 바라기도 하고, 소출이 몇 배나 된다고 알려진 이상향을 찾아 바다로 항해하였다. 그것이 바로 울릉도와 독도 행을 가져오게 하였을 것이다.[99] 울릉도는 수령이 파견되지 않은 곳이다 보니 이상향인 '무릉도원'으로 비쳐졌을 것이고, '무릉도'를 작명했다. 소빙기로 인한 자연재해 현상은 농업만이 아니라 어업에도 심각한 피해를 낳았다. "바닷가 고기 잡는 백성은 거의 남은 자가 없는데, 대개 이들은

---

96) 『推案及鞠案』「壬寅逆賊仁邦京來等推案」.

97) 홍길동은 조선 연산군 때 활동한 도적으로서, 허균의 『홍길동전』의 모델이 된 인물이다. 『홍길동전』은 광해군 시대에 만들어졌지만 현재 전하는 '홍길동전'에는 17세기 말에 실재했던 인물인 張吉山이 언급되고 있다. 소설 후반부에서 길동이 의적활동을 같이한 동지들과 함께 남해의 섬, 硉島國에서 이상사회를 건설한다는 내용이다.

98) 허생은 한양에서 제일 부자라는 변씨를 찾아가 돈 만 냥을 꾸어 가지고 안성에 내려가 과일 장사를 하여 폭리를 얻는다. 그리고 제주도에 들어가 말총장사를 하여 많은 돈을 번다. 그 뒤에 어느 사공의 안내를 받아 무인도 하나를 얻었다. 허생은 변산에 있는 도둑들을 설득하여 각기 소 한 필, 여자 한 사람씩을 데려오게 하고 그들과 무인도에 들어가 농사를 짓는다. 3년 동안 거두어들인 농산물을 흉년이 든 나가사키(長崎)에 팔아 백만금을 얻게 된다. 박지원의 『허생전』은 바다를 통한 부의 획득을 기대한다. 제주도와 일본 나가사키를 넘나들면서 상업 이익을 도모하고 있다.

99) 김호동, 앞의 논문 2009.

고기를 잡아 살아가고 있는데 흉년에는 팔리지 않기 때문에 죽은 자가
더욱 많다."100)고 한 기록을 통해 울산, 부산, 전라도 등의 바닷가 어민
들의 삶의 조건이 더욱 어려워졌음을 알 수 있다. 이러한 어려움을 타개
하기 위해 조세수취가 부과되지 않는 울릉도로의 모험을 충분히 상정할
수 있다.

1693년 울릉도에서 "경상도 연해의 어민들이 비록 풍파 때문에 무릉
도에 표류했다고 하고 있으나 일찍이 연해의 수령을 지낸 사람의 말을
들어보니, 바닷가 어민들이 자주 무릉도와 다른 섬(독도)에 왕래하면서
대나무도 베어오고 전복도 따오고 있다고 했습니다."고 한 기록과 "관에
알리지 않고 몰래 나갔다."101)고 한 것에서 보다시피 바닷가 어민들은
대재난을 겪으면서 해금조치를 무시하고 울릉도와 독도를 드나들었음
을 확인할 수 있다.

안용복과 함께 울릉도에서 일본 어부들에 의해 일본에 납치된 박어둔
은 3년에 한번 울산 사람들은 '國主의 용도'로 전복 채취를 하였고, 작년
(1692)에도 울산 사람이 20명 정도 건너갔으며, 별도로 숨겨서 말할 것이
아니라고 하였다는 것은 울산 지역민들이 공공연히 울릉도, 독도에 드
나들었다는 것을 알 수 있다. 그리고 조선 조정에서도 안용복·박어둔 납
치사건 이후 경상도 수령의 보고와 동해안 浦民들의 말을 통해 바닷가
어민들이 자주 무릉도와 다른 섬에 왕래하면서 대나무도 베어오고 전복
도 따오고 있었다는 것을 이미 인지하고 있었다.102)

박어둔은 "벼 25석과 銀子 9냥 3전 등의 물건을 배에 싣고 생선과 바

---

100)『현종실록』권20, 현종 12년(1671) 11월 21일(무진).
101)『竹嶋紀事』元祿 6년(1693) 5월 13일.
102)『비변사등록』숙종 19년(1693) 11월 14일 ;『승정원일기』권358, 숙종 20년
    (1694) 윤5월 24일.

꾸고자 울진에서 삼척으로 향하다가 풍랑 때문에 울릉도에 왔다."[103]고 한 진술에서 어려운 생활을 타개하기 위해 진상품 조달을 핑계로 상품의 교환을 목적으로 울산에서 출발했으나 문제가 되자 이렇게 둘러대었다고 보아야 한다. "올해도 그 섬에 벌이를 위해 부산포에서 장삿배가 3척 나갔다."[104]고 한 기록에서 안용복과 박어둔 일행이 상업적 목적을 갖고 울릉도로 출어하였음을 알 수 있다. 상업적 활동을 하는 안용복이 박어둔 등의 울산인들과 울릉도에서 조직적인 상행위 활동에 나서면서 오야(大谷)·무라카와(村川) 양 家와의 사이에 울릉도의 상행위를 주도하고자하는 다툼이 일어나게 되었다. 그 다툼이 안용복과 박어둔의 납치로 이어져 결국 '鬱陵島爭界'가 양국 사이에 발생하였다고 보아야 할 것이다.

안용복이 울릉도를 기반으로 하여 상업적 이익을 추구하고자 하였음은 숙종 22년(1696)의 안용복의 활동에서 더 확신할 수 있다. 「元祿九丙子年朝鮮舟着岸一卷之覺書」를 살펴보면 "배 13척 중에 12척은 竹島에서 미역과 전복을 따고 대나무를 벌채하였다."고 하였고, "올해는 전복이 많지 않았다."고 한 것에서도 울릉도를 떠나 고기잡이를 하는 사람들을 밑천으로 삼는 조직적인 부상대고의 존재의 가능성을 점칠 수 있다.[105] 동 문서에서 주목되는 사실은 3월 18일 조선국에서 아침밥을 먹은 후에 출선하여 같은 날 竹島, 즉 울릉도에 도착하여 저녁밥을 먹었는데, 한 배에 9인, 10인, 11인, 12~13인, 15인 정도씩 13척의 배에 타고 울릉도에 왔었다고 하는 점이다. 그렇다면 배 13척에 최소 135~140인 이상이 탄

---

103) 『邊例集要』 권17, 「鬱陵島」 甲戌年(1694) 1월.
104) 『竹嶋紀事』 권1, 元祿 6년(1693) 5월 13일.
105) 김호동, 앞의 논문 2009.

셈이다. 아마도 이들은 안용복과 함께 선단을 구성하여 울릉도로 출어한 일행일 것이다. 배 13척에 최소 135~140인의 선단에는 상업적 이익을 도모하고자 하는 사람들이 적지 않았을 것이다.

조선의 도해역관사에게 일본인의 도해 금지를 알리는 쓰시마 번의 문서 내용을 통해서도 울릉도가 사무역의 거점이 될지를 우려한 모습을 엿볼 수 있다.

　　전임 태수가 竹島의 일로 인해 사절을 귀국에 파견한 것이 두 차례인데 사절의 일이 불행히도 완료되지 않은 채 별세했으므로 이로 말미암아 사절을 소환했습니다. (宗義眞이) 머지않아 上船해서 江戸에 입관했을 때에 (老中의) 질문이 竹島의 지형과 방향에 미치자 사실에 근거해 대답했습니다. 그러자 그것이 본방으로부터의 거리는 매우 멀리 떨어져 있으나, 오히려 귀국으로부터의 거리는 가깝다는 것이었습니다. 또한 두 나라 사람들이 (그곳에서) 섞이면 潛通과 私市 등의 폐단이 반드시 있을 것입니다. 따라서 곧 명령을 내려 사람들이 가서 漁採하는 것을 불허했습니다. 무릇 틈이 벌어지는 것은 細微한 곳에서 생기고 禍患은 하찮은 것에서 일어나는 것이 고금의 通病이니, 미리 못하도록 막는 것이 오히려 낫다고 생각됩니다. 이로써 100년의 우호를 더욱 돈독히 하고자 하니 하나의 섬에 불과한 작은 일을 곧바로 다투지 않는 것이 두 나라의 아름다운 일일 것입니다. 유념하시기 바랍니다.[106]

‘그 섬에 조선과 일본 어민이 난입하여 潛通과 私市의 폐단’, 즉 밀무역을 할 가능성이 있다는 이유 등을 들어 일본인의 도해 금지를 공식으로 알렸다.

쓰시마 번은 1696년 1월 16일에, 위 내용을 담은 구상서와 안용복 등

---

106) 『竹嶋紀事』 권3, 元祿 9년(1696) 정월 28일.

이 쓰시마 번을 경유하지 않고 돗토리 번으로 소송하러 온 사실을 추궁하는 구상서 두 통을 조선의 도해역관인 변동지와 송판사에게 건네주었다. 그것을 염두에 두고 다음의 사료를 살펴보기로 한다.

　　좌의정 尹趾善이 말하기를, "안용복의 일을 외방에 있는 대신에게 물었더니, 領敦寧 尹趾完은 말하기를, 안용복은 사사로이 다른 나라에 가서 외람되게 나라의 일을 말하였는데, 그가 혹 조정에서 시킨 것처럼 하였다면 매우 놀라운 일이니, 그 죄를 논하면 마땅히 죽여야 하는 데 의심할 바가 없습니다. 단지 대마도 사람이 전부터 속여 온 것은 우리나라에서 江戶와 교통하지 못하였기 때문인데, 이제 다른 길이 따로 있는 것을 알았으니, 반드시 크게 두려움이 생길 것이나, 안용복이 誅殺되었다는 말을 들으면 또 그 길이 영구히 막힌 것을 기뻐할 것입니다. 우리나라에서 안용복을 죽이는 것이 법으로는 옳겠지만 계책으로는 그릇된 것이므로, 법을 폐기하는 것은 진실로 불가하나 계책을 잃는 것도 아까운데, 대마도에 통보하고 倭館 밖에 효시하여 교활한 왜인의 마음을 시원하게 하는 데 이르러서는 스스로 손상하는 데로 돌아가는 것을 면하지 못할 것입니다."라고 하였다.107)

이 사료에서 주목되는 사실은 "대마도 사람이 전부터 속여 온 것은 우리나라에서 江戶와 교통하지 못하였기 때문인데, 이제 다른 길이 따로 있는 것을 알았으니, 반드시 크게 두려움이 생길 것이나, 안용복이 주살되었다는 말을 들으면 또 그 길이 영구히 막힌 것을 기뻐할 것입니다."라고 한 것이다. 이것은 안용복의 울릉도 행이 조선-동래왜관-대마도-일본 江戶와의 루트에 치명적 타격을 줄 것이라는 점을 쓰시마 번이 염려하고 있음을 보여주는 것이다. 쓰시마 번과 에도 막부가 울릉도가 '潛

---

107) 『숙종실록』 권30, 숙종 22년(1696) 10월 13일(병신).

通과 私市의 폐단'을 우려할 정도였기 때문에 조직적인 부상대고의 존재의 가능성을 염두에 두고, 안용복의 울릉도 행이 조선-동래왜관-대마도-일본 江戶와의 루트에 치명적 타격을 줄 것이라는 점을 쓰시마 번이 우려할 정도로 울릉도가 '潛通과 私市'인 밀무역의 장소로 활용되었을 것이다. 이를 통해 울릉도에 조직적인 부상대고의 활동을 점칠 수 있다.

후대의 사료이지만, 1868년에 만들어진 「동래부사례」 '禮房 附均役' 사료를 보면 "杉船 180척이 있고 매 파당 1냥을 세금으로 거둔다. 행상을 할 때에는 1냥 외에 2냥씩을 거둔다. 廣船은 49척이 있고 이는 江船이다. 3파까지는 1냥, 4~6파는 2냥, 7~9파는 3냥, 10~15파는 5냥을 거두며, 4파 이상의 광선이 행상을 하면 원세 외에 원세에 준하는 액수를 거둔다."라는 구절이 있었다. 「동래부계록」을 보면 일본에 표류하였다가 송환된 표류민 중에 상선이 상당수 있다는 것을 알 수 있다. 이를 보면 선상들의 활동이 상당한 경지에 이르렀다고 추측할 수 있다.

한정된 자원을 가진 울릉도에 조선 어부들과 일본 어부들이 몰리게 됨으로써 상호간의 충돌이 일어났고, 더하여 상업을 하는 무리들이 들어오면서 이익을 다투면서 수적으로 불리한 일본 어부들이 1693년 안용복·박어둔을 납치하는 사건이 발생하였고, 그것을 계기로 '鬱陵島爭界(竹島一件)'가 발생하였다고 보아야 한다.[108]

안용복 개인의 영웅적 활동에 국한하여 독도영유권을 언급하는 틀을 깨고, 1693년에 안용복 일행의 울릉도 행과 일본 어부들의 안용복 납치는 독도영유권에 집착하지 말고, 거시적 시각에서 17세기 소빙기에 따른 대재난을 극복하기 위한 노력의 일환이었음을 드러내었다.

---

108) 김호동, 「『竹島考』 분석」 『인문연구』 63, 영남대학교 인문연구소, 2011, 211~250쪽.

17세기 대재난으로 인해 대기근이 엄습하자 동해안과 남해안 연안 민들은 조세와 피역을 위해 살 길을 찾아 울릉도를 찾아 들었다. 그 무렵 조선에서 건너간 사람들은 관에 알리지 않고 몰래 들어갔기 때문에 일본 어부들을 만나도 보고하지 않았고, 일본 오야, 무라카와 가문의 어부들도 자신들의 영지라고 하면서 土官을 파견하였다고 하였기 때문에 조선 어부들을 만났다고 하지 않았다. 100만 명이 죽은 1670~1671년의 '경신대기근' 못지않은 1695~1696년의 '을병대기근'이었다.[109] 1696년의 경우 안용복이 1693년에 이어 재차 울릉도와 독도에 들어가 일본 어부들을 쫓아냈다. 이 해에는 13척의 배가 울릉도로 들어갔다. 대기근 상태에 몰린 어부들은 삶을 찾아 수령이 없는 울릉도로 향할 수밖에 없었다. 이로 인해 한정된 자원을 가진 울릉도에 조선 어부들과 일본 어부들이 몰리게 됨으로써 상호간의 충돌이 일어났고, 더하여 상업을 하는 무리들이 들어오면서 이익을 다투면서 수적으로 불리한 일본 어부들이 1693년에 안용복·박어둔을 납치하는 사건이 발생하였다. 그것을 계기로 '鬱陵島爭界(竹島一件)'가 발생하였다고 보아야 한다. 1694년에 張漢相이 울릉도에 파견된 것을 계기로 울릉도에 수토관을 2년 간격으로 파견하기로 하였지만 1698년에 울릉도 수토관을 파견할 해가 되었는데도 흉년으로 인해 이듬해 봄에 보내기로 결정한 것도 대기근에 따른 이유 때문이다.[110]

---

109) 을병대기근 시에도 사망자 예상 수치는 400여만 명이다(김성우, 앞의 논문 1997, 25쪽).

110) 『숙종실록』 권32, 숙종 24년(1698) 4월 20일(갑자), "당초 갑술년에 무신 張漢相을 파견하여 울릉도의 地勢를 살펴보게 하고, 왜인으로 하여금 그 곳이 우리나라의 땅임을 알도록 하였다. 그리고 이내 2년 간격으로 邊將을 보내어 수색하여 토벌하기로 했는데, 이에 이르러 유상운이 아뢰기를, '금년이 마땅히 가야 하는

그렇지만 이 입론을 완성하기 위해서는 적어도 17세기 조선시대 상업적 선단들의 조직이나 활동에 대한 구체적인 사례가 없어 조선시대의 해상활동이나 정부의 통제, 지역사회의 연관 속에서 살펴보아야 할 것이다. 그 구체적 사료와 연구 성과는 없다. 이 문제는 별도로 추구해야할 과제이다.

최근 텔레비전 사극에서 '허준'과 '장희빈'을 리바이벌하고 있다. 장희빈을 '장옥정 사랑에 살다'로 색다르게 해석하고 있지만, 그 작품 속에 17세기의 소빙기에 따른 대재난을 담아내고, 숙종 조의 '鬱陵島爭界'를 자연스레 녹여내는 작품을 못 만드는가를 아쉽게 생각하였다.

해이기는 하지만, 영동 지방에 흉년이 들어 행장을 차려 보내기 어려운 형편이니, 내년 봄에 가서 살펴보게 하는 것이 좋겠습니다.' 하니, 임금이 그대로 따랐다."

제3장 일본 오야·무라카와 양 가문들의 어부들이
울릉도에 간 까닭?

돗토리 번(鳥取藩)의 藩士인 오카지마 마사요시(岡嶋正義, 1784~1858년)가 쓴 『竹島考』(1828)는 1724년(享保 9)에 에도 막부가 竹島渡海 경위에 관해 돗토리 번에 물었을 때 오야 家와 무라카와 家에서 제출한 사료에 근거한 보고사항을 바탕으로 하여 만들어졌기 때문에 안용복·박어둔 납치사건의 전말을 비교적 상세히 전해주고 있다.

『竹島考』下, 「竹島에 배가 다니기 시작하다」편에서 오야 진키치(大谷甚吉)와 무라카와 이치베(村川市兵衛)가 竹島에 가게 된 과정에 대해 상세히 언급하고 있다.

㉮ 겐나(元和) 때 호키국(伯耆國)에서 竹島에 도해하게 된 경위를 물으니, 게이쵸(慶長) 때쯤 나카무라(中村) 호키노카미(伯耆守) 님이 이나바국을 영유하고 있었을 때에, 요나고 성하(城下)에 오야 진키치(大谷甚吉)·무라카와 이치베(村川市兵衛)라는 선장이 있었다. 어느 날 배가 竹島 가까이 갔는데 사람이 살지 않는 廢島로서 산물이 많음을 보고 그 곳을 둘러본 후 그 섬으로 오는 바닷길을 상세히 알아내어 계속 배로 오갈 생각을 하였으나, 멀리 외떨어져 있는 섬이며 무엇보다도 조선국에 근접해 있는 외진 섬이기에 내 생각만으로는 안 되는 일이다 싶어서 그냥 시간을 보내고 있었는데 겐나 3년(1617) 마쓰다이라 신타로 미쓰마사 (松平新太郎光政) 공이 한슈(播州) 히메지(姬路)를 거쳐 인하쿠의 (因伯) 두 주를 배령받아 돗토리성으로 옮겨 오셨다. 이보다 앞서 나카무라 호키노카미님이 돌

아가시고 적자가 없어 영지상속이 끊어졌다. 그리하여 그 후 호키국
은 셋으로 나뉘고 가토 사에몬이(加藤左衛門尉) 님이 요나고성을,
세키 나가토노카미(關長門守) [오만석의 땅 배령] 님이 구로사카성
(黑坂城)을 이치하시 시모우사노카미(市橋下總守) 님이 야하세(八
橋□)를 배령 받아 영유하고 있었는데, 이번에 영지를 바꾸라는 장
군님 명령이 있어서 모두 호키국을 떠나게 되었다. 이에 따라 막부
에서 상황을 살피기 위해 아베 시로고로(阿部四郎五郎) 님을 하쿠
슈(伯州)로 내려 보냈기 때문에 오야·무라카와는 때가 되었다며 매
우 기뻐하고 아베씨에게 붙어 竹島渡海件을 청원하며, 지금 허락한
다면 오래도록 우리나라 땅이 될 것이라고 말하고 호소하니 이를
흔쾌히 허락하고 에도로 돌아갔다. 그리고 그 다음 해인 겐나 4년
막부 명에 따라 오야·무라카와를 불러 일의 진상을 다 조사한 후에,
태수 미쓰마사(光政) 공에게, 막부 老中들이 연서하여 금번 하쿠슈
(伯州) 요나고 주민 오야와 무라카와에게 竹島渡海件을 허락한다
는 명이 내려왔으므로 오랫동안 염원해 왔던 일이 이루어진 것을
본 그 두 사람은 한량없이 기뻐했다. 급히 튼튼한 배를 마련하고 건
장한 수부를 골라 그 해 즉시 도해하였다. 당초부터 막부로부터 직
접 명령을 받은 일이었기 때문에 배의 돛에 아오이 문양(葵御紋)을
넣는 것을 허락받아 처음부터 마지막까지 사용하였는데 그것이 지
금까지 그 집안에 전해 내려온다. 그 이후에는 매년 배를 보냈고,
그렇게 마음껏 일을 하여 여러 산물을 싣고 와서는 시장에서 팔았
더니 그 이윤이 막대하였으므로 얼마되지 않아 예의 두 집안은 부
호가 되어버렸다. 그 위에 4년째 되는 해에는 두 집안이 번갈아 관
동으로 가서 그 섬에서 가져온 큰 전복을 장군(大樹家)에게 선물하
고 배알하는 것이 그 집안들의 관례가 되었다. 그런데 그 시절에는
막부 老中 및 관료들에게 헌상하기도 하였는데, 장군께 드리고 남
은 것을 가지고 가면 만나주는 사람도 있었다. 그렇지 않으면 직접
쓴 서한을 보내서 감사를 표하기도 했다. 그런 유서로 그 자들의 명
성이 세상에 널리 알려졌다. 이에 따라 그 후에 고 켄(御巡檢) 일
행이 요나고를 지날 때는 어김없이 오야와 무라카와를 숙소로 불러

竹島에 대해 상세히 묻고 글로 적게하여 가지고 갔다고 한다. 자세
한 것은 그들 집안에 전해져 내려오는 기록에 보인다.[1]

오야 진키치(大谷甚吉)·무라카와 이치베(村川市兵衛)가 어느 날 竹島
를 발견하고 사람이 살지 않는 廢島이지만 산물이 많음을 알고 바닷길
을 상세히 알아내어 계속 배로 오갈 생각을 하였다는 것을 통해 이때 竹
島가 조선의 울릉도임을 두 가문은 이미 알고 있었을 것이다. 그래서 멀
리 외떨어져 있는 섬이며 무엇보다도 조선국에 근접해 있는 외진 섬이
기에 그냥 시간을 보낼 수밖에 없었다. 그렇지만 임진왜란 이후 조선에
서 바다로의 진출에 두려움을 갖고 있었던 분위기를 간파하고 폐도로서
버려진 상태인 것에 주목하면서[2] 아베 시로고로(阿部四郎五郎)에게 竹
島渡海를 청원하면서 울릉도인 것을 속이고 竹島가 폐도인 무인도임을
강조하고 선점한다면 일본의 땅이 될 수 있다는 것을 내세우며 '지금 허
락한다면 오래도록 우리나라 땅이 될 것'이라고 하였다. 그 거짓말에 에

---

1) 오카지마 마사요시(岡嶋正義), 『竹島考』下, 「竹島에 배가 다니기 시작하다」
   1828, 정영미 역, 경상북도·안용복재단, 2010, 161~167쪽.
2) 오카지마 마사요시(岡嶋正義), 같은 책 上, 「或問」, 1828, 정영미 역, 경상북도·
   안용복재단, 2010, 47~49쪽, "그 竹島는 풍요한 땅으로 그 나라에서 멀리 떨어져
   있지 않다고는 하나, 우리나라 배가 왕래하는 바다에 있는 孤島이므로 그 나라
   사람이 오래전부터 살해당할 것을 두려워하여 살지 않았고, 또, 마음 편하게 도해
   할 수도 없기에 廢島라고만 알려져 있었다. 처음에 오야와 무라카와의 배가 竹
   島에 간 것은 게이쵸(慶長)와 겐나(元和) 때 인데, 우리의 威伐을 당한 바로 직후
   이며, 따라서 그 나라의 상처는 아직 아물지 않았고 元神도 아직 재기하지 못한
   때였으므로 어쩌다 우리나라 배를 보면 맹수라도 본 듯이 부들부들 떨면서 도망
   가기 때문에, 오야와 무라카와는 조선쪽에(異防)에 가까운 絶島였긴 하나 수십
   년 동안 마음껏 도해하였고 나중에는 마치 자기의 영지인 것처럼 행동하였으나
   누구 하나 손가락질 하는 사람이 없었다고 한다. 내 견해는 여기까지이다. 아직
   안개가 걷히지 않은 듯한 부분이 있으면 식자에게 더 물어보아라."

도 막부가 속아 竹島渡海를 허가하였다. 오야, 무라카와 두 가문은 이후 竹島가 마치 자기의 영지인 것처럼 행세하면서 다른 일본 어부들을 배제한 채 울릉도로 건너왔다. 오야, 무라카와 가문으로부터 매년 전복 등을 진상 받았던 에도 막부는 1693년에 안용복·박어둔 납치 사건이 생기자 당연히 안용복·박어둔이 호키국의 영지를 침범한 것으로 여겼고, 그런 인식하에 쓰시마 번에게 조선에 竹島渡海禁止를 교섭하도록 서슴없이 지시하였을 것이다.

　『竹嶋之書附』3) 사료를 보면,

　　㉕-① 「竹嶋渡海之覺」
　　　享保 7年(1722) 11월
　　　一. 호키국 요나고의 죠닌 오야 구에몬과 무라카와 이치베는 매년 '竹島'로 선장을 보내 전복을 채취하게 했습니다. …
　　　② 元祿 6년(1693) 5월 22일, 간죠가사라(勘定頭) 마쓰다이라 미노노-카미(松平美濃守)에게 보낸 문서의 사본
　　　一. 호키국 요나고로부터 竹嶋까지 해상 약 160 리 정도 된다고 합니다. 매년 요나고를 출항해서 이즈모로 간 후 오키국을 거쳐 竹島로 건너갑니다. 요나고에서 바로 竹島로 갈 수는 없습니다.
　　　一. 무라카와 이치베와 오야 구에몬이 에도로 가서 쇼군 배알을 허락받았을 때 竹島의 전복을 헌상했습니다.
　　　一. 竹嶋에서 전복을 캐는 것에 대해 세금을 부과하지는 않습니다. 호키노카미가 헌상하는 전복도 앞의 두 죠닌이 부리는 자들이 마련해서 바친 것입니다.

---

3) 돗토리 번이 에도 막부에 제출한 竹島渡海와 관련된 사료이다. 원래 따로 한 장씩 정리되어 있던 사료를 돗토리 현립 도서관에서 소장하고 있을 때에 1권으로 엮은 것이다. 제작 연대는 1724년(享保 9)에 작성자는 미상이고, 오시 번주(忍藩主) 아베 마사타카(阿部正喬)의 가신 아키야 소에몬(秋山惣右衛門)으로 추정된다.

一. 竹嶋에서 강치를 잡아 현지에서 그 기름을 짜고, (그것을 가지고) 돌아 와 팝니다. 이 기름에도 세금을 부과하지는 않습니다.

…

一. 竹嶋로 도해하는 것과 관련된 朱引狀은 없는 것으로 알고 있습니다. 그러 확인한 후에 보고하도록 하겠습니다. 아울러 봉서의 사본도 여기에는 없습니다.

一. 竹嶋로 건너가는 배중에 쇼군의 문장을 표지로 삼는 배가 있는지에 대해서 여기에서는 알지 못합니다.

一. 무라카와 이치베와 오야 구에몬이 에도로 오는 것이 몇 년마다 한번씩 오는 것인지 그것도 여기에서는 확실하게 알지 못합니다.

이상과 같은 내용을 현지에 알려서 추후에 다시 보고드리겠습니다. 이상.

5월 22일

② 「같은 해 6월 27일 마쓰다이라 미노모카미에게 제출한 문서」

‘覺(비망록)’

　호키국 요나고의 죠닌 무라카와 이치베와 오야 구에몬이 竹嶋로 도해하기 시작한 것은 겐나(元和 4년(1618)에 아베 시로고로(阿部四郎五郎)의 알선으로 도해면허를 받아 그때부터 이들 두 사람이 쇼군의 배알을 허락받은 것에 연유합니다.

一. 竹嶋로 도해하는 것과 관련된 주인장은 없습니다. 마쓰다이라 신타로가 호키국을 다스릴 때 도해를 허락하는 봉서를 주셨습니다. 이에 사본을 제출합니다.

一. 竹嶋로 도해하는 배에 쇼군의 문장을 표식으로 삼을 수 있도록 허락을 받았는지는 분명하지 않지만, 이 두 사람의 선조대대로 지금에 이르기까지 사용하고 있습니다. 몇 년 전에 竹嶋로 건너가던 배가 조선국에 표착했을 때, 쇼군의 문장을 표식으로 사용하고 있었기 때문에 일본 배임이 밝혀지고 쓰시마로 송환되어 요나고로 돌아오게 된 사건이 있었습니다.

一. 이들 죠닌이 에도로 가는 것은 4~5년마다 한번 씩, 한 명 씩 번갈아
　　서 갑니다. 에도에 가면 寺社奉行所에 주선을 요청하고 배알 허락
　　이 떨어지면 時服을 하사받는다고 합니다.

이상.

㉯-①, ② 사료를 보면 1618년부터 아베 시로고로(阿部四郞五郞)의 알
선으로 '竹嶋渡海 免許'를 받아 매년 주인장이 없지만 쇼군의 문장을 사
용하고, 울릉도에서 전복을 캐기도 하고 강치를 잡아 현지에서 그 기름
을 짜고, 돌아 와 팔고 한다. 전복과 강치의 경우 세금도 없다고 한다.
무라카와 가문과 오야 두 가문이 교대로 4~5년마다 에도로 가서 쇼군
배알을 허락받았을 때 竹嶋의 전복을 헌상했다고 한다.

일본 외무성 홈페이지 竹島사이트의 '竹島 Point'를 보면 ㉮, ㉯의 사
료에 의거하여 다음과 같이 기술하였다.

竹島의 영유

●　1618년 돗토리 번 호우키노쿠니 요나고의 주민인 오야 진 키치와 무
　 라카와 이치베는 막부로부터 울릉도(당시의 일본 명 竹島) 도항 면허
　 를 받았습니다. 그 후 양가는 교대로 매년 한 번 울릉도에 도항해 전
　 복 채취, 강치 포획, 수목 벌 채 등의 일에 종사했습니다.

　　양가는 장군가의 접시꽃 문양을 새긴 깃발을 배에 걸고 울릉도에
　 서 어업에 종사하고, 채취한 전복은 장군가 등에 헌상하여, 이른바
　 이 섬의 독점적 경영을 막부 공인 하에 행했습니다.[4]

㉮의 사료를 보면 무라카와 가문과 오야 가문의 양 가문이 조선국의

---

4) 일본국 외무성(http://www.mofa.go.jp/)「竹島 법과 대화를 통한 해결을 지향하며」
　 'Part 2 일본 고유의 영토, 竹島', '竹島의 영유' 2014년 3월.

울릉도를 알았지만 '울릉도'를 숨기고 '竹島'라고 칭하여 오래도록 우리나라 땅이 될 것이라고 말하고 호소하니 1618년 에도 막부에 竹島渡海를 허가한다는 허락받았다. 에도 막부에 '울릉도' 도항 면허를 받은 것이 아니다. 도해면허는 자국 섬으로 도해하는 데는 필요가 없는 문서이므로 이는 오히려 일본이 울릉도·독도를 일본의 영토로 인식하지 않고 있었다는 사실을 반증하는 것이다.[5]

일본의 오야·무라카와 양가는 도해 준비와 선원, 울릉도 물산은 다음과 같다.[6]

　㉯-① 지난 날 호키국에서 竹島(울릉도)에 도해할 때 요나고의 선주 오야 규에몽과 무라카와 이치베의 兩家가 격년으로 약 이 백석들이 크기의 배 2척에 50명가량의 사람을 태워 보냈다.

　② 寬文[7]때 오야의 배가 조선국으로 표류하였을 때의 선원수를 보면 배 한 척에 21명이었다.

　一. 우와노리(上乘) 1인

　이는 그 집에서 중책을 맡고 있는 자에게 도해 총괄 업무를 맡겨 파견한 자일 것이다.

　一. 호나카시라(船頭) 1인

　이는 바람과 방향과 파도의 크기를 살펴 선원에게 알려주는 자이다.

　一. 포수(鐵炮打) 2인

　이는 바다짐승을 쏘아 잡는 자이다. 자세한 것은 다음에도 나온다. 그 때에는 보통 8 또는 9자루까지 총을 실어 보냈으나 나중에는 5자루로 줄은 것이 그 집안의 家譜에 보인다. 그 외는 어떤 병기도 싣지

5) 동북아역사재단, 「일본이 모르는 10가지 독도의 진실」 '독도의 진실 3'.
6) 오카지마 마사요시(岡嶋正義),『竹島考』上, 「도해 준비와 물산」 1828, 정영미 역, 경상북도·안용복재단, 2010.
7) '寬文'은 일본 에도시대의 연호의 경우 1661~1671년이다.

않았다.

一. 대장장이(鍛冶) 1인

　이는 파손된 어로 도구를 고치는 자일 것이다.

一. 통 만드는 사람(桶師) 1인

　기름통, 혹은 물통을 만드는 자이다.

一. 목수(大工) 1인

　이는 그 섬에 정박하고 있는 동안에 배 만들 나무를 고르고 베어서 새 배를 만드는 자이다.

一. 전복 잡이(鰒突) 3인

　전복은 그 섬의 큰 산물이다. 자세한 것은 뒤에 언급하였다.

一. 키잡이(楫取) 1인

　방향에 따라 키를 잡고 배를 모는 자이다.

一. 수부(水夫) 10인

　바다에서는 돛 줄을 다루거나 배가 나아가게 노늘 젓는다. 섬에 머무르는 동안에는 사냥을 하는 자일 것이다.

도합 21명

다른 배의 선원도 대략 이와 같을 것이다.

③ 해에 따라 사람 수가 늘어나기도 하고 줄어들었다. 나중에는 반 정도로 사람 수가 배 한 척에 25명 정도로 보내게 되었다. 매년 2, 3월 경 배를 준비하고 요나고에서 오키국으로 가서 4월 상순 경까지 순풍이 불고 조류가 바뀌기를 기다렸다가 돛을 펴고 먼저 松島라고 하는 작은 섬에 배를 대고 어로에 착수하고, 거기에서 竹島로 가는데, 그간 할 일을 하고 가을이 지나면 돌아온다. 또, 그 섬에서 주로 나는 것은 전복, 강치의 2 종이다. 강치는 또 미치라고 한다. 해변 가 암석으로 올라오는 것을 노려 총을 쏘아 잡고 껍질을 벗기고 기름을 낸다. 그 기름은 등잔을 밝히는데 쓰는 것일까 아니만 다른 용도가 있는 것일까. 상세한 것은 알 수 없다.『和漢三才圖繪』에 의거해 보면 강치는 즉 해달이다. 단『本草』는 말하길, "머리는 말과 같은 것이 紀州 아시카지마(海鹿島)에 많이 무리 지어 산다. 졸음이 오면 섬 위로 올라와 코를 골며

잔다. 단 한 마리만은 자지 않고 사방을 살피고 있다가 만일 어선
이 오면 즉시 다른 것들을 깨워 물속으로 돌아가 숨는데, 매우 빨
리 숨기 때문에 잡기가 힘들다. 그 고기는 맛이 없어서 단지 기름
을 짤 뿐이다. …

 ㉰-①의 사료를 보면 울릉도에 갔을 때 오야 규에몽과 무라카와 이치
베의 兩家가 격년으로 약 이 백석들이 크기의 배 2척에 50명가량의 사람
을 태워 보냈다. ㉰-③의 사료를 보면 해마다 사람 수가 늘어나기도 하
고 줄어들었다고 한다. 나중에는 반 정도로 사람 수가 배 한 척에 25명
정도 보내게 되었다. ㉰-③의 사료에 의거하면 ㉰-①의 배 2척에 100명
가량의 사람을 태워 보냈다고 고쳐야 할 것이다.『竹嶋之書附』의 사료
를 더 보면, 그 섬에서 전복과 강치 잡이를 하는 배의 수는 큰 배와 작은
배 두 척입니다."라고 하였다.[8]

 배 한 척 선원들은 도해 총괄 업무를 맡는 이는 上乘, 바람과 방향과
파도의 크기를 살펴 선원에게 알려주는 임무를 맡는 船頭, 강치를 잡는
임무인 포수(鐵炮打), 파손된 어로도구를 고치는 대장장이(鍛冶), 기름통,
혹은 물통을 만드는 사람인 桶師, 울릉도에 정박하고 있는 동안에 배 만
들 나무를 고르고 베어서 새 배를 만드는 자인 목수(大工), 전복 잡이인
鰒突, 키를 잡고 배를 모는 자인 楫取, 바다에서는 돛 줄을 다루거나 배
가 나아가게 노를 젓거나 울릉도에 머무르는 동안 사냥을 하는 자인 水
夫 등 임무를 분장하였다.

 매년 2, 3월 경, 배를 준비하고 요나고에서 오키국으로 가서 4월 상순

---

8)『竹嶋之書附』「元祿 8년(1695) 을해년 12월 24일. 아베 분코노카미(阿部豊後
 守)가 소가 로쿠로베(曾我六郎兵衛)를 통해 전달해 온 질서의 사본임, 원본은 반
 환했음」.

경까지 순풍이 불고 조류가 바뀌기를 기다렸다가 돛을 펴고 먼저 松島라고 하는 작은 섬에 배를 대고 어로에 착수하고, 거기에서 竹島로 가는데, 그간 할 일을 하고 가을이 지나면 돌아온다고 하였다.[9]

울릉도의 산물은 주로 나는 것은 전복, 강치의 2종이다. 강치 고기는 맛이 없어서 단지 기름을 짤 뿐이다. 매우 빨리 숨기 때문에 잡기가 힘들어서 해변 가 암석으로 올라오는 것을 노려 총을 쏘아 잡고 껍질을 벗기고 기름을 낸다. 그 기름은 등잔을 밝히는데 쓴다고 하였다. 다음의 사료를 보면,

> 드디어 이튿날 새벽에 배를 몰아 子山島에 갔는데, 왜인들이 막 가마솥을 벌여 놓고 고기 기름을 다리고 있었습니다. 제가 막대기로 쳐서 깨뜨리고 큰 소리로 꾸짖었더니, 왜인들이 거두어 배에 싣고서 돛을 올리고 돌아가므로, 제가 곧 배를 타고 뒤쫓았습니다.[10]

안용복이 독도에 가서 "왜인들이 막 가마솥을 벌여 놓고 고기 기름을 다리고 있었습니다."라는 것은 그 고기 기름은 강치 기름이다.

일본 오야·무라카와 양 가문을 배 2척을 내어 독도를 거쳐 울릉도에 갔다. 전복 잡이와 강치를 총에 쏘아 껍질을 벗기어 기름을 내고, 사냥하고, 배를 만든다. 또 향나무를 베어 에도 니시성(西之御丸)[11]을 수리하

---

9) 같은 책 「元祿 8년 을해년 12월 24일. 아베 분코노카미(阿部豊後守)가 소가 로쿠로베(曾我六郎兵衛)를 통해 전달해 온 질서의 사본임, 원본은 반환했음」 "竹島로 어로작업을 하러 가는 시기는 2~3월경에 요나고를 출항하고, 매년 갑니다."라고 하였다.

10) 『숙종실록』 권30, 숙종 22년(1696) 10월 13일(병신).

11) 江戸 西之御丸은 현재 東京都 치요다구(千代田區)에 있은 에도 성의 성곽 중 하나로 서쪽 성곽(御丸)이다(오카지마 마사요시(岡嶋正義), 『竹島考』上·下, 정영미 역, 경상북도·안용복재단, 2010, 167쪽).

고, 서원의 마루판을 깔고 책장을 만들었다고 하였다.12)

---

12) 오카지마 마사요시(岡嶋正義), 같은 책 下, 「오야·무라카와가 향나무를 막부로
나르다」 1828, 정영미 역, 경상북도·안용복재단, 2010, "寬永 15년(1638)에도 니
시 성(西之御丸)을 수리한 일이 있었는데, 진작부터 오야·무라카와에 명하여 향
나무를 바치라고 하였다. 그랬더니 예의 두 사람이 황송하게 생각하고 급히 竹島
로 배를 보내 섬 안을 탐색하고 좋은 향나무를 잘라 그것을 싣고 오게 해서 두
사람이 동행하여 막부로 가서 손수 바치고 별 탈 없이 임무를 다할 수가 있다. 그
竹島에서 나는 향나무(栴檀樹)라고 하는 것은 흔한 다른 목재와는 다른 것으로
이파리 색이 자흑색이다. 열매는 치자 열매 같고 그 색은 하얗다고 한다. 이 신기
한 나무로 書院의 마루판을 깔고 남은 것은 책장을 만들었다고 한다."

제4장 조선인들은 1692년에 울릉도에 처음 왔을까?

『竹島考』下의 경우, 「조선인이 처음으로 竹島에 도래하다」는 편목을 만들어 1692년에 조선인이 처음 들어왔다고 한다.[1] 그 기록은 다음과 같다.

> ①-㉠ 元禄 5년(1692)의 竹島渡海는 무라카와 이치베 차례였다. 그래서 예년과 같이 배를 만들어 21명이 타고 2월 11일 요나고를 출범하여 오키국 도고(嶋後) 후쿠우라(福浦) 해안에 도착하였고, 잠시 여기서 정박하였다가 3월 24일 순풍이 불어 돛을 펴고 같은 달 26일 辰時에 竹島의 伊賀嶋라고 하는 작은 섬에 배를 묶어두고 본섬의 상황을 살피는데 이상한 점이 있었으므로, 배안에 있던 사람들이 모두 이런 저런 추측을 해 보았으나 끝내 영문을 몰랐고, 그날 밤에는 그 곳에서 밤을 새우고 그 다음날 아침이 되어 내린 결론이 어쨌든 간에 竹島에 배를 댄 후에 결정하자는 것이어서, 배를 몰아 하마다포(濱田浦)를 향해 가니 해변가에 이국선 2척이 보였는데 한 척은 해변에 올려져있었고 한 척은 떠있었는데 30명 정도가 타고 있었고 우리 배 쪽으로 향해오다가 7 또는 8, 9間 정도 떨어진 곳에서 오사카포(大阪浦) 쪽으로 갔다. 또, 이국인 두 사람이 해변에 있었는데 이들도 작은 배를 타고 우리 배 쪽으로 오다가 지나쳐가려 하였으므로, 이를

---

1) 『무라카와씨 구기(村川氏舊記) 국역』『독도관계 일본고문서 2』경상북도 독도사료연구회편, 경상북도, 2015, 「享保 9년(1724) 막부로부터의 질문 내용 7개조」 '여섯 번째 질문에 대한 대답', "… 조선인이 처음 도해한 해는 元禄 5년(1692) 3월이라고 생각합니다. 그러나 조선인이 언제 도해하는지는 모릅니다."

불러 세워서 예의 두 사람을 억지로 우리 배에 태우고는 어느 나라에서 왔느냐고 물으니, 그 중 한 사람이 譯者이었는데 말하기를, 우리들은 조선국의 가와텐 가와구(カワテンカワグ) 2)<이곳에 대해 잘 알지 못함> 사람이라고 하였다. 우리 선원들이 말하길, "원래 이 竹島는 대일본국의 장군님이 우리들에게 주신 것으로 옛날부터 우리가 도해하던 섬이다, 그런데 감히 너희 같은 외국인이 도래하여 우리 일을 방해하였으니 전대미문의 괘씸하기 그지없는 일이다, 한시라도 빨리 이곳을 떠나라"고 하며 혼을 내니, ⓐ 譯者가 설명하여 말하길, "여기에서 북쪽으로 작은 섬 하나가 있다. 우리가 예전부터 우리 왕의 명령을 받아 3년에 한 번 그 섬으로 가서 전복을 잡아 바쳐왔다. 올 봄에도 그 섬으로 가고자 2월 21일 배 수십 척이 함께 본국을 떠났는데, 도중에 갑자기 풍랑이 일어 그 중 5척의 배에 탔던 선원 53인이 3월 23일 간신히 이 섬으로 흘러 들어왔는데, 해안을 보니 전복이 많이 보이기에 심중에 다행이라고 여기며 기뻐하고 지금까지 머물면서 일을 하고 있는 것이다. 아무튼 바다가 험했을 때 배가 조금 부서져서 고치고 있는데 다 고쳐지면 즉시 돌아갈 것이니, 그쪽도 어서 배를 대시오."라며 오고 싶어 온 것이 아니라는 듯이 말하였으나, 중과부적이라는 말도 있고 해서 배 안에 있던 사람 모두가 염려하여, 배는 그 곳에 닻을 내려 세워두고 선원 몇 명이 작은 배를 타고 뭍으로 가서 사방을 살피니, 작년 가을 우리가 헛간마다 넣어 둔 고기잡이용 배 8척 및 어로 도구들이 전부 다 없어졌으므로 이게 어찌된 일이냐며 예의 통역을 책망하니, 외국인이 답하여 말하길, 우리 동료들이 다른 포구에 갈 때 타거나

---

2) 1693년 9월 4일에 大目付(대감찰) 가도노 구로자에몬(門野九郎左衛門)에게 조선인을 심문할 때 ‘조선인 구두진술서’에 울릉도에 "작년에도 울산 사람이 20명 정도 건너갔습니다."라고 하였고(『竹嶋紀事』 권1, 元祿 6년(1693) 9월 4일 「조선인 구두진술서」), 아마 사료 ①의 ‘가와텐 가와구(カワテンカワグ)’가 울산일 것이다.

어로를 할 때 썼다고 하였다. 어찌되었든 배를 대고 상륙하시라
고 상냥히 권해왔으나, 실정을 잘 몰라서 일부러 그 말을 듣지
않았다. 그래서 예의 외국인 두 사람만 상륙하게 하고 나중에 증
거로 삼기위해 그들이 만들어 논 꼬지 전복 조금과 삿갓 1개, 갓
1개, 메주 한 덩어리를 취하였고, 같은 날 申時에 닻을 올리고 4
월 1일 이와미국 하마다포에 도착하였고, 같은 달 4일에는 운슈
구모쓰에 도착, 다음날 5일 신시에는 요나고로 돌아왔다.3)

①-ⓒ 「享保 9년 막부로부터의 질문 내용 7개조」
'첫 번째 질문에 대한 답변'
一. 元祿 5년(1692) 2월 11일, 요나고에서 출선하여 오키국 도고(島後)
의 후쿠우라(福浦)에 착안하였고, 3월 24일 후쿠우라에서 출선하
여 같은 달 26일 아침 8시경에 竹島의 이카섬이라고 하는 곳에 착
선하여 상황을 살펴보니, (누군가가) 전복을 많이 따놓은 듯해서
수상쩍은 생각이 들었습니다. 같은 달 27일 아침 하마다포구(濱田
浦)로 갔는데 조선 배 2척이 보였습니다. 그 중 한 척은 거선이고
다른 한 척은 浮船이었습니다. 조선인은 30명 정도가 보였습니다.
그들은 부선을 타고 우리 배가 있는 곳에서 8~9間 정도 떨어진 해
상을 지나 오사카포구(大坂浦)라는 곳으로 갔습니다. (조선인 중)
두 명은 육지에 남아 있었는데, 다시 작은 배를 타고 왔으므로 우
리 배에 태우고 어느 사람이냐고 물었습니다. 한 명은 통역(通辭)
으로 조선국 가와텐카와구 사람이라고 했습니다. 그래서 이 섬은
원래 일본 땅으로 쇼군님께서 대대로 내려주셔서 매년 도해하고
있는 섬인데 무슨 연유로 그대들이 건너오는지를 물었습니다. (조
선인이 대답하기를) "이 섬의 북쪽에 섬이 있어 3년에 한 번씩 國
主에게 바칠 전복을 채취하러 옵니다. 본국(國元)에서 2월 21일에
비슷한 배 11척으로 출선했으나 난풍을 만나 5척에 전원 53명이

3) 오카지마 마사요시(岡嶋正義), 『竹島考』 下, 「조선인이 처음으로 竹島에 도래
하다」 1828, 정영미 역, 경상북도·안용복재단, 2010, 205~211쪽.

나누어 타고 표류하다가 3월 23일 이 섬에 도착했습니다. 이 섬의
형세를 살펴보니 전복이 있기에 머물면서 채취하고 있습니다."라
고 했습니다. 그렇다면 (저희가) 이 섬에 빨리 떠나라고 했더니,
(그들이) 배도 약간 파손되었으니 수리가 끝나는 대로 떠날 것입
니다. 그쪽 배를 우리 쪽에 정박해야 한다고 말했지만 (저희는) 배
를 정박하지 않고 먼저 사람만 육지로 올라가 조사했는데, 우리가
만들어 놓은 여러 도구와 獵船 8척이 보이지 않아 譯者에게 차근
차근 물었더니, 각 포구로 보냈다고 했습니다. (그들이) 우선 우리
쪽에 배를 정박시키라고 했지만, 조선인은 숫자가 많고 우리 쪽은
불과 21명이기에 걱정이 되었습니다. 3월 27일 16시경에 竹島를
출선했습니다. 그런데 아무란 증거도 없으면 곤란하다고 생각되어
조선인이 만들어 둔 꼬지 전복 소량, 갓 한 개, 망건 한 개, 된장
한 덩어리를 취하여 출선하였습니다. 4월 초하루에 세키슈(石州:
石見國)의 하마다포구에 도착했습니다. 같은 달 4일에 운슈(雲州
: 出雲國) 구모즈포구(雲津浦)에 도착했고, 다음 날 5일 16시경에
요나고에 들어왔습니다. 이상의 취지는 元祿 5년 4월 6일, 竹島에
도해했던 선장과 선원들이 말한 것입니다. …4)

1692년 2월 11일에 요나고를 출발하여 3월 24일, 후쿠우라에서 출선하
여 같은 달 26일에 울릉도에 도착한 무라카와의 선박은 누군가가 전복
을 대량으로 채취한 흔적을 발견하였다. 이어 하마다 포구에서 조선 선
박 2척과 조선인 약 30명이 어획하고 있는 모습을 발견하였다. 무라카와
선원들은 육지에 남아있던 조선인 두 명을 자신들의 배에 태워, 마침 의
사소통인 가능한 조선인에게 "이 섬은 원래 일본의 땅으로, 쇼군님에게
서 拜領 받아 매년 도해하고 있는데 당신들은 무슨 일로 왔는가?"라고

---

4) 경상북도 독도사료연구회편,『무라카와씨 구기(村川氏舊記) 국역』「亨保 9년
   (1724) 막부로부터의 질문 내용 7개조」『독도관계 일본고문서 2』경상북도, 2015,
   123~124쪽.

섬에 온 연유를 물었다. 우선 ①-㉠, ⓐ의 사료를 보면 조선의 譯者가 말하기를 "울릉도에서 북쪽으로 작은 섬 하나가 있다. 우리가 예전부터 우리의 國主에게 바칠 전복을 명령을 받아 3년에 한 번 그 섬으로 가서 전복을 잡아 바쳐왔다고 하였다."고 한다. 울릉도 북쪽 곁에 관음도, 竹島(대섬)가 있다. 역자가 말하기를 "올 봄에도 그 섬으로 가고자 2월 21일 배 수십 척이 함께 본국을 떠났는데, 도중에 갑자기 풍랑이 일어 그 중 5척의 배에 탔던 선원 53인이 3월 23일 간신히 이 섬(울릉도)으로 흘러들어왔다."고 하였는데 관음도, 竹島(대섬)이 지근거리이다 보니 배 수십 척이 울릉도를 모를 리가 없다. 사료 ①-㉠-ⓐ의 울릉도에서 북쪽으로 작은 섬 하나는 于山島(독도)일 것이다. 사료 ①-㉠의 밑줄 친 곳을 보면 배 '수십 척'이 함께 본국을 떠났는데, ①-㉡의 경우 정확한 '배 11척'을 출선했다.

이때 무라카와 선원들은 자신들이 전에 남겨두었던 어로 도구들과 배를 조선인들이 사용하고 있는 바람에 어로 활동을 단념하고 귀환했다. 무라카와 선원들은 인원수 21명에서 조선인이 숫자보다 훨씬 적다는 사실에 불안감을 느끼고 곧 귀향하였다(①-㉡).

『竹嶋紀事』의 '于山島' 기록을 보면, 안용복은 1693년 3월 27일부터 4월 18일까지 울릉도에 머물렀고, 다음과 같이 북동쪽에 있는 于山島를 두 번 보았다고 했다.

② 인질은 여기에 머물러 있는 동안 이루어진 심문에서 "이번에 간 섬의 이름은 알지 못합니다. 이번에 간 섬에서 북동쪽에 큰 섬이 있었습니다. 그 섬에 머물던 중에 두 번 보았습니다. 그 섬을 아는 자가 말하기를 于山島라고 부른다고 들었습니다. 한 번도 가 본 적은 없지만 대체로 하루 정도 걸리는 거리로 보였습니다."라고 말하고 있

습니다. 울릉도란 섬에 대해서는 아직껏 모른다고 말하고 있습니다.
그러나 인질의 주장은 허실을 가리기 어려우니 참고로 아룁니다. 그
쪽에서 잘 판단해 들으십시오.5)

　사료 ②의 경우 안용복이 울릉도의 북동쪽에 큰 섬이 있고, 두 번 보
았다고 하여 그 섬을 아는 자가 '于山島'라고 부른다고 들었다고 한다.

　　③ 올해도 그 섬에 벌이를 위해 부산포에서 장삿배가 3척 나갔다고 들
　　었습니다. 한비치구라는 이국인을 덧붙여 섬의 형편이나 모든 것을
　　해로에 이르기까지 자세히 지켜보도록 분부했으므로 그 자들이 돌
　　아오는대로 추후에 아뢰겠으나 먼저 들은 바에 대해여 별지 문서에
　　적겠습니다.

　「두렵게 생각하면서도 적은 口上 각서」

　一. 부룬세미의 일은 다른 섬입니다. 듣자하니 우루친토라고 하는 섬입
　　니다. 부룬세미는 우루친토보다 동북에 있어, 희미하게 보인다고 합
　　니다.
　一. 우루친토 섬의 크기는 하루 반 정도면 돌아볼 수 있는 크기라고 합
　　니다. 높은 산이며 논밭이나 큰 나무가 있다고 듣고 있습니다.
　一. 우루친토는 강원도 에구하이란 포구에서 남풍을 타고 출범한다고
　　듣고 있습니다.
　一. 우루친토에 왕래하고 있는 건 재작년부터임에 틀림없습니다.
　一. 우루친토로 왕래하고 있는 일은 관아에서 모르고 있고, 자기들 생
　　계를 위해 나가고 있습니다. 다른 것들은 한비차구가 돌아오는 대
　　로 물어 다시 상세한 것을 아뢰겠습니다.6)

5) 『竹嶋紀事』 권1, 元祿 6년(1693) 12월 5일, 「다다 요자에몬에 보낸 쓰시마 도주
　의 답신」.

元祿 6년(1693) 6월에 쓰시마 현지의 家老인 스기무라 우네메(杉村采女)는 부산의 왜관에 체재하고 있던 역관 나카야마 가헤에(中山加兵衛)에게 조선에서 부룬세미라고 부르는 섬이 竹嶋인지 아닌지? 그리고 竹嶋는 조선의 어느 방향에 있고, 어디에서 어느 방향의 바람을 타며, 해로는 어느 정도이며, 섬의 크기는 어느 정도인지 등을 친하게 아는 조선인에게 은밀히 물어보도록 하였다. 그에 대한 나카야마의 회답이 사료 ③이다. 나카야마의 구상서에 의하면 울릉도는 '우루친토'라 하고, '부룬세미'는 우루친토보다 북동쪽에 있어, 희미하게 보인다고 한 것으로 보아 안용복이 울릉도에서 바라다본 于山島, 즉 독도라고 할 수 있다. 于山島, 즉 독도는 울릉도로부터 동남방에 위치하고 있다. 그래서 시모죠 마사오(下條正男)는 사료 ②의 경우 '안용복이 본섬은 북동 방에 위치한 것으로 보아 울릉도의 바로 근처에 있는 현재의 竹島(죽서=대섬)'라고 주장하였다.7)

사료 ①~③의 울릉도의 북방, 혹은 북동 방으로 표시된 것은 울릉도에서 于山島(독도)가 북방, 혹은 북동쪽에 있다는 표현이 아니다. 울산, 부산에서 살던 사람들이 부산, 울산에서 바라다본 좌표이다. 부산이나 울산 등의 경상도 지역에서 울릉도와 독도를 바라볼 때 울릉도의 북동 방, 혹은 북방에 있었다고 표현한 것이다.8) 부산, 울산에서 바라볼 때 于山島(독도)는 울릉도를 지나 더 먼 곳으로 항해해야만 갈 수 있는 곳, 더

6) 같은 책, 권1, 元祿 6년 5월 13일.

7) 시모죠 마사오(下條正男)의 주장에 대해 박병섭은 「안용복 사건에 대한 검증」한국해양수산개발원, 2007, 30쪽에서 "가장 믿기 어려운 '방향'에 대해 기술한 것만 의거하고, 보다 신뢰성이 있는 증언인 '하루의 거리'를 무시했다. 이처럼 마음대로 사료를 취사선택한다면 어떠한 결론도 가능하다."고 하였다.

8) 김호동, 「『竹島問題에 관한 調査研究 最終報告書』에 인용된 일본 에도(江戶) 시대 독도문헌 연구」『인문연구』55, 영남대학교 인문과학연구소, 2008, 11~16쪽.

먼 북쪽, 혹은 북동쪽에 있는 섬이다. 조선시대의 지리지들은 방향표시와 거리를 표시할 때 '본읍'에서부터의 방향과 거리를 표시한다는 점을 염두에 두어야 한다.9) 그렇게 볼 때 조선에서 항상 울릉도를 거쳐 독도에 갔고, 울릉도를 거점으로 독도 어로 활동이 이루어진 것을 염두에 두면 사료 ②에서 독도로 가다가 울릉도에 표류하였다고 하는 '譯者'의 진술은 무라카와가에서 만들어낸 것에 불과하다.

사료 ①의 기록에 의하면 1692년(元祿 6 ; 숙종 18)부터 조선인들이 최초 울릉도에 와서 어로작업을 한 것으로 되어 있다. 조선인들의 울릉도 어로 활동은 사료 ③ 사료에서 "우루친토에 왕래하고 있는 건은 재작년부터임에 틀림없습니다."라고 하여 1691년(숙종 17)에 있었던 것이 확인된다.

사료 ①의 '譯者'가 존재한다는 것은 이미 울릉도에서 일본인과 조우한 경험에서 비롯된 것이다. '譯者', 즉 통역의 존재를 통해서도 1692년에 조선인들이 처음으로 竹島에 도래했다는 것은 오야, 무라카와 가문이 거짓말한 것임을 알 수 있다. 사료 ①의 "예전부터 그 섬(울릉도) 북쪽의 작은 섬에서 전복을 잡았다."고 하였다. 오야·무라카와 양 가문이 조선인이 1692년에 '조선인이 처음 들어왔다.'라고 거짓말을 하였다. 오야·무라카와 양 가문이 1692년에 조선인이 처음 울릉도에 출어하였다는 것을 오카지마가 믿어 『竹島考』를 만들면서 「조선인이 처음으로 竹島에 도래하다」는 편목을 만들었다. 그렇지만 다음과 같이 1692년 이전부터 조선인들이 울릉도에로의 출어는 계속 되었다.

---

9) 김호동,『독도·울릉도의 역사』경인문화사, 영남대학교 독도연구소 독도연구총서 1, 2007.

④ 계유년(1693) 9월, 竹島에서 붙잡힌 두 사람을 데려오는 일로 奉行
差倭가 배를 타고 바람을 기다린다는 일을 알리는 先文頭倭가 나
온 일을 장계하였다.

回啓하기를 "이른바 竹島에서 붙잡혔다고 하는 것은 요전에 경
상감사의 장계 중에 蔚山의 뱃사람 두 명이 표류하다가 蔚陵島로
들어가서 왜인에게 붙잡혔다고 하는 것을 이르는 듯합니다. 그렇지
만 그 섬은 우리나라의 땅이니, 간혹 뱃사람의 왕래가 있었다고 하
더라도 원래 일본이 금할 수 있는 곳이 아닙니다. 奉行差倭는 결코
접대하기에 마땅하지 않다는 뜻으로 館守倭에게 엄한 말로 꾸짖고
타일러야 합니다."라고 하였다. [竹島의 일은 울릉도조에 보인다.]

回啓하기를, "奉行差倭가 이미 出來하였으니, 交隣의 도리로 접
대하지 않을 수 없으므로 접위관을 선발하여 내려 보내시고, 어민들
이 자주 武陵島와 다른 섬에 왕래하면서 큰 대나무를 베거나 또한
鰒魚를 잡는다고 하니, 비록 모두 금하여 단절시키기는 어렵겠지만,
저들[일본]이 이미 科條를 엄하게 세워 禁斷한다는 말을 하니, 우리
나라의 도리에 있어서도 금하지 않을 수 없습니다. 지금부터 뒤로는
각별히 경계하여 이들로 하여금 가벼이 나갈 수 없도록 하시고, 접
위관도 이러한 뜻으로 말을 만들어 대답함이 옳은 일입니다."라고
하였는데, 傳敎가 있었다.[10]

⑤ 이번 11월 13일 대신과 비국 당상을 인견하여 입시하였을 때에 좌
의정 睦來善이 아뢰기를 "방금 동래부사의 장계를 보니 사명을 봉
행하는 差倭의 말씨가 꽤 온순하여 별로 난처한 사단은 없을 것이
라고 하였습니다. 경상도 연해의 어민들은 비록 풍파 때문에 武陵
島에 표류하였다고 칭하고 있으나 일찍이 연해의 수령을 지낸 사람
의 말을 들어보니 바닷가 어민들이 자주 무릉도와 다른 섬에 왕래
하면서 대나무도 베어오고 전복도 따오고 있다 하였습니다. 비록 표
류가 아니라 하더라도 더러 이익을 취하려 왕래하면서 漁採로 생업
을 삼는 백성을 일체 금단하기는 어렵다고 하겠으나 저들이 기왕

---

10) 『邊例集要』 권1, 「別差倭」 계유년(1693) 9월.

엄히 조항을 작성하여 금단하라고 하니 우리 도리로는 금령을 발하여 신칙하는 거조가 없을 수 없겠습니다." 하고, 우의정 閔黯은 아뢰기를 "接慰官이 돌아와 봐야 자세히 알 수 있겠으나 우리나라 해변의 주민들은 어채로 업을 삼고 있으니 아무리 엄금하려 해도 어쩌지 못하는 형편입니다. 오직 적발되는 대로 금단할 수밖에 없습니다." 하니, 임금이 이르기를 "바닷가 어민들은 날마다 이익을 따라 배를 타고 바다로 들어가야 하니 일체 금단하여 살아갈 길을 끊을 수는 없는 형편이나 이 뒤로는 특별히 신칙하여 경솔하게 나가지 못하게 하고 접위관도 이런 뜻으로 措辭하여 대답하는 것이 좋겠다." 하였다.11)

⑥ 대신들과 비변사 당상들을 引見하여 입시했을 때, 우의정인 閔黯이 아뢴 것은, "竹島의 일은 이미 收殺하여 그 이른바 犯越한 죄인들을 마땅히 照勘해야 할 일이나, 연해의 백성들은 본래 고기잡이로 생계를 유지하므로, 법으로 금함을 무릅쓰고 이익을 탐하여 늘 먼 바다를 왕래하여 이와 같은 事端이 생기는 근심이 있게 되었으니, 각별히 엄하게 다스림이 마땅할 듯합니다. 이제 이 죄인들을 만약 가벼운 법률로써 (은혜를) 베푼다면, 뒷날에 일어날 폐단을 막기 어려울 것입니다."라고 하는 것인데, 영의정인 權大運이 말하기를, "각각의 사람들이 비록 먼 바다로 나가는 죄를 저질렀으나, 어리석은 백성은 꼭 엄하게 다스릴 필요는 없으니, 刑推하고 풀어주는 것이 옳을 듯합니다." 라고 하였으며, 좌부승지인 李玄紀가 말하기를, "동해 가에 사는 백성들은 田土가 척박하여 농사를 지을 수 없으므로 오직 고기잡이만을 합니다. 비록 날로 엄하게 타일러 경계시키더라도 먼 바다로 나가지 않을 리가 만무합니다."라고 하였으며, 민암이 말하기를, "일이 邊境에 관계되는 일이니, 느슨하게 다스릴 수 없습니다. 首從을 분별하여 船主와 沙工은 徒年으로 정배하고, 그 나머지는 刑推하고 풀어주는 것이 옳을 듯합니다."라고 하니, 상께서 말씀하시기를, "그대로 시행하라."라고 하셨다.12)

---

11) 『비변사등록』 숙종 19년(1693) 11월 14일.

⑦ 申汝哲이 말하기를, "신이 마침 魚臺에 가서 그 섬(울릉도)을 바라
보니, 그 사이의 거리가 그리 멀지 않아 南山처럼 가까운 곳을 보는
듯 하였습니다. 고기 잡는 사람들에게 묻기를, '너희가 저곳에서 고
기를 잡느냐?'라고 하니, 대답하기를, '저곳엔 큰 고기가 많이 있으
므로 이따금 가서 고기를 잡습니다. 또한 그 위에 하늘을 찌를 듯한
큰 나무가 있으며, 대나무의 크기가 장대와 같으며, 땅도 비옥합니
다.'라고 하였습니다. 저들이 만약 살 만하다는 것을 알고 와서 근거
지로 삼는다면, 그 부근의 三陟과 江陵 등의 지방은 반드시 많은
피해를 입을 것이니, 매우 염려가 됩니다."라고 하였다.[13]

⑧ 이 섬(울릉도)으로부터 북쪽에 섬이 있는데 3년에 한번 國主의 용도
로 전복 채취를 갑니다. … 우리들이 저 섬에 건너간 것은 별도로
숨겨서 말씀드릴 것도 아닙니다. 작년에도 울산 사람이 20명 정도
건너갔고, 또한 公儀로부터 이를 지시받았다고 할 수도 없고 자기
들 마음대로 건너간 것입니다.[14]

위 사료 ③~⑧의 조선과 일본 사료들을 통해 조선후기 어민들이 1692
년 훨씬 이전부터 울릉도·독도에 꾸준히 들어가서 어채활동을 하였음
을 알 수 있다. 사료 ⑤에서 보다시피, 안용복, 박어둔 납치사건이 발생
하자 울산에서 이들과 함께 간 사람들은 돌아와 자신들의 일행이 납치
된 사건을 울산 병영에 알렸고, 이것이 경상감사를 통해 중앙정부에 보
고되었다. 그것을 접한 조정에서는 경상도의 연해 수령을 역임한 사람
들을 통해 경상도 연해의 어민들이 풍파를 핑계하여 무릉도와 다른 섬
에 왕래하면서 대나무, 전복 채취를 하고 있었다는 점과, 그것이 이익을
취하려 왕래하고 있었음을 사전 인지하고 있었다. 그런 점에서 공도정

12) 『승정원일기』 355책, 숙종 20년(1694) 3월 3일.
13) 같은 책 358책, 숙종 20년 윤5월 24일.
14) 『竹嶋紀事』 권1, 元祿 6년(1693) 9월 4일.

책에 의해 울릉도에 조선인들이 오지 못하였다는 일본의 주장은 설득력이 없다. 그렇지만 이들은 사료 ③에서 보다시피 관에 알리지 않고 몰래 들어갔고, 적발이 되면 사료 ④에서 보다시피 풍파 때문에 무릉도에 표류했다고 둘러대었다. 사료 ⑥에서 보다시피 ‘연해의 백성들은 본래 고기잡이로 생계를 유지하므로, 법으로 금함을 무릅쓰고 이익을 탐하여’ 울릉도에 드나들었다. 그런 상황이다 보니 울릉도에서 일본인들을 조우하였다 하더라도 관에 보고할 리 없었다. 일본 오야·무라카와의 두 가문 역시 에도 막부로부터 도해면허를 받은 것이 무인도임을 내세워 받았기 때문에 조선인을 만나더라도 그것을 기록에 남기지 않았다. 돗토리 번에서 “竹島는 이나바·호키의 부속이 아닙니다.”라고 보고한 것처럼 오야·무라카와의 두 가문 역시 울릉도로의 도해가 불법적인 것을 잘 알고 있었을 것이다. 그렇기 때문에 조선에서 울릉도에 어채활동을 한 것을 본국에 알리지 않았고, 그들만이 어로 활동을 독점한 것처럼 말하기 위해 에도 막부에 호키국의 영지라고 하면서 土官이 파견되었다는 거짓 보고를 평상시 하였다고 보아야 한다.15)

1693년의 경우 울릉도에서 오야 가문의 선원들이 4월 17일에 안용복과 박어둔이 납치되어 일본으로 끌려간 후 조선과 일본 에도 막부 사이에 ‘鬱陵島爭界’가 나왔으니 역사의 표면 위로 부상하였다.

　　왜 울릉도를 적어 넣었겠습니까? 이것을 적어 넣은 이유는 다음과 같습니다. 竹島로 건너간 자들은 경상도의 울산 사람들로 9명이 타고 있었습니다. 두 사람은 일본으로 붙잡혀가고 나머지 7명은 별 탈 없이 귀국했습니다. 따라서 붙잡혀 간 사람의 부모와 처자식들이 울산의 수령에게 “누

---

15) 김호동, 「울릉도와 독도로 건너간 사람들」 『해양문화연구』 78, 전남대학교 이순신해양문화연구소, 2012, 55~90쪽.

구누구 9명이 타고 고기잡이를 하러 나가 7명이 돌아왔는데 우리들의 아버지가 돌아오지 않았습니다. 조사하여 주십시오."라고 처자식 등이 소장을 제출하였습니다. 즉시 7명을 소환하여 조사하여본 결과, "울릉도에 고기잡이를 하러갔는데 일본인을 만나 <u>두 사람이 붙잡혀서 호키국(伯耆國)에 끌려간 탓에</u> 힘없이 우리들만 돌아왔다"고 진술하였습니다. 그래서 일본인이 오는 곳에는 어떤 이유로 간 건지, 울릉도가 아닌 다른 곳에 간 것이 아니냐고 묻자 <u>"결코 다른 곳은 아니며 이전부터 갔었다."</u>고 답변하였습니다. 따라서 이것을 경상도 순찰사에 보고하였더니 순찰사가 도성에 보고하였습니다. 그러지 "이해하기 어려우므로 충분히 알아본 후에 상황을 명확하게 하여 보고하라."고 도성에서 지시가 왔습니다. 그래서 위의 7명을 순찰사가 불러 조사를 하였더니 처음에 이야기한 것과 다르지 않았으며, 어떻게 보더라도 <u>울릉도에 간 것이었습니다.</u> 그곳에는 <u>옛날의 집이 어떻게 있었으며</u>, 고양이와 대나무가 많이 있고, 전복과 생선이 많았다는 등 상황을 자세하게 진술하여, 그 진술대로 또 상신하였더니 울릉도에 간 것이 틀림없는 것으로 결정되었습니다. 이 결정에 따라 도성에서 이루어진 상의에서는 조종으로부터 이어온 산하를 이유 없이 타국에 넘기는 것은 외국에 나쁜 소문이 퍼질 뿐 아니라 죽은 뒤에 국토의 경계를 조상님께 어떻게 말씀드릴 수 있겠는가? 성신으로 교류하고 있으므로 진술하게 전달한다면 일본도 동의하지 않을 리가 없으니 그저 있는 그대로 竹島에는 가지 않았으며 우리나라의 울릉도에 간 것이라고 회답하는 것이 지당하다는 결론이 나왔습니다.[16)]

울산 사람 7명이 울릉도에 갔고, '이전부터 갔었다.'고 하여 1692년에 울릉도에 조선인들이 최초 들어간 것이 아니다. 또 '옛날의 집이 어떻게 있었다.'고 하여 조선인들이 옛날부터 울릉도에 들어간 것이다. 오야·무라카와의 두 가문과 이전부터 교류를 해서 '호키국'으로 끌려갔다고 했다.

울릉도에의 출어는 비단 조선에서만 행해졌던 것은 아니다. 일본의

---

16) 『竹嶋紀事』 권1, 元祿 7년(1694) 2월 15일, 「박동지의 답변」.

경우도 마찬가지였다. 광해군 12년(1620)에 쓰시마 번이 에도 막부의 명
을 받아 조선국에 속한 섬인 울릉도(竹島)에서 밀무역을 하고 있던 사기
사카 야자에몬(鷺坂彌左衛門)·니우에몬(仁右衛門) 부자를 잠상의 죄로
잡은 것에서 보다시피 울릉도에는 일본인들도 불법적으로 들어와 어로
활동과 잠상행위를 하고 있었다.[17) 그 후 호키 주(伯耆州) 요나고 항(米
子町)의 오야(大谷)·무라카와(村川) 양 가문에서 1618년에 에도 막부로부
터 '竹島渡海 免許'를 얻어 울릉도에 출어한 것을 계기로 해서 불법으로
고기잡이를 해오고 있었다. 임진왜란에서부터 숙종 19년(1693)에 안용복
이 울릉도에 출어하기까지 울릉도는 일본이 주장하듯이 그들만이 고기
잡이를 독점해온 것은 아니었다. 다만 조선의 경우 울릉도로 들어간 사
람들이 본토로부터 군역의 조세수취로부터 벗어나기 위한 범법의 무리
로 간주하였기 때문에 밖으로 노출되지 않았을 뿐이다.

17) 『通航一覽』 卷129, 「朝鮮國部」 百五.

제6편
안용복은 누구인가?

안용복과 동시대에 살았던 李瀷은 안용복을 '漁氓'이라고 하면서 "동래부(경상좌수영) 전선의 櫓軍으로 왜관을 출입하여 倭語를 잘하였다."고 하였다.[1] 能櫓軍은 戰船에서 노를 젓는 수졸을 말한다. 能櫓軍은 "촌백성을 몰아서 구차하게 채웠다."고 하고, "부근의 육군의 束伍[2]로 바꾸어 충정하게 하였다."고 한 기록[3]이나 "바닷가 고기 잡는 백성은 거의 남은 자가 없는데, 대개 이들은 고기를 잡아 살아가고 있는데 흉년에는 팔리지 않기 때문에 죽은 자가 더욱 많다."고 하면서 "이들은 다 能櫓軍의 무리입니다."고 한 기록[4] 등으로 보아 양민이나 천인으로 구성되었음을 알 수 있다.

능로군의 일원인 안용복이 양인인가, 노비인가를 가늠하기 위해 일본 측 사료인 오카지마 마사요시(江嶋正義)의 『竹島考』를 살펴보기로 한다.

① 2명의 異客을 本船에 옮겨 태우고 이번에 건너온 상세한 경위를 물

---

1) 李瀷, 『星湖僿說』「鬱陵島」, "倭以漁氓安龍福犯越事來爭…安龍福者 東萊府戰船櫓軍也 出入倭舘 善倭語."
2) 속오군은 조선 후기 양인·公私賤人으로 조직된 혼성군을 말한다.
3) 『숙종실록』 권3, 숙종 1년(1675) 3월 9일(정묘).
4) 『현종실록』 권20, 현종 12년(1671) 11월 21일(무진), "李薿가 아뢰기를, ' … 바닷가 고기 잡는 백성은 거의 남은 자가 없는데, 대개 이들은 고기를 잡아 살아가고 있는데 흉년에는 팔리지 않기 때문에 죽은 자가 더욱 많은 것입니다.' 하였다. 許積이 아뢰기를, '이들은 다 能櫓軍의 무리입니다.' 하니, 상이 이르기를, '우리나라는 해상의 전쟁을 자주 치르고 있는데 櫓軍의 죽음이 이 지경에 이르렀다니, 작은 근심이 아니다.' 하였다."

었다. 통역이 말하기를, 우리는 조선국 경상도 동래현 사람으로 안핀샤(アンピンシャ)〔또는 안핀샨(アンピンシャン), 안펜치우(アンペンチウ)라고 적기도 한다. 조선국 사람으로 安氏 성이 많은데 안은 아마도 성이고 핀샤(ピンシャ)와 핀샨(ピシャン)은 모두 裨將의 傳音일 것이다. 또한 펜치우(ヘンチウ)라고 하는 것은 이름일 것이다. 원래 그때의 異客은 시종 붓을 잡지 않았기 때문에 본래의 이름은 전해지지 않는데 진짜 그가 써서 남긴 것이 아무것도 없는 것일까. 그 실정은 알기 힘들다고 한다. 나이는 42세이다. 이 사람은 울산 사람으로 도라헤라고 하는데 연령은 30세이다. 이번 봄 산카이(三界)의 샤쿠완〔지금 생각건대, 산카이라는 곳은 명확하지 않다. 어쩌면 후산카이(釜山浦)라고 말한 것을 산카이라고 잘못 들은 것이 아닐까. 또한 샤쿠완은 상관 또는 왕일 것이다.〕으로부터 전복(鰒)을 따서 바치라는 지시가 있었는데, 그러면 어느 어느 섬에 가서 따라 지시가 없었으나 작년에 이 섬을 표류한 자들이 많은 전복과 미역을 따왔기 때문에 우리들도 그 섬으로 가자고 생각하고, (1693년) 3월 27일 부산포를 출항하여 같은 날 밤에 오게 되었다고 대답하였다. 또한 類船은 얼마나 건너왔는가 묻자, 3척의 배중에 17인승, 15인승, 우리들이 승조한 배는 10명으로 합계 42명이 도착하였다. 아마 그 중에는 작년 도해한 사람이 4명 있다. 그 이름은 야가이, 이완닌과 아무개 아무개라고 하는 사람이라고 한다.5)

② 조선인 두 사람의 바지허리 춤에 작은 패가 달려 있기에 무엇이냐고 물어보았더니, 안핑샤가 대답하길, 우리나라에서는 이 패 없이는 살기 힘들다. 그래서 은 40목씩의 세금을 내고 받았다고 한다.

안핑샤 요패 앞면(アンピンシャ腰牌ノ表面)

東　私奴用卜年三十三長四

---

5) 오카지마 마사요시(岡嶋正義), 『竹島考』 下, 「오야의 선원들이 조선인을 잡아오다」 1828, 정영미 역, 경상북도·안용복재단, 2010.

尺一寸面鐵年暫生疤笽
萊　主京居吳忠秋
同裏面
庚　釜山佐自川一里
午　第十四統三戶

도라헤 요패 앞면(トラヘ腰牌之表面)
庚　靑良目島里
第十二統
午　五家
同裏面
蔚　三十丑
　　朴於屯
山　塩干

　지금 생각건대 이 패의 글자를 베껴 쓸 때 오류가 있었을 것이다. 후일 식자에게 물어보아 밝혀야 한다.6)

　사료 ①과 ②는 모두 『竹島考』의 기록인데, ①은 안용복과 박어둔이 울릉도에 납치된 직후 오야가의 일본 어부들의 질문에 답한 내용이고, ②는 6월 7일, 돗토리 성하(本府)를 출발하여 육로로 나가사키(長崎)까지 보냈다는 기사에 이어서 기록된 안용복과 박어둔의 호패이다. 일본과 한국 양국의 연구자들의 경우 안용복의 호패에 주목하여 안용복을 노비로 보는 것이 일반적이다.

　이준구의 경우, 안용복이 주인으로부터 전복을 잡아 바치라는 지시를

------

6) 같은 책 下, 「오야의 선원들이 조선인을 잡아오다」 1828, 정영미 역, 경상북도·안용복재단, 2010.

받고 울릉도로 출어했다는 오카지마 마사요시의 기록에 근거하여 안용복을 서울에 거주하는 주인 吳忠秋에게 어물을 상납해야만 했던 하인 신분으로 보고, 吳忠秋는 서울에 살면서 동래를 거점으로 대일 무역에 종사했던 역관이거나 富商大賈였을 것이라고 하였다.7) 吳忠秋를 대일 무역에 종사했던 역관이나 부상대고로 볼 때, 吳忠秋의 입장에서는 동래에서 능로군으로서 물길을 잘 알고, 일본어를 아는 자신의 '私奴 用卜'을 앞세워 동래 왜관과의 교역에 종사하였다고 볼 수 있다. 실제『眉巖日記』나『瑣尾錄』,『默齋日記』,『頤齋亂藁』등을 보면 양반의 경우 노비를 앞세워 상행위를 하고 있다.8) 그런 면에서 이 주장은 상당히 설득력을 갖고 있다. 그러나 吳忠秋가 서울에 살면서 동래를 거점으로 대일 무역에 종사했던 역관이거나 부상대고였다는 근거 사료가 없다.

이준구와 마찬가지로 송병기의 경우도 호패에 근거하여 안용복은 서울에 사는 吳忠秋의 사노로 간주하면서 노비이기 때문에 미처 성도 없이 '用卜'이라는 이름만 가지고 있었던 것 같다고 하였다.9) 그런데 사료

---

7) 이준구, 「조선시대 울릉도·독도의 파수꾼 안용복」,『영남을 알면 한국사가 보인다』, 대구사학회 편, 푸른역사, 2005, 267쪽.

8) 이성임, 「조선중기 양반의 경제생활과 재부관」,『한국사시민강좌』29, 일조각, 2001, 87~91쪽 ; 한국학중앙연구원,『이재난고로 보는 조선 지식인의 생활사』 2007 참조.

9) 송병기,『재정판 울릉도와 독도』, 단국대학교 출판부, 2007, 54쪽, "호패의 기록에 의하면 안용복은 서울에 사는 吳忠秋의 私奴로 주소를 부산 좌자천리 14통 3호 (현재의 부산 동구 좌천동)에 두고 있었다. 그는 사노이자 외거노비였던 것이다. 그는 노비이기 때문에 미처 성도 없이 '用卜'이라는 이름만 가지고 있었던 것 같다. 나이도 일본 선원들에게 42세라고 하였지만 호패를 발급한 경오년(1690 ; 숙종 16) 당시가 33세였으므로 1693년 현재 36세가 된다. 얼굴은 검은데 검버섯이 돋았고 흉터는 없으며 키는 4척 1촌으로 기록되어 있다. 키가 너무 작은 편인데 당시의 신장 척으로 환산하면 1m 46cm가 된다. 옮겨 적는 과정에서 잘못이 있었는지

①을 보면 안용복은 자신을 '禪將'이라고 하였다. 그의 진술에 근거하여 安氏 姓에, 이름을 펜치우(ヘンチウ)라고 추정을 한 것으로 보아 호패에만 근거하여 성도 없이 '用卜'이라는 이름만 가지고 있었다고 보는 것은 문제가 있다. 사료 ①의 경우 오카지마는 "조선국 사람으로 安氏 姓이 많은데 안은 아마도 성이다."라고 추정하고 있다. 『숙종실록』이나 『승정원일기』에는 '안용복'이라는 기록이 나온다. 순흥안씨의 경우 안용복을 '순흥안씨'라고 한다. 순흥안씨의 '역적으로 몰리면서 노비가 되었다.'고 한다. 순흥안씨 족보에는 안용복의 이름이 나오지 않는다.

『竹島考』下, 「오야의 선원들이 조선인을 잡아오다」의 경우, 박어둔의 경우, 울산의 주소는 靑良(面) 目島里 제12통 5가이고, 나이는 34세이고, 역명이 塩干이었다.

『울산부호적대장』에 등재된 朴於屯은 울산부 청량면 목도리 16통 5호에 편호되어 있다. 기재내용을 보면 다음과 같다.[10]

> 제5 新戶. 大代(面에서 靑良面 目島里로) 이주해 왔다. 兵營의 鹽干으로 良海尺에 속하는 박엇둔(朴於叱屯)은 신축년생 27세로, 본은 경주, 아버지는 正兵의 己山이다. 조부는 通政大夫의 國生이다. 증조부는 嘉善大夫 芮叱石이다. 외조부는 定虜衛의 尹守今으로, 본은 坡平이다. 처는 私婢의 千時今으로 병오생 22세로, 울산이다. 처의 上典은 서울에 사는 前監司 鄭先이고, 부는 私奴 千鶴, 조부는 山伊 증조부는 알 수 없고, 외조부는 金海, 본은 울산, 모는 私婢의 卜春이다.[11]

도 모른다. 『竹島考』의 저자도 요패의 전사 상의 잘못이 있음을 지적하고 있다."
10) 이하의 박어둔 호적에 관한 서술은 이준구의 논문인 「17세기 말, 號牌·戶籍이 말하는 울릉도·독도 파수꾼 안용복과 박어둔」 『조선사연구』 14집 2005, 75쪽.
11) 『蔚山府戶籍大帳』 1687년(숙종 13), 규장각도서 14999-1, 울산부 청량면 목도리 16통 5호.

박어둔의 이름에는 이두의 된소리(叱)가 덧붙어 '박엇둔(朴於叱屯)'으로 표기되어 있다. 이것이 호패의 이름(朴於屯)과 조금 다르지만, 호적과 호패의 거주지(청량면 목도리)와 역명 鹽干이 일치하고 호적(1687년)의 나이(27세, 신축생)와 호패(1690년)의 나이(30세, 신축생)가 일치하므로 동일 인물이 분명하다. 그는 경주를 본관으로 하는 경주박씨이다.

박어둔은 전 거주지인 府內의 대대면에서 살다가 1687년 式年戶籍에서 청량면 목도리의 신호로 등재되었다. 박어둔이 대대면에서 얼마나 오랫동안 살았는지를 확인할 방법은 없지만, 청량면으로 이주한 시점은 호적이 3년마다 고쳐 작성되고 또 신호임을 감안할 때 1685년에서 1687년 사이가 되는 셈이다.

박어둔은 역명이 병영 염간으로서 천역이고, 신분과 직업이 양인 어부(良海尺)이므로 양인으로서 천한 역(염간)을 부담한 身良役賤이었다. 박어둔의 4조는 직역이 정병(부, 기산)·통정대부(조, 국생)·가선대부(증조, 잇석)[12]·정로위(외조, 윤수금)이다. 이들 중에 정병은 양인의 의무 병종이고, 통정대부와 가선대부는 납속이나 노직이란 단서가 붙지 않았지만 일반 상민의 납속 또는 노직 당상품계로 보이며, 정로위는 諸色軍士 중 有廳·有蔭과 같은 부류의 병종이다. 따라서 그의 4조는 상민층이 가질 수 있는 직역 명칭을 보였다. 그의 외가는 파평윤씨이다.

박어둔의 처(千時今)는 신분이 천인으로서 서울에 거주하는 전 감사 鄭先의 외거하는 私婢이다. 외거노비로서의 그녀는 上典에게 직접적인 사역 대신 身貢을 바쳤을 것이다. 그녀는 나이 22세 병오생이고, 성을 지니고 있으며 울산을 본관으로 하는 울산천씨이다. 그녀는 부모가 사노·사비이고, 조·증조·외조의 신분·직역을 기재하지 않고 이름자만 기재하

---

12) 전 울산 남구 문화원 향토사연구소의 박채은의 경우 '芿叱石'을 '늦돌'로 읽는다.

였으며, 특히 증조의 이름을 '不知'라고 기재하여 조상의 이름자도 밝히지 못할 정도의 무식한 처지였다. 양인 박어둔은 천인 천시금과 혼인함으로서 良賤交婚이 이루어졌다. 그의 가족은 부부 두 명만으로 구성된 핵가족(부부가족)의 형태이다.

박어둔의 호적등재는 1687년 식년호적에서만 확인될 뿐이고, 그 밖의 현존하는 울산호적 어디에도 발견되지 않는다.

이와 같이 1661년(현종 2)에 출생한 박어둔은 부내의 대대면에 살다가 25세(1685년)~27세(1687년) 사이에 청량면 목도리로 이주하였고, 27세(1687년) 때부터 어부(해척)로 어업에 종사하면서 병영에 예속된 염간으로 소금 굽는 身役을 부담하였다. 그는 30세(1690년)에 호패를 발급받았을 때에도 목도리에 거주하였고, 여전히 염간이란 역명을 띠고 있었다.

일본의 1696년의 안용복 심문 사료인「元祿九丙子年朝鮮舟着岸一卷之覺書」에 의하면 또 다른 호패가 나온다. 그 호패에는 '通政大夫'라고 새겨져 있고, '甲午年(1654)'에 출생했다고 되어 있다. 안용복은 통정대부가 된 적이 없다. 그래서 한·일 연구자들이 대부분이 이 호패를 가짜로 여긴다. 1696년 일본에 도일했던 안용복 '三品堂上 安同知'를 가칭했으며, 그 배는 다음과 같이 '朝鮮國安同知乘舟', '朝鬱兩島監稅將 臣 安同知 騎' 깃발을 달고 있다.13)

---

13) 오카지마 마사요시(岡嶋正義),『竹島考』下,「조선국이 우리 번에 사신을 보내다」1828, 정영미 역, 경상북도·안용복재단, 2010.

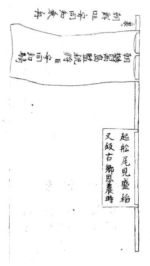

〈1696년 안용복이 타던 배 깃발〉

오카지마 마사요시(岡嶋正義)가 『竹島考』를 쓰면서, 안용복을 사신으로 착각하여 「조선국이 우리 번에 사신을 보내다」라고 하여 편목을 만들었다.

안용복 호패에 의하면 1693년에 안용복이 36세가 되지만 위 사료 ①에 의하면 42세라고 진술한 것으로 되어 있다. 『竹嶋紀事』를 살펴보면,

③ 박도라히는 34세, 안요쿠호키는 40세입니다. 그런데 이나바에서 43세라고 말한 것으로 되어 있지만, 이것은 말이 잘 통하지 않아 틀리지 않았나 생각됩니다.14)

사료 ③의 경우 안용복은 40세이며, 이나바에서 43세라고 한 것은 말

14)『竹嶋紀事』권1, 元祿 6년(1693) 7월 1일.

이 통하지 않아 틀렸다고 기술하고 있다. 그렇다면 위 사료 ①에서의 42세도 마찬가지일 것이다. 또 안용복이 1696년에 도일했을 때의 기록인 「元祿九丙子年朝鮮舟着岸一卷之覺書」에 안용복이 찬 호패가 나오는데, 거기에는 '年甲午生(1654년)'이라고 되어 있고, 안용복은 43세라고 진술하고 있다. 『竹嶋紀事』와 「元祿九丙子年朝鮮舟着岸一卷之覺書」의 기록이 일치하므로 안용복은 1654년에 출생하여, 1693년에는 40세, 1696년에는 43세였다고 보는 것이 타당하다. 이렇게 볼 경우 『竹島考』에 기록된 호패의 신빙성에 의문이 간다. 그런 의문을 가진다면 안용복이 서울에 사는 吳忠秋의 私奴, 외거노비였다는 사실 역시 역사적 사실일까? 그런 의문을 갖고 다음의 사료를 주목하고자 한다.

④ 장사꾼(商賈)과 역관이 物貨와 人蔘을 被執하는데, 왜인이 銀을 내어 줄 때에 그들이 좋아하는 물건이라면 피집하여도 거의 이 수량에 준거하여 주지만, 그들이 좋아하지 않는 물건이라면 뒤로 미루고 또 수량에 준거하지 않는 것이 많기 때문에, 장사꾼과 역관들이 애써 아첨하며 앞 다투어 심복이 되니, 국가에서 변경을 제어하는 계책에 있어서 실로 막대한 근심이 됩니다. 이제부터 아무개 商人, 아무개 역관이라고 구분하지 않은 채, 수량을 합쳐서 받아 내어 주게 하되, 훈도와 별차로 하여금 公廳에 照管케 하며, 혹은 거주지 齊會의 공론에 의하여 한 결 같이 오래 되고 오래 되지 않은 것과, 많고 적은 것에 따라 等數 대로 나누어 주게 하고, 혹은 균등하지 않은 경우에는 관에 호소하여 처결케 하소서. 물화가 문에 들어올 때 기록하는 것은 곧 은을 내어 주는 근저이니, 이제부터는 단단히 봉하여 서로 전하되 소중한 기록이 있을 것 같으면 베껴서 1건을 훈도와 별차에게 주어서, 은을 내어 줄 때 서로 어긋나는 경우에는 잠상의 율로써 논핵하소서. 역관이 자기 이름으로 物貨를 被執하고, 혹은 다른 사람의 물건으로 이름을 빌려 주어 利를 나누기 때문에 왜인

에게 구박을 당하니, 변방의 계책이 염려스럽습니다. 예전부터 역관
들이 물화가 있어 팔고자 하면 서울에 사는 私奴로 핑계하고, 왜인
으로 하여금 역관의 물건임을 알지 못하게 하였습니다. 이제부터는
역관의 이름으로 피집할 수 없게 하고, 호조와 각 아문의 물화도 또
한 모두 장사꾼의 이름으로 피집하게 하여 國體를 높이소서. 또 각
아문에서 피집한 값은 먼저 받거나 많이 받거나 하여 장사꾼의 利
를 빼앗을 수 없으니, 한 결 같이 장사꾼의 年條 및 분수와 같게 하
소서.15)

위 사료 ④는 동래부사 權以鎭이 변경의 일, 즉 왜관에 관련된 일을
논한 장계의 일부인데, 여기에서 주목되는 사실은 역관들이 물화를 팔
고자 할 때 서울에 사는 私奴로 핑계하여 왜인으로 하여금 역관의 물건
임을 알지 못하게 하였다는 기록이다. 이 사료에 의거한다면 안용복은
동래에 살고 있던 역관으로서 서울에 사는 吳忠秋의 사노로 가탁하여
왜인과 사사로이 무역을 하는 潛商이었다고 볼 수 있다. 그 근거는 다음
과 같다. 첫째, 삼척첨사 張漢相이 1694년 9월 울릉도 수토 시 '別遣驛官
安愼徽'와 함께 갔다.16) 安愼徽는 동래의 왜관 역관이다.17) 둘째, 이규원
검찰사가 1882년 5월 5일에 道方廳浦에 이르렀는데 "해안가에 왜인들의
판막이 있었으므로 먼저 사람을 시켜 통고한 후에 막으로 들어가니 왜

---

15) 『숙종실록』 권48, 숙종 36년(1770) 3월 29일(갑오).

16) 張漢相, 『鬱陵島事蹟』 1772년.

17) 『숙종실록』 권9, 숙종 6년(1680) 7월 10일(정유), "東萊府使 趙世煥이 馳啓하기
를, '館 가운데 倭人으로 譯官 安愼徽와 서로 좋게 지내는 자가 있어, 訓導 朴
有年을 청하여 말하기를, '내가 안 역관과 평소에 좋게 지냈으며, 일찍이 吳三桂
와 鄭錦의 승패를 들은 즉시 서로 통하며 부탁을 했었는데, 지금 族人이 마침 長
崎島로부터 돌아와 우연히 鄭錦이 패했다는 문서를 얻었기 때문에 이를 알려 줄
것을 부탁한다.' 하고, 이에 '한 장의 倭書를 내놓았는데 …'라고 하였다."

인 6~7명이 문을 나서 영접하였으나, 東萊通辭를 미처 평해군에 대령시
키지 못해 당초에 데리고 오지 못했으므로 말이 통하지 않아 글을 써서
문답하였습니다."[18]라고 하였다. 이규원 검찰사가 '동래통사'를 데리고
올 계획이 있었고, 동래통사가 평해군에 미처 오지 않아 기일이 없어 이
규원이 평해군 구산항에 출항하였다. 셋째, 울릉도 수토관은 반드시 왜
학 역관을 동행하였다.[19] 첫째~셋째의 예를 보면 안용복은 동래의 역관
출신이다.

　동래의 역관으로서 잠상이었던 안용복은 일본어를 잘 알고 있고, 한
일 양국의 관계에 정통하였고, 그의 어머니가 울산에 살고 있었으므
로[20] 자주 울산을 드나들었을 것이다. 그로 인해 그리고 울릉도에 드나
들었던 어민들로부터 울릉도 사정을 듣고 상업적 이익을 얻기 위해 숙
종 19년에 울산의 박어둔 등과 함께 울릉도 행을 행하였을 것이다.[21] 이
러한 안용복의 활동으로 인해 일본에서 출어하러 온 오야 가문의 선단
과 충돌할 수밖에 없었을 것이다.

　안용복이 일본에 피랍되었을 때 차고 있던 호패가 '서울에 사는 吳忠
秋의 私奴'라고 적힌 가짜 호패였다는 것은 안용복의 울릉도로의 출어
가 잠상으로서의 행위였기 때문에 자신의 진짜 호패를 차지 않고 가짜

---

18) 이규원, 「鬱陵島檢察啓草本」 1882년 5월 5일.
19) 손승철, 「조선후기 수토기록의 문헌사적 연구」 『울진대풍헌과 조선시대 울릉도·
　　독도의 수토사』 영남대학교 독도연구총서 14, 2015, 55쪽.
20) 『숙종실록』 권30, 숙종 22년(1696) 9월 25일(무인).
21) 『邊例集要』 권17, 「鬱陵島」 甲戌(1694년 ; 숙종 20) 정월, "竹島에서 붙잡힌,
　　蔚山에 사는 朴於屯, 安龍福에게 問目을 만들어 문초하니, 박어둔이 문초에 진
　　술한 내용 중에, 계유년(1693) 3월에 벼 25석과 銀子 9냥 3전 등의 물건을 배에
　　싣고 생선과 바꾸고자 蔚珍에서 三陟으로 향할 때 바람 때문에 표류하여 이른바
　　竹島에 배를 정박하게 되었습니다."

호패를 소지했다고 볼 수 있다. "올해도 그 섬에 벌이를 위해 부산포에
서 장삿배가 3척 나갔다고 들었다."고 한다.22) 그것을 '장삿배'라고 한
것으로 보아 안용복의 울릉도 행은 상행위를 목적으로 하고 있음을 알
수 있다. 동래의 역관이면서 잠상이었던 안용복은 울릉도와 독도에 대
한 정확한 인지, 그리고 그 항로에 대한 소상한 지식을 갖고 있었음이
분명하다.23) 역관으로서 조선과 일본 양국의 관계에 대해 잘 알고 있었
던 안용복은 숙종 19년(1693)에 일본에 피랍되었을 때 울릉도와 독도가
조선의 영토였음을 천명하였을 것이다. 그 이듬해인 숙종 20년(1694)의
일본 사료를 살펴보면, "요나고의 오야와 무라카와가 竹島로 도해하던
중 거친 바람을 만나 도중에 돌아왔다."는 보고가 있었고,24) 또 오야와
무라카와 양 가문이 돗토리 번을 상대로 竹島에 만약 "조선인이 있을 때
에는 어떻게 하면 좋겠습니까?"라고 물었을 때 돗토리 번이 "조선인이
있을 때의 대처방법을 지시하는 것은 어렵다."라고 대답한 것은25) 안용
복이 일본으로부터 서계를 받았고, 또 張漢相의 울릉도 조사가 있었다

---

22)『竹嶋紀事』권1, 元祿 6년(1693) 5월 13일.

23) 같은 책 권1, 元祿 6년 11월 1일. "역관 주인이 이렇게 말했다. 일본에서 竹嶋라
고 불리는 것은 바로 울릉도를 가리키는데 그렇게 조정에 말하면 큰일납니다. 그
방향에는 세 섬이 있는데 하나는 울릉도, 하나는 于山島, 나머지 하나는 이름을
말하지 않았습니다. 이중의 어느 것을 일본에서 竹嶋라고 부르던 竹嶋라고 정하
고 다른 섬을 조선의 울릉도라고 한다면, 조정 쪽의 명분도 세울 수 있고, 일본
쪽에서도 잘 마무리될 것이므로, 이상과 같이 우리들끼리 의논하여 회답하였습니
다." 위 사료는 조선의 역관이 쓰시마 번의 裁判인 다카세 하치우에몬(高瀬八右
衛門)에게 말한 것이다. 이것을 통해 동래의 역관주인들이 울릉도, 독도에 대한
정확한 인식을 하고 있었음을 확인할 수 있고, 또 조선과 일본의 정세를 정확히
내다보고 있음을 알 수 있다.

24)『控帳』元祿 7년(1694) 5월 9일.

25) 같은 책 권2, 元祿 7년(1694) 11월 26일.

는 사실을 일본이 인지하고 있었기 때문에 나올 수 있는 대응이다.

안용복이 울릉도를 기반으로 하여 상업적 이익을 추구하고자 하였음은 숙종 22년(1696)의 안용복의 활동에서 더 확신할 수 있다. 「元祿九丙子年朝鮮舟着岸一卷之覺書」를 살펴보면 "배 13척 중에 12척은 竹嶋에서 미역과 전복을 따고 대나무를 벌채하였다."고 하였고, "올해는 전복이 많지 않았다."고 한 것에서도 울릉도를 떠나 고기잡이를 하는 사람들을 밑천으로 삼는 조직적인 부상대고의 존재의 가능성을 점칠 수 있다.

「元祿九丙子年朝鮮舟着岸一卷之覺書」 문서에서 주목되는 사실은 3월 18일, 조선국에서 아침밥을 먹은 후에 출선하여 같은 날 竹嶋(울릉도)에 도착하여 저녁밥을 먹었다. 한 배에 9인, 10인, 11인, 12~13인, 15인 정도씩 13척의 배에 타고 울릉도에 왔었다고 하는 점이다. 그렇다면 배 13척에 최소 135~140인 이상이 탄 셈이다. 아마도 이들은 안용복과 함께 선단을 구성하여 울릉도로 출어한 일행일 것이다. 그런 점에서 안용복은 박어둔이나 雷憲 등과는 달리 상업적 이익을 꿈꾸고 배 13척에 최소 135~140인의 선단을 주도적으로 꾸리는 존재라고 할 수 있다. 그는 한일 양국 사이에서 울릉도의 이권을 장악하는 富商大賈를 꿈꾸는 안용복의 경우 역관 출신의 潛商이었을 것이다. 안용복은 '鬱陵子山兩島監稅'라 가칭하여 조선인과 오야·무라카와 양 가문의 私市와 潛通을 통해 인삼과 은의 교역, 그리고 전복과 은의 교역을 통해 상업적 이익을 추구하고, 조선과 일본으로부터 울릉도와 독도에서 인삼 채취 및 전복 잡이[26]

---

26) 돗토리 번이 막부의 老中에게 제의한 내용 가운데 "금후 조선인이 竹島로 오지 않도록 하고 지금처럼 竹島의 전복을 老中에게 헌상하고 싶다는 제의를 老中이 들어주었다."라고 하였고(『御用人日記』 5월 15일조). 「元祿九丙子年朝鮮舟着岸一卷之覺書」에서도 "울릉도에 남아 있는 배 12척이 전복 등을 따고 있다."는 진술을 한 점, 그리고 『春官志』에서도 "울릉도에는 큰 대와 전복이 난다."고 한

등의 어로 활동을 하는 어민들로부터 세금을 징수하고자 하였을 것이다.

「元祿九丙子年朝鮮舟着岸一卷之覺書」에 의하면 안용복이 허리에 차고 있는 호패에는 '통정대부'라고 새겨져 있다. 그리고 안용복이 비변사에서 진술한 내용을 보면 "배를 타고 곧장 백기 주로 가서 '鬱陵子山兩島監稅'라 가칭하고 장차 사람을 시켜 본도에 통고하려 하는데, 그 섬에서 사람과 말을 보내어 맞이하므로, 저는 푸른 철릭(帖裏)를 입고 검은 布笠을 쓰고 가죽신을 신고 교자를 타고 다른 사람들도 모두 말을 타고서 그 고을로 갔습니다."라고 한 바와 같이 '鬱陵子山兩島監稅'라 칭하고 관인 복장을 한 것으로 되어 있다.27) 이것을 안용복이 돗토리 번, 혹은 에도 막부에 울릉도에 관한 소송을 일으킬 것을 작정하고 사전에 준비한 것으로 보지만 일차적으로는 主守도 없고 세금도 부과되지 않는 울릉도 및 子山島, 즉 독도에서 어로 활동을 하는 조선과 일본의 양 어민들로부터 세금을 징수하고자 하는 의도로 볼 수 있다. 안용복이 숙종 22년(1696)에 울릉도에 들어갔다는 것은 숙종 20년(1694)에 張漢相이 울릉도를 조사하고 난 뒤 중앙정부에서 2년 걸러 한번 씩 울릉도를 수토하기를 결정하였다는 것을 인지하고 있었기 때문이다. 숙종 22년의 경우 수토가 이루어지지 않는다는 점을 파악하고 드러내놓고 관인 행세를 하였을 것이다. 그의 의도대로 일본인들로부터 세금 징수가 원활하지 않자 차제에 일본으로부터 울릉도와 독도가 조선의 땅임을 밝히는 서계를 확보하고, 이것을 갖고 일본 어부들에게 세금 징수를 하려는 목적에서 도일하였다고 보아야 할 것이다.

「元祿九丙子年朝鮮舟着岸一卷之覺書」에 의하면 안용복은 강원도에

것에서 울릉도의 전복은 일본에게 인기가 있는 품목이었음을 알 수 있다.

27) 『숙종실록』 권30, 숙종 22년 9월 25일(무인).

속해있는 울릉도가 일본에서 말하는 '竹嶋'라고 설명하면서 소지하고 있던 '조선팔도지도'를 꺼내 울릉도가 표시돼 있음을 보여줬다. 또 松嶋 (독도)도 '子山'이라고 불리는 섬으로 강원도에 속해 있다면서 지도에 표시되어 있다고 설명했다. 특히 이 기록에서 안용복은 "竹嶋와 조선은 30 리, 竹嶋와 松嶋(독도)는 50 리"라고 하였다. 이 문서의 끝부분에는 경기도 등「朝鮮之八道」가 적혀있고 강원도에는 주석으로 "此道中竹嶋松嶋有之"라고 기록되어 있다. 이 기록에 의하면 子山島가 독도이며, 이것을 일본 측에서 '松嶋'로 부르며, 그것을 조선 영토로 인식하고 있음을 보여주고 있다. 이상과 같은 준비를 철저히 할 수 있었던 것은 안용복이 상행위를 행하는 역관 출신이었기 때문에 가능한 것이다.

안용복은 숙종 19년(1693), 조선정부의 추국 때에는 '표류'되었다고 하였고, 일본의 나가사키에서는 "이번에 우리가 전복을 따러 온 섬은 조선국에서는 '무루구세무'라 하는데, 일본 땅 竹嶋라고 불린다는 것을 이번에 알았다."고 진술하고 있다.28) 그리고『竹島考』의 경우, 그가 찬 호패에서 '私奴'라고 한 것으로 보아 안용복은 상황에 따른 적절한 처신을 하고 있는 셈이다. 그런 점에서 숙종 19년의 안용복의 울릉도 행은 의도된 행위, 즉 울릉도를 거점으로 하여 조선과 일본 사이에서 사 무역을 통한 교역의 활동무대로서 가능한 지역인가를 탐색하기 위한 행위로 보아야 할 것이다. 이때 그는 일본에 피랍되었고, 그것을 계기로 울릉도에 대한 조선과 일본의 인식을 정확하게 파악하고, 숙종 22년(1696)에 울릉도를 거점으로 하는 무역상으로서의 도약을 위해 13척의 대 선단을 이끌고 울릉도로 향하였다고 볼 수 있다. 거기에는 동래의 역관, 나아가 서울에 있는 京商들이 연결되어 있었을 가능성이 농후하다.

---

28)『竹嶋紀事』권1, 元祿 6년(1693) 6월.

조선의 도해역관사에게 일본인의 도해 금지를 알리는 쓰시마 번의 문
서 내용을 통해서도 울릉도가 사무역의 거점이 될지를 우려한 모습을
엿볼 수 있다.

⑤ 전임 태수가 竹嶋의 일로 인해 사절을 귀국에 파견한 것이 두 차례
   인데 사절의 일이 불행히도 완료되지 않은 채 별세했으므로 이로
   사절을 소환했습니다. (宗義眞이) 머지않아 上船해서 江戶에 입관
   했을 때에 (老中의) 질문이 竹島의 지형과 방향에 미치자 사실에 근
   거해 대답했습니다. 그러자 그것이 본방으로부터의 거리는 매우 멀
   리 떨어져 있으나, 오히려 귀국으로부터의 거리는 가깝다는 것이었
   습니다. 또한 두 나라 사람들이 (그곳에서) 섞이면 潛通과 私市 등
   의 폐단이 반드시 있을 것입니다. 따라서 곧 명령을 내려 사람들이
   가서 漁採하는 것을 불허했습니다. 무릇 틈이 벌어지는 것은 細微
   한 곳에서 생기고 禍患은 하찮은 것에서 일어나는 것이 고금의 通
   病이니, 미리 못하도록 막는 것이 오히려 낫다고 생각됩니다. 이로
   써 100년의 우호를 더욱 돈독히 하고자 하니 하나의 섬에 불과한 작
   은 일을 곧 바로 다투지 않는 것이 두 나라의 아름다운 일일 것입니
   다. 유념하시기 바랍니다.[29]

에도 막부와 쓰시마 번은 竹嶋까지의 거리는 조선쪽이 가깝다는 것
과, 그 섬에 조선과 일본 어민이 난입하여 潛通과 私市의 폐단, 즉 밀무
역을 할 가능성이 있다는 이유 등을 들어 일본인의 도해 금지를 공식으
로 알렸다. 그것은 안용복의 활동을 염두에 두고 나온 언급이라고 할 수
있다. 쓰시마 번은 당초 1월 16일에 위 내용을 담은 구상서와 안용복 등
이 쓰시마 번을 경유하지 않고 돗토리 번으로 소송하러 온 사실을 추궁
하는 구상서 두 통을 조선의 도해역관인 변동지와 송판사에게 건네주었

---

29) 같은 책 권3, 元祿 9년(1696) 정월 28일.

다. 그것을 염두에 두고 다음의 사료를 살펴보기로 한다.

⑥ 좌의정 尹趾善이 말하기를, "안용복의 일을 외방에 있는 대신에게
물었더니, 領敦寧 尹趾完은 말하기를, '안용복은 사사로이 다른 나
라에 가서 외람되게 나라의 일을 말하였는데, 그가 혹 조정에서 시
킨 것처럼 하였다면 매우 놀라운 일이니, 그 죄를 논하면 마땅히 죽
여야 하는 데 의심할 바가 없습니다. 단지 대마도 사람이 전부터 속
여 온 것은 우리나라에서 江戶와 교통하지 못하였기 때문인데, 이
제 다른 길이 따로 있는 것을 알았으니, 반드시 크게 두려움이 생길
것이나, 안용복이 誅殺되었다는 말을 들으면 또 그 길이 영구히 막
힌 것을 기뻐할 것입니다. 우리나라에서 안용복을 죽이는 것이 법으
로는 옳겠지만 계책으로는 그릇된 것이므로, 법을 폐기하는 것은 진
실로 불가하나 계책을 잃는 것도 아까운데, 대마도에 통보하고 倭
館 밖에 효시하여 교활한 왜인의 마음을 시원하게 하는 데 이르러
서는 스스로 손상하는 데로 돌아가는 것을 면하지 못할 것입니다."
하였다.30)

사료 ⑥에서 주목되는 사실은 "대마도 사람이 전부터 속여 온 것은
우리나라에서 江戶와 교통하지 못하였기 때문인데, 이제 다른 길이 따
로 있는 것을 알았으니, 반드시 크게 두려움이 생길 것이나, 안용복이
주살되었다는 말을 들으면 또 그 길이 영구히 막힌 것을 기뻐할 것입니
다."라고 한 것이다. 이것은 안용복의 울릉도 행이 조선-동래왜관-대마도
-일본 江戶와의 루트에 치명적 타격을 줄 것이라는 점을 쓰시마 번이 염
려하고 있음을 보여주는 것이다. 쓰시마 번에서 안용복 사건이 일어난
직후 '鬱陵島爭界'를 일으켜 집요하게 울릉도를 자기네 땅이라고 한 것
은 차제에 울릉도를 자국의 영토로 편입함으로써 조선인, 즉 안용복 같

---

30) 『숙종실록』 권30, 숙종 22년(1696) 10월 13일(병신).

은 조선의 무역상들이 조선과 일본에서 새로운 교역의 루트를 개발히는 것을 원천봉쇄하고자 하는 의도에서 나온 것이라고 볼 수 있다. 그러한 조짐은 "오야·무라카와 두 가문은 元祿 5년(1692 ; 숙종 18)부터 조선인 때문에 본업을 방해받고 어찌할 바를 몰라 이를 자주 한탄하고 호소했다."고 하였다.[31] 그것을 실제의 행동에 옮긴 것은 바로 동래 역관 출신의 潛商 안용복이었다. 그런 점에서 안용복은 동해의 해상강국으로 존재했던 우산국, 그리고 청해진을 무대로 동아시아 해상 무역권을 장악한 장보고를 꿈꾸었던 인물이라고 볼 수 있을 것이다.[32]

역관으로서 상업적 활동을 하는 안용복이 울릉도에 들어오면서 오야(大谷)·무라카와(村川) 양 家와의 사이에 울릉도의 상행위를 주도하고자 하는 다툼이 일어나게 되었고, 그 다툼이 안용복의 납치로 이어져 결국 '鬱陵島爭界'로 발전하였다고 보아야 한다.

---

31) 오카지마 마사요시(岡嶋正義), 『竹島考』下, 「막부, 竹島로의 도해를 금지한다」 1828, 정영미 역, 경상북도·안용복재단, 2010.
32) 김호동, 「조선 숙종조 영토분쟁의 배경과 대응에 관한 검토 - 안용복 활동의 새로운 검토를 위해-」『대구사학』94, 대구사학회, 2009.

제7편
1693년에 일본 오야가의 어부들, 안용복·박어둔 납치사건

안용복은 1693년(숙종 19)과 1696년(숙종 22) 두 차례 일본에 갔었다. 흔히들 첫 번째 안용복이 박어둔과 함께 울릉도에서 일본 어부들에게 붙잡혀 일본에 간 사건을 '1차 渡日' 사건이라고 하고, 두 번째 울릉도에 갔다가 '子山島'(독도)를 거쳐 일본에 간 사건을 '2차 渡日' 사건이라고 한다. 안용복 사건을 1차 渡日, 2차 渡日로 표현하는 학자들은 국내 대부분의 독도연구자들이다. 그렇지만 이 용어를 사용하는 것은 문제가 있다. 1, 2차 도일이라고 부를 경우 1693년의 안용복 사건이 '납치사건'이라는 것이 초점이 흐려진다. 안용복·박어둔은 1693년 봄에 울릉도에 갈 때 일본 오야 가문의 어부들에 의해 납치해 일본으로 끌려갔다. 1693년의 안용복 사건은 국제적인 피랍사건이기 때문에 '건널 도(渡)'의 경우 자발적인 일본으로 갔다는 인상으로 '1차 渡日'이 아니라고 생각한다. 그 때문에 제7편의 경우 '1693년에 일본 오야가의 어부들, 안용복·박어둔 납치사건'으로 표현했다.

제1장 오야·무라카와 양 가문 '竹島渡海 免許'의 과정

李晔光이 『芝峰類說』에서 "임진왜란 후 사람들이 (울릉도에) 들어가 본 일이 있으나 역시 왜의 분탕질을 당하여 정착하지 못했다."[1]고 언급한 바와 같이 임진왜란 이후 조선왕조의 통치력이 극도로 약화되어 울릉도·독도를 돌볼 여력을 갖고 있지 못하였기 때문에 울릉도에 들어간 사람들은 왜의 분탕질을 당해 정착하지 못하였다. 오카지마 마사요시의 저술인 『竹島考』의 경우 다음과 같이 비슷한 문장이 있다.

그 竹島는 풍요한 땅으로 그 나라에서 멀리 떨어져 있지 않다고는 하나, 우리나라 배가 왕래하는 바다에 있는 孤島이므로 그 나라 사람이 오래전부터 살해당할 것을 두려워하여 살지 않았고, 또 마음 편하게 도해할 수도 없었기에 廢島로 알려져 있었다. 처음에 오야와 무라카와의 배가 竹島에 간 것은 게이쵸(慶長)와 겐나(元和) 때인데, 우리의 威伐을 당한 바로 직후이며, 따라서 그 나라의 상처는 아직 아물지 않았고 元神도 아직 재기하지 못한 때였으므로 어쩌다 우리나라 배를 보면 맹수라도 본 듯이 부들부들 떨면서 도망가기 때문에 오야와 무라카와는 異防(조선)에 가까운 絕島였긴 하나 수 십 년 동안 마음껏 도해하였고 나중에는 마치 자기의 영지인 것처럼 행동하였으나 누구 하나 손가락질 하는 사람이 없었다고 한다.[2]

---

1) 李晔光, 『芝峰類說』 권2, 지리부 '島', 「鬱陵島」.
2) 오카지마 마사요시(岡嶋正義), 『竹島考』上, 「或問」1828, 정영미 역, 경상북도·안용복재단, 2010.

임진왜란 때문에 '그 나라(조선)의 상처는 아직 아물지 않았고, 우리 나라 배를 보면 맹수라도 본 듯이 부들부들 떨면서 도망가기 때문'이라고 한다. 그 때문에 앞의 사료에 의하면 울릉도가 '廢島'로 알려지고, 무인도로 되었다.[3]

하지만 『松湖實蹟』[4]에는 삼척영장 金鍊成이 광해군 5년(1613) 3월, 甲士 180명과 포수 80명을 거느리고 정세를 살피러 간 것으로 기록되어 있다. 그리고 그가 울릉도에 간 이유에 대해서는 "임진왜란 이후 일본으로 돌아가지 못한 무리들이 海島에 잠복해 약탈을 일삼았다. 조선에서 죄를 짓고 달아난 유민들이 그들과 함께 어울려 울릉도를 소굴로 삼았다. 이에 조선정부는 김연성과 군사 260명을 울릉도에 보내 정세를 살피도록 명하였다."라고 기록되어 있다. 이에 "倭奴들이 이 사실을 먼저 알고 모두 달아나 버려 뱃길을 돌려 돌아오는 도중 거친 풍랑을 만나 상관과 군졸이 탄 배가 전복되어 대부분 익사하고 배 한 척만 평해에 도착하니 생존자는 몇 사람에 불과하였다."고 하였다. 그렇지만 『松湖實蹟』의 사료에 의하면 김연성이 울릉도에 입도하여 본격적인 쇄출을 행한 것 같지는 않다. 그러나 관찬사서에는 기록이 전하지 않지만, 간헐적으로 울릉도에 대한 중앙정부의 쇄출정책이 강원도를 통해 삼척영장에 의해 이루어지고 있었음을 전하는 중요한 사료이다.[5]

그 다음 해 일본의 경우 대마도 번주는 광해군 6년(1614) 6월에 조선 동래부에 서계를 보내오면서 도쿠가와 이에야스(德川家康)의 분부로 竹

---

3) 『竹嶋之書附』 元祿 8년(1695) 을해년 12월 24일, "竹島는 둘레가 8~9 리 정도 된다고 합니다. 사람은 살지 않습니다."
4) 義城金氏 松湖公派 종친회, 『松湖實蹟』 1998.
5) 김호동, 『독도·울릉도의 역사』 영남대학교 독도연구소 독도연구총서 1, 경인문화사, 2007, 96~97쪽.

島(磯竹島)를 探見하려고 하는데 큰 바람을 만날까 두려우니 길 안내를
해달라고 했다.6) 이 서계에 대하여 조선은 磯竹島는 울릉도이며, 조선
령이라고 답장을 보냈다.7) 또한 광해군 9년(1617)에는 조선이 回答兼刷
還使를 파견하면서 磯竹弥左衛門이라는 사람이 토요토미 히데요시(豊臣
秀吉) 시대에 울릉도에 건너와서 재목 등을 가지고 돌아갔다고 막부 측
에 항의하였다.8) 조선과의 국교 회복이 중요했던 江戸 막부는 조선 측
의 요구를 무시할 수가 없었고, 對馬藩에 명하여 이에 대해 조사하게 하
였다. 그래서 막부는 광해군 12년(1620), 竹島에 있던 對馬藩의 밀무역상
인 弥左衛門, 仁右衛門 등 두 명을 잡게 된다. 이 사건을 기록한 『通航一
覧』에는 다음과 같이 기록하고 있다. "對馬藩主 宗義成은 막부의 명령에
의해서 竹島(朝鮮國 屬島)에서 潜商 두 명을 잡아서 수도로 보냈다."9)고
기록되어 있다. 여기서 중요한 것은 竹島의 경우 '(朝鮮國 屬島)' 안에 쓰
여진 부분이다. 막부는 竹島(울릉도)가 조선 령이라는 것을 알고 있었
다.10)

---

6) 『邊例集要』 권17, 「울릉도」. 對馬藩에서 외교문서를 보낸 것에 대해 다음과 같
　이 기록하고 있다. "갑인 만력 42년(1614) 6월 부사 윤종검 때 왜의 작은 배 한
　척이 서계를 가지고 특별히 찾아왔다. 그 연유를 물은 즉 두목 왜가 말하기를 막
　부의 분부로 磯竹島의 대소 크기와 지형 모양을 탐견하러 가는데 표풍이 있을 까
　두려워 길 안내자를 내어 보내주기를 바라므로 이 서계를 가지고 찾아 왔다고 운
　운하였다. 또한 섬이 어디에 있는가 하고 묻기에 경상도와 강원도의 경계 사이에
　있다고 대답하였다. 그 어구를 본즉 이는 곧 울릉도인가 의심이 들어 이에 장계를
　올렸다."
7) 『朝鮮通交大紀』 권5, 慶長 19년.
8) 內藤正中, 『竹島(鬱陵島)をめぐる日朝關係史』 多賀出版, 2001, 34~35쪽.
9) 『通航一覧』 권129, 「朝鮮國部」 '貿易潜商罪科'.
10) 남기훈, 「17세기 朝日 양국의 울릉도·독도인식」 『한일관계사연구』 23, 한일관계
　사연구, 2005, 11쪽.

礒竹衛門 사건 이후 에도 막부는 '竹島渡海 免許'를 허가한다. 1618년 (元和 4) 5월 16일, 오키국(伯耆國) 요나고(米子)의 상인이었던 무라카와 이치베(村川市兵衛)와 오야 진키치(大谷甚吉)의 竹島渡海를 허가하는 명령을 내렸다. 이 명령은 德川幕府의 老中 4명이 서명하여[11] 鳥取藩主 마쓰다이라 신타로(松平新太郞)에게 전달하였다. 『鳥取藩史』에는 다음과 같이 기록하고 있다.

「免許狀」

元和 3年(1617) 甚吉이 越後에서 돌아오던 중 표류해서 竹島에 이르렀다. 그때에 막부의 신하 阿部四郞五郞正之가 檢使로서 米子에 와 있었다. 甚吉 등은 村川市兵衛와 함께 竹島渡海의 허가를 원하였다. 元和 4年(1618) 양인은 江戶로 가서 阿部씨의 소개로 막부에 청원을 하고, 5월 16일 渡海免許狀을 받았다. 그것을 竹島渡海의 시작으로 한다.[12]

위에서 밝히고 있는 발급 시기는 잘못된 것으로 보인다. 1618년에 막부에서 발급받았다는 무라카와가(村川家)의 문서에는 연호가 적혀 있지 않다. 대신에 오야가(大谷家) 문서에는 도쿠가와 이에야스(德川家康)의 시기로 적혀 있는데, 도쿠가와 이에미쓰는 장군에 즉위하는 것은 1623년 이다. 그리고 '竹島渡海 免許'는 老中 4인이 서명하여 돗토리 번에 발급한 것으로 되어 있는데, 이들이 老中이 되는 것은 1622년이다.[13] 따라서

---

11) 당시 竹島渡海 免許에 서명했던 老中은 酒井雅樂頭, 土井大炊頭, 井上主計頭, 永井信濃守이다.

12) 『鳥取藩史』 제6권, 「事變志」 1, 46쪽.

13) 1618년 당시 老中의 자리에 있었던 사람은 酒井雅樂頭, 土井大炊頭, 安藤對馬守, 靑山伯耆守 4명이었으나, 이 중에서 渡海免許狀에 서명했던 사람은 酒井과 土井 뿐이었다. 安勝과 靑山은 서명을 하지 않았고, 대신에 井上主計頭와

'竹島渡海 免許'가 발급되었던 것은 1618년이 아니라 4년 뒤인 1622년 이후인 셈이 되는 것이다.[14] 그리고 무라카와가(村川家)의 장군 알현이 실현된 것은 1625년이었다. 이러한 상황을 생각해본다면 竹島渡海 免許는 1625년에 발급된 것으로 볼 수 있다.[15]

에도 막부의 무라카와·오야 양 가문들에게 竹島渡海 免許를 허가한 이유는 기존의 일본 연구에서는 에도 막부는 울릉도가 조선 령인 것을 모르고 주장해 왔다.[16] 앞에서 말한 바와 같이 에도 막부는 1614년의 울릉도를 둘러싼 조선 동래부와 對馬藩과는 교섭과는 물론 1617년의 礒竹弥左衛門의 사건 등을 통해서 울릉도가 조선 땅임을 알 수 있다.

당시 발급된 '竹島免許狀'의 성격에 대해서는 여러 견해가 존재 한다. 신용하는 이 면허장을 일본어민이 외국 영토로 넘어갈 수 있는 허가장인 '朱印狀'으로 파악하고 있다. 당시 에도 막부 공인의 외국무역에는 '朱印狀'이 교부되는 것이 통례였다. 만약 에도 막부에서 竹島渡海 朱印狀을 발급했다면, 이것은 竹島를 조선 령으로 인정하는 확실한 증거라고 할 수 있다.[17] 『竹嶋之書附』의 1693년 5월 22일 사료에서 "竹嶋渡海하는 것과 관련된 朱印狀은 없는 것으로 알고 있습니다. 그러나 확인한 후에 보고하도록 하겠습니다. 아울러 봉서의 사본도 여기에는 없습니

永井信濃守의 이름이 들어가 있다. 그러나 井上과 永井은 당시 老中의 직위에는 오르지 않았던 상태였으며, 이들이 老中의 직위에 오르는 것은 1622년이다.

14) 이케우치 사토시(池内 敏), 「竹島一件の再檢討－元祿六~九年の日朝交渉」『名古屋大學文學部研究論集』史學 47, 2001, 32쪽.

15) 남기훈, 앞의 논문 2005, 13쪽.

16) 츠카모토 타카시(塚本孝), 「竹島領有權問題の経緯(第2版)」『調査と情報』 289, 國會図書館, 1996, 1쪽.

17) 신용하, 『개정증보 독도영유권에 대한 일본주장 비판』서울대학교출판문화원, 2011.

다.”라고 하였고,[18] 1693년 6월 27일, ‘비망록’ 사료에서 “竹嶋로 도해하
는 것과 관련된 주인장은 없습니다. 마쓰다이라 신타로가 호키국을 다
스릴 때 도해를 허락하는 봉서를 주셨습니다. 이에 사본을 제출합니다.”
라고 하였다.[19] 그것으로 보아 竹嶋渡海와 관련된 주인장이 발급되었다
는 견해는 성립하기 어렵다.

에도 막부가 허가했던 것은 ‘今度’의 도해에 대해서이고, ‘今後’의 도
해는 허가하지 않았던 것이다. 당연히 면허는 도해 때마다 고쳐서 신청
을 해야 하지만 남아 있는 것은 ‘최초의 竹島渡海 免許’를 베낀 것이었
다. 즉 에도 막부의 1625년에 한번 받았을 뿐이었다. 그 후 막부의 도해
승인을 받지 않았던 것이다. 하지만 면허에 대신하는 명분이 되는 것이
1626년부터 시작되는 무라카와 이치베와 오야 진키치 두 사람의 ‘公儀御
目見’이었다. ‘公儀御目見’은 무라카와 이치베가 아베 시로고로(阿部四郎
五郎)의 주선으로 시작한 것으로 이 대면에 의해 이들은 실질적으로 竹
島渡海를 계속해서 장군으로부터 공인받은 것으로 생각할 수 있다.[20]
그렇기 때문에 竹島로 건너가는 배중에 쇼군의 문장을 표지로 삼았다.

오카지마 마사요시(岡嶋正義)가 작성한 『竹島考』下의 경우, 에도 중
기에 호키국에서 그 섬을 개척하여 배로 왕래하여 우리에게 속하게 된
과정에 대해 「竹島總說」과 「或問」 등에서 언급하고 있다. 「혹문」을 살
펴보면 왜구, 특히 임진왜란으로 인해 조선에서 우리나라 배를 보면 맹
수라도 본 듯이 부들부들 떨면서 도망가기 때문에, 오야와 무라카와 두
가문이 조선쪽에(異防)에 가까운 絶島였긴 하나 수십 년 동안 마음껏 도

---

18) 『竹嶋之書附』 元祿 6년(1693) 5월 22, 「간죠가사라(勘定頭) 마쓰다이라 미노노
　　카미(松平美濃守)에게 보낸 문서의 사본」.
19) 같은 책 元祿 6년 6월 27일, 「마쓰다이라 미노조카미에게 제출한 문서 ‘비망록’」.
20) 이케우치 사토시(池内 敏), 「竹島渡海と鳥取藩」 『鳥取地域史研究』 1, 1999.

해하였고, 나중에는 마치 자기의 영지인 것처럼 행동할 수 있었다고 하
였다. 戰役과 관련시킨 「或問」의 시각과는 달리 「竹島總說」은 오야와
무라카와 두 가문이 어떻게 竹島 어업에 종사하게 되었는가에 초점을
두고 설명하고 있다.21)

> 竹島는 오키국에서 대략 백 오십 여리 떨어진 조선국 동해안에 있는
> 孤嶼이다. 게이초(慶長)와 겐나(元和)때, 호키(伯耆)의 요나고(米子) 성에
> 는 나카무라 호키노카미(中村伯耆守)님이 계셨다. 그 때 주민 중에 오야
> 진키치(大谷甚吉)와 무라카와 이치베(村川市兵衛) 라는 선장이 있었다.
> 그전에 竹島를 지나다가 사람이 살지 않는 섬으로서 산물이 매우 많은 것
> 을 보고 매년 왕래하면 막대한 이윤을 얻을 수 있을 것이라고 생각했지만,
> 이것이 다른 나라 가까이에 있는 絶島이므로 그의 멋대로는 할 수 없는
> 일이었기 때문에 잠시 미루어 두고 시간을 보냈는데, 겐나(元和) 중에 이
> 유가 있어 막부의 면허를 받아 연년 도해하여 어업을 하게 되었고, 나중에
> 는 그들의 영지처럼 왕래하게 되었는데 그것이 이미 80여 년이 되었다.22)

위 사료를 보면, 竹島가 오랫동안 폐도였던 것을 강조한 오카지마는
오야 진키치(大谷甚吉)와 무라카와 이치베(村川市兵衛)가 竹島를 지나다
가 사람이 살지 않는 섬으로서 산물이 매우 많은 것을 보고 매년 왕래하
면 막대한 이윤을 얻을 수 있을 것이라고 생각했지만, 이것이 다른 나라
가까이에 있는 絶島이므로 그의 멋대로는 할 수 없는 일이었기 때문에
잠시 미루어 두고 시간을 보냈다. 그러던 중 겐나(元和) 중에 이유가 있
어 막부의 면허를 받아 연년 도해하여 어업을 하게 되었고, 나중에는 그

---

21) 김호동, 「『竹島考』 분석」 『인문연구』 63, 영남대학교 인문연구소, 2011, 222쪽.
22) 오카지마 마사요시(岡嶋正義), 『竹島考』 上, 「竹島總說」 1828, 정영미 역, 경상
　　북도·안용복재단, 2010.

들의 영지처럼 왕래하게 되어 80여 년이 되었다고 하였다. 그렇지만 오
카지마는 竹島渡海 免許의 발급과정에 대해서는 명확하게 밝히지 않고
다만 '이유가 있어'라고만 하였다. 그렇지만 『竹島考』下의 「竹島에 배
가 다니기 시작하다」 편에서 오야 진키치(大谷甚吉)와 무라카와 이치베
(村川市兵衛)가 竹島에 가게 된 과정에 대해 다음과 같이 보다 더 상세
하게 언급하고 있다.

　　겐나(元和) 때 호키국(伯耆國)에서 竹島에 도해하게 된 경위를 물으니,
　게이쵸(慶長) 때쯤 나카무라(中村) 호키노카미(伯耆守)님이 이나바국을
　영유하고 있었을 때에, 요나고 城下에 오야 진키치(大谷甚吉)·무라카와
　이치베(村川市兵衛)라는 선장이 있었다. 어느 날 배가 竹島 가까이 갔는
　데 사람이 살지 않는 廢島로서 산물이 많음을 보고 그 곳을 둘러본 후 그
　섬으로 오는 바닷길을 상세히 알아내어 계속 배로 오갈 생각을 하였으나,
　멀리 외떨어져 있는 섬이며 무엇보다도 조선국에 근접해 있는 외진 섬이
　기에 내 생각만으로는 안 되는 일이다 싶어서 그냥 시간을 보내고 있었는
　데 겐나 3년(1617) 마쓰다이라 신타로 미쓰마사(松平新太郎光政) 공이 한
　슈(播州) 히메지(姬路)를 거쳐 인하쿠의(因伯) 두 주를 배령받아 돗토리성
　으로 옮겨 오셨다. 이보다 앞서, 나카무라 호키노카미님이 돌아가시고 적
　자가 없어 영지상속이 끊어졌다. 그리하여 그 후 호키국은 셋으로 나뉘고
　가토 사에몬이(加藤左衛門尉) 님이 요나고성을, 세키 나가토노카미(關長
　門守) (오만석의 땅 배령)님이 구로사카성(黑坂城)을, 이치하시 시모우사
　노카미(市橋下總守) 님이 야하세(八橋□) 를 배령 받아 영유하고 있었는
　데, 이번에 영지를 바꾸라는 장군님 명령이 있어서 모두 호키국을 떠나게
　되었다. 이에 따라 막부에서 상황을 살피기 위해 아베 시로고로(阿部四郎
　五郎)님을 하쿠슈(伯州)로 내려 보냈기 때문에, 오야·무라카와는 때가
　되었다며 매우 기뻐하고 아베씨에게 붙어 竹島渡海건을 청원하며, 지금
　허락한다면 오래도록 우리나라 땅이 될 것이라고 말하고 호소하니 이를
　흔쾌히 허락하고 에도로 돌아갔다. 그리고 그 다음 해인 (겐나 4년) 막부

명에 따라 오야·무라카와를 불러 일의 진상을 다 조사한 후에, 태수 미쓰
마사 (光政) 공에게, 막부 老中들이 연서하여 금 번 하쿠슈(伯州) 요나고
주민 오야와 무라카와에게 竹島渡海건을 허락한다는 명이 내려왔으므로
오랫동안 염원해 왔던 일이 이루어진 것을 본 그 두 사람은 한량없이 기
뻐했다. 급히 튼튼한 배를 마련하고 건장한 수부를 골라 그 해 즉시 도해
하였다. 당초부터 막부로부터 직접 명령을 받은 일이었기 때문에 배의 돛
에 아오이 문양(葵御紋)을 넣는 것을 허락받아 처음부터 마지막까지 사용
하였는데 그것이 지금까지 그 집안에 전해 내려온다. 그 이후에는 매년 배
를 보냈고, 그렇게 마음껏 일을 하여 여러 산물을 싣고 와서는 시장에서
팔았더니 그 이윤이 막대하였으므로 얼마되지 않아 예의 두 집안은 부호
가 되어버렸다. 그 위에 4년째 되는 해에는 두 집안이 번갈아 관동으로 가
서 그 섬에서 가져온 큰 전복을 장군(大樹家)에게 선물하고 배알하는 것
이 그 집안들의 관례가 되었다. 그런데 그 시절에는 막부 老中 및 관료들
에게 헌상하기도 하였는데, 장군께 드리고 남은 것을 가지고 가면 만나주
는 사람도 있었다. 그렇지 않으면 직접 쓴 서한을 보내서 감사를 표하기도
했다. 그런 유서로 그 자들의 명성이 세상에 널리 알려졌다. 이에 따라 그
후에 고   켄(御巡檢) 일행이 요나고를 지날 때는 어김없이 오야와 무라카
와를 숙소로 불러 竹島에 대해 상세히 묻고 글로 적게하여 가지고 갔다고
한다. 자세한 것은 그들 집안에 전해져 내려오는 기록에 보인다.[23]

오야 진키치(大谷甚吉)·무라카와 이치베(村川市兵衛)가 어느 날 배가
竹島 가까이 갔는데 사람이 살지 않는 廢島로서 산물이 많음을 보고 그
곳을 둘러본 후 그 섬으로 오는 바닷길을 상세히 알아내어 계속 배로 오
갈 생각을 하였으나, 멀리 외떨어져 있는 섬이며 무엇보다도 조선국에
근접해 있는 외진 섬이기 때문에 내 생각만으로는 안 되는 일이다 싶어
서 그냥 시간을 보내고 있었다고 한 기록과 아베 시로고로(阿部四郞五

---

23) 오카지마 마사요시(岡嶋正義), 같은 책 下, 「竹島에 배가 다니기 시작하다」
    1828, 정영미 역, 경상북도·안용복재단, 2010.

郞)에게 竹島渡海件을 청원하면서 '지금 허락한다면 오래도록 우리나라 땅이 될 것'이라고 한 것을 연결시켜 보면 竹島가 폐도인 무인도임을 강조하고 선점한다면 일본의 땅이 될 수 있다는 것을 강조하면서 竹島渡海 免許를 받았다고 볼 수 있다. 오야와 무라카와는 竹島가 울릉도임을 숨기고, 또 다른 섬으로서의 무인도인 竹島渡海를 말하였을 것이다. 그 거짓말에 에도 막부가 속아 竹島渡海를 허가하였다. 오야, 무라카와 두 가문은 이후 竹島가 마치 자기의 영지인 것처럼 행동하였다. 오야, 무라카와 두 가문으로부터 매년 전복 등을 진상 받던 에도 막부는 1693년에 안용복·박어둔 납치 사건이 생기자 당연히 안용복·박어둔이 호키국의 영지를 침범한 것으로 여겼고, 그런 인식하에 쓰시마 번에게 조선에 竹島渡海禁止를 교섭하도록 서슴없이 지시하였을 것이다.

이렇게 시작된 竹島渡海事業은 1년에 한 번 봄부터 여름에 걸친 시기에 이루어졌다. 오야가(大谷家)와 무라카와가(村川家)는 각각 배를 만들어 격년으로 출어했다.[24] 점차 어획고가 감소하자 1682년부터는 양가 공동으로 배를 만들고, 어획물은 양 집안이 나누어 가지는 방법으로 변경되었다. 한편 울릉도로 출어하기 전년 겨울에 오야(大谷)·무라카와(村川) 양 집안은 돗토리 번으로부터 丁銀 1관 5백목을 차용해서 竹島渡海를 준비하고, 다음 해 竹島에서 수확한 전복이나 강치를 상납하는 것으로 빌린 은을 갚았다. 돗토리 번은 그렇게 해서 얻은 전복을 '竹島串鮑' 이름으로 장군가와 막부요인에게 헌상하였다. 특히 1685년경부터는 헌상 회수도 증가했다. 이 결과 울릉도에 대한 이권은 오야·무라카와 양 가문에 의해 배타적으로 확보되고 있었다.[25]

---

24) 오카지마 마사요시(岡嶋正義), 같은 책 上,「도해 준비와 물산」1828, 정영미 역, 경상북도·안용복재단, 2010, 105쪽.

간분(寬文 ; 1661~1672년) 때 오야 배가 조선국으로 표류하였을 때의 선원 수를 보면 배 한 척에 21명이있다. 그들에게는 각각 다음과 같은 역할이 있었다.

一. 우와노리(上乘) 1인

이는 그 집에서 중책을 맡고 있는 자에게 도해 총괄 업무를 맡겨 파견한 자일 것이다.

一. 후나카시라(船頭) 1인

이는 바람의 방향과 파도의 크기를 살펴 선원에게 알려주는 자이다.

一. 포수(鐵炮打) 2인

이는 강치(바다사자)를 쏘아 잡는 자이다. … 그때에는 보통 8, 또는 9자루까지 총을 실어 보냈으나 나중에는 5자루로 줄은 것이 그 집안의 가보에 보인다. 그 외는 어떤 병기도 싣지 않았다.

一. 대장장이(鍛冶) 1인

이는 파손된 어로 도구를 고치는 자일 것이다.

一. 통 만드는 사람((桶師) 1인

기름통, 혹은 물통을 만드는 자이다.

一. 목수 2인

이는 그 섬(울릉도)에 정박하고 있는 동안에 배 만들 나무를 고르고, 배어서 새 배를 만드는 자이다.

一. 전복 잡이 3인

전복은 그 섬의 큰 산물이다. …

一. 키잡이 1인

방향에 따라 키를 잡고 배를 모는 자이다.

一. 수부 10인

바다에서는 돛 줄을 다루거나 배가 나아가게 노를 젓는다. 섬에 머무

---

25) 이케우치 사토시(池內 敏), 「竹島一件の再檢討－元祿六~九年の日朝交涉」 『名古屋大學文學部硏究論集』 史學 47, 2001.

른 동안에는 (강치) 사냥을 하는 자일 것이다.
도합 21명

　다른 배의 선원도 대략 이와 같을 것이다. 단, 해에 따라 사람 수가 늘
어나기도 하고 줄어들기도 했었을 것이다. 나중에는 반 정도로 사람 수가
늘어 배 한 척에 25명 정도를 보내게 되었다. 매년 2, 3월경에 배를 준비
하고, 요나고에서 오키국으로 가서, 4월 상순경까지 순풍이 불고 조류가
바뀌기를 기다렸다가 돛을 펴고 먼저 松島(독도)라고 하는 작은 섬에 배
를 대고 어로에 착수하고, 거기에서 竹島(울릉도)로 가는데, 그간 할 일을
하고, 가을이 지나면 돌아온다.[26]

　오야 배는 먼저 松島(독도)라고 하는 작은 섬에 배를 대고 어로에 착
수하고, 거기에서 竹島(울릉도)로 가는데, 그간 할 일을 하고, 가을이 지
나면 돌아온다.

---

26) 오카지마 마사요시(岡嶋正義), 『竹島考』上, 「도해 준비와 물산」 1828, 정영미
　　역, 경상북도·안용복재단, 2010, 105~111쪽.

제2장 1692년, 울릉도에서 조선인들과 무라카와 가문의 어부들의 첫 충돌

안용복 사건이 일어나고 조선 조정과 일본 막부 간에 울릉도 귀속 문제가 논란을 빚게 되는 첫 계기는 1692년 3월 27일에 울릉도에서 양국 어민들의 예상치 못한 조우에서 시작된다. 1692년은 조선의 경우 제19대 숙종 18년에 해당하며, 일본으로서는 도쿠카와(德川)막부의 제5대 쇼군 도쿠카와 츠나요시(德川綱吉)의 시대로서, 이 무렵 소빙기가 닥쳤지만 일본은 아열대가 있는 지대라 농업생상과 상품유통이 크게 발전하고 도시가 번성하였으며, 문화적으로 황금기를 구가하던 때였다.[1]

1692년 3월 27일에 있었던 울릉도 양국 어민의 첫 충돌에 관하여 조선 측에는 아무런 기록이 남아 있지 않다. 반면에 일본 측은 여러 기록을 남기고 있다. 『竹島考』와 『竹嶋之書附』 등에 기록이 있다.

오카지마 마사요시(岡嶋正義)의 자료인 『竹島考』의 「조선인이 처음으로 竹島에 도래하다」 편은 1692년(元祿 5) 竹島에서 조선인을 조우한 것을 기록하고 있다.

> ① 元祿 5년(1692)의 竹島渡海는 무라카와 이치베 차례였다. 그래서 예년과 같이 배를 만들어 21명이 타고 2월 11일 요나고를 출범하여 오키국 도고(島後) 후쿠우라(福浦) 해안에 도착하였고, 잠시 여기서

1) 방기혁·정영미 공저, 『울릉도·독도 사수실록 -안용복의 역사행적을 찾아서-』 비봉출판사, 2007, 37쪽.

정박하였다가 3월 24일 순풍이 불어 돛을 펴고 같은 달 26일 辰時 (7~9시)에 竹島의 이가도(伊賀嶋)라고 하는 작은 섬에 배를 묶어두고 본섬의 상황을 살피는데 이상한 점이 있었으므로, 배안에 있던 사람들이 모두 이런 저런 추측을 해 보았으나 끝내 영문을 몰랐고, 그날 밤에는 그 곳에서 밤을 새우고 그 다음날 아침이 되어 내린 결론이 어쨌든 간에 竹島에 배를 댄 후에 결정하자는 것이어서, 배를 몰아 하마다포(濱田浦)를 향해 가니 해변 가에 이국선 2척이 보였는데 한척은 해변에 올려져 있었고 한척은 떠있었는데 30명 정도가 타고 있었고 우리 배 쪽으로 향해 오다가 7 또는 8, 9間 정도 떨어진 곳에서 오사카포(大阪浦) 쪽으로 갔다. 또 이국인 두 사람이 해변에 있었는데 이들도 작은 배를 타고 우리 배 쪽으로 오다가 지나쳐가려 하였으므로, 이를 불러 세워서 예의 두 사람을 억지로 우리 배에 태우고는 어느 나라에서 왔느냐고 물으니, 그 중 한 사람이 譯者였는데 말하기를, 우리들은 조선국의 가와텐 가와구(カワテン カワグ ; 이곳에 대해 잘 알지 못함) 사람이라고 하였다. 우리 선원들이 말하길, "원래 이 竹島는 대일본국의 장군님이 우리들에게 주신 것으로 옛날부터 우리가 도해하던 섬이다. 그런데 감히 너희 같은 외국인이 도래하여 우리 일을 방해하였으니 전대미문의 괘씸하기 그지없는 일이다. 한시라도 빨리 이곳을 떠나라."고 하며 혼을 내니, 역자가 설명하여 말하길, "여기에서 북쪽으로 작은 섬 하나가 있다. 우리가 예전부터 우리 왕의 명령을 받아 3년에 한 번 그 섬으로 가서 전복을 잡아 바쳐왔다. 올 봄에도 그 섬으로 가고자 2월 21일 배 수십 척이 함께 본국을 떠났는데, 도중에 갑자기 풍랑이 일어 그 중 5척의 배에 탔던 선원 53인이 3월 23일 간신히 이 섬으로 흘러 들어왔는데, 해안을 보니 전복이 많이 보이기에 심중에 다행이라고 여기며 기뻐하고 지금까지 머물면서 일을 하고 있는 것이다. 아무튼, 바다가 험했을 때 배가 조금 부서져서 고치고 있는데 다 고쳐지면 즉시 돌아갈 것이니, 그쪽도 어서 배를 대시오"라며 오고 싶어 온 것이 아니라는 듯이 말하였으나, 중과부적이라는 말도 있고 해서 배 안에 있던 사람 모두가 염려하여, 배는 그 곳에 닻을 내려

세워두고 선원 몇 명이 작은 배를 타고 뭍으로 가서 사방을 살피니, 작년 가을 우리가 헛간마다 넣어 둔 고기잡이용 배 8척 및 어로 도구들이 전부 다 없어졌으므로 이게 어찌된 일이냐며 예의 역자가 책망하니, 외국인이 답하여 말하길, 우리 동료들이 다른 포구에 갈 때 타거나 어로를 할 때 썼다고 하였다. 어찌되었든 배를 대고 상륙하시라고 상냥히 권해왔으나, 실정을 잘 몰라서 일부러 그 말을 듣지 않았다, 그래서, 예의 외국인 두 사람만 상륙하게 하고 나중에 증거로 삼기위해 그들이 만들어 논꼬지 전복 조금과 삿갓 1개, 갓 1개, 메주 한 덩어리를 취하였고, 같은 날 申時에 닻을 올리고 4월 1일 이와미국 하마다포에 도착하였고, 같은 달 4일에는 운슈 구모쓰에 도착, 다음날 5일 신시에는 요나고로 돌아왔다.[2]

『竹嶋之書附』의 첫 기록은 1692년부터 시작한다. 1692년에 일본 무라카와 가문의 어부들이 울릉도에서 조선 어부들을 만났다는 것을 사료 ②이다.

② 호키국(伯耆國) 요나고(米子) 사람이 예전에 竹嶋로 건너갔을 때, 조선인과 마주친 것에 대해 하문하신 것과 관련해서, 관계자인 상인 무라카와 이치베와 오야 구에몬 및 조업을 위해 竹嶋로 건너간 선원들을 불러들여 당시 배를 竹嶋로 보내게 되었던 전후 사정을 물어보았더니 다음과 같이 진술했습니다.

一. 元祿 5년 임신년(1692) 2월 11일에 요나고를 출항하여 같은 달 말일에 오키국(隱岐國) 도고(島後)에 있는 후쿠우라(福浦)에 착선했으며, 3월 24일에 후쿠우라를 출항하여 같은 달 26일 竹嶋 근처의 이가섬이라는 곳에 접안하여 주위를 둘러보니, 누군가가 전복을 대량으로 포획한 것처럼 보였습니다. 수상쩍은 생각에 다음날인 27일

---

2) 오카지마 마사요시(岡嶋正義), 『竹島考』下, 「조선인이 처음으로 竹島에 도래하다」 1828, 정영미 역, 경상북도·안용복재단, 2010.

에 하마다(浜田) 포구라는 곳으로 가보았더니 배가 두 척 있었는데 한 척은 据船(고정된 작업선), 또 다른 한 척은 浮船(이동이 가능한 작업선)이었으며, 조선인 30여명 정도가 보였습니다. 그들은 부선을 타고 저희 배로부터 8~9간정도 떨어진 해상을 통과해서 오사카(大坂) 포구라는 곳으로 갔습니다. 조선인 중에 두 명이 육지에 나아 있기에 저희가 작은 배를 내어 (그 둘을) 저희 배로 데려왔습니다. (둘에게) 어느 나라 사람이냐고 물어보니 둘 중에 한 명이 譯者가 조선국의 '가와텐카와구' 사람이라고 하기에 (저희가) 이 섬은 막부로부터 허가를 받아 (우리가) 매년 오는 곳인데, 어떤 연유로 너희들이 오게 되었냐고 물으니, 이 섬 북쪽에 섬이 하나 있어 國主로부터 (허가를 받아) 3년에 한번 씩 전복을 캐러 온다며, 2월 21일에 배 11척으로 출항하였으나 도중에 강풍을 만나 3월 23일에 배 5척에 인원 53명만이 이 섬에 표착했으며, 섬에 전복이 있기에 머물면서 전복을 캐고 있다고 말했습니다. 그래서 저희가 그런 연유라면 빨리 돌아가라고 하자 배가 약간 파손되었으니 수선이 끝나면 출항할 것이라고 말했습니다. 저희가 뭍에 올라가 살펴보니 예전에 저희가 설치해둔 여러 도구와 어로작업선 8척이 보이지 않아 통역에게 자세하게 물어보니 포구마다 나눠줬다고 말했습니다. 竹嶋에서 3월 27일에 출항했는데, 증거로 삼기 위해 조선인이 만들어 둔 관포(串鮑), 작은 어망, 두건 하나, 된장을 만드는 누룩 하나를 압수해 왔으며, 4월 5일에 요나고로 귀항했습니다. 당시에 조선인들이 활이나 총, 여타 무기가 될 만한 것들은 소지하지 않고 있었다고 竹嶋로 건너갔던 선장이니 선원들이 말했다고 합니다. 이상.

사료 ①의 『竹島考』에 의하면 1692년에 조선인이 처음으로 竹島(울릉도)에 도래하였다고 한다. 오야가(大谷家)와 무라카와가(村川家)는 각각 배를 만들어 격년으로 출어했다. 1692년에 竹島渡海는 무라카와 이치베 차례였다. 당시 무라카와 선단의 선장은 히라베에(平兵衛)와 쿠로베에(黑兵衛)였다. 이 두 선장은 그 해 3월 울릉도에서 생긴 일을 자세히 기록한 사건 경위서를 4월 6일 돗토리 번에 제출하고 있다. 사료 ①, ②를 종합하면 3월 27일, 21명의 무라카와 가문의 어부들이 竹島(울릉도)에 도착하였다. 그 곳에서 조선인 배 2척을 발견하였다. 한 척은 해변에 올려 있었다. 한 척은 바다에 떠 있었는데, 30명 정도가 타고 있었다. 그 배가 일본인의 배를 지나쳐갔다. 그리고 해변에 있는 두 사람이 작은 배를 타고 일본 배를 지나갔다. 그 두 사람을 억지로 일본 배에 태우고, "원래 竹島는 대일본국의 장군님이 우리들에게 주신 곳으로 옛날부터 우리가 도해하던 섬이다. 그런데 감히 너희 같은 외국인이 도래하여 우리 일을 방해하였으니 전대미문의 괘씸하기 그지없는 일이다. 한시라도 빨리 이곳을 떠나라."라고 혼을 냈다는 기록이 있다. 그 두 사람 가운데 譯者가 있었다. 역자가 "여기에서 북쪽으로 작은 섬 하나가 있다. 우리가 예전부터 우리 國主의 명령을 받아 3년에 한번 그 섬으로 가서 전복을 잡아 바쳐왔다. 올 봄에도 그 섬으로 가고자 2월 21일 배 11척이 함께 본국을 떠났는데, 도중에 갑자기 難風이 일어 그 중 5척의 배에 탔던 선원 53인이 3월 23일에 간신히 이 섬으로 흘러 들어왔는데, 해안을 보니 전복이 많이 보이기에 심중에 다행이라고 여기며 기뻐하고 지금까지 머물면서 일을 하고 있는 것이다. 아무튼, 바다가 험했을 때 배가 조금 부서져서 고치고 있는데 다 고쳐지면 즉시 돌아갈 것이니, 그쪽도 어서 배를 대시오."라고 하였다. 역자가 울릉도에 표류하였다고 한 것은 무라카와 가문에 의해 조작되었을 가능성이 많다. 이 진술대로라면 조선의 어부들은 순순히 물러났을 것이고, 무라카와 가의 어부들이 울릉도에서 하등 어로 활동을 그만 두고 귀국하였을 이유가 되지 않는다. 그렇지만 무라카와 가문의 어부들의 경우 "조선인은 숫자가 많고 우리 쪽은 불과 21명이기에 걱정이 되었다."는 것이고, 3월 27일 竹島(울릉도)를 출선했다.3)

사료 ①, ② 기록에 의하면 일본어를 아는 譯者, 즉 통역이 있다고 하였다. 역자가 존재한다는 것은 이미 그전부터 울릉도에서 일본인과 만난 경험에서 비롯되었을 것이다. 앞에서 서술한 역자의 존재를 통해서도 1692년에 조선인들이 처음으로 울릉도에 왔다는 것은 거짓말이다. 그리고 1692년에 조선인들이 처음 왔으면 일본의 배를 경계하였을 것이다. 그러나 사료 ①의 경우 조선인들의 1척의 배와 작은 배에 타고 있는 2명은 유유히 일본 배를 지나쳐갔다. 그런 점에서 울릉도에서 이미 그 이전부터 일본인의 오야·무라카와 가문의 어부들과 조선의 어부들이 어로활동을 하였을 가능성이 많다.

17세기에 오면 조선에서 울릉도와 독도에 꾸준히 들어와 어채활동을 하였는데 1692년 무렵에 대거 들어온 것 같다. 배 11척으로 출항하였으나 도중에 難風을 만나 3월 23일에 배 5척에 인원 53명만이 울릉도에 표착했다고 말하였다. 이때 조선 어부들과 일본 어부들이 울릉도 영유권을 두고 다툼이 있었을 것이다. 그런 다툼 속에서 사료 ②에서 보다시피 일본 어부들이 "원래 이 竹嶋는 대일본국의 장군님이 우리들에게 주신 것으로 옛날부터 우리가 도해하던 섬이다."라고 하면서 조선 어부들에게 이곳을 떠나라고 했을 것이다.

사료 ①의 『竹島考』에 의하면 1692년에 조선인이 처음으로 竹島(울릉도)에 도래하였다고 한다. 그것은 왜일까? 오야·무라카와 두 가문이 평상시 조선에서 울릉도에 어채활동을 한 것을 본국에 알리지 않았고, 그들만이 어로 활동을 독점한 것처럼 말하기 위해 에도 막부에 '호키국의 영지'라고 하면서 '土官'이 파견되었다는 거짓말 보고를 하였다. 그런 점

---

3) 경상북도, 「무라카와씨 구기(村川氏舊記)」『독도관계 일본고문서 2』경상북도 독도사료연구회편, 2015, 124쪽.

에서 볼 때 오야·무라카와 가문은 1692년에 조선인들이 울릉도에 처음 어로 활동을 하면서 충돌이 일어나게 되었다는 것을 말할 필요가 있었을 것이다. 그들의 보고 사료에 기초하여 『竹島考』에서 「조선인이 처음으로 竹島에 도래하다」는 편목을 만들었을 것이다.

무라카와 가문의 어민들은 조선인들이 자신들의 어장을 불법 침입한 것으로 생각했다. 수적인 열세로 제지도 못하였다. 아무런 수확도 없이 조선인들이 만들어 놓은 꼬지 전복 조금과 삿갓 1개, 갓 1개, 메주 한 덩어리를 취하였고, 같은 날 신시에 닻을 올리고 4월 1일, 이와미국 하마다포에 도착하였고, 같은 달 4일에는 운슈 구모쓰에 도착, 다음날 5일 신시에는 요나고로 돌아왔다. 4월 5일에 호키슈(伯耆州) 요나고(米子)로 귀국했다.4)

돗토리 번의 번주가 막부의 老中인 阿部豊後守에게 대처방법을 물었더니, 막부에서는 이미 조선인이 竹島에서 물러났다면 상관할 이유가 없다고 하면서 특별히 문제 삼지 않았다. "또 어떤 노인이 일러주길, 그때 우리 선원들이 일을 원만히 처리해서 외국인도 함께 일을 하게끔 해주었더라면 오래도록 배가 오가는 일도 있으려니와 그들의 사려가 부족하여 지세를 분별치 못하고 다시는 오지 못하게 한다고 하여 실은 도리에 맞지 않은 견책을 하였기 때문에 그들의 분노를 사서 나중에는 우리 배를 공격하게끔 되었다고 한다."5) 오카지마 마사요시(岡嶋正義)가 논평하기를 "지당한 말이다. 단 지금이기 때문에 그런 분별을 할 수 있는 것이다. 앞으로 벌어질 일을 다 알 수는 없는 법이다."라고 하였다.6)

---

4) 오카지마 마사요시(岡嶋正義), 『竹島考』 下, 「조선인이 처음으로 竹島에 도래하다」 1828, 정영미 역, 2010, 경상북도·안용복재단, 211쪽.
5) 오카지마 마사요시(岡嶋正義), 같은 책 下, 「조선인이 처음으로 竹島에 도래하다」 1828, 정영미 역, 2010, 경상북도·안용복재단, 212~213쪽.

6) 오카지마 마사요시(岡嶋正義), 같은 책 下, 「조선인이 처음으로 竹島에 도래하다」
   1828, 정영미 역, 2010, 경상북도·안용복재단, 213쪽.

제3장 1693년, 안용복의 울릉도 행과 일본에서의 안용복 행적

1693년 안용복은 울릉도에서 일본 오야가의 어부들에 의해 납치되면서 일본에 끌려갔다. 오야가의 어부들의 경우 오야 규에몬이 竹島(울릉도)로 배를 보낼 차례였다. 구로베와 히라베라는 사람을 선장으로 삼아 2월 15일 배가 요나고를 떠났고, 17일 날이 밝아올 즈음에 운슈 구모쓰 해안에 도착하여 수일을 머물다가 3월 2일에 순풍이 불자 밧줄을 풀고 같은 날 오키국 도젠 하시촌(ハツ村)에 도착하였으며, 같은 달 10일에는 도고(島後)의 후쿠우라(福浦)에 도착하였다. 같은 달 16일에는 바람이 불어주었으므로 돛을 폈고, 다음 날 17일에 미시에는 竹島(울릉도)에 도착하였다. 그런데 그 해도 조선인들이 도래했을지도 모르므로, 이에 곧 하마다포에는 들리지 않고 도센가사키(唐船ガ崎)에서 닻을 내리고 먼저 본섬으로 사람을 보내 돌아다니며 상황을 살펴 보았다. 꽤 많은 전복과 미역이 널려있는 곳이 있었다. 또 주변에 다 떨어진 짚신이 벗겨져 있었다. 그것이 우리나라 것과는 다른 것으로 보아 의심할 여지가 없었으므로 우리 배보다 먼저 조선인이 도래한 것이므로 어떻게 할까 의논하면서 시간을 보내고 있는데 이미 날이 저물어 어두워졌으므로 거기서 밤을 지새웠다. 그 다음날 아침에 선장 구로베와 히라베가 건장한 수부 5명과 함께 작은 배를 타고 먼저 니시노우라(西ノ浦)로 가서 조사하였는데 조금도 의심스러운 것이 없기에 기타우라(北浦)로 배를 돌렸더니 해

변에 배 한 척이 놓여 있는 것이 보였다. 그 가까이 가서 상황을 살폈더
니 임시로 만든 헛간 안에 있던 唐人(조선인) 한 사람과 만났는데, 전복
과 미역을 엄청 따 두었기에 어떻게 된 일이냐고 물었으나 말이 전혀 통
하지 않았다. 이에 그 唐人을 우리 쪽 배에 태우고 다이텐구(大天狗)라는
쪽으로 돌아갔더니, 唐人 10명 정도가 일을 하고 있기에 가까이 다가갔
다. 그 중에 譯者가 있어서 앞서 태운 한 사람은 배에서 내리게 하고 그
와 다른 唐人 한 사람을 우리 배에 태웠다. 원래 竹島는 바다가 험한 곳
이므로 언제 파도가 일지 몰라 급히 되돌아서 두 사람(안용복·박어둔)
의 이객을 본선으로 옮겼다.[1]

안용복·박어둔 납치사건을 들어 그 행적은 다음과 같다. 그렇지만 사
료에 따라 일정이 틀린 부분이 많다.

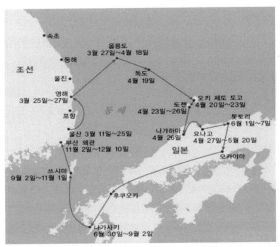

〈안용복의 납치 사건(1693년)의 행적〉

---

1) 같은 책 下, 「오야의 선원들이 조선인을 잡아오다」 1828, 정영미 역, 경상북도·안
   용복재단, 2010, 213~217쪽. 그 오야가의 어부들의 경우 일정이 틀렸다.

1693년의 경우, 안용복 울릉도 행적은 조선의 단편적 기록이 있지만 『竹島考』와 『竹嶋紀事』의 안용복·박이둔의 구두진술이 있다. 『竹島考』下, 「오야의 선원들이 조선인을 잡아오다」편은 1693년 울릉도에서 오야의 어부들과 안용복 일행이 맞닥뜨리면서 일본 어부들이 안용복·박어둔을 납치한 과정과 안용복·박어둔을 심문한 기록을 담고 있다. 다음의 사료는 울릉도에서 안용복과 박어둔을 납치한 후, 1693년 4월 18일에 배에서 이번에 어떻게 도래하게 되었는지 따져 물으니 譯者인 안용복의 진술이 다음과 같이 대답하였다.

③ 두 사람의 이객을 본선으로 옮기고, 이번에 어떻게 도래하게 되었는지 따져 물으니, 譯者가 말하길, "내가 사는 곳은 조선국이며 경상도 동래현 사람으로서 안핑사(アンピンシャ) 라고 [또는 안히샨(アンヒシャン), 안펭치우(アンペンチウ)라고 쓴다. 어떻게 쓰는 것이 바른가 하면, 그 나라 사람에게는 안씨 성이 많다. '안'은 아마 姓일 것이며 힌샤와 히샨은 무관의 명칭으로 裨將의 傳音일 것이다. 또 헨치우라는 것은 이름일 것이다. 원래 그 때의 이객은 시종 붓을 잡지 않았기 때문에 본래의 이름은 전해지지 않는데 진짜 그가 써서 남긴 것이 아무것도 없는 것일까. 그 실정은 알기 힘들다고 한다.] 나이는 42세이다. 이 자는 울산 사람으로 도라헤라고 하고, 나이는 34세이다. 올 봄에 산카이(三界)의 샤쿠한 (シャクハン) [지금 생각컨대, 산카이라는 곳은 명확하지 않다. 어쩌면 후산카이(釜山浦)라고 말한 것을 산카이라고 잘못 들은 것이 아닐까. 또 샤쿠한(上官)은 상관 또는 왕일 것이다.]으로부터 전복을 따 바치라는 지시가 있었는데, 그러면 어느 어느 섬에 가서 따라는 지시가 없었으나, 작년에 이 섬으로 표류한 자들이 엄청 많은 전복과 미역을 따왔기 때문에 우리들도 그 섬으로 가자고 생각하고, 3월 27일 부산포를 출범하여 같은 날 밤 □□□ 에 도착하였다."고 말했다. 또 함께 온 배는 몇 척인가를 물었더니, "3척이 왔는데 17명이 탄 배와 15명이

탄 배, 우리 10명이 탄 배로서 모두 42명이다. 그 중에 작년에 왔던
자는 4명이다, 이름은 야 가 이 이 왕 닝, 모씨, 모씨라고 하는 자들"
이라고 대답하였다. 우리 배 사람들이 상의하길, "작년에 조선인들
에게 다시 오면 안 된다고 단단히 일러두었는데 올 봄에 또 우리 보
다 앞서 와서 일을 방해하니 언어도단도 이만저만이 아니다. 이대로
내버려 두면 결국엔 반드시 그들에게 우리 영지를 약탈당할 것이다.
이 두 사람을 데리고 가서 이 일에 대해 위에 자세히 말씀드리고,
막부의 결정을 기다리자."는데 의견이 모아져, 18일 未時에 竹島를
떠나, 같은 달 20일 오키국 도고의 후쿠우라에 도착하였다.[2]

안용복의 진술은 다음과 같다. 안용복은 조선국 경상도 동래현 사람
으로 '안비장'을 칭하고, 박어둔은 울산 사람이다. 산카이(三界)의 샤쿠
한(상관)으로부터 전복을 따 바치라는 지시가 있었다. 어느 어느 섬에
가서 따라가 지시는 없었으나, 작년에 이 섬으로 표류한 자들이 엄청 많
은 전복과 미역을 따왔기 때문에 우리들도 울릉도로 가자고 생각하고,
3월 27일 부산포를 출범하였다. 3척이 왔는데 17명이 탄 배와 15명이 탄
배, 우리 10명이 탄 배로서 모두 42명이다.[3] 울릉도 가는 곳은 41명이었
다.[4]

울산의 경우 왕실 궁방의 藿田(미역밭)이 있고 봉진품에 전복도 포함
되었다.[5] 방어진은 조선 숙종 시대 이후 灣內에 삿자리를 둘러 왕에게

2) 오카지마 마사요시(岡嶋正義), 같은 책 下,「오야의 선원들이 조선인을 잡아오다」
   1828, 정영미 역, 경상북도·안용복재단, 2010, 217~221쪽.
3) 오카지마 마사요시(岡嶋正義), 같은 책 下,「오야의 선원들이 조선인을 잡아오다」
   1828, 정영미 역, 경상북도·안용복재단, 2010, 221쪽.
4)『竹嶋紀事』권1, 元祿 6년(1693) 9월 4일,「조선인 구두진술서」, "우리들은 (울산
   배) 1척에 10명이 승선하고 있었는데 그 중의 1명이 몸져누운 탓에 영해라고 부르
   는 곳에 남겨두고 9명이 타고 竹嶋(울릉도)로 건너갔습니다."

진상하는 전복의 보호장이었다고 한다.6) 미역과 전복 등의 봉진품에 대한 궁가의 침탈이 현종~숙종 연간에 행해짐으로써 울산지역은 이중의 부담을 지게 됨으로써 어려움에 봉착하게 되었다. 특히 울산의 봉진품인 전복의 경우 울산의 것이 품질이 떨어짐으로써 울산의 해척들이 兵營의 採鰒公文을 갖고 몰래 울릉도에 들어가 전복 등을 채취하였고, 그것이 문제가 되어 경상좌도 병마절도사 강오성과 울산부사 심공예가 파직되기에 이를 정도였다.7) '兵營의 採鰒公文'이 존재한다는 것은 울산에서 공공연히 울릉도를 드나들었음을 반영한다. 1692년의 경우 조선인 역자가 대답하기를 "이 섬의 북쪽에 섬이 있어 3년에 한 번씩 國主에게 바칠 전복을 채취하러 옵니다. 본국(國原)에서 2월 21일에 비슷한 배 11척으로 출선했으나 難風을 만나 5척에 전원 53명이 나누어 타고 표류하다가 3월 23일, 이 섬(울릉도)에 도착했습니다. 이 섬의 형세를 살펴보니 전복이 있기에 머물면서 채취하고 있습니다."고 하였고,8) "작년(1692)에

---

5) 『숙종실록』 권15, 숙종 10년(1684) 3월 17일(계미), "울산의 藿田을 龍洞宮에 그대로 붙여두라고 명하였다. 이 궁은 禁中의 私帑(왕의 사유재산)이며, 울산의 곽전은 본디 閑地가 아니라 進供하는 데 쓰이는 것을 오로지 여기에서 가져가는데, 이따금 용동궁에서 떼어 받았다."

6) 이현호, 「일제시기 이주어촌 '방어진'과 지역사회 동향」 『역사와 세계』 33, 효원사학회, 2008, 50쪽.

7) 『정조실록』 권24, 정조 11(1787)년 7월 25일(경인), "원춘도 관찰사 金載瓚이 장계하기를, '울산에 사는 海尺 등 14명이 몰래 鬱陵島에 들어가 魚鰒·香竹을 채취하였는데, 三陟의 포구에서 잡혔습니다. 그 섬은 防禁이 지극히 엄한데도 울산 백성이 번번이 兵營의 採鰒公文을 가지고 우루친토 방금을 범하니, 그 兵使와 府使를 勘罪해야 하겠습니다.' 하였다. 비변사에서 복주하여, 경상좌도 병마절도사 姜五成과 울산부사 沈公藝를 먼저 파직시키고 나서 잡아다 추국하기를 청하니, 윤허하였다."

8) 경상북도 독도사료연구회편, 『무라카와씨 구기(村川氏舊記) 국역』 경상북도, 2015, 123~124쪽 ; 『竹嶋之書附』, "어떤 연유로 너희들이 오게 되었냐고 물으니,

도 울산 사람이 20명 정도 건너갔으며, 별도로 숨겨서 말할 것이 아니다."라고[9] 하였다는 것은 울산 지역민들이 공공연히 울릉도, 독도에 드나들었다는 것을 알 수 있다. 울산의 경우 진상을 위한 미역밭이 존재하였고, 봉진품에 전복도 포함되어 병영의 채복공문이 있으니 '國主'의 명으로 보았을 것이다.

『竹島考』를 지은 오카지마 마사요시(岡嶋正義)가 3월 27일 부산포에 출발하였다는 것을 보고 三界는 釜山浦라고 추정하였다. 안용복 일행은 울산에서 출발하였으니 삼계의 샤쿠완(상관)의 경우 안용복 일행이 '兵營의 採鰒公文'을 받고 울릉도에 출항하였을 것이다. 그러니까 '삼계'는 부산포가 아니며 울산이었을 것이다.

4월 18일에 배에서 오야가의 선원들이 안용복을 심문한 후 오야가의 배 사람들이 상의하길, "작년에 조선인들에게 다시 오면 안 된다고 단단히 일러두었는데 올 봄에 또 우리보다 앞서 와서 일을 방해하니 언어도단도 이만저만이 아니다. 이대로 내버려두면 결국에 반드시 그들에게 우리 영지를 약탈당할 것이다. 이 두 사람을 데리고 가서 이 일에 대해 위에 자세히 말씀드리고, 막부의 결정을 기다리자."는 의견이 모아져 18일 미시에 竹島를 떠나, 같은 달 20일 오키국(隱岐國) 도고(島後)의 후쿠

─────────

이 섬 북쪽에 섬이 하나 있어 國主로부터 (허가를 받아) 3년에 한번 씩 전복을 캐러 온다며, 2월 21일에 배 11척으로 출항하였으나 도중에 강풍을 만나 3월 23일에 배 5척에 인원 53명만이 이 섬에 표착했으며, 섬에 전복이 있기에 머물면서 전복을 캐고 있다고 말했습니다."

9) 『竹嶋紀事』 권4, 元祿 6년(1696) 9월 4일, 오메쓰케(大目付) 가도노 구로자에몬(門野九郎左衛門)에게 조선인 지시한 중 「조선인 구두진술서」, "우리들이 그 섬에 건너간 일은 달리 몰래 간 것은 절대로 아닙니다. 작년에도 울산 사람 20명 정도가 건너갔습니다. 물론 조정의 명령을 받은 것도 아닙니다. 자신들의 돈벌이를 위해 건너갔습니다."

우라(福浦)에 도착했다.[10) 오키도는 오야·무라카와 양 가문이 울릉도로
도해할 때 바람을 기다리던 섬이고, 도해의 안전을 기원하는 神社까지
세워졌다. 운슈(雲州)의 관청에서 선장을 불러 조선인을 억지로 끌고 온
경위를 자세히 조사하고 일의 진상을 적어 내라는 지시가 있었으나 선
장이 말하길, "조선인들이 마침 이 배에 타고 있느니 그들을 조사해 달
라."고 하였다. 번소도 이를 납득하고 안용복 등을 직접 심문했다. 지방
관의 입회하에 안용복·박어둔을 심문하고 口書를 작성하였고, 오야의
선장들에게도 그 끝의 도장을 찍으라는 말이 있었으나 그것을 강경히
거절했다고 한다.[11) 그 심문 기록을 보면 안용복은 '通譯'이라고 하고,
박어둔은 '下人'이라고 하였다. 안용복은 일행의 이름이나 주소, 나이,
울릉도로 나간 경위 등을 대답했다. 안용복과 박어둔이 찬 호패가 필사
되었다.[12)

   4월 23일에 안용복 태운 오야 가문의 배는 오키의 도젠(島前)으로 도
착하고, 도젠 출신의 어부들을 내렸던 같다.[13) 26일에 그곳을 출발하여
이즈모국(出雲國)의 나가하마(長浜)를 들렀다가 27일 돗토리 번 호키국
의 요나고에 도착하였다. 조선인 연행에 관한 보고는 요나고 성에 체재
하고 있던 家老(가신 중의 우두머리) 아라오 슈리(荒尾修理)를 통해 번청
이 있는 돗토리 부(鳥取府)에 4월 28일에 전해졌다. 번청은 번주가 체재
하는 에도의 돗토리 번저로 파발꾼을 보내는 한편, 안용복·박어둔을 오

---

10) 오카지마 마사요시(岡嶋正義), 『竹島考』下, 「오야의 선원들이 조선인들을 잡아
    오다」 1828, 정영미 역, 경상북도·안용복재단, 2010, 221쪽.
11) 오카지마 마사요시(岡嶋正義), 같은 책 下, 「오야의 선원들이 조선인들을 잡아오
    다」 1828, 정영미 역, 경상북도·안용복재단, 2010, 223쪽.
12) 『因府歷年大雜集』元祿 6년(1693) 5월 28일.
13) 박병섭, 「안용복 사건에 대한 검증」 한국해양수산개발원보고서, 2007, 31쪽.

야 규에몬 집에 감금시켜 야마토조(大和組)에게 경비를 맡겼다.14) 파발꾼은 5월 9일에 에도 번저에 도착했다.15) 다음 날에 번저의 聞譯인 요시다 헤이마(吉田兵馬)가 막부의 최고 실무 책임자인 月番老中16)인 스치야 사가노카미(土屋相模守)에게 '조선인 구상서'와 '무라카와·오야 사공의 구상서'를 가져가 이 사건을 보고하고 사건의 처리 방법을 물었다. 老中의 지시는 5월 13일에 에도의 돗토리 번저에 전해졌다. 그 내용은 조선인을 외국과의 통상을 다루는 나가사키 봉행에게 넘기라는 것이었다.

5월 13일, 에도 막부의 月番 老中 쓰치야 사가미노카미(土屋相模守)가 쓰시마 번의 留守居 스즈키 한베(鈴木半兵衛)에게 "작년에 조선인이 竹嶋라고 하는 곳에 어로를 하기 위해 건너온 것을 마쓰다이라 호키노카미(松平伯耆守) 쪽에서 발견하고 다시는 건너오지 말라고 일러두었는데, 올해 또 조선인 약 40명 정도가 건너와서 어로를 하였으므로 그 중 두 사람을 붙잡아 와서 막부에 보고해왔다. 이에 즉시 나가사키봉행소(長崎奉行所)로 보내어 쓰시마로 건네주도록 하라고 했다."고 하면서 "상세한 것은 나가사키봉행소에서 전달하겠지만, 향후 건너오지 않도록 하라고 쓰시마에 전하라."고 지시하였다.17) 그 내용을 담은 에도에서 보낸 서신이 6월 3일에 도착하였으므로 6월 5일에 老中 쓰치야 사가미노카미와 아베 분코노카미에서 쓰시마에서 답서 2통을 제출하였다. 그 내용은 "조선인은 평소의 표류민들과는 달라 볼모와 같은 것이라고 들었으므로 그

---

14) 『控帳』 元祿 6년(1693) 4월 28일.
15) 『御用人日記』 元祿 6년(1693) 5월 9일.
16) 에도시대의 경우 정치의 실무는 도쿠가와 장군에 직속되는 4, 5명의 老中이 매월 교대로 맡았다. 당번인 老中은 한 명으로, '월번노중'이라고 불렸으며 실질적인 책임자였다.
17) 『竹嶋紀事』 권1, 元祿 6년(1693) 5월 13일.

들을 인계받기 위해 나가사키에 사자를 보냈습니다. 조선에 송부한 서한의 답장이 도착하면 보고하도록 하겠습니다."라고 하면서 "나가사키 봉행소에 보낸 사람들을 받아 돌려보내면서 향후 다시 오지 못하도록 조선국에 말해두라고 하신 명령은 잘 받들겠습니다."라고 하였다.18)

5월 13일, 老中의 지시대로 에도의 돗토리 번저는 나가사키 봉행에 보낼 서한과 나가사키로 가는 사자가 가져갈 구상서를 5월 16일에 작성해 그것들을 파발꾼이 돗토리 번청으로 가져갔다. 그 구상서 가운데 돗토리 번이 老中에게 제의한 내용이 들어 있었는데, 그 내용은 "금후 조선인이 竹島로 오지 않도록 하고 지금처럼 竹島의 전복을 老中에게 헌상하고 싶다는 제의를 老中이 들어 주었다."고 적혀있다.19)

老中의 뜻을 전하는 에도 번저의 파발꾼은 5월 26일에 돗토리 번청에 전달되어 돗토리 번청에서 긴급회의가 열렸다. 조선인을 나가사키로 보내는 사자는 만일의 경우를 고려해 야마다 헤이자에몬(山田兵左衛門)과 히라이 진우에몬(平井甚右衛門) 2명으로 하고, 동행하는 의사는 치쿠마 겐세키(竹間玄碩), 이송 담당은 요나고조(米子組) 중 2명을 충당했다. 또 나가사키로 가는 길로서, 해로는 위험하므로 육로로 정했다.20) 조선인의 이송에 돗토리 번이 신중을 기하고 있는 모습이 엿보인다. 이렇게 신중한 이유는 돗토리 번로서는 에도 막부와의 약속은 절대적이고 추호의 어긋남도 있어서는 안 되기 때문이다.21)

안용복 등을 나가사키로 보내기로 결정했으므로 그 준비를 위해 안용복 등은 돗토리 城下에 이송되었다. 이송 때에는 함부로 구경하러 나가

---

18) 같은 책 권1, 元祿 6년 6월 5일.
19) 『御用人日記』 元祿 6년 5월 15일.
20) 『控帳』 元祿 6년 5월 26일.
21) 박병섭, 앞의 논문 2007, 33쪽.

지 말하는 명이 내려졌다. 조선인이 난폭한 짓을 할지도 모른다는 이유
에서 특히 여자나 어린아이들의 구경은 금지되었다.[22] 그때까지 안용복
과 박어둔은 요나고의 오야 저택에서 외출을 금지당하고, 그 대신에 술
을 하루에 3승까지 허락받는 감금상태가 한 달 이상 지속되었으므로 혹
시라도 술기운에 한바탕 소란이 있었을지도 모른다.[23]

6월 1일에 안용복과 박어둔은 이나바국의 돗토리 성하에 도착해 중신
인 아라오야마토(荒尾大和) 저택에서 하루 밤을 지냈다. 다음 날 중신인
와다 시키부(和田式部), 쓰다 쇼우켄(津田將監), 이케다 휴우가(池田日向)
등 세 명이 나란히 아라오 저택을 방문해 안용복 등과 만났다.[24]그 목적
이나 면담에 관해 상세한 기록은 없으나 나이토 세이츄에 따르면 중신
들은 호기심에서 만난 것이 아닌가하고 추측했다.[25]

안용복 등은 중신들과 만난 직후 町會所로 옮겨져 6월 7일에 나가사
키로 출발했다. 나가사키에는 이미 결정된 수행자 이외에 조선인을 위

---

22) 『控帳』元祿 6년(1693) 5월 28일, "조선인이 요나고에서 올 때 함부로 구경하는
일이 없도록 모든 사람들에게 알려달라는 다음과 같다. 이번에 조선이 요나고에
서 올 때 또는 이곳을 떠날 때 구경하러 나가는 모든 사람들은 멋대로 하지 못하
도록 엄하게 주의할 것. 그 중에서도 여자와 아이가 구경하러 나가는 일이 없도록
할 것. 조선인이 행패를 부린다고 들었기 그 뜻을 알아둘 것. 경비원들에게도 이
뜻을 전할 것"라고 하였다. 오카지마가 『竹島考』 '맹성강폭'과 '포악'한 같은 표
현은 요나고와 안용복의 관계, 그 의미도 이해할 수 있을 것이다. 오야케는 안용
복을 그렇게 보았을 수도 있다. 그것에 반발하는 안용복을 그렇게 보았을 수도 있
다. 오카지마는 그런 상황에 대한 설명 없이 그저 난폭한 사람으로 인식하기 쉬운
표현을 하여 그 용어가 안용복의 실체를 반영한 것으로 보기 어렵다(권오엽, 『독
도와 안용복』 충남대학교출판부, 2009, 146~149쪽).
23) 같은 책 元祿 6년 5월 11일.
24) 같은 책 元祿 6년 6월 2일.
25) 內藤正中, 『竹島(鬱陵島)をめぐる日朝關係史』 多賀出版, 2000 ; 권오엽·권
정 역, 『獨島와 竹島』 제이앤씨, 2005, 100쪽.

한 요리인 1명, 가마를 매는 足輕이 조선 사람 한 사람당 4명씩 수행했다.[26] 따라서 일행의 총 인원은 16명이 되었다. 일행은 나가사키로 가는 도중 각지에서 접대를 잘 받았다고 기록되어 있다.[27]

6월 3일, 에도 막부의 명령이 쓰시마 번에 전해지자 에도 막부의 명령을 접한 쓰시마 번은 즉각 竹嶋에 관한 사실의 조사에 착수하였다. 그것은 첫째, 안용복·박어둔 납치사건에 대한 많은 의문을 품고 있었기 때문이다. 둘째, ‘竹嶋’의 경우 ‘울릉도’이고, ‘조선 령’일지도 모른다고 생각했다. 쓰시마 번의 수석 가로인 스기무라 오네메는 竹嶋에 대한 조사를 위해 6월 5일, 부산 왜관에 있는 통사인 나카야마 가베에(中山加兵衛)게 다음과 같이 질문하였다.

一. 竹嶋는 조선에서는 부룬세미라고 한다고 했는데, 竹嶋라고 쓰고 조선음으로 부룬세미라고 부르는 것인가, 부룬세미라고는 어떻게 쓰는가, 울릉도라고 하는 섬이 있다. 이것을 백성들이 말할 때 부룬세미라고 부르지는 않는가. 일본에서는 울릉도를 磯竹라고 한다. 울릉도와 부룬세미는 서로 다른 섬인가? 부룬세미를 일본인이 竹嶋라고 부른다는 것은 누가 한 말이라고 하는가.

一. 竹嶋에는 재작년에 처음 도해하였는가. 이전부터 도해한 것을 숨기고 재작년부터 도해하였다고 말하는 것인가. 조선인들이 돈을 벌기 위해 몰래 도해하였다고 하는 것인가. 또는 장군(왕) 의 지시가 있어 도해한 것인가. 올해에도 거듭 도해하는 것인가.

一. 竹嶋에는 일본에서 12端 크기의 돛단 배 3척이 매년 도해하였고, 그 섬에 나가고야(長小屋)를 서너 채나 지어두었다는 말을 해 왔는데 그 말 그대로인가. 일본인이란 어느 지역 사람들인가.

一. 竹嶋는 조선국의 어느 쪽에 있으며, 어디서 어떤 바람이 불면 배를

---

26) 『御用人日記』 元祿 6년(1693) 6월 10일.
27) 같은 책 元祿 6년 8월 9일.

타는가라는 것, 어느 정도 거리이며, 크기는 어느 정도 되는가. 그 나라의 어느 쪽에 있으며 거리는 어느 정도 되는가, 귀하가 보낸 구상서에 써져 있기는 하나 지금 한 말을 명심해서 보고할 것.

위의 건들에 대해 상세히 알고 싶어 하시는 것 같으므로 장군님에게도 보고한 일이므로, 잘 알고 있는 조선인에게 비밀리에 물어보아서 빨리 서신을 보내 줄 것. 확실치 않은 주민들의 말일지라도 들은 대로 적은 서신을 보내 줄 것이다. 이 건에 이와 같이 요청함.28)

돗토리 번에서 본국의 竹嶋에 조선인을 못 오게 하라는 청원과 그에 대한 에도 막부의 명령에 대해 쓰시마 번이 그간 파악한 정보와는 다른 부분이 있었기 때문에 그것의 확인을 위해 왜관에 있는 통사인 나카야마 가베에(中山加兵衛)에게 질문하게 되었다고 볼 수 있다. 당시 쓰시마 번은 '竹嶋'가 조선에서 '부룬세미'라고 부른다는 것을 들었고, 또 일본에서 '竹嶋'라고 하는 '울릉도'라고 생각하였기 때문에 '竹嶋=울릉도=부룬세미'인가를 확인하고자 하였다. 그것을 문의한 이유는 돗토리 번의 오야, 무라카와 두 가문이 돗토리 번을 통해 에도 막부에 보낸 문건과 쓰시마 번에 보낸 문건에서 竹嶋를 자신들의 영지라고 주장하여 논리를 편 것에 대해 그것이 조선의 울릉도가 아닌가 하는 의문을 갖고 있었기 때문이다. 쓰시마는 조선과의 협상에 앞서 竹嶋가 울릉도인지 아니면 별개의 섬인지에 대한 정확한 정보가 필요했다. 왜관에 파견되어 있는 통사를 통해서 정보를 수집하고, 모든 가신들을 동원하여 竹嶋에 관한 기록들을 조사하도록 하였다.

그와 함께 쓰시마 번은 돗토리 번의 오야, 무라카와 두 가문이 작년,

---

28) 『竹嶋紀事』 권1, 元祿 6년(1693) 8월 23일.

1692년 竹嶋에 처음 건너온 것으로 주장했지만 재작년, 1691년에 처음 도해하였다고 파악하고 있었기 때문에 그것의 확인, 그리고 그 이전부터 도해한 것을 숨기고 재작년에 도해하였다고 말하는가에 대한 확인을 하고 싶어 했다. 이 경우 몰래 도해한 것인가, 장군의 명령에 의한 것인가에 대하여 조사해주기를 바랐다. 그리고 조선에서 竹嶋까지의 방향과 거리, 해로 등에 대한 답변까지 요구하였다.

쓰시마 번은 竹嶋가 조선의 울릉도라는 기본적 시각을 갖고 조선에서 울릉도로의 도해 시기, 상업적 목적인가? 아니면 국왕의 지시에 의한 것인지 관에 알리지 않고 몰래 간 것인지를 소상하게 파악하고자 하였다. 그것은 조선과 일본 사이에 새로운 교역의 장소로서 울릉도가 이용될 것인가에 대한 파악에 초점을 두고 있다. 그것은 지금까지 쓰시마 번이 조선정부와 에도 막부의 외교적 교섭과 교역의 창구였기 때문이다. 안용복의 울릉도 행이 조선-동래왜관-대마도-일본 江戶와의 루트에 치명적 타격을 줄 것이라는 점을 쓰시마 번이 염려하고 있음을 알 수 있다. 쓰시마 번에서 ‘鬱陵島爭界’를 일으켜 집요하게 울릉도를 자기네 땅이라고 한 것은 조선과 일본에서 새로운 교역의 루트를 개발하는 것을 원천봉쇄하고자 하는 의도에서 나온 것이라고 볼 수 있다.

6월 13일, 부산 왜관에 있는 통사인 나카야마 가베에(中山加兵衛)는 다음과 같이 답변하였다.

　一. 올해도 돈을 벌기 위해 부산포에서 상선 3척이 竹嶋로 건너갔다고 하는 말을 들었으므로 한비차구라는 부산의 조선인을 껴서 두루두루 자세히 듣고 바닷길에 대한 것까지 유념하라고 일러서 함께 보냈으니 돌아오는 대로 자세히 듣고 말씀드리겠습니다. 먼저 대강의 것에 대해 쓴 서신을 덧붙혀 올립니다.

「구상지각서」

一. 부룬세미는 다른 섬입니다. 자세히 조사했더니 우루친토라는 섬입니다. 부룬세미는 우루친토에서 아스라이 보이는 섬입니다. 부룬세미는 우루친토에서 북동쪽으로 아스라이 보인다고 들었습니다.
　　동 우루친토의 크기는 하루와 반나절 도는 정도의 크기라고 합니다. 원래 높은 산으로서 전답과 큰 나무가 있다고 들었습니다.

一. 우루친토에는 강원도 내 에구하이(영해)라는 포구에서 남풍을 타고 간다고 들었습니다.

一. 우루친토로의 왕래는 재작년부터라는 것에 틀림이 없습니다.

一. 우루친토로의 도해는 장군에게 알리지 않고 자기가 돈을 벌기 위해 몰래 도해하는 것입니다.
　　그 외의 것에 대해서는 한비차구가 돌아오는 대로 자세히 듣고 거듭 자세한 것을 말씀드리겠습니다.[29]

동래 왜관의 나카야마 가베에가 쓰시마 번에 올린 구상서에 의하면 竹嶋는 부룬세미가 아니라 우루친토이고, 부룬세미는 북동쪽에 있는 아스라이 보이는 섬이라고 하였다. 또 竹嶋, 즉 우루친토에 왕래하는 것은 재작년, 즉 1691년부터이고, 자신들의 벌이를 위해 몰래 갔으며, "올해도 그 섬에 벌이를 위해 부산포에서 장삿배가 3척 나갔다고 들었다."고 하였다. 그것을 '장삿배'라고 한 것으로 보아 안용복의 울릉도 행은 상행위를 목적으로 하고 있었음을 쓰시마에서는 판단하였을 것이다.

그 사이에 에도 막부는 돗토리 번저에 竹嶋渡海에 관한 질문을 했다. 돗토리 번저는 6월 8일, 6월 27일 회답서를 제출했다. 두 번에 걸친 회답서에서 첫째, 竹嶋渡海 免許는 아베 시로고로(阿部四郎五郎)의 알선으로 老中의 봉서를 받아 행하였다고 하였다. 둘째, 오야·무라카와 두 가문이

---

29) 같은 책 권1, 元祿 6년 8월 23일.

도쿠가와 장군 가문의 문장을 배에 세우고 竹嶋渡海를 했었다는 것을 밝혔다. 그 문장 덕분에 조선에 표류했을 때 쉽게 일본 배임을 알고 쓰시마를 통해 송환되었던 것을 밝혔다. 셋째, 돗토리 번이 막부에게 헌상은 전복은 竹嶋의 전복이었다는 사실 등이 적혀 있었다.[30] 그러나 회답서 중에 "竹嶋는 離島로서 사람이 거주할 수는 없다. 그렇다고 해서 호키노카미(伯耆守)가 지배하는 땅도 아니다."라고 하였다. 돗토리 번은 竹嶋渡海가 막부의 허가에 의해 이루어졌기 때문에 竹嶋는 막부의 관할하에 있다고 인식하고 있었던 것이다. 돗토리 번으로서는 그런 장소(울릉도)에 조선인이 왕래하여 전복 등을 따고 본인 어부의 방해가 되는 것은 바람직하지 않다는 생각으로 직접적인 관리자인 막부에게 조선인의 왕래 금지를 요구한 것이다.[31]

6월 7일에 돗토리 번의 사자 일행 10여명이 안용복과 박어둔을 육로로 가마에 태워 이나바(因幡)를 출발하여 6월 30일, 나가사키에 도착했다.

7월 1일에 에도 막부의 명을 받은 쓰시마 번에서 온 留守居 하마다 겐베(濱田源兵衛)가 안용복과 박어둔을 심문했다. 나가사키봉행 가와구치세쓰노카미(山田興左衛門)는 하마다 겐베에게 "조선인은 불러 전후 상황에 대한 심문을 하고, 바로 조선인의 구두진술을 구술서로 작성하여 제출하라."고 지시하였다. 즉시 초안을 작성하여 나가사키 봉행한테 보여드렸더니 "이나바에서 작성한 구술서와 다름이 없도록 하라."는 말과 함께 "약간 문구를 수정하고 정서한 후에 내일 제출하라."고 말하였다.[32]

---

30) 『竹嶋之書附』 ; 『御用人日記』 元祿 6년 5월 21일.
31) 박병섭, 앞의 논문 2007, 35쪽.
32) 『竹嶋紀事』 권1, 元祿 6년(1693) 7월 1일.

7월 1일에 조선인 구술서는 완성된 형태로『竹嶋紀事』권1에서 기록하였다. 완성된 안용복과 박어둔 진술은 다음과 같다.

④「朝鮮人 2人申由(조선인 두 사람의 구두진술)」

㉠一. "조선국 경상도에 있는 동래군 부산포의 안 요쿠호키, 울산의 박도라히라는 자입니다. 우리는 울산이라는 곳에서 竹嶋라는 곳에서 전복과 미역을 따기 위해 3월 11일에 출선하였으며, 같은 달 寧海라는 곳에 도착하였습니다. 그곳을 같은 27일 辰時(7~9시)에 떠나 酉時(17~19시)에 竹嶋에 도착하였고, 위에서 진술한 것처럼 전복과 미역을 따기 위해 머물러 있던 차에, 일본인이 4월 17일에 우리가 있던 곳에서 나타나서 의류 등을 넣어 둔 보따리를 접수하고 우리 두 사람도 그들 배에 태운 후, 즉각 午時(11~13시)에 출선하였습니다. 돗토리에 5월 1일 未時(13~15시)에 도착하였습니다. 늘 竹嶋에 전복과 미역이 상당히 많다는 것을 들은 탓에 10명이 승선하여 영해라는 곳까지 갔는데 위의 10명 중에 한 명이 몸져누워 영해에 남겨두고 9명이 배를 타고 위에서 진술한 竹嶋로 건너갔습니다. 10명 중 9명은 울산 사람이고 1명은 부산포 사람입니다."라고 했습니다.

㉡一. "우리가 탄 배와 같이 간 배, 도합 세 척 중에 한 척은 전라도배라고 들었습니다. 그 배에는 17명이 타고 있었으며, 또 한 척에는 15명이 타고 있었는데 경상도에 있는 加德이라는 곳의 사람들이라고 들었습니다. 우리들은 일본인에게 잡혀 왔기 때문에 그들이 바로 조선으로 돌아갔는지, 어느 곳으로 갔는지에 대한 전후사정을 알지 못합니다."라고 했습니다.

㉢一. "이번에 우리들이 전복을 따러 간 섬은 늘 조선국에서는 무루구세무라고 부릅니다. 일본에 있는 竹嶋라고 부르는 곳이라는 것은 이번에 들었습니다."라고 했습니다.

㉣一. "이번에 나가사키까지 오는 도중에 경호하는 사람들로부터 융성한 대접을 받으면서 왔습니다. 포목으로 짠 옷 등도 하사해주셨

습니다. 자세한 것은 이나바에서 구두로 진술한 것과 다름이 없었습니다."라고 했습니다.

㉤一. "우리들은 항상 무사하게 돌아가게 기도하고 있습니다."라고 했습니다.

㉥一. "박 도라히는 34세, 안 요코호키는 40세가 되었습니다."라고 합니다. 그런데 이나바에서는 나이를 43세라고 말씀드렸다고 합니다만, 이는 "역시 언어가 확실하게 통하지 않았기 때문에 잘못 알아들었을 수도 있을 것이라고 생각합니다."라고 했습니다.

위와 같이 竹島에 온 조선인이 구두 진술한 것을 기술하여 올립니다. 이상

숙소 주인
元祿 六年 癸酉 七月 朔日 스에지 시치로베(末次七郞兵衛) 印
　通詞 오우라 가구베(大浦格兵衛) 印
　가세 도고로(加勢藤五郞) 印
　소 쓰시마 도주 가신(宋對馬守內)
　하마다 겐베(濱田源兵衛) 印33)

구술서 뒤에 각서(覺)에서 안용복과 박어둔에 지참한 도구를 기술하고 있다.34) ④-㉥에서 이나바의 안용복 진술은 43세라고 하였고, 7월 1

---

33) 같은 책 권1, 元祿 6년 7월 1일.

34) 안용복과 박어둔에 지참한 도구를 기술하면, 호키노카미 안용복·박어둔에 하사한 것은 무명 홑옷 7, 유카타 1, 보자기 2, 거울 1, 삿갓 1, 무명 손수건 3, 담뱃대 1, 가죽담배통 2, 천 허리띠 1, 무명 솜옷 1, 천 버선 2, 모기장 1이다. 조선이 지니고 온 것은 무명 겹옷 5, 무명 홑옷 4, 만금담 2, 무명 겉옷 상의 1, 무명 솜옷 하의 2, 꼰 실로 짠 허리띠 2, 무명 허리띠 2, 삿갓 2, 무명 버선 1, 단도 1, 도라노키하카노유비(의미 불명) 1, 선박 통행증명서 3, 나무 팻말 2이다. '선박통행증명서' 3장은 '병영 채복공문' 1장이 담길 것 같았다. 나무 팻말 2매는 안용복과 박어둔의

일 하마다 겐베가 안용복을 심문하였을 때 40세라고 진술했다. 초안은 안용복을 40세라고 하였더니, 나가사키 봉행한테 "이나바에서 작성한 구술서와 다름이 없도록 하라."는 지시를 받으면서 ④-ⓗ를 고쳤고, ④-ⓔ을 밑줄 친 부분, "자세한 것은 이나바에서 구두로 진술한 것과 다름이 없었습니다."라고 추가하였다.

　④-ⓝ 사료에서는 3월 11일 울산에서 10명이 배를 타고 출발하였고, 영해에서 한 명이 몸져누웠으므로 3월 27일 영해에서 9명이 출발하여 竹嶋, 즉 울릉도에 도착하였다고 하였다. 『竹島考』의 사료 ③은 "3월 27일 부산포를 출범하여 같은 날 밤 □□□에 도착하였다."고 하였다. 사료 ③은 오류이다. "3월 27일 영해를 출범하여 같은 날 밤 울릉도에 도착하였다."라고 고치면 좋겠다. 사료 ④-ⓛ은 도합 3척의 배 전라도 배에 17명이 타고 있고, 경상도의 가덕 배는 15명이 타고 있다고 진술했다. 사료 ④-ⓒ은 이번에 우리들이 전복을 따러 간 섬(울릉도)은 늘 조선국에서는 '무루구세무'라고 부르고, 일본에서 '竹嶋'라고 부르는 곳이라는 것은 이번에 처음 들었다고 진술했다. 아마 안용복은 '무루구세무'라고 진술하면서 하마다 겐베가 '竹嶋'라는 것을 바꾸었을 가능성이 있다.

　사료 ④와 이나바에서 작성한 구술서와 다름없으므로 나가사키 봉행 가와구치 세쓰노카미에게 안용복과 박어둔을 쓰시마 번의 하마다 겐베에 맡긴다.

　1693년 8월 13일에 에도 막부에서 조선인을 쓰시마 번으로 넘기라는 명령이 내려졌으므로 안용복과 박어둔은 나가사키를 거쳐 9월 2일에 쓰시마에 도착하였다.[35] 이틀 뒤인 9월 4일 大目付(대감찰) 가도노 구로자

호패일 것이다.
35) 『竹嶋紀事』 권1, 元祿 6년(1693) 9월 5일, 「쓰시마 도주의 나가사키 봉행서에 보

에몬(門野九郎左衛門)은 쓰시마 도주의 명령을 받아 안용복과 박어둔을 심문했다.36)

안용복 일행이 취조를 받던 날인 9월 4일에 쓰시마 번청에서는 조선 어민의 竹嶋 출어를 금지하는 막부의 명령을 둘러싸고 중신회의(衆議)가 있었다. 막부가 말하는 竹嶋가 조선 령인 울릉도일지 모른다는 입장은 당시 쓰시마 번에서는 중론이었던 듯하다. 앞에서 말했듯이 6월 3일, 막부로부터 대조선 교섭 지시가 있었던 직후인 6월 5일, 쓰시마 번의 가로인 스기무라 우네메(杉村采女)도 왜관에 근무하는 조선어 통사 나카야마 가베(中山加兵衛)에게 竹嶋에 대한 정보 확인을 요구할 정도였다.37) 중신회의를 주관한 전 번주 소 요시자네(宗義眞)는 1620년에 쓰시마 번이 막부의 지시를 받고 竹嶋에서 밀무역에 종사한 이소타케 야자에 몬 부자를 체포하여 송환했던 사실을 근거로 竹嶋가 조선 령일 가능성이 있으므로, 막부에 먼저 문의한 후 쓰시마 번에 내려진 대조선 교섭 지시 사항을 처리하는 것이 적절할 것이라는 의견을 피력하였다.38)

9월 4일, 가도노 구로자에몬은 쓰시마 도주의 명령을 받아 안용복과 박어둔을 심문할 때 안용복의 공술 내용은 나가사키에서의 '조선인 2인 진술'과 대부분 비슷하지만 다음과 같이 새로운 진술이 더해졌다. 울산 배에 탄 안용복 이외는 울산 출신 9명은 이름, 영해와 무루구세무(무릉도)간의 거리는 50 리(200km)이라고 진술하였다. 작년의 경우, 울산의 긴바타이 등 20명이 무루구세무 섬으로 건너갔고, 이번에는 긴바타이의

낸 서장」.

36) 같은 책 권1, 元祿 6년 9월 4일.

37) 같은 책 권1, 元祿 6년 5월 13일.

38) 동북아역사재단 편,『독도관련 일본 고사료집 Ⅰ』『元祿六癸酉年竹嶋一件拔書』元祿 6년 癸酉年 5월 13일.

안내로 왔고. 경상도 가덕의 배는 두 명이 예전에 온 적이 있다. 그리고 무릉도가 일본 것인지, 조선 땅인지는 전혀 모른다고 하면서 일본에 건너가서 일본 땅이라는 것을 처음 들었다고 진술했다. 조선인 구두진술서는 다음과 같다. 사료 ④의 구두진술서와 다른 점은 밑줄 친 것이다.

⑤ 「조선인 구두진술서(朝鮮人口書)」

㉠一. 우리 두 사람 중에 한 사람은 부산포 사람 안요구라고 합니다. 한 사람은 울산 사람 바쿠도라비라고 하는 사람입니다. 우리들은 1척에 10명이 승선하고 있었는데 그중의 1명이 몸겨누운 탓에 영해라고 부르른 곳에 남겨두고 9명이 타고 竹嶋로 건너갔습니다.

선장
기무요치야키
긴바타이
긴덴토이
울산 사람 세고치
이하니
기무도구소이
쟈구챠춘

위의 1척에 승선하여 울산에서 출발하였으며, 3월 11일에 승선하여, 같은 달 15일에 울산을 떠났습니다. 같은 날 울산에 있는 부이가이라는 곳에 도착, 같은 달 25일에 부이가이를 출범하여 경상도에 있는 엔하이(영해)라는 곳에 도착, 같은 달 27일 진시에 엔하이를 출범하여 같은 유시에 竹嶋에 도착했습니다. 엔하이와 竹嶋 사이는 50 리 정도가 될 것이라고 기억합니다. 조선의 강원도로부터 동쪽에 해당합니다. 섬의 크기는 조선의 牧之島(현재의 부산 영도)보다 약간 커 보였습니다. 산의 모양새는 험준하며 높았습니다.

㋥一. 그 섬에 서식하는 조류나 짐승이나 어류에 이르기까지 그다지 특
이한 것은 없었습니다. 고양이기 많이 있었습니다.

㊀一. 그 섬에는 오래된 小屋과 떨어진 도구도 있습니다. 어쩌면 일본
인이 살았던 흔적인 것처럼 생각됩니다.

㊁一. 그 섬의 이름은 조선에서는 무루구세무라고 부릅니다.

㊂一. 그 섬이 일본 땅인지도 조선 땅인지도 일절 알지 못합니다. 일본
에 건너와서 일본 땅이라고 하는 것을 처음으로 전해 들었습니다.

㊃一. 같이 갔던 배는, 1척은 전라도에 있는　텐(순천)이라는 곳의 배
로 총 인원 17명이 타고 있었으며, 또 같은 1척은 경상도에 있는
가토구(가덕)라고 하는 곳의 배로 총 인원 15명이 타고 있었으며,
2척 모두 4월 5일 그 섬에 왔습니다. 2척의 사람 수와 선장을 비
롯하여 아는 사람은 한 사람도 없습니다.

㊄一. 우리들이 탄 배에 식사용으로 쌀 10표와 소금 3표를 싣고 왔습니
다. 그 외의 화물은 없습니다. 물론 같이 간 배 2척의 상황도 우
리들이 탄 배와 같았습니다.

㊅一. 우리들이 그 섬으로 건너간 이유는 전복과 미역이 많이 있다고
들어 돈벌이를 위해 건너간 것입니다. 같이 간 배도 그렇습니다.
달리 상거래를 하려는 마음은 절대로 없었습니다.

㊆一. 그 섬에서 일본인과 상거래는 절대로 하지 않았습니다. 같이 간
배는 어떤지 알지 못합니다.

㊇一. 우리들은 이번에 처음 그 섬에 건너갔습니다. 같이 타고 있던 사
람 중에 긴바타이이라는 사람이 작년에 그 섬에 한 차례 돈벌이
를 위해 건너간 적이 있어, 상황을 알고 있는 사람이 있기 때문
에 우리들도 건너갔습니다.

㊈一. 가토쿠(가덕)에서 온 배에 탄 두 사람이 예전에 한 번 그 섬에 건
너간 적이 있다고 들었습니다.

㊉一. 우리들이 그 섬에 건너간 일은 달리 몰래 간 것은 절대로 아닙니
다. 작년에도 울산 사람 20명 정도가 건너갔습니다. 물론 조정의 명
령을 받은 것도 아닙니다. 자신들의 돈벌이를 위해 건너갔습니다.

㊊一. 그 섬에 조선국으로부터 건너간 것은 옛날부터 건너간 것인지,

근래부터 건너간 것인지, 그와 같은 상황은 전혀 알지 못합니다.

㉠一. 우리들이 그 섬에 머물러 있는 동안 小屋을 짓고, 소옥 당번으로 하쿠토라이라는 사람을 남겨 두었습니다. 그러던 중 4월 17일에 일본 배 한 척이 다가와 뗏목에 7~8인이 타고 위에 말한 소옥에 와서 하쿠토라이를 붙잡아 뗏목에 태웠으며, 뿐만 아니라 소옥에 둔 보따리 하나까지 싣고 출발하려고 하여 안요구가 그곳에 가서 말렸으며, 하쿠토라히를 육지로 올려 보내려고 뗏목에 올라탔습니다. 그러자 바로 배를 출발시켰으며 두 사람을 모두 본선에 태우고 즉시 출항하여 오키 지방에 같은 달 22일에 도착하였습니다. 그 사이는 바다 가운데에 있었습니다.

㉡一. 같은 달 28일에 오키 지방을 출항해 5월 1일에 돗토리에 도착하여 34일 동안 체류했으며, 6월 4일에 돗토리를 출발하여 같은 달 말일에 나가사키에 도착했습니다.

㉢一. 돗토리를 출발하여 나가사키에 26일 만에 도착하였습니다. 그간 여기저기서 대접을 받았습니다. 식사는 국 하나에 반찬 일곱~여덟 가지 정도씩 나왔습니다. 두 사람 모두 탈 것에 올라타고 나가사키까지 왔습니다. 이상

9월 4일[39]

나가사키 심문(사료 ④)보다 쓰시마 번 심문은 상세하게 질문하였다. 안용복과 박어둔은 울산 배에 타고 9명이 3월 27일에 울릉도에 도착하였다. 같이 갔던 배 2척은 전라도 슌텐(순천) 배 17명, 경상도 가토구(가덕) 배 15명이 타고 울릉도에 4월 5일에 도착하였다고 진술했다. 울산 배 타는 9명 모두 성명을 밝혔다. "2척의 사람 수와 선장을 비롯하여 아는 사람은 한 사람도 없습니다."라고 진술했지만(⑤-㉭), 첫째, '같은 배'라고 진술하였고(⑤-㉭), 둘째, 가덕에서 온 배에 탄 두 사람이 예전에

---

39) 같은 책 권1, 元祿 6년 9월 4일.

한 번 그 섬에 건너간 적이 있다고 들었고(⑤-ㅋㅂ), 셋째, 소옥을 짓고 당번으로 하쿠토라이를 남겼다고 하는 점에서(⑤-ㅂ), 울릉도에서 협업을 하였을 것이다. 울산 배의 경우 9명 모두 성명을 진술하였지만 '하쿠토라이'는 보이지 않는다. '하쿠토라이'는 다른 2척의 배에 타고 있었을 것이다. 3월 15일 울산을 떠나고 같은 날 울산에 부이가이라는 곳에 도착하여 3월 25일에 부이가이를 출발하였다. 부이가이에 10일간 머물렀다. 부이가이에서 전라도 순천 배와 경상도 가덕도 배를 기다린 것 같다. 아니면 사료 ③의 경우 "三界의 샤쿠한(上官)40)으로부터 전복을 따 바치라는 지시가 있었다."고 하였는데 안용복 일행이 울산 兵營의 '採鰒公文' 발급을 위해 기다린 것일지도 모른다.41)

실상 안용복의 진술의 경우 배 3척은 울릉도에 전복과 미역 채취를 위해 돈벌이 간 것으로 진술했고, 달리 상거래를 할 마음이 절대 없고, 일본인과 상거래를 절대로 하지 않았다고 진술했다. 같이 간 2척의 배는 어떤지 알지 못한다고 진술했다. 장삿배(商賣船) 3척이 부산포에서 울릉도로 출발하여42) 했으니 상업행위를 한 것 같다. 안용복도 상업행위를

---

40) 오카지마 마사요시(岡嶋正義)가 『竹島考』(1828, 정영미 역, 경상북도·안용복재단, 2010)를 썼을 때 '샤쿠한'은 '上官' 또는 '將軍'으로 표현하였다. 『竹嶋之書附』의 경우 '國主'를 사용하고 있기 때문에 '샤쿠한'은 '上官 또는 국왕'으로 표현한다. 안용복은 부산에 살았고, 울산을 다녀온 적이 있다. 안용복은 민간인이기 때문에 '샤쿠한'은 '상관'이었을 것이다.

41) 『정조실록』 권24, 정조 11년(1787) 7월 25일(경인), "원춘도관찰사 金載瓚이 장계하기를, '울산에 사는 海尺 등 14명이 몰래 울릉도에 들어가 魚鰒·香竹을 채취하였는데, 삼척의 포구에서 잡혔습니다. 그 섬은 防禁이 지극히 엄한데도 울산 백성이 번번이 병영의 採鰒公文을 가지고 해마다 방금을 범하니, 그 병사와 부사를 감죄해야 하겠습니다.'라고 하였다."

42) 『竹嶋紀事』 권1, 元祿 6년(1693) 8월 23일, "올해도 그 섬에 돈벌이를 위해 부산포에서 商賣船 3척이 竹嶋로 건너갔다고 하는 말을 들었으므로 한비차구라는

했을 것 같다.[43)]

　우리들이 울릉도에 건너간 일은 달리 몰래 간 것도 아니고, 조정의 명령을 받은 것도 아니다. 자신들의 돈벌이를 위해 건너갔다고 진술했다. 4월 17일 오야가의 어부들이 안용복과 박어둔을 납치하면서 이튿날, 뱃전에서 안용복을 심문하였다. 안용복은 울릉도에 간 목적을 三界의 샤쿠완(상관)의 명령으로 전복을 따 바치라는 지시가 있었다고 진술했다. 쓰시마 번의 진술은 안용복이 미구에 조선으로 건너갈 것을 예상하여 말을 바꾸었다.

　사료 ③~⑤의 안용복·박어둔 진술서에 종합하건대, 1693년의 울릉도행의 목적은 상관의 명을 받아 전복과 미역을 따 바치는 지시가 있어 울산에서 3월 11일에 승선하여 3월 15일에 울산 배 한 척, 안용복과 박어둔 등 10명이 타고[44)] 울산을 떠나 울산에 있는 부이가이라는 곳에 도착하였고, 3월 25일 부이가이를 출범하여 영해에 도착하였다.[45)] 10명의 1명이 몸져누운 탓에 영해라고 부르던 곳에 남겨두고 9명[46)]이 타고, 3월

부산의 조선인을 껴서 섬의 양상 및 여러 가지 일과 도구를 확인하고 바닷길에 대한 것까지 유념하라고 일러서 함께 보냈으니 돌아오는 대로 자세한 것을 듣고 추후에 말씀드리겠습니다."

43) 김호동,「조선 숙종조 영토분쟁의 배경과 대응에 관한 검토-안용복 활동의 새로운 검토를 위해-」『대구사학』94, 대구사학회, 2009, 82~84쪽.

44) 왜 부산 동래 사람인 안용복이 울산 배에 탔을까? 1696년의 안용복의 진술에 의하면 "저는 본디 동래에 사는데, 어미를 보러 울산에 갔다."(『숙종실록』권30, 숙종 22년 <1696> 9월 25일 <무인>)는 기록이 있다. 아마 1693년에 안용복의 어머니가 울산에 살았을 가능성이 있다. 그렇기 때문에 울산 배에 타고 울릉도로 건너갔다.

45) 오카지마 마사요시(岡嶋正義),『竹島考』下,「오야의 선원들이 조선인들을 잡아오다」1828, 정영미 역, 경상북도·안용복재단, 2010, "3월 27일 부산포를 출범하였다."라는 진술이 잘못이다.

27일 辰時(7~9시)에 영해를 출범하여 같은 날 酉時(17~19시)에 울릉도에 도착하였다. 우리들이 울산 배에 식사용으로 쌀 10표와 소금 3표를 싣고 왔었다. 그 외의 화물은 없다. 같이 갔던 배는 1척은 전라도에 있는 덴(순천)이라는 곳의 배로 총 인원 17명이 타고 있었으며, 또 같은 1척은 경상도에 있는 가토구(가덕)라고 하는 곳의 배로 총 인원 15명이 타고 있었으며, 2척 모두 4월 5일 그 섬에 왔다. 1692년의 경우 배 11척의 배를 타고 강풍에 의해 울릉도에 배 5척, 53 명이 들어왔던 것에 비해 1693년 안용복이 울릉도에 갔을 때 배 3척(울산·순천·가덕도 배), 도합 41명이 들어왔다.

〈울릉도에 도해한 조선인들〉[47]

『因府歷年大雜集』	『竹嶋紀事』	『邊例輯要』
안헨치우(船頭)	안요구	安龍福
토라혜(울산사람)	바쿠토라이	朴於屯
요치엔기	키무요치야키(船頭)	金自信
토쿠센기(울산사람)	키무토구소이(울산사람)	金德生
바타이(鍛冶)	킨바타이	金加之同
이한닌(去年에 온 자)	이하니(울산사람)	李還梁
세호테키(大工 ; 목수)	세코치(울산사람)	淡沙里
야가이(거년에 온 자)	차야구치야춘(울산사람)·	徐化立
텐스우엔(울산사람)	킨텐토이	等
名不覺人(거년에 온 자)	영해에서 하선한 인물	等

46) 『竹嶋紀事』 권1, 元祿 6년(1693) 9월 4일조에 울산 배가 9명의 신원이다. 선장 기무요치야키, 긴바타이, 긴덴토이 울산사람 세고치, 이하니, 기무도구소이, 쟈구챠춘(사료 ⑤-㉠)이 7명이 밝혔고, 안용복, 박어둔 2명을 더하면 9명이 된다. 울산사람이 안용복과 박어둔의 납치를 보고한 경상감영의 장계에 의하면, 朴於屯·安龍福·金加乙洞·金自信·徐化立·李還梁·淡沙里·金得生 등 8명이 보인다(『邊例集要』 甲戌年(1694) 8월).

47) 오오니시 토시테루 ; 권정 역, 『안용복과 원록각서』 한국학술정보, 2011, 51쪽.

1693년 6월 13일, 부산 왜관에 있는 통사인 나카야마 가베에(中山加兵衛)는 "올해도 돈을 벌기 위해 부산포에서 상선 3척이 竹嶋로 건너갔다."고 하면서[48] 안용복의 배 3척(울산·순천·가덕도 배)에 더하여 부산포 상선 3척, 합계 6척의 배가 울릉도에 들어왔다.

안용복 일행이 울릉도에 머무는 동안 小屋을 짓고 전복 잡이와 미역을 따고 있다. 그간 어로 활동을 하는 동안 4월 17일에 오야가 선원이 타고 있던 일본 배 한 척이 다가와 뗏목의 7, 8명이 총칼로 위협하여[49] 안용복과 박어둔을 납치하여 본선에 태웠다.[50]

1693년의 울릉도에 가는 것은 오야 가문의 차례였다. 『竹島考』에 오야 가문의 어부들의 다음과 같이 요나고~울릉도 일정을 오카지마가 기록하였다.

元祿 6년(1693)은 오야 규에몬이 竹島로 배를 보낼 차례였는데, 구로베와 히라베라는 사람을 선장으로 삼아 2월 15일 배가 요나고를 떠났고, 17

---

48) 『竹嶋紀事』권1, 元祿 6년(1693) 8월 23일.

49) 『邊例集要』甲戌年(1694) 8월, "갑술년 8월, '慶尙監營의 장계 안에 朴於屯·安龍福·金加乙洞·金自信·徐化立·李還·梁淡沙里·金得生 등이 표류하다가 무릉도에 닿았고, 그 중에 안용복과 박어둔 두 사람이 왜인에게 붙잡혔으며, 그 나머지 각각의 사람들은 도망쳐 돌아왔다고 하고, 각각 문초하니 자기들은 표류하다가 무릉도에 닿았는데, 김득생 등 여섯 사람은 뭍에 내려 숨었으며, 박어둔 등 두 사람은 미처 배에서 내리기 전에 왜인 8명이 배를 타고 갑자기 이르러 칼과 鳥銃으로 두 사람을 위협하여 잡아간 일입니다.'"

50) 같은 책 갑술년 정월조에 박어둔이 문초에 진술한 내용 중에 "… 제가 이 섬에 머문 지 3일째 되는 날 왜인 7~8명이 갑자기 배를 타고 와서 저를 붙잡았으며, 이어서 그 섬에서 배가 떠나 사흘 낮과 나흘 밤이 지난 뒤에 비로소 백기 주에 닿게 되었사옵니다."라고 했다. 사료 ④의 3월 27일 영해에서 같은 날 울릉도에 도착하였고, 4월 17일 오야의 선원들이 안용복·박어둔을 납치하였다. 3일째 되는 3월 30일이다보니 박어둔이 거짓말을 하였다.

일 날이 밝아올 즈음에 운슈 구모쓰 해안에 도착하여 수일을 머물다가 3월 2일에 순풍이 불자 밧줄을 풀고 같은 날 오키국 도젠 하시촌에 도착하였으며, 같은 달 10일에는 도고의 후쿠우라에 도착하였다. 같은 달 16일에는 바람이 불어주었으므로 돛을 폈고, 다음 날 17일 미시(오후 1시~3시)에 竹島(울릉도)에 도착하였다. 그 해도 조선인들이 도래했을지도 모르므로, 이에 곧 하마도포에는 들리지 않고 도센가사키에서 닻을 내리고 먼저 본 섬으로 사람을 보내 돌아다니며 상황을 살피게 하였더니 꽤 많은 전복과 미역이 널려 있는 곳이 있었다. 또 그 주변에 다 떨어진 짚신이 벗겨져 있었다. … 우리보다 먼저 조선인이 도래한 것이므로 어떻게 할까 의논하면서 시간을 보내고 있는데 이미 날이 저물어 어두워졌으므로 거기서 밤을 지새우고, 그 다음날 아침에 선장 구로베와 히라베가 건장한 수부 5명과 함께 작은 배를 타고 먼저 니시노우라(西ノ浦)로 가서 조사하였는데 조금도 의심스러운 것이 없기에 기타우라(北浦)로 배를 돌렸더니 해변에 배 한 척이 놓여 있는 것이 보였다. 그 가까이 가서 상황을 살폈더니 임시로 만든 헛간 안에 있던 唐人(조선인) 한 사람과 만났는데 전복과 미역을 엄청 따 두었기에 어떻게 된 일이냐고 물었으나 말이 전혀 통하지 않았다. 이에 그 唐人을 우리 쪽 배에 태우고 다이텐구(大天狗)라는 쪽으로 돌아갔더니 唐人 10명 정도가 일을 하고 있기에 가까이 다가갔는데, 그 중에 譯者가 있어서 앞서 태운 한 사람을 배에서 내리게 하고 그와 다른 唐人 한 사람을 우리 배에 태웠다. 원래 竹島는 바다가 험한 곳이므로 언제 파도가 일지 몰라 급히 되돌아와서 두 사람의 異客을 본선으로 옮기고, … 18일 미시에 竹島를 떠나 같은 달 20일 오키국 도고의 후쿠우라에 도착하였다.51)

『竹島考』에 의하면, 오야가의 배가 2월 15일 요나고를 떠나고 3월 10일에 도고의 후쿠우라에 도착하였고, 3월 16일, 도고의 후쿠우라에 출항

---

51) 오카지마 마사요시(岡嶋正義),『竹島考』下,「오야의 선원들이 조선인을 잡아오다」1828, 정영미 역, 경상북도·안용복재단, 2010.

하면서 3월 17일에 울릉도에 도착하였다. 3월 18일에 안용복과 박어둔을 납치해서 같은 날 울릉도에 출항하여 3월 20일에 오키국 도고의 후쿠우라에 도착하였다. 『竹嶋紀事』에서 안용복·박어둔 진술서에 "3월 27일, 영해에서 9명이 출발하여 울릉도에 도착하였다."(사료 ④)라고 하였고, "4월 17일에 일본 배 한 척이 다가와 뗏목에 7~8인이 타고 위에 말한 소옥에 와서 하쿠토라이를 붙잡아 뗏목에 태웠다."(사료 ⑤)라고 하였으니, 『竹島考』의 요나고~울릉도 일정의 오류이다. 『竹嶋之書附』에서 안용복·박어둔의 구두 진술이 맞았다.

> ― 元祿 6년(1693) 계유년 2월 하순, 호키국 요나고를 출항해서 3월 초순 즈음에 이즈모국 그모쓰 출항, 4월 16일에 오키국 도고의 후쿠우라를 출항해서 같은 달 17일에 竹嶋에 접안하였다. 조선인이 아주 많아 육지에 올라가 자세하게 알아본 쾌씸은 답변을 하기에 수괴로 보이는 자 한 명과 그 下人으로 보이는 자 한 명, 이상 2명을 데리고 같은 달 18일에 竹嶋를 출항하여 27일에 요나고로 귀항했습니다. 귀항하는 즉도 보고를 올리고 막부의 의향을 여쭤본 후에 이들 조선인 2명을 나가사키 봉행소로 보냈습니다.[52]

오카지마 마사요시(岡嶋正義)가 『竹島考』를 쓸 때 착각하여 요나고~울릉도 일정을 잘못 쓴 것 같다.

1693년 4월 18일, 배에서 오야가의 어민들이 안용복을 심문할 때 안용복 답은 "三界의 샤쿠한(상관)으로부터 전복을 따 바치라는 지시가 있었다."고 하였다(사료 ③). 나가사키에서 7월 1일의 경우, 에도 막부의 명을 받은 쓰시마 번에서 온 留守居 하마다 겐베(濱田源兵衛)가 안용복과 박

---

52) 『竹嶋之書附』「임신년(1692) 이후 竹嶋로의 도해건과 관련해 다음과 같이 말씀드립니다」.

어둔을 심문하여 「朝鮮人 2人申由(구두진술)」은 '샤쿠한으로부터 전복을 따 바치라는 지시'가 일언반구도 없었다. 9월 4일, 쓰시마 번의 大目付 가도노 구로자에몬(門野九郎左衛門)은 쓰시마 도주의 명령을 받아 안용복과 박어둔을 심문했을 때 "우리들이 그 섬으로 건너간 이유는 전복과 미역이 많이 있다고 들어 돈벌이를 위해 건너간 것입니다. 같이 간 배도 그렇습니다. 달리 상거래를 하려는 마음은 절대로 없었습니다."(사료 ⑤-◎) 하여 울릉도에 '돈벌이'를 건너갔다고 했다. 오야 가문의 어부들이 심문했을 때 '샤쿠한(상관)으로부터 전복을 따 바치라는 지시'가 있었다는 사실이다. 말 바꾸어서 '돈벌이'한 것은 거짓말이다. 미구에 안용복·박어둔을 조선을 돌아가는데 관과 결탁을 맺어 울산 배·가덕도 배·전라도 배 41명이 죄를 받을까 하는 마음에 울릉도에 돈벌이를 하러 말 바꾸었다. 일본에서 돌아온 동래부 심문 때 박어둔은 바람 때문에 표류로 인해 울릉도에 들었다고 거짓말을 하였다.53)

---

53) 『邊例集要』 갑술년(1694) 정월. 1694년 정월에 안용복과 박어둔을 문초할 때 박어둔이 문초에 진술한 내용 중에, "계유년(1693) 3월에 벼 25석과 銀子 9냥 3전 등의 물건을 배에 싣고 고기와 바꾸고자 울진에서 삼척으로 향할 때 바람 때문에 표류하여 이른바 竹島에 배를 정박하게 되었습니다."라고 했다.

제4장 안용복은 에도(江戶)에 갔을까?

『숙종실록』·『竹島渡海由來記拔書控』·『異本伯耆志』 등이 안용복의 에도 행을 기술하면서 권오엽 등의 경우 안용복이 에도로 갔다고 한다.[1) 현재 한국의 연구자들이 1693년의 안용복·박어둔 납치사건을 안용복의 '1차 渡日'이라고 하는 것은 일본 외무성이 '竹島' 사이트의 【소위 竹島一件】에서 영토 침입에 따른 조선인의 납치를 "안용복과 박어둔 두 사람을 일본으로 데려가게 되었습니다."라고 표현한 것과 다르지 않은 표현이다. 1693년, 1696년의 사건을 한국에서 1, 2차 도일사건이라고 부르고 있다고 표현하는 학자들의 경우 대부분 독도연구자들이다. 그렇지만 이 용어를 사용하는 것은 문제가 있다. 1, 2차 도일이라고 부를 경우 1693년의 안용복 사건이 '납치사건'이라는 것이 초점이 흐려진다.[2) 향후 안용복에 대한 연구에서는 안용복과 박어둔 납치사건임을 부각한다면 일본의 '17세기 영유권 확립설'을 효과적으로 비판할 수 있을 것이다.[3)

『숙종실록』에 안용복이 에도로 갔다는 기록이 있다. 1694년 8월 14일,

---

1) 권오엽, 「『숙종실록』의 안용복」『한국일본어문학회 학술발표대회논문집』한국일본어문학회, 2009, 86~87쪽.
2) 김호동, 「독도 영유권 공고화와 관련된 용어 사용에 대한 검토」『대구사학』98, 대구사학회, 2010, 78쪽 ;『독도 영유권 확립을 위한 연구』Ⅱ, 영남대학교 독도연구소 독도연구총서 4, 2010, 449~450쪽.
3) 김호동, 「일본의 독도 '고유영토설' 비판」『민족문화논총』49, 영남대학교 민족문화연구소, 2011, 348~349쪽.

남구만이 에도로 끌고 간 안용복을 에도의 대군(장군)이 후하게 접대한 것을 감사하는 쓰시마 번 앞으로 보낸 서간에 아래와 같은 내용이다.

　　이번에 우리나라 해변의 어민들이 이 섬(울릉도)에 갔는데, 의외에도 귀국 사람들이 멋대로 침범해 와 서로 맞부딪치게 되자, 도리어 우리나라 사람들을 끌고서 江戶까지 잡아갔습니다. 다행하게도 귀국 大君이 분명하게 사정을 살펴보고서 넉넉하게 노자를 주어 보냈으니, 이는 교린하는 인정이 보통이 아님을 알 수 있는 일입니다. 높은 의리에 탄복하였으니, 그 감격을 말할 수 없습니다.4)

　안용복은 비변사의 진술에서 에도 행을 말했다.5) 그렇지만 안용복 등이 에도에 갔다고 하는 것은 일정상으로 무리가 있다.6) 『御用人日記』에 의하면 돗토리와 에도 사이의 이동 소요 일수는 19일~20일이었다. 한편 쓰시마에서 에도까지는 36일이 걸리므로 나가사키에서 에도까지의 비슷한 일수가 걸린다. 안용복은 6월 7일에 돗토리를 출발해 나가사키에 30일에 도착했으니 이동에 23일 걸린 것이 명확하므로 이 사이에 에도로 갔다고 하는 것은 일정으로도 무리가 있다.

---

4) 『숙종실록』 권27, 숙종 20년(1694) 8월 14일(기유).
5) 『竹嶋紀事』 권3, 元祿 8년(1695) 9월 19일, "은밀히 들었는데 竹嶋에 간 귀국의 어민들이 지금의 조정 어전에 불려가서 직접 심문을 받았는데 저들이 말하기를 '竹嶋에서 우리들을 붙잡아 밧줄을 묶어 죄인으로 삼아 에도로 7일째에 보냈습니다.' …"라고 했다.
6) 같은 책 권3, 元祿 8년 9월 19일, "은밀히 들었는데 竹嶋에 간 귀국의 어민들이 지금의 조정 어전에 불려가서 직접 심문을 받았는데 저들이 말하기를 '竹嶋에서 우리들을 붙잡아 밧줄을 묶어 죄인으로 삼아 에도로 7일째에 보냈습니다. …' 귀국의 거리로 하면 이나바성에서 에도까지 매우 멉니다. 그렇다면 竹嶋에서 에도까지 겨우 7일 안에 결코 도착하기 어려운 거리입니다. …"

쓰시마 번은 남구만의 서한을 받은 직후 『竹嶋紀事』에서 "인질 두 명은 에도로는 안 갔지만 (조선의) 서한에 이렇게 기재된 것은 두 명이 나가사키를 에도로 착각해 조선에서 돌아가서 에도에 보내졌다고 말했기 때문입니다."[7]라고 하여 안용복 등이 나가사키를 에도로 착각했다고 생각했다. 그렇지만 조선과의 교섭 과정에서 안용복 등은 "이나부의 城府를 에도로 착각한데서 일이 생긴 것 같다."[8]고 생각을 바꾸었다. 그렇기 때문에 『磯竹島覺書』에는 쓰시마 번주의 후견인 소 교부타이후(宗刑部大輔)가 1695년 12월에 에도로 갔을 때, 제출한 '口上之覺'에서 "재작년에 竹島에서 붙잡은 조선인 2명을 그 나라로 돌려보냈는데, 어민들은 이나바부(因幡府)를 에도라고 생각했습니다. 그들은 東部(에도)에서 나가사키까지 가는 도중에 좋은 접대를 받았는데, 쓰시마노카미(對馬守)에게 간 이후 경호를 엄하게 받으면서 송환에 이르게 된 일에 대해서는 상부의 생각과는 달리 쓰시마노카미의 사견으로 이렇게 다루어졌다고 생각하는 것입니다. 이로 인해 그 나라에서는 다시는 竹島로 조선인이 가지 않도록 요청한 것도 쓰시마노카미의 사견으로 요청한 것이라고 그릇된 추측을 하고 있다고 들었습니다."라고 하여 안용복 등이 이나바부를 에도로 착각하였다고 하였고, 竹島에 조선인이 오지 않도록 한 것도 에도 막부의 명령이 아니라 쓰시마 번주의 사견이라고 생각하였다.[9]

7) 같은 책 권2, 元祿 7년(1694) 8월 14일.
8) 같은 책 권3, 元祿 8년(1695) 6월.
9) 같은 책 권4, 元祿 8년 11월 25일, "재작년 竹嶋에서 붙잡아 두었던 조선인 두명을 저 나라에 송환했는데 어민들이 <u>이나바성을 에도라고 생각해서</u> 에도에서 나가사키까지 가는 도중에는 극진한 대접을 받았지만 쓰시마 도주님 쪽에 넘겨진 이후는 경호 등을 엄하게 지시해서 돌려보낸 것은 윗분의 생각이 아니라 쓰시마 도주님의 개인적인 생각으로 이와 같이 한 것이라고 말씀드렸다고 합니다. 따라서 <u>竹嶋에 다시 조선인이 건너가지 않도록 해 달라는 것도 결국 쓰시마 도주님이</u>

1696년 10월 13일, 남구만이 "안용복이 계유년(1693)에 울릉도에 갔다가 왜인에게 잡혀 伯耆州에 들어갔더니, 본주에서 울릉도는 영구히 조선에 속한다는 공문을 만들어 주고 贈物도 많았는데, 대마도를 거쳐서 나오는 길에 공문과 증물을 죄다 대마도 사람에게 빼앗겼다 하나, 그 말을 반드시 믿을 만하다고 여기지는 않았습니다마는, 이제 안용복이 다시 백기 주에 가서 呈文한 것을 보면 전의 말이 사실인 듯합니다."10)고 하여 그는 이때 에도 행을 언급하지 않고 있다. 남구만이 "우리나라 사람들을 끌고서 江戶까지 잡아갔다."고11) 한 것에서 "안용복이 伯耆州에 들어갔더니, 本州에서 울릉도는 영구히 조선에 속한다는 公文을 만들어 주었다."12)고 한 것으로 번복하고 있는 것으로 보아 안용복이 당초의 진술을 바꾸었다고 볼 수 있다 1693~1694년의 심문 때 처음에는 안용복이 강호 행을 말하였다가 백기 주에서 관백의 서계를 받은 것으로 고쳐서 답변하였다고 추정할 수 있다.

일본의 사료에도 돗토리 번에서 에도 막부로 보내졌다는 기술이 있다. 그 대표적인 사료 중의 『竹島渡海由來記拔書控』, 『異本伯耆志』이다. 『竹島渡海由來記拔書控』의 경우, 元祿 7년(7년은 6년의 오기) 오야 가문이 안용복과 박어둔을 울릉도에 납치한 사건의 후일담을 다음과 같이 적고 있다.

돗토리부(鳥取府)에서 조사한 후에 조선인을 에도부(江戶府)로 인도했다. 에도부에서 심문이 끝나면 순차적으로 돌아가게 될 것이다. …13)

개인적인 생각으로 말한 것이라고 저 나라에서 생각하고 있다고 알고 있습니다."
10) 『숙종실록』 권30, 숙종 22년(1696) 10월 13일(병신).
11) 같은 책 권26, 숙종 20년(1694) 8월 14일(기유).
12) 같은 책 권30, 숙종 22년(1696) 10월 13일(병신).

이처럼 『竹島渡海由來記拔書控』은 안용복과 박어둔 등이 에도로 갔다고 기록하고 있으나 그 신뢰성은 의문이다.14) 이 책은 '竹島一件' 후 150년 이상 경과한 1868년에 오야 가문의 자손에 의해 쓰여 졌기 때문에 틀린 기술도 많다. 예를 들면 위의 구절에서 연호를 元祿 6년이라 해야 되는데 7년으로 잘못 쓰고 있는 점이다.15)

쓰시마 번사 히라다시게자에몬도

> 우리들은 竹嶋에서 붙잡혀서 즉시 에도에는 끌려갔는데 에도의 취조에서는 竹嶋의 조선의 땅인데, 그 나라 사람들을 납치하는 것은 불법이다. 우리들을 붙잡아 온 자의 참죄를 명하였다. 우리들은 에도에서 이외의 대접을 명받았는데, 나가사키에서 쓰시마 역인이 인도받아 죄인처럼 취급했다고 진술했는데 장군도 사실로 받아들였다 한다.16)

라고 같은 내용을 이야기했다. 에도에서는 안용복의 진술을 듣고, 조선인을 납치한 자들을 처벌하고 안용복을 후대하였다. 나가사키의 쓰시마번은 죄인 취급을 했다는 안용복의 주장을 소개한 것이다. 단순한 안용복의 진술을 소개한 것으로 볼 수도 있으나, 안용복의 에도 행이 쓰시마번에서 회자되고 있었다는 사실을 전하는 기록이다.17)

다른 사료인 『異本伯耆志』에도 "異人을 에도로 보냈다."18)고 기록되

---

13) 『竹島渡海由來記拔書控』 元祿 7년(1694).
14) 같은 책 元祿 7년, "돗토리에서 심문한 후에 당인(조선인 안용복·박어둔)을 에도에게 인도하게 되었다. 즉시 에도에서 조사하고, 조사가 끝나자 순차적으로 물건을 주어 귀국하게 되었다."
15) 박병섭, 앞의 논문 2007, 38쪽.
16) 『竹嶋紀事』 권3, 元祿 8년(1695) 7월 25일.
17) 권오엽, 『독도와 안용복』 충남대학교출판부, 2009, 189쪽.
18) 田村淸三郞, 『島根縣竹島の新硏究』 島根縣 발행, 1996, 13쪽.

어 있지만 그 사료는 제목에도 있듯이 '異本'으로 참고 정도의 가치만을 지닌다. 본래의 『伯耆志』에는 그러한 기술은 없다.[19] 공적인 사료인 『控帳』이나 『御用人日記』 등에는 안용복 등의 에도 행을 시사하는 기술은 전혀 없다. 돗토리 번이 안용복 등을 나가사키로 보낸 과정을 상세히 기술하고 있으므로 에도로 갔다는 설이 성립할 여지가 없어 보인다.

남구만과 유집일 등은 안용복의 강호 행, 그리고 서계의 존재에 대해 그 진실 여부를 이미 의심하고 있었는데 지금 한국의 학자들과 일본 학자들이 다시 그에 집착하여 이러쿵저러쿵 하는 것은 그때의 논쟁을 다시 재현하는 것에 불과하다. 안용복 사건의 본질은 에도 행에 있는 것이 아니라 남구만이 지적한 것처럼 "(일본이) 이번에 보내온 서계 가운데 竹島를 귀국의 지방이라 하여 우리나라로 하여금 漁船이 다시 나가는 것을 금지하려고 하였고, 귀국 사람들이 우리나라 지경을 침범해 와 우리나라 백성을 붙잡아간 잘못은 논하지 않은 것"에 있다. 남구만의 회답서에 대해 倭差가 보고서의 경우 '침범해 오다(侵涉)'와 '붙잡아 갔다(拘執)' 등의 어구를 고치기를 청했으나 유집일이 들어주지 않았다.[20]고 한 것에서 보다시피 이때 강호 행의 여부 보다 일본 어부들의 국경 침범과 조선의 영토에서의 조선인들의 납치사건이 보다 근본적인 문제인 것이다.

안용복·박어둔 납치사건을 에도 막부 老中에게 보고하여 老中 쓰치야 마사나오가 "앞으로 竹島에 와서는 안 된다."고 쓰시마 번에 명령하였다.[21] 이때 안용복의 강호 행의 여부 보다 에도 막부에 보고하여 쓰시마

---

19) 박병섭, 앞의 논문 2007, 38쪽.

20) 『숙종실록』 권27, 숙종 20년(1694) 8월 14일(신묘), "왜차가 보고서 '침범해 오다 (侵涉)'와 '붙잡아 갔다(拘執).' 등의 어구를 고치기를 청했으나, 유집일이 들어주지 않았다."

21) 김강일·윤유숙·하혜정 역, 「元祿六癸酉年竹島一件拔書」 『울릉도·독도 일본

번에 명령하였다는 것은 근본적인 문제인 것이다.

안용복은 나가사키까지 가는 도중에 좋은 접대를 받았다고 하였으나 쓰시마에서 서계, 금은을 빼앗았다고 하여 진술을 하였다.[22]

사료집 I』동북아역사 사료총서 42, 동북아역사재단, 2012, 13~15쪽, "元禄 6년 (1693) 계유년 5월 13일, 에도(江戶)의 로주(老中) 쓰치야 사가이미노키미(土屋 相模守)님이 쓰시마 번의 루스이(留守居)에게 명하시기를, '작년에 조선인 竹島 라는 곳에 고기잡이를 하러 온 것을 마쓰다이라 호키노카미(松平佰耆守)니이 알 아보고 다시 오지 말라고 하셨다. 그런데 금년에 또 조선인 40여명이 와서 고기를 잡고 있기에 그 중 2명을 붙잡아 막부(公義)에 보고했더니, (2명의 조선인을) 나 가시키부교쇼(長崎奉行所)로 보내고 쓰시마에 알리라는 결정이 내려졌다. 자세 한 사항은 나가사키부교쇼에서 연락이 갈 것이며, (조선인은) 앞으로 (竹島에) 와 서는 안 된다고 쓰시마 번에 전하라.'고 하셨다."

22) 『숙종실록』권30, 숙종 22년(1696) 10월 23일(병오), "승지 유집일이 말하기를, '신 이 근년 동래에 奉使하였을 때에 안용복을 추문하였더니, 말하기를, 伯耆州에서 준 銀貨와 文書를 대마도 사람이 겁탈하였다 하였는데, 이번 그가 백기 주에 정 문한 데에는, 대마도 사람이 2천 金으로 나를 贖하여 본국에 내보낸다고 거짓말 을 하고 그 은은 본국에서 받겠다고 하였다고 하였으니, 전후에 한 말이 매우 어 그러집니다. 또 대마도 사람은 본디 贖銀을 와서 거둔 일이 없고, 임술약조도 비 밀에 관계되는데, 안용복이 어떻게 들을 수 있었겠습니까? 또 왜인은 모두 竹島 가 백기 주의 식읍이라 하므로, 안용복이 한 번 말하였다 하여 조선 땅이라 쾌히 말하지는 않았을 것이고, 안용복의 정문 가운데에는 울릉도는 본국 땅이라고 여 러 번 말하였으나, 왜인이 문답한 문서와 안용복을 내보낸다는 문서에는 일체 거 론하지 않았습니다. 이러한 사정들은 매우 의심스러우니, 다시 핵사하여 실정을 알아 낸 뒤에 죄를 논하는 것이 마땅하겠습니다.' 하니, 임금이 그대로 따랐다." 그 반대 의견이 다음과 같다. 『竹嶋紀事』권3, 元禄 8년(1695) 9월 19일, "은밀히 들었는데 … 이나바의 도성에 갔을 때 정중하게 접대하고 또는 나가사키로 보내 는 도중에 가마에 태우고 금은을 주고 좌우에서 부채들 징을 해 준 것은 일본의 국풍으로 매우 중요한 죄인일수록 그렇게 합니다. 혹은 식중독에 걸리거나 혹은 상처를 입거나 혹은 그 죄의 원인을 생각하여 자해 등을 하면 이나바 태수가 막 부로부터 문책을 당하기 때문에 잘 접대하여 죄인의 마음을 편하고 별 탈이 없도 록 할 생각으로 안도하게 하려고 일부러 그렇게 한 것입니다. … 또 나가사키에

서 이쪽의 관리들이 인수한 후 금은을 빼앗았다고 한 것은 의도한 일이었습니다. 저 어민들이 도중에서 제멋대로 말하고 오늘은 가지 않겠다고 거칠게 말해서 경호하는 일본인이 곤란해져 금을 주고 여러 가지 뇌물을 주면 합의했다고 합니다. 어쨌든 중요한 죄인이기 때문에 빨리 도착하고 싶어서 어민들의 마음에 들도록 해서 겨우 보냈다고 합니다. 이쪽의 관리들이 저 경호했던 사람의 말을 득도 불법적인 거동만 많아서 실로 귀국에게 수치스러운 일이기 때문에 귀국을 위한다고 생각하여 금은을 빼앗고 경호했던 일본인에게 돌려주고 예에서 어긋난 것을 바로잡은 것이라고 합니다. …"

제8편

'鬱陵島爭界(竹島一件)'의 교섭

1693년에 울릉도에서 안용복과 박어둔이 일본의 오야가 어부들에 의해 일본에 납치된 것을 계기로 조선 조정 - 동래와 일본 에도 막부 - 쓰시마 사이에서 울릉도 영유권을 두고 외교 교섭이 진행되었다. 조선정부의 명을 받은 접위관과 동래부사와 에도 막부의 명을 받은 쓰시마 번주에게 임명된 대차사(차왜) 등이 부산 동래에 진행되었다. 한국 측에는 李孟休의 『春官志』 '鬱陵島爭界' 항목이 있으니까 '鬱陵島爭界'라고 하고, 일본에서는 '竹島一件'이라 부른다.

쓰시마는 조선과의 협상에 앞서 竹島가 울릉도인지 아니면 별개의 섬인지에 대한 정확한 정보가 필요했다. 앞에서 거론한 바와 같이 왜관에 파견되어 있는 통사를 통해서 정보를 수집하고, 모든 가신들을 동원하여 竹島에 관한 기록들을 조사하도록 하였다.

그 후 쓰시마는 '竹島=울릉도'이며, 조선의 영토라는 사실을 인지하고 있었다. 심지어 막부로부터 대조선 교섭을 하달 받았을 때 쓰시마 번 내에서는 竹島가 조선 령일 수 있으므로 막부와 협의해서 교섭에 임해야 할 것이라는 논의가 있다. 그러나 이러한 논의는 더 이상 진전되지 못했고, 쓰시마 번은 '公命'인 막부의 명령대로 조선과의 교섭에 들어가면서 쓰시마 번의 입장 정리를 했다. 쓰시마 번은 '公命'인 '막부의 명령'을 이유로 무리수를 두며 대조선 교섭에 임했다. 쓰시마 번의 방향은 竹島는 조선의 울릉도로, 임진왜란 이전에는 조선의 영토였지만 임진왜란 이후에는 조선 측이 함부로 방기한 상태로 두고 관리를 포기하였기 때문에 일본이 실효적인 지배를 해 온 일본 령이라는 결론을 내려놓고 조선 측과 교섭에 임했다.[1] 쓰시마로서는 일석이조, 즉 막부에 대해서는 충성을 과시함으로써 그에 따른 반사이이을 얻을 수 있을 뿐 아니라[2] 오랜 숙원이었던 쓰시마 주민의 울릉도 이주를 실현시킬 수 있는 절호의 기회가 될 수 있기 때문이다.[3]

---

1) 장순순, 「조선후기 對馬藩의 조선 교섭과 1693년 울릉도 영속시비」『동북아역사논총』 37, 동북아역사재단, 2012, 219쪽.
2) 이훈, 「조선후기의 독도 영속시비」『독도와 대마도』 지성의 샘, 1996, 33쪽.
3) 장순순, 앞의 논문 2012, 220쪽.

제1장 '鬱陵島爭界' 1차 교섭

  안용복·박어둔이 울릉도에서 일본 오야가의 어부들에 납치된 것을 안용복과 울릉도에 같이 왔던 울산 어민들이 경상감영에 보고하였다. 1693년 8월의 경상감영의 장계에 의하면 울산 어민들이 울릉도에 표류했다고 보고하였고, 그 일행 중에 안용복과 박어둔 두 사람이 일본 어부들에 의해 칼과 조총으로 위협하여 납치했다고 하였다.[4] 그 보고를 접한 조선의 조정은 경상도 연해의 수령을 지낸 사람들을 조사하여 바닷가 어민들이 자주 울릉도와 다른 섬(독도)에 왕래하면서 대나무도 베어오고 전복도 따오고 있다는 것을 인식하였다.[5]

---

4) 『邊例集要』甲戌年(1694) 8월, "갑술년 8월, 慶尙監營의 장계 안에 朴於屯·安龍福·金加乙洞·金自信·徐化立·李還·梁淡沙里·金得生 등이 표류하다가 무릉도에 닿았고, 그 중에 안용복과 박어둔 두 사람이 왜인에게 붙잡혔으며, 그 나머지 각각의 사람들은 도망쳐 돌아왔다고 하고, 각각 문초하니 자기들은 표류하다가 무릉도에 닿았는데, 김득생 등 여섯 사람은 뭍에 내려 숨었으며, 박어둔 등 두 사람은 미처 배에서 내리기 전에 왜인 8명이 배를 타고 갑자기 이르러 칼과 鳥銃으로 두 사람을 위협하여 잡아간 일입니다."

5) 같은 책 권1, 「別差倭」癸酉年(1693) 9월, "계유년 9월, 竹島에서 붙잡힌 두 사람을 데려오는 일로 奉行差倭가 배를 타고 바람을 기다린다는 일을 알리는 先文頭倭가 나온 일을 장계하였다. 回啓하기를 '이른바 竹島에서 붙잡혔다고 하는 것은 요전에 경상감사의 장계 중에 蔚山의 뱃사람 두 명이 표류하다가 蔚陵島로 들어가서 왜인에게 붙잡혔다고 하는 것을 이르는 듯 합니다만, 그 섬은 우리나라의 땅이니, 간혹 뱃사람의 왕래가 있었다고 하더라도 원래 일본이 금할 수 있는 곳이 아닙니다. 奉行差倭는 결코 접대하기에 마땅하지 않다는 뜻으로 館守倭에게 엄한 말로 꾸짖고 타일러야 합니다.'"

1693년 9월 초, 쓰시마 번주는 쓰시마 번의 가로인 다다 요자에몬(多田與左衛門=橘眞重)이 大差使(差倭)[6] 正官에 선임되었다. 다다 요자에몬(多田與左衛門)은 『숙종실록』에 나오는 橘眞重이다. 10월, 쓰시마 번은 다다 요자에몬(多田與左衛門=橘眞重), 都船主 우치야마 고자에몬(內山鄕左衛門), 封進 데라사키 요시에몬(寺崎与四右衛門)에게 도해를 명령하고, 예조 참판에게 쓰시마 도주의 친서는 다음과 같다. 예조 참의, 동래부사, 부산첨사에게 도주의 친서를 전달하라고 하였다. 그 쓰시마 번주에 보내는 예조 참판의 친서의 내용은 다음과 같이 기록하고 있다.

───────

『비변사등록』 숙종 19년(1693) 11월 14일, "이번 11월 13일 대신과 비국 당상을 인견하여 입시하였을 때에 좌의정 睦來善이 아뢰기를 '방금 동래부사의 장계를 보니 사명을 봉행하는 差倭의 말씨가 꽤 온순하여 별로 난처한 사단은 없을 것이라고 하였습니다. <u>경상도 연해의 어민들은 비록 풍파 때문에 武陵島에 표류하였다고 칭하고 있으나 일찍이 연해의 수령을 지낸 사람의 말을 들어보니 바닷가 어민들이 자주 무릉도와 다른 섬에 왕래하면서 대나무도 베어오고 전복도 따오고 있다 하였습니다.</u> 비록 표류가 아니라 하더라도 더러 이익을 취하려 왕래하면서 漁採로 생업을 삼는 백성을 일체 금단하기는 어렵다고 하겠으나 저들이 기왕 엄히 조항을 작성하여 금단하라고 하니 우리 도리로는 금령을 발하여 신칙하는 거조가 없을 수 없겠습니다.'"

6) 쓰시마 번은 통상 외교 교섭에 대해서는 그 때마다 '번사'를 재판에 맡겨 부산에 파견하고 외교나 문제 처리를 담당케 하였다. 그러나 중요한 연락 사항(장군의 死去나 새로운 장군 취임의 통지, 통신사의 파견 요청 등)이나 '竹島一件'과 같은 특별한 외교문제가 발생했을 때는 조선국의 예조 참판을 수신처로 한 대마번주의 서간을 휴대하고 사절을 파견하여했다. 대마 번에서는 이 사절의 것을 가지고 가는 서간의 수신철로부터 '삼판사'라고 칭하고 그 정사에는 家老가 하였다. 한편 조선 측은 쓰시마로부터 파견되어 온 임시 사절을 '차왜'라고 칭하고 그 격에 따라 '대차왜', '소차왜'로 구별하고 접대(외교 의례)의 격식에 차이를 두었다. 예를 들면 위의 '재판'은 '소차왜'이고, '삼판사'는 '대차왜'였다. 그리고 '대차왜'가 파견되어 온 경우는 수도(한성)부터 '접위관'을 선임하여 부산(동래부)에 파견시키는 관례가 되어 있었다(『通志館志』 권5, 「差倭」; 『贈正交隣志』 권2, 「差倭」).

① "근래에 귀국의 배가 일본 소속 竹嶋로 건너왔기 때문에 거듭해서
오지 말도록 타일러서 쫓아 보냈건만, 올 봄에 또 다시 귀국의 어민
40명 정도가 竹嶋로 건너와서 어렵하고 있었습니다. 따라서 훗날의
증거로 삼기 위해 그 중 두 명을 붙잡아 두고 사건의 전말을 소상하
게 영주가 막부에 보고하자 '이번 건은 돌려보내주고 다시는 그 땅
에 건너오지 못하도록 지엄하게 분부하도록 하라.'는 막부의 지시를
받았습니다. 이러한 짓은 대단히 중요한 일이므로 처벌을 내려주서
야 할 것입니다. 바로 두 사람을 이번에 돌려보내고 위와 같은 취지
를 사자가 소상하게 구두로 말씀 드릴 것입니다."라고 전달했다.[7]

　　사료 ①의 경우 쓰시마 도주는 10월의 예조 참판의 서간은 요약이다.
다다 요자에몬(多田與左衛門=橘眞重)이 지니고 건너간 예조 참판, 예조
참의, 동래부사, 부산첨사 앞으로 보낸 서신은 1693년 9월에 작성되었다.
예조 참판의 서간의 사본은 다음과 같다. 예조 참의, 동래부사, 부산첨사
서간은 같은 내용이다.

② 일본국 쓰시마 주 태수 습유 다이라 요시자네는 조선국 예조 참판
대인 합하에게 글을 올립니다. … ⓐ 귀국이 바닷가 어민들이 근래
본국의 竹嶋에 배를 타고와 몰래 고기잡이를 하는데, 이곳은 절대
로 와서는 안 되는 땅입니다. 이 때문에 土官이 나라의 國禁을 상
세히 일러준 뒤 상세히 일러준 뒤 다시 와서는 안 된다는 말로 단단
히 고해주고 그들을 다 돌려보냈습니다. ⓑ 올 봄에 또 다시 나라의
금법을 개의치 않고 귀국의 어민 40명 정도가 竹嶋로 건너와서 어
렵하고 있었습니다. 이로 인해 土官이 어민 두 사람을 구류하여 州
司에 볼모로 삼고 그 당시의 증거로 삼았습니다. 이 때문에 본국의
이나바주목(因幡州牧)은 속히 전후 사정을 에도(東都)에 치계하여

---

7) 『竹嶋紀事』 권1, 元祿 6년(1693) 10월.

저 어민들을 우리 고을에 주어 본토로 돌려보내게 하고, 앞으로 결코 저 섬에 고깃배가 들어오는 것을 용납하지 말고 더욱 금제를 두어 살피라는 명령을 받았습니다. 제가 지금 에도의 명을 받들어 귀국에 알려드립니다. … ⓒ 속히 변방 포구에 정령을 내어 어민에게 금지조항을 단단히 일러준다면 이웃나라의 오래 유지하는 좋은 일일 것입니다. 이에 정관 다치마나 마사시게, 도선주 다이라 도무사 다를 파견하여 지금 어민 두 사람을 돌려보내면서 사신을 통해 다 말씀드리겠습니다. …

元祿 6년(1693) 계유 9월 일

對馬州太守拾遺平 義倫[8]

서계의 내용은 안용복 등을 납치한 경위와 竹嶋는 일본 땅이므로 조선인의 竹嶋 출입을 금해야 한다는 것이었다. 사료 ②-ⓐ는 1692년에 울릉도에서 조선인 어부들과 오야 가문의 선원들이 충돌한 것이다. 사료 ②-ⓑ는 3월 27일에 안용복 등 41명이 울릉도에 들어가 4월 17일에 안용복, 박어둔 두 사람이 오야 가문의 어부들에 납치되었다. 사료 ②-ⓐ, ⓑ, ⓒ의 경우 첫째, '울릉도'를 숨기고 '본국의 竹嶋'라고 하고, 둘째, '土官'을 파견했다고 한다. 실제 일본 사료에 의하면 '土官'을 파견하지 않으면서 무라카와 가문과 오야 가문의 어부들이 울릉도에 갔다. 무라카와 가문과 오야 가문이 자기 영지로서 '土官'을 파견했다는 거짓말을 했다. 셋째, 조선 조정에서 속히 변방 포구에 정령을 내어 어민에게 금지조항을 내려달라고 하였다.

1692년에 竹嶋에 건너온 조선의 어부들에게 土官이 國禁을 상세히 알려주었음에도 불구하고, 1693년에 다시 오자 土官이 2명을 증질로 삼고

8) 『竹嶋紀事』 권1, 元祿 6년(1693) 10월, 「예조 참판 서간」.

자 하였다고 한 기록을 통해 그간 오야, 무라카와 두 가문은 竹嶋가 자기들의 영지인 것처럼 행세하면서 土官을 파견한 것으로 행세하였음을 알 수 있다. 또 오야 가문이 돗토리 번 보고를 하여 안용복·박어둔을 납치한 후 영지를 침입한 조선인을 土官이 잡아왔다고 하였을 가능성이 많았다. 그런 거짓 보고를 받은 에도 막부와 쓰시마에서 '본국의 竹嶋'라고 하면서 竹嶋에 조선인의 어로 활동의 금지를 요구하였다고 보아야 한다.

쓰시마 번은 대차사 다다 요자에몬(多田與左衛門=橘眞重)을 파견하기 위해 先向使인 先文頭倭를 도해시켜 '竹島一件'과 관련해서 사자가 도해한다는 것을 왜관의 재판이 동래부사에게 전달하자 바로 조정에 보고하였다.[9)]

이미 경상감사의 장계를 통해 울릉도에서 뱃사람 두 명이 왜인에게 붙잡혔다는 것을 접한 조선 조정은 일본이 竹島에서 붙잡힌 두 사람을 데리고 나온다는 사실을 선문두왜의 서계를 접하고, 다음과 같이 대책을 마련하였다.

③ 계유년(1693) 9월, 竹島에서 붙잡힌 두 사람을 데려오는 일로 奉行 差倭가 배를 타고 바람을 기다린다는 일을 알리는 先文頭倭가 나온 일을 장계하였다.
ⓐ 回啓하기를 "이른바 竹島에서 붙잡혔다고 하는 것은 요전에 경상 감사의 장계 중에 울산의 뱃사람 두 명이 표류하다가 울릉도로 들어가서 왜인에게 붙잡혔다고 하는 것을 이르는 듯합니다만, 그 섬은 우리나라의 땅이니, 간혹 뱃사람의 왕래가 있었다고 하더라도

---

9) 선향사, 즉 선문두왜는 대차사 정관이 파견될 때 먼저 조선에 가서 대차사 정관이 무슨 목적으로 언제 부산에 도착하는지를 알려 동래부가 서울에 보고하고, 조선 측 접위관이 내려오도록 연락하는 임무를 띠는 사람이다.

원래 일본이 금할 수 있는 곳이 아닙니다. 奉行差倭는 결코 접대하기에 마땅하지 않다는 뜻으로 館守倭에게 엄한 말로 꾸짖고 타일리아 합니다.”라고 하였다. [竹島의 일은 울릉도조에 보인다.]

ⓑ 回啓하기를, “奉行差倭가 이미 出來하였으니, 교린의 도리로 접대하지 않을 수 없으므로 접위관을 선발하여 내려 보내시고, 어민들이 자주 무릉도와 다른 섬에 왕래하면서 큰 대나무를 베거나 또한 鰒魚를 잡는다고 하니, 비록 모두 금하여 단절시키기는 어렵겠지만, 저들(일본)이 이미 科條를 엄하게 세워 금단한다는 말을 하니, 우리나라의 도리에 있어서도 금하지 않을 수 없습니다. 지금부터 뒤로는 각별히 경계하여 이들로 하여금 가벼이 나갈 수 없도록 하시고, 접위관도 이러한 뜻으로 말을 만들어 대답함이 옳은 일입니다.”라고 하였는데, 傳敎가 있으셨다.10)

사료 ③-ⓐ의 경우 竹島가 우리나라의 땅인 울릉도이고, 간혹 뱃사람의 왕래가 있었다고 하더라도 원래 일본이 금할 수 있는 곳이 아니라는 것을 파악하고, 봉행차왜를 접대할 수 없다고 館守倭에게 엄한 말로 꾸짖고자 하는 뜻을 밝히고자 하였다. 사료 ③-ⓑ의 경우 첫째, 奉行差倭가 이미 出來하였으니, 교린의 도리로 접대하지 않을 수 없으므로 접위관을 선발하여 내려 보내고, 둘째, 일본이 이미 科條를 엄하게 세워 금단한다는 말을 하니 우리나라의 도리에 있어서 어민들이 무릉도와 다른 섬(독도)에 왕래하면서 큰 대나무를 베거나 전복을 잡는다는 금하지 않을 수 없다고 하였다.

조선의 도성에서 선향사의 답변이 10월 10일, 동래부사에게 전달되었다. 동래부사가 구두로 재판에 전달하기를 “竹嶋가 별도의 섬이라면 달리 문제가 없지만 울릉도라고 부르는 곳이라면 예부터 조선에 속한 곳

10) 『邊例集要』 권1, 「別差倭」 계유년(1693) 9월.

이며, 매번 왕래해 왔습니다. 뿐만 아니라 조선인을 붙잡아서 참판사의 자격의 사자와 함께 돌려보내는 것은 생각지도 못한 일입니다."를 강조하고. 이번 사자 파견은 건은 거절하고 싶다는 의사를 피력했다.[11] 왜관의 재판은 "일본 소속 竹嶋는 예부터 일본 소속인 것에 틀림이 없다."는 것을 강조하고, "일본의 섬을 조선 소속이라고 말씀하신 것이 일본 막부에 알려지게 되면 어떻게 되겠습니까?"라고 반문하며, '쓰시마 도주가 가신을 파견하는 것이지만 막부의 명령을 받아 파견하는 사자이므로 이번 사자를 거절하신다는 것은 이해하기 어려운 일'이라고 하면서 '이제 사자를 바로 도해시키도록 전달하겠다.'고 답변하였다.[12]

10월 22일, 다다 요자에몬(多田與左衛門=橘眞重) 일행이 쓰시마의 포구에 출범하여 11월 1일에 안용복·박어둔을 연행해 부산의 절영도에 계류하여 다음 날 2일에 왜관에 도착했다.

조선 조정은 울릉도에 일본인이 살게 되는 것이 걱정이었고, 이제까지 신경 쓰지 않았던 섬 때문에 일본과의 우호가 손상되는 것을 우려하고 있었다.[13]

역관사 영접을 담당하던 재판 다카세 하치에몬(高瀨八右衛門)이 귀국

11) 『竹嶋紀事』 권1, 元祿 6년(1693) 10월 10일, 「동래부사의 구두 전갈」.
12) 같은 책 권1, 元祿 6년 10월 10일, 「재판의 답변」.
13) 『숙종실록』 권25, 숙종 19년(1693) 11월 18일(정사), "접위관 홍중하가 하직 인사를 하고 좌의정 목내선, 우의정 민암이 홍중하와 함께 청대하였다. 홍중하가 아뢰기를, '왜인이 이른바 竹島는 바로 우리나라의 울릉도입니다. 지금 상관하지 않는다고 해서 내버린다면 그만이겠지만, 그렇지 않다면 미리 명확히 판변하지 않을 수 없습니다. 그리고 또 만약 저들의 인민이 들어가서 살게 한다면 어찌 뒷날의 걱정꺼리가 아니겠습니까?' 하고, 목내선·민암은 아뢰기를, '왜인들이 민호를 옮겨서 들어간 사실은 이미 확실하게 알 수는 없으나, 이것은 3백 년 동안 비워서 내려둔 땅인데, 이것으로 인하여 흔단을 일으키고 우호를 상실하는 것은 또한 좋은 계책이 아닙니다.' 하니, 임금이 민암 등의 말을 따랐다."

하는 편에 다다 요자에몬(多田與左衛門=橘眞重)이 11월 19일에 쓰시마에 보고하였다. 쓰시마에서 보고한 서장에서 “오늘 아침에 다카세 하치에 몬(高瀨八右衛門) 숙소에 훈도 변동지가 찾아와 竹嶋는 본래 조선 소속 울릉도라는 것이 틀림없는데도 이번에 전해온 내용을 잘 이해하더라도 일본에게 넘겨주기 어렵고, 또 반드시 조선 소속이라고 하기도 어려우니, 섬이 두 개 있기 때문에 하나는 울릉도, 하나는 竹嶋라고 정하자.”는 듯이 판사들이 발언하고 있으므로 접위관의 발언 내용도 반드시 그대로일 것입니다. “버려두었던 섬이지만 울릉도라는 것은 운운하며 반드시 말을 꺼낼 것 같은 기세입니다. 그러한 교섭이 된다면 의외로 난항이 빠질 것으로 판단됩니다.”[14]라고 하였다. 위에 대한 12월 5일, 답서가 왔다. 답서의 개략은 다음과 같다.

 ④ 이번에 다카세 하치에몬(高瀨八右衛門)이 귀국해 그쪽의 대략적인 사정을 들었습니다. 하치에몬이 탄 배가 사스나(佐須奈)에 도착했을 때 사스나(佐須奈)에서 박동지가 말하기를. “竹嶋 관련 교섭은 중요한 것이라고 생각합니다. 얼마 전 조정에 사역원 역관들이 불려가 질문 받은 것은 ‘일본에서 竹嶋라고 부르는 섬은 어느 방향에 있는 섬인가? 조선국에도 울릉도라는 섬이 있기 때문에 만약 이 섬이라면 분명히 조선 소속으로 『輿地勝覽』에도 기재되어 있는 섬이다. 『여지승람』은 일본에도 전해져 있는 책인가?’라는 내용이었습니다. 그래서 확실하게 일본에게 전해진 것이라고 말씀드리자 ‘그렇다면 역시 일본도 잘 알고 있는 일일 것이므로 이번의 사자를 허락하기는 어렵다. 하지만 일본에서 竹嶋라고 부르는 것이 다른 섬인지? 다른 섬이라면 문제될 것이 없으므로 답변도 달라질 것이 없을 것’이라고 말씀하시기에 역관들이 상의하기를 ‘일본에서 竹嶋라고 불리

14) 『竹嶋紀事』 권1, 元祿 6년(1693) 11월 19일.

는 섬은 필경 울릉도일 것이지만 그렇게 조정에 보고 드리면 매우 큰 일이 되어버리고 말 것'이라 생각했습니다. 따라서 ⓐ 그 쪽 방향에 섬이 셋 있으며, 하나는 울릉도, 하나는 于山島라고 하며 하나는 이름이 없으니, 이 중에서 어느 곳이든지 일본에서 竹嶋라는 부르는 것을 竹嶋로 정하고, 그 밖의 섬을 조선국의 울릉도로 삼는다면 조선 조정의 의도와 명분도 서고 일본에서도 좋은 결과로 해결된 것처럼 보일 것이라라 판단했습니다. 그래서 위와 같이 우리들이 몰래 회답하여 답변을 했습니다. 박동지도 이번의 건으로 돌아와 접대역으로 내려올 것이므로 '만약 조정에서 위의 이야기를 한다면 위와 같은 취지로 판단하여 답변하도록 하라.'고 자세히 서장에 적어서 보냈습니다. 그러므로 분명히 좋은 결과로 해결될 것이니 걱정하지 마시라."고 말했습니다. 그리고 "ⓑ 박동지가 접위관보다 먼저 부산에 내려오도록 되어 있으나 부산에 도착하면 붙잡아둔 조선인을 바로 박동지에게 건네주지 않겠습니까? 위와 같은 내용을 두 사람에 잘 말해두어 거듭해서 조정에서 질문을 받았을 때 답변에 틀림이 없도록 만들어 두고 싶습니다. 혹은 다례를 시행할 때 건네주어 그 자리에서 접위관이 상황을 물어봤을 때 울릉도에 건너갔다고 하는 말을 하게 되면 위의 내용과도 틀리게 되어 매우 큰일이 될 것이라고 하였다."고 들었습니다. 이 내용은 사스나(佐須奈)에서 들은 것이기 때문에 거기에서 귀하에게 전달하지 않았다고 하치에몬이 말하였습니다. 따라서 거기서 잘 알아야 할 것은 위와 같은 속임수를 써서 좋은 결과를 얻을 수 있다면 조선국 입장에서는 좋은 결과가 될 것입니다. 또 일본에도 좋을 것이므로 일본에만 별일이 없다면 조선국을 위해서도 좋도록 처리해주고 싶습니다. 하지만 이와 같이 몰래 섬의 이름을 바꾸더라도 울릉도가 조선국의 소속되는 것으로 결정된다면 울릉도에 오는 것은 문제가 되지 않는다고 생각하여 또 다시 조선인이 그 섬에 오게 될 것입니다. 그렇게 된다면 매우 큰 일이 되기 때문에 조선을 위한 일도 필시 안 될 것입니다. ⓒ 또 于山島롤 울릉도라고 해두더라도 우산도라고 불리는 섬이 조선국에 모자라게 된다면 울릉도를 일본에 뺏겼든 우산도를 빼앗겼든 자기 나라의 섬을 다른 나라에 빼앗겼던 사실은 어느 쪽이든 외국에 알려지기는 마찬가지 일 것입니다. 따라서 이 방법도 해결 빙법이 아닐 것입니다. 또는 일본에서 세 개 있는 섬을 모두 竹嶋라고 부른다면 어느 섬에 오더라도 일본에서 문제로 삼을 것이므로 더더욱 위와 같은 해결방안으로 처리하면 애초의 의도와 다른 결과가 될 것이므로 오히려 해결이 안 될 것입니다. 이렇게 사역원 역관들만의 이야기로 조정을 속이는 것처럼 그들은 말하고 있지만 필경 조정도 사역원 역관들과 같은 뜻 일겁니다. 사역원 역관들의 생각에 조정이 속은 것으로 해두고 울릉도를 일본의 竹嶋로 결정하는 것은 아래 것들의 계략과 같이 행동하는 것이 된다는 생각이 듭니다. 그렇지만 이러한 중대사를 속임수로 처리해버린다면 나중에 중요한 일이 될 겁니다. ⓓ 울릉도를 일본에서 竹嶋로 부르게 된 것도 임진왜란 이후 조선에서 지금까지 버려두어, 일본에서 오랫동안 지배해왔기 때문으로 울릉도라고 하더라도 조선국에서는 할 말이 없을 겁니다. 국토 변동은 일본과 조선에만 한정되는 것이 아닙니다. 이전에 타국의 땅이었을지라도 오랫동안 이쪽에 소속되어 있었다면 이쪽의 땅입니다. 자세하게 말할 필요가 없습니다. 만일 울릉도를 일본에서 竹嶋라고 부르더라도 불리한 일이 없도록 다짐하고 면담할 때의 인사 또는 답변 내용 등에 대해 심사숙고해야 할 것입니다.15)

　　장황한 인용이지만 중요한 사료이다. 사료 ③의 경우 변동지는 "섬이 두 개 있기 때문에 하나는 울릉도, 하나는 竹嶋라고 정하자."라 하여 발언하였는데도 박동지가 쓰시마 번의 裁判인 다카세 하치에몬(高瀬八右衛門)에게 말한 것인데, 울릉도, 于山島, 그 외의 하나의 섬, 세 섬을 언급하고 있다. 여기의 우산도는 독도이다. 이름을 밝히지 않은 섬은 울릉도가 아닌 현재의 '竹島(대섬)'일 것이다. 바로 울릉도 곁에 있는 섬이기

---

15) 같은 책 권1, 元祿 6년 12월 5일, 「다다 요자에몬에 보낸 쓰시마 도주의 답신」.

때문에 이름을 말하지 않았을 수도 있고, 일본에서 울릉도를 '竹嶋'라고 하였기 때문에 박동지 자신이 아는 竹島(대섬)와 일본인이 말하는 竹嶋에 대해 혼동이 생겨 그렇게 말했을 것이다. 아마 후자의 가능성이 높다. 그렇게 볼 때 박동지가 다카세 하치에몬(高瀨八右衛門)에게 "세 섬 중의 어느 것을 일본에서 竹嶋라고 부르는 것을 竹嶋라고 정하고 다른 섬을 조선의 울릉도라고 한다면, 조정 쪽의 명분도 세울 수 있고, 일본 쪽에서도 잘 마무리될 것이다."라는 말이 이해될 수 있다(④-ⓐ). 박동지가 조선과 일본의 정세를 정확히 내다보고 쓰시마 번에게 '鬱陵島爭界'에 대한 방안을 일러줄 수 있었을 것이다. '鬱陵島爭界' 교섭에서 접대역관 박동지는 쓰시마에서 많은 도움을 받았기 때문에 쓰시마 번의 입장을 대변하고 있다.

　　"저도 허심탄회하게 말씀드리겠습니다. 제가 조선 땅에서 출생했다고 조선인으로 생각하시겠죠. 전혀 그렇지 않습니다. 수년에 걸쳐 쓰시마의 두터운 은혜를 입어 아시는 바와 같이 저에게 쓰시마의 용무도 맡길 수 있겠다고 생각하신 듯 300貫目의 빚이 있었지만 선처해주셨습니다. 이러한 두터운 은혜를 입은 사람은 쓰시마에서도 없을 것입니다. 아무리 충절을 다해도 조선으로부터는 10관 밖에 받지 못합니다. 오로지 두터운 은혜를 입은 고마움에 도주님께 봉공이 되는 것이라면 어떠한 일이라도 하겠다는 일념으로 아침저녁으로 그것만을 염두에 두고 있습니다. 조선에 유리하게 일처리를 하겠다는 생각은 조금도 없습니다. … 도주님에게 두터운 은혜를 입은 일본 한 사람을 조선에 둔 것과 마찬가지입니다."[16]

　"섬이 셋 있으며, 하나는 울릉도, 하나는 于山島라고 하며 하나는 이름이 없으니, 이 중에서 어느 곳이든지 일본에서 竹嶋라는 부르는 것을

---

16) 같은 책 권1, 元祿 7년(1694) 2월 15일, 「박동지의 답변」.

竹嶋로 정하고, 그 밖의 섬을 조선국의 울릉도로 삼는다면 조선 조정의 의도와 명분도 서고 일본에서도 좋은 결과로 해결된 것처럼 보일 것"이라고 판단하였고(④-ⓐ), 박동지가 내려오면 안용복과 박어둔을 "위와 같은 내용을 두 사람에 잘 말해두어 거듭해서 조정에서 질문을 받았을 때 답변에 틀림이 없도록 만들어 두고 싶습니다. 혹은 다례를 시행할 때 건네주어 그 자리에서 접위관이 상황을 물어봤을 때 울릉도에 건너갔다고 하는 말을 하게 되면 위의 내용과도 틀리게 되어 매우 큰일이 될 것"이라고 하면서 일러두고 있었기 때문에(④-ⓑ), 1694년 정월, 안용복과 박어둔이 문초할 때 박어둔이 '竹島'에 배를 정박하게 되었다고 진술하게 되었다.17)

쓰시마 도주 답신은 '이전에 타국의 땅이었을지라도 오랫동안 이쪽에 소속되어 있었다면 이쪽의 땅'이고, '울릉도를 일본에서 竹嶋로 부르게 된 것도 임진왜란 이후 조선에서 지금까지 버려두어, 일본에서 오랫동안 지배해왔기 때문으로 울릉도라고 하더라도 조선국에서는 할 말이 없을 것'이라고 생각하여 만일 울릉도를 일본에서 竹嶋라고 부르더라도 불리한 일이 없도록 다다 요자에몬(多田與左衛門=橘眞重)에게 다짐하여 정공법을 쓰라고 답신을 보냈다(④-ⓒ).

『竹嶋紀事』에서 '于山島'가 세 차례 등장한다. 1693년 11월 19일에 쓰시마 도주에게 보낸 다다 요자에몬(多田與左衛門=橘眞重)에게 서장을 보낸 뒤 12월 5일에 쓰시마 도주는 다다 요자에몬(多田與左衛門=橘眞重)

17) 『邊例集要』 권17, 「鬱陵島」 甲戌年(1694) 정월, "갑술(숙종 20년) 정월, 竹島에서 붙잡힌, 蔚山에 사는 朴於屯, 安龍福에게 問目을 만들어 문초하니, 박어둔이 문초에 진술한 내용 중에, '계유년(1693) 3월에 벼 25석과 銀子 9냥 3전 등의 물건을 배에 싣고 생선과 바꾸고자 蔚珍에서 三陟으로 향할 때 바람 때문에 표류하여 이른바 竹島에 배를 정박하게 되었습니다.'라고 하였다."

에게 답신을 보냈다. 쓰시마 도주의 답신의 경우 '于山島'가 세 차례 등
장한다. 첫째, 재판 다카세 하치에몬(高瀬八右衛門)이 탄 배가 사스나(佐
須奈)에 도착했을 때 박동지가 '于山島'를 거론하였고(사료 ④), 둘째, 쓰
시마 번에서 안용복 진술에서 울릉도에서 '于山島'를 두 번 보았다고 하
고,[18] 셋째, 『輿地勝覽』기록을 들어 于山島와 울릉도는 별도의 섬인 것
처럼 보인다고 하였다.[19]

　다다 요자에몬(多田與左衛門＝橘眞重)은 公儀(에도 막부)의 명이라는
명분으로 동래부를 설득해 대차사 정관의 자격으로 '竹島一件' 제1차 교
섭에 임하였다.[20] 이에 대해 조선 조정은 대차사와 공적인 접위관으로
홍문관 교리 洪重夏를 중앙에서 임시로 파견해 동래부사와 함께 교섭에
임하도록 했다. 접위관 홍중하 등이 12월 7일에 동래부에 들어왔다. 1차
의 양자의 회담은 12월 10일 왜관에서 열렸다. 접위관 및 동래부사가 출
두하여 대청에서 대면한 후 쓰시마 번주의 건네고, 또 안용복·박어둔이

───────────

18) 『竹嶋紀事』권1, 元禄 6년(1693) 12월 5일, 「다다 요자에몬에 보낸 쓰시마 도주
　의 답신」, "인질은 여기에 머물러 있는 동안 이루어진 심문에서 '이번에 간 섬의
　이름은 알지 못합니다. 이번에 간 섬에서 북동쪽에 큰 섬이 있었습니다. 그 섬에
　머물던 중에 두 번 보았습니다. 그 섬을 아는 자가 말하기를 于山島라고 부른다
　고 들었습니다. 한 번도 가본 적은 없지만 대체로 하루 정도 걸리는 거리로 보였
　습니다.'라고 말하고 있습니다. "울릉도란 섬에 대해서는 아직껏 모른다고 말하고
　있습니다. 그러나 인질의 주장은 허실을 가리기 어려우니 참고로 아룁니다. 그 쪽
　에서 잘 판단해 들으십시오."

19) 같은 책 권1, 元禄 6년 12월 5일, 「다다 요자에몬에 보낸 쓰시마 도주의 답신」,
　"『輿地勝覽』의 기술내용에 따르면 于山島와 울릉도는 별도의 섬인 것처럼 보입
　니다. 하지만 일설로는 본래 한 섬이라고 하므로 다른 섬인지 분명하지 않습니다.
　『芝峯類説』등에는 시대에 따라 이름이 바뀌므로 필경 于山島와 울릉도가 한
　섬인 것처럼 보입니다. 「朝鮮繪圖」에는 두 섬으로 그려져 있습니다. 바로 본떠
　서 보내드립니다."

20) 박병섭, 「안용복 사건에 대한 검증」 한국해양수산개발원보고서, 2007, 45쪽.

조선에 인도되었다.21) 안용복과 박어둔은 부산포의 왜관으로 이송한 뒤에 40일이나 더 구금한 뒤에야 동래부로 넘겼다.

쓰시마에서 돌아온 동래부에서 박어둔과 안용복에 대한 심문이 이루어진 것은 그 이듬해인 1694년 1월로 되어 있다. 『邊例集要』에는 그 공초 내용을 다음과 같이 기록하고 있다.

> 갑술(1694년 ; 숙종 20년) 정월, 竹島에서 붙잡힌, 울산에 사는 박어둔, 안용복에게 문목을 만들어 문초하니, 박어둔이 문초에 진술한 내용 중에, "癸酉年(1693) 3월에 벼 25석과 銀子 9냥 3전 등의 물건을 배에 싣고 고기와 바꾸고자 울진에서 삼척으로 향할 때 바람 때문에 표류하여 이른바 竹島에 배를 정박하게 되었습니다. 그리고 竹島에서 호키 주(伯耆州)까지의 거리는 제가 이 섬에 머문 지 3일째 되는 날 왜인 7~8명이 갑자기 배를 타고 와서 저를 붙잡았으며, 이어서 그 섬에서 배가 떠나 사흘 낮과 나흘 밤이 지난 뒤에 비로소 호키 주에 닿게 되었사오며, … 섬 안 人家에 지금은 비록 사람이 거주하는 인가가 없으나, (그 집들의) 주춧돌이 남아 서로 이어져 있고, 빈 터엔 달래가 자라는 곳이 많이 있사오며, 이 섬에서 호키 주까지 수로로 몇 리인지는 제가 붙잡혀 들어갈 때 水疾에 걸려 배 안에 누워 있어서 사흘 낮과 나흘 밤이 지난 뒤에 호키 주에 닿았다는 것만 기억할 뿐, 물길로 몇 리인지는 자세히 알지 못하오며, 이 섬의 앞뒤로 다시 다른 섬이 없었습니다."라고 하였습니다. 안용복을 문초하여 진술한 내용 중에, 산의 형세와 초목 등의 말은 (박어둔과) 꼭 같았고, 끝부분에 "제가 붙잡힌 사람으로 들어갔을 때, 하룻밤을 지내고 다음날 늦게 식사를 한 뒤에 바다 가운데 하나의 섬이 있음을 보았고, 竹島에 견주어 자못 크다고 생각했습니다."라고 하였습니다. 이런 까닭으로 급히 아룁니다.22)

이 『邊例集要』의 기록에서는 안용복보다 박어둔을 심문한 것으로 되

---

21) 『竹嶋紀事』 권1, 元祿 6년(1693) 12월 10일.

22) 『邊例集要』 권17, 「鬱陵島」 甲戌年(1694) 정월.

어 있다. 박어둔의 진술 내용 중에 "벼 25석과 銀子 9냥 3전 등의 물건을 배에 싣고 고기와 바꾸고자 울진에서 삼척으로 향할 때 바람 때문에 표류하여 울릉도에 이르렀다."고 하여 죄를 낮추는 결과를 가져오게 할 수 있을 것으로 생각했던 것이 아닌가 한다. 예조 참관 회답서는 '표류'는 무시되고 '犯越'을 표현을 썼다.[23)

정관이 박동지를 시켜 접위관에게 전달한 구두발언은 다음과 같다. 일본 소속 竹嶋에 근래 조선이 건너와 어렵을 행할 적에 다시는 오지 말도록 하라고 엄하게 분부하여 돌려보냈고, 올 봄에 또 40명 정도가 와서 어렵을 하고 있었기 때문에 증거로 삼으려 두 사람을 볼모로 붙잡고, 상황의 전말을 영주가 막부에 보고하자 쓰시마 도주에게 인계하여 조선국으로 돌려보내고 다시는 오지 않도록 처벌을 요청하라는 취지의 막부 지시를 받았기 때문에 두 사람을 돌려보낸다. 이와 관련해서 쓰시마 도주가 말하기를 첫째, 조선인들이 본국의 竹嶋 어렵을 하는 이유는 '오로지 조선의 규율 집행이 느슨하기 때문이라고 생각하고', 둘째, '이번 건은 竹嶋의 사람들이 일본의 법규를 잘 지켰기 때문에 별다른 일이 없고', 셋째, '아래 것들이 벌인 일인지라 만일 일본인과 결탁하여 몰래 상거래 등을 하는 무리라도 있다면 매우 위험천만한 일이고', 넷째, '형벌을 내려주서야 할 것'이고, 다섯째, '모든 상황을 막부에 보고할 것이므로 처벌과 답변 내용이 좋지 않으면 결과도 좋지는 않을 것이라는 염두에 두서할 것'이고, 여섯째, '竹嶋에 건너온 자들 중에는 목수도 있었을 것이고, 그들에 대한 처벌 내용까지 상세하게 듣고 싶습니다.'라고 접위관에 전달했다.[24) 쓰시마 도주의 경우 오야·무라카와 선원들이 울릉도

---

23) 『竹嶋紀事』 권1, 元祿 7년(1694) 정월 15일.

24) 같은 책 권1, 元祿 6년(1693) 12월 10일, 「정관이 박동지를 시켜 접위관에 전달한

에서 조선인과 밀무역을 짐작하여[25] 울릉도에서 조선인과 일본인 사이
들이 몰래 '상거래'하는 것을 매우 위험천만이라고 했다. 일본인들이 오
야·무라카와 양 가문의 선원들이 목수가 있어 배 만드는 일을 하여[26]
조선인들 중에서 배 만드는 목수가 있을 것이라고 생각하였다.

조선 조정은 11월 18일에 竹島와 울릉도가 다른 섬인 것처럼 '2島 2名'
이고 하여 울릉도에 대한 영유권을 궁리해 방침을 정하여[27] 洪重夏 접
위관 및 동래부사의 답변은 다음과 같다. 첫째, 두 사람을 돌려주어 확
실하게 인수받았고, 둘째, 조선인이 국경을 넘어 일본의 竹島에 건너간
것과 관련해서 못된 자들을 각각 처벌하고, 셋째, 竹島로 건너간 것도
필시 다른 뜻이 있었던 것이 아니라 물고기를 잡기 위해 간 것이라고 알
고 있고, 넷째, 조선에 울릉도라는 곳이 있어 울릉도에 가려고 하다고
竹島로 간 것이고, 다섯째, 먼 곳이기 때문에 울릉도에도 가지 말도록
예전부터 지시해 두었고, 여섯째, 향후 竹島에 가지 말도록 지엄하게 분
부하여 두겠습니다. 접위관 및 동래부사는 竹島가 조선의 울릉도를 알
고 있었기 때문에 일본과의 우호가 손상되는 것을 우려해 짐짓 국경을
넘어 일본의 竹島에 건너간 처벌하고, 넌지시 조선에 울릉도라는 곳이

구두발언」.

25) 쓰시마에서 9월 4일에 안용복·박어둔을 심문할 때 울릉도에서 오야 가문과 조선
인들의 몰래 상거래를 질문하여 안용복 대답은 "일본인과 상거래는 절대로 하지
않았습니다. 같이 간 배는 어떤지 알지 못합니다."(같은 책 권1, 元祿 6년 9월 4
일)라고 하였다. 실제 울릉도에서 오야 가문과 조선인들이 몰래 상거래를 하였다
고 쓰시마 번은 생각하였을 것이다.

26) 오카지마 마사요시(岡嶋正義), 『竹島考』上, 「도해 준비와 물산」1828, 정영미
역, 경상북도·안용복재단, 2010, "목수(大工) 1인 : 이는 그 섬에 정박하고 있는
동안에 배 만들 나무를 고르고 베어서 새 배를 만드는 자이다."

27) 『숙종실록』권25, 숙종 19년(1693) 11월 18일(정사).

있다고 언급하였다.28)

접위관 및 동래부사의 답변을 듣고 다다 예자에몬(多田與左衛門=橘眞
重) 정관의 구두발언은 다음과 같다.

… 울릉도에 건너가려다가 竹嶋로 건너간 것이라고 계시다고 들었습니
다. 분명한 사실을 알지 못하지만 울릉도와 관련해서는 그것을 이전에는
조선에서 다스리고 있었지만 임진왜란 이후에는 일본에 속하게 되었으며,
竹嶋가 바로 울릉도라고 들었습니다. 섬 하나를 두 개로 만들어 하나는
竹嶋, 하나는 울릉도라고 해두었을 경우, 만일 향후 또 다시 조선인이 오
는 일이 발생한다면 매우 위험천만일이 될 것입니다. 울릉도에 가지 말도
록 이미 법으로 정하셨다면 일본의 竹嶋로 다시는 가지 말도록 지엄하게
분부를 내리시겠다는 답변으로 해결될 것입니다. 그러므로 답서 등에 필
요 없는 울릉도를 기재하는 일이 있으면 막부에서 이상하게 여기게 될 것
이며, 훗날 조선에게도 번거로운 일이 될 것입니다. 접위관은 잘 판단하셔
서 보고하시길 바랍니다.29)

홍중하 접위관의 시나리오를 파악한 다다 예자에몬(多田與左衛門=橘
眞重) 정관의 회담에서 조선의 유화정책을 일축하여 첫째, 竹嶋(울릉도)
는 임진왜란 이후 일본의 영토가 되었고, 둘째, 섬 하나를 두 개로 만들
어 하나는 竹嶋, 하나는 울릉도라고 해두었을 경우, 만일 향후 또 다시
조선인이 오는 일이 발생한다면 매우 위험천만일이 될 것이라는 이유
때문에 '2島 2名'을 반대하였고, 셋째, 회답서 등에 필요 없는 울릉도를
기재하는 일이 없도록 요구하였다.

1693년 섣달에 박동지가 다음과 같이 아비루 소베를 찾아와 은밀하게

---

28) 『竹嶋紀事』 권1, 元祿 6년(1693) 12월 10일, 「정관의 구두발언」.

29) 같은 책 권1, 元祿 6년 12월 10일, 「정관의 구두발언」.

정관에게 전달해달라고 했다.

 우리들이 접위관에게 "이번에 조선인이 일본의 竹嶋에 건너가 실례를 저질렀으므로 조선인에 벌을 내리시고 다시는 竹嶋에 건너가지 말도록 아뢰는 것이 지당하다고 생각합니다. 그 외의 쓸데없는 것이 서신에 적혀 있을 필요가 없는 일입니다."라고 말씀드렸더니 접위관도 지당하다고 생각하시어 꽤 괜찮은 보고서가 되었습니다. … 도성의 일은 접위관이 보고하는 대로 결정될 것이라고 생각합니다.

 一. 제가 이번에 동래에 도착하여 바깥 상황을 살펴보았더니 "竹嶋가 울릉도로 결정되었다."라고 말하는 사람이 많이 있어서 참으로 안타깝게 생각하는 바입니다. 위의 竹嶋로 건너갔던 7명의 사람들을 옥에 가두고 심문을 했더니 "조선국 울릉도에 갔다."고 말합니다.
 …

 一. 회답 서신을 작성할 때, 일본어에는 竹嶋로, 조선어로는 울릉도라고 해두고 거듭해서 조선의 규율 집행을 지엄하게 분부한다면 어민들이 건너가는 것을 자연스럽게 생각합니다. 이렇게 말씀드렸다고 해서 울릉도에 특별히 다른 생각이 있는 것이 아닙니다. 하지만 『輿地勝覽』에 적혀 있으니 버려둔 섬이라고 할지라도 명목을 남겨두도록 하라는 것이 조선국 주장 내용입니다.[30]

 박동지가 회답 서신을 작성할 때 '일본어에는 竹嶋로', '조선어로는 울릉도'라고 해두고, 『여지승람』에 적혀 있으니 버려둔 섬이라고 할지라도 명목을 남겨두도록 하라는 것이 조선국 주장 내용이라고 은밀히 아비루 소베에게 정관에게 전달해달라고 했다. 아비로 소베의 답변은 다음과 같다.

---

30) 같은 책 권1, 元祿 7년(1694) 정월 15일.

… 그런데 말씀하신 울릉도에 대한 건은 이해하기 어렵습니다. 본래 竹嶋가 울릉도라는 것은 확실하게 쓰시마에서도 알지 못하고 있지만 어떻게 竹嶋가 울릉도라는 것인지 대략적으로 말씀해주십시오. 말씀처럼 울릉도를 조선국 소속이라고 생각하신다면 거듭해서 또 다시 아랫사람들이 건너올 수도 있지 않을까하고 걱정이 됩니다. 지금 사자 도해 시에는 섬에 대한 논쟁은 필요 없습니다. 울릉도를 버려두시고 특히 어민에게까지 가지 말도록 분부하셨다면 울릉도를 언급하지 마시고 회답 서신에 써 주실 것은 "조선의 어민이 일본 竹嶋에 갔다는 것을 듣고 놀랐습니다. 늘 바닷가에 사는 자에게는 우리나라 안일지라고 먼 곳에 가지 말도록 하라고 지엄하게 분부해 두었지만 아랫사람들의 일인지라 법을 어기고 폐를 끼쳤을 것이라고 생각합니다. 이번에 법을 어긴 자들은 모두 처벌하겠습니다."라는 회답을 해주시면 될 것이라고 생각합니다. 조금이라도 울릉도를 언급하신다면 사자가 수령하지 않을 것이라고 생각합니다. …31)

박동지가 말한 회답서의 내용, 즉 '일본어에는 竹嶋로', '조선어로는 鬱陵島'라고 한 내용을 부정하여 회답서 안에 조금이라도 울릉도를 언급하신다면 사자가 수령하지 않을 것이라고 답하였다.

1694년 1월 15일, 접위관이 보낸 사자 자격으로 差備官 박동지·김판사·훈도 변동지가 왜관에 들어와서 조선 조정의 회답서 사본을 전했다. 회답서 사본은 다음과 같다.32)

「조선국 예조 참판 權瑎는 일본국 쓰시마 주 태수 평공 합하에게 답장을 올립니다」

差使가 오는 편에 보내주신 서한도 함께 오니 진실로 위로가 되고 감

---

31) 같은 책 권1, 元祿 7년 정월 15일.
32) 같은 책 권1, 元祿 7년 정월 15일.

사드립니다. 우리나라는 解禁을 매우 엄격하게 하고 바닷가에 사는 어민들은 단속하여 外洋에 나가지 못하도록 하였습니다. 비록 우리나라의 울릉도일시라도 또한 아득히 멀리 있는 까닭에 절대로 마음대로 왕래하지 못하게 하였는데, 하물며 그 밖의 섬이야 더 말할 게 있겠습니까? 이번에 감히 귀국의 竹嶋에 들어가서 번거롭게 영송하고 멀리에서 수고롭게 서한까지 보내게 하였으니 교린하는 정의에 있어 실로 기쁘고 감사드립니다. 바닷가에 사는 백성들은 고기를 잡아서 생계를 유지하니 혹 바람을 만나 표류하는 근심이 없지 않지만 국경을 넘어 깊이 들어가서 멋대로 고기잡이하는 것은 법으로 엄하게 징계해야 합니다. 지금 범인들을 형률에 의거하여 죄를 주었습니다. 앞으로 연해 등지에 科條를 엄하게 세워 이를 각별히 신칙하도록 할 것입니다. …

癸酉年(1693) 12월 일

예조 참판 권해

이 답서에서는 밑줄을 친 곳에서 보는 것처럼, “비록 우리 영토인 울릉도라고 하더라도 아득히 멀리 있는 까닭으로 절대로 임의로 왕래하는 것을 허락하지 않는데, 하물며 그 밖에 있어서이겠습니까? 이번에 어선이 감히 귀 지역의 竹嶋에 들어가서 …”라고 하여, 2도 2명설, 곧 한 섬에 두 개의 이름이 있음을 인정하고 있다. 바꾸어 말하면 조선에는 울릉도가 있고 일본에는 竹嶋가 있는데, 조선의 어선이 ‘귀 지역의 竹嶋(貴界竹嶋)’에 들어갔다고 하였다. 이것은 당시 예조에서 사건을 명확하게 해결하려는 것이 아니라, 적당하게 무마하려는 애매모호한 태도를 취했다는 것을 말해준다.

이와 같은 태도는 쓰시마 측이 노리고 있던 의도, 즉 울릉도라는 이름을 드러내지 않고 竹嶋가 일본의 땅이란 사실만을 강조하여 이 섬을 통째로 탈취하겠다는 계략에 말려들었다고 볼 수밖에 없다. 왜냐하면 우리 영토인 울릉도를 강조하고 있기는 하지만, 竹嶋를 일본의 경역으로 인정을 하고 있기 때문이다.

1694년 1월 15일 이후에 회답의 서신의 사본이 도착했기 때문에 다다요자에몬(多田與左衛門=橘眞重)이 아비루 소베에게 서신 관련 상황을 자세하게 전한 뒤 아비루 소베를 시켜 회답서신 사본을 쓰시마에 바쳤다. 요자에몬이 쓰시마의 가로 히라타 하야토·스기무라 우네메·히쿠치 마고자에몬·히라타 나오에몬에 서장을 보냈다.[33] 1월 26일 쓰시마 가로의 회답을 쓴 뒤 아비루 소베를 비선을 타고 2월 8일에 도착했다. 쓰시마 가로의 회답은 다음과 같다. 위의 회답서한의 내용을 읽어 보았더니, 竹嶋와 울릉도라는 두 개의 섬인 있는 것처럼 보입니다. 이쪽에서 알고 있기로는 대체로 竹嶋와 울릉도는 한 섬인 것이 아닌가라고 생각하고 있던 차에, 그 내용을 모르는 것과 같은 모양새로 이 회답서한을 막부에 바칠 경우에는 앞으로 중대 사태가 됩니다. 특히 이 회답에는 울릉도에 관한 언급이 있어서는 안 되는데, 필요 없는 것이 쓰여 있으므로 분명히 막부에서 조사할 것입니다. 만약 조사가 없을지라도 쓰시마에서 어쩌면 한 섬일지도 모른다고 도주가 추측한 것을 말씀드리기라도 한다면 안 될 입니다. 그때에 가서 "竹嶋라고 하는 것은 울릉도를 가리키는 것입니다. 근래에 일본이 지배하고 있으므로 그 섬에 조선에서 도해하지 말아주십시오."라고 거듭해서 전달한다면 그때의 "조선 측 회답에 따라 큰일이 생길지도 모르지 않습니까? 쓰시마에서 생각하기로는 예조 참의의 회답서신처럼 울릉도에 관한 언급이 없는 내용이야말로 우리 측 의도를 잘 반영한 것입니다."라고 하였다.[34] 향후 지엄하게 분부를 내리겠다고

---

33) 같은 책 권1, 元祿 7년 정월 15일.
34) 예조 참의 회답서 전문은 다음과 같다.
　　「조선국 예조 참의 姜銑은 일본국 쓰시마 주 태수 평공 합하에게 답장을 올립니다」
　　귀국의 사신이 멀리에서 오셔서 보내주신 편지를 받고 동정을 알게 되니 기쁘고

쓰고, 나라 안과 타국의 눈치를 살피는 것보다는 일본 竹嶋 및 울릉도에
도 결코 도해하지 말도록 하라고 조선국 전체에 지엄하게 분부한다면
앞으로도 출입하지 않을 것이다. 어쨌든 울릉도가 서면에 기재되어 있
으면 우리 쪽에 아무 말 없이 회답서간을 막부에 제출하는 일은 없을 것
이므로, 있는 그대로 자세하게 보고할 것입니다. 竹嶋라고 하는 것이 조
선국의 울릉도임이 분명한 것인가라는 것은 이쪽에서의 추측일 뿐이지
만 막부에서는 분명하게 울릉도라고 알고 계시면서 지시한 것인지, 그
것을 가늠하기 어렵습니다. 만약 알고 계시면서 지시하신 것이라면 이
회답서신을 막부에 제출하면 큰일이 날 것이라고 생각하기에 조선국을
위한 것이라고 배려하여 우리 쪽의 의견 내용을 자세하게 소베가 구두
로 전달하도록 말해 두었습니다.[35] 2월 9일에 박동지를 소환하여 전달
한 구두전달 내용을 위와 같다.

박동지 답변은 다음과 같다. “제가 조선 땅에서 출생했다고 조선인으
로 생각하시겠지요. 전혀 그렇지 않습니다. 도주님에게 두터운 은혜를
입은 일본인 한 사람을 조선에 둔 것과 마찬가지입니다.”라고 하였다.[36]
예조 참판의 회답서의 경우 울릉도 적은 이유는 박동지의 생각이 다음

위로가 됩니다. 연해 어민이 나라의 금법을 개의치 않고 귀국의 경내로 넘어 들
어간 것은 너무도 놀랄 만한 일인데, 멀리서 그들을 영송해주시니 진실로 감사하
고 위로가 됩니다. 금제를 어긴 죄는 마땅히 그에 대한 처벌이 있을 것이고, 연해
등지에 각별히 신칙하여 후일의 폐단이 없도록 하겠습니다. 보잘것없는 예물로
정성을 표합니다. 진귀한 선물을 보내주시니 후의에 매우 감사드립니다. 격식을
갖추지 못하고 이만 줄입니다.

癸酉年(1693) 12월 일
예조 참의 강선

35) 『竹嶋紀事』 권1, 元祿 7년(1694) 2월 15일, 「쓰시마 가로의 답장 요약」.
36) 같은 책 권1, 元祿 7년 2월 15일, 「박동지의 답변」.

과 같다.

  왜 울릉도를 적어 넣었겠습니까? 이것을 적어 넣은 이유는 다음과 같습
니다. 竹嶋로 건너간 자들은 경상도의 울산 사람들로 9명이 타고 있었습
니다. 두 사람은 일본으로 붙잡혀가고 나머지 7명은 별 탈 없이 귀국했습
니다. 따라서 붙잡혀 간 사람의 부모와 처자식들이 울산의 수령에게 "누
구누구 9명이 타고 고기잡이를 하러 나가 7명이 돌아왔는데 우리들의 아
버지가 돌아오지 않았습니다. 조사하여 주십시오."라고 처자식 등이 소장
을 제출하였습니다. 즉시 7명을 소환하여 조사하여본 결과, "울릉도에 고
기잡이를 하러갔는데 일본인을 만나 두 사람이 붙잡혀서 호키국(伯耆國)
에 끌려간 탓에 힘없이 우리들만 돌아왔다"고 진술하였습니다. 그래서 일
본인이 오는 곳에는 어떤 이유로 간 건지, 울릉도가 아닌 다른 곳에 간 것
이 아니냐고 묻자 "결코 다른 곳은 아니며 이전부터 갔었다."고 답변하였
습니다. 따라서 이것을 경상도 순찰사에 보고하였더니 순찰사가 도성에
보고하였습니다. 그러지 "이해하기 어려우므로 충분히 알아본 후에 상황
을 명확하게 하여 보고하라"고 도성에서 지시가 왔습니다. 그래서 위의 7
명을 순찰사가 불러 조사를 하였더니 처음에 이야기한 것과 다르지 않았
으며, 어떻게 보더라도 울릉도에 간 것이었습니다. 그곳에는 옛날의 집이
어떻게 있었으며, 고양이와 대나무가 많이 있고, 전복과 생선이 많았다는
등 상황을 자세하게 진술하여, 그 진술대로 또 상신하였더니 울릉도에 간
것이 틀림없는 것으로 결정되었습니다. 이 결정에 따라 도성에서 이루어
진 상의에서는 조종으로부터 이어온 산하를 이유 없이 타국에 넘기는 것
은 외국에 나쁜 소문이 퍼질 뿐 아니라 죽은 뒤에 국토의 경계를 조상님
께 어떻게 말씀드릴 수 있겠는가? 성신으로 교류하고 있으므로 진솔하고
전달한다면 일본도 동의하지 않을 리가 없으니 그저 있는 그대로 竹嶋에
는 가지 않았으며 우리나라의 울릉도에 간 것이라고 회답하는 것이 지당
하다는 결론이 나왔습니다.[37]

---

37) 같은 책 권1, 元祿 7년 2월 15일, 「박동지의 답변」.

조선 조정은 경상감사의 2차례의 보고로 '竹嶋'는 '조선의 울릉도'를 알아차렸다. 당초 조정의 상의에서는 "그저 있는 그대로 일본의 竹嶋에는 가지 않았으며 우리나라의 울릉도에 간 것이라."라고 회답하는 것이 지당하다는 결론이 나왔다. 박동지가 이번에 귀양을 면제받아 참판사 접대를 위해 내려가는 파발이 도착하여 귀양처에서 11월 17일에 출발하여 상경했다. "있는 그대로 일본의 竹嶋에는 가지 않았으며 우리나라의 울릉도에 간 것이라고 회답하는 것이 지당하다."는 결론을 듣고 박동지가 놀라 조정의 판서 중에서 친밀하게 지내는 분이 있어 몰래 댁으로 찾아가 다음과 같이 말했다.

"이번 교섭은 중요하기 그지없습니다. 있는 그대로 전달하고 일본이 성신을 다하여 돌려주는 결과가 된다면 더 이상 바랄 것이 없습니다. 하지만 이전에는 어떠했든지 근래에는 일본이 지배하여 왔으며 일본에 소속된 섬을 조선 소속이라고 하는 것을 거절한다는 결과가 되어 버린다면 교섭이 결렬되고 마는 것입니다. 그때에 이르러 일을 무마하려고 한다면 조선 국내의 불만과 중국에 퍼질 소문은 어떻게 할 것이니까? 잘 생각하시길 바랍니다. 울릉도는 조선 소속임에는 틀림이 없으며 나라의 지도에도 실려 있고 중국에도 알려져 있지만 임진왜란 이후 그곳에서 거주하는 자들을 모두 철수시키고 관리를 하지 않았으므로 섬을 버린 것과 마찬가지입니다. 버린 이상 일본이든 중국이든 취해서는 안 되는 것이 아닙니다. 우리 섬을 이유 없이 일본에게 빼앗긴 것이 아니라 버린 섬을 일본이 가져 간 것과 같은 것이므로 특별히 조선의 소문이 나빠지는 않을 것입니다."라고 여러 가지 비밀스러운 이야기를 말씀드렸으며, 게다가 접위관께서 이야기 해둔 것은 "이곳의 상황이 위와 생각하시는 분들이 대다수인 관계로 접위관께서 아뢰기 어려우시겠지만 지금 당분간 도성의 형편이 좋아 보이겠지만 교섭이 결렬되면 접위관의 행동이 잘못되었다는 것처럼 될 것입니다. 분명히 또 다시 조선을 위해 생각하지 않은 것과 마찬가지 일이 될 것입니다. 지금 한 번 더 조정 대신들과 해야 할 것입니다."라고 자세하게 말쓸드렸더니 의외로 잘 받아들이서 11월 19일에 도성을 출발하기로 되어 있던 것을 22일로 연기하고 조정의 판서들 댁을 스스로 돌아다니며 접위관의 생각인 것처럼 말씀드렸습니다. 조정에 한 사람, 판서 중에도 한두 사람이 동의해 주시는 분이 계셔서 결론이 나왔습니다. 그때 접위관에게 "박동지는 어떻게 생각하는가?"라고 물어보셔서 접위관이 "'박동지의 의중은 알지 못합니다.'라고 답변했더니 바로 저를 불러 들이셔서 출두했습니다. 출두해서 물어보시는 내용에 제 생각대로 남김없이 말씀드렸더니 잘 받아들이시고, 또 다시 조정에서 상의를 하셨습니다. 동의하지 않는 분들도 매우 많았는데" 울릉도 정도의 섬을 무슨 이익이 있다고 일본에서 분쟁으로 만들 것이며, 거듭해서 무슨 말을 해올 것인가? 일본 소속으로 정리하는 것은 있을 수 없는 일입니다. 예전에도 없었던 일입니다."라고 입을 모아 발언해 평의가 끝나지 않던 차에 접위관이 직소를 드려 임금의 동의를 얻었습니다. 그 내용은 현재와 같은 교섭은 좋지 않다는 것으로 드디어 땅은 일본에게 건네고 이름만 조선에 남기는 것을 타협점으로 하여 교섭이 결렬되는 일이 없도록 하라고 조정의 뜻이 결정되었습니다.[38]

박동지의 생각은 첫째, '근래에는 일본이 지배하여 왔으며 일본에 소속된 섬[39]'을 조선 소속이라고 하는 것을 거절한다는 결과가 되어 버린다면 교섭이 결렬되고 마는 것이고, 무마하려고 한다면 조선 국내의 불만과 중국에 퍼질 소문은 어떻게 할 것이니까?'라고 하였고, 둘째, '버린 섬을 일본이 가져 간 것과 같은 것이므로 특별히 조선의 소문이 나빠지는 않을 것이라.'라고 생각하고, 셋째, '교섭이 결렬되면 접위관의 행동이 잘못되었다는 것처럼 될 것이다.'라고 하였다. 첫째~셋째 이유 때문

---

38) 같은 책 권1, 元禄 7년 2월 15일, 「박동지의 답변」.
39) 박동지는 울릉도는 근래에는 일본이 지배하여 왔으며 일본에 소속된 섬이라고 하였다. 쓰시마의 '울릉도'는 임진왜란 이후 조선이 울릉도를 함부로 두고 관리하지 않아서 일본이 점거하게 된 것을 반영하였다.

에 '지금 한 번 더 조정 대신들과 해야 할 것입니다.'라고 자세하게 말하였더니 의외로 잘 받아들여 11월 19일에 도성을 출발하기로 되어 있던 것을 22일로 연기하였다. 조정의 판서들 댁을 박동지 스스로 돌아다니며 접위관의 생각인 것처럼 말씀드렸다. 조정에 한 사람, 판서 중에도 한두 사람이 동의해 주시는 분이 계서서 결론이 나왔다. 또 다시 조정에서 상의를 하였고, 동의 안하는 사람이 매우 많아서 접위관이 직소하여 숙종의 동의를 얻었다. 드디어 땅은 일본에게 건네고 이름만 조선에 남기는 것을 타협점으로 하여 교섭이 결렬되는 일이 없도록 하라고 조정의 뜻이 결정되었다. 그렇게 되면서 예조 참판의 회답서는 "비록 우리나라의 울릉도일지라도 또한 아득히 멀리 있는 까닭에 절대로 마음대로 왕래하지 못하게 하였는데, 하물며 그 밖의 섬이야 더 말할 게 있겠습니까? 이번에 감히 귀국의 竹嶋에 들어가서 번거롭게 영송하고 멀리에서 수고롭게 서한까지 보내게 하였으니 교린 하는 정의에 있어 실로 기쁘고 감사드립니다."고 하였으며 '2島 2名'을 채택하였다.

　흔히들 당시 조정에서는 일본 측에서 말하는 竹島가 조선의 울릉도라는 사실을 분명히 인식하고 있었지만, 외교적인 마찰을 우려한 나머지 울릉도가 사실상 비워서 내버려둔 땅과 마찬가지이니 일본 어민의 범월 행위를 묵인하자는 식의 결론을 내린 것이라고 하였고,[40) 또 조정은 이제까지 신경 쓰지 않았던 섬 때문에 일본과의 우호가 손상되는 것을 우려하여 竹島와 울릉도가 다른 섬인 것처럼 2도 2명책을 궁리했다는 것이다.[41) 박동지가 쓰시마 도주에게 두터운 은혜를 입은 일본인 한 사람

---

40) 장순순, 「17세기 조일관계와 '鬱陵島爭界'」 『역사와 경계』 84, 부산경남사학회, 2012, 49쪽.
41) 박병섭, 앞의 논문 2007, 46쪽.

을 조선에 둔 것과 마찬가지라는 생각을 하여 당초 조정의 상의에서는 그저 있는 그대로 일본의 竹島에는 가지 않았으며 우리나라의 울릉도에 간 것이라고 회답하는 것이 지당하다는 결론이 나왔다는 것을 들어 박동지가 놀라 조정의 판서들 댁을 박동지 스스로 돌아다니며 접위관의 생각인 것처럼 말씀드려 숙종의 동의를 얻어 드디어 땅은 일본에게 건네고 이름만 조선에 남기는 것을 타협점으로 하여 교섭이 결렬되는 일이 없도록 하라고 조정의 뜻이 결정되어 예조 참판 회답서에 ‘2島 2名’설을 채택하였다.

정관의 답변은 예조 참판의 회답서 중 ‘울릉도 삭제’를 요구하였고, 접위관의 답변은 비록 조정에 전달하더라도 결코 ‘울릉도’ 삭제하거나 고칠 수 없다고 하였다.[42]

다다 요자에몬(多田與左衛門=橘眞重)은 임진왜란 이후 조선이 함부로 두고 관리하지 않아서 일본이 점거하게 된 것이라며 울릉도에 대한 일본의 계속적인 지배를 주장한 것이었다. 따라서 울릉도를 조선 땅이라고 하는 ‘弊境之鬱陵島’라고 쓰인 조선의 서한을 받아들일 수 없었다. 이 구절의 삭제 문제를 둘러싸고 양국 간에 응수가 이어졌지만 서계의 개찬 요구는 결렬되었고, 3개월여 동안 진행되었던 ‘鬱陵島爭界’에 관한 제1차 교섭이 결렬되어 1694년 2월 22일, 다다 요자에몬(多田與左衛門=橘眞重)은 왜관을 떠나 귀국했다.[43] 그 때문에 임시 직책인 접위관 홍중하도 그 임무를 마치게 되었다.[44]

---

42) 『竹嶋紀事』권1, 元祿 7년(1694) 2월 15일, 「접위관이 요자에몬에 보내 온 구술서」.

43) 같은 책 권1, 元祿 7년 2월 22일.

44) 박병섭, 앞의 논문 2007, 47쪽.

제2장 '鬱陵島爭界' 2차 교섭

1694년 2월 27일, 다다 요자에몬(多田與左衛門=橘眞重) 일행이 예조 참판의 회답서를 가지고 쓰시마에 도착하였다. 다음 날인 2월 28일, 그동안의 교섭 상황을 보고하자 쓰시마 번에서는 다시 조선 측이 보낸 답서의 개찬을 요구하기로 하였다. 3월, 재 협상단을 꾸렸다. 대차사 정관에는 1차 교섭 때와 마찬가지로 다다 요자에몬(多田與左衛門=橘眞重), 도선주 요네다 류자에몬(米田柳左衛門), 봉진 데라사키 요시에몬(寺崎与四右衛門)이 임명되어 도해를 지시하였다. 그 목적은 문제가 되었던 '弊境之鬱陵島' 구절의 삭제를 요구하는 쓰시마 번주 소 요시자네의 서간을 전달하기 위해서였다.[1]

3월 19일, 선향사 스즈키 가헤지(鈴木加平次)를 파견하였으며 왜관에 도착하자마자 쓰시마 도주의 지시로 참판사 다다 요자에몬(多田與左衛門=橘眞重)이 또 도해할 것이라는 것을 館守가 동래부사에게 전달하였다. 5월 5일, 동래부사가 양역을 통해 선향사의 건에 대한 조정의 답변이

---

1) 『竹嶋紀事』권1, 元祿 7년(1694) 3월, "대차사 정관 다다 요자에몬(多田與左衛門=橘眞重), 도선주 요네다 류자에몬(米田柳左衛門), 봉진 데라사키 요시에몬(寺崎与四右衛門)에게 도해를 지시하였다. 竹嶋一件으로 인해 지난번에 사자를 보내었으나 답장 안에 울릉도가 기재되어 있었다. 우리 쪽에서 울릉도라고 언급하지 않았음에 그 섬의 이름이 보이는 것은 납득하기 어려우므로 이 문자를 삭제하여 마땅할 것이라고 생각한다. 따라서 또 다시 사자를 보내 요청한다는 내용을 예조 참판, 예조 참의, 동래부사, 부산첨사에게 보내는 도주의 서간을 전달하였다."

도착했다. 그 내용은 만약 竹嶋와 관련해서 파견하는 것이라면, 이 건은
지난번에 교섭을 끝내고 사자가 답장도 받아서 귀국한 일이므로 또 다
시 파견하는 것은 없을 수 있다. 따라서 이번의 사자는 파견하지 말도록
하였다는 것을 관수에게 통보하였다. 관수와 재판이 竹嶋의 건은 막부
로부터 지시를 받아 지시를 받아 전달한 것이므로 답장 중에 받아들이
기 어려운 부분이 있으면, 몇 차례에 걸쳐 수정해야 된다. 사자를 받아
들이고 접위관이 내려와 사건의 취지 또는 사자의 구두전달을 잘 들어
야 그 다음에 좋고 나쁨에 대한 답변을 하여 할 것이다. 그리고 "이미
사자를 파견하라는 지시가 있어 아마 쓰시마에서 출범하였을 것이라고
생각하여 동래부사에게 말씀드리고 도성에 보고하도록 하십시오."라고
전달했다.[2] 5월 28일, 요자에몬 일행이 쓰시마 부내의 포구를 출범하여
요자에몬 일행이 5월 2일에 와니우라 세키소에 회항하여 도착했고, 윤
5월 13일에 요자에몬 일행이 도해하여 왜관에 도착했기 때문에 관왜는
'아마 쓰시마에서 출범하였을 것'이라는 것을 거짓말을 하였다.

　다다 요자에몬(多田與左衛門=橘眞重) 일행은 윤 5월 13일에 왜관에 왔
다.[3] 그 목적은 문제가 되었던 '弊境之鬱陵島' 구절의 삭제를 요구하는
쓰시마 번주 소 요시자네의 서간을 전달하기 위해서였다. 아울러 조선
에서 받은 서한을 납득할 수 없다고 해 돌려주기 위해서였다.[4] 이에 조

---

2) 같은 책 권1, 元祿 7년 3월·5월 28일·윤 5월 13일.
3) 같은 책 권1, 元祿 7년 윤 5월 13일.
4) 같은 책 권1, 元祿 7년 3월, "대차사 정관 다다 요자에몬(多田與左衛門=橘眞重),
　도선주 요네다 류자에몬(米田柳左衛門), 봉진 데라사키 요시에몬(寺崎与四右衛
　門)에게 도해를 지시하였다. 竹嶋一件으로 인해 지난번에 사자를 보내었으나 답
　장 안에 울릉도가 기재되어 있었다. 우리 쪽에서 울릉도라고 언급하지 않았음에
　그 섬의 이름이 보이는 것은 납득하기 어려우므로 이 문자를 삭제하여 마땅할 것
　이라고 생각한다. 따라서 또 다시 사자를 보내 요청한다는 내용을 예조 참관, 참

정에서는 접위관 兪集一이 임명되어 제2차 교섭이 시작되었다.

다다 요자에몬(多田與左衛門=橘眞重)이 지니고 건너간 예조 참판, 예조 참의, 동래부사, 부산첨사에게 전달하였다. 쓰시마 번주 소 요시자네의 예조 참판 서간은 다음과 같다.

> 「일본국 쓰시마 주 태수 습유 다이리 요시자네(平義倫)는 조선국 예조 참판 대인 합하에 글을 올립니다.」

> 사신이 돌아오는 편에 곧바로 회답 서한을 받고 몇 번을 되풀이하여 읽었습니다. 지난번 귀국의 어민으로 본국의 竹嶋에 들어온 자는 돌려보냈습니다. 우리가 보낸 서한에서 울릉도의 일을 언급하지 않았습니다. 지금 회답서한에 ‘울릉도’라는 명칭이 있으니 이는 이해하기 어려운 바입니다. 이에 다시 정관 다치바나 마사시게(橘眞重), 도선주 후지나루 도키(藤成時)를 파견하니 ‘울릉’이라는 명칭을 빼주기만을 바랄 뿐입니다. 보잘것없는 제가 동쪽으로 갈 것이기에5) 자세하게 말씀드리지 않고 나머지 사연은 사신을 통해 구두로 다 말씀드리게 하겠습니다. 변변치 못한 본국의 예물을 올려 정성을 펴니 웃으며 받아주십시오. 격식을 갖추지 못하고 이만 줄입니다.

> 甲戌年(1694) 2월 일
> 쓰시마 주 태수 습유 다이라 요시자네6)

예조 참판, 예조 참의, 동래부사, 부산첨사의 내용은 대동소이하였다.

의, 동래부사, 부산첨사에게 보내는 도주의 서간을 전달하였다.”
5) 같은 책 元祿 7년 3월, 「예조 참의 서간」, “보잘것없는 제가 동쪽으로 갈 것”이라는 예조 참의의 서간인 “제가 에도로 참근 교대를 떠날 것”이라는 구절이 있다. ‘동쪽’은 ‘에도 참근교대’를 뜻한다.
6) 같은 책 권1, 元祿 7년 2월.

쓰시마 번주 서간은 우리가 보낸 서한에서 울릉도의 일을 언급하지 않았고, 예조 참판 회답서 사본의 경우 '울릉도'라는 명칭이 있으니 '울릉'이라는 명칭을 빼주기 바란다고 언급하였다. 김몽신이 왜인이 거듭 출래한 일을 보면 그 정황이 아주 나쁘다고 하였다.[7] 7월 21일에 竹嶋 답장의 필사본 및 답장 중에 울릉도라는 문자가 있는 것이 수상해 보이므로 자세한 것을 저쪽 나라에 물어보기 위해 사자를 다시 한 번 파견해 두었다는 취지의 구술서를 첨부하여 에도 막부 老中 아베 분고노카미에 올렸다.[8]

그 사이 조선 조정에서는 4월, 甲戌換局[9]으로 인해 남인정권이 실각

---

[7] 『승정원일기』 숙종 20년(1694) 윤 5월 24일.

[8] 『竹嶋紀事』 권1, 元祿 7년(1694) 7월 21일. 장순순은 「조선후기 對馬藩의 조선 교섭과 1693년 울릉도 영속시비」(『동북아역사논총』 2012, 동북아역사재단, 210쪽) 연구논문에서 『通航一覽』 권137, 「朝鮮國部」 113, '竹島'에 근거하여 "여기서 주목할 것은 쓰시마가 조정 조정에 막부의 문책을 이류로 '울릉'라는 문구의 삭제를 요구했으나, 쓰시마 번은 그동안에 전개된 대조선 교섭 과정을 막부에 전혀 보고하지 않았다는 점이다. 만약 조선에서 쓰시마 의 요구를 받아들이고 혹시라도 서계 내용 중 울릉도를 삭제해 준다면, 막부에게는 竹島가 조선의 울릉도와 동일한 섬이라는 사실을 은폐할 작정이었던 것이다. 또한 막부로 하여금 竹島를 조선의 울릉도와는 별개의 무인도로 인식시켜 막부에 대한 쓰시마 번의 충성을 재인식시키는 한편, 그에 따라 막부로부터 있을지도 모르는 모종의 반사 이익을 노렸을 것으로 보인다."(『숙종실록』 숙종 20년 <1694> 8월 14일 <기유>)하여 쓰시마 번은 그동안에 전개된 대조선 교섭 과정을 막부에 전혀 보고하지 않았다고 하였다.

[9] 갑술환국이란 1694년에 노론계의 金春澤과 소론계의 韓重赫 등이 폐비 민씨의 복위운동을 전개하는 과정에서 정권을 쥐고 있던 남인계의 閔黯·李義徵 등이 민씨 복위 운동의 주동자들을 심문하게 된 것을 기화로 숙종이 己巳換局 당시 국문을 주관한 민암과 판의금부사 柳命賢 등을 귀양 보내고, 훈령청과 어여청의 양 대장에 申汝哲·尹趾完 등 소론계를 등용하여 정국을 일변시킨 사건이다(갑술환국에 대해서는 이희환, 『조선후기 당쟁연구』 국학사료원, 1995 ; 정경희, 「숙종대

하고, 소론정권이 집권하게 되어 南九萬을 영의정, 朴世采를 솨의정, 尹
趾完을 우의정으로 기용하였다.[10] 남인정권을 울릉도에 대한 온건론을
제기했고, 소론정권은 울릉도에 강경론에 대처하였다. 남구만 정권은 숙
종에게 강경한 대응을 요청하면서[11] 쓰시마 번의 '울릉' 두 글자를 삭제
해달라는 쓰시마의 요구에 불응하고, 오히려 앞서 쓰시마에 건넸던 회
답서계의 회수를 결정했다.

대차사 정관 다다 요자에몬(多田與左衛門=橘眞重)이 돌아오면서 봄
무렵에 받아 간 回書를 가지고 왔고, 또한 쓰시마 번주의 書契를 받았다.
서계에 이르기를, "우리의 서계에는 일찍이 울릉도를 언급하지 않았는
데, 회서에는 갑자기 '울릉' 두 글자를 거론했습니다. 이는 알기 어려운
바이니 오직 삭제하기 바랍니다." 하였다. 남구만이 그만 그 말을 따라
앞서의 서계를 고치려고 하자, 윤지완이 안 된다고 고집하기를, "이미
國書로 돌아가는 사자에게 붙였는데, 어찌 감히 다시 와서 고치기를 청
할 수 있겠습니까? 만일 이번에 책망하기를, 竹島는 곧 우리 울릉도이
다. 우리나라 사람이 가는 것이 어찌 境界를 범한 것인가 하고 한다면,
왜인들이 할 말이 없을 것입니다." 하였다. 남구만이 드디어 이를 가지
고 들어가 아뢰니, 숙종이 이르기를, "교활한 왜인들의 정상으로 보아
필시 점거하여 소유하려는 것이니, 전일에 의논한 대로 바로 말을 하여
대꾸해 주라."고 하였다.[12] 따라서 앞서의 예조 참판의 회답서는 무용지
물이 되었다.

남구만은 왜인들이 말하는 竹島가 우리나라의 울릉도이며, 지난번 일

탕평론과 '탕평'의 시도」서울대학교 국사학과 석사학위논문, 1993).
10) 『숙종실록』 권26, 숙종 20년(1694) 4월 1일(무진).
11) 같은 책 권26, 숙종 20년 2월 23일(신묘).
12) 같은 책 권26, 숙종 20년 8월 14일(기유).

본에 보낸 회답서는 특히 모호하니 마땅히 접위관을 파견하여 앞서의 회답서를 되돌려 받고, 울릉도에 들어오는 일본인을 모두 용납하지 않아야 한다고 했다.[13]

다다 요자에몬(多田與左衛門=橘眞重)은 서계 속의 '竹嶋'와 '울릉'이 '1島 2名'처럼 보여서 혼동되므로 양국의 분쟁이 끝나지 않는다고 하며 '울릉'이라는 두 글자를 삭제해 줄 것을 요청하고, 8월 25일, 작년에 다다 요자에몬(多田與左衛門=橘眞重)이 수령하여 귀국했던 조선 측 답신을 되돌려주었다.[14] 조정에서 새로운 서계의 지급에 앞서 쓰시마로부터 앞서의 회답서계를 수령한 이유는 '竹島=일본 령'이라는 문구가 들어 있는 문서를 남기지 않음으로써, 앞으로 야기될 수도 있는 영유권 논쟁의 단서를 없애려는 의도였던 것으로 보인다.[15] 그런데 그때까지도 쓰시마번은 이제까지 대조선 교섭 과정을 막부에 보고하지 않았다.[16]

유집일은 접위관으로 파견되기에 앞서 안용복을 불러 사정을 보고받았다.

대개 안용복과 박어둔이 처음 일본에 갔을 적에 매우 대우를 잘하여 의복과 胡椒와 초(燭)를 주어 보냈고, 또한 모든 섬에 移文하여 아무 소리도 못하게 했는데, 長碕島에서 侵責하기 시작했다. 對馬島主의 서계에 '竹島'란 말은 곧 장차 江戶에서 공을 과시하기 위한 계책이었는데, 兪集一이 안용복에게 물어보자 비로소 사실을 알았다.[17]

---

13) 『승정원일기』 숙종 20년 윤5월 24일(경인).
14) 『竹嶋紀事』 권2, 元祿 7년(1694) 8월 25일.
15) 장순순, 「17세기 후반 안용복의 피랍·도일사건과 의미」 『이사부와 동해』 5, 한국이사부학회, 2013, 175쪽.
16) 『通航一覽』 권137, 「朝鮮國部」 113, '竹島'.
17) 『숙종실록』 권26, 숙종 20년(1694) 8월 14일(기유).

안용복은 처음 일본에 갔을 적에는 매우 대우를 잘 받았는데 나가사키 섬(長碕島)에 이르러 침책이 시작되었다고 진술하였고, 쓰시마 번주의 '竹島'란 말은 곧 장차 강호, 에도 막부에 공을 과시하기 위한 계책이라고 하였다. 유집일이 그제야 倭差를 꾸짖기를, "우리나라에서 장차 일본에 글을 보내 안용복 등을 침책한 상황을 갖추어 말한다면, 모든 섬들이 어찌 아무 일이 없을 수 있겠는가?" 하니, 왜차들이 서로 돌아보며 실색하여 비로소 스스로 굴복하였다.[18] 이에 이르러 남구만이 다음과 같이 전일의 回書를 고치기를 하였다.

우리나라 강원도의 울진현에 속한 울릉도란 섬이 있는데, 본 현의 동해 가운데 있고 파도가 험악하여 뱃길이 편리하지 못하기 때문에, 몇 해 전에 백성을 옮겨 땅을 비워 놓고, 수시로 公差를 보내어 왔다 갔다 하여 搜檢하도록 했습니다. 本島는 峰巒과 수목을 내륙에서도 역력히 바라볼 수 있고, 무릇 산천의 굴곡과 지형이 넓고 좁음 및 주민의 유지와 나는 토산물이 모두 우리나라의 『輿地勝覽』이란 서적에 실려 있어, 역대에 전해 오는 사적이 분명합니다. 이번에 우리나라 해변의 어민들이 이 섬에 갔는데, 의외에도 귀국 사람들이 멋대로 침범해 와 서로 맞부딪치게 되자, 도리어 우리나라 사람들을 끌고서 江戶까지 잡아갔습니다. 다행하게도 귀국 大君이 분명하게 사정을 살펴보고서 넉넉하게 노자를 주어 보냈으니, 이는 교린하는 인정이 보통이 아님을 알 수 있는 일입니다. 높은 의리에 탄복하였으니, 그 감격을 말할 수 없습니다. 비록 그러나 우리나라 백성이 어채하던 땅은 본시 울릉도로서, 대나무가 생산되기 때문에 더러 竹島라고도 하였는데, 이는 곧 하나의 섬을 두 가지 이름으로 부른 것입니다. 하나의 섬을 두 가지 이름으로 부른 상황은 단지 우리나라 서적에만 기록된 것이 아니라 귀주 사람들도 또한 모두 알고 있는 것입니다. 그런데 이번에 온 서계 가운데 竹島를 귀국의 지방이라 하여 우리나라로 하여금 어선이 다

---

18) 같은 책 권26, 숙종 20년 8월 14일(기유).

시 나가는 것을 금지하려고 하였고, 귀국 사람들이 우리나라 지경을 침범해 와 우리나라 백성을 붙잡아간 잘못은 논하지 않았으니, 어찌 誠信의 도리에 흠이 있는 일이 아니겠습니까? 깊이 바라건대, 이런 말뜻을 가지고 東都에 轉報하여, 귀국의 변방 해안 사람들을 거듭 단속하여 울릉도에 오가며 다시 사단을 야기하는 일이 없도록 한다면, 서로 좋게 지내는 의리에 있어 이보다 다행함이 없겠습니다.[19]

9월 10일에 조선 측 역관이 남구만이 고친 서계를 예조 참판이 고쳐 예조 참판 명의의 쓰시마 번주에 주는 회답서이다. 예조 참판의 회답서는 다음과 같다.

「조선국 예조 참판 李畬는 일본국 쓰시마 주 태수 平公 합하에게 답장을 올립니다.」

차사가 오는 편에 보내주신 서한도 함께 오니 진실로 위로가 되고 감사드립니다. 우리나라 강원도 울진현에 속한 '울릉'이란 섬이 본 현의 동해에 있는데 바람과 파도가 위험하여 뱃길이 불편합니다. 그 때문에 그곳 백성들을 옮겨 그곳을 비우고 수시로 公差를 보내 왕래하며 수색 점거하였습니다. 本島의 산과 나무는 육지에서도 또렷하게 바라보인대, 구불거리는 산천, 넓고 좁은 지형, 백성들이 살았던 옛 터, 그곳에서 생산되는 토산물이 모두 우리나라의 『興地勝覽』이란 서적에 실려 있어, 역대에 전해 오는 사적이 분명합니다. 그런데 지금 우리나라 해변의 어민들이 그 섬에 갔다가 생각지도 않게 국경을 넘어온 귀국의 사람들과 만났는데, 그들이 도리어 두 명의 우리 백성을 붙잡아 江戸에 보냈습니다. 다행하게도 귀국 大君이 분명하게 사정을 살펴보고서 넉넉하게 노자를 주어 보냈으니, 이는 교린하는 인정이 보통이 아님을 알 수 있는 일입니다. 대군의 훌륭함에 탄복하였으니, 그 감격을 말할 수 없습니다. 그렇기는 하지만 우리 어민들

---

19) 같은 책 권26, 숙종 20년 8월 14일(기유).

이 고기잡이 하는 곳은 본래 울릉도입니다. 그곳에서 대가 생산되기 때문에 더러 竹嶋라고도 하니, 이는 바로 섬은 하나인데 이름은 둘인 셈입니다. ‘一島 一名’의 실상은 우리나라 서적에만 기록된 것이 이니라 귀주 사람들도 또한 모두 알고 있습니다. 그런데 이번에 온 서한 가운데 竹嶋를 귀국의 땅이라 하며 우리나라에서 어선이 다시 그곳에 나가는 것을 금지시키고자 하려고 하였고, 귀국 사람들이 우리나라 국경을 침범해 와 우리나라 백성들을 붙잡아간 잘못은 논하지 않았으니, 어찌 誠信의 도리에 흠이 있는 일이 아니겠습니까? 간절 바라건대, 이런 말뜻을 가지고 東都에 轉報하여, 귀국의 변방 해안 사람들을 거듭 단속하여 울릉도에 오가며 다시 사단을 야기하는 일이 않도록 신칙하여주십시오. 그렇게 해주신다면 상호 우호의 정의에 있어 매우 다행일 것입니다.

　　보내주신 값진 선물은 감사히 받겠습니다. 변변치 못한 예물을 서신과 함께 보내는 잘 살펴주십시오. 격식을 갖추지 못하고 이만 줄입니다.

甲戌年(1694) 9월 일

예조 참판 이여[20]

　　예조 참판 회답서는 남구만이 고친 서계의 내용은 대동소이하다. 남구만이 고친 서계와 예조 참판 명의의 이번 서계는 다다 요자에몬(多田與左衛門=橘眞重) 일행이 1차 도항 때 발급했던 것과는 전혀 다른 차원의 완강한 내용이었다. 조정은 첫째, 울릉도와 竹嶋를 ‘2島 2名’으로 하던 방침을 접고 竹嶋와 울릉도는 ‘1島 2名’으로 하나의 섬이고 울릉도는 조선 땅이라고 하고, 둘째, ‘우리의 백성들이 국경을 넘어’ 방침을 접고 일본이 월경 침입이라고 하였으며, 셋째, 앞으로 연해 등지에 科條를 엄하게 세워 이를 각별히 신칙하도록 할 것이라는 방침을 접고 동도(江戶)에 전보하여 귀국의 변방 해안 사람들을 거듭 단속하여 울릉도에 오가며 다시 사단을 야기하는 일이 않도록 신칙하도록 하게 해달라고 전했다.

---

20) 『竹嶋紀事』 권2, 元祿 7년(1694) 9월.

9월 12일, 조선 측 역관이 새로운 서계를 가지고 왜관으로 왔다. 사본 초안을 꼼꼼히 살펴보고 이상이 없을 때 수령하는 것이 관례였다. 그렇지만 문서의 전달과정도 관례와 다르게 서계의 사본을 보여주지도 않고 역관의 구두로 대략적인 내용을 전한 후 정본 개봉 없이 전달했다. 결국 다다 요자에몬(多田與左衛門=橘眞重)은 새롭게 교부된 서계를 직접 받지 않고, 대신 도선주가 받도록 한 후 귀국하기로 하였다.[21)

일본인의 울릉도 도해 금지를 요구하는 서한으로 다다 요자에몬(多田與左衛門=橘眞重)은 놀라 쓰시마 번주에 보고하였고, 귀국할 뜻을 전했다.[22) 이와 같은 조선에서의 상황이 쓰시마에 전해지자 전 도주 소 요시자네를 비롯한 쓰시마의 가로들은 다다 요자에몬(多田與左衛門=橘眞重)이 몇 년이 걸리더라도 이번과 같은 非法, 非道를 인정해서는 안 된다. 이러한 선례를 깨는 일을 용인한다면 앞으로의 대조선 교섭에 악영향이 미친다는 엄한 질책을 담은 회신을 보냈다. 또 10월 1일자 쓰시마 번의 원로가 보낸 서장에서는 회신의 사본을 먼저 받지 않고 정본만을 받아 귀국하는 것은 인정하기 힘들며, 병을 칭해서라도 체재를 연장해 사본을 받을 때까지 귀국해서는 안 된다고 명한 사실을 다시 환기시키고 그 취지를 왜 지키지 않느냐고 질책하기까지 했다.[23) 제2차 교섭에서는 조선 측의 답서 내용뿐 아니라 답서의 전달 방법까지도 포함하는 문제가 발생한 것이다.[24)

---

21) 같은 책 권2, 元祿 7년 9월 12일.
22) 같은 책 권2, 元祿 7년 9월 25일, 「요자에몬이 보내는 쓰시마의 도시요리들에게 보고 드리는 9월 25일자 서장의 대략을 아래에 기록함」, "저는 지난 22일 답신을 수령하여 가까운 시일 내에 이것을 출선하려 합니다."
23) 같은 책 권2, 元祿 7년 9월 ; 『竹嶋記下書』 下.
24) 장순순, 「조선후기 對馬藩의 조선 교섭과 1693년 울릉도 영속시비」 『동북아역사논총』 37, 동북아역사재단, 2012, 211쪽.

조선 측 접위관의 부임은 3개월여가 지난 8월에 이루어졌다. 접위관으로는 홍문관 교리 兪集一이 파견되었고, 8월 3일에 유집일 접위관이 동래에 도착하였다. 8월 9일에 다다 요자에몬(多田與左衛門=橘眞重) 일행에 대한 茶禮에 참석하였다.[25] '鬱陵島爭界' 2차 교섭이 시작되었다. 이 교섭에서 조정은 그때까지 울릉도와 竹島를 '2島 2名'으로 하던 방침을 전환해 울릉도와 竹島는 '1島 2名'이고 조선 땅이라는 예조 참판의 서한을 차왜에게 넘겼다.[26] 그 서한의 후반 부분에서 일본인의 울릉도 도해금지를 요구하며 다음과 같이 적었다.

남구만이 전일의 回書를 고치기를, … 비록 그러나 우리나라 백성이 漁採하던 땅은 본시 울릉도로서, 대나무가 생산되기 때문에 더러 竹島라고도 하였는데, 이는 곧 하나의 섬을 두 가지 이름으로 부른 것입니다. 하나의 섬을 두 가지 이름으로 부른 상황은 단지 우리나라 서적에만 기록된 것이 아니라 貴州 사람들도 또한 모두 알고 있는 것입니다. 그런데 이번에 온 서계 가운데 竹島를 귀국의 지방이라 하여 우리나라로 하여금 漁船이 다시 나가는 것을 금지하려고 하였고, 귀국 사람들이 우리나라 지경을 침범해 와 우리나라 백성을 붙잡아간 잘못은 논하지 않았으니, 어찌 誠信의 도리에 흠이 있는 일이 아니겠습니까? 깊이 바라건대, 이런 말뜻을 가지고 東都에 轉報하여, 귀국의 변방 해안 사람들을 거듭 단속하여 울릉도에 오가며 다시 사단을 야기하는 일이 없도록 한다면, 서로 좋게 지내는 의리에 있어 이보다 다행함이 없겠습니다."[27]

이 서한을 보고 다다 요자에몬(多田與左衛門=橘眞重)은 놀랐다. 조선의 지난번의 서한과 전혀 달라 갑자기 일본인의 울릉도 왕래 금지를 요

---

25) 『竹嶋紀事』 권1, 元祿 7년(1694) 8월 9일.
26) 『숙종실록』 권26, 숙종 20년(1694) 8월 14일(기유).
27) 같은 책 권27, 숙종 20년(1694) 8월 14일(기유).

구했기 때문이다. 쓰시마 번은 조선이 이렇게 방침을 바꾼 배경에 안용복의 영향이 있다고 보고 다음과 같이 짐작했다.

계유년(1693)의 서한과 갑술년(1694)의 서한 내용이 유난히 다른 이유는 竹嶋로 나간 조선 어민들을 불러 현재의 조선 조정에서 직접 물었더니 저들이 말하기를 "竹嶋에서 줄에 묶여 죄인 취급을 받고 에도에 보냈습니다. 그런데 에도에서는 의외로 바뀌어서 그렇게 한 것이 매우 포박했던 자들을 斬罪를 명하고, 우리들에게는 의복을 주시어 정중하게 접대해 주고 나가사키까지 보내주셨다는 것입니다, 도중에 가마에 태워주시고, 좌우에서 부채질을 해주고 금은을 주시는 등 극진한 대접을 받았습니다. 나가사키에서 다이슈(對州 ; 쓰시마 번)의 관원들에게 인계된 후, 다시 죄인 취급을 받았다고 하는 것입니다. 우리들은 죄인처럼 다루고 다시 그 섬으로 왕래하지 않도록 한 것은 에도의 마음은 아니고 오직 쓰시마의 생각입니다."라고 했다고 하는데 조정에서 매우 타당하다고 생각하여 쓰시마를 의심하여 막부의 명령이 아닌 것을 말한 것으로 생각하여 '경계를 침범해 들어왔다(犯越侵涉)', '성신의 결여(欠誠信)' 등의 문자로 쓰게 된 것입니다. 위의 어민들이 말한 것을 가지고 생각하면 갑술년의 회답서 중에 "뜻하지 않게 귀국 사람들이 스스로 국경을 넘어 공교롭게 오히려 어민을 붙잡아 에도로 끌고 갔습니다. 다행히도 귀국의 대군이 충분히 사정을 살펴 주시어 많은 노자를 주어 보냈습니다."라고 되어 있는 것은 그 취지에 어울리므로, 어민의 말을 그대로 받아들여 조정은 직접 그 취지를 썼다고 생각됩니다. 이나부성을 에도로 착각한 데서 이러한 일이 시작되었다고 의심이 가니, 이것을 충분히 밝히면 앞으로는 납득하여 적절한 회답서를 받을 수 있으리라 생각됩니다.[28]

안용복은 그 '에도', 즉 이나바국에서는 접대를 잘 받았는데 쓰시마 번에서 갑자기 죄인 취급을 당한 것은 막부의 명이 아니라, 쓰시마 번이

---

28) 『竹嶋紀事』 권3, 元祿 8년(1695) 8월 6일.

제멋대로 한 것이라는 안용복의 공술이 조정에서 거의 신용되었다.29)

조선의 강경한 서한에 대해 쓰시마 번은 1694~1695년 5월까지 1년여에 걸친 쓰시마 번의 노력은 필사적이었다.30) 서계 개찬 교섭을 위해 왜관에 체류 중이던 다다 요자에몬(多田與左衛門=橘眞重) 등 차왜 일행이 조선과의 외교 협상을 성사시키기 위해 쓰시마 번과 얼마나 긴밀하게 연락하게 주고받으면서 교섭을 진행하고 있는지가 잘 나타나 있다. 당시 왜관에 체재 중이던 다다 요자에몬(多田與左衛門=橘眞重)은 조선과의 외교 협상을 성사키기 위해 왜관에서 지급하는 잡물을 받지 않고, 헤진 옷을 입고 밥을 구걸해 먹는 등의 고초에도 불구하고 태도를 바꾸지 않았다. 다다 요자에몬(多田與左衛門=橘眞重)의 이 같은 강경한 태도로 당시 "中外가 흉흉하여 임진년과 같은 변란이 멀지 않아 장차 일어날 것이다."라는 소문이 돌 정도였다.31)

양측의 팽팽한 의견 대립으로 좀처럼 해결 기미가 보이지 않자 쓰시마 번에서는 이듬해인 1695년 5월 다다 요자에몬(多田與左衛門=橘眞重)의 귀국을 명하였다.32) 대신 섭정도주 소 요시자네는 다다 요자에몬(多田與左衛門=橘眞重)을 통하여 4개 항목의 질문서를 보내고, 그것을 동래부에 따지고 답변을 들을 때까지 기다렸다가 들으면 귀국하도록 하였다.33) 소 요시자네는 그간 은퇴하여 1여년을 조선과의 협상을 뒤에서 지

---

29) 박병섭, 앞의 논문 2007, 48~49쪽.

30) 장순순, 앞의 논문 2012, 214쪽.

31)『숙종실록』권28, 숙종 21년(1695) 6월 20일(경술) ;『邊例集要』권17,「雜條 附
   鬱陵島」을해(1695) 정월.

32) 그 이유는 "… 쓰시마 도주가 사망을 했습니다. 그 때문에 사망한 사람 앞으로
   보낸 답서를 막부에 올리기는 어렵다고 생각되어 위의 사자를 철수시키고 …."(『竹
   嶋紀事』권3, 元禄 8년(1695) 7월 25일「竹嶋一件」).

33)『숙종실록』권28, 숙종 21년 6월 20일(경술) ;『竹島考證』中 ;『竹嶋紀事』권3,

켜보았는데, 문제가 해결되어 가기는커녕 도리어 수렁으로 빠지게 되자 드디어 협상 전면에 직접 나서게 되었다. 그가 전면에 나서야 했던 또 하나의 이유는 현재의 번주이고 자신의 장남이었던 소 요시츠쿠의 죽음이었다. 소 요시츠쿠는 당시 불과 23세였는데 에도에 갔다가 이름 모를 병으로 9월 27일에 갑자기 죽고 말았다. 소 요시자네는 다음 아들 소 요시마치(宗義方)를 후계자에 앉혀야 했고, 소 유시마치는 불과 10세의 어린아이였기 때문에 자신이 다시 통치를 맡지 않은 수 형편이었기 때문에 전면에 나서게 되었다.

소 요시자네가 제시한 의문점을 전제로 다다 요자에몬(多田與左衛門=橘眞重)은 새로운 답서에 대해 구체적인 역사적 사실에 근거하여 조선 측의 해명을 요구하였는데 그것이 '詰問四箇條'이다. 소위 힐문4개조는 1695년 5월 15일에 동래부에 전달되었다. '힐문4개조'는 첫째, 조선에서는 수시로 관리(公差)를 파견하여 울릉도를 왕래 수색하게 했다는 데 일본의 어민들은 그곳에서 조선인을 한 번도 만난 적이 없었으니 그 뜻이 무엇인지 모르겠다. 둘째, '뜻밖에 귀국 사람들이 멋대로 국경을 넘어와서', '귀국 사람들이 우리나라 국경을 침범해 와서'라는 구절이 있는데 이미 78년, 59년, 30년 표류한 일본인들이 어로를 위해 竹島에 왔다고 했는데 그때는 왜 문제를 삼지 않았는가? 셋째, "하나의 섬이 두 가지 이름으로 불린다는 것은 다만 우리나라 서적에 기록되어 있을 뿐만 아니라 貴州 사람들도 또한 모두 알고 있는 바입니다."라고 하였는데, 지난번 회답서계에 '귀국의 竹島', '우리나라의 울릉도'라고 표현한 이유는 무엇인가? 넷째, 82년 전에는 '礒竹島'(울릉도)에 일본인이 들어가는 것을 문제 삼고, 78년 전에 일본인들이 竹島에 고기잡이 하러 갔다가 표류

元祿 8년 5월.

했을 때는 국경침월을 문제 삼지 않았는데 그 이유는 무엇인가? 라는 내용이다.34)

---

34) 같은 책 권28, 숙종 21년 6월 20일(경술), "귤진중이 드디어 6월 15일을 길을 떠나는 시기로 잡고 동래부에 편지를 보내 네 가지 조항을 힐문하며 이를 조정에 전달해서 개시해 줄 것을 청하였다. 그 첫째 조항에 이르기를, 답서 가운데, '수시로 公差를 파견하여 왕래하며 수색하고 검사하게 하였다.'고 말했습니다. 삼가 살펴보건대, 因幡·伯耆 두 州의 邊民들이 우루친토, 즉 竹島에 가서 고기잡이를 하여, 2州가 우루친토 그 섬의 鰒魚를 東都에 바치는데, 그 섬은 바람과 물결이 위험하므로, 海上이 安穩할 때가 아니면 왕래할 수가 없습니다. 貴國에서 만일 실지로 公差를 파견한 일이 있다면 역시 분명히 바다가 안온할 때였을 것입니다. 大神君으로부터 지금까지 81년 동안 우리나라 백성들이 일찍이 귀국에서 공식적으로 파견한 사자들과 그 섬에서 서로 만났다는 사실을 상주한 적이 없었는데, 이제 회답하는 서신 가운데는 '수시로 公差를 파견하여 왕래하며 수색하고 검사하게 하였다.'고 말한 것은 무슨 뜻인지 알 수 없습니다." 하였고, 둘째 조항에는 이르기를, '회답하는 서신 가운데, 뜻밖에 귀국의 사람이 스스로 犯越하였다 하고, 귀국의 사람들이 우리 국경을 침범하였다고 하였습니다. 삼가 살펴보건대, 양국이 통호한 이후에 竹島를 왕래하던 어민들이 표류하여 귀국 땅에 이르면 예조 참의가 표류민을 되돌려 보내는 일로 弊州에 서신을 보낸 것이 모두 세 차례입니다. 우리나라의 변방 백성들이 그 섬에 가서 고기잡이한 실상은 귀국이 일찍이 알고 있던 바인데, 아주 오래 전에 우리 백성들이 그 섬에 가서 고기잡이한 것을 犯越이나 侵涉한 것으로 여겼다면, 일찍이 종전 세 차례의 서신 가운데에서는 어찌하여 범월과 침섭의 뜻을 말하지 아니하였습니까?'하였고, 셋째 조항에는 이르기를, '회답하는 서신 가운데, 동일한 섬이 두 가지 이름으로 되어 있는 사실은 다만 우리나라 서적에 기록되어 있을 뿐만 아니라, 貴州의 사람들도 또한 다 안다고 하였습니다. 귀국이 일찍이 동일한 섬이 두 가지 이름으로 되어 있는 사실이 서적에 기재되어 있는 것을 상고하고, 또 동일한 섬이 두 가지 이름으로 되어 있는 사실을 弊州의 사람들도 또한 다 안다고 생각하였다면, 첫 번째의 답서에서는 어찌하여 '貴界의 竹島는 弊境의 울릉도이다.'라고 말하였습니까? 만일 애당초 竹島가 바로 울릉도인 줄 알지 못하고 두 섬이 두 이름으로 되었다고 생각하였다면, 지금의 답서에서는 어찌하여, 동일한 섬이 두 가지 이름으로 되어 있는 실상은 다만 우리나라 서적에 기록되어 있을 뿐만 아니라, 귀주의 사람들도 또한 다 안다고 말하였습니까?'하였고, 넷째 조항에는 이르기를, '삼가 살펴보건대, 82년 전 폐주

조선 측의 강경 태도에 아무런 성과도 없이 6월 10일에 왜관을 떠났다. 다다 요자에몬(多田與左衛門=橘眞重) 일행이 6월 10일 왜관을 떠나 이틀 후 절영도에 있을 때 조선정부의 '힐문4개조'에 대한 답신이 전달되었다. 그 내용은 다음과 같다. 1614년 당시 쓰시마에서 頭倭 1명과 格倭 13명이 울릉도를 조사하는 일로 서계를 가져왔으나 조정에서는 猥越이라고 하여 접대를 허락하지 않았고, 동래부사 명으로 국경을 침범하는 일이 없도록 하라는 답을 내렸었다. 그리고 표류민이 울릉도에 어로를 위해 왔다가 표류 당했다고 했을 때 아무 말 없이 돌려보낸 것은 표류민이 빠른 송환을 원했고, 살려 보내는 일이 급했기 때문이었다. 또한 『興地勝覽』과 신라, 고려, 조선 전기에 여러 번 관리를 울릉도에 파견한 일이 상세히 기록되어 있고, 특히 쓰시마의 대관이 역관 박재흥에게 "『여지승람』으로 본다면 울릉도는 과연 귀국 땅이다."라고 한 말도 있으며, 1차 회답서계에서 귀국의 竹島와 우리나라의 울릉도라는 표현은 예조의

에서 동래부에 서신을 보내어 礒竹島를 자세히 조사하는 일을 알리니, 동래부사의 답서에 이르기를, 本島는 바로 우리나라의 이른바 울릉도라는 곳으로서 지금은 비록 황폐해져 있으나, 어찌 다른 사람들이 함부로 점거하는 것을 허용하여 시끄럽게 다투는 단서를 열겠는가?' 하였고, 그 두 번째 답서도 또한 그러하였습니다. 그런데 78년 전에 본방의 邊民이 그 섬에 고기잡이하러 갔다가 표류하여 귀국 땅에 이르렀을 때 예조 참의가 폐주에 보낸 서신에, '왜인 馬多三伊 등 7명이 변방의 관리에게 체포되었기에 그들이 온 연유를 물어보니, 울릉도에 고기잡이하러 왔다가 풍랑을 만나 표류하여 온 자였다. 이에 왜선에 태워 貴島로 돌려보낸다.'고 하였습니다. 대개 82년 전에 '어찌 다른 사람이 함부로 점거하는 것을 허용해서 시끄럽게 다투는 단서를 열겠는가?'라고 말하였다면, 78년 전에 다른 사람이 가서 고기잡이한다는 것을 듣고 허용하였을 리가 없었을 것입니다. 그런데 지금 회답하는 서신 가운데, '동일한 섬이 두 가지 이름으로 되어 있는 사실을 귀주의 사람들도 또한 다 안다.'고 말한 것은 82년 전 동래부의 답서에 '礒竹島란 실은 우리나라의 울릉도이라고 한 문구가 있기 때문입니까? 82년 전의 서신과 78년 전의 서신의 내용이 서로 부합되지 않으니, 지금 請問하지 않을 수 없습니다.' 하였다."

관원이 옛일에 밝지 못했기 때문으로 조정이 그 실언을 꾸짖었다고 답했다.35)

---

35) 같은 책 권28, 숙종 21년 6월 20일(경술), "82년 전 갑인년(1614)에 귀주에서 頭倭한 명과 格倭 13명이 礒竹島의 크고 작은 형편을 탐사하는 일로 서계를 가지고 나왔는데, 조정에서 이를 함부로 경계를 넘었다 하여 접대를 허락하지 않고, 다만 本府의 부사인 박경업으로 하여금 답장을 하도록 하였다. 그 대략에 이르기를, '이른바 礒竹島란 실은 우리나라의 울릉도로서, 경상·강원 양도의 해양에 끼여 있는데, 『輿圖』에 기재되어 있으니, 어찌 속일 수 있겠는가? 그리고 지금은 비록 폐기되어 있지만, 어찌 다른 사람이 함부로 점거하는 것을 허용해서 시끄럽게 다투는 단서를 열겠는가? 귀국과 우리나라가 왕래하고 통행하는 것은 다만 이 한 길이 있을 뿐이며, 이 밖에는 漂船의 眞假를 따지지 않고 모두 賊船으로 논단할 것이다. 弊鎭과 연해의 將官들은 다만 약속을 엄중히 지킬 뿐이니, 바라건대 貴島는 區土의 분간이 있음을 살피고, 界限의 침략하기 어려움을 알아 각각 신의를 지켜서 사리에 어그러지는 일을 초래하는 일이 없었으면 한다.' 하였고, 지금 이 서신의 내용은 보내온 서신에도 기재되어 있다. 의문을 제기한 네 가지 조항은 상세하고 간략한 것은 비록 다르지만 大旨는 동일한데, 만일 이 일의 전말을 알고자 한다면 이 한 장의 서신으로도 충분할 것이다. 그 뒤에 세 차례에 걸쳐서 표류해 온 왜인이 있어 혹은 울릉도에 고기잡이하러 왔다고 하고, 혹은 竹島에 고기잡이하러 왔다고 하였는데, 아울러 歸船에 태워 貴島로 돌려보내고 犯越·侵涉으로 책망하지 않았던 것은 전후의 일이 나름대로 각각 의의를 가지고 있기 때문이었다. 頭倭가 왔을 때 신의로써 꾸짖었던 것은 侵越의 정상이 있었기 때문이었고, 표류해 온 배가 정박하였을 때 다만 돌아가는 인편에 딸려 보내도록 하였던 것은 물에 빠져 죽을 뻔하다 살아남은 목숨이 빨리 송환시켜 주기를 원해 살려 보내는 일이 급하므로 다른 것은 물어볼 여지가 없었기 때문이었으며, 이웃 나라와 친근하는 예의로서 당연한 일인 것이었다. 어찌 우리 국토를 허용할 의사가 있어서였겠는가? 수시로 公差를 파견하여 왕래하여 수색하고 검사한 일은 우리나라의 『輿地勝覽』에 신라·고려와 본조의 태종·세종·성종 삼조에서 여러 번 관인을 섬에 파견한 일이 상세히 기록되어 있다. 그리고 또 전일에 접위관 홍중하가 내려갔을 때 귀주의 摠兵衛라 일컫는 사람이 역관 박재홍에게 말하기를, '『輿地勝覽』으로 본다면 울릉도는 과연 귀국의 땅이다.'라고 하였다. 이 책은 바로 귀주의 사람이 일찍이 본 바이고, 틀림없이 우리나라 사람에게 말한 것이다. 요사이 公差가 항상 왕래하지 않고 어민들에게 멀리 들어가는 것을 금지시켰던 것은 대

다다 요자에몬(多田與左衛門=橘眞重)이 이미 배를 띄워 절영도 근처에 이르렀으나, 동래부에서 뒤쫓아 가서 조정에서 개시하는 답서를 전달하니, 다다 요자에몬(多田與左衛門=橘眞重)이 이에 다시 동래부에 서신을 보내 욕설을 마구 퍼부었다. 다다 요자에몬(多田與左衛門=橘眞重)은 서신 내용은 80년 동안 조선이 스스로 울릉도를 버려둬 타인의 소유가 되게 해놓고서 일본의 어민이 그 섬에 간 것을 가지고 범월과 침섭을 여기는 것은 매우 생각을 잘못한 것이다.[36]

1차 교섭 때와는 달리 쓰시마는 竹島와 울릉도의 관계에 대해서 보다

개 해로에 위험한 곳이 많기 때문이었다. 이제 예전에 기재한 서적은 버리고 믿지 않는 채 도리어 왜인과 우리나라 사람이 섬 가운데에서 서로 만나지 않은 것을 의심하니, 또한 이상한 일이 아니겠는가? '동일한 섬인데 두 가지 이름으로 되어 있다.'고 한 것은 박경업의 서신 가운데 이미 '礎竹島는 실은 우리나라의 울릉도이다.'라고 한 말이 있다. 그리고 또 洪重夏가 정관인 왜인과 서로 만났을 때 그 정관이 곧 우리나라 『芝峰類說』에 있는 내용을 발설하였는데, 『芝峰類說』에는 이르기를, '礎竹島는 바로 울릉도이다.'라고 하였다. 그렇다면 동일한 섬인데 두 가지 이름으로 되어 있다는 설은 비록 본래 우리나라 서적에 기재된 것이지만, 그 말이 발달된 것은 사실 貴州의 정관의 입에서 나온 것이다. 우리의 답서 가운데 이른바, '동일한 섬인데 두 가지 이름으로 되어 있는 사실은 다만 우리나라 서적에 기재되어 있을 뿐만 아니라, 귀주의 사람들도 또한 모두 다 알고 있다.'고 한 것은 바로 이것을 가리켜서 말한 것이다. 이것이 어찌 의문을 제기하여 청문할 만한 것이겠는가? 계유년(1693)의 첫 번째 회답한 서신에 '竹島와 울릉도를 마치 두 섬으로 여긴 것 같은 점이 있는데, 이것은 바로 그때 南宮의 관원이 故事에 밝지 못했던 소치로서, 조정이 바야흐로 그 실언을 나무랐다. 그때에 귀주에서 그 서신을 돌려보내어 고쳐 주기를 청했기 때문에, 조정에서 그 청에 따라 첫 서신의 잘못된 점들을 고쳐서 바로잡았으니, 오늘날에 있어서는 오직 마땅히 한 결같이 고쳐서 보낸 서신을 상고해 믿어야 할 것이다. 첫 서신은 이미 착오로 인해서 개정하였으니, 그것이 어찌 족히 오늘의 憑考해 질문할 단서가 될 수 있겠는가?' 하였다."

36) 같은 책 권28, 숙종 21년(1695) 6월 20일(경술).

상세하게 그 이전의 사례들을 일일이 들어 따져 물었다.[37] 조선 정부가
1차 교섭 때와 전혀 다른 태도 변화를 보인 데에는 남인정권에서 소론
정권으로 정국 변화라는 조선 정부 내의 정치세력의 변화도 있지만, 임
진왜란 이후 일관되게 추진되어 왔던 대일정책의 외교 자세의 변화에서
찾을 수 있을 것으로 보인다.[38] 임진왜란 이후 국내외 정세 속에서 '조
용한 외교' 내지 '방어적 외교'를 지향해왔던 조선은 다치바나 일행이
가지고 온 제1차 서계에 대해서는 竹島 문제가 조일 간에 영토 문제로
확대되는 것이 바람직하지 않다고 판단했기 때문에 기존의 외교 자세를
견지해 '우리나라의 울릉도'와 '귀계의 竹島'라는 이중적 표현을 사용했
지만, 쓰시마 번에서 다시 사자를 보내어 지속적으로 완강하게 '울릉'이
라는 문구를 삭제하기를 요청하면서부터는 기존 외교 자세를 버릴 수밖
에 없다고 생각한 듯하다.[39]

　1695년 6월, 덴류인(天龍院)께서 지시한 것은 '竹島一件'에 관한 두 번
째 답장이 적당하지 않으니 서계를 고칠 것을 조선에 말을 하라는 것이
어서 대차사 정관인 스기무라 우네메(杉村采女)와 부관인 이쿠다비 로
쿠에몬(幾度六右衛門), 도선주 스야마 쇼에몬(陶山庄右衛門), 봉진 고데
라 리베(木寺利兵衛)에게 지시를 해두었는데 7월 5일에 이르러 생각을
할 것이 있으므로 바다를 건너는 것을 연기하라고 지시하였다.[40] 6월 26
일, 스기하라 우네메가 히쿠치 유키에를 통해 덴류인 공에게 올린 문서
내용은 "저쪽에서 납득하도록 성의를 다해 말을 하면 틀림없이 잘 듣고

37) 장순순, 앞의 논문 2012, 212쪽.
38) 장순순, 위의 논문 2012, 176쪽.
39) 장순순, 「17세기 후반 안용복의 피랍·도일사건과 의미」 『이사부와 동해』 5, 한국
　　이사부학회, 2013,
40) 『竹嶋紀事』 권3, 元祿 8년(1695) 6월.

답장을 고치겠다."고 할 것이라 생각하고, "도성으로 답신이 없으면 동래로 가서 할복을 할 것"이라고 각오가 되어 있다.[41]

로쿠에몬의 문서 중에 "이전의 조정과 지금의 조정을 동일하게 여기면 좋지 않을 것으로 생각되고", "제가 생각하는 것은 막부에서 저 섬을 확실하게 취하라고 지시를 한다면 각별한 일"이라고 생각하고, "조선에서 저 섬을 일본의 속도로 결정했다는 답장을 보내오는 일은 결코 있을 수 없다."고 생각하고, "이번의 일건은 조선에서 쓰시마를 원망하는 마음만 접는다면 막부에 올릴 수 있는 정도의 답장으로 고쳐줄 것"으로 생각된다.[42]

쓰시마를 원망하는 마음은 다음과 같다.

이에 대해 저 나라에서 이런저런 이의를 말했는데 허실은 분명하지 않았습니다만 근거는 있었습니다. 재작년에 竹嶋에서 붙잡혀 왔던 조선인이 귀국해서 문서로 조정에 보고한 것은 이 일이 에도의 뜻이 아니라 쓰시마가 에도에 대한 충절에서 보고하고 저지른 일이라는 것이었습니다. 자세히는 "우리들이 竹嶋에서 바로 에도로 보내졌는데 에도의 조사에서는 竹嶋는 조선의 땅인데 저 나라의 사람을 붙잡아 온 것은 불법이므로 우리들은 잡아온 자들을 빨리 처벌하도록 명령했습니다. 우리들은 에도에서 의외로 접대를 잘 받고 나가사키로 보내졌습니다. 나가사키에서 쓰시마의 관리들에게 인계되었고 점차 붙잡힌 사람처럼 취급당하고 송환되었습니다."라고 보고한 것을 조정에서도 사실로 받아들인 상태라고 전해들었습니다. 당연히 저 나라의 관리들이 이쪽 사자와 논의하는 중에도 대개 이러한 취지를 이야기했습니다. 이러한 의심 때문에 절대로 받아들이지 않을 것으로 생각됩니다.[43]

---

41) 같은 책 권3, 元祿 8년 6월 26일.
42) 같은 책 권3, 元祿 8년 7월 25일, 「로쿠로에몬의 문서」.
43) 같은 책 권3, 元祿 8년 7월 25일.

안용복과 박어둔을 재작년(1693)에 본국으로 돌아올 때 "문서로 조정에 보고한 것은 이 일이 에도의 뜻이 아니라 쓰시마가 에도에 대한 충절에서 보고하고 저지른 일이라는 것이었다."는 진술을 내어놓았다.

다다 요자에몬(多田與左衛門=橘眞重)의 귀국 후에 쓰시마 번 내부에서 강경 노선에 대한 반성이 일어났다. 1695년 7월 6일, 히라타 모치자에몬, 다키로 쿠로에몬, 스야마 쇼에몬 등은 '竹嶋一件'을 작성해 첫째, "이번 사자를 막부의 의향을 묻지 않고 파견하는 것은 앞으로 계속 큰 일이 될 것이라고 생각되었다."고 하였고, 둘째, 앞에서 거론하였듯이 안용복과 박어둔을 본국으로 돌아올 때 문서로 조정에 보고한 것은 "이 일이 에도의 뜻이 아니라 쓰시마가 에도에 대한 충절에서 보고하고 저지른 일이라는 것이었다."는 진술을 내어 놓으면서 "어쨌든 쓰시마를 의심하는 것이 해결되지 못하게 하는 첫 번째 이유"라고 생각했고, 셋째, "조선과 쓰시마의 만약 상매가 중단되면 이후 얼마나 어렵게 될지 알기 어렵다."는 진언을 했다.[44] 그 때문에 7월 12일 다키 로쿠로에몬이 '막부에 여쭈어야 할 사항' 4개조와 '조선으로 건너가는 사자에게 지시할 사항' 8개조를 진언했다. '竹嶋一件'에 대해 다키 로쿠로에몬이 제출한 문서 중에 제가 생각하는 것이 있으면 스야마 쇼에몬이 생각하는 것이 있으면 써서 제출하라고 한 일이 있었기 때문에 9월 19일에 로쿠로에몬의 문서를 발췌하여 13개조 만들어 저(스야마 쇼에몬)의 생각을 써서 개진했다. 그 내용은 첫째, "조선의 추측에 이번에 막부로부터 쓰시마에 지시한 취지는 다만 두 사람의 어민을 돌려보내라고 했을 뿐이었는데 쓰시마에 이번에 저 섬을 일본의 속도로 결정하여 막부에 충절을 보여줄 생각으로 조선인이 다시 저 섬에 가지 말라고 지시하라고 서간에 써야 한

---

44) 같은 책 권3, 元祿 8년 7월 25일.

다."고 생각하고, 둘째, 요자에몬이 동래에 말한 취지를 말할 때 "형부님을 속였다."고 되어 있는 부분은 검토한 후에 삭제해야 한다고 생각한다라고 말한 것은 이해하기 어려우니 고쳐서 답서의 사본을 제출할 때, 요자에몬이 전 번주를 속이고 답서를 받지 않겠다고 말한 것을 보고하면 막부의 생각에 "그렇게 무례한 답서의 내용이 일본에 알려지게 되면 큰일이기 때문에 쓰시마의 사자가 이 점을 생각하여 그 답서를 왜관에 그냥 두고 쓰시마에도 알리지 않았던 속 깊은 생각이었다."고 여길 것이라 생각된다. 셋째, "고친 답서에 에도로 보내서 도착했다고 기록되어 있는 것은 어민들이 착각하여 말한 것을 그대로 기록한 것으로 보이고, 보내서 도착한 곳이 이나바라고 전하셨다는 에도라는 글자를 이나바 지방으로 고쳐할 것입니다."라고 하면서 "저쪽에서 일찍이 했던 추측을 바꾸어 두 사람의 어민이 거짓을 말하고 있다고 생각하도록 해야 할 일이라고 생각합니다.", 넷째, "이번의 서간에 막부의 명령에 대한 의심이 있다는 것을 써서 보내서서 한다고 생각합니다."라고 하고, 다섯째, 竹嶋를 조선에 속한 섬이라고 하는 것은 저쪽에는 확실한 증거가 있습니다. 다만 80년 전부터 일본이 저 섬에서 고기잡이를 한 것을 저쪽에서 알면서 염두에 두지 않은 것을 이야기해서 일본에 속한 섬으로 결정하는 것은 어느 정도 말재주가 있고 지력을 겸비한 사자를 보낸다고 해도 결코 이루어질 수 없다고 생각합니다. 여섯째, 막부의 명령이라도 응하기 어렵다고 한 증거문서를 받아서 답서에 첨부하여 막부에 제출하겠다고 말하고 거절하는 증거문서를 받아서 답서를 가지고 돌아와야 합니다. 일본에 대해 결례가 되는 답서를 사자가 가지고 돌아오는 것은 일본의 흠이며 쓰시마 직분의 흠이라 생각합니다. 일곱째, 이번 일과 관련하여 상매 쪽이 정지되는 것은 매우 중요한 일이라고 생각했다.[45]

　　쓰시마 번의 가로 스야마 쇼에몬은 7월 7일 江戶로 가는 소 요시자네
를 수행하게 되었다.[46] 스야마 쇼에몬은 다다 요자에몬(多田與左衛門=
橘眞重)의 제1차 교섭이 원만하게 해결되지 않자 1694년 4월 중신회의에
서 ‘竹嶋一件’에 관한 의견을 제시하였을 때 그때까지의 교섭결과를 모
두 막부에 보고하고 막부의 지시에 따라 조선과의 교섭에 임해야 한다
고 주장한 인물이다. 그러나 당시 그의 의견은 藩 내부에서 받아들여지
지 않았다.

---

45) 같은 책 권3, 元祿 8년 9월 19일. 장순순의 경우 “스야마 쇼에몬은 1695년 5~6월
　　조선에 파견되었다.”(「조선후기 對馬藩의 조선 교섭과 1693년 울릉도 영속시비」
　　『동북아역사논총』동북아역사재단, 2012, 215쪽)는 것은 오류이다. 다다 요자에몬
　　(多田與左衛門=橘眞重)이 1695년 6월 10일에 왜관을 떠나 쓰시마로 귀환한 뒤
　　쓰시마 번에서 이 문제 때문에 대차사가 파견되는 일이 없었다.
46) 對馬藩政史料, 『(國元表書札方)每日記』(『종가문고 사료목록(일기류)』表書札
　　方 Aa-1/80) 元祿 8년 10월).

제3장 서계의 존재 유무

당시 伯耆州 태수가 관백에게 품의하여 안용복 등에게 "울릉도는 일본의 경계가 아니다."라는 내용의 서계를 만들어 주어 받았으나 쓰시마에서 빼앗겼다고 한다.[1] 백기 주 태수가 에도 막부에 품의하여 '契券'을 작성하여 주어 보냈다고 기록되어 있다.[2] 그러나 일본 연구자들은 안용복의 공술은 의문시되는 내용이 많고, 월경죄를 범하면서까지 일본으로 도항했으므로 그 죄를 가볍게 하기 위해서 사실이 아닌 것을 공술하거나 자신의 공적을 과대하게 포장하고 있을 것이므로 그가 막부로부터 서계를 받았다는 진술은 믿을 수 없다고 한다. 물론 그러한 견해를 완전히 부정할 수는 없겠지만 그렇다고 해서 안용복이 1693년에 피랍되었을 때 일본의 돗토리 번으로부터 '竹島=울릉도'가 조선 령임을 증명해주는 문서를 받지 않았다고 단정할 수도 없다.

여기에서 안용복이 말한 백기 주는 돗토리 번을 잘못 이해한 것이며, 안용복이 돗토리 번주에게 서계를 받았다는 그의 주장은 사실이 아닐 가능성이 크다. 왜냐하면 막부가 돗토리 번의 품의를 받고 서계를 써주도록 명령하였다고 하는 것은 조선과 일본 간의 외교 규례에 맞지 않기 때문이다. 조선 후기 조일 관계에서 서계란 국가 간의 외교 실무 담당자

---

1) 『숙종실록』 권30, 숙종 22년(1696) 9월 25일(무인) ; 『증보동국문헌비고』 권31, 「여지고」 19, '于山鬱陵島'.
2) 李瀷, 『星湖僿說』 「울릉도」.

간에 주고받은 문서로 '예조와 쓰시마 번주' 사이에서만 왕래할 수 있는
것이었다. 조선 후기 조선과 일본은 쓰시마를 유일한 외교 교섭 통로로
설정하여 상대국에 내해 외교 교섭을 수행했기 때문이다. 따라서 안용
복이 막부로부터 서계를 받았다는 진술은 사실이 아니다.

1696년에 안용복이 직접 도일할 당시 지참한 물건 중에 문서인 「元祿
九丙子年朝鮮舟着岸一卷之覺書」에 "4년 전 계유년(1693) 11월에 일본에
서 받은 물건들과 문서(書付)를 기록한 책 한 권을 내놓았으므로 즉시
베껴 적었습니다."라고 하여 미루어 볼 때 안용복이 돗토리 번에 억류되
어 조사를 받았을 때 돗토리 번주나 아라오 슈리(荒尾修理)와 같은 돗토
리 번의 가로부터 서계와 같은 외교 문서는 아니지만 모종의 문서인 울
릉도와 독도에서의 조선인의 어업권을 인정하는 문서를 받았을 가능성
은 있다.3) 돗토리 번이 조선인을 나가사키에 보내면서 竹嶋渡海禁止 조
치를 취해줄 것을 요청하는 보고를 받은 막부가 5월 13일 쓰시마 에도
번저에 보낸 書狀에서 그 단서를 찾을 수 있다. 서장에는 "… 향후 (조선
이 竹嶋에) 도항해 오지 않도록 쓰시마에 말하라고 사가미노키미(相模
守)가 명하셨습니다. 위 竹嶋라는 곳은 호키노카미의 영내가 아니다. 이
나바에서 660km 떨어진 곳입니다. (그곳에서 딴) 전복은 명물로 대대로

---

3) 남구만은 안용복의 처리에 관한 조정의 문의에 답하면서 갑술년(1694)에 접위관
   유집일이 동래에 내려갔을 때 안용복이 所志를 올려 말하기를 "계유년(1693)에
   울릉도에 갔다가 왜인들에게 사로잡혀 백기 주로 들어갔는데, 本州에서는 '울릉
   도가 영원히 조선에 속한다.'는 공문을 만들어 주고, 또 많은 선물을 주었습니다.
   나올 때에 대마도를 경유하게 되었는데 공문과 선물을 대마도 사람들에게 모두
   빼앗겼습니다라고 하였습니다. 그러나 저는 그 말을 꼭 믿을 만하다고는 여기지
   않았는데, 이제 안용복이 다시 백기 주에 가서 呈文한 것을 보니 예전의 말이 사
   실인 듯합니다."라고 설명하면서 안용복의 진술에 신빙성을 부여하였다(『藥泉集』
   권31, 「答柳相國 丙子 十月 五日」(숙종 22년)).

호키노카미가 竹嶋 전복으로 쇼군께 헌상하고 있으며, (竹嶋는) 그 전복을 따는 장소이기 때문입니다."라는 내용이 있다.[4] 그 가운데 "竹島라는 곳은 호키노카미의 영내도 아닙니다."라는 기술은 竹島가 일본의 영토가 아니라는 것을 확인해주는 것이라고 단정할 수 없을지라도, 적어도 당시 돗토리 번에서는 竹島가 호키슈 부속 도서는 아니라는 것을 밝혀주는 것이므로 안용복에게 그와 관련한 모종의 문서를 주었을 개연성은 대단히 크다. 그랬기 때문에 안용복은 1696년에 돗토리 번에 직접 도항해서 울릉도와 독도에서의 일본인 출입을 금해줄 것을 요청할 수 있었던 것이다.[5]

---

4) 『竹嶋紀事』 권1, 元祿 6년(1693) 5월 13일.
5) 장순순, 앞의 논문 2013, 183~185쪽.

제9편

『竹嶋紀事』에 나오는 ‘于山島’

가와미카미 겐조(川上建三)나 시모죠 마사오(下條正男) 등은 일본 측 학자들은 안용복은 피납·도일 당시 독도라는 섬을 인지하지 못하였고, 따라서『숙종실록』등 조선 측 사료들에 언급된 안용복의 독도인지 관련 진술은 신빙성이 없다고 주장하고 있다. 따라서 1696년 1월에 내려진 일본인들의 竹島渡海를 금지하는 명령도 松島(독도)가 포함된 것이 아니나 竹島(울릉도)에 한정한 것이라는 것이다. 강호막부가 일본인들의 松島(독도)의 도해를 금지한 적이 없다고 보고, 독도에 대한 일본 영유권 주장의 근거로 삼고 있다. 안용복은 인지하지 못했기 때문에 안용복의 납치나 도일은 막부가 조선의 울릉도 영유권을 증명하는 것에 한정될 뿐, 독도의 영유권에 대한 증거가 될 수 없다는 주장이 있다.[1]

안용복은 언제부터 울릉도의 부속도서인 독도를 인지하고 있었을까? 『竹嶋紀事』에서 '于山島'가 세 차례 등장한다. 1693년 11월 19일에 쓰시마 도주에게 보낸 다다 요자에몬(多田與左衛門=橘眞重)에게 서장을 보낸 뒤 12월 5일, 쓰시마 도주는 다다 요자에몬(多田與左衛門=橘眞重)에게 답신을 보냈다. 쓰시마 도주의 답신의 경우 '于山島'가 세 차례 등장한다. 첫째, 쓰시마 번에서 안용복 진술에서 울릉도에서 '于山島'를 두 번 보았다고 하였다. 둘째, 재판 다카세 하치에몬(高瀬八右衛門)이 탄 배가 사스나(佐須奈)에 도착했을 때 박동지가 '于山島'를 거론하였고, 셋째, 『輿地勝覽』기록을 들어 于山島와 울릉도는 별도의 섬인 것처럼 보

1) 장순순, 「17세기 후반 안용복의 피랍·도일사건과 의미」『이사부와 동해』5, 한국 이사부학회, 2013, 185~186쪽.

인다고 하였다.

첫째, '于山島' 기록을 보면, 1693년 3월 27일부터 4월 18일까지 울릉
도에 머물렀다. 다음과 같이 于山島를 두 번 보았다고 했다.

> ⑨ 인질은 여기에 머물러 있는 동안 이루어진 심문에서 "이번에 간 섬
> 의 이름은 알지 못합니다. 이번에 간 섬에서 북동쪽에 큰 섬이 있었
> 습니다. 그 섬에 머물던 중에 두 번 보았습니다. 그 섬을 아는 자가
> 말하기를 于山島라고 부른다고 들었습니다. 한 번도 가본 적은 없
> 지만 대체로 하루 정도 걸리는 거리로 보였습니다."라고 말하고 있
> 습니다. 울릉도란 섬에 대해서는 아직껏 모른다고 말하고 있습니다.
> 그러나 인질의 주장은 허실을 가리기 어려우니 참고로 아룁니다. 그
> 쪽에서 잘 판단해 들으십시오.[2]

독도는 울릉도로부터 동남방에 위치하고 있다. 그래서 시모죠 마사오
는 '안용복이 본섬은 동북방에 위치한 것으로 보아 울릉도의 바로 근처
에 있는 竹島(죽서=대섬)'라고 주장하였다.[3] 안용복은 3월 27일부터 4월
18일까지 울릉도에 머물렀다. 시모죠 마사오(下條正男)가 말하는 '竹島
(대섬)'는 폭풍우가 몰아치는 날에도 보인다. 따라서 울릉도에서 머물면
서 두 번 보았다는 섬은 항상 볼 수 있는 현재의 '竹島(대섬)'일 수가 없
다. 또 안용복은 숙종 19년(1693)의 울릉도 행 때 일본의 오키도로 피랍
되면서 독도를 보았음을 동래부 취조에서 다음과 같이 진술하고 있다.

---

2) 『竹嶋紀事』권1, 元祿 6년(1693) 12월 5일, 「다다 요자에몬에 보낸 쓰시마 도주
   의 답신」.

3) 시모죠 마사오의 주장에 대해 박병섭은 「안용복 사건에 대한 검증」 한국해양수산
   개발원, 2007, 30쪽에서 "가장 믿기 어려운 '방향'에 대해 기술한 것만 의거하고,
   보다 신뢰성이 있는 증언인 '하루의 거리'를 무시했다. 이처럼 마음대로 사료를
   취사선택한다면 어떠한 결론도 가능하다."고 하였다.

⑩ 안용복의 공초 안에, 산형과 초목 등에 관한 말은 박어둔의 말과 한 결같은데, 끝에 "제가 잡혀 (백기 주로) 들어올 때 하룻밤을 지나고 다음날 저녁을 먹고 난 뒤 섬 하나가 바다 가운데 있는 것을 보았는데. 竹島에 비해 자못 컸다."고 했습니다.[4]

이 사료 ⑩에 대해 일찍이 시모죠 마사오는 '竹島(대섬)에 비해 자못 큰 섬'에 주목하여 그러한 큰 섬은 오키도 밖에 없다는 이유로 안용복이 본 것은 독도가 아니고 오키도라는 설을 내놓았다.[5] 박병섭은 이 사료에 대해 "안용복 등이 납치된 섬 이름이 竹島(대섬)로 되어 있지만, 이것은 일본이 주장하는 섬 이름을 안용복이 그대로 말했을 뿐이며 사실은 울릉도를 가리킨다고 하였다."[6]

박병섭이 지적한 것처럼 "竹島에 비해 자못 크다."는 표현은 독도에 들어맞지 않는다. 이것은 그 나름대로 과장된 표현이라고 생각할 수 있으나[7] 안용복이 말한 '竹島'는 울릉도 바로 옆에 있는 지금의 '竹島(대섬)'이다. 당시 조선에서는 그렇게 불렀다. 일본이 울릉도를 '竹島'라고 한다고 해서 위 사료의 '竹島'마저 울릉도로 비정할 필요는 없다. 울릉도에서 하루거리에 있는 바다 가운데 섬은 독도이며, 지금의 竹島(대섬)에 비해 자못 크다고 느낄 수밖에 없다. 안용복을 납치한 오야 가문의 배가 『因府歷年大雜集』에 의하면 "새벽에 松島라는 곳에 도착했다."[8]고 한 기록을 통해서도 안용복이 松島(독도)가 본 것은 확실하다.

---

4) 『邊例集要』 권17, 「鬱陵島」 癸酉年(1694) 1월.

5) 시모죠 마사오(下條正男), 「竹島問題考」 『現代코리아』 1996년 5월호, 62쪽.

6) 박병섭, 앞의 논문 2007. 29쪽.

7) 박병섭, 위의 논문 2007, 29~30쪽.

8) 『因府歷年大雜集』 元祿 5년(1692) 7月 24日. 元祿 5년은 元祿 6년(1693)의 오류임.

위 사료 ⑨는 울릉도에서 于山島(독도)가 북동쪽에 있다는 표현이 아
니다. 부산에서 바라볼 때 于山島(독도)는 울릉도를 지나 더 먼 곳으로
항해해야만 갈 수 있는 곳, 더 먼 북동 방에 있는 섬이다. 조선시대의 지
리지들은 방향표시와 거리를 표시할 때 '本 邑'에서부터의 방향과 거리
를 표시한다는 점을 염두에 두어야 한다.9) 부산에서 살던 사람들이 부
산에서 바라다본 좌표이다. 부산 동래에 살았던 안용복은 동래에서 울
릉도보다 더 먼 곳, 북동 방에 있다는 말을 들었고, 울릉도에서 독도를
희미하게 보았을 때 '북동 방'에 있다고 표시하였다.10) 사료 ③의 경우
"부룬세미는 우루친토보다 북동쪽으로 희미하게 보인다고 들었습니다."
라고 하였다. 부룬세미는 于山島, 즉 독도이다.

둘째, '于山島' 기록을 살펴보자. 다카세 하치에몬(高瀨八右衛門)이 탄
배가 사스나(佐須奈)에 도착했을 때 사스나(佐須奈)에서 박동지가 '于山
島'를 언급했다.

⑪ 이번에 다카세 하치에몬(高瀨八右衛門)이 귀국해 그쪽의 대략적인
   사정을 들었습니다. 하치에몬이 탄 배가 사스나(佐須奈)에 도착했
   을 때 사스나(佐須奈)에서 박동지가 말하기를. "竹嶋 관련 교섭은
   중요한 것이라고 생각합니다. 얼마 전 조정에 사역원 역관들이 불려
   가 질문 받은 것은 '일본에서 竹嶋라고 부르는 섬은 어느 방향에 있
   는 섬인가? 조선국에도 울릉도라는 섬이 있기 때문에 만약 이 섬이
   라면 분명히 조선 소속으로『輿地勝覽』에도 기재되어 있는 섬이다.
   『輿地勝覽』은 일본에도 전해져 있는 책인가?'라는 내용이었습니다.

---

9) 김호동,『독도·울릉도의 역사』경인문화사, 영남대학교 독도연구소 독도연구총서
   1, 2007.
10) 김호동,「『竹島問題에 관한 調査研究 最終報告書』에 인용된 일본 에도(江戸)
    시대 독도문헌 연구」『인문연구』55, 영남대학교 인문과학연구소, 2008, 13~16쪽.

그래서 확실하게 일본에게 전해진 것이라고 말씀드리자 '그렇다면 역시 일본도 잘 알고 있는 일일 것이므로 이번의 사자를 허락하기는 어렵다. 하지만 일본에서 竹嶋라고 부르는 것이 다른 섬인지? 다른 섬이라면 문제될 것이 없으므로 답변도 달라질 것이 없을 것'이라고 말씀하시기에 역관들이 상의하기를 '일본에서 竹嶋라고 불리는 섬은 필경 울릉도일 것이지만 그렇게 조정에 보고 드리면 매우 큰 일이 되어버리고 말 것이라 생각했습니다.' 따라서 ⓐ 그 쪽 방향에 섬이 셋이 있으며, 하나는 울릉도, 하나는 于山島라고 하며 하나는 이름이 없으니, 이 중에서 어느 곳이든지 일본에서 竹嶋라고 부르는 것을 竹嶋로 정하고, 그 밖의 섬을 조선국의 울릉도로 삼는다면 조선 조정의 의도와 명분도 서고 일본에서도 좋은 결과로 해결된 것처럼 보일 것이라 판단했습니다. 그래서 위와 같이 우리들이 몰래 회담하여 답변을 했습니다. 박동지도 이번의 건으로 돌아와 접대역으로 내려올 것이므로 '만약 조정에서 위의 이야기를 한다면 위와 같은 취지로 판단하여 답변하도록 하라'고 자세히 서장에 적어서 보냈습니다. 그러므로 분명히 좋은 결과로 해결될 것이니 걱정하지 마시라"고 말했습니다. 그리고 "ⓑ 박동지가 접위관보다 먼저 부산에 내려오도록 되어 있으나 부산에 도착하면 붙잡아둔 조선인을 바로 박동지에게 건네주지 않겠습니까? 위와 같은 내용을 두 사람에 잘 말해두어 거듭해서 조정에서 질문을 받았을 때 답변에 틀림이 없도록 만들어 두고 싶습니다. 혹은 다례를 시행할 때 건네주어 그 자리에서 접위관이 상황을 물어봤을 때 울릉도에 건너갔다고 하는 말을 하게 되면 위의 내용과도 틀리게 되어 매우 큰일이 될 것이라고 하였다."고 들었습니다. 이 내용은 사스나(佐須奈)에서 들은 것이기 때문에 거기에서 귀하에게 전달하지 않았다고 하치에몬이 말하였습니다. 따라서 거기서 잘 알아야 할 것은 위와 같은 속임수를 써서 좋은 결과를 얻을 수 있다면 조선국 입장에서는 좋은 결과가 될 것입니다. 또 일본에도 좋을 것이므로 일본에만 별일이 없다면 조선국을 위해서도 좋도록 처리해주고 싶습니다. 하지만 이와 같이 몰래 섬의 이름을 바꾸더라도 울릉도가 조선국의 소속되는 것으

로 결정된다면 울릉도에 오는 것은 문제가 되지 않는다고 생각하여
또 다시 조선인이 그 섬에 오게 될 것입니다. 그렇게 된다면 매우
큰 일이 되기 때문에 조선을 위한 일도 필시 안 될 것입니다. 또 ⓒ
于山島를 울릉도라고 해두더라도 于山島라고 불리는 섬이 조선국
에 모자라게 된다면 울릉도를 일본에 뺏겼든 于山島를 빼앗겼든 자
기 나라의 섬을 다른 나라에 빼앗겼던 사실은 어느 쪽이든 외국에
알려지기는 마찬가지 일 것입니다. 따라서 이 방법도 해결 방법이
아닐 것입니다.[11]

박동지가 쓰시마 번의 裁判인 다카세 하치에몬(高瀨八右衛門)에게 말
한 것인데, 울릉도, 于山島, 그 외의 하나의 섬을 언급하고 있다. 여기의
于山島를 현재의 竹嶋로 비정하는 견해도 있지만 于山島는 독도라고 할
수 있다. 이름을 밝히지 않은 섬은 사료 ⑩에서 안용복이 말한 竹嶋로서
울릉도가 아닌 현재의 竹島(대섬)일 것이다. 바로 울릉도 곁에 있는 섬
이기 때문에 이름을 말하지 않았을 수도 있고, 일본에서 울릉도를 竹嶋
라고 하였기 때문에 자신이 아는 竹嶋와 일본인이 말하는 竹嶋에 대해
혼동이 생겨 그렇게 말했을 것이다. 아마 후자의 가능성이 높다. 그렇게
볼 때 박동지가 다카세 하치에몬에게 "세 섬 중의 어느 것을 일본에서
竹嶋라고 부르는 것을 竹嶋라고 정하고 다른 섬을 조선의 울릉도라고
한다면, 조정 쪽의 명분도 세울 수 있고, 일본 쪽에서도 잘 마무리될 것
이다."라는 말이 이해될 수 있다(⑪-ⓐ). 박동지가 조선과 일본의 정세를
정확히 내다보고 쓰시마 번에게 '鬱陵島爭界'에 대한 방안을 일러줄 수
있었을 것이다. '鬱陵島爭界' 교섭에서 접대역관 박동지는 쓰시마에서
많은 도움을 받았기 때문에 쓰시마 번의 입장을 대변하고 있다.[12]

---

11) 『竹嶋紀事』 권1, 元祿 6년(1693) 12월 5일, 「다다 요자에몬에 보낸 쓰시마 도주
   의 답신」.

그리고 '섬이 셋이 있으며, 하나는 울릉도, 하나는 于山島라고 하며 하나는 이름이 없으니, 이 중에서 어느 곳이든지 일본에서 竹嶋라는 부르는 것을 竹嶋로 정하고, 그 밖의 섬을 조선국의 울릉도로 삼는다면 조선 조정의 의도와 명분도 서고 일본에서도 좋은 결과로 해결된 것처럼 보일 것'이라고 판단하였고(⑪-ⓐ), 박동지가 내려오면 안용복과 박어둔을 '위와 같은 내용을 두 사람에 잘 말해두어 거듭해서 조정에서 질문을 받았을 때 답변에 틀림이 없도록 만들어 두고 싶습니다. 혹은 다례를 시행할 때 건네주어 그 자리에서 접위관이 상황을 물어봤을 때 울릉도에 건너갔다고 하는 말을 하게 되면 위의 내용과도 틀리게 되어 매우 큰일이 될 것'이라고 하면서 일러두고 있었기 때문에(⑪-ⓑ) 1694년 정월, 안용복과 박어둔이 문초할 때 박어둔이 사료 ⑦과 같이 '竹嶋'에 배를 정박하게 되었다고 진술하게 되었다.

셋째, '于山島'에 대한 기록을 살펴보자.

⑫ 『輿地勝覽』의 기술내용에 따르면 于山島와 울릉도는 별도의 섬인 것처럼 보입니다. 하지만 일설로는 본래 한 섬이라고 하므로 다른 섬인지 분명하지 않습니다. 『芝峰類說』등에는 시대에 따라 이름이

---

12) 같은 책 권1, 元祿 7년(1694) 2월 15일, 「박동지의 답변」, "저도 허심탄회하게 말씀드리겠습니다. 제가 조선 땅에서 출생했다고 조선인으로 생각하시겠죠. 전혀 그렇지 않습니다. 수년에 걸쳐 쓰시마의 두터운 은혜를 입어 아시는 바와 같이 저에게 쓰시마의 용무도 맡길 수 있겠다고 생각하신 듯 300貫目의 빚이 있었지만 선처해주셨습니다. 이러한 두터운 은혜를 입은 사람은 쓰시마에서도 없을 것입니다. 아무리 충절을 다해도 조선으로부터는 10관 밖에 받지 못합니다. 오로지 두터운 은혜를 입은 고마움에 도주님께 봉공이 되는 것이라면 어떠한 일이라도 하겠다는 일념으로 아침저녁으로 그것만을 염두에 두고 있습니다. 조선에 유리하게 일처리를 하겠다는 생각은 조금도 없습니다. … 도주님에게 두터운 은혜를 입은 일본 한 사람을 조선에 둔 것과 마찬가지입니다."

바뀌므로 필경 于山島와 울릉도가 한 섬인 것처럼 보입니다. 「朝鮮
繪圖」에는 두 섬으로 그려져 있습니다. 바로 본떠서 보내드립니다.

쓰시마 도주는 "『여지승람』의 기술내용에 따르면 于山島와 울릉도는
별도의 섬인 것처럼 보인다."라고 하였고, "「朝鮮繪圖」에는 두 섬으로
그려져 있다고 하였고 바로 본떠서 보냈다."라고 하였다.

안용복이 울릉도와 于山島를 두 섬을 인식하였음은 물론이고, 조선
조정과 접위관 홍중하, 박동지 및 쓰시마 도주와 대차왜 다다 야자에몬
과 재판인 다카세 하치에몬까지 울릉도와 于山島를 두 섬으로 인식하고
있었다. '鬱陵島爭界'가 진행하는 동안에 안용복은 물론이고, 조선 조정
과 일본 에도 막부와 쓰시마 도주의 경우 '竹嶋'는 '울릉도'이고, '松嶋'
는 '于山島'인 것을 알았다.

제10편
에도 막부에 의한 '竹島渡海禁止令'의 결정

차왜 다다 요자에몬(多田與左衛門=橘眞重)의 쓰시마 귀국 후에 쓰시마 번 내부에서 강경 노선에 대한 반성이 일어났다. 후에 '竹島一件'의 해결에 크게 이바지한 온건파의 쓰야마 쇼우에몬(陶山庄右衛門)은 타국의 섬을 억지로 빼앗아 에도의 公儀로 바치는 방법은 "不義라 할 수는 있어도 忠功이라고 말할 수는 없다."고 비판하였다.[1] 바로 안용복이 말하는 '에도에 공을 과시하기 위한 계책'이라는 비판과 일맥상통하는 바가 있다.[2]

1693년 5월 이후 피랍인 송환 및 조선의 竹島渡海禁止 협상을 전담하여 지휘하였던 섭정 도주 소 요시자네는 막부에 더 이상 조선과의 교섭 결과를 숨길 수 없었기 때문에 그간의 교섭 내용에 관하여 보고하였다.[3] 1695년 8월 30일에 쓰시마를 떠나 소 요시자네는 10월 6일에 江戸에 들어갔다.[4] 竹島에 대한 영토 개념을 명확히 하지 않은 상태에서 쓰시마로 하여금 대조선 교섭을 명령했던 막부는 후술하듯이 그 해 10월부터 '竹島一件'에 관한 본격적인 검토를 시작하였다.

1695년 11월 25일에 히라타는 老中인 아베 분고노카미(阿部豊後守)의 가신인 미사와 기치자에몬(三澤吉左衛門)과 면담해 지금까지의 경위를 설명했다.[5] 그리고 보충사료서 소 요자네의 구상서와 조선과의 왕복 서

---

1) 쓰야마 쇼우에몬(陶山庄右衛門),『竹島文談』.
2) 박병섭,「안용복 사건에 대한 검증」한국해양수산개발원보고서, 2007, 50쪽.
3)『通航一覽』권137,「朝鮮國部」113, '竹島'.
4) 對馬藩史料,『宗家文庫史料目錄(日記類)』표서찰방, Aa-1/80,「(國元表書札方) 每日記」.

한,『여지승람』과『지봉유설』등의 문헌을 제출했다.6)

이것을 계기로 막부는 竹島에 관한 조사를 시작했다. 12월 24일, 아베는 돗토리 번의 에도 번저에 7개조의 질문을 했다. 그 1조에서 "인슈(因州), 하큐슈(伯州)에 부속한 竹島는 언제부터 양국에 속했습니까?"라고 질문하였다.7) 막부로서는 竹島가 틀림없이 이나바국과 호키국을 지배하는 돗토리 번에 소속하는 섬이라고 생각하고 있었던 것이다. 막부는 7, 80년의 '潛商 사건' 때 竹島를 조선 영토라고 판단한 역사를 잊었던 것으로 생각된다.8) 이에 대한 돗토리 번의 회답은 "竹島는 이나바와 호키의 소속은 아닙니다."라고 해 돗토리 번의 영토가 아님을 단언했다. 더중요한 것은 제7조에서 "竹島 이외에 양국에 속하는 섬이 있습니까?"라고 막부가 질문한 것이다. 이에 대한 돗토리 번의 회답은 "竹島와 松島, 그 외에 양국에 속하는 섬은 없습니다."라고 하여 竹島와 松島에 관해서도 돗토리 번에 부속하는 것이 아님을 단언했다. 에도 막부에서 묻지도

---

5)『竹嶋紀事』권3, 元祿 8년(1695) 10월.

6) 같은 책 권3, 元祿 8년 10월.

7) 막부가 돗토리 번에 보낸 7개 항목의 질문 내용은 첫째, 因州·伯州는 언제부터 양국에 복속되었는가? 돗토리 번 선조의 영지로 내려지기 이전부터 그곳의 부속인가? 그 이후인가? 둘째, 竹島는 대략 어느 정도의 섬인가? 사람이 살고 있지 않은가? 셋째, 竹島에서의 어업이나 산물 채취는 언제쯤 가는 것인가? 매년 가는 것인가? 가끔 가는 것인가? 어떤 어렵을 하는 것인가? 도해하는 배의 수는 많은 많은가? 넷째, 3~4년 전에 조선인이 이 섬에 건너와 어업을 행하고 있었다. 그 때 두 사람의 인질로 한 일이 있는데 그 이전부터 그 나라의 어부는 이 섬에 건너와 있었는가? 그 후에는 더 이상 건너오지 않는 것인가? 다섯째, 요즈음 1~2년의 상황은 어찌 되어 있는가? 이제 오지 않는가? 여섯째, 이전에 섬에 건너왔을 때 배는 몇 척이고, 또 승조원은 몇 사람 정도로 대항했는가? 일곱째, 竹島 외에 인하쿠 양국 사람이 건너가는 섬이 있는가?(「元祿乙亥十二月二四日 阿部豊後守より曾我六郎兵衛わ以御尋の御書付」)

8) 박병섭, 앞의 논문 2007, 51쪽.

않은 독도에 대해 돗토리 번이 돗토리 번 땅이 아니라고 답변하자 막부는 松島의 존재도 몰랐던 것이다.9) 그러므로 새로 이름이 나온 松島에 관심을 보이며 그 위치나 소속, 도해의 실상 등에 관해 추가 질문을 했다. 1696년 1월 25일자 답변 내용은 『竹嶋之書附』에 의하면 다음과 같다.

「覺書」
…
一. 후쿠우라(福浦)로부터 松嶋에 80 리
一. 松島에서 竹嶋(울릉도)에 40 리
이상
(1696년) 1월 25일
별지
一. 松嶋에 호키국(伯耆國)으로부터 해로 120 리 정도입니다.
一. 松嶋에서 조선에는 80~90 리 정도 되는 것으로 알고 있습니다.
一. 松嶋는 (일본) 어느 지방에 속하는 섬이 아닌 것으로 알고 있습니다.
一. 松嶋에 어렵을 가는 것은 竹嶋에 도해할 때 길목에 있기 때문에 들러서 어렵합니다. 타지방에서 어렵을 가는 것은 없는 것으로 알고 있습니다. 이즈모국(出雲國)·오키국(隱岐國) 사람은 요나고(米子) 사람과 同船하여 갑니다.

에도 막부는 돗토리 번이 竹島와 松島는 자기 영토가 아니라는 것을 문서로 공식 확인한 것이다. 한편 에도 막부는 마쓰에 번(松江藩)에 대해서도 관할지역의 竹島(울릉도) 도해에 대해 조회하여 1월 26일자 회답서에서 오키(隱岐)·이즈모(出雲) 사람은 竹島(울릉도) 도해에 적극적인 관련이 없음을 확인했다.10)

---

9) 박병섭, 위의 논문 2007, 51쪽.
10) 이케우치 사토시, 「일본 에도시대(江戶時代)의 다케시마(竹島)-마츠시마(松島)

에도 막부는 돗토리 번이 竹島는 자기 영토가 아니라고 회답했기 때문에 1696년 1월 9일에 에도 막부 老中 아베 분코노카미(阿部豊後守)는 쓰시마 번의 에도 연락관 히라타 나오에몬(平田直右衛門), 미사와 기치자에몬을 불러 "竹島는 원래 분명히 알지 못했던 섬입니다. 호키에서 건너가 고기잡이를 해온 것에 마쓰다이라 호키노카미(松平伯耆守殿)에게 물어봤더니 이나바 호키에 속한 섬이라고 말하지도 않았습니다."라고 하면서, "이러한 상황에서 건너가서 고기잡이를 해온 것으로 조선의 섬을 일본에 돌려 달라고 말할 수도 없고 일본인이 거주하지도 않습니다. 거리를 물어보았더니 호키에서 160 리 정도이고 조선에서는 40 리 정도의 거리에 있다고 합니다. 그렇다면 조선국의 울릉도라고 해도 되지 않겠습니까? 아니면 일본인이 거주하고 있다거나 이쪽에서 차지한 섬이라면 이제 와서 돌려주기 어려운 일이지만 그러한 증거 등도 이쪽에서는 상관하지 않는 것으로 하면 어떨까요?"라고 하였고, "전복을 따러 가는 정도의 무익한 섬인데 이것이 얽혀서 계속되어 온 통교가 단절되면 어떻겠습니까? 위광 혹은 무위를 가지고 말해서 승리한다 해도 이치에 맞지 않는 것을 주장하는 것은 필요 없는 일입니다. 竹嶋는 원래 분명히 하지 않았던 일입니다."라고 하여 竹嶋 문제에 대해 통고하였다.[11]

1월 28일 老中 4명이 참석한 자리에서 老中 토다 야마시로노카미(戶田山城守)가 쓰시마의 덴류인(宗龍院, 宗義眞)에 각서를 전달함과[12] 동시

인식」『독도연구』6, 영남대학교 독도연구소, 2009, 184쪽.

11) 『竹嶋紀事』권3, 元祿 9년(1696) 정월 28일, 「12 첨부」.

12) 같은 책 권3, 元祿 9년 정월 28일, 「구상각서」, "오래 전부터 호키 요나고의 백성 두 명이 竹嶋로 도해하여 지금까지 고기잡이를 했습니다. 조선인도 그 섬에 와서 고기잡이를 했다고 합니다. 그렇다면 일본인이 섞이는 것은 이익이 없으므로 앞으로 요나고의 백성들의 도해를 금지할 것을 (장군이) 분부하셨습니다. 마쓰다이라 호키노카미에게도 봉서로 알렸습니다. 그것을 명심하도록 명합니다."

에 요나고 백성의 竹嶋渡海禁止를 했다.

　　竹島가 이나바(因幡)에 속해 있다고 하지만 아직 우리 백성이 거주한
적이 없다. 台德君(德川秀忠)때 요나고촌(米子村)의 마을 사람(街人)이
그 섬에 가서 어채하고자 청원함에 따라 이를 허락하였던 것이다. 지금 그
곳의 지리를 헤아려보건대 이나바(因幡)로부터는 160 리 정도, 조선으로
부터는 40 리 정도 떨어져 있다. 이는 일찍이 그들의 地界임에 틀림없는
것이다. 국가가 만약 兵威로써 이에 임한다면 무엇이든 얻지 못할 것이
없다. 부질없이 쓸모없는 小島를 가지고 隣國과 우호를 상실하는 것은 좋
은 일이 아니다. 더욱이 당초에 이 섬을 조선에서 빼앗은 것이 아니므로,
지금 다시 이것을 돌려준다고 말할 수 없다. 단지 우리나라 백성이 가서
어채하는 것을 금지해야 할 따름이다. 서로 다투어 분쟁이 계속되는 것보
다는 서로 평안함이 상책이니 이러한 뜻으로 조선과 논의하라.13)

---

13) 『朝鮮通交大紀』 권8.
　　막부의 방침은 조선 좌의정 목래선, 우의정 민암의 주장과 방법을 같이 하고 있
　　는 점이 주목된다. 또한 막부는 竹島 도항면허를 주었던 大谷·村川 양가에 대해
　　서도 元祿 9년(1696) 5월 28일부로 松平 伯耆 太守 앞 封書를 통해 다음과 같
　　이 竹島 도항금지를 통고했다.
　　「池田家文書」
　　松平新太郎 因州 伯州 영주의 요청으로 伯州 米子의 상인 村川市兵衛와 大
　　屋甚吉에게 竹島渡航을 허락하여 지금까지 고기를 잡아왔으나, 향후에는 竹島
　　에 도항하는 것을 금지하니 착오 없도록 한다.
　　1월 28일
　　土屋相模守
　　戸田山城守
　　阿部豊後守
　　大久保加賀守
　　松平 伯耆守殿
　　이 봉서를 村川과 大屋 양가에 전하여 竹島 도항을 금지하도록 한다.

죽도(울릉도)도해금지령 [竹島渡海禁止令] (1696)

[원문]

[…] 이전에 마쓰다이라 신타로 [松平新太郞] 가 인슈 [因州] 와 하쿠슈 [伯州] 를 다스리던 때 하쿠슈 요나고 [米子] 의 상인 무라카와 이치베 [村川市兵衞] , 오야 진키치 [大屋甚吉] 가 죽도(울릉도)에 도해하여 현재까지 어업을 해왔지만 향후 에는 죽도 도해 금지를 명하니 이를 명심하라.

정월 28일 쓰치야 사가미노카미
도다 야마시로노카미
아베 붕고노카미
오쿠보 가가노카미
마쓰다이라 호키노카미

　　같은 날, 1월 28일에 老中 4명이 서명한 竹島渡海禁止의 봉서가 에도 의 돗토리 번저로 넘어갔다.14) 그로 인해 돗토리 번주에게 발행된 막부 의 竹島渡海許可證은 2월 9일에 막부에 반납되었다.15) 그렇지만 돗토리 번에 竹島渡海禁止의 봉서가 전달된 것은 8월 1일이었다. 老中이 전달 시기를 늦춘 이유는 쓰시마 번의 요청을 배려했기 때문이다. 쓰시마 번 은 '竹島一件' 교섭에서 조선에 대해 조선인의 竹島渡海禁止를 요구하는 중이었고, 그 와중에 막부에 의한 일본인의 竹島渡海禁止令이 쓰시마 번 이외에서 조선에 알려지면 쓰시마 번의 입장이 곤란할 수 있으므로 소 요시자네가 막부에 竹島渡海禁止令의 공개를 늦추도록 요청하였다.16)

　　1696년 1월 28일에 막부의 '竹島渡海禁止令'은 대마도에도 전해졌다. 막부는 "竹島에 일본인이 거주했다는 사실이 없고, 일본 것이었다는 증 거도 없는 이상 竹島에 관해서는 이쪽(일본)에서 문제 삼을 사안이 아니

---

14) 『御用人日記』 元祿 9년(1696) 1월 28일.
15) 『磯竹島覺書』.
16) 박병섭, 앞의 논문 2007, 52쪽.

다."고 하여, "威光이나 武威를 배경으로 조리에 맞지 않는 일을 강하게
주장할 필요가 없다."고 지시하였다. 나아가 조선에 대해 대마도가 그간
에 서계 개찬 요구를 철회하고, 막부가 일본인의 竹島渡海를 금지한 사
실을 전하도록 하는 교섭 안을 제시했다.[17] 이로써 조선인의 竹島渡海
禁止 요구로 시작된 '鬱陵島爭界'는 조선과 에도 막부 대마도의 외교 협
상에서 竹島의 영속 문제로 확대되었다.[18]

　에도 막부에 의한 竹島渡海禁止令은 바로 조선에 전달되지 않았다. 막
부의 일본인의 竹島渡海禁止 명령을 받은 소 요시자네는 막부의 지시를
곧 바로 조선에 전하지 않고, 소 요시츠구(宗義倫)의 사망을 문위하기
위해서 1696년 10월에 문위행이 대마도에 건너오게 되면 조선 측에 전
할 것이라고 하면서 막부의 명령 수행을 지연시켰다.

　쓰시마 번은 '竹島一件' 교섭이 암초에 부딪친 가운데, 그것을 어떻게
조선에 전달할 것인지 고민하였다. 그때까지의 쓰시마 번은 조선인의
도해 금지를 요구하고 있는 상황에서 에도 막부의 일본인의 竹島渡海禁
止令은 쓰시마 번의 요구와는 반대의 결론이기 때문에 그것을 쉽게 조
선에 전달할 수 없었기 때문이다. 자칫 잘못하면 지금까지의 교섭이 쓰
시마 번이 독단적으로 한 것이고, 막부의 명령에 거슬러 행동을 한 것이
라는 비난을 조선에서 받을 우려가 있다. 그러한 와중에 1696년 안용복
이 도일이 행해졌다. 안용복 문제와 함께 '竹島一件' 교섭의 해결이 급하
게 되었다. 쓰시마 번은 막부와 협의해 老中의 "가볍게 끝내도록 하라."
는 의향을 받아들여 일본의 竹島渡海禁止를 구두로 전달하기로 했다. 쓰

17) 이케우치 사토시(池內 敏), 「東平行一件の再檢討」『大君外交と武威』名古
　　屋大學出版會, 2006, 303쪽.
18) 장순순, 「17세기 후반 '鬱陵島爭界'의 종결과 對馬藩(1696년~1699년)」『한일관
　　계사연구』 45, 한일관계사학회, 2013, 213쪽.

시마 번의 요구와는 정반대의 결과를 전달하므로 보내는 것을 주저한 결과였다.19)

竹島渡海禁止를 가볍게 구두로 전하는 것은 조선에서 도해 역관사가 쓰시마로 파견된 기회를 이용했다. 10월 16일에 소우 요시자네는 쓰시마에 와 있던 조선의 도해 역관인 변동지와 송판사를 불러 구두로 막부의 결정을 전달했다.20) 그것을 구상서로 해서 양 역관에게 건네주었다. 동시에 안용복 등이 쓰시마 번을 경유하지 않고 돗토리 번으로 소송하러 온 사실을 추궁하는 구상서도 건넸다. 그러나 일본어의 구상서는 "낙착을 보기 어렵다."는 역관의 의견으로 인해 두 통의 구상서를 한문으로 바꾸어 6명의 가로 6인의 年寄들이 서명 날인한 뒤 역관에게 건넸다. 그 내용은 다음과 같다.

전임 태수가 竹嶋의 일로 인해 사절을 귀국에 파견한 것이 두 차례인

---

19) 박병섭, 앞의 논문 2007, 53쪽.
20) 기타자와 미사나리(北澤正誠), 『竹島考證』, "10월 역관 卞同知가 사신으로 도항하여 16일 刑部大輔를 대면하였다. 竹島는 因幡, 伯耆의 부속이지만 무인도로서 伯耆 사람들이 도항하여 어획을 하고 있었던 바, '최근 조선인이 도항하여 뒤섞이고 있으니 우리 어민의 도항을 금지토록 하라.'는 江戸의 명을 받들어 口上書를 전달했다.
「口上之覺」
몇 년 전인가 대마도주가 竹島 건에 대하여 사자를 보내어 통지했다. 그때 중개하는 사람이 사신에게 말했다고 한다. 귀국했을 때 (사신이) 나에게 말하여 주었기 때문에 그 일을 江戸의 老中에게도 이야기했다. 그 섬은 因幡·伯耆에 부속시킨다는 것도 아니고, 일본이 취한다는 것도 아니며, 空島이기 때문에 伯耆 사람들이 건너가 어업을 한 것뿐이다. 그런데 최근에 조선이이 건너가 (일본인과) 섞이고 있어, 전에 이야기한대로 대마도주가 물어왔으나, (그 섬은) 조선에서는 가깝고 伯耆에서는 말이 다시 이쪽(일본)의 어민이 도항하지 않도록 하라고 명하는 것이니, 진심을 가지고 해주신 것을 고맙게 생각할 것이다."

데 사절의 일도 불행히도 완료되지 않은 채 별세했으므로 이로 말미암아
사절을 소환했습니다.

(宗義進이) 머지않아 上船해서 (江戶에) 入覲했을 때에 (老中의) 질문
이 竹嶋의 지향과 방향에 미치자 사실에 근거해 대답했습니다. 그러자 그
것이 본방으로부터의 거리는 매우 멀리 떨어져 있으나 오히려 귀국으로부
터의 거리로는 가깝다는 것이었습니다. 또한 두 나라 사람들이 (그곳에서)
섞이면 潛通과 私市 등의 폐단이 반드시 있을 것입니다. 따라서 곧 명령
을 내려 사람들이 가서 어채하는 것을 불허했습니다.

무릇 틈이 벌어지는 것은 세미한 곳에서 생기고 화환은 하찮은 것에서
일어나는 것이 고금의 통병이니 미리 못하도록 막는 것이 오히려 낫다고
생각됩니다. 이로써 100년의 우호를 더욱 돈독히 하고자 하니 하나의 섬
에 불과한 작은 일을 곧바로 다투지 않는 것이 두 나라의 아름다운 일일
것입니다. 유념하시기 바랍니다.

南宮(예조)이 응해 정성스럽게 수서해서 본주로 하여금 (조선 측의) 큰
감사를 대신 (江戶에) 전하게 할 것이며, 譯使가 귀국하는 날을 기다려
(이 뜻을) 아뢰어 빠뜨리지 않도록 당부합니다.[21]

쓰시마 번은 竹嶋까지의 거리는 조선쪽이 가깝다는 것과, 그 섬에 조
선과 일본 어민이 난입하여 潛通과 私市의 폐단, 즉 밀무역을 할 가능성
이 있다는 이유 등을 들어 일본인의 도해 금지를 공식으로 내렸다. 이
중요 문서는 메이지 시대에 내무성이 竹島의 귀속문제를 조사했을 때에
도 인용되었다.[22] 이 문서를 조선에 넘김으로써 '竹嶋一件' 교섭은 거의
끝난 것과 마찬가지였다. 역관인 변동지와 송판사는 1697년 1월에 귀국
했으므로[23] 조정에 일본인 도해 금지가 전달된 것은 그 이후이다.[24]

---

21) 『竹嶋紀事』권4, 元祿 9년(1696) 10월 「구술각서」 뒤 '한문 2통을 아래에 기록함'.
22) 『公文錄』 「內務省之部」 明治 10년(1877) 3월.
23) 『竹嶋紀事』권4, 元祿 10년(1697) 3월.
24) 박병섭, 앞의 논문 2007, 54쪽.

쓰시마 번은 동년 2월에 아비루 소헤이(阿比留惣兵衛) 등을 조선에 보내 동래부사 이세재에게 글을 올려 막부의 명에 의해 일본인의 竹島 (울릉도) 출어를 금지시켰다는 것을 통고했다. 다만 울릉도와 竹島가 같은 섬이라는 것과 그것이 조선 령이라는 것을 승인하는 건에 대해서는 언급하지 않았다. 그러나 조선정부로서는 당면과제인 어업금지에 만족하였다.[25]

‘竹嶋一件’은 전말은 이것으로 끝났다. 『竹嶋紀事』에 의하면,

> 竹嶋一件이 시종 막부의 명령에 따라 처음에는 일본의 竹嶋라고 하여 저 나라의 배가 오는 것을 금지했다가 결국에는 저 나라에서는 가깝고, 우리나라에서는 멀다고 하여 우리나라 사람들이 가서 고기잡이 하는 것을 금한 것으로 또한 저 나라 사람들이 겸손하고 순한 말로 이것에 응할 때는 ‘울릉’이라는 문구를 삭제해 줄 것을 요구했다. 저 나라 사람들이 강하고 위협적인 말로 이것을 거절할 때는 감히 그 잃는 바를 말하지 못해 결국 경계를 침범해다는 오명을 쓰고 스스로 명확히 하지 못했다고 생각할 것이다. 그 땅을 우리 소유로 하기 위해 욕심을 부려 진정 성신의 의를 잃은 것처럼 되었다고 말하는 자가 있다. 戊寅年(1698)에 예조의 서한을 받았지만 답하지 않았고, 관수로 하여금 서한을 동래에 그대로 도고 마사시게(眞重)가 의문 나는 생각을 진술했다. 첫 번째는 우리나라 사람들이 70~80년 전부터 竹嶋에 가서 고기잡이를 해온 폐단이 본래 저 나라가 소홀히 한데 있는데, 갑자기 책망하며 침범해 건너왔다고 말해서 이를 지적했다. 두 번째는 저 나라에서 완고하게 고집할 뜻으로 조금도 감사하다는 말이 없기 때문에 서계를 에도에 전할 수 없다는 이유를 말했다. 세 번째는 竹嶋一件은 우리 쓰시마가 힘을 다해 애를 썼기 때문에 실로 양국이 무사하게 될 수 있게 된 것이지 저 나라의 방법이 좋아서 된 것이 아니라는 점을 말한다면 신의가 밝아지고 전후가 부응해서 이치에 궁하고 말에

---

25) 가와카미 겐조(川上健三), 『竹島の歷史地理學的硏究』 古今書院, 1966.

굴복했다는 비난을 면할 수 있을 것이다. 설령 막부가 관대하게 해서 따지지 않을 생각이 있었다 해도 그 허물을 덮고 쓰시마를 위한 방법으로 이렇게 해서는 안 된다는 의견도 있었지만, 그 말이 실행되지 않았으니 애석하다.

亨保 11년(1726) 음력 11월, 고시 쓰네에몬 가쓰아키는 삼가 적는다.[26]

첫째, 우리나라(일본) 사람들이 70~80년 전부터 竹嶋에 가서 고기잡이를 해온 폐단이 본래 저 나라(조선)가 소홀히 한데 있는데, 갑자기 책망하며 침범해 건너왔다고 말해서 이를 지적했다. 둘째, 조선에서 완고하게 고집할 뜻으로 조금도 감사하다는 말이 없기 때문에 서계를 에도에 전할 수 없다는 이유를 말했다. 셋째, 竹嶋一件은 우리 쓰시마가 힘을 다해 애를 썼기 때문에 실로 양국이 무사하게 될 수 있게 된다는 것을 '竹嶋一件'의 전말은 이것으로 끝났다.

---

26) 『竹嶋紀事』「亨保 11년(1726) 음력 11월, 고시 쓰네에몬 가쓰아키는 삼가 적는다」.

제11편
안용복 1차 처벌

쓰시마 번주인 소 요시츠쿠(宗義倫)인 예조 참판의 이름으로 서간을 보내어 '본국(일본)의 竹島'에 조선인이 왕래하지 않도록 요구하였다. 예조 참판 권해의 회답서의 경우 '2島 2名'설을 채택해 '울릉도'를 쓰고 국경을 넘어 일본의 竹島에 들어갔다는 것을 명시하여 안용복·박어둔을 '犯人으로 하여 형률에 의거하여 죄를 科하게 하고(今將犯人等 依律科罪)', 이후에는 연해 등지에 科條를 엄하게 하여 이를 신칙하도록 할 것이라고 했다.[1] 그에 따라 다음과 같이 안용복 등의 죄를 논의하였다.

① 계유년(숙종 19 ; 1693) 봄에 울산의 고기잡이 40여명이 울릉도에 배를 대었는데, 왜인의 배가 마침 이르러, 박어둔·안용복 2인을 꾀어내 잡아서 가버렸다. 그 해 겨울에 대마도에서 정관 橘眞重으로 하여금 박어둔 등을 거느려 보내게 하고는, 이내 우리나라 사람이 竹島에 고기 잡는 것을 금하기를 청하였는데, 그 서신에 이르기를, "귀역의 바닷가에 고기 잡는 백성들이 우루친토 본국의 竹島에 배를 타고 왔으므로, 土官이 국금을 상세히 알려 주고서 다시 와서는 안 된다는 것을 굳이 알렸는데도, 올봄에 어민 40여명이 竹島에 들어와서 난잡하게 고기를 잡으므로, 土官이 그 2인을 잡아두고서 한 때의 증질로 삼으려고 했는데, 본국에서 幡州牧이 東都에 빨리 사실을 알림으로 인하여, 어민을 폐읍(대마도)에 맡겨서 고향에 돌려보내도록 했으니, 지금부터는 저 섬에 결단코 배를 용납하지 못하게 하고 더욱 금제를 보존하여 두 나라의 교의로 하여금 틈이 발생하지 않도록 하십시오."하였다. 예조에서 회답하는 서신에 이르기를,

---

1) 『숙종실록』권26, 숙종 20년(1694) 2월 23일(신묘) ; 『竹嶋紀事』권1, 元祿 7년 (1694) 정월 15일.

"폐방에서 어민을 금지 단속하여 외양에 나가지 못하도록 했으니 비록 우리나라의 울릉도일지라도 또한 아득히 멀리 있는 이유로 마음대로 왕래하지 못하게 했는데, 하물며 그 밖의 섬이겠습니까? 지금 이 어선이 감히 귀경의 竹島에 들어가서 번거롭게 거느려 보내도록 하고, 멀리서 서신으로 알리게 되었으니, 이웃 나라와 교제하는 정의는 실로 기쁘게 느끼는 바입니다. 바다 백성이 고기를 잡아서 생계로 삼게 되니 물에 떠내려가는 근심이 없을 수 없지마는, 국경을 넘어 깊이 들어가서 난잡하게 고기를 잡는 것은 법으로서도 마땅히 엄하게 징계하여야 할 것이므로, ⓐ 지금 범인들을 형률에 의거하여 죄를 과하게 하고, 이후에는 연해 등지에 科條를 엄하게 제정하여 이를 신칙하도록 할 것이오."하였다. … 또 번갈아 근거 없는 말을 하면서 다투므로, 우리 조정에서 마침내 들어주지 않았다. ⓑ 橘眞重이 꾀가 다하고 사실이 드러나게 되어 그제야 서계를 받고서 돌아갔다. 이에 울릉도에 배를 정박했던 사람을 治罪하여 혹은 刑訊하기도 하고, 혹은 귀양 보내기도 하였다.[2]

② 대신들과 비변사 당상들을 引見하여 입시했을 때, 우의정인 閔黯이 아뢴 것은, "竹島의 일은 이미 收殺하여 그 이른바 犯越한 죄인들을 마땅히 照勘해야 할 일이나, 연해의 백성들은 본래 고기잡이로 생계를 유지하므로, 법으로 금함을 무릅쓰고 이익을 탐하여 늘 먼 바다를 왕래하여 이와 같은 사단이 생기는 근심이 있게 되었으니, 각별히 엄하게 다스림이 마땅할 듯합니다. 이제 이 죄인들을 만약 가벼운 법률로써 (은혜를) 베푼다면, 뒷날에 일어날 폐단을 막기 어려울 것입니다." 라고 하는 것인데, 영의정인 權大運이 말하기를, "각각의 사람들이 비록 먼 바다로 나가는 죄를 저질렀으나, 어리석은 백성은 꼭 엄하게 다스릴 필요는 없으니, 刑推하고 풀어주는 것이 옳을 듯합니다."라고 하였으며, 좌부승지인 李玄紀가 말하기를, "동해 가에 사는 백성들은 田土가 척박하여 농사를 지을 수 없으므

---

2) 같은 책 권26, 숙종 20년 2월 23일(신묘).

로 오직 고기잡이만을 합니다. 비록 날로 엄하게 타일러 경계시키더라도 먼 바다로 나가지 않을 리가 만무합니다."라고 하였으며, 민암이 말하기를, "일이 邊境에 관계되는 일이니, 느슨하게 다스릴 수 없습니다. 首從을 분별하여 船主와 沙工은 徒年으로 정배하고, 그 나머지는 刑推하고 풀어주는 것이 옳을 듯합니다."라고 하니, 상께서 말씀하시기를, "그대로 시행하라."라고 하셨다.3)

①, ②의 두 기록 외는 1693년 안용복 일행의 경우 죄를 논한 것이 없다. ①의 사료에서 귤진중, 즉 다다 요자에몬(多田與左衛門=橘眞重)이 "그제야 서계를 받고서 돌아갔다. 이에 울릉도에 배를 정박했던 사람을 治罪하여 혹은 刑訊하기도 하고, 혹은 귀양보내기도 하였다."고 하였다. 다다 요자에몬(多田與左衛門=橘眞重)이 1694년 2월 27일에 다다 요자에몬(多田與左衛門=橘眞重) 일행이 예조 참판의 회답서를 가지고 쓰시마에 도착하였다. 2월 27일에 쓰시마에 도착하였으니 사료 ①의 경우 2월 23일자이고, 2월 27일에 앞선 기록이다. 사료 ②의 경우 3월 3일, 안용복 일행의 죄를 최초 논의하였다. 우의정 閔黯이 안용복·박어둔을 국경을 넘은 '犯越한 죄인'들을 규정하여 '이 죄인들을 만약 가벼운 법률로써 (은혜를) 베푼다면, 뒷날에 일어날 폐단을 막기 어려울 것'이라고 하여, 마땅히 엄한 법률로서 처단하였다고 주장하였다. 영의정 권대운은 형추하고 풀어주는 것을 주장했다. 또 다시 민암이 변경에 관계되는 일이니 느슨하게 다스릴 수 없다하여 首從을 분별하여 선주와 사공은 徒年으로 定配하고, 그 나머지는 형추하고 풀어주는 것이 주장하였다. 그 주장을 받아들여 숙종이 그대로 시행하라고 하였다. 3월 3일에 죄를 논하여 3월 3일 이후에 울릉도에 배를 정박했던 사람을 治罪하여 혹은 刑訊하기도

---

3) 『승정원일기』 숙종 20년 3월 3일.

하고, 혹은 귀양 보내기도 하였다 것이 순리에 맞다. 사료 ①의 실록청
의 사관들이『숙종실록』의 기록할 때 인과관계를 따져 울릉도에 배에
정박했던 사람을 형신하기고 혹은 귀양 보냈다고 하였다. 2월 23일에 형
신, 귀양 갔다는 것이 말이 아니다. 사료 ①-ⓐ의 경우 예조 참판의 회답
서는 '지금 범인들을 형률에 의거하여 죄를 과하게' 하는 것은 거짓말이
다. 안용복이 귀양 갔다는 한·일 양국의 사료에 없다.

　그 사이 조선 조정에서는 4월, 갑술환국으로 인해 남인정권이 실각하
고, 소론정권이 집권하게 되어 남구만을 영의정, 박세채를 좌의정, 윤지
완을 우의정으로 기용하였다. 남구만은 왜인들이 말하는 竹島가 우리나
라의 울릉도이며, 지난번 일본에 보낸 회답서는 특히 모호하니 마땅히
접위관을 파견하여 앞서의 회답서를 되돌려 받고, 울릉도에 들어오는
일본인을 모두 용납하지 않아야 한다고 하였다. 또 남구만은 "만약 그들
에게 울릉도와 竹島는 한 섬에 두 이름이 있다. 우리나라의 지방인데,
너희가 스스로 犯越하지 우리나라가 어찌 범월하는 일이 있겠는가라고
말한다면, 저들은 반드시 할 말이 없을 것입니다."[4]라고 하였다. 그에 따
라 안용복과 박어둔은 국경을 넘은 '犯越한 죄인'들이 아니었다. 그 때
문에 안용복은 범월로 인한 죄를 벗어났으니 풀려났을 가능성이 컸다.

---

4) 같은 책 숙종 20년 7월 4일.

제12편
1696년, 안용복 일행의
울릉도·독도 행 및 일본의 행적

제1장 안용복 일행의 울릉도·독도 도해

안용복은 1696년에 울릉도, 독도로 건너가 일본 어부들을 쫓아내고, 그들을 뒤쫓아 일본으로 건너갔다. 그리고 추방되어 강원도 양양으로 돌아 왔다. 그 일정은 다음과 같다.

〈안용복의 도일(1696년) 행적〉

1696년 1월에 있었던 막부의 '竹島渡海禁止令'이 조선에 전달되지 않은 상황에서 그해 봄 안용복이 울산 배에 타고 울릉도로 건너갔다.

비변사에 안용복을 심문하였을 때 안용복의 진술은 다음과 같다. 안용복은 동래에 살고 있었는데, 어머니를 만나기 위해 울산에 갔다가 마침 승려 雷憲 등을 만나 1693년 울릉도에 다녀왔는데, 그곳에는 해산물이 풍부하다는 사실을 말하고, 울산 배에 11명이 타고 울릉도로 건너갔다.[1] 일본 배가 많이 와서 정박하여 우리 뱃사람들이 다 두려워하였다. 안용복이 앞장서서 말하기를, "울릉도는 본디 우리 지경인데, 왜인이 어찌하여 감히 지경을 넘어 침범하였는가? 너희들을 모두 포박하여야 하겠다." 하고, 이어서 뱃머리에 나아가 큰소리로 꾸짖었더니, 왜인들이 말하기를, "우리들은 본디 松島에 사는데 우연히 고기잡이 하러 나왔다. 이제 本所로 돌아갈 것이다."고 하였다. 재차 안용복이 "松島는 子山島(독도)로서, 그것도 우리나라 땅인데 너희들이 감히 거기에 사는가?" 하였다.[2] 드디어 이튿날 새벽에 배를 몰아 子山島에 갔는데, 왜인들이 막

---

1) 그 일행은 다음과 같다. 동래 사람 안용복·홍해 사람 劉日夫·영해 사람 劉奉石·平山浦 사람 李仁成·樂安 사람 金成吉과 順天 僧 雷憲·勝淡·連習·靈律·丹責과 延安 사람 金順立 등 11명이다(『숙종실록』권30, 숙종 22년 <1696> 8월 29일 <임자>).

「元祿九丙子年朝鮮舟着案一卷之覺書」의 경우, "홍국사 주지 雷憲 55세, 冠 비슷한 검은 삿갓을 썼고, 목면으로 끈을 달았습니다. 가늘고 아름다운 실로 짠 상의를 입고 부채를 들었습니다. 기사(1689) 윤 3월 18일에 금오산 朱印狀을 雷憲이 가지고 있다가 놓자 곧 바로 베껴두었습니다. 강희 28년 윤 3월 20일에 금오산 朱印이 찍힌 문서를 雷憲이 가지고 있다가 내놓자 곧 바로 베껴두었습니다. …" 이인성은 홍국사의 雷憲을 '5촌 아저씨'가 되었다(예조 전객사편, 『漂人領來謄錄』숙종 22년 9월 30일).

2) 『숙종실록』권30, 숙종 22년 9월 25일(무인)와 비슷한 내용이 『東國文獻備考』에도 기록되어 있지만 조금 다른 점이 있다. 松島를 『숙종실록』에서는 '子山島'라

가마솥을 벌여 놓고 고기 기름을 다리고 있었습니다. 제가 막대기로 쳐서 깨뜨리고 큰 소리로 꾸짖었더니, 왜인들이 거두어 배에 싣고서 돛을 올리고 돌아가므로, 제가 곧 배를 타고 뒤쫓았습니다. 그런데 갑자기 광풍을 만나 표류하여 玉岐島(오키도)에 이르렀다. 島主가 들어온 까닭을 물으므로, 안용복이 말하기를, "근년에 내가 이곳에 들어와서 울릉도·子山島 등을 조선의 지경으로 정하고, 관백의 서계까지 있는데, 이 나라에서는 定式이 없어서 이제 또 우리 지경을 침범하였으니, 이것이 무슨 도리인가?" 하자, 마땅히 伯耆州에 轉報하겠다고 하였으나, 오랫동안 소식이 없었습니다. 제가 분완을 금하지 못하여 배를 타고 곧장 백기 주로 가서 '鬱陵子山兩島監稅'라 가칭하고 장차 사람을 시켜 본도에 통고하려 하는데, 그 섬에서 사람과 말을 보내어 맞이하므로, 저는 푸른 철릭[帖裏]를 입고 검은 布笠을 쓰고 가죽신을 신고 轎子를 타고 다른 사람들도 모두 말을 타고서 그 고을로 갔습니다. 저는 도주와 廳 위에 마주 앉고 다른 사람들은 모두 中階에 앉았는데, 도주가 묻기를, "어찌하여 들어왔는가?" 하므로, 답하기를 "전일 두 섬의 일로 서계를 받아낸 것이 명백할 뿐만이 아닌데, 對馬島主가 서계를 빼앗고는 중간에서 위조하여 두세 번 差倭를 보내 법을 어겨 함부로 침범하였으니, 내가 장차 관백에게 상소하여 죄상을 두루 말하려 한다." 하였더니, 도주가 허락하였다. 드디어 李仁成으로 하여금 疏를 지어 바치게 하자, 대마도주의 아비가 백기 주에 간청하여 오기를, "이 소를 올리면 내 아들이 반드시 중한 죄를 얻어

했으나 『東國文獻備考』에서는 '芋山島'라고 했다. 또한 『숙종실록』에는 "왜인이 말하기를, 우리들은 본디 松島에 사는데 우연히 고기잡이 하러 나왔다. 이제 本所로 돌아갈 것이다."라고 쓰여 있는데, 『東國文獻備考』에는 "왜가 말하기를, 본래 松島로 향하던 길인데 마침 돌아가려던 참이 있다."라고 쓰여 있다(박병섭, 「안용복 사건에 대한 검증」 한국해양수산개발원보고서, 2007, 56쪽).

죽게 될 것이니 바치지 말기 바란다."하였으므로, 관백에게 稟定하지는 못하였으나, 전일 지경을 침범한 왜인 15인을 적발하여 처벌하였습니다. 이이서 안용복에게 말하기를, "두 섬은 이미 너희나라에 속하였으니, 뒤에 혹 다시 침범하여 넘어가는 자가 있거나 도주가 혹 함부로 침범하거든 모두 國書를 만들어 譯官을 정하여 들어보내면 엄중히 처벌할 것이다." 하고, 이어서 양식을 주고 차왜를 정하여 호송하려 하였으나, 제가 데려가는 것은 폐단이 있다고 사양하였다고 하였고, 雷憲 등 여러 사람의 供辭도 대략 같았다.[3] 雷憲의 경우, 김정원과 나이토 세이추는 '興旺

---

3) 같은 책 권30, 숙종 22년 9월 25일(무인), "비변사에서 안용복 등을 추문하였는데, 안용복이 말하기를, '저는 본디 동래에 사는데, 어미를 보러 울산에 갔다가 마침 중인 雷憲 등을 만나서 근년에 울릉도에 왕래한 일을 자세히 말하고, 또 그 섬에 해물이 많다는 것을 말하였더니, 雷憲 등이 이롭게 여겼습니다. 드디어 같이 배를 타고 영해 사는 뱃사공 劉日夫 등과 함께 떠나 그 섬에 이르렀는데, … 왜선도 많이 와서 정박하여 있으므로 뱃사람들이 다 두려워하였습니다. 제가 앞장서서 말하기를, '울릉도는 본디 우리 지경인데, 왜인이 어찌하여 감히 지경을 넘어 침범하였는가? 너희들을 모두 포박하여야 하겠다.' 하고, 이어서 뱃머리에 나아가 큰 소리로 꾸짖었더니, 왜인이 말하기를, '우리들은 본디 松島에 사는데 우연히 고기잡이 하러 나왔다. 이제 本所로 돌아갈 것이다.' 하므로, '松島는 子山島로서, 그것도 우리나라 땅인데 너희들이 감히 거기에 사는가?' 하였습니다. 드디어 이튿날 새벽에 배를 몰아 子山島에 갔는데, 왜인들이 막 가마솥을 벌여 놓고 고기 기름을 다리고 있었습니다. 제가 막대기로 쳐서 깨뜨리고 큰 소리로 꾸짖었더니, 왜인들이 거두어 배에 싣고서 돛을 올리고 돌아가므로, 제가 곧 배를 타고 뒤쫓았습니다. 그런데 갑자기 광풍을 만나 표류하여 玉岐島에 이르렀는데, 島主가 들어온 까닭을 물으므로, 제가 말하기를, '근년에 내가 이곳에 들어와서 울릉도·子山島 등을 조선의 지경으로 정하고, 관백의 서계까지 있는데, 이 나라에서는 定式이 없어서 이제 또 우리 지경을 침범하였으니, 이것이 무슨 도리인가?' 하자, 마땅히 伯耆州에 轉報하겠다고 하였으나, 오랫동안 소식이 없었습니다. 제가 분완을 금하지 못하여 배를 타고 곧장 백기 주로 가서 '鬱陵子山兩島監稅'라 가칭하고 장차 사람을 시켜 본도에 통고하려 하는데, 그 섬에서 사람과 말을 보내어 맞이하므로,

寺’, ‘金鳥山’으로 해독했으며,[4] 나이토 세이추의 논문을 번역한 호사키 유지의 경우 ‘興國寺’, ‘金鷹山’으로 번역했다.[5] 이케우치 사토시(池內 敏)는 ‘興國寺’, ‘金鷹山’으로 해독하였다.[6] 손승철은 ‘興國寺’, ‘金鳥山’, ‘興旺寺’로, 되었고, 오니시 도시테루와 권오엽은 ‘興國寺’, ‘金鳥山’으로 해독, 번역했다.[7] 앞부분(4면)과 뒷부분(13면)의 절 이름에서 각각 번역을 달리했다.[8]

저는 푸른 철릭[帖裏]를 입고 검은 布笠을 쓰고 가죽신을 신고 轎子를 타고 다른 사람들도 모두 말을 타고서 그 고을로 갔습니다. 저는 도주와 廳 위에 마주 앉고 다른 사람들은 모두 中階에 앉았는데, 도주가 묻기를, ‘어찌하여 들어왔는가?’ 하므로, 답하기를 ‘전일 두 섬의 일로 서계를 받아낸 것이 명백할 뿐만이 아닌데, 對馬島主가 서계를 빼앗고는 중간에서 위조하여 두세 번 差倭를 보내 법을 어겨 함부로 침범하였으니, 내가 장차 관백에게 상소하여 죄상을 두루 말하려 한다.’ 하였더니, 도주가 허락하였습니다. 드디어 李仁成으로 하여금 疏를 지어 바치게 하자, 도주의 아비가 백기 주에 간청하여 오기를, ‘이 소를 올리면 내 아들이 반드시 중한 죄를 얻어 죽게 될 것이니 바치지 말기 바란다.’ 하였으므로, 관백에게 稟定하지는 못하였으나, 전일 지경을 침범한 왜인 15인을 적발하여 처벌하였습니다. 이어서 저에게 말하기를, ‘두 섬은 이미 너희나라에 속하였으니, 뒤에 혹 다시 침범하여 넘어가는 자가 있거나 도주가 혹 함부로 침범하거든, 모두 國書를 만들어 譯官을 정하여 들여보내면 엄중히 처벌할 것이다.’ 하고, 이어서 양식을 주고 차왜를 정하여 호송하려 하였으나, 제가 데려가는 것은 폐단이 있다고 사양하였습니다.” 하였고, 雷憲 등 여러 사람의 供辭도 대략 같았다. 비변사에서 아뢰기를, ‘우선 뒷날 登對할 때를 기다려 稟處하겠습니다.’ 하니 윤허하였다.”

4) 김정원 번역, 「元祿九丙子年朝鮮舟着岸一卷之覺書」『독도연구』 창간호, 영남대학교 독도연구소, 2005, 291쪽 ; 保坂祐二 역, 『죽도=독도논쟁』 보고사, 2008, 293쪽.

5) 內藤正中·朴炳涉 저 ; 호사카 유지 역, 『竹島=獨島論爭』新幹社, 2007, 293쪽.

6) 이케우치 사토시(池內 敏), 「隱岐·村上家文書と安龍福事件『鳥取地域史研究』第9号, 2007, 鳥取地域史研究會, 11쪽.

7) 權五曄·大西俊輝 주석, 『元祿覺書』 제이앤씨, 2008.

8) 손승철, 「安龍福의 제2차 渡日 공술사료-『元祿九丙子年朝鮮舟着岸一卷之覺

2005년에 일본의 오키도의 무라카와 가문에서 공개한「元祿九丙子年 朝鮮舟着岸一卷之覺書」에 의하면, 안용복 일행이 3월 18일에 도착해 5월 15일에 울릉도에 출선하여 16일, 독도를 출발해 18일, 오키도에 도착했다는 기록이 있다. 그 문서에 "배 13척에 사람은 한 배에 9인, 10인, 12~13인, 15인 정도씩 타고 울릉도에 왔다."는 기록이 있고, "배 13척 중에 12척은 竹島에서 미역과 전복을 따고 대나무를 벌채하였다."고 하였고, "올해는 전복이 많지 않았다." 한 기록을 통해 2개월 동안 해산물과 목재를 채취하였다고 볼 수 있다. 두 달 동안 안용복 등이 외교사절로 가장하고 呈文(탄원서)하는 데 필요한 사료와 물품을 준비한 것으로 본 연구가 있다. 울릉도와 子山島(于山島=松島)를 강원도 소속으로 기록한「朝鮮之八道」지도, 일행을 대표할 안용복이 입을 무관 당상관이 입는 옷인 철릭, 검은 천으로 싼 갓, 가죽신, '通政大夫 安龍福 甲午生 東萊' 등이라고 새겨진 가짜 호패 등을 울산에서 구입했거나, 울릉도에서 머문 2개월 동안 만들었을 것으로 보았다.[9]

안용복이 울릉도에서 일본인과 만났는지의 여부이다. 일본의 사료에서는 관련 기사를 찾아볼 수 없다. 또 일본의 시모죠 마사오(下條正男) 등 일부 연구자는 이 해에 막부의 竹島渡海禁止令이 내려졌기 때문에 이 1696년에는 竹島(울릉도)로의 도해는 이루어지지 않았다고 주장하였다. 시모죠 마사오(下條正男)는 다음과 같이 주장하였다.

안용복이 오키도에 밀항해 온 것은 1696년 5월 20일, 쓰시마 번으로부터 요청을 받아 에도 막부가 竹島로의 도해 금지를 돗토리 번에 명한 것은 4개월 정도 전인 1월 28일 돗토리 번 요나고의 오야·무라카와 양 가문

―――――――――

書」에 대하여」『한일관계사연구』24, 한일관계사학회, 273·283쪽.

9) 송병기, 『울릉도와 독도, 그 역사적 검증』 역사공간, 2010, 84~85쪽.

에 전해 준 '도해면허'가 막부에 반납된 것은 1696년 2월 9일이다. 한국의 역사 교과서에 기술되어 있는 안용복이 울릉도에서 "일본의 어민들과 조우해 일본에 건너가 우리 영토임을 확인했다."는 일은 없었던 것이다.[10]

그 문서에 울릉도와 독도에 일본인을 만났다는 기록이 없다. 일본의 일부 연구자는 1696년에 막부의 도해 금지령이 내려졌기 때문에 이 해에는 竹島의 도해는 이루어지지 않았다라고 주장했다.[11] '竹島渡海 免許'가 반납된 것은 2월 9일임에 틀림없지만, 竹島渡海禁止令이 돗토리 번의 城府에 전달 된 것은 이 해 8월이었다. 따라서 1696년의 봄 시점에 오야·무라카와 양 가문은 竹島渡海禁止令을 모른 채 예년처럼 도해했을 가능성이 있다.

그렇지만 박병섭의 경우, 1696년에 일본인이 울릉도에 도해했다고 못했다고 하여 해석하였다. 이 해 만약 안용복이 울릉도에서 일본인과 만났다면 그런 중대사는 안용복 등이 오키국에서 代官의 취조를 받았을 때 언급했을 것이다. 그러나 취조 기록인 '무라카와 가문 문서'에서는 그런 기술이 없다. '무라카와 가문 문서'는 안용복의 공술을 충실히 기록한 신뢰도가 높은 사료인 만큼, 거기에 일본인과 만났다는 기사가 없는 것으로 미루어 보아 그러한 사실이 없었던 것으로 생각된다.[12] 또 오

---

10) 시모죠 마사오(下條正男), 「「竹島의 날」 조례로부터 2년」 '改竄된 韓國의 論據', 島根縣 竹島問題研究會, 『竹島に關する調査研究最終報告書』 2007, 4쪽.

11) 시모죠 마사오(下條正男), 같은 책 2007, 4쪽, "안용복이 오키도에 밀항해 온 것은 1696년 5월 20일. 그러나 쓰시마 번으로부터 요청을 받아 에도 막부가 을릉도로의 도해 금지를 돗토리 번에 명한 것은 4개월 정도 전인 1월 28일. 돗토리 번 요나고의 오야·무라카와 양 가문에 전해 준 도해면허가 막부에 반납된 것은 2월 9일이다. 한국의 역사 교과서에 기술되어 있는 안용복이 울릉도에서 일본의 어민들과 조우해 일본에 건너가 우리 영토임을 확인했다는 일은 없었던 것이다."

12) 박병섭, 앞의 논문 2007, 57쪽.

야·무라카와 양 가문의 형편을 감안할 때 1696년의 출어는 곤란했을 것 같다. 1692년 이래 4년 연속해 竹島에서의 수확이 것의 없었을 뿐만 아니라 1695년에 도해자금을 돗토리 번으로부터 빌리려 했으나 거절당했다.[13] 그 전까지 오야·무라카와 양 가문은 돗토리 번으로부터 종종 도해자금으로 은 15kg 정도를 빌렸다. 그 해는 아마도 돗토리 번이 대출금의 회수가 어려우므로 거절했던 것으로 짐작된다. 그럼에도 불구하고 양 가문은 1695년에 도해했지만 이 해도 역시 竹島에 조선인이 와 있었으므로 거의 수확이 없는 상태로 귀국하였다.[14] 이러한 사실로 미루어 보아 양 가문의 재정 상태는 곤란한 상태에 있었을 것으로 짐작된다. 그러한 상황에서 가령 1696년에 도해했다고 하더라도 울릉도에 조선인이 와 있을 가능성이 높고 수확을 거의 기대할 수 없었을 것이다. 그렇기 때문에 1696년에는 조선인 문제의 행방을 지켜보고 도해를 보류했을 공산이 크다.[15]

---

13) 『控帳』 元禄 7년(1696) 6월 5일.
14) 오카지마 마사요시(岡嶋正義), 『竹島考』 下, 1828, 정영미 역, 경상북도·안용복 재단, 2010 ; 『竹嶋之書附』.
15) 박병섭, 앞의 논문 2007, 57쪽.

제2장 안용복의 일본 행

　1696년 5월 15일, 안용복 일행은 울릉도를 출발해, 독도를 거쳐 오키도로 갔다. 그 경위를 안용복은 귀국 후에 다음과 같이 말했다.

　　그런데 갑자기 광풍을 만나 표류해 玉岐島에 이르렀는데, 島主가 들어온 까닭을 물으므로, 제가 말하기를, "근년에 내가 이곳에 들어와서 울릉도·子山島 등을 조선의 지경으로 정하고, 관백의 서계도 받았는데, 이 나라에서는 定式이 없어서 이제 또 우리 지경을 침범했으니, 이것이 무슨 도리인가?" 하자, 마땅히 伯耆州에 轉報하겠다고 했으나, 오랫동안 소식이 없었습니다.[1]

　"갑자기 광풍을 만나 표류해 옥기도(오키도)에 이르렀는데"라는 공술은 '海禁'의 죄를 추궁 당하는 것을 피하기 위해 그렇게 공술한 것이다.[2] 「元祿九丙子年朝鮮舟着岸一卷之覺書」는 안용복 등이 소송 목적으로 호키에 가는 도중에 오키도에 들렀다고 해서 다음과 같이 기록하고 있다.

　　안용복이 말하기를, 자신이 타고 있던 배의 열 한 명은 호키국에 가서 돗토리의 호키노카미님에게 호소하고 싶은 것이 있어서 가는 중입니다. 바람의 상태가 좋지 않아 이 땅에 들렀습니다. 순풍이 부는 대로, 호키국

---

1) 『숙종실록』 권30, 숙종 22년(1696) 9월 25일(무인).
2) 박병섭, 앞의 논문 2007, 59쪽.

으로 가고자 합니다. … 안용복과 도라베(박어둔) 두 명은 4년 전의 癸酉年(1693) 여름에, 竹嶋(울릉도)에서 호키국의 배에 연행 당했습니다. 그 도라베 이번에 동행했습니다만 竹嶋에 남겨 두고 왔습니다.

안용복 일행은 5월 20일부터 22일까지 오키에서 조사를 받았다. 「元祿 九丙子年朝鮮舟着岸一卷之覺書」에 의하면,

> 一. 안용복이 말하기를 竹嶋를 말하는데, 조선국 강원도 동래부 안에 울릉도라는 섬이 있는데, 이것을 竹嶋라고 합니다. 곧 팔도의 지도에 적혀 있는 것을 가지고 있습니다.
> 一. 松嶋는 右道(강원도) 안에 子山(小于山)이라는 섬이 있는데, 이것을 松嶋라고 합니다. 이것도 팔도의 지도에 적혀 있습니다.
> …
> 一. 배 13척에 사람은 한 배에 9인, 10인, 11인, 12~13인, 15인 정도씩 타고 竹嶋까지 왔다고 하며, 인원수는 물었으나 말하지 않았습니다.
> 一. 우 13척 중에 12척은 竹嶋에서 미역과 전복을 따고 대나무를 벌채했습니다. 이 일을 요즈음 하는데, 올해는 전복이 많지 않았다고 합니다.

한 배에 9인, 10인, 11인, 12~13인, 15인 정도씩 13척의 배에 타고 울릉도에 왔었다고 하는 점이다. 그렇다면 배 13척에 최소 135~140인 이상이 탄 셈이다. 그런 점에서 안용복은 박어둔이나 雷憲 등과는 달리 상업적 이익을 꿈꾸고 배 13척에 최소 135~140인의 선단을 주도적으로 꾸리는 존재라고 할 수 있다.3) 『竹嶋紀事』 권3, 元祿 9년(1696) 6월 23일, "우리

---

3) 안용복은 "울산 바닷가로 달려가니, 商僧인 雷憲 등이 출항 차비를 하고 있었다. 용복이 그들을 꾀어서 말하기를, "울릉도에 海蔘이 많다. 내가 너희에게 그 길을 가리켜줄 것이다."라고 하니, "(雷憲 중이 기뻐하며 그를 따랐다.'"(申景濬, 『旅菴

들만 먼저 왔는데 竹嶋(울릉도)에는 조선 배가 30여 척이나 와 있다."는 기록도 있다. 아마도 이들은 안용복과 함께 선단을 구성하여 울릉도로 출어한 일행일 것이다. 그는 한일 양국 사이에서 울릉도의 이권을 장악하는 富商大賈를 꿈꾸는 안용복 역관 출신의 潛商이었을 것이다. 안용복은 앞장에서 살펴본 바와 같이 인삼과 은의 교역, 그리고 전복과 은의 교역을 통해 상업적 이익을 추구하고, 『竹島考』에서 '朝鬱兩島監稅將'이라고 가칭하여 조선과 일본으로부터 울릉도와 독도에서 인삼 채취 및 전복 잡이4) 등의 어로 활동을 하는 어민들로부터 세금을 징수하고자 하였을 것이다.

「元祿九丙子年朝鮮舟着岸一卷之覺書」에 의하면, 조선 배는 길이 9m, 폭 3.6m의 크기였으며, 돛대 2개, 노 5개, 닻 2개가 있었다. 각종 어로용구, 취사도구, 대나무, 발과 돗자리, 개 가죽, 땔나무, 쌀 3홉, 미역 3자루, 소금 1자루, 말린 전복 1자루 등도 적재되어 있었으나 군사용 무기는 없었다.

全書』卷7, 「疆界考」 4, 昭代, 鬱陵島)라고 하여 '商僧' 雷憲이 꾀어 울릉도에 海蔘이 많은 것을 雷憲과 안용복 등 일행들인 13척이 울릉도에 들어갔다는 것을 상업적 이익을 꿈꾼다.

4) 돗토리 번이 막부의 老中에게 제의한 내용 가운데 "금후 조선인이 竹島로 오지 않도록 하고 지금처럼 竹島의 전복을 老中에게 헌상하고 싶다는 제의를 老中이 들어주었다."고 하였고(『御用人日記』 5월 15일조), 「元祿九丙子年朝鮮舟着岸一卷之覺書」에서도 "울릉도에 남아 있는 배 12척이 전복 등을 따고 있다."는 진술을 한 점, 그리고 『春官志』에서도 "울릉도에는 큰 대와 전복이 난다."고 한 것에서 울릉도의 전복은 일본에게 인기가 있는 품목이었음을 알 수 있다.

〈'동북아역사재단 독도체험관' 오류〉5)   〈'안용복기념관' 오류〉6)

「元祿九丙子年朝鮮舟着岸一卷之覺書」에 의하면, 안용복 일행을 불러 성명, 의복과 소지품을 조사하였다. 안용복은 호패를 차고 있었고, 부채를 들었는데, 그 부채 자루에는 도장과 귀 후비가 달려 있었다. 호패에는 '통정대부, 갑오년(1654)생, 동래부 거주'라고 쓰여 있었다. '울릉 자산 양도 감세장'이라 가칭하면서 가짜 호패를 찬 셈이다.

「元祿九丙子年朝鮮舟着岸一卷之覺書」에 의하면, 당시 안용복은 울릉도와 子山島가 그려져 있는 「朝鮮之八道」 지도를 꺼내 보이면서 일본에서 竹嶋·松嶋로 불리는 섬들은 조선 강원도 '此道中竹嶋松嶋有之'라고 기록하였다.

---

5) '동북아역사재단 독도체험관' 오류의 경우, 조선 배는 돛대 1개, 노 3개·6개이다. 「元祿九丙子年朝鮮舟着岸一卷之覺書」에 의하면, 조선 배는 돛대 2개, 노 5개의 기록이다.

6) '안용복기념관' 오류의 경우, 조선 배는 돛대 1개이다. 「元祿九丙子年朝鮮舟着岸一卷之覺書」에 의하면, 조선 배는 돛대 2개이다.

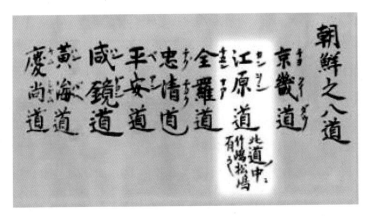

〈「元祿九丙子年朝鮮舟着岸一卷之覺書」「朝鮮之八道」지도 중 진술〉

　　조선인의 배 한 척이 5월 25일에 오키국에 도착했다.[7] 안용복 일행이 오키에 도착했다는 소식은 6월 5일에 돗토리 번에 전달되었다.[8] 조선의 배가 호키국에 청이 있어서 도해했다고 하므로 돗토리 번은 서둘러 目付인 히라이 킨자에몬(平井金左衛門)과 郡奉行, 총무를 맡은 야마자키 슈마(山崎主馬) 등을 불러 모아 대책을 협의하고,[9] 동시에 번주가 체재하는 에도의 돗토리 번저에도 파발꾼을 시켜 이러한 사실을 6월 13일에 전달했다.[10] 번주는 막부에 그 취지를 쓴 구상서를 13일에 전했다.[11] 대마도의 에도 번저에는 6월 23일에 보고되었다.[12]

　　그 사이에 오키도를 출발한 안용복 등은 6월 4일에 호키국의 아키자키(赤琦)에 나타나서 동쪽을 향했다. 돗토리 번에 급파된 야마자키 슈마

---

7) 『竹嶋紀事』 권3, 元祿 9년(1696) 6월 23일.
8) 『控帳』 권3, 元祿 9년 6월 5일.
9) 같은 책 권3, 元祿 9년 6월 5일.
10) 『御用人日記』 元祿 9년 6월 13일.
11) 같은 책 元祿 9년 6월 13일.
12) 『竹嶋紀事』 권3, 元祿 9년 6월 23일.

(山崎主馬)는 이나바국의 나가오바나(長尾鼻)에서 조선의 배를 만나 그 배를 아오야(青屋) 마을에 끌어들였다. 아오야 마을에 정박 중인 안용복 등과 돗토리 번의 히라이 킨자에몬(平井金左衛門)은 만났으니 그는 조선 인과는 통역이 없어서 이야기가 통하지 않았다고 기록되었다.[13] 그러나 안용복은 오키국의 대관인 手代와는 충분한 대화가 가능했으므로 대화 가 불가능했다는 기록이 이상하다.[14] 안용복 등은 아오야에서 주민과도 교류해 花田 李進士(이인성)가 마을 사람들에게 8장의 휘호를 준 사실도 있다.[15] 후일 에도 돗토리 번저의 요시다 헤이마(吉田平馬)가 쓰시마 번 에 "안히챠쿠(안용복)는 모든 사정을 잘 알고 있었으며 일본어도 대체로 할 수 있습니다."라고 말했다.[16] 돗토리 번은 막부에 표면상 조선인과는 대화가 불가능하다는 보고를 했으므로 공문서에서는 그렇게 기술한 것 으로 생각된다.[17]

돗토리 번은 다음에 儒者인 츠지 반안(辻晚庵)을 파견하였다. 그는 센 넨지(千念寺)에서 안용복 등과 대담하였다. 일설에 츠지는 필담을 했다 고 한다.[18] 츠지는 조선인의 목적에 대해 "竹島의 소송이 목적인 것처럼 은 들리지 않았다."라고 번에게 보고하였다. 어디까지 이야기를 나눴는 지 의문이다.[19] 그동안 배에 있는 소지품이 조사되어, 그 기록이 에도 막부에 보내졌다.[20] 그 문서를 보낼 때 안용복 등이 오키도에서 적은

13) 『御用人日記』 元祿 9년 6월 22일.
14) 박병섭, 앞의 논문 2007, 61쪽.
15) 『因幡志』.
16) 『竹嶋紀事』 권3, 元祿 9년 6월 23일.
17) 박병섭, 앞의 논문 2007, 61쪽.
18) 오카지마 마사요시(岡島正義), 『竹島考』下, 1828, 정영미 역, 경상북도·안용복 재단, 2010.
19) 박병섭, 앞의 논문 2007, 61~62쪽.

'소송 1권'도 에도에 보내진 것으로 보인다. 다만 '소송 1권'이 아오야에
서 내놓은 것인지 어떤지는 기록이 없으므로 확실하지 않다. 안용복이
돗토리 번에 呈文한 일이 높은 평가를 받았다.[21]

아요야 정박 중인 안용복의 일행인 배에 깃발을 달고 있었다. 아오야
마을의 주민이 깃발에 적힌 내용을 옮겨 적어 '朝鬱兩島監稅將 臣 安同
知騎'라고 기록했다.[22] 『竹島考』에 다음과 같이 실렸다.

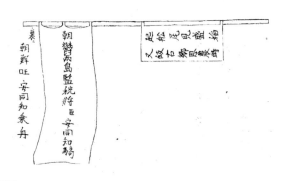

---

20) 『御用人日記』元祿 9년(1696) 6월 22일.

21) 박병섭, 앞의 논문 2007, 62쪽.

22) 가와카미 겐조(川上健三), 『竹島の歷史地理學的硏究』古今書院, 1966, "『竹
島考』에 따르면, 그가 伯州에 왔을 때 실제로 배 표시의 그림에서는 '朝鬱兩島
監稅將 臣 安同知騎'라는 의미이거나 혹은 '朝鮮兩島'는 의미가 없다. '朝鮮鬱
陵于山兩島'라는 의미이거나 혹은 '朝鮮鬱陵島'라고 할 생각이었으나, 鬱陵의
'陵'을 '兩'으로 잘못 쓴 것으로 생각된다. 후자라고 한다면『증보문헌비고』의 표
현이 이에 가깝고, 전자라고 한다면『숙종실록』의 표현이 이에 가깝지만, 그 어느
것이든 이러한 관명은 조선에 없다. 더욱이 『竹島考』에 따르면 그는 伯州에 와
서 자신을 '三品堂上 臣 安同知'라고 칭했다고 하는데. 동지는 관명이기는 하
지만 3품이 아닌 종2품이고, 또한 당상이라는 것은 3품 이상을 당상관으로 부르고
있었다. 참으로 무식한 사람의 표기였음을 알 수 있다. 요컨대 일본 측이 사정에
어두운 점을 이용하여 그들은 어설픈 지식을 늘어놓고 허세를 부리면서 적당히
사칭한 것으로, 그들이 조선정부로부터 어떤 위임을 받고 來日한 것이 아님은 이
같은 점에서도 명백하다."

『숙종실록』에 의하면 안용복이 '鬱陵子山兩島監稅'라 가칭하고, 푸른 철릭(帖裏)를 입고 검은 布笠을 쓰고 가죽신을 신고 교자를 타고 말을 타고 호키 주로 가서 도주와 만났다고 진술하고 있다.23) 에도에 체재하고 있던 돗토리 번주 이케다 츠나키요(池田綱淸)가 7월 19일에 돗토리부에 귀환하였기 때문에 안용복과 만난 일은 없었던 것 같았다. 그렇지만 『숙종실록』의 경우, 안용복은 도주의 만남을 다음과 같이 진술하고 있다.

> 도주가 묻기를 "어찌하여 들어왔는가?" 하므로, 답하기를, "전일 두 섬의 일로 서계를 받아낸 것이 명백할 뿐만이 아닌데, 쓰시마 도주가 서계를 빼앗고는 중간에서 위조하여 두세 번 차왜를 보내 법을 어겨 함부로 침범하였으니, 내가 장차 관백에게 상소하여 죄상을 두루 말하려 한다."고 하였더니, 도주가 허락하였습니다. 드디어 이인성으로 하여금 소를 지어 바치게 하자, 도주의 아비가 호키 주에 간청하여 오기를, "이 소를 올리면 내 아들이 반드시 중한 죄를 얻어 죽게 될 것이니 바치지 말기 바란다."고 하였으므로, 관백에게 품정하지는 못하였으나, 전일 지경을 침범한 왜인 15인을 적발하여 처벌하였습니다. 이어서 저에게 말하기를, "두 섬은 이미 너희나라에 속하였으니, 뒤에 혹 다시 침범하여 넘어가는 자가 있거나 도주가 혹 함부로 침범하거든, 모두 국서를 만들어 역관을 정하여 들어보내면 엄중히 처벌할 것"이라고 하여, 이어서 양식을 주고 차왜를 정하여 호송하려 하였으나, 제가 데려가는 것은 폐단이 있다고 사양하였습니다.24)

안용복은 첫째, "두 섬의 일로 서계로 받았다."고 밝히고 있다. 두 섬은 울릉도와 독도가 분명하다. 둘째, 쓰시마 도주가 서계를 빼앗아 위조하였다고 한다. 셋째, 장차 관백에게 상소하려고 이인성으로 하여금 소를 지어 바쳤다. 그로 인해 쓰시마 도주가 호키 주에 간청하여 관백에게

---

23) 『숙종실록』 권30, 숙종 22년(1696) 9월 25일(무인).
24) 같은 책 권30, 숙종 22년 9월 25일(무인).

품정하지 못하였으나 두 섬은 이미 너희나라에 속하였으니, 뒤에 혹 다시 침범하여 넘어가는 자가 있거나 도주가 혹 함부로 침범하거든, 모두 국서를 만들어 역관을 정하여 들여보내면 엄중히 처벌할 것이라고 약속하였다.

이에 대해 남구만은 "안용복이 계유년(1693)에 울릉도에 갔다가 왜인에게 잡혀 호키 주(伯耆州)에 들어갔더니 本州에서 울릉도는 영구히 조선에 속한다는 공문을 만들어 주고 증물도 많았는데, 쓰시마 번을 거쳐 나오는 길에 공문과 증물을 죄다 쓰시마 사람에게 빼앗겼다 하나, 그 말을 반드시 믿을 만하다고 여기지는 않았습니다만, 이제 안용복이 다시 호키 주에 가서 呈文한 것을 보면 전에 한 말이 사실인 듯합니다."라고 하였다.25) 그렇지만 안용복의 진술을 들은 남구만은 두 섬을 무시하고, 울릉도에만 관심을 드러내고 있다. 안용복이 정문한 것은 쓰시마 번에서도 파악하고 있었다. 1697년 2월에 쓰시마 번은 동래부에 "작년 겨울에 귀국 사람이 단자(정문)를 제출한 일이 있었는데, 조정의 명령에 의한 것입니까?"라고 물었다.26) 안용복이 정문을 제출한 일은 에도 막부로부터 쓰시마 번에 알려진 것 같다.27)

조선인이 호키 번에 왔다는 소식은 6월 22일에 에도의 돗토리 번저로부터 老中 오오쿠보 가가노카미(大久保加賀守)에게 전해졌다. 다음날 오오쿠보가 쓰시마 번의 어린 번주인 소 지로우(宗次郎)에게 그 사실을 전했다. 이때 오오쿠보는 조선인이 이나바에 소송을 위해 왔다고 하면 이나바에서 받아들이지 않을 수 없을 것이라고 생각하고 고심하여 첫째, 먼

25) 같은 책 권30, 숙종 22년 10월 13일(병신).
26) 같은 책 권31, 숙종 23년(1697) 2월 14일(을미).
27) 박병섭, 앞의 논문 2007, 62쪽.

저 소송을 듣지 말고 돗토리 번 영토로부터 바로 추방할 것, 둘째, 만일 그렇게 되지 못한다면 모든 소송은 나가사키 봉행이 다루므로 나가사키 봉행소로 보내고, 소송을 받아들이지 않은 채 본국에 송환하도록 권장할 것, 셋째, 소송을 듣지 않을 수 없다면 쓰시마 번의 입회하에 듣고 막부에 보고할 것을 고려하였다. 이에 대해 쓰시마 번은 안용복 등을 직접 추방시킬 것을 老中에게 진언했다. 조선에서 일본에 무슨 용건이 있을 경우에는 쓰시마 번을 통해야 하고, 다른 번에는 직접 거래하지 않겠다는 약속이 있었기 다른 번에 소송하는 등의 예는 아직까지 없었다. 본래 용건이 있을 때면 반드시 거쳐야 할 것으로 되어 있는 쓰시마 번에 말 한마디 없이 직접 다른 곳, 돗토리 번에 소송을 하는 행위가 인정된다면 앞으로의 전례가 되어 버릴 것이 되었다.[28] 쓰시마 번에 부담이 되기 때문에 쓰시마 번의 경우 바로 추방하도록 막부에 진언하지 않을 수밖에 없었다.

윤지완은 쓰시마 번의 속셈을 꿰뚫어 보았다. 윤지완은 "대마도 사람이 전부터 속여 온 것은 우리나라에서 강호와 교통하지 못하였기 때문인데, 이제 다른 길이 따로 있는 것을 알았으니, 반드시 크게 두려움이 생길 것이나, 안용복이 주살되었다는 말을 들으면 또 그 길이 영구히 막힌 것을 기뻐할 것입니다."라고 한 것이다.[29] 이것은 안용복의 울릉도

---

28) 『竹嶋紀事』 권3, 元祿 9년(1696) 7월 8일, 「스기무라 사부로자에몬」, "조선 통교의 일은 예전부터 양국의 계약이 있어서 銅印을 건네 놓고 이 도장을 찍은 계약서가 없는 배는 저 나라에 들어갈 수 없습니다. 저 나라에서 일본에 통교하는 경우는 이쪽 가신에게 말해서 통교를 합니다. 다른 지방과 직접 통교하지 말라는 뜻은 예전부터 합의가 있는 일이기 때문에 이에 따라 다른 지방에 가서 소송을 하는 것은 전례가 없는 일입니다. 직무를 담당한 곳에 신고하지 않고 건너서 바로 소송을 하는 일을 이번에 어느 곳이라도 들어주게 되면 이후에도 정례가 되지 않겠습니까?"

행이 조선-동래왜관-대마도-에도(강호)와의 루트에 치명적 타격을 줄 것이라는 점을 쓰시마 번이 염려하고 있음을 보여주는 것이다. 쓰시마 번에서 안용복 사건이 일어난 직후 '鬱陵島爭界'를 일으켜 집요하게 울릉도를 자기네 땅이라고 한 것은 차제에 울릉도를 자국의 영토로 편입함으로써 조선과 일본에서 새로운 교역의 루트를 개발하는 것을 원천 봉쇄하고자 하는 의도에서 나온 것이라고 볼 수 있다.

에도 막부는 조선인들을 추방한다는 결정에 이르기까지 몇 번이나 방침을 바꿨다. 처음에는 이나바에서 조선인의 소송을 받아들일 수밖에 없다던 老中 오오쿠보도 다음날 7월 24일에는 생각을 바꾸었다. 모든 소송은 나가사키에 가지 않는다면 돌려보내라는 지시를 돗토리 번의 요시다 헤이마와 나가사키 번의 스즈키 한베(鈴木半兵衛) 두 사람에게 전했다.[30] 이에 대해 쓰시마 번은 안용복 등을 직접 추방시킬 것을 老中에게 진언했다. 쓰시마 번의 요청에 따라 안용복 등을 직접 돌려보내라고 돗토리 번에 최종 지시했다. 그 이유가 『竹嶋紀事』에 기술되어 있는데,[31] 이를 이케우치 사토시(池內 敏)는 다음과 같이 요약했다.

　　(조선인이) 이나바를 향해 도해해 온 것과, 몇 해 전에 竹島에 왔던 안 히챠쿠(안용복)가 일행 중에 있는 것으로 미루어 보아 이번의 도항 목적은 '竹島의 소송'인지도 모르겠다. 이미 조선 측이 납득할 만한 일본인 竹島 渡海禁止令이 幕令으로 내려졌음에도 불구하고 아직 조선에게는 전달하지 않고 있다. 만약 여기서 안용복의 소송이 竹島一件에 관계된 것이고, 그런 소송을 받아들였다고 한다면 조선 측은 일부인 竹島渡海禁止令을 안용복의 소송 행위로 인해 이긴 것으로 오해랄 것임에 틀림없다. 그렇다

29) 『숙종실록』 권30, 숙종 22년(1696) 10월 13일(병신).
30) 『竹嶋紀事』 권3, 元祿 9년(1696) 6월 23일.
31) 같은 책 권3, 元祿 9년 7월 7일.

면 일조간에 다툼이 생길 때마다 직접 건너와 소송을 일으켜 해결하는 사람도 나타날 것이다. 그렇게 되면 일조 간을 중개하는 쓰시마 번의 존재 의의가 크게 손상될 것이다. 조선에서 일본에 무슨 용건이 있을 경우에는 쓰시마 번을 통해야 하고, 다른 번에는 직접 거래하지 않겠다는 약속이다. 그러므로 다른 번에 소송하는 등의 예는 아직까지 없었다. 본래 용건이 있을 때면 반드시 거쳐야 할 곳으로 되어 있는 쓰시마 번에 말 한마디 없이 직접 다른 곳(돗토리 번)에 소송을 하는 행위가 이번에 인정된다면, 그것이 앞으로의 전례가 되어 버릴 것이다. 이는 쓰시마 번에 큰 문제가 된다. 따라서 안용복 일행은 다음과 같은 조치를 받아야 마땅하다. 먼저 소송을 듣지 말고 돗토리 번 영토로부터 바로 돌아가게 할 것이다(제1안). 만일 그렇게 되지 못한다면 나가사키봉행소로 보내고. 소송을 받아들이지 않은 채 본국에 송환하도록 권장할 것이다(제2안). 소송을 듣지 않을 수 없다면 쓰시마 번의 이테이안(以酊庵) 입회하에 듣고 막부에 보고할 것이다(제3안).32)

7월 24일에 老中은 쓰시마 번의 제1안을 받아들여 안용복 등을 직접 돌려보내라고 돗토리 번에 최종 지시했다.33) 이에 따라 안용복 등 11명

---

32) 이케우치 사토시(池內 敏),『大君外交と「武威」』名古屋大學出版會, 2006, 311쪽 ;『竹嶋紀事』권3, 元祿 9년(1696) 7월 24일, "조선과의 통교는 옛날부터 양국 간에 계약이 있어서 銅印을 전해두었으며, 이 동인을 받지 않은 배는 저쪽 나라에서 받아들이지 않았습니다. 저쪽 나라가 일본과 소통하는 것은 쓰시마를 통해서만 통교해왔으며, 다른 지방과 직접 소통해서는 안 된다는 뜻을 옛날부터 합의한 일이 있습니다. 이에 따라 다른 지방에 와서 송사를 하는 것은 결코 없었던 일입니다. 이번에 어느 쪽이든 받아들여 주신다면 이후로도 정례가 될 것이라고 생각합니다."

33)『御用人日記』元祿 9년(1696) 7월 7일 ;『竹嶋紀事』권3, 元祿 9년 8월 10일, 「형부대보, 오쿠보 가가노카카 님 귀하」, "인슈로 건너온 조선인과 관련해서 제 의견을 아베 분고노카미 님에게 말씀드렸더니, 老中 여러분께서 상담하시어 법을 어기고 건너 왔으므로 송사를 받아들이지 말고 쫓아 보내도록 하라고 호키노카미 님에게 지시하셨다고 하는 것을 잘 알았습니다."

은 8월 6일에 가로에서 추방당했다. 그 후 쓰시마 번의 통역이 돗토리 번에 도착했으나 조선인이 떠난 뒤였으므로 그대로 돌아갔다.34) 결국 안용복 일행의 송환은 나가사키와 쓰시마를 경유하는 표류민 송환 루트가 아니라 돗토리 번령에서 강원도 양양현으로 바로 보내졌고, 1693년 때와 달리 차왜의 수행도 없었다.35)

1696년 10월에 덴류인 공의 재임 축하 및 레이코인 공 조문을 겸해서 조선 역관 兩使인 변동지와 송판사가 도해함에 따라 10월 16일에 번주의 저택에서 덴류인 공이 양사를 대면하고 "竹嶋는 이나바, 호키에 부속된 것이라고도 할 수 없으며, '空島'인 관계로 호키 사람들이 건너가 어렵을 한 것일 뿐으로, 근래에 조선인이 건너와 뒤섞이는 것이 안 좋게 생각되므로 거듭해서 우리 쪽 어민들이 도해하지 않도록 지시해야만 할 것"이라고 에도에서 분부하셨다는 것을 양사에게 덴류인 공께서 직접 말하였다.36) 이에 竹嶋가 일본과는 거리가 매우 멀고 조선과는 도리어 가깝기 때문에 두 나라 사람들이 뒤섞이면 틀림없이 潛通과 私市 등의 폐단이 있을 것이라 염려하여 곧 명령을 내려 영구히 일본 사람들이 그 울릉도에 가서 고기잡이하는 것을 불허했다.37) 그에 따라 이듬해인 1696년 1월 28일, 일본 에도 막부에서 '竹島渡海禁止令'을 내렸다.

1696년 10월, 이번에 조선인이 송사가 있다며 이나바에 건너 왔다. 이것이 조선 조정의 의도로 보낸 것이라면 무례하기 그지없는 행위라고 생각되므로, 분명히 사자를 보내 따져야 할 일지만, 혹시 아랫것들의 행

---

34) 같은 책 元祿 9년 8월 18일.
35) 『控帳』元祿 9년 8월 6일, "조선인은 오늘 아침에 출발하여 귀국했다. 江戶에 전달하기 위해 사신 廣澤半右衛門에게 문서를 함께 보낸다."라고 기록되어 있다.
36) 『竹嶋紀事』권3, 元祿 9년 10월.
37) 같은 책 권3, 元祿 9년 10월, 「구술 각서」.

위일지도 모른다고 생각하여 보류하였다.[38]

1697년 4월 27일, 竹嶋 건과 관련해서 조선 예조의 보내온 답례 서간으로 나음과 기록하였다.

> … 울릉도가 우리 영토라는 것을 『여지도서』에 실려 있는데 내용이 분명합니다. 울릉도가 그곳에서 멀고 이곳에서 가까운 것은 물론 경계가 차별합니다. 쓰시마에서 처음에는 잘못 알았지만 결국에는 확실하게 알고 답변을 해 주었습니다. 앞으로는 지난 잘못은 탓하지 않고 옛 우호를 바꾸지 말도록 해야 할 것입니다. 귀국에서 명령을 내려 영구히 사람들이 왕래하며 고기를 잡지 못하도록 한다는 내용으로 간곡하게 글을 써서 보였으니, 우호관계를 영원토록 보장할 수 있게 되어 매우 좋습니다. 우리나라가 대처하는 것은 울릉도가 본래 우리 땅이므로 관리에게 분부하여 수시로 순찰하며 양국 사람들이 뒤섞이는지를 엄격하게 살피는 것입니다. 미연에 방지하여 우환을 막는 방도를 진실로 소홀히 해서는 안 되니, 어찌 은근하게 부탁하기를 기다리겠습니다. …[39]

조선의 竹嶋 건과 관련해서 조선 예조의 보내온 답례 서간의 경우, 첫째, 일본에서 竹嶋渡海禁止令을 내려 쓰시마 및 에도 막부에서 우호관계를 영원토록 보장할 수 있고, 둘째, 조선 조정에서 대처하는 것은 '울릉도가 본래 우리 땅이므로 관리에게 분부하여 수시로 순찰하며 양국 사람들이 뒤섞이는지를 엄격하게 살피는 것'이라고 하였다.

---

38) 같은 책 권3, 元祿 9년 10월 16일, 「곤베 편으로 쓰시마의 가로들이 에도의 히라타 하야토, 오우라 주자에몬에게 10월 16일자로 보낸 서장의 개략을 아래에 기록함」.
39) 같은 책 권4, 元祿 10년(1697) 4월 27일.

제13편
안용복 일행의 2차 처벌

안용복은 1696년에 울릉도, 독도로 건너가 일본 어부들을 쫓아내고, 그들을 뒤   아 일본으로 건너갔다. 그리고 추방되어 강원도 양양으로 돌아 왔다.[1] 그 첫 기록은 다음과 같다.

동래 사람 安龍福·興海 사람 劉日夫·寧海 사람 劉奉石·平山浦 사람 李仁成·樂安 사람 金成吉과 順天 중(僧) 雷憲·勝淡·連習·靈律·丹責과 延安 사람 金順立 등과 함께 배를 타고 울릉도에 가서 일본국 伯耆州로 들어가 왜인과 서로 송사한 뒤에 襄陽縣 지경으로 돌아왔으므로, 江原監司 沈枰이 그 사람들을 잡아가두고 馳啓하였는데, 비변사에 내렸다.[2]

---

[1] 안용복 등이 가로를 출발해 23일 후의 일이다. 그 사이 안용복 등이 어디에 있었는지는 정확하게 밝혀지지 않았다. 일설에 의하면 오키도의 후쿠우라(福浦)에 들렀다고 한다. 야다 타카마사(矢田高當)의 『長生竹島記』에 의하면, "이 섬으로부터 8년째 아벤테후 토라헤 비리를 바로잡아 인슈에 다시금 도해한 일"이라는 구절에 조선이 조선을 가리키며 돌아갔다는 기술이 있다. 이 구절에 기술된 '이 섬'이란 竹島이며, '아벤테호'란 안용복, '토라헤'란 박어둔을 말한다. 이 구절에서 안용복과 오키도민과의 이별을 "외국인도 서운해 눈물을 흘리며, 조선으로 돌아갔다. 견디기 힘든 이별이었다."고 표현했다. 다만 이 문서는 신뢰성이 매우 낮으므로 그 기술을 그대로 믿기는 어렵다(박병섭, 「안용복 사건에 대한 검증」한국해양수산개발원보고서, 2007, 67쪽). 안용복 일행의 귀국은 1693년 안용복·박어둔 납치사건과는 달리 조일 양국 간에 합의된 표류민 송환루트가 아닌 오키 → 돗토리 번 → 강원도 양양현으로 이루어졌던 것이다(장순순, 「17세기 후반 '鬱陵島爭界'의 종결과 對馬島(1696년~1699년)」『한일관계사연구』 45, 한일관계사학회, 2013, 216쪽).

[2] 『숙종실록』 권30, 숙종 22년(1696) 8월 29일(임자).

강원감사 심평의 장계에 따라서 비변사에서 '죄인 안용복' 등 10인을
京獄에 압송하여 마땅히 형조로 옮겨 추문하였는데, 변방의 사정과 관
련하여 다른 죄인과는 달라서 비변사의 당상과 형조의 당상 각각 일원
으로 하여금 비변사에 함께 모여 하나하나 아뢴 것에 대한 실상을 조사
하였다.3) 그렇지만 안용복이 동래에서 잡혀왔었다는 기록이 있다.4)

　　1696년 9월 25일, 비변사에서 안용복 등을 추문하고, 안용복의 진술
은 다음과 같다.

　　비변사에서 안용복 등을 推問하였는데, 안용복이 말하기를, "저는 본
디 동래에 사는데, 어미를 보러 울산에 갔다가 마침 중 雷憲 등을 만나
서 근년에 울릉도에 왕래한 일을 자세히 말하고, 또 그 섬에 해물이 많
다는 것을 말하였더니, 雷憲 등이 이롭게 여겼습니다. 드디어 같이 배를
타고 영해 사는 뱃사공 劉日夫 등과 함께 떠나 그 섬에 이르렀다. … 왜
선도 많이 와서 정박하여 있으므로 뱃사람들이 다 두려워하였습니다.
제가 앞장서서 말하기를, '울릉도는 본디 우리 지경인데, 왜인이 어찌하
여 감히 지경을 넘어 침범하였는가? 너희들을 모두 포박하여야 하겠다.'
하고, 이어서 뱃머리에 나아가 큰소리로 꾸짖었더니, 왜인이 말하기를,
'우리들은 본디 松島에 사는데 우연히 고기잡이 하러 나왔다. 이제 本所
로 돌아갈 것이다.' 하므로, '松島는 子山島로서, 그것도 우리나라 땅인
데 너희들이 감히 거기에 사는가?' 하였습니다. 드디어 이튿날 새벽에
배를 몰아 子山島에 갔는데, 왜인들이 막 가마솥을 벌여 놓고 고기 기름

---

3)『승정원일기』367책, 숙종 22년 9월 12일(을축).

4)『숙종실록』권30, 숙종 22년 9월 22일(을해), "이때 안용복이 동래에서 잡혀왔는
　데, 備局의 당상과 형조의 당상 각각 일원이 비국에 같이 모여서 究覈하여 稟處
　하라고 명하였다. 그 일이 邊情에 관계되기 때문이다."

을 다리고 있었습니다. 제가 막대기로 쳐서 깨뜨리고 큰 소리로 꾸짖었더니, 왜인들이 거두어 배에 싣고서 돛을 올리고 돌아가므로, 제가 곧 배를 타고 뒤쫓았습니다. 그런데 갑자기 광풍을 만나 표류하여 玉岐島에 이르렀는데, 島主가 들어온 까닭을 물으므로, 제가 말하기를, '근년에 내가 이곳에 들어와서 울릉도·子山島 등을 조선의 지경으로 정하고, 關白의 書契까지 있는데, 이 나라에서는 定式이 없어서 이제 또 우리 지경을 침범하였으니, 이것이 무슨 도리인가?' 하자, 마땅히 伯耆州에 轉報하겠다고 하였으나, 오랫동안 소식이 없었습니다.

제가 분완을 금하지 못하여 배를 타고 곧장 백기 주로 가서 鬱陵子山兩島監稅라 가칭하고 장차 사람을 시켜 본도에 통고하려 하는데, 그 섬에서 사람과 말을 보내어 맞이하므로, 저는 푸른 철릭(帖裏)를 입고 검은 布笠을 쓰고 가죽신을 신고 교자를 타고 다른 사람들도 모두 말을 타고서 그 고을로 갔습니다. 저는 도주와 廳 위에 마주 앉고 다른 사람들은 모두 中階에 앉았는데, 도주가 묻기를, '어찌하여 들어왔는가?' 하므로, 답하기를 '전일 두 섬의 일로 서계를 받아낸 것이 명백할 뿐만이 아닌데, 대마도주가 서계를 빼앗고는 중간에서 위조하여 두세 번 差倭를 보내 법을 어겨 함부로 침범하였으니, 내가 장차 관백에게 상소하여 죄상을 두루 말하려 한다.' 하였더니, 도주가 허락하였습니다. 드디어 李仁成으로 하여금 疏를 지어 바치게 하자, 도주의 아비가 백기 주에 간청하여 오기를, '이 소를 올리면 내 아들이 반드시 중한 죄를 얻어 죽게 될 것이니 바치지 말기 바란다.' 하였으므로, 관백에게 稟定하지는 못하였으나, 전일 지경을 침범한 왜인 15인을 적발하여 처벌하였습니다. 이어서 저에게 말하기를, '두 섬은 이미 너희나라에 속하였으니, 뒤에 혹 다시 침범하여 넘어가는 자가 있거나 도주가 혹 함부로 침범하거든, 모두

國書를 만들어 譯官을 정하여 들여보내면 엄중히 처벌할 것이다.' 하고, 이어서 양식을 주고 차왜를 정하여 호송하려 하였으나, 제가 데려가는 것은 폐단이 있다고 사양하였고, 雷憲 등 여러 사람의 供辭도 대략 같았다.5)

  '갑자기 광풍을 만나 표류해 옥기도에 이르렀는데'6)라는 공술은 海禁의 죄를 추궁 당하는 것을 피하기 위해 그렇게 공술한 것이다.7)

  안용복이 '鬱陵子山兩島監稅'라 가칭하고, 푸른 철릭(帖裏)를 입고 검은 포립을 쓰고 가죽신을 신고 교자를 타고 말을 타고 호키 주로 가서 도주와 만났다고 진술하고 있다.

  안용복은 첫째, '두 섬의 일로 서계로 받았다.'라고 밝히고 있다. 둘째, 대마도주가 서계를 빼앗아 위조하였다고 한다. 셋째, 장차 관백에게 상소하려고 이인성으로 하여금 소를 지어 바쳤다. 그로 인해 대마도주가 호키 주에 간청하여 관백에게 품정하지 못하였으나 "두 섬은 이미 너희나라에 속하였으니, 뒤에 혹 다시 침범하여 넘어가는 자가 있거나 도주가 혹 함부로 침범하거든, 모두 국서를 만들어 역관을 정하여 들여보내면 엄중히 처벌할 것이다."라고 약속하였다.8)

  이에 대해 남구만은 "안용복이 계유년(1693)에 울릉도에 갔다가 왜인

---

5) 같은 책 권30, 숙종 22년 9월 25일(무인).

6) 예조 전객사편, 『漂人領來謄錄』 숙종 22년 9월 30일, "이달 9월 27일 … 柳尙運이 아뢴 것은 다음과 같다. '… 신의 생각은 용복이 풍랑 때문인지 아닌지는 우선 따지지 말고, 표류하다가 도착한 뒤에 이러한 작용이 있었습니다. 이것은 온통 법으로 금하는 것을 두려워하지 않고, 다른 나라에서 사단을 일으킨 亂民이니 용서할 수 없습니다. …'라고 하였다."

7) 박병섭, 앞의 논문 2007, 59쪽.

8) 『숙종실록』 권30, 숙종 22년(1696) 9월 25일(무인).

에게 잡혀 호키 주(伯耆州)에 들어갔더니 本州에서 울릉도는 영구히 조선에 속한다는 공문을 만들어 주고 贈物도 많았는데, 쓰시마 번을 거쳐 나오는 길에 공문과 증물을 죄다 쓰시마 사람에게 빼앗겼다 하나, 그 말을 반드시 믿을 만하다고 여기지는 않았습니다만, 이제 안용복이 다시 호키 주에 가서 呈文한 것을 보면 전에 한 말이 사실인 듯합니다."라고 하였다.9)

1696년 9월 25일, 비변사의 추국이 끝나자 9월 27일에 안용복 등 일행의 죄를 논하였다. 영의정 柳尙運이 말하기를, "안용복은 법금을 두려워하지 않고 다른 나라에서 일을 일으켰으므로, 죄를 용서할 수 없습니다. 또 저 나라에서 漂海人을 보내는 것은 반드시 대마도에서 하는 것이 규례인데, 곧바로 그곳에서 내보냈으니, 이것을 명백히 언급하지 않을 수 없으나, 안용복은 渡海譯官이 돌아온 뒤에 처단하여야 하겠습니다." 하였는데, 좌의정 尹趾善도 그렇게 말하였다. 諸臣이 다 말하기를, "안용복의 죄상은 용서하기 어렵습니다. 먼저 도주에게 통고한 뒤에 다시 事機를 보아서 처단하는 것이 마땅하겠습니다."라고 하였다. 제신들의 의견을 듣고 숙종이 "안용복의 죄는 결코 용서할 수 없고, 대마도에 통고하지 않을 수도 없다. 도해 역관이 돌아온 뒤에 처치하는 것이 옳겠다." 하였다. 또 柳尙運이 말하기를, "李仁成은 疏를 지었으므로 그 죄가 또한 무거우나, 首犯·從犯을 논한다면 이인성은 종범이 되니, 次律로 결단하여야 마땅합니다. 그 나머지는 고기잡이하러 갔을 뿐이니, 버려두고 논하지 않는 것이 마땅합니다."라고 하여 숙종이 윤허하였다.10) 그에 따라 안용복은 수범이고, 이인성은 종범이고, 그 나머지는 고기잡이하러 갔을

---

9) 『승정원일기』 367책, 숙종 22년 10월 13일.
10) 『숙종실록』 권30, 숙종 22년 9월27일(경진).

뿐이니, 버려두고 논하지 않는 것이 마땅하다고 하였다.[11) 柳尙運이 안

---

11) 예주 전개시편,『漂人領來謄錄』숙종 22년 9월 30일, “류○○이 말하기를, ‘李
仁成이 용복의 疏狀을 지어준 것은 그 죄가 또한 무겁지만, 만약 주범과 종범으
로써 말한다면, 용복이 주범이 되고 인성이 종범이 되니, 인성은 次律로 단죄할
것이며, 그 나머지 각각의 사람들은 바닷가에 사는 어리석은 백성으로 다만 용복
이 꼬드기는 말을 듣고 바다의 어물을 채취하러 간 것뿐이니, 나란히 두고 논죄하
지 않는 것이 마땅할 듯합니다.’라고 하니, 상께서 말씀하시기를, ‘이인성이 자못
글을 아는 까닭으로 또한 이 일을 도와 이루어지게 하였다. 이미 이 일을 도와 이
루게 하였다면, 그 죄가 다른 사람에 견주어 비록 무겁지만, 용복과 비교하면 한
등급 아래인 듯하다. 그 다른 사람들은 모두 협박에 의해 따라가서 同謀한 행적
이니, 죄를 물을 만한 것이 없는 듯하다.’라고 하셨다. 윤○○이 말하기를, ‘용복
은 의도적으로 들어간 정상이 분명하여 의심할 여지가 없으며, 그가 이미 글을 몰
라 반드시 인성이 글을 조금 아는 것에서 구해 꼬드겨 데려 간 것이니, 인성은 처
음부터 모의한 자취가 없지 않습니다. 그러나 혹여 속아서 갔더라도 놀랄 만한 글
이 모두 그의 손에서 나왔으니, 이러한 문서를 지은 것은 다른 나라의 뒤에서 사
단을 일으킨 것입니다. 어찌 살려 둘 이치가 있겠습니까? 신의 의견은 결코 용서
할 수 없다는 것입니다.’라고 하였으며, 민진장이 말하기를, ‘이인성은 비록 죄가
있으나, 그것을 용복과 견주면 조금 가볍습니다. 만약 한 덩어리로 논단하면 좋을
듯합니다. 그 밖의 여러 사람들은 반드시 협박에 의해 따라갔을 것이니, 죄를 물
을 수 없을 듯합니다.’라고 하였으며, 최석정이 말하기를, ‘국가에서 벌을 줄 때는
반드시 그 죄를 지은 정상이 어떠한지를 살펴보아야 합니다. 정상으로써 말한다
면, 용복은 마땅히 주범[首惡]이 되어야 하고 인성은 바로 그 다음입니다. 등급을
나누어 논죄함이 좋을 듯합니다.’라고 하였으며, 김진귀가 말하기를, ‘인성이 이미
그 문서를 지었으니, 그 죄도 용서할 수 없으나, 그 정상을 살펴보면, 용복과 견주
어 조금 가벼우니, 비록 차율을 쓰더라도 실형이 되지는 않을 듯합니다.’라고 하
였으며, 오도일이 말하기를, ‘하나의 죄로 논단함은 지난번 충분히 의심이 없은
뒤에 논할 만한 것이었습니다. 인성이 비록 이미 글을 지었으나, 또한 현저하게
정상을 안 일이 없으니, 주범과 종범을 따지지 않고 한 덩어리로 논단함은 너무
지나친 듯합니다.’라고 하였으며, 서종태가 말하기를, ‘이인성이 그 처음엔 정상을
안 일이 없는 듯하나, 저곳에 도착한 뒤에 글을 지은 것이 용복의 꼬드김과 협박
에서 나왔다면, 죄를 지은 정상이 용복과는 틈이 있으니, 차율을 쓰는 것이 마땅
할 듯합니다.’라고 하였으며, 김진귀가 말하기를, ‘이인성이 사적으로 기록한 册

용복을 '다른 나라에서 문젯거리를 만든 亂民'이라고 하였다.[12]

9월 27일에 안용복이 제신들이 안용복이 죽이라고 하였는데, 10월 13일, 안용복 등의 죄를 다시 논하여 尹趾完과 南九萬은 안용복을 죽이는 것을 안 된다고 하였다. 윤지완은 "안용복이 그 죄를 논하면 마땅히 죽여야 하는데, 단지 대마도 사람이 전부터 속여 온 것은 우리나라에서 江戶와 교통하지 못하였기 때문인데, 이제 다른 길이 따로 있는 알았느니, 반드시 크게 두려움이 생길 것이나 안용복이 주살되었다는 말을 들으면 영구히 막힌 것을 기뻐할 것"이라고 하였다.[13] 이것은 안용복의 울릉도행이 조선-동래왜관-대마도-일본 江戶와의 루트에 치명적 타격을 줄 것이라는 점을 대마도가 염려하고 있음을 보여주는 것이다.[14] 그 때문에

子를 보니, 이것은 돌아온 뒤에 기록한 것이 아니라, 바로 저곳에 있을 때 기록한 것이며, 용복이 저곳에 있을 때, 나에게 권하여 글을 짓게 하면서 꼬드기고 협박했으며, 그가 나중에 죄를 지을 일을 염려하니, 雷憲이 그의 5촌 아저씨로서 또한 그것을 권하여 지었다고 합니다. 이로써 본다면 인성의 일은 다만 정상을 알았다는 것만으로 단죄할 수 없습니다. 그 나머지 다른 사람들은 이미 어리석고 미련하여 반드시 용복에게 협박을 당한 까닭일 것이니, 다시 죄를 묻는 것은 마땅하지 않은 듯합니다.'라고 하니, 상께서 말씀하시기를, '좌상이 이인성의 일을 진달한 말이 그럴 듯한 의견이나, 다만 죄를 지은 정상으로 말한다면, 용복은 이미 주범(首惡)이니 결코 살려 둘 수 없으며, 인성이 글을 지은 것은 협박에 의해 따른 듯하니, 등급을 낮추어도 무방할 것이다. 그 나머지는 석방함이 마땅하다.'라고 하셨다. … 류○○가 말하기를, '… 이인성은 비록 차율로써 논죄하였지만, 이미 죄를 받은 사람이니, 서둘러 석방할 수 없고 용복과 함께 우선 계속 가두어 둘 것이며, 그 나머지 8인은 우선 그 한 사람[김순립]을 잡아오고, 또한 재외 대신들에게 문의하여 오게 한 뒤에 풀어줄 것이며, 雷憲은 비록 인성에게 권하여 소장을 짓게 한 일이 있다고 하지만, 또한 분별하여 죄를 정할 수는 없습니다.'라고 하니, 상께서 말씀하시기를, '그대로 시행하라. 주범(首惡)과 차율은 이미 등급이 나누어졌으며, 그 나머지는 한 덩어리로 처리함이 옳을 것이다.'라고 하셨다."

12)『승정원일기』367책, 숙종 22년 9월 27일.
13)『숙종실록』권30, 숙종 22년 10월 13일(정미).

윤지완은 "우리나라에서 안용복을 죽이는 것이 법으로는 옳겠지만 계책으로는 그릇된다."고 주장하였다.

남구만은 "안용복이 禁令을 무릅쓰고 다시 가서 사단을 일으킨 죄는 진실로 주살하지 않을 수 없었다."라고 말하고, "대마도의 왜인이 울릉도를 竹島라 거짓 칭하고, 강호의 명이라 거짓으로 핑계대어 우리나라에서 사람들이 울릉도에 왕래하는 것을 금지하게 하려고 중간에서 속여 농간을 부린 정상이 이제 안용복 때문에 죄다 드러났으니, 이것은 또한 하나의 쾌사입니다. 안용복에게 죄가 있고 없는 것과 죽여야 하고 죽이지 말아야 하는 것은 우리나라에서 천천히 의논하여 처치할 것이다."라고 주장하였다. 또 남구만은 "동래부로 하여금 대마도에 글을 보내어 조목으로 열거하여 힐문해서 명확하게 분별하여 매우 배척하지 않을 수 없다."고 주장하면서 "그런 뒤에 안용복의 죄를 우리나라에서 그 경중을 의논하여 처치하고, 울릉도의 일은 왜인이 감히 다시 입을 열지 못하게 하면, 교활한 왜인이 시험하여 보려는 생각을 조금 줄일 수 있을 것이니, 이것이 상책이다."라고 주장하였다. 남구만은 "그렇게 할 수 없다면, 또한 동래부사로 하여금 대마도주에게 글을 보내어 먼저 안용복이 마음대로 정문한 죄를 말하고, 그 다음 本島(대마도)에서 용복의 공문을 빼앗은 정상을 말하고, 또한 본도에서 竹島를 사칭한 잘못을 말하게 하는 것 등의 몇 가지로 나누어 말하되, 간곡하게 말을 엮어서 그들의 회답을 기다린 뒤에 처리하는 것이 옳을 것입니다. 용복을 斷罪하는 뜻은 결코 書契 중에 언급하지 않는 것, 이것이 中策이 된다고 주장하였다. 이치를 가려서 타이르고 자세히 措辭하고서 그 회답을 기다린 뒤에 처치하는

---

14) 김호동, 「조선 숙종조 영토분쟁의 배경과 대응에 관한 검토-안용복 활동의 새로운 검토를 위해-」『대구사학』 94, 대구사학회, 2009, 34쪽.

것이 옳겠고, 안용복을 단죄한다는 뜻은 결코 서계 가운데에 말하여서는 안 되니, 이것이 中策이다."라고 주장하였다. 또 남구만은 "가령 대마도가 간교함으로 우리를 속인 정상에 이르러서는 불문에 부치고, 용복이 정문하여 시비를 가리려 한 죄는 먼저 논의하여 그를 죽일 것이며, 오직 대마도주의 원망을 사지 않으면, 그가 몹시 약한 모습을 보일 것입니다. 또한 대마도주의 뜻이 비록 마음속으론 원수를 갚는 것을 후련하게 여겨 다행으로 생각할 것이나, 밖으론 반드시 마음이 확 풀려 우리에게 감사하려 하지 않을 것입니다. 지금부터 이후로는 모든 일이 그의 뜻과 같지 않음이 조금이라도 있으면, 도리어 용복을 핑계 삼아서 우리나라를 깔보고 위협하는 말꼬리를 잡을 것이며, 오래지 않아 장차 울릉도로 말의 빌미를 삼아 연이어 差倭를 보낼 것이니, 우리가 어찌 그것을 감당할 수 있겠습니까? 이것이 下策인 듯합니다."라고 주장하였다.[15]

외방에 있는 대신의 뜻은 다 안용복을 죽이는 것을 옳지 않다 하나, 남구만의 상책은 쉽사리 의논하기 어려울 듯하다. 그 이유는 "외방의 대신들은 안용복을 죄주지 않고 오로지 대마도를 꾸짖으면, 마치 국가에서 시킨 것인 것이다."고 하였다. 외방의 대신은 "안용복·이인성은 우선 그대로 가두어 두었다가 수상이 출사하기를 기다린 뒤에 처치하고, 그 나머지 위협 때문에 따른 자는 이미 살리는 의논에 붙였으니, 먼저 석방하여야 하겠다."고 주장하였다. 숙종이 말하기를, "영부사(남구만)가 말한 상책이 아직 어떠한 것인지 알지 못하겠다. 영상이 출사하기를 기다린 뒤에 다시 서로 의론하여 (어떻게) 처리할지 아룀이 좋을 듯하다. 용복과 인성은 대신들의 문의를 기다린 뒤에 처리하도록 하라. 이 밖에 여러 사람들은 우선 석방함이 옳도다."라고 하였다.[16]

---

15) 『승정원일기』 367책, 숙종 22년 10월 13일.

지중추부사인 申汝哲이 말하기를, "오랫동안 병환 중에 있어서 조정의 회의에 참여하지 못하였습니다. 다만 용복의 일은 죽을죄로 단죄한다고 들었습니다만, 신의 의견은 그렇지 않습니다. 용복이 아주 교활한 백성으로서 나라의 사신을 사칭하고 다른 나라에 정문하였으니, 그의 소행은 그 죄과가 아주 크고, 犯越한 죄는 마땅히 죽음을 면하기 어렵습니다. 그러나 공과가 서로 비슷하니 국가가 능히 할 수 없는 바의 일입니다. 그가 무지한 小民으로서 능히 다른 나라에 글을 올려서 대마도주가 (조선과 일본의) 중간에 있으면서 江戶를 欺蔽하고 배를 띄어 自食하는 것 등의 일을 거리낌 없이 다 말하였습니다. 재외 대신들이 이른바 '용복을 죽이면 대마도주가 반드시 그것을 기뻐할 것이다.'라고 한 것, 그 말이 바로 이것입니다. 용복을 하나의 죄로 처단할 수 없습니다."라고 하였다.17)

尹趾善이 말하기를, "용복을 죽이지 않으면, 말세의 간교한 백성이 반드시 다른 나라에서 문젯거리를 만드는 일이 많을 것이며, 義州의 백성들도 그를 본받은 자가 많을 것이니, 용복을 어찌 죽이지 않을 수 있겠습니까?"라고 하였다.18)

숙종이 말하기를, "재외 두 대신과 훈장의 말이 일리가 없는 것은 아니나, 지금 이 용복의 일은 나라에 해가 되지 않고, 다만 대마도주의 일일 뿐이다. 뒷날 간교한 백성이 만약 이러한 잘못된 것을 본받아서 국가의 비밀스런 일을 누설하는 자가 있으면, 매우 염려할 만한 일이라는 것도 일리가 있는 것이다. 영상이 출사하기를 기다린 뒤에 처리하는 것이

---

16) 같은 책 367책, 숙종 22년 10월 13일.
17) 같은 책 367책, 숙종 22년 10월 13일.
18) 같은 책 367책, 숙종 22년 10월 13일.

옳을 것이다."라고 하였다.[19]

1697년 3월 27일, 유상운 등이 입시하여 금령을 범한 안용복을 처벌하는 문제 등에 대해 논의하였다. 유상운이 말하기를, "안용복은 법으로 마땅히 주살해야 하는데, 남구만·윤지완이 모두 가벼이 죽일 수 없다고 하고, 또 島倭가 서신을 보내어 죄를 前 島主에게 돌리고, 울릉도에는 왜인의 왕래를 금지시켜 다른 흔단이 없다고 하면서 갑자기 自服하였으니, 까닭이 없지 않을 듯하므로, 안용복은 앞질러 먼저 처단할 수가 없다고 하였습니다. 그 뜻은 대체로 왜인의 기를 꺾어 자복시킨 것을 안용복의 공으로 여긴 것입니다." 하니,[20] 숙종이 말하기를, "안용복이 법을 어긴 것은 하나의 죄로 논하지 않을 수 없다. 영부사(남구만), 영돈녕 (윤지완이) 지난 날 이 자리에서 申汝哲도 의견이 모두 같으니, 만약 용복을 죽이면 저들이 꺼리는 마음이 없을 것이라고 한 것도 깊은 염려에서 나온 것이므로 형세를 지켜보고 처리하려고 한다. 지금 다른 단서가 없는데, 저들이 곧 순순히 자복하는 것, 이것은 반드시 (무슨) 곡절이 있어서 일 것이니, 법으로 논한다면 용서할 수 없으나, 事機가 이와 같으니, 死刑에서 감하여 멀리 유배를 보냄이 옳을 것이다."라고 하였다.[21]

안용복은 사형에서 정배하는 것으로 감하였다. 이에 반대 상소가 일어났다. 안용복에 대한 '減死定配'의 명을 還收하기를 청하는 掌令 柳重茂와 李東馣의 啓가 4월 12일과 4월 13일 이틀 동안 이루어졌고, 숙종은 "번거롭게 하지 말라."라고 하였다.[22] 정배의 장소의 기록이 없다보니

---

19) 같은 책 367책, 숙종 22년 10월 13일.

20) 『숙종실록』권31, 숙종 23년(1697) 3월 27일(무인).

21) 『승정원일기』370책, 숙종 23년 3월 27일.

22) 같은 책 371책, 숙종 23년 4월 12일, "장령인 류중무와 이동암이 아뢰어 말하기를, '죄인 안용복을 사형에서 (등급을) 낮추어 정배한다는 명을 도로 거두어 주시

장소를 모른다.

안용복의 처벌 문제로 국한된 조정의 논의에 대해 윤지완, 남구만은 안용복의 도일과 그것의 처리가 곧 '鬱陵島爭界' 뿐 아니라 일본 측의 대조선 교섭 자세와 직결되어 있다고 인식하고 있었으므로 현실적이고 강경한 대응을 촉구했던 것이다. 결국 '鬱陵島爭界'의 처리 과정에서 남구만이나 윤지완 같은 대일 정책 전문가들의 의견이 적극 수용되고 현실화됨으로써 7년이라는 장기간에 걸친 첨예한 외교적 분쟁, 울릉도와 독도의 영유권은 조선의 의도대로 처리될 수 있었다. 물론 안용복의 1696년에 도일사건에 대한 대응에 조정의 논의가 안용복의 처벌에 초점이 맞춰지고, 외교적 분쟁을 야기하지 않는 선에서 마무리 짓는 방향으로 진행되었던 점은 집권세력의 변화와 대일정책의 변화, 그리고 남구만이나 윤지완 같은 정치가들의 현실적인 대일 정책 구상이 정책에 반영되었다는 점도 부각되어야 할 것이다.[23]

기를 청합니다.'라고 하였다." ;『승정원일기』371책, 숙종 23년 4월 13일, "류중무가 아뢴 것은 죄인 안용복을 사형에서 (등급을) 낮추어 정배한다는 명을 도로 거두어 주시기를 청하는 것이었는데, 상께서 말씀하시기를, '번거롭게 하지 말라'고 하셨다."

23) 장순순, 「17세기 후반 안용복의 피랍·도일사건과 의미『이사부와 동해』5, 한국이사부학회, 2013, 182쪽.

제14편
'鬱陵島爭界' 이후의 조선과 일본의 대응

제1장 삼척첨사 張漢相의 울릉도 수토

'鬱陵島爭界'가 진행되는 동안 조선정부는 1694년 가을에 울릉도 형편을 살펴 鎭을 설치하여 지키게 할 것인가를 살피기 위해 張漢相을 삼척첨사로 삼아 울릉도에 파견하였다.[1]

1694년, 울릉도에 파견된 張漢相의 『鬱陵島事蹟』(1772년)에는 독도에 관한 다음과 같은 기록이 나온다.

> 동쪽으로 5 리쯤에 한 작은 섬이 있는데, 高大하지 않으며 海長竹이 한 쪽 면에 무더기로 자라고 있다. 비 개고 안개 가라앉는 날 산으로 들어가 中峯에 오르면 남북 兩峯이 높다랗게 마주보고 있는데 이를 三峯이라고 한다. 서쪽을 바라보면 대관령의 구불구불한 모습이 보이고 동쪽을 바라보면 바다 가운데 한 섬이 보이는데 아득히 辰方에 위치하며 그 크기는 울도의 3분의 1 미만이고 (거리는) 삼백여 리에 불과하다.[2]

진방의 방위는 동남쪽이다. 독도는 울릉도의 동남에 위치하고 있다. 비록 크기는 과장되어 있지만 張漢相이 확인한 이 섬은 바로 독도를 가리키는 것이다. 장한상이 독도를 이렇게 정확하게 관찰할 수 있었던 것은 울릉도에 입도한 시점이 울릉도에서 독도를 관찰하기에 가장 적절한 가을 청명한 날에 해당하는 시점이기 때문이다.[3] 조선시대에 울릉도에

---

1) 『숙종실록』 권27, 숙종 20년(1694) 8월 14일(기유).
2) 장한상, 『鬱陵島事蹟』1772년.
3) 『숙종실록』 권27, 숙종 20년 <u>9월 19일, 6척의 배에 150여명을 거느리고 삼척을 출</u>

입도한 관인들인 수토관들의 대다수는 입도하기에 가장 좋은 봄에 해당하는 4, 5월에 입도하였다. 그러나 이때 독도를 보기는 쉽지 않다. 그에 반해 장한상이 입도한 가을날은 입도하기에는 태풍 등 때문에 어려움이 있지만 맑은 날 독도를 관찰하기에는 가장 적절한 시기이기 때문에 독도를 관찰할 수 있었던 것이다. 그는 울릉도에 들어가기 이전부터 독도에 관한 정확한 인지를 하고 있었기 때문에 그것을 확인하여 기록에 남긴 것이다. 독도에 관한 첫 기록인 『세종실록』「지리지」의 기록, "두 섬 (우산·무릉도)이 서로 떨어짐이 멀지 않아 풍일이 청명하면 바라볼 수 있다."는 내용을 장한상의 삼척첨사가 확인하여 문헌에 남긴 최초의 기록이다.

朴世堂은 『西溪雜錄』의 「鬱陵島」는 크게 네 부분으로 구성되어 있다. 첫 번째는 『동국여지승람』을 인용해 적은 것이고, 두 번째는 승려로부터 전해들은 이야기를 기록한 것이고, 세 번째는 1694년 9월 2일 삼척영장 張漢相이 비변사에 치보한 내용을 적은 것이고, 네 번째는 같은 해인 1694년 9월 19일부터 10월 6일까지 장한상이 수토하고 돌아온 상황을 비변사에 치보한 내용을 그대로 적은 것이다. 세 번째의 경우 1694년 8월 16일 장한상이 군관 崔世哲을 먼저 울릉도로 들여보내 상황을 살피게 한 데 대한 기록이다. 이는 장한상이 임금과 면대하여 아뢸 적에 명령받

발한 張漢相 일행은 9월 20일부터 10월 3일까지 13일 동안 울릉도에 체류하여 조사활동을 펼친 후 10월 6일 삼척으로 돌아왔다. 張漢相의 『鬱陵島事蹟』(1772년)에 의하면 울릉도 심찰 결과를 산천·道里를 적어 넣은 지도와 함께 정부에 보고하였다. 그 요지는 왜인이 왕래한 흔적은 있으나 살고 있지는 않다는 것, 해로가 순탄하지 않아 일본이 횡점하더라도 막기 어렵다는 것, 堡를 설치하려 하여도 땅이 좁고 큰 나무들이 많아 인민을 주접시키기 어렵다는 것, 토질을 알아보려고 麰麥을 심고 왔다는 것 등이다.

은 사실이므로 자신의 직접 수토에 앞서 군관으로 하여금 먼저 해로의 원근 등을 탐지하게 한 것이다.4) 군관 崔世哲이 보고한 내용을 요약하면 다음과 같다.5)

군관 崔世哲은 8월 16일 배에 오른 뒤에 바람을 기다리다가 20일에 울릉도로 떠나 22일에 울릉도 북쪽 해안에 도착하였다. 23일에 잠시 남쪽 해안으로 돌아 정박했다가 대나무를 베었고, 그곳에서 일본인들이 썼던 것으로 보이는 釜와 鼎, 도르래 등을 목격한다. 그리고 가지어 두 마리를 죽여 가지고 왔다. 崔世哲 일행은 7~8일 가량을 섬에 머물면서 상황을 살펴보았으나 본인을 비롯한 일행들이 섬에 대한 의구심과 두려움을 떨쳐내지 못해 결국 산에는 오르지 않고 돌아왔다. 그 사이 광풍과 거센 파도를 만나 위태로웠던 상황이 있었으며 9월 1일에 돌아왔다. 崔世哲은 삼척진에서 울릉도까지의 거리는 7일 거리이지만 울릉도로 가는 동안의 바닷길에는 배를 댈 만한 섬이 하나도 없었다고 보고하였다. 이러한 崔世哲의 보고에 덧붙여 장한상은 자신의 의견을 첨부하여 보고한다. 장한상은 崔世哲이 울릉도를 왕복하는 데 7일이 걸린 이유는 배가 작고 돛의 폭도 좁았기 때문이라고 하였다. 따라서 만일 큰 배에 쌍돛을 달게 되면 3일 정도면 왕복할 수 있겠지만, 하루 만에 도달하는 것은 도저히 무리라고 보았다. 그러나 과거에 울릉도에 갔다 온 사람들의 말에 의하면, 여름에 해가 길 때 하루 낮, 하루 밤 정도면 울릉도에 도달할 수 있었다고 하니, 이는 『東國輿地勝覽』의 기록에 "순풍이면 이틀 만에 도달할 수 있다."고 한 기록과 일치하는 것이라는 견해를 장한상은 덧붙였

---

4) 유미림, 「「울릉도」와 「울릉도 사적」 역주 및 관련기록의 비교연구」 한국해양수산 개발원연구보고서, 2007, 53쪽.
5) 유미림, 위의 논문 2007.

다. 장한상은 崔世哲이 울릉도에서 가져온 대나무가 영남의 대나무와 다를 바가 없으며 가지어도 물개나 점박이 물범 종류와 같은 것이라고 보고한다. 그리고 이런 동물은 평해와 통천 등지에 흔한 동물로서 울릉도에만 나는 희귀종이 아니라고 하였다. 또한 장한상은 울릉도에 사람이 거주했던 사실을 확인했으며 일본인들이 있었던 흔적은 발견했으나 이들이 늘 울릉도에 거주했던 것은 아니며 일시적이었다고 보고하였다. 이상의 기록은 울릉도 수토에 필요한 큰 배를 만들고 있는 사이에 장한상이 군관을 시켜 먼저 작은 배로 사전 답사를 하게 한 뒤, 그 내용을 비변사에 보고한 것이다. 이 보고서로 보더라도 울릉도로의 여정이 순탄치 않았으며, 울릉도로 가도록 차출된 船卒들의 두려움이 얼마나 컸는지 짐작할 수 있다.

장한상은 1694년 강원도 삼척영장 장한상은 치보 안에 지난 9월 19일 사시쯤 삼척부의 남면 莊五里津 待風所에서 배를 출발시킨 연유에 대해서는 이미 치보한 적이 있다. 장한상은 別遺譯官 安愼徽와 함께 원역 여러 사람과 沙格 모두 150명을 거느리고 와서, 騎船과 卜船 각 1척, 汲水船 4척에 배의 크기에 따라 나누어 타고서 같은 날 사시쯤 서풍을 타고 바다로 나갔다. 태풍을 만나 같은 달 20일 사시쯤 간신히 울릉도의 남쪽 해안에 도달하여 바위모서리에 밧줄을 묶었다. 잠시 뭍에 내려 밥을 지을 때 급수선 4척은 점차 다가오는데 복선은 어디로 갔는지 알 수 없었는데, 酉時(17~19시)쯤 또 다시 남쪽 바다에서 당도하여 각각의 배가 모두 화를 면하였다. 남쪽 해안에는 배를 정박할 곳이 없어 동쪽과 남쪽 사이 동구에 배를 대고는 유숙하였다. 9월 20일부터 10월 3일까지 머무는 동안 늘 비가 오고 맑은 날은 별로 없었다. 섬 주위를 이틀 만에 다 돌아보니, 그 里數는 150~160 리에 불과하고, 남쪽 해안에는 篁竹 밭이 있었다. 동쪽으로 5 리쯤 되는 곳에 작은 섬(竹島=대섬)이 하나 있는데, 그리 높고 크지는 않으나 海長竹이 한쪽에 무더기로 자라고 있었다.

비 개이고 구름 걷힌 날, 산에 들어가 中峰에 올라보니, 남쪽과 북쪽의 두 봉우리가 우뚝하게 마주하고 있었으니, 이것이 이른바 삼봉입니다. 서쪽으로는 구불구불한 대관령의 모습이 보이고, 동쪽으로 바다를 바라보니 辰方(동남쪽)에 섬 하나가 희미하게 있는데 크기는 울릉도의 3분의 1이 안 되고 거리는 300여 리에 지나지 않았습니다.[6]

장한상은 『鬱陵島事蹟』(1772년)의 경우 서쪽으로 큰 골짜기를 바라보면 사람이 살던 터가 세 군데 있고, 또 (북쪽으로는) 사람이 살던 터가 두 군데 있으며, 동남쪽 긴 골짜기에도 사람이 살던 터가 일곱 군데, 돌무덤이 19개가 있었다. 배를 댈 곳으로는 동쪽과 남쪽 사이 동구에 겨우 4~5척 정도 댈 수는 있지만 동남쪽 해안 역시 배를 댈 만한 곳은 아니고, 이곳에 釜 3개와 鼎 3개가 있는데, 부 2개와 정 1개는 파손되었으며 모양이 우리나라 양식이 아니며 일본 것이다. 서쪽 큰 골짜기는 계곡물이 내를 이루었고 沿邊이 트여 있기로는 이곳이 제일이다. 하지만 배를 대는 곳이 동풍과 남풍은 피할 수 있지만 서풍은 피하기 어려우니 원래 전에 배를 대던 곳은 아니다. 또 쌀 한 말을 지을 수 있을 정도의 정 하나가 있는데 이 역시 일본의 물건이다. 북쪽 포구에 있는 도르래도 우리나라에서 만든 것이 아니다.

사방의 포구에는 표류해 온 파선된 배의 판목 조각이 도처에 있었는데 어떤 것에는 쇠로 된 못(鐵釘)이, 어떤 것에는 나무로 된 못(木釘)이 박혀 있고 더러는 썩은 것도 있었다. 梢木의 제도를 살펴보니 저들 것인

---

6) 張漢相, 『鬱陵島事蹟』 1772년.

지 우리 것인지 분별할 수 없을 정도로 부서져 있었는데, 동남쪽 해안에
제일 많이 떠다녔다. 대밭은 동남쪽 산기슭 세 곳이 가장 많은데 어디든
길보리 30여 석을 뿌릴 정도는 되었다. 그리고 그 중 두 곳에 베어둔 대
나무가 상당히 많았 는데, 한 옆으로 베어둔 대나무가 무려 수천 竿이나
되며 그 중에는 오래 말린 것도 있고 간혹 덜 마른 것도 있었다. 동남쪽
산기슭에서 골짜기를 따라 대밭 쪽으로 내려가면 15 리 쯤 되는 곳에 작
은 길이 나있는데, 이는 필시 대나무를 가지러 다니던 사람들이 왕래하
던 길일 것이다.

　대체로 섬이 삼천리 바다 한가운데 있는데도 마음대로 배가 왕래할
수 없으니, 비록 저 나라가 함부로 차지하는 움직임을 보인다 할지라도
방비할 대책이 없다. 이 섬에 堡壘를 설치하고자 하나 백성이 가서 살
방도가 없다. 이른바 보루를 만들 곳이라는 데는 수목이 무성하여 칡덩
굴이 우거져 있으며 9월에도 눈이 쌓여 있어, 한기가 겨울보다 갑절이나
더한다.

　멀리 석굴에서 사람들의 말소리가 들리기에 뱃머리에 서서 바라보니,
등잔불이 휘황하였다. 다음날 식후에 간밤에 들리던 이상한 현상이 궁
금해서 다시 그 곳에 배를 대고는 군관 朴忠貞과 포수 20여명을 탐지하
도록 석굴로 들여보냈는데 오래도록 나오지 않았다. 구덩이에 빠졌는가
싶어 사람을 시켜 나오라고 부르니 충정이 먼저 나와 말하기를, "굴 안
에 30여보 쯤 가보니, 넓고 툭 트인 곳에 4층으로 섬돌을 쌓아 놓았는데
포개진 돌들은 모두 연마되어 있었고 옥색에 무늬가 있었습니다. 십여
칸의 기와집은 매우 화려한데, 단청과 창호 양식이 우리나라의 집짓는
방식과는 모양이 크게 달랐습니다. 그 밖에 달리 보이는 것은 없었지만
처마 밑으로 다가가니 유황과 살이 썩는 듯한 냄새가 코에 가득 차고 숨

을 못 쉬게 하는지라 더 이상 갈 수가 없었습니다."라고 분명히 말하기
에, 첨사가 船卒 60여명이나 이끌고 직접 들어가 보니, 과연 충정이 보고
한 그대로였다. 칡덩굴이 엉켜 있는 지붕 위와 섬돌, 그리고 뜰에는 티
끌 한 점 없이 깨끗하여 사람이 사는 곳이 아니었다. 그러니 억지로 들
어갈 필요가 없을 뿐만 아니라, 정신이 없어서 차마 처마 밑으로 다가갈
수 없었다. 이른바 대밭은 도처에 있었는데 윗목에 있는 4천 군데는 작
은 곳은 20여 섬지기의 땅, 큰 곳은 30여 섬지기인데 모두 물을 대어 논
으로 만들 수 있는 곳이다. 수목 중에 자단으로는 널판(棺板)을 만들 수
있는데, 모두 산허리 깎아지른 바위틈새에 있었다. 옛날에 사람들이 살
던 터가 전부 없어지지는 않고 완연히 남아 있으니, 이 울릉도가 버려진
빈 섬이 된 지는 백여 년이 채 안 된다. 산골짜기에 洞口가 있으니 만일
왜구를 막을 방책을 염려한다면, 이곳은 한 사람이 백 사람을 당해낼 수
있는 곳이며, 저들이 배를 오래도록 묶어두고 싶어 해도 풍랑이 일면 필
시 배는 보존되지 못할 형세이다.

　　장한상의 『鬱陵島事蹟』(1772년)에 의하면 울릉도 심찰 결과를 산천·
道里를 적어 넣은 지도와 함께 정부에 보고하였다.

　　장한상의 『鬱陵島事蹟』(1772년)에 그 요지는 왜인이 왕래한 혼적은
있으나 살고 있지는 않다는 것, 해로가 순탄하지 않아 일본이 횡점한다
라고 하더라도 막기 어렵다는 것, 堡를 설치하려 하여도 땅이 좁고 큰
나무들이 많아 인민을 주접시키기 어렵다는 것, 토질을 알아보려고 麰
麥을 심고 왔다는 것 등이다.

　　"장한상이 그려서 올린 산천과 道里가 『輿地勝覽』의 기록과 틀리는
것이 많으므로, 혹자는 장한상이 가 본 데가 진짜 울릉도가 아닐 것이라
고 의심하기도 하였다."[7]

장한상은 鎭의 설치보다는 수토를 건의하였던 것 같다. 당초 남구만은 울릉도에 진의 설치를 염두에 두었지만 장한상의 보고를 받고 "백성들을 들어가 살게 할 수 없고, 한두 해 간격을 두고 수토하게 하는 것이 합당합니다."[8]라고 건의함으로써 조정에서 수토정책이 논의되게 되었다. 1년에 한 번 할 것인가, 또는 2년에 한번 할 것인가, 구체적으로 언제부터 할 것인가에 대한 구체적인 내용은 결정되지 않았고, 울릉도의 수토가 제도화되어 시행되는 것은 안용복의 1696년에 도일사건 후, 울릉도의 영유권문제가 매듭지어지는 1697년이다.

1697년 3월, 안용복의 도일 사건이 매듭지어지고, 대마도를 통하여 막부로부터 일본인의 '竹島渡海禁止令'이 전해지자, 4월에는 울릉도 수토문제를 다시 논의하게 되었다. 『숙종실록』에는 수토제의 결정에 대해 다음과 같이 기록하고 있다.

> 대신과 비국의 여러 신하를 인견하였다. 영의정 柳尙運이 말하기를, … "울릉도에 대한 일은 이제 이미 명백하게 한 것으로 귀착되었으니, 틈틈이 사람을 들여보내어 순검해야 합니다." 하니, 임금이 2년 간격으로 들여보내도록 명하였다(間二年入送).[9]

2년 간격으로 정기적으로 울릉도 순검을 하도록 결정했다. 이 결정에 대해 『승정원일기』에는 자세한 전말을 다음과 같이 기록하였다.

> 상께서 희정당으로 거동하여 대신·비변사 당상들을 인견하여 입시했

---

7) 『숙종실록』 권27, 숙종 20년(1694) 8월 14일(기유).
8) 같은 책 권27, 숙종 20년 8월 14일(기유).
9) 같은 책 권31, 숙종 23년(1697) 4월 13일(임술).

다. 영의정 유상운이 말하기를, "울릉도 일은 이미 명백하게 귀일되어, 왜인은 본국인의 魚採를 금한다고 말했고, 우리나라는 때때로 사람을 보내어 수토하겠다는 뜻을 서계 중에 대답해 보냈습니다. 해외 절도에 비록 매년 입송할 수는 없지만, 이미 지방에 매이고, 또한 이는 무인도이어서 불가불 간간히 사람을 보내어 순검하여 오도록 하는 까닭에 감히 이같이 앙달합니다." 상께서 말씀하시기를, "우리나라의 지방을 영구히 버릴 수 없으며, 입송하는 것 또한 많은 폐단이 있으므로 2년을 간격으로 입송함이 가하다." 상운이 말하기를, "3년에 1번 보내는 것을 정식으로 삼는다면 上上年에 이미 가보고 왔으므로 명년에 마땅히 입송해야 하는데, 듣건대 본도는 반드시 5월 말 바람이 고를 때 왕래할 수 있다고 하니 명년 5월 달에 입송하는 것이 마땅할 듯하며, 차송하는 사람은 늘 입송할 때를 당하여 품지하여 차송함이 어떠하겠습니까."하니, "그리하라."라고 하였다.[10]

이 사료를 통해 볼 때, 당시 일본은 울릉도에서 일본인의 어채를 금하고, 조선은 울릉도를 수토하는 것을 정식으로 합의를 한 것이며, 수토는 '間二年', 3년에 1번씩 하기로 제도화 해감을 볼 수 있다. 그리고 張漢相의 수토를 기준으로 했는데, 실제로 張漢相의 수토가 1694년 이었으므로 1697년이나 上上年, 즉 1695년으로 계산한 것은 착오가 있는 듯하다.[11] 울릉도 수토는 3년에 한번 씩, 삼척영장과 월송만호가 교대로 하는 것이 정례화 되었다. 그러나 실제로 울릉도에 대하여 수토가 실시된 것은 1698년에는 영동지방에 흉년이 들어 1699년(숙종 25) 6월이었다.[12]

---

10)『승정원일기』371책, 숙종 23년(1697) 4월 13일.

11) 손승철,「조선후기 수토기록의 문헌사적 연구」『울진대풍헌과 조선시대 울릉도·독도의 수토사』영남대학교 독도연구총서 14, 2015, 수토사 파견차수·주기. 수토관의 임명과 파견, 수토사의 편성과 역할, 수토 여정과 경로·지역 등을 앞의 논문을 요약하여 전거를 안 밝혔다.

12)『숙종실록』권31, 숙종 25년(1699) 7월 4일(임오) ;『비변사등록』숙종 25년 7월 15일조에는 수토사 전회일은 6월 4일 발선하여 임무를 마치고 6월 21일에 돌아왔다.

제2장 조선의 대응 : 수토제도 확립

안용복사건이 일어나자 숙종은 과거시험 문제에서 일본인이 울릉도를 "竹島라고 가칭하고 그 땅에서 우리 백성들이 경계를 넘어가 어채하는 것을 금해줄 것을 청했다."고 하면서, '조종의 강토는 남에게 줄 수 없는 것'이라고 강조하고 "변방을 안정시키고 나라를 편안히 할 방책을 대책에서 나타내라."고 하였다.[1]

搜討란 수색을 하여 무엇을 알아내거나 찾기 위하여 조사하거나 엿본다는 의미를 가지고 있다. 울릉도 수토란 울릉도에 들어가서 섬의 형편을 조사하고, 몰래 들어가 사는 주민이나 혹은 일본인이 있는지 수색하여 토벌한다는 의미이다.[2] 그에 더하여

① 강원도 감사 유계문에게 전지하기를, "지난 병진년 가을에 경이 아뢰기를, '무릉도는 토지가 기름져서 곡식의 소출이 육지보다 10배나 되고, 또 산물이 많으니 마땅히 縣을 설치하여 수령을 두어서 영동의 울타리를 삼아야 한다.'고 하였으므로, 곧 대신으로 하여금 여러 사람과 의논하게 하였다. … 현을 신설하고 수령을 두어 백성을 옮겨 채우는 것은 사세로 보아 어려우니, 매년 사람을 보내어 섬 안을 탐색하거나, 혹은 토산물을 채취하고, 혹은 말의 목장을 만들면, <u>왜 노들도 대국의 땅이라고 생각하여 반드시 몰래 점거할 생각을 내지</u>

---

1) 유미림, 「안용복 사건, 과거시험에 출제되다」『영토해양연구』2, 동북아역사재단 독도연구소, 2011, 138~139쪽.
2) 손승철, 앞의 논문 2015, 41쪽.

않을 것이다. 옛날에 왜노들이 와서 산 때는 어느 시대이며, 소위 고로라고 하는 사람은 몇 사람이나 되며, 만일 사람을 보내려고 하면 바람과 파도가 순조로운 때가 어느 달이며, 들어갈 때에 장비할 물건과 배의 수효를 자세히 조사하여 아뢰라" 하였다.[3]

② 당초 갑술년에 무신 장한상을 파견하여 울릉도의 지세를 살펴보게 하고, 왜인으로 하여금 그곳이 우리나라의 땅임을 알도록 하였다. 그리고 이내 2년 간격으로 邊將을 보내어 수색하여 토벌하기로 했는데, 이에 이르러 유상운이 아뢰기를, "금년이 마땅히 가야 하는 해이기는 하지만, 영동 지방에 흉년이 들어 행장을 차려 보내기 어려운 형편이니, 내년 봄에 가서 살펴보게 하는 것이 좋겠습니다." 하니, 임금이 그대로 따랐다.[4]

쇄환, 혹은 수토정책은 사료 ①, ②에서 보다시피 일본으로 하여금 울릉도와 독도가 우리나라의 땅임을 대내외적으로 확인하는 과정이었다. 쇄환, 수토정책은 울릉도에 입도한 동해안 어민들의 쇄환, 수토에 목적이 있기 보다는 일본으로 하여금 울릉도가 우리나라 땅임을 확인시키고자 하는 데 주된 목적이 있었다.[5]

당초 남구만은 울릉도에 진의 설치를 염두에 두었지만 장한상이 돌아와 보고한 바를 바탕으로 하여 백성들을 들어가 살게 할 수 없고, 한두 해 간격을 두고 수토하게 하는 것이 마땅하다고 건의함으로써[6] 수토정책이 세워지게 되었다. 삼척첨사로 하여금 울릉도를 수토하게 하자 삼

---

3) 『세종실록』 권76, 세종 19년(1437) 2월 8일(무진).
4) 『숙종실록』 권32, 숙종 24년(1698) 4월 20일(갑자).
5) 김호동, 『독도·울릉도의 역사』 영남대학교 독도연구소 독도연구총서 1, 경인문화사, 2007, 18쪽.
6) 『숙종실록』 권27, 숙종 20년(1694) 8월 14일(기유).

척첨사에 임명되는 것을 회피하는 경우까지 있었음을 다음의 사료는 보여준다.

> ③ 영의정 남구만이 말하기를, "자산군수 李浚明은 전년에 삼척첨사가 되었을 때 울릉도를 순찰하는 일을 싫어하여 회피하였는데, 지금 西邑을 제수하였습니다. 그가 회피하는 것이면 체직을 허락하고, 소원하는 것이면 差送하니, 조정에서 신하를 부리는 도리가 어찌 이와 같을 수 있습니까? 청컨대, 파출시키고, 이다음부터는 다시 벼슬을 제수하지 마시어 싫어서 회피한 죄과를 징계하소서." 하니, 임금이 그대로 따랐다.7)

이준명이 울릉도 순찰을 회피한 사건이 있었지만 삼척첨사 장한상을 울릉도에 파견한 것을 계기로 하여 정기적인 수토정책이 확립되었음을 다음의 사료들을 통해 확인할 수 있다.

> ④-a) 조정에서는 또 무신 장한상을 울릉도에 보내어 수색케 하였다. 이로부터 월송만호와 삼척영장은 5년마다 한번 씩 가는데 교대로 가도록 법으로 정하였다.8)
>
> b) 당초 갑술년에 무신 장한상을 파견하여 울릉도의 지세를 살펴보게 하고, 왜인으로 하여금 그 곳이 우리나라의 땅임을 알도록 하였다. 그리고 이내 2년 간격으로 邊將을 보내어 수색하여 토벌하기로 했는데, 이에 이르러 유상운이 아뢰기를, "금년이 마땅히 가야 하는 해이기는 하지만, 영동 지방에 흉년이 들어 행장을 차려 보내기 어려운 형편이니, 내년 봄에 가서 살펴보게 하는 것이 좋겠습니다." 하니, 임금이 그대로 따랐다.9)

---

7) 같은 책 권32, 숙종 21년(1695) 4월 13일(갑진).
8) 李孟休, 『春官志』「鬱陵島爭界」.

c) 강원도 월송만호 田會一이 울릉도를 수토하고 돌아와 待風에 숙박하면서 그린 本島의 지형을 올리고, 겸하여 그곳 토산인 皇竹·香木·土石 등 여러 종류의 물품을 진상하였다.10)

d) 삼척영장 李浚明과 倭譯 崔再弘이 울릉도에서 돌아와 그곳의 圖形과 紫檀香·靑竹·石間朱·魚皮 등의 물건을 바쳤다. 울릉도는 2년을 걸러 邊將을 보내어 번갈아 가며 찾아 구하는 것이 이미 定式으로 되어 있었는데, 올해에는 삼척이 그 차례에 해당되기 때문에 이준명이 울진 竹邊津에서 배를 타고 이틀낮밤 만에 돌아왔는데, 제주보다 갑절이나 멀다고 한다.11)

e) 강원도 감사 趙最壽가 아뢰기를, "울릉도의 수색 토벌을 금년에 마땅히 해야 하지만 흉년에 폐단이 있으니, 청컨대 이를 정지하도록 하소서." 하였는데, 金取魯 등이 말하기를, "지난 정축년에 왜인들이 이 섬을 달라고 청하자, 조정에서 엄하게 배척하고 張漢相을 보내어 그 섬의 모양을 그려서 왔으며, 3년에 한번 씩 가 보기로 정하였으니, 이를 정지할 수가 없습니다."하니, 임금이 이를 옳게 여겼다.12)

f) (홍봉한이) 또 아뢰기를, "울릉도는 지역이 왜인의 지경과 가깝기 때문에, 물산을 사사롭게 취하는 것을 금하는 법의가 매우 엄중한데, 근래에 듣건대 本島의 蔘貨가 근처 고을에서 두루 통행되다가 現發되어 屬公한 것이 많이 있다고 합니다. 이는 지방관이 어두워서 살피지 못한 것이니 지극히 놀랍습니다. 청컨대 삼척부사 徐魯修를 잡아다 추문해서 엄중하게 조처하소서."하니, 그대로 따랐다.13)

g) 당초에 울릉도에 인삼을 캐는 潛商을 삼척영장 洪雨輔가 염탐하

여 붙잡았는데, 추잡한 비방이 많이 있었다. 일이 발각되어 홍우보가 죄를 받아 펴출되었는데, 이때에 이르러 홍명한이 서신을 왕래하여 참섭하였다는 것으로써 장령 元啓英이 상소하여 논핵하기를, "울릉도에 대한 禁令이 얼마나 엄중한 것인데, 강원 감사 홍명한은 그 집안의 무신인 삼척영장 홍우보와 몰래 서신을 왕래하여 사람들을 모아 몰래 들어가서 인삼을 채취한 것이 자그마치 수십 근에 이르렀습니다. 지방관에게 현발되기에 이르러서는 금령을 범한 백성은 道內에 형배하고 속공한 인삼은 돌려주어 사사로이 팔았으며, 인하여 또 다른 일을 끌어대어 본관을 狀罷함으로써 미봉할 계책을 삼았으니, 이것은 이미 용서하기 어려운 죄입니다. 그 죄범을 논하면 진실로 영장보다 더한데, 가벼운 견벌이 단지 영장에게만 그치고, 誅罰이 홍명한에게는 미치지 않았습니다. 국법이 행해지지 않는 것은 진실로 작은 일이 아니며, 훗날의 폐단도 또한 염려하지 않을 수 없습니다. 신의 생각에는 강원 감사 홍명한에게 빨리 削職의 율을 시행하는 것이 옳다고 여깁니다." 하였다.14)

h) 강원도 관찰사 沈晉賢이 장계하였다. "울릉도의 수토를 2년 걸러 한번 씩 변장으로 하여금 돌아가며 거행하기로 이미 정식을 삼고 있기 때문에 수토관 월송만호 韓昌國에게 관문을 띄워 분부하였습니다. 월송만호의 牒呈에 '4월 21일 다행히도 순풍을 얻어서 식량과 반찬거리를 4척의 배에 나누어 싣고 倭學 李福祥 및 상하 員役과 格軍 80명을 거느리고 같은 날 미시쯤에 출선하여 바다 한가운데에 이르렀는데, 酉時(17~19시)에 갑자기 북풍이 일며 안개가 사방에 자욱하게 끼고, 우뢰와 함께 장대비가 쏟아졌습니다. 일시에 출발한 4척의 배가 뿔뿔이 흩어져서 어디로 가고 있는지 알 수 없었는데, 만호가 정신을 차려 군복을 입고 바다에 기원한 다음 많은 식량을 물에 뿌려 海神을 먹인 뒤에 격군들을 시켜 횃불을 들어 호응케 했더니, 두 척의 배는 횃불을 들어서 대답하고

---

14) 같은 책 권113, 영조 45년 12월 9일(정사).

한 척의 배는 불빛이 전혀 보이지 않았습니다. 22일 인시에 거센 파도가 점차 가라앉으면서 바다 멀리서 두 척의 배 돛이 남쪽에 오고 있는 것만을 바라보고 있던 참에 격군들이 동쪽을 가리키며 "저기 안개 속으로 은은히 구름처럼 보이는 것이 아마 섬 안의 높은 산봉우리일 것이다" 하기에, 만호가 자세히 바라보니 과연 그것은 섬의 형태였습니다. 직접 북을 치며 격군을 격려하여 곧장 섬의 서쪽 黃土丘尾津에 정박하여 산으로 올라가서 살펴보니, 계곡에서 中峰까지의 30여 리에는 산세가 중첩되면서 계곡의 물이 내를 이루고 있었는데, 그 안에는 논 60여 섬지기의 땅이 있고, 골짜기는 아주 좁고 폭포가 있었습니다. 그 왼편은 황토구미굴이 있고 오른편은 屛風石이 있으며 또 그 위에는 香木亭이 있는데, 예전에 한 해 걸러 씩 향나무를 베어 갔던 까닭에 향나무가 점차 듬성듬성해지고 있습니다.

24일에 桶丘尾津에 도착하니 계곡의 모양새가 마치 나무통과 같고 그 앞에 바위가 하나 있는데, 바다 속에 있는 그 바위는 섬과의 거리가 50보쯤 되고 높이가 수십 길이나 되며, 주위는 사면이 모두 절벽이었습니다. 계곡 어귀에는 암석이 층층이 쌓여 있는데, 근근이 기어 올라가 보니 산은 높고 골은 깊은데다 수목은 하늘에 맞닿아 있고 잡초는 무성하여 길을 헤치고 나갈 수가 없었습니다.

25일에 長作地浦의 계곡 어귀에 도착해보니 과연 대밭이 있는데, 대나무가 듬성듬성할 뿐만 아니라 거의가 작달막하였습니다. 그중에서 조금 큰 것들만 베어낸 뒤에, 이어 동남쪽 楮田洞으로 가보니 골짜기 어귀에서 중봉에 이르기까지 수 십리 사이에 세 곳의 널찍한 터전이 있어 수십 섬지기의 땅이었습니다. 또 그 앞에 세 개의 섬이 있는데, 북쪽의 것은 防牌島, 가운데의 것은 竹島, 동쪽의 것은 瓮島이며, 세 섬 사이의 거리는 1백여 보에 불과하고 섬의 둘레는 각각 수십 把씩 되는데, 험한 바위들이 하도 쭈뼛쭈뼛하여 올라가 보기가 어려웠습니다.

거기서 자고 26일에 可支島로 가니, 너 댓 마리의 可支魚가 놀라서 뛰쳐나오는데, 모양은 무소와 같았고, 포수들이 일제히 포를 쏘아 두 마리를 잡았습니다. 그리고 丘尾津의 산세가 가장 기이한데, 계곡으로 십여 리를 들어가니 옛날 인가의 터전이 여태까지 완연히 남아 있고, 좌우의 산곡이 매우 깊숙하여 올라가기는 어려웠습니다. 이어 竹巖·帿布巖·孔巖·錐山 등의 여러 곳을 둘러보고 나서 桶丘尾로 가서 산과 바다에 고사를 지낸 다음, 바람이 가라앉기를 기다려 머무르고 있었습니다.

대저 섬의 둘레를 총괄하여 논한다면 남북이 70, 80 리 남짓에 동서가 50, 60 리 남짓하고 사면이 모두 층암절벽이며, 사방의 산곡에 이따금씩 옛날 사람이 살던 집터가 있고 전지로 개간할 만한 곳은 도합 수백 섬지기쯤 되었으며, 수목으로는 향나무·잣나무·황벽나무·노송나무·뽕나무·개암나무, 잡초로는 미나리·아욱·쑥·모시풀·닥나무가 주종을 이루고, 그 밖에도 이상한 나무들과 풀은 이름을 몰라서 다 기록하기 어려웠습니다. 우충으로는 기러기·매·갈매기·백로가 있고, 모충으로는 고양이·쥐가 있으며, 해산물로는 미역과 전복 뿐이었습니다.

30일에 배를 타고 출발하여 새달 8일에 본진으로 돌아왔습니다. 섬 안의 산물인 가지어 가죽 2벌, 황죽 3개, 紫檀香 2토막, 石間朱 5되, 圖形 1벌을 監封하여 올립니다.' 하였으므로, 함께 비변사로 올려 보냅니다."15)

이상을 통해서 볼 때 숙종 조 이후 울릉도의 수토는 매 2년간, 즉 3년마다 월송만호와 삼척영장이 교대로 한번 씩 하는 것이 정식이었다. 그러나 사료 ④-h)에서 보다시피 "예전에 한 해 걸러 씩 향나무를 베어 갔던 까닭에 향나무가 점차 듬성듬성해지고 있다."고 한 것이나 ④-a)에서 보다시피 "월송만호와 삼척영장은 5년마다 한 번씩 갔다."고 한 것으로 보아 2, 3년마다 파견되었던 것 같다.

---

15) 『정조실록』 권40, 정조 18년(1794) 6월 3일(무오).

수토사의 파견주기에 관해서는 앞의 『숙종실록』과 『승정원일기』의 기록에서처럼 '間二年入送' 즉 2년 걸러 3년에 한 번씩 하는 것으로 제도화해감을 볼 수 있다. 실제로 수토가 시행된 것은 문헌마다 다양하게 나타나 몹시 혼란스럽다. 수토주기에 대해 송병기는 1694년 수토가 결정되고 2년 걸러 3년 1차씩 정식화 되었다고 보았고, 이근택은 1690년대 말부터 숙종 연간에 2년 걸러 3년에 한 번씩 시행하는 것이 정식이라고 하였다. 유미림도 1697년 수토제가 확립되어 2년 간격 3년 설이 정식이라 했고, 손승철도 이에 따랐다. 그러나 김호동의 경우, 울릉도의 수토는 매 2년, 혹은 3년마다 월송만호와 삼척영장이 교대로 한 번씩 하는 것으로 파악하였다.[16] 또 배재홍은 2년 간격 3년마다 한 차례 하는 것이 정식이지만, 정조대 말인 18세기 말경부터는 2년마다 바뀌었다고 하였으며,[17] 백인기는 숙종·경종을 거쳐 영조 초까지는 2년 걸러 3년이 원칙이었으나, 1745년부터는 2년으로 변경되었다고 하였다.[18]

수토주기에 대한 분석은 심현용의 자세한 연구가 있는데, 그가 작성한 <기록으로 본 울릉도수토간격> 표를 보면, 수토주기가 1년 간격, 2년 간격, 3년 간격 또는 1·2년마다, 5년마다 등 다양하다.[19] 이와 같이 기록마다 수토주기가 1~5년 설 등 제각각 달라 수토시기 간격에 혼동을 야기한다. 수토간격이 언급된 27건의 사료 중에 2년 간격이 13건, 1년 간격이 8건, 3년 간격이 3건, 1·2년 간격이 1건, 1·2년마다가 1건, 5년마다가

---

16) 김호동, 앞의 책 2007, 109쪽.

17) 배재홍, 「조선후기 울릉도 수토제 운용의 실상」 『대구사학』 103, 대구사학회, 2011.

18) 백인기, 「조선후기 울릉도 수토제도의 주기성과 그 의의 1」 『이사부와 동해』 6, 한국이사부학회, 2013.

19) 심현용, 「조선시대 울릉도 수토정책에 대한 고고학적 시·공간 검토」 『영토해양연구』 6, 동북아역사재단 독도연구소, 2013, 182쪽.

1건으로 3년 설이 가장 많고, 2년 설이 다음이다. 그러나 실제로 확인되는 위의 수토사 일람표(심현용)와 비교하면, 모두 36번의 수토 중 2년 후 12건, 3년 후 3건, 4년 후 2건, 5년 후 2건, 1년 후 1건순으로 나타나며, 6년 이상도 15건으로 가장 긴 것은 24년 후로 파악된다. 즉 수토 후 2년째에 다시 수토한 경우가 12건으로 가장 많이 나타난다.

숙종 초기에는 1699년, 1702년, 1705년으로 3년에 1회 시행하는 '3년 설'이지만 이후는 3년마다 기록이 나타나지 않는다. 정조 대에 들어오면 1799년 이후부터는 대체로 안정적으로 2년 후에 수토하고 있다. 따라서 1697년, 숙종 대 말에 2년 간격 3년마다 시행되던 수토가 1799년 정조 말에 이르러 1년 간격 2년으로 변경되었다고 보는 '2년 설'도 타당하다. 그러나 2년마다 수토한 것도 1813년 이후는 불규칙해지고, 1829년, 1831년에 나타나고, 다시 1843년, 1845년에 나타나므로 정례화 했다고 말하기는 어렵다. 따라서 현시점에서 수토제의 주기성을 하나의 이론을 가지고 체계화할 수가 없다. 뿐만 아니라 최근에 발표된 이원택의 강원감영 사료를 바탕으로 한 연구에 의하면, 1888년부터 1893년까지는 울릉도 수토가 매년 이루어지고 있다.

수토의 주기성과 함께 초기의 3년 수토가 왜 2년이 되었는지를 밝히는 작업이 이루어지고, 수토실시 횟수의 전모가 보다 소상히 밝혀진 이후에야 수토 주기성에 대한 판단이 가능할지 않을까. 물론 수토주기성을 전제로 역으로 수토 실시 년을 추정할 수도 있겠지만 흉년 등의 예외 변수가 많기 때문에 이점도 유념해야 할 것이다.

搜討官은 1697년 4월 영의정 유상운의 건의처럼 차송하는 사람은 입송할 때마다 稟旨하여 차송하도록 하였다. 그리고 1698년 3월 좌의정 윤지선의 건의로 강원도의 邊將 중에서 임명하도록 하였다.[20] 이어 1702년 삼척영장과 월송만호가 번갈아가며 輪回搜討하는 것이 정식이 되었다.
즉 1699년 6월, 월송포 만호 전회일의 제2차 수토에 이어, 제3차 수토는
그로부터 3년 후인 1702년 5월, 삼척영장 이준명에 의해 이루어진다.

> 삼척영장 李浚明과 倭譯 崔再弘이 울릉도에서 돌아와 그곳의 圖形과
> 紫檀香·靑竹·石間朱·魚皮 등의 물건을 바쳤다. 울릉도는 2년을 걸러 邊
> 將을 보내어 輪回搜討가 이미 정식으로 되어 있었는데, 올해에는 삼척이
> 그 차례에 해당되기 때문에 이준명이 울진 竹邊津에서 배를 타고 이틀낮
> 밤 만에 돌아왔는데, 제주보다 갑절이나 멀다고 한다.[21]

위의 사료를 보면, 삼척과 월송포에서 번갈아 가며 윤회하여 수토관
을 임명했고, 수토관은 일본인을 대비하여 왜어역관을 대동하여 울릉도
를 순검하면서, 울릉도의 지도와 토산물을 바치며 복명을 했던 것을 알
수 있다.

왜 수토관의 임명을 삼척영장과 월송만호로 지정했을까? 이 문제에
관해서는 심현용이 최근에 유재춘의 연구를[22] 인용하여, '동해안의 방
어와 수군유적' 관계를 설명하고 있다.[23] 조선시대 강원도에는 관찰사
인 강릉대도호부사 휘하에 江浦口(고성, 3척, 196명), 束草浦(양양, 3척
210명), 連谷浦(강릉, 3척 191명), 三陟浦(삼척, 4척 245명), 守山浦(울진, 3
척 191명), 越松浦(평해, 1척 70명) 등 6곳에 수군이 주둔하였고, 삼척포
의 규모가 가장 컸다. 그리고 인조 때부터는 원주에 中營, 철원에 左營,

---

20) 『숙종실록』 권32, 숙종 24년(1698) 4월 20일(갑자).
21) 같은 책 권34, 숙종 28년(1702) 5월 17일(기유).
22) 유재춘, 「동해안의 수군유적 연구 - 강원도지역을 중심으로」『이사부와 동해』창
　　간호, 한국이사부학회, 2010.
23) 심현용, 앞의 논문 2013, 186쪽.

삼척에 右營을 설치하면서, 삼척도호부의 관할에 있었던 울진현의 울진
포진과 평해군의 월송포진은 우영이 설치된 삼척포진의 관할 하에 들어
가게 되었던 것이다. 영동의 동해안지역을 관장하는 수군의 중심부대는
삼척포영이었으며, 그 하부조직으로 울진포진과 월송포진이 속해 있었
다. 그리고 울릉도를 속도로 갖고 있던 울진현령을 수토관으로 임명하
지 않고, 삼척영장과 월송만호를 파견하게 된 까닭은 동해안의 경비를
수군이 맡아서 했기 때문이며, 울릉도를 수토할 시점인 1694년에는 울진
포진이 이미 폐지되었기 때문에 삼척영장과 월송만호가 수토관이 되었
던 것이다. 그리고 두 곳에서 윤번제로 운영하게 된 이유는 1702년 5월
삼척영장 李浚明의 보고에서처럼, 뱃길도 멀었고 험난했으며, 많은 인력
과 경비, 시간 등이 소요되므로 두 수군부대를 교대로 윤회수토를 시킨
것이다.

기존의 수토일람표를 볼 경우, 수토관의 직위와 이름을 대조해 보면,
삼척영장과 월송만호의 윤회수토가 정확하게 이루어 졌는가에 대해서
도 의문의 여지가 남는다.

예를 들면 배재홍의 수토일람표를 보자.24)

순번	년도	직위	성명	출처
1	1694	삼척첨사	장한상	『숙종실록』숙종 20년 8월 기유 ; 『울릉도사적』
2	1699	월송만호	전회일	『숙종실록』숙종 25년 7월 임오
3	1702	삼척첨사	이준명	『숙종실록』숙종 28년 5월 기유
4	1705	월송만호	-	『숙종실록』숙종 31년 6월 을사
5	1711	삼척첨사	박석창	울릉도 수토관 비문
6	1735	삼척첨사	구억	『영조실록』영조 11년 1월 갑신

24) 배재홍, 「조선후기 울릉도 수토제 운용의 실상」『대구사학』103, 대구사학회,
2011, 5~6쪽.

순번	년도	직위	성명	출처
7	1745	월송만호	박후기	『승정원일기』 영조 22년 4월 24일
8	1751	삼척첨사	심의회	『승정원일기』 영조 45년 10월 15일
9	1765	삼척첨사	조한기	『승정원일기』 영조 41년 2월 18일
10	1770	-	-	『승정원일기』 영조 46년 윤5월 5일
11	1772	월송만호	배찬봉	『승정원일기』 영조 48년 5월 6일
12	1776	월송만호	-	『승정원일기』 정조 즉위년 5월 22일
13	1779	-	-	『승정원일기』 정조 2년 12월 20일
14	1783	-	-	『승정원일기』 정조 9년 1월 10일
15	1786	월송만호	김창윤	『일성록』 정조 10년 6월 4일
16	1787	-	-	『한길댁 생활일기』 정조 11년 8월 12일
17	1794	월송만호	한창국	『정조실록』 정조 18년 6월 무오
18	1795	삼척첨사	이동헌	『승정원일기』 정조 23년 3월 18일
19	1797	삼척첨사	이홍덕	『승정원일기』 정조 20년 6월 24일·23년 3월 18일
20	1799	월송만호	노인소	『승정원일기』 정조 23년 10월 2일
21	1801	삼척첨사	김최환	『한길댁 생활일기』 순조 1년 3월 30일 ; 울릉도 태하리 각석
22	1803	월송만호	박수빈	『비변사등록』 순조 3년 5월 22일
23	1805	삼척첨사	이보국	울릉도 태하리 각석
24	1807	-	-	『한길댁 생활일기』 순조 7년 2월 7일
25	1809	-	-	『한길댁 생활일기』 순조 9년 3월 1일
26	1811	-	-	『한길댁 생활일기』 순조 11년 3월 1일
27	1813	-	-	『한길댁 생활일기』 순조 13년 2월 21일
28	1819	삼척첨사	오재신	『한길댁 생활일기』 순조 19년 윤4월 9일
29	1823	-	-	『한길댁 생활일기』 순조 23년 3월 1일
30	1829	월송만호	-	『한길댁 생활일기』 순조 29년 4월 3일
31	1831	삼척첨사	이경정	울릉도 태하항 각석
32	1841	월송만호	오인현	『비변사등록』 헌종 7년 6월 10일
33	1843	-	-	『한길댁 생활일기』 헌종 9년 4월 3일
34	1845	-	-	『한길댁 생활일기』 헌종 11년 3월 17일
35	1847	삼척첨사	정재천	울릉도 태하항 각석
36	1859	삼척첨사	강재의	『한길댁 생활일기』 철종 10년 4월 9일
37	1881	-	-	『승정원일기』 고종 18년 5월 22일

이 일람표에 의하면, 1차 1694년부터 5차 1711년까지는 삼척첨사, 월
송만호가 윤회수토를 한다. 그러나 6차의 1735년부터 16차의 1787년까지
는 수토의 주기도 일정치 않을 뿐만 아니라 윤회수토를 적용하기는 어
렵다. 그러나 17차의 1794년부터 23차의 1805년까지는 18차의 1795년과
19차의 1797년을 제외하면 비교적 윤회수토가 인정된다. 그러나 그 이후
는 수토주기도 일정치 않을 뿐만 아니라 윤회수토를 전혀 인정하기는
어렵다. 뿐만 아니라 강원감영사료를 바탕으로 한 이원택의 연구에 의
하면 1857년 철종 대 이후는 모두 월송만호가 파견되고 있다.[25]

〈이원택의 표〉

연도	수토관		출처	비고
	직위	성명		
1857	월송만호	지희상	『각사등록』 27, 79상, 하	철종 8년 윤5월 5일
1867	월송만호	장원익	『각사등록』 27, 284상, 하	고종 4년 4월 20일
1888	월송만호	서경수	『각사등록』 27, 481하	고종 25년 7월 10일
1889	월송만호겸 울릉도장	서경수	『각사등록』 27, 483하~484상	고종 26년 7월 26일
1890	월송만호		『각사등록』 27, 485하	고종 27년 7월 18일
1891	월송만호		『각사등록』 27, 487하	고종 28년 8월 16일
1892	월송만호		『각사등록』 27, 489상	고종 29년 7월 14일
1893	평해 군수	조종성	『각사등록』 27, 493하	고종 25년 9월 20일

따라서 윤회수토를 인정하기 위해서도 수토사료가 좀 더 발굴되어 수
토사실에 대한 역사적 사실이 먼저 고증되어야 하며, 그 이후에야 윤회
수토를 확실히 인정할 수 있을 것이다.

---

25) 이원택, 「조선후기 강원감영 울릉도 수토사료 해제 및 번역」 『영토해양연구』
　　Vol. 8, 2014, 186쪽의 표 인용.

수토사의 인적구성과 규모에 대해서는 손승철과 배재홍의 연구가 있다.26) 손승철의 경우, 이 논문에서 수토군의 조직이나 편성, 역할에 관련된 사료로는『조선왕조실록』,『일성록』, 장한상의『鬱陵島事蹟』(1772년) 등의 다음 6개의 사료를 들어서 설명하고 있다.

(1) 장한상,『울릉도사적』(1694년 9월)

갑술년 9월 모일, 강원도 三陟營長 張漢相은 치보 안에, 지난 9월 19일 巳時쯤, 삼척부의 남면 莊五里津 待風所에서 배를 출발시킨 연유에 대해 이미 치보한 적이 있습니다. 첨사가 別遣譯官 安愼徽와 함께 員役 여러 사람과 沙格 모두 150명을 거느리고 와서, 騎船과 卜船 각 1척, 汲水船 4척에 배에 크기에 따라 나누어 타고서 같은 날 사시쯤 서풍을 타고 바다로 나갔습니다.

(2) 수토군 익사사건(1705년 6월) :『肅宗實錄』

울릉도를 수토하고 돌아올 때에 平海 등 군관 黃仁建 등 16명이 익사했는데, 임금이 휼전을 거행하라고 명하였다.

---

26) 손승철, 「조선시대 공도정책의 허구성과 수토제분석」『이사부와 동해』창간호, 2010, 한국이사부학회, 303~308쪽 ; 배재홍, 앞의 논문 2011, 9~11쪽.

(3) 월송만호김창윤 수토기(1786년 6월) :『日省錄』

27일, 오시에 4척의 배를 倭學 李裕文과 나누어 타고, 상하역관, 사공과 격군 등 모두 80명이 일제히 출발하였습니다.

(4) 월송만호한창국 수토기 (1794년 6월) :『日省錄』,『正祖 實錄』

월송만호첩정에 '4월 21일, 다행히도 순풍을 얻어서 식량과 반찬거리를 4척의 배에 나누어 싣고, 왜학 李福詳 및 상하원역과 격군 80명을 거느리고 같은 날 미시쯤에 출선하여 바다 한가운데에 이르렀는데, 유시에 갑자기 폭풍이 일며 안개가 사방에 자욱이 끼고, 우뢰와 함께 장대비가 쏟아졌습니다.

(5) 採蔘軍 징발의 기사(1799년 3월) :『正祖實錄』

採蔘軍을 정해 보내는 것은 을묘년 1795년부터 시작되었다. 그리고 반드시 산골에서 생장하여 삼에 대해 잘 아는 자들을 강릉은 5명, 양양은 8명, 삼척은 10명, 평해는 4명, 울진은 3명씩 나누어 정해 보내는데, 이들은 모두 풍파에 익숙하지 않다고 핑계를 대고 간간히 빠지려는 자가 많다.

(6) 수토제 폐지 기사(1894년 12월) : 『高宗實錄』

"울릉도를 搜討하는 船格과 什物을 바치는 것을 영영 없애는 문제입니다. 그 섬은 지금 이미 개척되었는데 左水營에서 동쪽 바닷가 각 읍에 배정하여 三陟·越松鎭에 이속하는 것은 심히 무의미한 일입니다. 수토하는 선격과 집물을 이제부터 영영 없애라고 경상도와 강원도에 분부하는 것이 좋겠습니다."라고 하니 승인하였다.

이상의 사료를 통해서 볼 때, 수토관은 삼척영장과 월송포 만호가 번갈아 했고, 수토군의 인원은 처음에는 150명이 되었으나, 1786년과 1794년 수토군이 모두 80명이었던 것으로 보아, 80명 선으로 조정되었으며, 반드시 왜학 역관을 동행했다. 이것은 만일의 경우 일본인과의 조우에 대비한 것으로 보인다. 그리고 원역·격군 등 인원구성과 필요한 집물은 강릉, 양양, 삼척, 평해, 울진 등 동해안에 접한 고을에서 차출했던 것으로 보이며, 강원감사가 주관했고, 개항 기에는 경상좌수영에서도 관계한 것으로 파악된다.

또한 선박의 척수는 1694년에는 150명에 선박이 騎船과 卜船 각 1척에 汲水船 4척으로 도합 6척이었으나, 80명이었을 때는 4척이었다.

한편 배재홍은 1711년 박석창의 「도동리 신묘명각석문」의 사료를 인용하여 수토사의 구성을 자세히 소개했다. 각석문의 내용을 소개해 보자.27)

---

27) 「鬱陵島 道東里 辛卯銘刻石文」 경상북도 문화재사료 제413호. 경북 울릉군 울릉읍 도동리 581-1 향토사료관에 1937년 도동 축항공사 때 바다에서 인양한 비석이다. 높이 75cm, 너비 57cm, 윗면 너비 34cm.

「辛卯年 5월에 세워 놓은 도동리 비석문」

辛卯年 5월 9일, 倭舡倉에 도착하여 정박하였다. 오늘 이후 이 조사를 근거로 삼게 하려 한다.

만 리 푸른 바다 밖으로 (이사부) 장군은 彩舟[28]를 타고 나갔다. 평생 충성심과 신의를 갖고 어려운 일을 처리하여 이후부터 우환이 없게 하였다.

搜討官 折衝將軍 三陟營將兼僉節制使 朴錫昌이 서툰 글을 써서 돌에 새겨 동쪽에 세우다.

軍官 折衝 朴省三
折衝 金壽元
倭學 閑良 朴命逸
軍官 閑良 金元聲
都沙工 崔粉
江陵 通引 金蔓
營吏 金嗣興
軍色 金孝良
中房 朴一貫
及唱 金時云
庫直 金危玄
食母 金世長
奴子 金禮發
使令 金乙泰

이 각석문의 내용을 볼 때, 수토사 구성의 구체적인 내역에 대해 파악할 수 있다. 이들이 각기 어떠한 기능을 했는지는 아직 밝혀진 바는 없지만 직책을 통해 수토사의 역할에 대해 간접적으로 추론해 볼 수 있을

---

28) 彩舟를 직역하면 ‘색칠한 배’가 된다. 이사부 장군이 우산국 사람들을 위협하기 위해 나무사자를 만들고, 배를 알록달록하게 칠하여 타고 간 배를 지칭한 용어로 보인다.

것이다. 지금까지 밝혀진 수토사의 역할에 관해서 보면, 왜인 탐색, 지세 파악, 토산물 진상, 인삼 채취 등을 꼽을 수 있다. 1438년 울릉거민이 교형을 당한 이후, 조선 후기에 들어서도 조선인의 울릉도 거주는 없었던 것으로 보인다. 그 이유는 수토기록 가운데 거민 쇄출의 사례를 전혀 찾아 볼 수 없다. 따라서 왜인 탐색과 지세 파악이 가장 중요한 임무였다고 파악된다.

張漢相의 복명 기사는 주로 왜인이 다녀간 흔적에 관한 내용과 울릉도의 산천과 도리의 지도였으며, 왜인으로 하여금 그곳이 우리나라 땅임을 알도록 하는 데 있었다고 했다.

> 당초 갑술년(1694) 무신 장한상을 파견하여 울릉도의 지세를 살펴보게 하고, 왜인으로 하여금 그 곳이 우리나라의 땅임을 알도록 하였다. 그리고 이내 2년 간격으로 邊將을 보내어 수토하기로 했는데, …[29]

그런데 1699년에 전회일과 1702년에 이준명의 복명내용에는 울릉도의 지형·지세에 관한 내용과 함께 울릉도의 토산물의 진상에 관한 기사가 등장한다.

> 전회일 : 본도의 地形을 올리고 겸하여 그곳의 토산인 皇竹·香木·土石 등 수종의 물품
> 이준명 : 圖形과 紫檀香·靑竹·石間朱·魚皮 등의 물건
> 김창윤 : 可支魚皮·篁竹·紫檀香·石間朱·圖形
> 한창국 : 可支魚皮·篁竹·紫檀香·石間朱·圖形

---

29) 『숙종실록』 권32, 숙종 24년(1698) 4월 20일(갑자).

可支魚는 흔히 바다사자·바다표범·물개·가재·강치로 불리며,30) 篁竹은 누런 대나무로 단소의 재료로 많이 사용되는데, 烏竹보다 단단하고 무거운 소리를 낸다하여 선호한다. 紫檀香은 우리나라의 해안지방, 섬지방에 자생하는 상록성 침엽교목으로 나무껍질은 암갈색이고 비늘 모양이며 송곳 모양의 잎은 오린 가지에 난다. 생약으로는 사용하며 자단향이라 한다.31) 또 향기가 좋아 향료로도 널리 사용하며, 지금도 울릉도 향나무는 천연기념물로 지정되어 있다. 石間朱는 石間砆인데, 산수화와 인물화의 살빛을 나타낼 때 사용하는 회화의 彩料이다. 천연산 석간주는 붉은 酸化鐵을 많이 포함한 赤茶色의 붉은 흙으로, 石灰岩 ·頁岩 등이 분해된 곳에서 난다. 따라서 이러한 울릉도의 특산물은 육지 물품과는 달리 귀하게 여겨졌고, 왕실에서도 선호했던 물품이었음을 쉽게 짐작할 수 있겠다.

토산물 진상과 함께 1795년부터는 별도로 인삼채취의 임무가 부과되었다. 울릉도에서의 인삼채취에 관해서는 1769년 12월부터 기록에 나오며 허가 없이 인삼을 채취한 강원감사를 파직하거나, 인삼채취를 금하고 있다.

1799년 3월, 『정조실록』에 의하면,

---

30) 가재(강치, 바다사자)의 경우 수컷 몸길이 약 3.5m, 몸무게 약 1t 이상, 암컷 몸길이 2.3m, 몸무게 약 500kg 정도 되며, 바다표범은 우리나라에 서식하는 좋은 소형이며, 물범이라고도 부른다. 물범은 종에 따라 다르지만 보통 몸에 점박이 무늬가 있는 게 특징이다. 물개나 바다사자에 비해 둥글고 통통한 몸매를 가지고 있다. 물개의 경우 수컷 약 2.5m, 암컷 약 1.3m, 몸무게 수컷 180~270kg, 암컷 43~50kg 정도 된다. 강치는 강치과에 속하는 동물인데, 무리를 지어 생활하는 게 특징이며, 크기는 2.5m가량이다. 바다사자와 물개를 포함하여 강치로 부르기도 한다.

31) 성분으로는 심부에 정유로 알파-피닌, 리모넨, 세드롤 등이 함유되어 있다. 약효로는 세드롤이 향료보류제로, 심재는 고혈압, 토사곽란에 사용한다.

강릉 등 다섯 고을의 첩보에 의하면, "採蔘軍을 정해 보내는 것은 乙卯
年(1795)부터 시작되었다. 그리고 반드시 산골에서 생장하여 삼에 대해 잘
아는 자들을 강릉은 5명, 양양은 8명, 삼척은 10명, 평해는 4명, 울진은 3
명씩 나누어 정해 보내는데, 이들은 모두 풍파에 익숙하지 않다고 핑계를
대고 간간히 빠지려는 자가 많다. 그러므로 채삼군을 가려 뽑는 담당관이
중간에서 조종하며 뇌물을 요구하고 있다.[32]

고 했다. 이 내용으로 보면, 수토군의 역할 중 채삼은 중요한 임무중의
하나였고, 그 부담을 집물이나 격군의 차출과 마찬가지로 삼척을 포함
한 인근 다섯 고을에서 충당했으며, 이를 피하려고 뇌물이 오고 가는 등
민폐가 심했던 모양이다.

　수토사 일행의 출항에서부터 귀환까지의 여정에 관해서는 심현용, 배
재홍, 김기혁의 연구가 있다.[33] 특히 심현용은 수토사 출발지의 변천에
관해 다루었고, 배재홍은 출항시기 및 수토기간, 김기혁은 울릉도내에서
의 수토경로에 대해 현재의 지도 및 지명을 열거하면서 이해하기 쉽게
재구성하였다. 이들 연구를 통해 수토사 출항지 및 여정과 경로에 대해
정리해 보자. 기록에 의하면 수토사의 출항지는 삼척부의 장오리, 울진
현의 죽변진과 울진포, 그리고 평해군의 구산포 등을 확인할 수 있다.
1694년 최초의 수토관인 삼척영장 張漢相이 삼척부의 남면 장오리진 대
풍소에서 출발하고 있는데,[34] 현재의 삼척시 장호리에 있는 장호항이다.
또 1699년 월송만호 전회일이 울릉도를 수토하고 돌아온 곳이 대풍소인

---

32) 『정조실록』 권51, 정조 23년(1799) 3월 18일(병자).
33) 심현용, 앞의 논문 2013, 187~191쪽 ; 배재홍, 앞의 논문, 2011, 13~17쪽 ; 김기혁,
　　「조선후기 울릉도 수토기록에 나타난 부속도서의 표상연구」『역사와 지리로 본
　　울릉도·독도』 동북아역사재단, 2011, 43~49쪽.
34) 장한상, 『鬱陵島事蹟』 1772년.

데, 현재 대풍헌이 있는 울진군 기성면 구산리의 구산포이다. 이곳은 월
송포진에 근접한 지역으로 출발지도 이 구산항이었을 것이며, 1786년 월
송만호 김창윤이 평해 구미진에서 출항한 것도 구산포를 말하는 것이
다. 그리고 수토사는 아니었지만 1882년 울릉도 검찰사 이규원도 구산포
에서 출항하였다.

한편 울진현 죽변진에서도 출발하는 것이 확인된다. 1702년 삼척영장
이준명이 죽변진에서 출항하고, 1787년 삼척영장이 수토할 때도 죽변진
에서 출항하고 있다. 죽변진은 현재의 울진군 죽변면 죽변리의 죽변항
으로 삼척시와 가까운 곳이다. 물론 삼척포영이 있었던 삼척포도 그 출
발지가 되었을 것이다. 삼척포는 지금의 삼척시 삼척항(정라항)이다. 그
런데 1714년의『숙종실록』에 의하면, 영동지역에서는 울진지역이 울릉
도와 가장 가까운 곳이고, 또 이지역의 뱃길이 가장 안전하고 순탄한 것
을 알고 있었다.

강원도 어사 趙錫命이 영동 지방의 海防의 허술한 상황을 논하였는데,
대략 이르기를, “浦人의 말을 상세히 들건대, ‘평해·울진은 울릉도와 거리
가 가장 가까 와서 뱃길에 조금도 장애가 없고, 울릉도 동쪽에는 섬이 서
로 잇달아 倭境에 접해 있다.’고 하였습니다. 무자년(1708) 과 임진년
(1712) 에 모양이 다른 배가 고성과 간성 지경에 표류해 왔으니 倭船의 왕
래가 빈번함을 알 수 있는데, 朝家에서는 비록 嶺海가 隔해 있어 걱정할
것이 없다고 하지만, 후일의 변란이 반드시 영남에서 말미암지 않고 영동
으로 말미암을지 어떻게 알겠습니까? 방어의 대책을 조금도 늦출 수 없습
니다.”하니, 묘당에서 그 말에 따라 강원도에 신칙하여 軍保를 단속할 것
을 청하였다.35)

---

35)『숙종실록보궐정오』권55, 숙종 40년(1714) 7월 22일(신유).

동해안의 이러한 조건들에 의해 월송만호는 처음부터 구산포에서 출항했지만, 삼척영장은 초기에는 삼척에서 출항하다가 18세기에 들어오게 되면 남쪽인 울진 죽변진으로 내려오게 되며, 19세기에는 이보다 더 남쪽인 평해 구산포에서 출발하게 된다고 했다. 배재홍은 그 시기를 19세기 이후로 보았지만, 심현용은 1787~1799년 사이, 즉 18세기 말에 출발지가 구산포로 정해져 삼척영장과 월송만호가 모두 이곳에서 출항하는 것이 더 타당할 것 같다고 했다.36) 이렇게 삼척영장과 월송만호가 모두 구산포에 와서 대풍헌에서 순풍을 기다리며 머물렀다가 울릉도로 출발하게 된 것은 수토 초기에는 단순히 두 포진이 있는 가까운 항구에서 출발하다가 이후 앞의 사료에서와 같이 동해 항로에 대한 지식이 축적되어 울진지역이 거리상으로 울릉도와 가장 가깝고 또 구산포에서 출항하는 것이 해로 상 가장 안전하고 순탄하다는 것을 터득했기 때문이라고 기술하였다. 물론 조선시대 울릉도 항로에 대한 지식은 현대의 과학적 조사에서도 확인되었다.37) 또한 수토사가 돌아올 때, 처음 출항했던 포구로 꼭 다시 돌아온 것은 아니었다. 1786년 수토관 월송만호 김창윤의 경우, 평해 구미진에서 출발하였지만 귀항한 포구는 삼척 원덕면 장오리였다. 그리고 1859년 삼척첨사 강재의의 경우도 돌아온 포구는 망상면 어내진이었다. 이처럼 수토사가 처음 출발한 포구로 돌아오지 못한 것은 당시 발달하지 못한 항해술과 일정하지 않는 풍향 등의 요인 때문이었을 것이다. 실제로 영동지방 바닷가 주민들이 수토사 출항 직후부터 候望 守直軍을 조직하고는 바닷가에 장막을 치고 망을 보았던 것도 아

---

36) 심현용, 앞의 논문 2013, 191쪽.
37) 육지와 울릉도·독도의 거리는 1998년 국립해양조사원의 우리나라 영해기점 조사 측량에서도 사실로 확인되었다. 육지에서 울릉도와 가장 가까운 곳이 죽변이다. 그 거리는 130.3km이며, 죽변에서 독도까지의 거리는 216.8km이다.

마 수토사가 돌아와 도착하는 포구가 일정하지 않고 유동적이었기 때문
이었다. 그렇지만 단순히 가까운 거리나 기상 상태만으로 출항지가 변
경되었을까? 당시의 항해술이나 해상정보에 관해 심현용은 긍정적으로
배재홍은 부정적인 평가를 하고 있다. 수토사의 출항지와 귀항지가 변
경되었던 이유와 시기에 대해서도 좀 더 면밀히 검토되어야 한다.

또한 수토사 출항시기와 수토기간에 관해서 보면, 1694년 삼척첨사
장한상 일행이 출항한 날짜는 9월 19일이었다. 그러나 이후 울릉도 수토
를 위한 출항은 대부분 바람이 순조로운 시기인 4·5월에 이루어졌다. 실
제로 수토사의 출발 시기를 보면 1735년, 1751년, 1786년, 1794년, 1829년,
1843년, 1845년, 1859년 수토의 경우 4월에 출항하였고, 1819년의 경우는
윤 4월에 출항하였다. 1702년, 1711년, 1772년 수토의 경우는 5월에 출발
하였다. 그런데 1699년에 월송만호 전회일의 수토 출발일 6월 4일이었다.
아마 이는 순풍을 기다리다가 출항이 6월로 넘어오게 되었던 것 같다.

수토사가 울릉도 인삼 채취의 임무를 띠고 파견되던 시기에는 6·7월
에 출항하기도 했다. 출발이 평상시보다 늦추어진 것은 울릉도 인삼 채
취시기에 맞추기 위해서였다. 1795년과 1797년의 수토가 이 경우에 해당
한다. 이처럼 조선 후기 울릉도 수토를 위한 출항은 특별한 경우를 제외
하면 대부분 4·5월에 이루어졌지만 그렇다고 출항일이 특정한 날짜에
고정되어 있었던 것은 아니었다. 이는 포구에서 여러 날 순풍이 불기를
기다려야 하였기 때문이었다. 1735년 1월에 당시 우의정 김흥경은 여러
날 순풍을 기다려야 한다고 하였다. 실제로 1786년 월송만호 김창윤의
경우 4월 19일부터 평해 구미진에서 순풍이 불기를 기다렸다가 8일 후
인 4월 27일에야 비로소 출발하였다. 이를 보면 울릉도 수토를 위한 출
항 일자는 순풍 여부에 크게 좌우되어 유동적이었음을 알 수 있다.

수토사의 울릉도 수토에는 과연 며칠이 걸렸을까? 1694년 1차 수토관이었던 삼척첨사 장한상의 경우 9월 19일에 출항하여 다음 날인 9월 20일 울릉도에 도착하였다. 그 후 10월 3일까지 13일간 머물면서 섬을 순찰한 후 10월 6일에 삼척으로 돌아왔다. 울릉도 수토에 17일이 걸린 셈이다. 또 1699년 월송만호 전회일은 6월 4일에 출항하였다가 6월 21일 항구로 귀항하여 17일이 소요되었고, 1702년 삼척첨사 이준명은 단지 이틀 낮밤 만에 갔다가 돌아왔으며, 1751년 삼척첨사 심의희는 8일간 울릉도에 머물다가 돌아왔다. 또 1786년 월송만호 김창윤은 4월 27일에 출항하여 다음 날인 4월 28일에 울릉도에 도착하였다. 그 후 6일간 머물면서 섬을 수색한 후 5월 4일에 귀환 길에 올라 5월 5일 육지에 도착하였다. 울릉도 수토에 8일이 소요된 셈이다. 또 1794년에 파견된 월송만호 한창국은 4월 21일에 출발하여 다음 날인 4월 22일에 울릉도에 도착하였다. 그 후 8일 동안 머물면서 임무를 수행하다가 4월 30일에 귀환 길에 올라 다음 날인 5월 1일에 육지에 도착하였다고 보면 수토에 10일이 걸렸다. 또 1859년 삼척첨사 강재의는 4월 9일 출발하였다가 4월 25일에 육지로 돌아왔다. 울릉도 수토에 16일이 소요되었다. 이처럼 울릉도 수토에는 짧게는 2일, 길게는 17일이 걸렸다. 이를 표로 정리하면 다음과 같다.[38]

〈수토 기간〉

연도	수토관	육지출항	울릉도 도착	울릉도 출항	육지귀항	총기간
1694년	장한상	9.19	9.20	10.3	10.6	17일
1669년	전회일	6.4			6.21	17일
1702년	이준명					2일
1751년	심의회					8일

38) 손승철, 「조선후기 수토기록의 문헌사적 연구」『울진대풍헌과 조선시대 울릉도·독도의 수토사』영남대학교 독도연구총서 14, 2015.

연도	수토관	육지출항	울릉도 도착	울릉도 출항	육지귀항	총기간
1786년	김창윤	4. 27	4. 28	5. 4	5. 5	8일
1794년	한창국	4. 21	4. 22	4. 30	5. 1	10일
1859년	강재의	4. 9			4. 25	16일

이 기록 가운데, 2일이 걸린 이준명의 경우 '울릉도도형, 자단향 청죽, 석간주, 어피' 등의 특산물을 가지고 돌아왔기 때문에 울릉도 수토사실 이 인정은 되나 항해기간이 이틀 낮밤이라는 것은 납득하기 어렵다. 이 점에 대해서는 아무런 언급이 없다. 어쨌든 수토관들마다 수토기간이 일정치 않았던 것은 울릉도 수토에는 정해진 기간이 없었음을 의미한 다. 이는 수토 기간이나 범위 등을 자의적으로 결정했기 때문이 아닐까?

울릉도에서 수토관들은 어느 지역을 수토했을까? 이 주제에 관해서는 김기혁의 연구가 유일하다. 김기혁은 수토관의 수토기와 수토기에 수록 된 지명을 연구하였다.[39] 장한상의 『鬱陵島事蹟』(1772년)에 수록된 지명 은 중봉 이외에는 한곳도 기록되어 있지 않아 수토 경로를 구체적으로 파악할 수 없다. 장한상은 섬 주위를 2일 만에 본 후, 둘레를 150~160 리 로 추정했다. "동쪽으로 5 리쯤 되는 곳에 작은 섬이 하나 있는데, 그리 높고 크지는 않으나 海長竹이 한쪽에 무더기로 자란다."는 기록은 지금 의 竹島(대섬)를 말하는 것 같다. 또한 "서쪽에 대관령의 구불구불한 모 습이 보이며, 동쪽을 바라보니 바다 가운데 섬이 하나 있는데, 아득히 동남방에 위치하며, 섬의 크기는 울릉도의 3분의 1에 못 미치고 거리는 300여 리에 지나지 않는다."고 기술했다. 현재의 독도를 지칭한 것으로 추정되고 있다. 이 외에 울릉도의 특산물, 집터의 흔적을 언급하면서 사

39) 김기혁, 앞의 논문 2011.

람이 살았던 것에 대해 기술하였고, 왜인들이 가마와 솥 등을 걸어놓았던 흔적과 동남쪽 해안가에 대나무를 많이 베어 놓고 있음을 기술하면서 왜인의 왕래를 지적하였다.[40]

1786년 김창윤의 수토기에 의하면, 4월 28일 도착 후, '4척의 배가 모이니 기쁨과 슬픔이 번갈아 극에 달하여 각자 위험하거나 두려웠던 상황을 진술'하였다는 것으로 보아 항로가 매우 험난하였음을 보여준다. 상봉을 보았다는 내용이 있으나 도착 장소는 기록되어 있지 않다. 이튿날인 4월 29일에 저전동에 도착하여 산제를 지낸 후 중봉이 세 개의 봉우리로 되어 있음을 확인하였다. 삼봉에 대한 기록은『鬱陵島事蹟』(1772년)과 일치한다. 이후 대추암·소추암·석초·저전 일대를 수토하고, 가지도 구미에서 가지어 2마리를 포획하였다. 사료에는 나타나지 않으나 숙박은 저전동에서 한 것으로 추정된다. 5월 1일에 왜강창 동구에서 중봉까지 수토를 한 후, 장작지·천마구미에서 대나무밭을 확인하고 이곳에서 2박하였다. 3일째인 5월 2일에 일어나보니 바다 가운데 바위가 우뚝 서있어서 이를 후죽암이라 하였다. 동쪽에 있는 방패도를 보았다. 4일째인 5월 3일에 현작지, 추산, 죽암, 공암, 황토구미 일대를 수토하였으며, 황토구미에서는 논농사가 가능할 것이고, 예전의 수토관들이 새겨놓은 석각을 확인하기도 하였다. 5일째인 5월 4일에는 향목정과 대풍소를 거쳐 이 일대를 수토하였다. 당일 신시에 출발하여 이튿날인 5월 5일에 삼척 원덕면 장오리에 도착하였다.

1794년 한창국의 수토기에 의하면, 4월 21일 미시에 강원도 평해에서 출발하여 이튿날 22일 새벽인 인시에 황토구미진에 도착하여 잠시 휴식

---

40) 손승철, 「울릉도 수토와 삼척영장 장한상」『이사부와 동해』5, 한국이사부학회, 2013.

을 취한 후 중봉으로 향하는 골짜기를 수토하고 60여 마지기의 땅이 있음을 확인하였다. 좌측에 있는 황토구미굴을 확인하고 병풍석, 향목성 일대를 답사하였다. 23일에는 일정이 없다. 24일에 배로 통구미진으로 이동하여 내륙을 수토하면서 지형이 험한 곳임을 확인하였다. 저녁에 이곳에서 숙박하였으며, 25일에는 장작지포로 이동하여 대밭을 확인하여 일부 베어 내었다. 이어 저전동으로 이동하여 내륙을 수토하면서 평지가 적지 않음을 확인하였다. 이후 해안의 방패도, 竹島, 옹도 일대를 답사하였으나, "지형이 매우 험준하여 올라가 보지는 못하였다."고 기록하고 있다. 4월 26일에는 저전동에서 자고, 가지도로 이동하여 가지어를 포획하였다. 이후 구미진으로 이동하여 계곡으로 들어가 옛 인가가 있음을 확인하였다. 이어서 죽암·후포암·공암·추산을 둘러보고 통구미로 가서 바다에 고사를 지내는 등 출항 준비를 하였다. 바람이 자기를 기다려 4월 30일에 출발하여 5월 8일 본진(강원도 평해)에 도착하였다.

현존하는 수토기는 그 수가 많지 않지만, 위의 수토기를 통해 볼 때, 시대가 흘러갈수록 울릉도에 대한 지리정보가 다양해지고 정확해짐을 알 수 있다. 이러한 경향은 수토기록은 아니지만 1882년 울릉도 검찰사 이규원의 기록에서는 아주 상세하게 기록되고 있다. 기존의 수토기록과는 다르게 본토의 주민들이 들어와 살고 있는 것을 서술하고 있으며, 취락의 규모와 지명들을 상세히 기록하고 있다. 1882년 당시 울릉도에 거주하고 있는 조선인이 대략 141명에 달하고 있으며, 일본인도 도방청 포구에 78명이 들어와 거주하고 있는 것으로 기록하였다.[41)]

한편 수토관들은 출항 때부터 귀항 때까지 각종 제사를 지냈다. 山祭와 海祭, 船祭 등을 지냈고, 또 항해 중에 악풍이 불거나 고래와 악어를

---

41) 김기혁, 앞의 논문 2011, 35쪽.

만나면 龍食을 바다에 흩뿌리며 기도하였다. 이러한 각종 제사에는 많은 곡물이 들어갔다. 아마 안전한 항해와 원활한 임무 수행을 바라는 간절한 마음에서 여러 제사를 지냈을 것이다. 실제로 수토관들이 지낸 제사의 예를 보면 1786년 월송만호김창윤은 울릉도에 도착한 다음 날 섬을 看審하기에 앞서 저전동에서 산제를 지냈고, 울릉도를 떠나기 바로 전에는 海神에게 제사를 지냈다. 또 1794년의 월송만호한창국은 항해 중에 갑자기 북풍이 불고 안개가 사방에 자욱한 가운데 소나기가 내리며 천둥 번개가 쳐 네 척의 배가 뿔뿔이 흩어져 어디로 갔는지 알 수 없는 상황에 처하게 되었다. 그러자 그는 군복을 차려 입고 바다에 기도를 올리고는 해신을 위해 많은 식량을 바다에 뿌렸다. 또 그는 울릉도에 도착한 후 나흘째 되는 날에도 산과 바다에 기도를 올리고 제사를 지냈다. 수토와 관련된 제례 행사는 기록에 의해 알려져 있을 뿐, 구체적인 내용에 대해서는 전혀 연구된 바가 없다. 앞으로 각종 산제와 해제, 선제 등의 제례행위를 지역 주민의 민속, 신앙, 종교 행사와 연관지어 연구해야 할 필요성이 제기된다.

　수토사가 출항했던 삼척과 울진지역의 주민의 역할에 대해서는 배재홍과 심현용의 연구가 있다. 배재홍의 논문에 의하면, 지역민은 우선 울릉도 수토에 필요한 양식 즉 搜討料 80여 석을 부담하여야 했다. 이 수토료는 강원도 내에서도 영동지방 바닷가에 위치한 삼척·울진·평해 등의 고을에서 부담하였던 것으로 보인다. 그러나 어느 고을에서 얼마의 수토료를 부담하였고 또 각 고을에서는 할당된 수토료를 어떻게 주민에게 부과하여 징수하였는지는 구체적으로 알 수 없다. 다만 삼척의 경우 大米와 小米 두 종류의 곡물을 부담하였고, 대미의 부담 양은 약 16석이었다. 삼척에서는 이 大米 16석을 주민의 소유 토지 면적을 대상으로 부

과하여 징수하였다는 것을 알 수 있다. 그러나 삼척에서 부담해오던 수
토료 중 대미 16석은 1825년에 당시 삼척부시 민사관이 營門과 상의하여
울진과 평해로 이전하였다고 한다.

　특히 배재홍은 2007년 삼척지방에 세거하던 강릉김씨 감찰공과 한길
댁 구성원들이 일상생활 속에서 보고 들은 사항이나 체험한 일을 책력
의 여백과 이면에 간략하게 비망록 적인 성격의 일기인『한길댁 생활일
기』를 발굴하여 삼척부의 토지 1결당 수토료 납부현황을 보고하였다.
그의 연구에 의하면, 수토료는 수토가 실시되는 해 봄 2·3월에 주민에게
부과하여 징수하였고, 주민은 벼·조를 찧어서 쌀·좁쌀 상태로 납부하였
음을 알 수 있다. 그리고 토지 1결당 납부량은 시기에 따라 약간의 차이
는 있지만 대체로 대미는 약 2되, 소미는 3-4되 정도였다. 결국 조선 후
기 울릉도 수토료는 일종의 부가세로 징수했던 것을 알 수 있다.

　강원도 영동지방 바닷가 주민들은 수토관 일행이 사용할 搜討船 마련
에 일정한 부담을 하였다. 1694년, 삼척첨사 張漢相 일행이 사용한 수토
선의 경우 새로 건조하였다. 그러나 이 때 差使員이 배 건조에 사용할
雜物을 너무 지나치게 민간에 分定하여 문제가 되었다. 비록 張漢相은
울릉도를 수토한 공로로 인하여 용서를 받았지만 차사원은 濫徵의 죄로
파직되었다. 새로운 수토선 건조에 커다란 폐해가 발생하자, 앞에서 살
펴본 바와 같이 이후의 수토선은 경상도 각 포의 병·전선을 빌려 사용
하기로 하였다. 하지만 경상도에서는 배 운항에 필요한 기계 등을 완전
하게 갖추어 빌려주지 않았다. 1786년 9월에 당시 우의정 윤시동은 영동
에는 수토선으로 사용할 적합한 배가 없어서 항상 영남에서 빌려 사용
하는데, 밧줄은 썩고 노는 부러져 열중에 하나도 온전한 것이 없으므로
기계는 삼척 海民의 것을 가져다 사용한다고 하였다. 이를 보면 삼척지

방 바닷가 어민들은 울릉도 수토관 일행이 사용할 수토선에 필요한 기계 등을 징발 당하였음을 알 수 있다.

수토관 일행이 울릉도로의 출항을 위해 포구에서 여러 날 순풍을 기다리는 동안에 들어가는 접대비 등을 포구 인근 동리에서 부담하여야 하였다. 심현용은 19세기 중·후반의 「完文」, 「搜討節目」, 「狗巖洞金宗伊各樣公納抄出」, 「公納成冊開國伍百肆年乙未 十一月二十八日」 등 고문서와 「구산동중수기」, 「평해 군수 심능무·이윤흡 영세불망지판」, 「월송영장장원인영세불망지판」, 「평해 군수이용익영세불망지판」, 「월송영장황공영세불망지판」, 「전임 손주형·손종간·손수백 영세불망지판」, 「도감박억이영세불망지판」, 「구산동사기」 등 현판 내용을 분석하여 구산동을 포함한 대풍헌 주변 9개 마을, 즉 울진 지역민의 부담과 역할을 기술했다.

이 사료들의 내용을 보면, 수토사가 유숙하는 기간이 길어지면 주민이 접대하는 비용이 양일에 100金이나 지급될 때도 있어 주민들은 이러한 폐단을 해결하기 위해 평해 관아에 진정하는 일도 있었다. 이에 1871년 7월에 구산동에서는 자체적으로 재원 120냥을 마련하여 지방관과 상의하여 9개 동의 동세에 따라 분배하고 存本取利하여 수토관이 순풍을 기다리는 동안에 소요되는 비용에 충당하기로 하였다. 당시 이식은 1냥에 3분이었다. 그러나 그 후 10여 년이 지나자 이러한 존본취리 또한 한계를 드러내어 수토관 일행의 접대 등을 위한 비용 조달은 여전히 9개동의 커다란 폐해였다. 따라서 돈을 거둘 때 원망하고 미워함이 끊어지지 않았으며 모두 지탱하기 어렵다고 하였다. 이에 1883년에 9개 동이 회의를 개최하고는 상의하여 다른 지방의 예에 따라 생선·소금·미역 등을 실은 商船이 포구에 들어와 津頭에 물건을 내릴 때 受貰하기로 하였다. 아울러 이 貰錢을 取殖하여 수토관들의 접대 등에 들어가는 비용에 쓰기로 하고 관아에 소장을 올렸다. 이에 지방관은 9개 동민의 受貰 의견을 받아들여 10월에 그 내용을 절목으로 작성하여 주고 준행하도록 하였다. 절목 내용을 보면 소금은 每石 당 5分, 명태는 每駄 당 1錢씩 수세하기로 하였다. 아울러 船主人으로부터도 貰錢을 받기로 하여 藿船 주인으로부터는 2냥, 鹽船 주인과 魚船 주인으로부터는 5전씩 받기로 하였다. 그리고 받은 貰錢은 구산동에서 맡아 取殖하도록 하여 수토관이 구산진에서 순풍을 기다리는 동안에 들어가는 비용을 전담하도록 하였다. 아울러 나머지 8개 동에는 侵徵하지 못하도록 하였다. 대신 구산동에는 소소한 烟戶 부역을 除減시켜 주었다. 이처럼 수토관이 포구에서 순풍을 기다리는 동안에 들어가는 적지 않은 비용의 마련은 포구 인근 주민들에게는 커다란 부담이기도 했다.

한편 주민의 어려움을 파악한 평해 군수 심능무, 이용익, 이윤흡과 월송영장 장원익, 황공 등은 수토 비용에 보태도록 돈과 경작지를 지급하여 그 폐단을 줄이는 등 백성들을 돌보았으며, 월송영장 장원익은 술로서 주민을 위로하기도 했다. 이렇게 울릉도 수토는 군관민의 협조와 부담으로 이루어졌으며, 200년간 수토가 유지될 수 있도록 큰 힘이 되었던 것이다. 이 부분에 대한 연구도 보다 면밀하게 이루어져야 할 것이다.

採蔘軍의 선발과 그 운용을 둘러싸고 폐해가 발생하였다. 앞에서 살펴 본 바와 같이 조선 후기에 울릉도 수토관이 채삼군을 대동하고 간해는 정조 19년(1795)과 정조 21년(1797) 단 두 차례뿐이었다. 그리고 채삼군은 총 30명으로 영동지방 바닷가 군현에 分定하여 선발하였는데 강릉 5명, 양양 8명, 삼척 10명, 평해 4명, 울진 3명이었다. 그런데 당시 채삼군은 반드시 산골짜기에서 生長하여 삼에 대해 잘 알고 있는 자를 선발하였는데, 채삼군으로 뽑힌 자들은 모두 바람과 파도에 익숙하지 않다는 것을 핑계대고는 謀避하려고 하였다. 이에 채삼군의 선발을 맡은 任掌輩들이 이 점을 이용하여 뇌물을 요구하기도 하였다. 또 채삼군으로 선발된 자들도 津頭에서 순풍을 기다리는 동안에 소위 糧價를 민간에서 거두어들였는데, 채삼군 한 사람의 소득이 많으면 4·5냥에 이르고 적어도 2·3냥에 이르렀다. 이처럼 비록 단 두 차례 실시되었지만 채삼군의 선발과 운용에는 적지 않은 폐해가 뒤따랐다.

울릉도, 수토 실시 동안 바닷가에 위치한 동리에서는 結幕을 하고 候望 守直하여야 하였다. 삼척지방의 경우 수토관이 울릉도에 갔다가 돌아올 때까지 자연부락 단위로 搜討候望守直軍을 조직하고는 바닷가에 결막하고 망을 보았다. 아마 수토선이 언제 어디로 돌아올지 알 수 없고, 또 항해 중에 풍랑에 난파당해 표류할 수도 있었기 때문이었을 것이다. 이처럼 울릉도 수토가 대부분 4·5월 농번기에 이루어졌음을 감안하면 여러 날 후망 수직한다는 것은 당시 주민들에게 큰 부담이 되었을 것이다. 이 부분도 당시 동해안 지역의 해상교통로와 항해술 등과 연계하여 보다 정밀한 연구가 필요하다.[42]

수토관런 기록에는 사서 등 문서로 된 고문서, 수토기, 각석문, 울릉도 도형, 그리고 대풍헌의 편액 등이 있다. 문서 사료 중 국가 기록으로는 삼척영장과 월송만호가 올리는 狀啓나 牒呈, 또는 강원감사의 장계를 바탕으로 한 『조선왕조실록』, 『비변사등록』, 『승정원일기』, 『일성록』 등의 기록이 있다. 가장 상세한 사료는 『승정원일기』인데 결락된 부분이 있다. 그러나 『승정원일기』는 수토관들의 임명사항을 확인할 수 있다는 점에서도 그 가치가 매우 크다. 『일성록』의 사료는 정조이후의 사료가 자세하나 역시 1800년대 중후반의 사료는 소략하다.

---

42) 손승철, 앞의 논문 2015, 72쪽.

문서사료 중 구체적인 수토가 어떻게 이루어졌는지를 알 수 있는 사료가 수토관들이 직접 기록한 각종 『搜討記』이다.[43] 제1차 수토관인 장한상의 울릉도 수토기록은 그 후손이 『鬱陵島事蹟』(1772년)으로 남겨 놓았으며, 1727년 삼척영장 이만협의 수토기도 1950년대까지 전해졌다고 하나 현재는 찾을 수 없다. 1765년 조한기의 울릉도 수토기는 규장각 소장 『臥遊綠』에 포함되어 전해지고 있다. 1786년 김창윤 수토기록은 『일성록』, 1794년 한창국 수토기록은 『정조실록』에 수록되어 있다. 또한 최근에 이원택에 의해 소개된 강원감영의 수토 관련 사료도 주목할 만하다. 수토 일정 및 윤회 수토, 간년 수토, 일본인의 전복 채취·어로·벌채 행위, 주민 이동 등 개항 기의 상황을 소상히 전하고 있다. 그리고 수토관은 아니지만 1882년 작성된 검찰사 이규원의 『鬱陵島檢察日記』도 울릉도 수토기로 분류할 수 있다. 현재 전해지고 있는 『울릉도검찰일기』는 조선시대 울릉도 조사 기록 중 가장 상세한 내용을 담고 있어서 울릉도 수토를 이해하는데 필수적인 사료라고 할 수 있다. 『울릉도검찰일기』는 검찰 내용에 대한 초고와 같고, 그를 바탕으로 계초본을 작성하였으며, 어떤 날에는 필체가 다른 중복된 기록도 있어서, 최소한 3명이 기록한 것으로 보인다. 또한 원본이 훼손되어 내용을 알기 힘든 경우에도 '검찰일기', '계초본', 그리고 실록의 상세한 기록 등을 참조하여 원본을 추정할 수 있어서 울릉도 검찰 전모를 파악할 수 있는 등 사료의 완결성도 매우 높다.

또한 2007년 배재홍에 의해 발굴된 『한길댁 생활일기』는 조선 후기

---

43) 손승철, 『울릉도 독도 품은 강원도 사람들』 강원도민일보·삼척시, 2012. 삼척시에 『서계잡록』, 『울릉도사적』, 『김창윤수토기』, 『한창국수토기』, 『울릉도검찰일기』의 원본과 번역문이 수록되어 있으며, 강원도와 울릉도의 고지도 및 소공대 시문 등이 참고 된다.

삼척지방에 세거한 강릉김씨 감찰공과 한길댁 구성원들이 일상생활 속에서 보고들은 사항이나 직접 경험한 일상적인 모습을 책력의 여백과 이면에 간략하게 쓴 비망록적인 성격의 일기인데, 이 사료에는 수토관련 사항이 많이 수록되어 있으나, 아직 그 전모가 자세히 공개되어 있지 않다.

지금까지 남아있는 수토관이 작성한 『울릉도도형』은 현재 3건이 발견되었다. 『울릉도도형』 중에서 가장 오래된 것은 1711년 박석창의 『울릉도도형』이다. 박석창 『울릉도도형』이 담고 있는 내용은 장한상의 『鬱陵島事蹟』(1772년)에 기록된 것과 매우 유사하다. 특히 울릉도가 조선의 영토임을 알리는 標石과 標木을 작성했다는 기록들이 박석창의 『울릉도도형』에 반영되어 있는 것으로 보아 박석창의 『울릉도도형』의 저본은 아마도 장한상이 작성한 울릉도도형이었던 것으로 추정할 수 있다. 그 밖에 국립중앙도서관의 『울릉도도형』과 삼척시립박물관의 『울릉도도형』이 있다. 이들 『울릉도도형』은 많은 지명을 포함하고 있고, 이들 지명의 빈도가 조한기의 울릉도 수토기보다도 상세한 것으로 보아 이들 도형은 1765년 조한기의 울릉도 수토 이후에 작성된 것으로 볼 수 있다.

검찰사 이규원이 1882년 작성한 것으로 추정되는 「울릉도외도」와 「울릉도내도」 및 '울릉도도형'의 일종으로 볼 수 있는데, 가장 자세하고 정밀하게 작성되었다. 그러나 『울릉도검찰일기』와 『계초본』도 서로 다른 부분이 많고, 「울릉도외도」와 「울릉도내도」도 약간 상이한 점이 있다.

각석문에 대한 사료는 현재까지 7건이 알려져 있다. 1937년대 울릉도 도동항 공사 때 발견된 1711년 삼척영장 박석창의 각석문과 1735년 삼척영장 구억의 각석문이 발견되었으나, 구억의 각석문은 사진만 전하고 실물은 전하지 않는다. 울릉도 서면 태하리에서 발견된 각석문에는 삼척영장 김최환(1801년), 삼척영장 이보국(1805년), 삼척영장 이경정(1831년), 삼척영장 정재천(1847년) 등이 울릉도 수토관이 새긴 것이다.『일성록』(정조 10년<1786> 병오) 김창윤(1786년)의 수토기록에는 "황토구미의 … 좌우 토굴 암석 위에 이전에 다녀간 수토관 등의 이름이 새겨져있다(黃土仇昧則山形重疊谷水成川可畓三十餘石可田數十餘石自洞至中峯三十餘里左右土窟巖石上有前日搜討官等題名)."고 하였는데 이와 관련된 각석은 현재 하나도 발견되지 않고 있다. 각석문에 대한 연구는 이승진의 논문만 있을 뿐,[44) 보다 정밀하고 체계적인 연구가 요청된다.

울진군 죽변면 과거 待風所에 있었던 '待風軒'에는 여러 편액과「수토절목」등이 발견되었는데, 이들 사료는 수토 사실과 함께 수토에 필요한 물건을 대풍헌 주변 9개 마을에서 제공한다는 내용이 담겨있다. 수토에 필요한 물건을 마련하는 것을 정한 대풍헌 절목은 1860년대에도 울릉도 수토가 정기적으로 지속되고 있음을 보여주는 중요한 사료이다.

이들 수토관련 사료에 대한 연구는 아직 많이 부족한 편이다. 수토기에 대한 본격적인 연구는 유미림이 시작했고, 이어 손승철과 심현용, 김기혁이 단편적인 논문을 발표했으나, 각자의 관심분야에서만 다루었고, 종합적으로 이루어지고 있지 않으며, 사료집 발간도 매우 부진하다.[45)

울릉도 수토는 1694년 장한상의 울릉도 수토로부터 1894년 수토제도가 공식적으로 종료될 때까지 200년간 지속되었다. 수토정책을 흔히들 '공도정책'으로 간주한다. 그러나 수토정책은 사료 ④-b)에서 보다시피

---

44) 이승진,「울릉도 역사의 새로운 발견-세 가지 각석문의 검토」『울릉문화』5, 울릉문화원, 2000.

45) 유미림,「울릉도와 울릉도 사적 역주 및 관련 기록의 비교연구」한국해양수산개발원, 2007 ; 손승철,『울릉도·독도 품은 강원도 사람들』강원도민일보·삼척시, 2012.

울릉도에 입도한 동해안 어민들의 쇄환에 주목적이 있기 보다는 일본으로 하여금 울릉도가 우리 땅임을 확인시키고자 하는 데 주된 목적이 있었던 것이고, 부차적으로 울릉도에 들어간 어민들로부터 조세수취와 역역 동원을 제대로 할 수 없었기 때문에 다시 그들을 육지로 데려오는 정책이었다.46) 이들은 피역의 무리이기 때문에 본토로부터의 조세수취와 역역동원을 피해 울릉도에 들어갔기 때문에 이들을 수토하기 위한 정책이다. 따라서 이들은 국내법의 적용 대상자였다. 반면 울릉도와 독도로 벌목이나 출어를 하는 일본인들은 '越境罪人'으로서 국제법 위반을 한 자이다. 그렇기 때문에 숙종 22년 백기 주 태수는 안용복에게 "두 섬이 이미 당신네 나라에 속한 이후인데 혹시 다시 범월하는 자가 있거나 횡침하는 일이 있으면 문서를 작성하여 역관과 함께 보내주면 마땅히 무겁게 처벌하겠다."고 약속했고,47) 대마도주는 같은 해 10월 조선의 '도해 역관'에게 막부의 뜻을 전달하고, 이듬해(1697년) 2월에는 동래부사 이세재에게 서계를 보내어 일본인의 출어 금지를 공식적으로 확인했던 것이다. 안용복을 위시한 우리나라 어부들의 울릉도와 독도의 출어에 대한 처벌은 일본국이 할 수도 없었고, 또 처벌당한 사례도 없다. 반면 일본인들의 처벌에 대해 우리 정부에서는 일본과의 외교경로를 통해 그들의 철수와 처벌을 원하였고, 일본정부는 이에 따라 사후 대책에 나섰다. 수토정책은 우리 정부의 공권력 강제의 확인이고, 울릉도가 국내법 적용의 대상 지역이었음을 말해주는 것이다. 그에 반해 독도와 울릉도에 출어와 벌목을 위해 들어온 일본인들은 국경선을 넘어선 국제법상의

---

46) 김호동, 「조선 초기 울릉도·독도에 대한 '공도정책' 재검토」『민족문화논총』32, 영남대학교 민족문화연구소, 2005 ; 영남대학교 민족문화연구소편, 『독도를 보는 한 눈금 차이』선출판사, 2006.

47) 『숙종실록』 권30, 숙종 22년(1696) 9월 25일(무인).

처벌대상이었다. 이것을 두고 "일찍이 竹島(울릉도)는 분쟁의 섬이었다. 元祿 연간에는 도쿠가와 막부와 조선 정부 사이에서 '竹島一件'이 일어난다. 상호의 나라는 이 시기에 분쟁을 피하는 노력을 하였다. 일본은 '竹島渡海禁止令'을 내려 섬의 도항을 금지했다. 조선은 전통적인 '공도정책'을 지속하여 섬의 도항과 거주를 인정하지 않았다."48)고 하여 같은 차원에서 보고자 하는 주장 등은 잘못된 것이다.

현재 경북 울진군 箕城面 邱山里 중심에 위치한 기와집 洞舍의 대청문 앞에 '待風軒'이란 편액이 걸려 있다. 월송만호가 울릉도를 수토할 때 출발지로 되어 있는 구산포의 이 대풍헌에서 며칠 동안 순풍을 기다려 출발하였는데, 순풍을 만나면 항해가 순조로워 2~3일 뒤에 울릉도에 도착하였다고 한다. 그리고 돌아올 때에도 이곳으로 왔다고 한다. 그 과정에서 파생된 많은 역사의 자취가 이 고색 짙은 대풍헌의 현판에 그대로 각인되어 있다.

대풍헌에는 「完文」과 「搜討節目」의 내용이 담긴 고문서가 보관되어 있다.49) 이 중 전자는 신미년이고, 후자는 전자보다 12년 늦은 계미년으로 간지가 표기되어 있는데, 전자는 1811년이나 1871년으로, 후자는 1823년이나 1883년으로 추정해 볼 수 있다. 보존상태가 양호하기 때문에 그 시기를 훨씬 소급할 수도 있을 것 같으나, 연대를 확정하기는 어렵다.

전자는 삼척첨사와 월송만호가 3년에 한번 씩 울릉도를 수토할 때 구산포에서 출발하여 그곳으로 돌아오는 행차와 관련된 것이다. 그들은 순풍을 기다리기 위해 '대풍헌'에서 머물곤 하였다. 이때 유숙하는 기간

---

48) 大西俊輝 著, 권오엽·권정 역,『獨島』제이앤씨, 2004, 59쪽.

49) 권삼문,「울진의 고문서」(『향토문화』11·12, 향토문화연구회, 1997, 209~217쪽)에 이 '完文'과 '搜討節目'의 내용이 자세히 소개되어 있어서 '대풍헌'의 기능을 이해하는 데 도움이 된다.

이 길어지는 경우가 많아서 접대하는 비용이 만만치 않았다. 그래서 관아에서는 그 경비를 9개 연해 촌락에 풀어 거기서 생긴 이식으로 충당하였다. 그 과정에서 촌락의 洞勢가 각기 달라서 민원이 자주 일어나므로 관아에서 그 해결방안을 논의하여 결정한 내용을 이 문서에 담고 있다.50) 이러한 일의 처리는 '존위'를 비롯한 '동임'에 의해 이루어졌다는 사실도 파악된다.51)

후자는 전자에서 정한 각 洞의 비용이 많아서 지탱하기 어렵다 하여 각 동 대표들이 모여 의논한 결과를 적은 것이다. 그 내용은 상선뿐만 아니라, 어선과 미역(藿物)을 실은 배가 선적물을 津頭에 하륙할 때, 전국의 해안에서 受賣하는 수준의 세를 받자는 것이다. 민폐를 없애고 울릉도 수토시의 경비도 원활히 마련할 수 있는 이 같은 방안의 실행조건을 절목으로 만든 것이다.52) 이 '待風軒'의 「完文」 및 「搜討節目」은 삼척첨사나 월송만호의 울릉도 수토를 위해 만들어진 것들이라는 사실을 통해 두 지역의 관련성을 짐작할 수 있다.

울릉도 태하리에는 유인등대가 있고, 그 아래에 '待風嶺'이라는 고개가 있다. 이 고개 밑은 깊은 바다이다. 이곳은 옛날부터 배가 많이 드나들었는데, 이 배들을 매어두기 위해 이곳에 구멍을 뚫었다. 당시의 배들은 거의가 범선이기 때문에 바람이 불어야 항해가 가능하였으므로 바람을 기다린다고 해서 '대풍령'이라고 하였다. 이 언덕에는 작은 구멍뿐만 아니라 큰 굴이 있었는데, 이 굴이 옛날에는 육지와 연결되어 있었다고 한다. 이 굴을 이용하여 큰 도둑들이 이곳의 보물을 많이 훔쳐 가기 때

---

50) 권삼문, 위의 논문 1997, '완문'에 나오는 9개의 연해 촌락은 表山洞·烽燧洞·松峴洞·直古洞·狗巖洞·巨逸洞·浦次洞·也音洞·邱山洞이다.

51) 권삼문, 위의 논문 1997, 213~215쪽에서 발췌하여 재정리하였다.

52) 권삼문, 위의 논문 1997, 215~217쪽에서 발췌하여 재정리하였다.

문에 이를 보다 못한 어떤 道人이 도술로 막아 버렸다고 한다.53) 이 전설을 통해 다음과 같은 사실을 알 수 있다. 먼저, 이 굴이 위치한 태하리는 조선시대에 울릉도를 수토하러 갈 때 주로 상륙하였던 곳으로 짐작되고 있다. 즉, 경북 울진군 기성면 구산리에 위치한 대풍헌에 기다리면서 날씨를 보아서 구산포에서 울릉도로 출발하였고, 울릉도의 대풍감에 도착하여 수토를 한 후 다시 이곳을 출발하여 대풍헌이 있는 구산포로 돌아왔을 것이다. 요컨대, 이곳은 울진군 기성면에 있는 구산포와 연결되어 있던 울릉도의 대표적인 나루였던 셈이다.54)

삼척첨사가 파견된 구체적 사례가 울릉도에서 확인되는데, 그것은 바로 태하리의 각석문과 1936년 도동항 수축공사지에서 발견된 각석을 들수 있다. 우선 전자에는 영조 11년(1735)에 수토관 삼척영장 具億, 軍官 崔燐, 倭學 金善義가 순찰한 각석문이고, 후자의 각석문에는 수토관인 절충장군삼척영장겸첨절제사 朴錫昌의 이름과 이를 수행한 군관 절충 朴省三, 절충 金壽元, 왜학 한량 朴命逸, 군관 한량 金元聲·崔粉 강릉통인 金蔓, 영리 金嗣興, 군색 金孝良, 중방 朴一貫, 급창 金時云, 고직 金芯玄, 식모 金世長, 노자 金禮發, 사령 金乙泰 등의 명단이 보인다. '신묘 5월'이라는 간지만이 전하지만, 그가 1711~1712년 삼척영장으로 재임한 사실로 보아55) 신묘년은 숙종 37년(1711)으로 확인된다.

---

53) 이 전설의 내용은 앞의 『울릉군지』 381쪽에 소개되어 있는 것을 발췌하였다.

54) 이병휴, 「울진지역과 울릉도·독도와의 역사적 관련성」 『울릉도·독도 주민의 생활구조와 그 변천 발전』 영남대학교 민족문화연구소편, 영남대학교 출판부, 2003.

55) 『승정원일기』 숙종 36년(1710) 9월 27일.

〈울릉도 도동리 신묘명 각석문〉

(울릉도 도동 축항공사장 ; 구 어업창고 자리에서 발견, 현재 독도박물관내 향토사료관에 보관 전시 중. 높이 75cm 너비 57cm 윗면 너비 34cm)

박석창은 울릉도를 수토한 후 지도를 그려 바쳤다. 이 지도가 현재 서울대학교 규장각에 『울릉도도형』(규12166)이란 이름으로 소장되어 있다. 이 지도의 옆에는 당시 수토와 관련된 기록이 있는데, 그 전문은 다음과 같다. 辛卯年 3월 14일에 왜선창에서 대풍소로 배를 옮기고, 한 구절을 써서 표식을 만들어 후일에 상고하도록 했다(나무에 새겨 동쪽 방향의 바위 위에 세워 놓았다).

만 리 나 되는 푸른 바다에
장군으로 계수나무 배를 타도다.
평생을 충성과 신의를 다했으니
험난함을 겪어도 걱정이 없노라.

수토관 절충장군삼척영장겸수군첨절제사 박석창
군관 박성삼 김수원
왜학 박명일[56)]

〈그림 1〉 박석창의 『울릉도도형』(서울대학교 규장각 소장)

<그림 1> 박석창의 『울릉도도형』의 지도에 의하면 '刻石立標石', '刻板立標'가 구분 표시되어 있는 것으로 보아 전자가 도동항에서 발견된 것이고, 후자가 태하항 대풍소에 나무로 새긴 것이라고 볼 수 있다. 이 경우 '왜선창'은 아마도 도동항을 가리키는 것이 아닌가 한다. 일본인들은 기록에 의하면 주로 도동항을 통해 울릉도에 들어왔다. 그렇기 때문에 '왜선창'은 도동항을 가리키는 것으로 보아야 하고, 실제 박석창의

---

56) 박석창,『울릉도도형』서울대학교 규장각 소장(규12166), "辛卯五月十四日 自倭船倉移舟待風所 拙書一句以標日後 刻木立於卯方岩上 萬里滄溟外 將軍駕桂舟 平生伏忠信 履險自無憂 搜討官 折衝將軍三陟營將兼水軍僉節制使 朴錫昌 軍官 折衝朴省三 金壽元 倭學 朴命逸." 이 글은 지도의 좌측에 기록된 것이다. 지도의 하단에는 비변사의 도장이 있다. 이 지도에 관해서는 오상학, 「조선시대 지도에 표현된 울릉도·독도 인식의 변화」(『문화역사지리』 제18권 1호, 한국문화역사지리학회, 2006, 86~87쪽)에 분석되어 있다.

지도를 통해서도 이것이 확인된다.[57]

또 서면 태하항 물양장 시설로 제거되었다는 이경정과 정재천의 각석문이 있다.[58] 태하항 입구 우측 암벽에 있었다고 한 이 각석의 내용은 다음과 같다.

營將 鄭在天 知印 鄭和吉 安應辰 陪吏 金永祐
道光辛卯 營將 李慶鼎 配行 薛永浩 李漢郁 田光周

이 각석문을 통해서는 영장 정재천과 이경정의 이름을 확인할 수 있다. 그런데 지금까지는 김원룡[59]에 의해 "도광 신묘는 순조 31년(1831)인데, 이 해는 영장 이경정이 왔다간 것이고, 앞에 나오는 영장 정재천 일행은 그보다 먼저 왔다간 모양이나 연대가 없다."고 하는 언급만 있었지, 그 이상의 논의는 없었던 것 같다.

아쉽게도 『실록』 등에 의해서도 이 시기와 관련하는 기록은 찾을 수 없다. 그러나 『관동읍지』에서 영장 정재천은 1846년 7월부터 1847년 6월까지, 그리고 뒤에 나오는 영장 이경정은 1830년 3월에서 6월까지 삼척 영장으로 근무하였다는 기록이 확인되었다.[60] 그러므로 이경정이 1830년에 수토관으로 울릉도를 다녀갔으며 1847년 봄에 정재천이 그의 수토 사실을 이경정의 각문이 있는 암벽의 빈자리에 새로이 각자한 것으로

---

57) 이규원의 울릉도검찰일기에는 '천부', 즉 '예선창'을 '왜선창'이라고 기록하고 있다.

58) 이에 관해서는 김원룡, 『울릉도』 국립박물관고적조사보고 제4책, 1963 ; 울릉군지 편찬위원회편, 『울릉군지』 1989 ; 이승진, 「울릉도 역사의 새로운 발견-세 가지 각석문의 검토」(『울릉문화』 5, 2000) 등에 분석되어 있다.

59) 김원룡, 위의 책 1963, 65쪽.

60) 이승진, 앞의 논문 2000, 80쪽. 이경정과 각석의 연대에 1년 차이가 보인다. 어느 것이 정확한지 알 수 없다.

생각된다. 이 각석문은 물양장 시설로 제거되었다고 한다.61) 결국 '삼척 영장 이경정' 및 '정재천 각석문'은 사진 한 장만을 님기고 '개발의 역 사' 속으로 사라져버렸다. 태하리 항구의 좌우 양측의 암벽에는 많은 각 석들이 있었다고 한다. 이것들 모두가 개발의 과정에서 사라져 버렸다.

수토를 행한 지방관 가운데 지금까지 그 이름이 전하는 자를 열거하 면 다음과 같다.62)

<표 1> 조선시대 울릉도 수토관

수토 관명	관직명	수토 연대	수행인 및 물품	수토내용	전 거
김연성	삼척영장	광해군 5년	갑사 180명과 포수 80명	임란 잔여 병 및 조선 유민 수토 목적으로 가다가 사전에 알고 도망쳐버려 뱃길을 돌려 돌아오다가 풍랑 만나 대부분 익사	『송호실적』
張漢相	삼척첨사	숙종 20년		울릉도 형세 파악	『숙종실록』 숙종 20년 8월 14일 (기유)
전회일	월송만호	숙종 25년		울릉도 수토, 지형 및 토산물 바침	『숙종실록』 숙종 25년 7월 15일 (임오)
이준명	삼척영장	숙종 28년	왜역 최재홍	울릉도 도형과 자단목 등 토산물 바침	『숙종실록』 숙종 28년 5월 28일 (기유)
박석창	절충장군 삼척영장겸 첨절제사	숙종 37년	군관 절충 박성삼·절충 김수원, 왜학 한량 박명일, 군관 한량 김원성·도사공 최분, 강		도동항 수축공사장 발견 각석

---

61) 울릉군지편찬위원회, 『울릉군지』 1989.
62) 손승철, 앞의 논문 2015.

수토 관명	관직명	수토 연대	수행인 및 물품	수토내용	전 거
			릉통인 김만, 영리 김사홍, 군색 김효량, 중방 박일관, 급창 김시운, 고직 김심현, 식모 김세장, 노자 김예발, 사령 김을태		
구 억	삼척영장	영조 11년	군관 최린, 왜학 김선의		태하리 각석
홍우보	삼척영장	영조 45년		사람 모아 몰래 들어가 인삼 채취하여 폄출됨	『영조실록』 영조 45년 12월 9일 (정사)
한창국	월송만호	정조 18년	배 4척, 倭學 李福祥 및 상하 員役과 格軍 80명		『정조실록』 정조 18년 6월 3일 (무오)
김최환	삼척영장	순조 1년			태하 좌안 해안 석벽 각석문
이보국	삼척영장	순조 4~5년			태하좌안 해안석벽 각석문
이경정	삼척영장	순조 30년 혹은 순조 31년	배행 설영호, 이한욱, 전광주		태하항 입구 우측 암벽 각석 『관동읍지』
정재천	삼척영장	헌종 12~13년 사이	지인 정길화, 안응진, 배리 김영우		태하항 입구 우측 암벽 각석 『관동읍지』

　『비변사등록』의 숙종 22년 1월에서 24년 12월까지의 기록이 없어진 것을 일본이 없었을 것이라는 추정이 있다. 여기에 안용복의 공초나 울릉도 귀속 문제(소위 '竹島一件')가 실려 있을 것이라는 추정이 제기된 바가 있는데,[63] 그렇다면 그 속에 이 당시 울릉도 수토관들의 '독도' 관련 기록이 있었을지도 모른다.

_____

63) 송병기, 『울릉도와 독도』 단국대학교 출판부, 1999, 159쪽.

일본의 경우, 1693년 안용복 사건으로 인해 촉발된 '竹島一件'으로 인해 1696년 울릉도 도항이 금지되었지만 독도 도항은 금지된 것이 아니라고 주장하였다. 이러한 논리가 먹혀들기 위해서는 우선 일본이 1696년 이후, 즉 수토제도가 확립된 시기에 일본이 독도만을 목표로 하여 건너와 어로 활동을 한 적이 있었는가에 대한 사료가 제시되지 않으면 안 된다. 아직 일본 측으로부터 이에 대한 사료 제시는 없다. 독도에서의 어로 활동은 울릉도를 근거지로 하여 이루어졌다. 그래서 일본 사료인 大谷家 문서에서 '竹島內松島', 혹은 '竹島近邊松島' 등으로 기록될 수밖에 없다.64) '鬱陵島爭界'로 인해 울릉도가 조선의 땅임이 분명한 이상 일본 어부들은 '독도'만을 대상으로 해서 항해하지 않았다. 우리는 이를 부각시켜 나갈 필요가 있다.65)

수토정책에도 불구하고 울릉도에는 조선 측으로부터 사람들이 건너갔고, 그들의 활동 반경이 독도에 미쳐 독도가 울릉도의 삶의 텃밭으로 기능하였음을 입증하여야만 한다. 일본은 17세기 중엽을 제기하면서 독도가 울릉도로 가는 길목에 있으므로 도중에 정박장 내지 강치 또는 전복을 채취하는 어장으로 이용되었다고 한다. 이에 상응하여 조선의 사람들이 울릉도에 들어갔고, 그들이 독도로 가서 어로 활동을 하였다는 것을 제시할 사료를 적극 발굴할 필요가 있다. 숙종 22년 안용복이 울릉도를 거쳐 독도에 들어가 일본 어부들을 쫓아내고, 그 길로 일본에 건너가 울릉도와 독도가 우리 땅임을 입증하였다는 안용복의 진술이 『숙종실록』에 나오지만, 앞의 안용복의 공술은 일본이 전적으로 부정하고 있

64) 『大谷家 문서』「阿部四郎五郎正繼의 大屋九右衛門에게의 1659년 6월 21일자 서간」; 가와카미 겐조(川上建三), 『竹島の歷史地理學的硏究』.
65) 김호동, 「독도영유권 공고화를 위한 조선시대 수토제도의 향후 연구방향 모색」 『독도연구』 5, 영남대학교 독도연구소, 2008, 154~155쪽.

다. 이것을 극복하기 위해서는 일본 측 사료를 통해 안용복의 공술이 엉터리가 아니라는 점을 인식시켜야만 한다.

17세기 일본의 독도 고유영토설은 사실상 안용복의 활동으로 인해 성립할 수 없는 것이다. 그래서 일본은 한국이 자국 주장의 근거로 인용하는 안용복의 진술 내용에는 많은 의문점이 있다고 한다. 안용복의 도일 활동은 자신의 불법 도일 죄를 감하기 위하여 과장한 것으로 일본의 기록과도 부합하지 않기 때문에 사실이 아니라고 한다. 그러나 일본 측의 사료를 통해서도 안용복이 독도를 자국의 영토라고 하였음이 분명하고, 일본도 이를 인정하였다. 일본 측은 안용복 사건으로 양국 간에 영토문제가 대두되자 1695년 울릉도, 독도가 돗토리 번(鳥取藩)에 귀속한 시기를 문의하는 에도 막부의 질문에 대해 '돗토리 번에 속하지 않는다.'는 돗토리 번의 회답이 있었다. 1696년 1월에 내린 막부의 도해 금지령은 같은 해 8월 요나고(米子) 주민에게 전달되었으므로 요나고 주민이 그 기간 독도에 갈 수 있었으므로, 같은 해 5월 울릉도에서 일본인을 만났다는 안용복의 진술을 거짓으로 보는 일본 측 주장은 타당하지 않다. 2005년 일본에서 발견된 안용복관련 조사보고서인 「元祿九丙子年朝鮮舟着岸一卷之覺書」는 그 말미에 안용복이 휴대한 지도를 참조하여 조선 팔도의 이름을 기술하면서 울릉도와 독도가 강원도에 소속됨을 명기하고 있어 당시 안용복이 독도를 조선 땅이라고 진술한 사실을 명백히 입증하고 있다.

〈元祿九丙子年朝鮮舟着岸一卷之覺書 속의 '竹嶋·松嶋' 표기〉

일본 정부는 1905년 독도를 시마네 현에 편입하여 독도 영유의사를 재확인했다고 한다. 17세기 중반을 주장한 일본은 무주지선점론을 접어 두고 '독도 영유의사를 재확인했다.'는 것을 정리하고 있다. 그럴 경우 각의 결정에서 언급한 내용은 17세기 중반과 부딪힐 수밖에 없다.

임진왜란 이후 1882년 이전까지 조선인들이 울릉도에 들어가 살았고, 그것을 거점으로 하여 독도에까지 어로 활동을 하였음을 입증하는 사료를 발굴하여야 한다.66)

또 수토정책의 대상에는 울릉도뿐만 아니라 독도도 포함되었음을 드러내주어야만 한다. 지금까지의 사료 가운데 울릉도에서 독도를 보았다는 사료는 제시되고 있지만 독도에 들어가 어로 활동을 한 사료, 그리고 수토관이 독도를 심찰한 사료는 아직 발굴하지 못하고 있다. 다만 숙종 40년(1714)에 강원도 어사 趙錫命이 영동 지방의 海防의 허술한 상황을 논하면서 올린 상소문 가운데,

66) 이에 관해서는 필자의 「『竹島問題에 관한 調査研究 最終報告書』에 인용된 일본 에도(江戶)시대 독도문헌 연구」『인문연구』55, 영남대학교 인문과학연구소, 2008.

⑤ 浦人의 말을 상세히 듣건대, "평해·울진은 울릉도와 거리가 가장 가까워서 뱃길에 조금도 장애가 없고, 울릉도 동쪽에 섬이 서로 보이는데 倭境에 접해 있다."고 하였습니다.[67]

울릉도의 동쪽에 섬이 서로 보이는데 왜경과 접해 있다고 한 '浦人'은 실제 울릉도와 독도를 삶의 터전으로 삼았던 조선의 어부들이었고, 그런 삶의 경험이 배어 있는 언급이라는 것을 통해 간접적으로 증명할 수 있을 뿐이다.

숙종 조 이후 안용복 사건을 인지하고 있는 수토관들은 독도에 대한 조사를 하였을 것이다. 그러나 대부분 장한상처럼 풍랑 등이 겁이 나서 그냥 울릉도에서 확인하는 정도에 그쳤기 때문에 실록 등에 그에 관한 언급이 없을 뿐이다.

일본의 경우 1693년 안용복이 울릉도에 들어오기 이전까지 일본 어부들이 독점적으로 울릉도에서 어로 활동을 한 것을 내세워 17세기를 내세우지만 울릉도에는 그 이전부터 조선인들이 들어가 어로 활동을 하였음을 다음의 사료를 통해 알 수 있다.

⑥ 올해도 그 섬에 벌이를 위해 부산포에서 장삿배가 3척 나갔다고 들었습니다. 한비치구라는 이국인을 덧붙여 섬의 형편이나 모든 것을 해로에 이르기까지 자세히 지켜보도록 분부했으므로 그 자들이 돌

---

67) 『숙종실록보궐정오』 숙종 40년(1714) 7월 22일(신유), "江原道御史趙錫命 論嶺東海防踈虞狀 略曰 詳聞浦人言 平海蔚珍 距鬱陵島最近 船路無少礙 鬱陵之東 島嶼相望 接于倭境." 그런데 국사편찬위원회의 최근 번역에는 이것을 "浦人의 말을 상세히 듣건대, '平海·蔚珍은 鬱陵島와 거리가 가장 가까워서 뱃길에 조금도 장애가 없고, 울릉도 동쪽에는 섬이 서로 잇달아 倭境에 접해 있다.'고 하였습니다."라고 잘못 번역하고 있다.

아오는 대로 추후에 아뢰겠으나 먼저 들은 바에 대해여 별지 문서
에 적겠습니다.

「두렵게 생각하면서도 적은 口上의 각서」

一. 부룬세미의 일은 다른 섬입니다. 들자하니 우루친토라고 하는 섬입
니다. 부룬세미는 우루친토보다 동북에 있어, 희미하게 보인다고 합
니다.
一. 우루친토 섬의 크기는 하루 반 정도면 돌아볼 수 있는 크기라고 합
니다. 높은 산이며 논밭이나 큰 나무가 있다고 듣고 있습니다.
一. 우루친토는 강원도 에구하이란 포구에서 남풍을 타고 출범한다고
듣고 있습니다.
一. 우루친토에 왕래하고 있는 건은 재작년부터임에 틀림없습니다.
一. 우루친토로 왕래하고 있는 일은 관아에서 모르고 있고, 자기들 생
계를 위해 나가고 있습니다. 다른 것들은 한비차구가 돌아오는대로
물어 다시 상세한 것을 아뢰겠습니다.68)

⑦ 경상도 연해의 어민들은 비록 풍파 때문에 무릉도에 표류했다고 하
고 있으나 일찍이 연해의 수령을 지낸 사람의 말을 들어보니, 바닷
가 어민들이 자주 무릉도와 다른 섬에 왕래하면서 대나무도 베어오
고 전복도 따오고 있다 했습니다. 비록 표류가 아니라 하더라도 더
러 이익을 취하려 왕래하면서 魚採로 생업을 삼는 백성을 일체 금
단하기는 어렵다고 하겠으나 저들이 엄히 조항을 작성해 금지하라
고 하니 우리의 도리로는 금령을 내려 포고하는 수밖에 없습니다.69)

일본 측 사료를 통해 1691년에 조선인들의 어로 활동을 확인할 수 있
다. 사료 ⑦의 조선 측에서도 조선에서 어부들이 울릉도에 무단으로 나

---

68) 『竹嶋紀事』 권1, 元祿 6년(1693) 5월 13일.
69) 『備邊司謄錄』 숙종 19년(1693) 11월 14일.

갔고, 특히 '무릉도와 다른 섬에 왕래하였다.'는 다른 섬은 독도가 아닌가 한다.

사료 ②에서 보다시피 장한상이 "왜인들이 오고간 자취는 정말 있었지만 또한 일찍이 거주하지는 않았습니다."라고 하였지만 매년 일본 어부들이 울릉도로 어로 활동을 나왔고, 조선에서도 마찬가지였다.

⑧ 「막부, 竹島로의 도해를 금지한다.」
오야·무라카와는 元祿 5년(1692)부터 조선인 때문에 본업을 방해받고 어찌할 바를 몰라 이를 자주 한탄하고 호소했다. 번의 지시를 받고 元祿 7년(1695)과 元祿 8년(1696)에 배를 竹島로 보냈으나 조선인이 먼저 건너와 있었으며 해마다 그 수는 증가하여 후에는 이쪽에 30명, 저 쪽에 50명의 무리가 형성되어 방어를 엄중히 하고 있으니, 만약 이쪽의 배를 억지로 착륙할 때에는 큰일을 피할 수 없을 듯싶어 어쩔 수 없이 후퇴하고 …70)

위 사료를 통해 수토관이 파견될 시기를 피해 조선과 일본에서 무시로 울릉도를 드나들었다고 보아야 한다. 조선 정부는 '鬱陵島爭界' 이후 울릉도에 수토관을 정기적으로 파견하여 관리해왔지만 여전히 주민의 이주 및 정착을 허락한 상태는 아니었다. 조선 후기 영조·정조, 순조 연간에 사람들이 울릉도에 들어가 인삼을 캐거나 전복을 채취하는 일은 공공연한 비밀이었고, 이는 헌종 연간에도 마찬가지였다.

1892년 이규원이 울릉도 검찰사로 파견되었을 때 조선인 141명, 일본인 78명을 만난 것은 그것을 입증해준다. 특히 전석규의 경우 10년간 울릉도에 살았음을 주목하지 않으면 안 된다. 이 점을 부각시키고 그들의

70) 오카지마 마사요시(岡嶋正義), 『竹島考』下, 「막부, 竹島로의 도해를 금지한다」 1828, 정영미 역, 경상북도·안용복재단, 2010.

활동범위가 독도에 미쳤음을 입증하고, 일본인들 역시 울릉도를 목표로 불법적으로 들어와 독도에서 어로 활동을 하였음을 드러내주어야 할 것이다.

안용복 사건으로 인해 2, 3년마다 울릉도에 수토관이 파견되었지만 『조선왕조실록』이나 『승정원일기』, 『일성록』에 의하면 동남해연안민들이 꾸준히 울릉도에 간 기록이 있다. 그렇기 때문에 18세기 후반의 『輿地圖』(59.6×74.5cm) 3책으로 구성된 지도책 중의 「강원도」 지도와 19세기 중기에 만들어진 「海左全圖」(가채목판본, 97.8×55.4cm, 영남대학교 박물관)의 경우 울진-울릉도 항로가 표시되었다.

〈『輿地圖』「강원도지도」〉　　　　　〈「海左全圖」〉

이러한 현상은 조선 후기에 수토관들이 울진 대풍헌에 기다려 출발하였고, 동남해연안민들도 울진 등지에서 출항하였기 때문에 나타난 현상일 것이다.

제3장 일본의 대응

일본의 경우 '竹島渡海禁止令'은 독도 도항을 금지한 것이 아니기 때문에 독도는 여전히 일본의 영토라고 우긴다. 일본의 오야 가문(大谷家)의 사료에서 '竹島近邊松島'(1659년), 혹은 '竹島內松島'(1660년)라고 한 바와 같이 '竹島渡海禁止令'에는 松島, 즉 독도도 포함되었다.[1] '竹島渡海禁止令'이 내려진 이후 일본에서 독도만을 대상으로 어로 활동을 한 기록이 전하지 않는다.

1722년 이와미주(石見州) 어민의 울릉도 밀항사건이 발생하자 에도 막부는 대마도에 대해 안용복사건 때의 竹島渡海禁止令이 독도에도 적용되는지에 대해 조회했다. 쓰시마 번의 답변은 "(松島 또한) 竹島와 마찬가지로 일본인들이 건너가 고기잡이를 하는 것을 금지시켰다고 생각할 수 있습니다."고 하였다.

그 후 '竹島渡海禁止令' 해제 청원 과정에서 『大谷氏舊記』 등에 의하면 1740년 오야 가쓰후사(大谷勝房)는 에도 막부에 "竹島·松島 양도 도해가 금지된 이후에는 호키(伯州)의 요나고(米子) 성주가 가엾게 여겨주신 덕택에 생활하고 있다."고 진술하고 있다. 그렇기 때문에 '竹島渡海禁止令'에 독도가 포함되지 않았다는 일본의 주장의 경우 성립하지 않는다.

일본의 경우 1696년 '竹島渡海禁止令'으로 인해 울릉도와 독도 도항이 금지되었다. '竹島渡海禁止令'이 내려진 이후에 일본은 울릉도 도항을

---

1) 김호동, 앞의 논문 2008, 155쪽.

하면 처벌되었다. 1833년, 막부의 허가 없이 월경하여 竹島(울릉도)에 건너가 밀무역을 한 것이 발각되어 밀무역을 주도한 이마즈야 하치에몬(會津屋八衛門)과 하시모토 산베(橋本三兵衛) 등이 1836년에 처형되었다. 이마즈야 하치에몬은 이와미국(石見國) 마쓰하라우라(松原浦 ; 현재의 시마네 현 하마다시 마쓰바라정[松原町])에서 운송선 1척을 소유하여 직접 화물을 싣고 운항하는 해상 화물의 운송 중개를 하기도 한 해상 화물 운송업자였다. 하치에몬은 마쓰하라우라와 홋카이도의 마쓰마에(松前)를 오가며 물자를 나를 때 울릉도 주변을 통과하는 일이 있어 울릉도의 풍부한 임수산 자원에 대해 주목하였으며, 1824년에는 직접 울릉도에 건너가 조사를 했다. 1830년대 무렵 이와미국을 통치하고 있던 하마다 번은 재정이 궁핍한 상태였는데, 하치에몬은 그것을 기회로 하마다 번의 勘定方 하시모토 산베에게 "竹島에 건너가서 자연 그대로 방치되어 있는 대나무와 목재를 벌채하고, 해산물을 가져오면 藩의 이익이 된다."라고 설득하였다. 이 계획에 하마다 번의 家老 오카다 다노모(岡田賴母)와 年寄役 마쓰이 즈쇼(松井圖書)도 가담했다. 당시 막부의 요직 筆頭老中이었던 영주 마쓰다이라 스오노카미 야스토(松平周防守康任)의 묵인 하에 이들은 1833년 7월 울릉도에 도항하여 큰 대나무와 진기한 목재, 큰 전복 등을 가지고 돌아왔다. 그 후 일본도 竹島 산물을 가져가 조선과 중국의 상인들과 교역하여 막대한 이익을 얻었다. 그러나 1836년 막부의 명으로 일본 각지의 상황을 조사하고 있던 마미야 린조(間宮林藏)에게 발각되어 하치에몬은 오사카 奉行所에서 파견된 자들에게 체포되어, 하시모토 산베와 함께 1836년 12월 23일에 처형되었다. 또한 하치에몬이 조사를 받던 중에 오카다 다모노, 마쓰이 즈쇼를 비롯한 하마다 번의 중신 수십 명이 막부의 용서를 빌며 할복하였다. 3대 하마다 번주 마쓰다

이라 야스토는 영구 칩거를 명령받았으며, 새로 4대 번주가 된 마쓰다리
야스타카(松平康爵)도 그해 3월 무쓰국(陸奧國)의 다나구라(柵倉 ; 현재
의 후쿠시마현[福島縣])로 轉封되었다. 막부는 다음 해인 1837년 2월 21
일, 이 사건을 전국에 공표하고 해외 도항 엄금을 영을 내렸다.[2] 하치에
몬을 조사한 조서인 『竹島渡海一件記』(1836년), 「朝鮮竹嶋渡航始末記」
(1870년)는 여기에 하치에몬이 그린 지도인 「竹嶋方角圖」(1833년)가 부
록으로 첨부됐으며, 이 지도에 조선 영토는 붉은색으로, 일본 영토는 노
란색으로 채색되어 있다. 울릉도와 독도 역시 붉은색으로 표시되어 조
선의 영토임을 분명하게 나타내고 있다.

〈「竹嶋方角圖」〉

2) 현대송, 「하마다 번 다케시마 밀무역 사건」 『독도사전』 한국해양수산개발원 편,
2011, 344~345쪽.

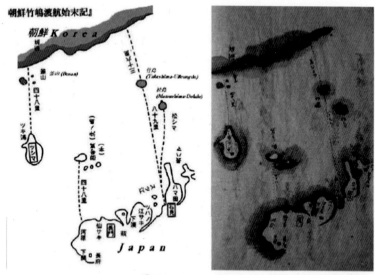

〈『朝鮮竹嶋渡航始末記』〉

일본 에도 막부가 울릉도에 무단으로 입국하여 밀무역을 하는 하치에
몬을 사형시키고, 해안에 竹島渡海를 금지하는 푯말을 세웠다.

제4장 '竹島渡海禁止令' 이후의 조선인들이
울릉도·독도에 건너갔을까?

수토정책에도 불구하고 울릉도에는 조선 측으로부터 사람들이 건너 갔고, 그들의 활동 반경이 독도에 미쳐 독도가 울릉도의 삶의 텃밭으로 기능하였음을 입증하여야만 한다. 그 사료들을 기록하였다.

⑨ 다시 오명후를 신문하니, 공초하기를, "이지서가 항상 말하기를, '울 릉도 건너편에 黃鎭紀 등 무신년의 餘黨이 있다.'라고 하였고, 또 말하기를, '황진기가 죽지 않았으면 반드시 나올 것이다.' 했기 때문 에, 신이 말하기를, '네가 어떻게 아는가?' 하니, 이지서가 言根은 말하지 않고 단지 '자연히 알게 될 것이다.' 하였다."[1]

⑩ 강원감사 洪名漢을 遞差하도록 명하였다. 당초에 울릉도에 인삼을 캐는 潛商을 삼척영장 洪雨輔가 염탐하여 붙잡았는데, 추잡한 비방 이 많이 있었다. 일이 발각되어 홍우보가 죄를 받아 폄출되었는데, 이때에 이르러 홍명한이 서신을 왕래하여 참섭하였다는 것으로써 장령 元啓英이 상소하여 논핵하기를, "울릉도에 대한 금령이 얼마 나 엄중한 것인데, 강원감사 홍명한은 그 집안의 무신인 삼척영장 홍우보와 몰래 서신을 왕래하여 사람들을 모아 몰래 들어가서 인삼 을 채취한 것이 자그마치 수십 근에 이르렀습니다."[2]

---

1) 『영조실록』 권67, 영조 24년(1748) 5월 23일(병오).
2) 같은 책 권113, 영조 45년(1769) 12월 9일(정사).

⑪ 원춘도관찰사 金載瓚이 장계하기를, "울산에 사는 海尺 등 14명이 몰래 울릉도에 들어가 魚鰒·香竹을 채취하였는데, 삼척의 포구에서 잡혔습니다. 그 섬은 防禁이 시극히 엄한데도 울산 백성이 번번이 병영의 採鰒公文을 가지고 해마다 방금을 범하니, 그 병사와 부사를 감죄해야 하겠습니다." 하였다.3)

⑫ 경상감사 洪說謨가 안동영장 金在徽의 秘報를 가지고 密啓하기를, "영양현에 거주하는 鄭禹龍과 그의 아들 鄭自性, 李尙友와 그의 아들 李允慶, 朴平陽의 손자 朴密陽 등이 작당하여 서로 왕래하며 허황된 말을 퍼뜨리어 인심을 선동하고, 무뢰한 무리를 불러 모으니, 경전하는 자는 걷어치우고 집을 짓는 자는 중지하였습니다. … 또 울릉도의 도적들과 이달 초 10일에 모이기로 기약하였다고 하였으니, 단서가 죄다 드러났다고 할 수 있습니다. …"4)

위의 ⑨ 사료는 1748년(영조 24), 이지서가 항상 말하기를 "울릉도 건너편에 黃鎭紀 등 무신년의 餘黨이 있다."고 하였다. ⑩ 사료는 1769년(영조 45), 울릉도에 인삼을 캐는 '潛商'이 있다. ⑪ 사료의 경우 1787년(정조 11), '兵營의 採鰒公文'을 가지고 '해마다' 울산에 사는 海尺 등 14명이 몰래 울릉도에 들어가 魚鰒·香竹을 채취하였다. ⑫ 사료의 경우 1853년(철종 3), 영양현에 거주하는 鄭禹龍 등이 작당하여 인심을 선동하여 "울릉도의 도적들과 이달 초 10일에 모이기로 기약하였다."고 하였다. ⑨~⑫ 사료를 보건대 조선 사람들이 무시로 울릉도에 들어갔다. 숙종 조 이후 안용복 사건을 인지하고 있는 수토관들은 독도에 대한 조사를 하였을 것이다. 그러나 대부분 張漢相처럼 중앙정부의 독도 시찰 지시를 풍랑 등이 겁이 나서 그냥 울릉도에서 확인하는 정도에 그쳤기 때

3) 『정조실록』 권24, 정조 11년(1787) 7월 25일(경인).
4) 『철종실록』 권4, 철종 3년(1852) 7월 11일(기미).

문에 실록 등에 그에 관한 언급이 없을 뿐이다.

　앞에서 살펴본 박석창의 「울릉도도형」 지도에서 주목을 끄는 것은 울릉도 동쪽 해안에 그려진 섬이다. '海長竹田'이라는 글귀와 함께 '所謂 于山島'로 표기되어 있다. 이 기록에 의거해 이 섬을 독도에 비정하여 울릉도의 부속도서 독도에 대한 인식이 더욱 명확해졌다고 보기도 한다.5) 그러나 이 섬이 그려진 위치와 '바닷가에 길게 죽전이 있다.'는 주기로 볼 때, 울릉도 본섬에서 4km 떨어진 竹島(대섬)로 추정하기도 한다. 울릉도의 부속도서로서 죽전이 길게 형성될 수 있는 섬은 지금의 竹島(대섬) 이외에는 없기 때문이다. 최근에도 섬 주위로 竹林이 우거져 있었다는 사실로 보더라도 이 섬을 독도에 비정하는 것은 무리라고 판단된다는 것이다. 이 경우 박석창은 울릉도의 수토 과정에서 부각되었던 于山島(松島)를 독도가 아닌 '소위 竹島'(대섬)에 비정하는 오류를 범했다고 볼 수 있다. 당시 울릉도의 수토가 울릉도의 내부와 주변 해안을 중심으로 행해졌기 때문에 독도까지 탐사하고 명확하게 인지하기는 쉽지 않았다는 것이다. 따라서 울릉도의 인근 섬으로는 가장 크면서 평지가 있는 竹島를 于山島라 생각했던 것이다. 그러나 지도에 그려진 于山島가 독도인가 아닌가를 떠나 중요한 사실은 于山島가 울릉도의 서쪽에 그려지던 조선 전기의 전통에서 탈피하여 울릉도의 동쪽에 그려지기 시작했다는 사실이다.6) 이는 울릉도·于山島의 인식의 획기적인 전환으로 안용복의 도일 사건을 계기로 새롭게 인식되었다는 것이다.7)

---

5) 서울대학교 도서관, 『규장각 한국본 도서 해제 사부 4』 1984 ; 배우성, 『조선후기 국토관과 천하관의 변화』 일지사, 1998.

6) 김호동, 「한국 고지도가 증명하는 독도 영유권」 『독도연구』 15, 영남대학교 독도연구소, 2013, 31~44쪽.

7) 오상학, 앞의 논문 2006, 87~88쪽.

제5장 메이지 정부의 『朝鮮國交際始末內探書』 및 「太政官指令」에의 '竹島一件' 확인

메이지 시대의 「朝鮮國交際始末內探書」와 「太政官指令」에서도 '元祿年刊'의 일, 안용복 사건을 거론하면서 독도가 조선의 영토임을 공식적으로 확인했다. 1869년 12월 외무성 관리를 조선에 파견하여 조선의 사정을 염탐했다. 독도를 울릉도의 부속도서로 간주한 일본 측 사료를 발굴 부각시킬 필요가 있을 것이다. 덕천막부의 龜山庄衛門은 독도(松島)를 '竹島之內松島' 또는 '竹島近所之小島'라고 하여 竹島의 부속도서로 간주해왔다.1) 명치정부 수립 직후인 1870년(고종 7, 明治 3)의 「朝鮮國交際始末內探書」의 기록을 살펴보면,

⑬ 一.「竹島와 松島가 朝鮮附屬으로 되어 있는 시말」

이 건은 松島는 竹島의 隣島로서 松島의 건에 付해서는 이제까지 게재된 서류도 없다. 竹島의 건에 付해서는 元祿度後는 잠시 조선으로부터 거류를 위해 차견한 바 있다. 당시는 이전과 같이 無人으로 되어 있다. 竹木 또는 竹으로부터 큰 갈대가 자라며 인삼 등이 자연으로 난다. 그 밖에 漁産도 상응하여 있다고 들었다. …2)

---

1) 가와카미 겐조(川上健三),『竹島の歷史地理學的研究』古今書院, 1966.
2) 日本 外務省調査部編,『日本外交文書』第3卷, 事項 6, 文書番號 87, 1870년 4월 15일자,「外務省出仕佐田白茅等ノ朝鮮國交際始末內探書」1870년 4월 15

⑬ 사료로 보건대, 「竹島와 松島가 朝鮮附屬으로 되어 있는 시말」이란 제목으로 '元祿 年刊'(안용복 사건 이후 '鬱陵島爭界'를 지칭함)에 울릉도와 독도가 조선 땅이 되었다는 내용이 다음과 같이 기록되어 있다.

「竹島·松島가 조선의 부속이 된 경위」

松島는 竹島 옆에 있는 섬입니다. 松島에 관해서는 지금까지 기재된 기록이 없지만 竹島에 관해서는 元祿 年間에 주고받은 서한에 기록이 있습니다. 元祿 연간 이후 한동안 조선이 거류하는 사람을 파견하였으나 이제는 이전처럼 무인도가 되어 있습니다. 대나무나 대나무보다 두꺼운 갈대가 자라고 인삼도 저절로 나며 어획도 어느 정도 된다고 들었습니다. 이상은 조선의 사정을 현지 정찰한 바, 대략적인 내용은 서면에 있는 그대로 이므로 우선 돌아가 사안별로 조사한 서류, 그림 도면 등을 첨부하여 말씀 드리겠습니다. 이상.3)

일본 메이지 정부의 최고 행정기관인 太政官이 1877년에 내무성에 하달한 지령으로, 일본이 한국의 독도 영유권을 인정한 또 하나의 결정적인 증거이다. 1876년 10월 시마네 현이 관내의 地籍 조사와 지도 편찬 작업을 하던 중 竹島(울릉도)와 松島(독도)를 시마네 현에 포함시켜야 하는지 내무성에 의견을 물었다. 1877년 3월 내무성은 "이 문제는 元祿 연간에 끝난 문제이고 울릉도와 독도는 일본과 관계가 없다."는 결론을 내렸다. 하지만 내무성은 이 문제가 일본의 영역과 관련된 중요한 사안이라고 판단하고 당시 최고 행정기관인 태정관에 최종 결정을 넘겼다.

일자, 137쪽.
3) 日本 外務省調査部編, 『日本外交文書』第3卷, 事項 6, 文書番號 87, 1870년 4월 15일자, 「外務省出仕佐田白茅等ノ朝鮮國交際始末內探書」.

1877년 3월 29일 태정관은 이 질의서를 검토한 후 17세기 말 도쿠가와 막부가 내린 울릉도 도해 금지 조치 등을 근거로 ‘竹島外一島(울릉도와 독도)가 本邦(일본)과 관계없다는 것을 명심할 것’이라는 지령을 내무성에 하달하였다.

제15편
'안용복' 역사적 사실과 '안용복' 소설

안용복 소설은 다음과 같다.

리성덕, 『울릉도』 문예출판사, 1990.

김래주, 『대조선인 안용복』 1·2, 늘푸른소나무, 2005.

권오단, 『안용복』(울릉도와 독도의 영유권을 되찾아온 조선의 어부) 산수야, 2010.

권오단, 『우리땅 독도를 지킨 안용복』 산수야, 2010.

차상찬, 『해상의 쾌인 안용복』 이프리북스, 2013.

황인경, 『소설 독도』 북스타, 2015.

김하기, 『해제 어둔』 경상일보, 2013~2014.

김하기, 『독도전쟁』 1·2, 쌤앤파커스, 2015.

고정옥, 『고정옥 선생님이 들려주는 안용복』 산하, 2015.

장을 나누어 첫째, '안용복'의 역사적 사실, 둘째, 역사적 사실과 안용복 소설이다.

제1장 '안용복'의 역사적 사실

안용복이 살았던 숙종 조를 전후한 17세기는 소빙기의 내습에 따른 냉해의 피해가 심했다. 기상이변에 의한 한발, 폐농, 기근 등의 대재난이 엄습한 시기이다. 연속된 자연재해로 인해 백성들의 삶의 조건이 파괴된 상황에서 장길산이 이끄는 구월산 도적떼, 명화적 등의 도적이 창궐하였다. 소빙기 때문에 '경신대기근' 때 장선징은 "밝으신 상제께서 발끈 화를 내고 동녘 땅 수 천리에 참혹함을 내리어 반드시 1백만의 생명을 죽이려 한다."[1]고 하였고, 6개월 뒤, 윤경교는 기근과 여역으로 떠돌다 죽은 사람과 고향에서 죽은 사람을 모두 합하면 그 수가 거의 1백만 명에 이르렀고,[2] 둘이 하나 죽어도 모르고 먹는 상태로 내몰리었다.[3] 그로부터 30여 년이 경과한 1695~1699년에는 4년 가까이 지속된 초강력 재난으로 인해 전체 인구의 25~33%나 되는 400만 여명이 목숨을 잃었다.[4]

백성들은 국가의 조세와 군역 부담을 피해 북방의 청과의 국경지대와 섬으로 진출하는 사람들이 증가하였고, 변방의 먼 섬에 도해하는 것을 국법으로 금하는 상황에도 불구하고 강원도는 물론 경상도, 전라도 동남해연안민들이 울릉도·독도로 드나들었다. 그들은 관에 알리지 않고

---

1) 『현종개수실록』 권24, 현종 12년(1671) 6월 4일(계미).
2) 같은 책 권24, 현종 12년 12월 5일(임오).
3) 『현종실록』 권19, 현종 12년 4월 6일(정해).
4) 김성우, 「17세기의 위기와 숙종대 사회상」 『역사와 현실』 25, 한국역사연구회, 1997, 25쪽.

몰래 드나들었고, 발각될 경우 풍랑으로 인해 표류하였다고 둘러대었다.

우리나라 사람들이 울릉도와 독도에 드나들게 되었다는 것은 1693년 일본 어부들에 의해 안용복·박어둔의 두 사람이 납치사건이 일어나게 됨으로써 결국 역사의 표면에 드러나게 되었다. 이로 인해 조선 정부는 울릉도와 독도에 일본 어부들이 드나들었던 것을 알고, 일본 에도 막부와의 외교적 교섭을 통해 울릉도와 독도를 우리나라의 영토로 지켜낼 수 있었다. 울릉도·독도에 들어가는 사람이 많이 증가되면서 울릉도에서 조선 사람들과 일본 어부들의 갈등이 생겨나면서 1693년 일본 어부들에 의해 안용복 납치사건이 일어나면서 조선 정부는 울릉도와 독도에 일본 어부들이 드나들었던 것을 알고 일본 에도 막부와의 외교적 교섭을 통해 울릉도와 독도를 우리나라의 영토로 지켜낼 수 있었다. 그런 까닭에 역사의 표면에 드러나지 않았다.

조선 후기 동남해연안민들이 울릉도와 독도에 드나들었지만 일본에서는 조선에서 공도정책을 시행하여 울릉도에 조선인들이 들어오지 못하였다고 한다. 울릉도에 1618년, 혹은 1625년에 일본의 오야, 무라카와 두 가문이 도해하기 위해 '울릉도(磯竹島)'인 것을 속이고 새로운 섬인 버려진(廢島) 무인도인 竹島라고 하면서 竹島渡海를 허락한다면 '오래도록 우리나라 땅이 될 것'이라고 하여 에도 막부로부터 '竹島渡海 免許'를 받았다. 오야·무라카와 가문은 '竹島渡海 免許'를 내세워 다른 일본인들을 배제하였고, 그것을 위해 에도 막부에 울릉도에서 잡아온 전복 등을 진상하였다.5) 그에 반해 우리나라 사람들은 개별적으로 관에 알리

---

5) 『竹嶋紀事』 권1, 元祿 6년(1693) 5월 13일, "… 전복은 명물로 대대로 호키노카미가 竹島 전복으로 쇼군께 헌상하고 있으며, (竹島는) 그 전복을 따는 장소이기 때문입니다. …" : 『竹嶋之書附』 「竹島渡海之覺」 亨保 7년(1722) 11월, "… 무라카와 이치베와 오야 구에몬이 에도로 가서 쇼군 배알을 허락받았을 때 竹嶋의

지 않고 울릉도와 독도에 드나들었다.

　일본 오야·무라카와 가문은 ‘竹島渡海 免許’를 받은 후 일본에서 자신
들의 영지인 것처럼 행세하면서 ‘土官’을 파견하였다. 그로 인해 우리나
라에서 울릉도와 독도에 드나들었던 것을 일본 오야가와 무라카와 두
가문에서 숨겼다. 또 울릉도·독도에 드나들었던 우리나라 동남해연안민
들도 관에 알리지 않고 몰래 들어갔기 때문에 일본 어부들을 만나는 것
을 보고하지 않았다. 그런 채 서로 묵인하면서 울릉도와 독도에 드나들
었다.

　숙종 조에 들어오면서 우리나라에서 대거 울릉도로 드나들고, 또 상
업을 하는 사람들이 드나들면서 양국의 어민들이 이익을 다투게 되어
갈등이 생겼다. 1692년 미역과 전복을 따기 위해 울릉도에 갔던 조선 주
민들이 일본인들과 마찰을 빚었다. 그 이듬해(1693년) 결국 일본 오야 가
문의 어부들이 울릉도에서 3척의 배(부산 가덕도 배 한척 15명, 울산 배
한척 9명, 전라도 배 한 척 17명, 합계 41명)로부터 안용복·박어둔을 2명
을 납치하여 에도 막부에 호키국의 영지를 침범한 조선인들을 土官이
잡아왔다고 보고하였다. 그 거짓 보고를 믿은 에도 막부가 쓰시마 번으
로 하여금 ‘본국의 竹島’에 조선인들이 어로 활동을 하지 못하도록 요구
하였다. 이로 인해 조선 정부-동래와 에도 막부-쓰시마 번 사이에서 ‘鬱
陵島爭界(竹島一件)’가 발생하였다.

　안용복의 출생과 사망연대는 분명하지 않지만 안용복과 같은 시대에
살았던 李瀷은 『星湖僿說』(1761년)에서 안용복이 경상 좌수영의 동래 수

　전복을 헌상했습니다. …” 이 사료들로 보건대, 무라카와 가문과 오야 두 가문이
교대로 4~5년마다 에도로 가서 쇼군 배알을 허락받았을 때 竹嶋의 전복을 헌상했
다고 한다.

군인 능로군 출신으로서 왜관에 출입하면서 일본말을 익혔다고 기록하였다.

일본의 오카지마 마사요시(岡嶋正義)의 『竹島考』(1828년)에는 1693년 안용복이 차고 있는 호패를 기록하고 있다. 그에 의하면 안용복은 '서울에 사는 吳忠秋의 私奴 用卜'이라고 하였다. 일본과 한국 양국의 연구자들의 경우 안용복의 호패에 주목하여 안용복을 노비로 보는 것이 일반적이다.

그렇지만 "동래의 역관들이 물화를 팔고자 할 때 서울에 사는 私奴로 핑계하여 왜인으로 하여금 역관의 물건임을 알지 못하게 하였다."고 기록에 근거하여6) 필자가 안용복이 역관 출신으로서 서울에 사는 吳忠秋의 私奴로 가탁하여 왜인과 사사로이 무역을 하는 潛商이었다고 하는 주장이 있다.7)

『竹島考』등의 다른 일본 사료에는 '安神將', '安兵將', '安兵士' 등 여러 호칭이 등장한다. 그가 1696년 두 번째 일본에 갔을 때 '安同知', 혹은 '鬱陵子山兩島監稅', '朝鬱兩島監稅'라고 가칭하였다.

1693년(숙종 19년) 3월, 안용복은 울산, 부산, 전라도 출신의 어부들과 함께 41명이 울릉도에 들어가 어로 작업을 하던 중, 일본 어부들에 의해 오키를 거쳐 호키로 붙잡혀갔다. 이때 안용복은 호키국 태수에게 울릉도는 조선의 땅임을 주장하며, 자신들을 억지로 끌고 온 것에 대해 항의하였다. 이들을 요나고(米子)에 구금시키고 있던 돗토리 번청은 에도에 있던 돗토리 번주를 통해 호키국의 영지인 竹島에 조선인들이 들어오지

---

6) 『숙종실록』권48, 숙종 36년(1710) 3월 29일(갑오).
7) 김호동, 「조선 숙종조 영토분쟁의 배경과 대응에 관한 검토 -안용복 활동의 새로운 검토를 위해-」『대구사학』94, 대구사학회, 2009.

못하도록 요구하였다. 그러자 막부는 竹島가 조선의 울릉도인 것을 모르고 안용복 등을 나가사키로 이송하도록 지시하였고, 쓰시마로 하여금 안용복·박어둔을 송환하고, 조선인이 ‘본국의 竹島’에 오지 못하도록 교섭하도록 하였다.

안용복·박어둔 납치사건으로 인해 조선과 일본 사이에 1693~1696년까지 울릉도·독도 영유권 논쟁이 벌어졌다(한국에서는 ‘鬱陵島爭界’라고 하고, 일본에서는 ‘竹島一件’이라고 한다). 당초 일본은 竹島가 울릉도임을 모르고 竹島에 조선인이 건너오지 못하도록 요구하였지만 竹島가 울릉도임을 알면서 1696년 1월 28일, ‘竹島渡海禁止令’을 내렸다. 1697년 2월 일본 측이 일본인들의 울릉도 출어금지 명령 결정을 조선의 동래부사 이세재에게 알렸다.

일본의 경우 ‘竹島渡海禁止令’은 독도 도항을 금지한 것이 아니라고 하면서 여전히 독도는 일본의 영토라고 우긴다. 그렇지만 ‘竹島渡海禁止令’에는 울릉도와 독도가 포함되었다. 일본의 오야 가문(大谷家)의 사료에서도 ‘竹島近邊松島’(1659년), ‘竹島內松島’(1660년)라고 한 바와 같이 竹島渡海는 松島(독도)도 포함되었다. ‘竹島渡海禁止令’이 내려진 이후 일본에서는 독도만을 대상으로 어로 활동을 한 기록이 전하지 않는다.

에도 막부가 1696년 1월 28일에 ‘竹島渡海禁止令’을 내렸지만 안용복은 그 해 봄의 경우, 그것을 모른 채 울릉도에 들어가서 어업활동을 하고 있는 일본 어부들을 아냈다. 그러나 쫓겨난 일본 어부들이 독도(松島)로 들어가자 안용복도 子山島(독도)에 들어가서 조선 땅임을 밝힌 후 일본인들을 쫓아냈다. 이후 안용복은 ‘울릉자산양도감세’라는 관리로 자칭하고 일본의 호키국 태수를 다시 찾아가 울릉도와 독도가 조선의 영토임을 확인받고 돌아왔다.

제2장 역사적 사실과 '안용복' 소설

제1절 리성덕의 『울릉도』 소설

리성덕의 『울릉도』(문예출판사, 1990년)의 경우 북한 소설이다. 차례의 경우 '1장. 왜도적들', '제2장. 울릉도', '제3장. 낯설은 왜땅에서', '제4장. 백년잠을 깨거라!', '제5장. 먼 수평선' 순서이다.

1693년 이른 봄, 안용복(13세)과 아버지 안치록이 배를 타고 청어 잡이를 나갔고, 사흘 동안이나 파도에 밀려가다가 간신히 울릉도에 닻을 내리고 구원되었다. 며칠 후 뜻하지 않게도 주칠굴에서 주토를 파가지고 도망치는 왜놈들의 뒤쫓아 가다가 안치록은 칼에 맞아 그만 목숨을 잃었다. 안치록을 어순이네 식구들과 나란히 양지바른 산기슭에 묻은 후 어순이를 데리고 동래에서 살았다. 고인의 부탁대로 어순이는 용복이네 이웃에 사는 큰아버지 박지삼에게 맡겼다. 어순의 사촌 오래비인 박어둔이라는 사람이 용복이와 송아지동무이다.

어순이가 왜 도적들한테 납치되어 울산, 울릉도, 대마도로 끌려갔다.

1693년 3월 8일. 안용복 일행은 배 2척을 울릉도로 향했다. 안용복이 타고 있는 앞선 배는 경상좌수영 소속의 방패선인데 20명이 타고 있고, 뒤따르는 배에는 울산 배였는데 어부 15명이 타고 있다. 울릉도로 도착하니 문서방과 김서방과 최서방 네 3집이 보였다. 그 뒤 동래부사의 영을 받고나온 검차관이 배 한척이 울릉도에서 내렸다. 검차관이 안용복 일행을 말하기를 "왜인들과 말썽을 일으켜 나라의 교린관계를 흐리게 하지 말고 지체 없이 섬을 비우고 돌아오라는 부사의 영이 내렸으니 그리 알고 모두 떠날 준비를 갖추어라."할 뿐이다.

며칠 후 대섬 쪽에서 왜선들은 7척이다. 울릉도에서 안용복과 박어둔 두 사람이 왜선에 끌려가 일본 호키 주의 오키시마에 도착했다. 선대의 두목인 오오다니는 오키시마 도주에게 울릉도에 갔다가 그곳에서 40여 명의 조선 어부들이 대항하므로 배를 대지도 못하고 돌아왔는데 그 중거를 삼기 위하여 어부 두 사람(안용복·박어둔)을 잡아왔다는 것을 보고하고, 한편 오키시마 도주는 상전인 호키 주 태수에게 사건의 처리 대책을 문의하였다.

오키시마 도주는 이튿날 안용복과 박어둔을 관사 앞뜰로 끌어내게 하였다. 오키시마 도주에게 안용복이 말하기를 "원래 울릉도와 우산도(오늘의 독도)는 천 수백 년 전 신라시절부터 우리나라에 속하였던 섬이다."라고 하였다. 오키시마 도주는 '일본 섬이다.'라고 하였다. 4월 27일, 두 사람은 선대의 두목 오오다니라는 자의 호송 밑에 호키 주 요네꼬 포구에 이르렀다. 막부의 이 지시를 받은 호키 주 태수 마쯔다이라 신따로는 부득이 막부의 명의로 울릉도와 그 부속 섬들이 조선의 영토이므로 일본어부들의 출입을 금지키겠다는 내용의 공식서계를 만들지 없었다. 안용복과 박어둔은 대마도에서 끌려갔다.

동래부사 이희룡은 쓰시마 도주가 보낸 편지를 읽어 보았다. 그 내용은 "귀국 동래부에 사는 안용복과 박어둔은 이번에 법을 어기고 남의 나라 지경인 竹島에 들어와 고기를 잡다가 붙잡힌 자들인데 죄를 인정하고 용서 바랄대신 일본의 여러 주 태수들에게 갖은 행악을 부리며 무도한 짓을 수없이 하여 두 나라 사이의 좋은 교린문제는 좋은 관계에 흠이

가게 하였습니다. … 법을 어긴 무지한 어민들은 엄중히 처벌하여 법도
를 바로 세우며 이번 사실을 조정에 삼가 품달하여 다시는 竹島에 귀국
의 어민들이 출입하지 않도록 잘 조처하여주시면 어찌 후히 인사를 하
지 않겠소이까."라고 하였다.

　그 후 동래부사 이희룡의 장계와 쓰시마 도주의 서계를 받은 숙종은
편전에서 신하들의 의견을 물었다. 좌의정 목래선이 "왜인들이란 원래
간사조폭한 족속들이라 함부로 건드려 사단을 일으키면 저 나라와 100
년 가까이 지켜오던 선린관계를 깨뜨리지 않을까 저어되는바 없지 않소
이다. 지금 왜들이 말하는 竹島란 신이 알기에도 우리나라 울릉도를 말
하는 것이 분명하지만 그렇다고 300여 년 동안이나 비워오던 작은 섬을
가지고 옷갓이 분명한 우리가 비린내 나는 왜들과 더불어 시비를 가려
다투는 것은 그럼직한 계책이라 할 수 없소이다."라고 개진했다. 또 우
의정 민암이 "신의 생각에는 이번 일이 일어나게 된 것은 우둔한 백성들
이 나라의 법을 우습게 여기고 금지하는 섬에 무리를 지어 들어가서 고
기잡이를 한 때문인 줄로 아옵니다."하며, "나라의 법을 어기고 섬에 들
어간 어부들은 법조문에 따라 죄를 지워서 다시는 그런 일이 없도록 하
는 것은 물론 이옵고 와서 기다리는 대마도 차왜에게는 다시 그런 일어
없도록 하겠다는 내용으로 예조의 복서를 만들어주어 말썽 없이 돌아가
게 한 것이 상책인줄로 아뢰옵니다."라고 하였다. 젊은 승지 한 사람이
"이번에 대마도 왜인들이 울릉도라는 이름은 감추고 竹島라는 말만 내
세워 조선 어부의 출입을 금지시켜달라고 하는 것을 보면 반드시 간사
한 짓이 있는 듯 하오니 밝히 살펴주시기 바라옵니다. 만일 우리 어부들
의 출입을 금지시키겠다는 조정의 허락만 받으면 왜놈들은 반드시 그것
을 구실삼아 섬을 아주 차지하려고 할 것이오니 한때의 말썽을 없애려

다가 도리어 후손만대에 씻기 어려운 누가 미칠까 신은 두럽게 생각하
옵니다. 그럴 뿐 아니라 이번에 일본에 가서 갖은 행악을 다 했다는 어
부들로 말하오면 나라의 법을 어기고 금지하는 섬에 함부로 건너간 것
은 잘못이오나 그것도 풍랑을 만나 막부득이 그렇게 된 것 이옵고 제 나
라 섬을 제 나라 섬이라 주장한 것을 행악이라 논단하는 것도 정상을 밝
게 살필 여지가 있는 것으로 아뢰옵니다.” 하였다. 그리하여 숙종은 좌
의정 목래선과 우의정 민암의 의견을 좇아 예조에서는 회답복서를 써주
며 교리 홍중하를 접위관으로 임명하여 급히 동래로 보내서 대마도 차
왜를 잘 위무하여 말썽 없이 돌아가게 하라는 어명을 내린 후였다. 예조
의 회답복서는 “우리나라에서는 어민들을 먼 바다로 나가지 못하게 하
고 있습니다. 우리나라의 울릉도에서도 멀기 때문에 마음대로 왕래하는
것을 허락하지 않고 있는데 하물며 그 밖의 땅이야 더 말할 것이 있겠습
니까. 그런데 이번에 우리나라 어선들이 귀국의 지경인 竹島에 들어갔
다고 하니 매우 유감스럽게 여기는 바입니다. … 지경을 넘어 들어가 함
부로 고기를 잡은데 대하여서는 법조문에 따라 죄를 지울 것이며 이 뒤
로는 다시 규정을 범하는 일이 없도록 엄하게 주의를 주겠습니다.”라고
하였다. 앞에서는 ‘우리나라 울릉도’라 하고, 뒤에서는 다시 ‘귀국의 竹
島’라고 하여 울릉도와 竹島가 서로 다른 두 섬인 듯이 말하면서 울릉도
는 조선의 섬이라는 것을 매우 조심스럽게 암시한 우유부단한 외교적인
답서였다.

접위관 洪重夏가 가지고 온 예조의 복서를 받은 차왜 다찌바나 신죠
는 竹島가 일본의 지경이라고 한 것이며 竹島에 갔던 어부들에게 죄를
지우고 다시는 그 섬에 가지 않도록 하겠다고 한 것들이 다 바라던 대로
되어서 매우 흡족하였다. 그런데 다시 읽어보니 첫 머리에 ‘우리나라 울

룽도'라는 글자가 눈에 띄었다. 竹島는 너희 섬이지만 울릉도는 조선의
섬이라는 뜻이었다. 다찌바나는 오래 망설인 끝에 예조의 복서를 홍중
하에게 돌려보내면서 '울릉'이라는 두자를 삭제하기 전에는 받을 수 없
다고 하였다. 하지만 홍중하도 쓰시마 차왜쯤은 우습게 여기는 조정의
관리인지라 예조의 복서를 함부로 고칠 수 없다고 끝끝내 뻗치었다.

울릉도 문제가 이렇게 착잡하게 얽히어 해결을 보지 못하고 있던
1696년 봄, 2년 나마 칼을 쓰고 옥에 갇혀있던 안용복은 드디어 풀려나
왔다.

1696년 3월 초순, 울산에 송광사 雷憲을 만났다.[1] 송광사 雷憲은 잘못
되었다. 「元祿九丙子年朝鮮舟着岸一卷之覺書」의 경우 '興旺寺 雷憲'이
기록되었다. 안용복은 雷憲, 이인성, 유일천 등을 울릉도에 갔다. 열흘
전에 울산 박충량의 배가 떠 있어 전복을 잡았다. 얼마 후 울릉도에서
왜선 1척이 다가왔다. 왜선 두목 요시라가 "松島에 와서 고기를 잡다가
그만 길을 잘못 들어서 이렇게 되었으니 곧 가겠소."라고 하였다. 안용
복이 "네놈이 말하는 松島란 곧 우리나라 于山島인데 네놈들이 감히 그
섬에 들어간단 말이냐?"라고 꾸짖었다. '于山島'의 경우 잘못되었다.『숙
종실록』의 경우, 비변사에서 안용복 등을 推問하였는데, 안용복이 말하
기를 '子山島'라고 기록하였다.[2]

---

1)『숙종실록』권30, 숙종 22년(1696) 9월 25일(무인), "비변사에서 안용복 등을 推問
하였는데, 안용복이 말하기를, '저는 본디 동래에 사는데, 어미를 보러 울산에 갔
다가 마침 중 雷憲 등을 만나서 근년에 울릉도에 왕래한 일을 자세히 말하고, 또
그 섬에 해물이 많다는 것을 말하였더니, 雷憲 등이 이롭게 여겼습니다.' …"
2) 같은 책 권30, 숙종 22년 9월 25일(무인), "… '松島는 子山島로서, 그것도 우리나
라 땅인데 너희들이 감히 거기에 사는가?' 하였습니다. 드디어 이튿날 새벽에 배
를 몰아 子山島에 갔는데, 왜인들이 막 가마솥을 벌여 놓고 고기 기름을 다리고
있었습니다."

안용복 일행을 협의하여 왜선을 쫓아 일본으로 가는 일이 낙착하였
다.『숙종실록』의 숙종 22년 9월 25일에 일본 배가 많이 외서 정박하여
우리 뱃사람들이 다 두려워하였다. 안용복이 앞장서서 말하기를, "울릉
도는 본디 우리 지경인데, 왜인이 어찌하여 감히 지경을 넘어 침범하였
는가? 너희들을 모두 포박하여야 하겠다." 하고, 이어서 뱃머리에 나아
가 큰소리로 꾸짖었더니, 왜인이 말하기를, "우리들은 본디 松島에 사는
데 우연히 고기잡이 하러 나왔다. 이제 本所로 돌아갈 것이다." 하였다.
재차 안용복이 "松島는 子山島(독도)로서, 그것도 우리나라 땅인데 너희
들이 감히 거기에 사는가?" 하였다. 리성덕의『울릉도』에서 그날 아침
녘에 배는 우산도에 이르렀다. 때마침 펑퍼짐한 자갈밭에 가마를 걸고
한가하게 아침을 끓이고 있던 왜놈들이 배가 쫓아온 것을 보자 황급히
닻을 올리고 다시 도망치기 시작하였다. 숙종 22년(1696) 9월 25일에서
이튿날 새벽에 배를 몰아 子山島에 갔는데, 왜인들이 막 가마솥을 벌여
놓고 고기 기름을 다리고 있었습니다. 제가 막대기로 쳐서 깨뜨리고 큰
소리로 꾸짖었더니, 왜인들이 거두어 배에 싣고서 돛을 올리고 돌아가
므로, 제가 곧 배를 타고 뒤쫓았습니다.3) 리성덕의『울릉도』의 경우 독
도는 '우산도'의 경우 잘못되었다.『숙종실록』권27, 숙종 22년 9월 25일
(경인)에서 기록에서 '松島는 子山島', 혹은 '이튿날 새벽에 배를 몰아 子
山島'에 갔다.

리성덕의『울릉도』에서 왜선을 쫓아 하루 낮, 하루 밤을 달리고 나니
오키섬이었다. 안용복은 배에서 관복을 입고, '울릉우산양도 감세관'을
잘못되었다.4)

---

3) 같은 책 권30, 숙종 22년 9월 25일(무인).
4)『숙종실록』권27, 숙종 22년 9월 25일(경인)에서 '鬱陵子山兩島監稅'라고 하였다.

리성덕의『울릉도』에서 안용복의 일행은 그날 저녁에 오키시마 포구에 대였다. 포구의 왜인들에게 조선에서 울릉도감세관 일행이 왔다는 것을 알려달라고 부탁한지 얼마 지나지 않아서 도주라는 자가 관리 몇 명을 데리고 포구에 나타났다. 그 자는 안용복의 얼굴을 알아보고 매우 의아해하면서 상전인 호키 주 태수에게 알리겠으니 기다려달라는 말을 남기고는 급히 관사로 돌아가 버렸다. 배에서 묵으면서 이틀을 기다렸으니 아무 소식도 없었다. 용복은 즉시 배를 띄어 호키 주로 향하였다. 돗토리성에서 얼마 멀지않은 어느 포구에 배를 대이자 용복은 포구를 지키는 왜인에게 조선에서 울릉우산양도감세관이 왔다는 것을 태수에게 알려달라고 부탁하였다. 호키 주 태수는 오키시마 도주로부터 조선에서 울릉우산양도감세관이라고 하는 사람이 일행 셋을 거느리고 왔는데[5] 감세관은 계유년에 왔다간 그 조선 어부가 틀림없다는 연락을 받은 호키 주 태수 마쯔다이라 신따로는 안용복이가 다시 왔다는 것을 속으로 매우 놀랐다. 울릉도에 갔던 쓰시마 배를 뒤쫓아 왔다는 것을 보면 울릉도일 때문에 찾아온 것이 분명하였다. 그렇다면 혹시 막부의 서계와 관련한 지난 일을 따지려온 것이 아닐까 하는 생각이 들었다.

부산진에서 쓰시마를 향해 돛배 한 척이 떠가고 있었다. 차왜 다치바나 신죠를 실은 왜선이었다. 다치바나 신죠는 가까이 왜관에 머물러있으면서 예조의 복서에서 '울릉'이라는 두자를 삭제하여 받으려고 갖은 애를 다 쓰다가 끝내 그것을 이루지 못한 채 귀로에 오르게 된 것이었

---

5) 같은 책 권30, 숙종 22년 8월 29일(임자), "비변사에 안용복을 심문하였을 때 '울산 배에 11명이 타고 울릉도로 건너갔다.'라고 하여 그 일행은 다음과 같다. 동래 사람 안용복·홍해 사람 劉日夫·영해 사람 劉奉石·平山浦 사람 李仁成·樂安 사람 金成吉과 順天 중(僧) 雷憲·勝淡·連習·靈律·丹責과 延安 사람 金順立 등 11명이다."

다. 다치바나 신죠가 돌아오던 도중에 배를 가르고 죽었다는 소식을 전해들은 며칠 후, 쓰시마 도주 소요시미찌도 오랜 기간 병마에 시달리던 몸을 더는 지탱하지 못하고 숨을 거두었다. 차왜 다치바나 신죠가 돌아오던 도중에 배를 가르고 죽었다고 하여 잘못이 있다. 며칠 전에 에도에서 쓰시마 도주의 부친이라 호키 주에 들어왔다.

쓰시마의 후사쯔 포구에서 호키 주를 향해 어순이 일행을 자그마한 돛배 한척이 떠가고 있었다. 배는 다음날 이른 저녁에 호키 주에 이르렀다. 호키 주에 안용복과 어순이를 만났다. 왜놈들이 안용복 오빠가 울릉도 일에서 손을 떼게 하려고 어순을 끌고 온 것이었다. 자기를 미끼로 삼아 안용복에게 올가미를 씌우려 하는 것이었다. 어순이는 저고리안고름에 매단 장도칼을 급히 더듬어지어 칼날을 입에 물고 얼굴을 땅에 박으며 앞으로 푹 고꾸라졌다. 안용복은 쓰러진 어순이를 안아 일으켰다. 며칠 후 한낮이 지났을 때 안용복 일행 배는 울릉도에 닻을 내리었다. 다음날 안용복 일행은 다시 돛을 올리고 동래를 향하여 떠났다.

양양현감은 뜻밖에도 나라의 큰일에 관계되는 안용복의 일을 맡아 앉자 제김에 놀라 벌벌 떨며 강원감사에게 급히 첩정을 띄우고 강원감사 심평은 또 그대로 황급히 숙종에게 지급장계를 올렸다. 비변사에서는 장계를 숙종에게 올리면서 안용복 등을 서울로 잡아 올려다가 사건의 진상을 낱낱이 밝혀서 처리하겠다고 상주하여 허락을 얻었다. 안용복이 그 일행가 함께 서울로 잡혀온 것은 1696년 9월 20일이었다. 9월 22일, 형조와 비변사의 당상관들이 안용복에 대한 심문을 하였다. 영주추부사 남구만과 영돈녕부사 윤지완은 안용복이가 비록 죄를 지었으나 조정에서도 풀기 어려워하던 일을 성사시킨 공로가 없지 않고 또 왜인들이 스스로 잘목을 사죄해오는 이때에 와서 그를 처형하는 것은 그럼직한 계책이 못된다는 것을 역설하였다. 그러나 형조와 비변사의 관리들은 한 사코 법조문에 따라 죄를 주어야 한다고 고집하면서 사형죄로 논단하고 있었다. 죄인 안용복은 인정전 앞뜰에 들었다. 숙종은 "논의한 사형은 한 급 감하여 귀향으로 처결하라."고 하였다.

제2절 황인경의 『소설 독도』(독도 영웅, 의인 안용복의 삶과 애환)

황인경의『소설 독도』는 부제의 경우 '독도 영웅, 의인 안용복의 삶과 애환'이다. 차례의 경우 '1. 사무친 원한', '2. 악연의 시작', '3. 밀명', '4. 숙명의 끈', '5. 험란한 여정', '6. 독도 수호신' 순서이다.

1장은 첫 장면에는 불 꺼진 주막은 왜관을 통하지 않은 무역은 모두 밀무역, 즉 잠상인 조선인 인삼(30근), 왜인의 경우 궤짝 속에 은, 비단과 향료는 꺼내들고 교역하였다.

동래부의 어부가 많았다. 쉰 살이 다 되어가는 어부 안씨 자주 배에 올랐다. 왜인들의 일본도는 시아버지와 며느리, 그녀의 아이 3명이 죽었다.

2장의 경우 선장 안용복은 입가로 덥수룩하게 자란 새카만 수염과 얽은 곰보 자국이 더러 있었다. 안용복 배 일행은 울릉도, 독도에 나갔다. 울릉도에서 200 리가 조금 더 되는 가을 동남방 쪽으로 달리면 새카만 돌섬이 나왔다. 처음엔 '돌섬'이라 부르던 말이 점점 변형되어 '독도'로 이름이 굳어진 섬이었다.

돌로 이루어진 바위섬을 돌을 뜻하는 사투리인 '독'을 사용하여 '독섬'으로 불렀다. 우리말을 한자로 표기할 경우, 흔히들 '돌/독(石)'을 뜻으로 새길 때 '돌로 된 石'으로, 음으로 새길 때 '홀로 獨'으로 썼다. 공문서인 「대한제국 칙령 제41호」에서는 뜻으로 새겨 '石島'라고 썼고, 일반 사람들은 소리 나는 대로 '獨島'라고 썼다. 독도는 '홀로 섬', '외로운 섬' 이 아니고, '돌(독)'로 이루어진 섬이다. 오늘날 우리가 부르는 '獨島'라 는 명칭이 처음 등장하는 문서는 1904년 일본 군함 니타카(新高)호의 항 해 일지이다. 그곳에 "한인은 리양코루도암을 獨島라고 쓰며, 일본 어부 등은 생략하여 '량코도'라고 호칭한다."고 기록되어 있다. 우리나라 문서 중에는 1906년 심흥택 울도 군수의 보고서에 "본군 소속 獨島가 …"라는 내용으로 처음 등장한다. 그 이전에는 于山島, 가지도, 子山島, 석도 등 의 이름으로 문서와 지도상에 나타난다. 1693년에 '독도'가 아니고 '于山 島'로 쓰고 있다.6)

안용복 배 일행은 독도 근해까지 가기 위해 배를 몰았으나 사람 하나 살지 않는 독도 어귀에서 연기가 피어오르고 있었다. 선장 오오야 시게

---

6) 『竹嶋紀事』 권1, 元祿 6년(1693) 12월 5일, 「다다 요자에몬(多田與左衛門=橘眞 重)에 보낸 쓰시마 도주의 답신」, "인질은 여기에 머물러 있는 동안 이루어진 심 문에서 '이번에 간 섬의 이름은 알지 못합니다. 이번에 간 섬에서 북동쪽에 큰 섬 이 있었습니다. 그 섬에 머물던 중에 두 번 보았습니다. <u>그 섬을 아는 자가 말하기 를 于山島라고 부른다고 들었습니다.</u> 한 번도 가본 적은 없지만 대체로 하루 정 도 걸리는 거리로 보였습니다.'라고 말하고 있습니다. 울릉도란 섬에 대해서는 아 직껏 모른다고 말하고 있습니다. 그러나 인질의 주장은 허실을 가리기 어려우니 참고로 아룁니다. 그 쪽에서 잘 판단해 들으십시오." 1693년 안용복 일행은 울릉 도에서 '북동쪽'으로 섬 하나가 '于山島'라고 부른다고 들었다. 북동쪽 표시된 것 은 울릉도에서 于山島(독도)가 북동쪽에 있다는 표현이 아니다(김호동, 「『竹島 問題에 관한 調査研究 最終報告書』에 인용된 일본 에도(江戶)시대 독도문헌 연구」 『인문연구』 55, 영남대학교 인문과학연구소, 2008, 11~16쪽). 울산, 부산에 서 살던 사람들이 부산, 울산에서 바라다본 좌표이다. 于山島(독도)는 동남쪽이 다. 부산이나 울산 등의 경상도 지역에서 울릉도와 독도를 바라볼 때 울릉도의 북 동쪽에 있었다고 표현한 것이다(김호동, 『독도·울릉도의 역사』 경인문화사, 영남 대학교 독도연구소 독도연구총서 1, 2007).

무네 왜선 1척이 독도에 도사리고 있는 것을 안 이상 그냥 돌아갈 수는 없었다. 『竹島考』나 『竹嶋紀事』의 경우 일본 오야·무라카와 양 가문을 배 2척을 내어 울릉도에 갔다.

황인경의 『소설 독도』의 경우, 안용복은 독도는 조선의 땅이라고 꾸짖자 오오야가 이끄는 왜선은 별다른 저항을 해보지도 못한 채로 물살에 밀려갔다. 1618년부터 오야가와 무라카와 두 가문과 더불어 '울릉도 도해면허'를 발급했던 유일한 가문이었다. 이는 조선의 허가와는 상관없이 자기네끼리 자체적으로 발급하는 면허였다. 오오야 시게무네 배에 다시 한 번 울릉도에 닿았다. 오오야 시게무네가 안용복 일행한테 "조선의 눈을 피해 불법으로 어획했던 것들을 모두 속죄하고 다시는 오지 않으리라는 약조를 하려는 것입니다."라고 하여 일본 배에서 연회 초대였다. 그렇지만 초오라는 독성의 약초를 삼키고 안용복과 박어둔 두 사람이 정신을 잃었다. 얼마 후 오오야가 오키도(隱岐島)에 닿았다. 안용복이 오키도주에게 대면했을 때 "나는 조선인 안용복이오. 나는 조선의 땅인 울릉도에서 어업을 한 것 외엔 행한 일이 없는데 사기로 사람을 농간하고 폭력으로 다스려 이곳까지 연행을 까닭을 모르겠소."라고 하였다. 오키도주는 말하면서 "그곳이 조선 땅이라는 것부터 이미 네 죄가 성립된다. 竹島는 왜의 영토다."라고 하면서 "이미 조선은 공도정책으로 섬을 비운 지 오래다. 버려진 섬에 주인이 어디 있단 말이냐."라고 하였다.

황인경의 『소설 독도』는 오키도주가 '공도정책'을 말을 한다. 또, 김하기 소설의 『해제 어둔』(『독도전쟁』)의 '공도정책'을 말한다. 기타자와 미사나리(北澤正誠)가 『竹島考證』(1882)에서 "鬱島가 조선의 섬이라는 것에 대해서는 두말할 필요가 없다. 그러나 文祿以來(1592~1614) 버려두고 거두지 않았다. 우리나라 사람들이 그 빈 땅[空地]에 가서 살았다. 즉 우리 땅인 것이다. 그 옛날에 두 나라의 경계가 항상 그대로였겠는가. 그 땅을 내가 취하면 내 땅이 되고, 버리면 다른 사람의 땅이 된다.”는 논리를 드러내기 위해 ‘空島制’란 용어를 부각시킨 것에서 비롯된다고 본다. 쓰다 소키치(津田左右吉)이 그것을 고려와 조선정부가 왜구 때문에 도서지역과 연해지역의 거주민들을 내륙으로 소개시키는 정책, 즉 ‘無人化政策’ 또는 ‘空島政策’을 시행했다고 하여 학문적으로 가다듬었다고 볼 수 있다.[7] 기타자와 미사나리는 1882년에 ‘공도제’란 처음 제기하였으나 오키도주가 ‘공도정책’을 말하는 것은 잘못되었다.

황인경의 『소설 독도』의 경우, 안용복과 박어둔 두 사람이 끌려 호키주에 당도하였다. 호키 주 태수에게 안용복은 “울릉도와 子山島는 엄연히 조선의 땅이다.”라고 하였다. 며칠 태수의 도움으로 몸조리를 한 안용복과 박어둔은 곧장 에도로 이송되었다. 쇼군은 붓을 들어 서계를 작성했다. 울릉도는 왜의 영토가 아니라는 분명한 의사가 담긴 서계였다. 『숙종실록』·『竹島渡海由來記拔書控』·『異本伯耆志』 등이 안용복의 에도 행을 기술하면서 국내 연구자의 경우 안용복이 에도로 갔다고 한다. 일본에서는 쓰시마 번이나 에도 막부를 비롯해 최근의 연구자에 이르기까지 에도 행을 믿는 사람이 거의 없다.

『숙종실록』에 안용복이 에도로 갔다는 기록이 있다. 1694년 8월 14일, 남구만이 에도로 끌고 간 안용복을 에도의 대군(장군)이 후하게 접대한 것을 감사하는 쓰시마 번 앞으로 보낸 서간에 아래와 같은 내용이다.

　　이번에 우리나라 해변의 어민들이 이 섬(울릉도)에 갔는데, 의외에도

---

7) 김호동, 「독도 영유권 공고화와 관련된 용어 사용에 대한 검토」 『대구사학』 98, 대구사학회, 2010, 9~10쪽.

귀국 사람들이 멋대로 침범해 와 서로 맞부딪치게 되자, 도리어 우리나라 사람들을 끌고서 江戶까지 잡아갔습니다. 다행하게도 귀국 大君이 분명하게 사정을 살펴보고서 넉넉하게 노자를 주어 보냈으니, 이는 교린 하는 인정이 보통이 아님을 알 수 있는 일입니다. 높은 의리에 탄복하였으니, 그 감격을 말할 수 없습니다.[8]

안용복은 비변사의 진술에서 에도 행을 말했다.[9]

그렇지만 안용복 등이 에도에 갔다고 하는 것은 일정상으로 무리가 있다.[10] 『御用人日記』에 의하면 돗토리와 에도 사이의 이동 소요 일수는 19~20일이었다. 한편 쓰시마에서 에도까지는 36일이 걸리므로 나가사키에서 에도까지의 비슷한 일수가 걸린다. 안용복은 6월 7일에 돗토리를 출발해 나가사키에 30일에 도착했으니 이동에 23일 걸린 것이 명확하므로 이 사이에 에도로 갔다고 하는 것은 일정으로도 무리가 있다.

쓰시마 번은 남구만의 서한을 받은 직후 『竹嶋紀事』에서 "인질 두 명은 에도로는 안 갔지만 (조선의) 서한에 이렇게 기재된 것은 두 명이 나가사키를 에도로 착각해 조선에서 돌아가서 에도에 보내졌다고 말했기 때문입니다."[11]라고 하여 안용복 등이 나가사키를 에도로 착각했다고

---

8) 『숙종실록』 권27, 숙종 20년(1694) 8월 14일(기유).
9) 『竹嶋紀事』 권3, 元祿 8년(1695) 9월 19일, "은밀히 들었는데 竹嶋에 간 귀국의 어민들이 지금의 조정 어전에 불려가서 직접 심문을 받았는데 저들이 말하기를 '竹嶋에서 우리들을 붙잡아 밧줄을 묶어 죄인으로 삼아 에도로 7일째에 보냈습니다.' …"라고 했다.
10) 같은 책 권3, 元祿 8년 9월 19일, "은밀히 들었는데 竹嶋에 간 귀국의 어민들이 지금의 조정 어전에 불려가서 직접 심문을 받았는데 저들이 말하기를 '竹嶋에서 우리들을 붙잡아 밧줄을 묶어 죄인으로 삼아 에도로 7일째에 보냈습니다. …' 귀국의 거리로 하면 이나바성에서 에도까지 매우 멉니다. 그렇다면 竹嶋에서 에도까지 겨우 7일 안에 결코 도착하기 어려운 거리입니다. …"

생각했다. 그렇지만 조선과의 교섭 과정에서 안용복 등은 "이나부의 城府를 에도로 착각한데서 일이 생긴 것 같다."[12]고 생각을 비꾸었다. 그렇기 때문에『磯竹島覺書』에는 쓰시마 번주의 후견인 소 교부타이후(宗刑部大輔)가 1695년 12월에 에도로 갔을 때, 제출한 '口上之覺'에서 "재작년에 竹島에서 붙잡은 조선인 2명을 그 나라로 돌려보냈는데, 어민들은 이나바부(因幡府)를 에도라고 생각했습니다. 그들은 동부(東部 ; 에도)에서 나가사키까지 가는 도중에 좋은 접대를 받았는데, 쓰시마노카미(對馬守)에게 간 이후 경호를 엄하게 받으면서 송환에 이르게 된 일에 대해서는 상부의 생각과는 달리 쓰시마노카미의 사견으로 이렇게 다루어졌다고 생각하는 것입니다. 이로 인해 그 나라에서는 다시는 竹島로 조선인이 가지 않도록 요청한 것도 쓰시마노카미의 사견으로 요청한 것이라고 그릇된 추측을 하고 있다고 들었습니다."라고 하여 안용복 등이 이나바부를 에도로 착각하였다고 하였고, 竹島에 조선인이 오지 않도록 한 것도 에도 막부의 명령이 아니라 쓰시마 번주의 사견이라고 생각하였다.[13]

황인경의『소설 독도』의 경우, 에도에서 얼마 후 대마도에 닿았다. 안용복과 박어둔 두 사람이 왜인들한테 몽둥이질 했다. 쓰시마 도주 소우

---

11) 같은 책 권1, 元祿 7년(1694) 8월 14일.

12)『竹嶋紀事』권3, 元祿 8년(1695) 6월.

13) 같은 책 권3, 元祿 8년 11월 25일, "재작년 竹嶋에서 붙잡아 두었던 조선인 두 명을 저 나라에 송환했는데 어민들이 <u>이나바성을 에도라고 생각해서</u> 에도에서 나가사키까지 가는 도중에는 극진한 대접을 받았지만 쓰시마 도주님 쪽에 넘겨진 이후는 경호 등을 엄하게 지시해서 돌려보낸 것은 윗분의 생각이 아니라 쓰시마 도주님의 개인적인 생각으로 이와 같이 한 것이라고 말씀드렸다고 합니다. 따라서 <u>竹嶋에 다시 조선인이 건너가지 않도록 해 달라는 것은 결국 쓰시마 도주님이 개인적인 생각으로 말한 것이라고 저 나라에서 생각하고 있다고 알고 있습니다.</u>"

요시쓰구에게 쇼군의 서계가 있었다. 안용복과 박어둔은 초량 왜관 감금이 한 달 스무날이 흘렀다. 안용복과 박어둔은 왜인들의 안내를 받아 왜관을 벗어났다. 안용복은 자신의 초라한 초가로 돌아왔다. 자신의 집 울타리로 빠르게 다가오는 관군들의 모습을 보았다, 포졸들 여럿이 달려들어 용복을 포박했다. 당황한 안용복 앞에 포도대장이 말하기를 "월경 죄인 안용복! 나를 한양으로 압송하란 의금부의 명이시다!"라고 하였다.

　황인경의 『소설 독도』의 경우, 꽤 오랫동안 지속되어 오고 있는 골칫덩이였다. 대마도의 외교관인 다치바나 마사시게(귤진중)가 보내온 서계가 시발이 되었다. 서계의 요지는 조선의 어부들이 왜의 땅인 '竹島'에 와 불법 어획을 했다는 것이다. 다시 오지 말라고 일렀음에도 불구하고 조선 어민 40여명이 '竹島'에서 난잡하게 고기를 잡았다며 문제를 삼았다. 이에 土官이 그중 두 사람을 잡아 두고 한때의 증질로 삼으려 했으나 도로 조선으로 돌려보냈으니 앞으로는 이런 일이 없게 하라는 으름장이었다. 숙종의 질문에 접위관 홍중하가 제일 먼저 앞으로 나섰다. "왜인들이 이야기하는 이른바 竹島는 바로 우리나라의 울릉도입니다." 라고 하며, 강경히 대응할 것을 청하는 말이었다. 곧이어 좌의정 목내관이 "이곳은 300년 동안 비워서 버려둔 땅입니다. 이것으로 인해 혼단을 일으키고 우호를 상실하는 것은 좋은 계책이 아닙니다."라고 하였다. 숙종과 대면한 남구만은 순천의 홍국사에 소속된 승려 雷憲이란 자가 "울릉도 문제를 제가 언급하기도 전에 그가 먼저 저를 찾아왔습니다."라고 하여, "그를 필두로 대마도에 밀사를 보낼 생각도 한 적이 있었사옵니다."라고 하였다. 숙종과 안용복은 대면한다. 숙종은 안용복에게 말하기를 "나라를 위해 다시 한 번 힘을 써주지 않겠나? 우리 땅 울릉도를 위해서 말일세."라고 하였다. 그리하여 밀명을 받았다. 안용복이 선장으로 지낼 적에 가까이 지냈던 10여명의 인원이 동원된 造船이었다. 그들은 아무도 모르게 남해 연안에서 배를 만드는 중이었다. 남해 연안에서 배가 불타 버렸다. 지난번 안일한 대처에서 이어진 새로운 문제가 화두였다. 쓰시마 도주가 청한 ‘竹島’를 인정하되 ‘울릉도’와는 다른 섬인 것으로 인식한 것으로 적은 것을 울릉도와 관련한 대목은 지워 달라 청을 해온 것이었다. 언제든 울릉도를 쓰시마 소유로 돌리려 애쓰는 것이 역력했다. 왜인들이 울릉도를 점거하면 가까운 강릉과 삼척이 큰 위해를 당할 것이라고 예측한 때문이었다. 이에 남구만은 기어이 다치바나에게서 서신을 돌려받은 데에 성공했다. 그는 서둘러 서신을 정정해서 “울릉도와 竹島는 동일한 섬을 지칭한다. 그러나 울릉도는 조선이 꾸준히 수토사를 보내어 관리하는 조선의 영토이다. 따라서 왜인들의 울릉도 출입을 엄금한다.”라고 하였다. 정정된 답신을 받아든 다치바나는 크게 분개했다. 이에 곧장 쓰시마로 돌아가지 않고 동래부에에 계속 머무르는 것이었다. 일종의 시위였다. 원하는 대로 서계를 다시 작성해주지 않으면 평생이라도 견딜 요량으로 보였다. 첫 번째의 회신에서는 울릉도와 竹島를 다른 섬이라 칭했다. 그러나 정정 이후엔 두 섬이 두 개의 이름을 가진 하나의 섬이라고 주장한다. 안용복이 한양으로 돌아가 숙종이 2번째 대면하였다. 숙종이 안용복에게 “도일에 성공하여 울릉도와 독도를 지켜내는 것이다.”라고 하였다. 세 번째 숙종과 안용복을 만났다. 숙종이 꺼낸 안용복을 비단을 걷어내어 녹각 호패, 즉 ‘통정대부 안용복 갑오생 동래’였다. 서른 두 척에 안용복 타고난 배에 11명이다. 안용복(동래), 역관 유일부(흥해), 유봉석(영해), 이인성(평산포), 김성길(낙안), 김순립(연안), 雷憲을 승려 승담·연습·영률·단책 등 11명이다.14) 숙종이 교지였는

---

14) 『숙종실록』 권30, 숙종 22년(1696) 8월 29일(임자), “동래 사람 安龍福·홍해 사람

데, '갑오생 안용복을 통정대부 도일장군에 임한다. 강희 35년 5월'로 하
였다.

황인경의 『소설 독도』의 경우, 안용복 일행의 배 한척이 울릉도에 도
착한다. 안용복은 왜인들을 향하여 "내가 울릉우산양도감세관 안용복이
다!"라고 소리쳤다. '울릉우산양도감세관'이 잘못되었다. 1696년 일본에
도일했던 안용복 '三品堂上 安同知'를 가칭했으며, 그 배는 다음과 같이
'朝鮮國安同知乘舟', '朝鬱兩島監稅將 臣 安同知騎' 깃발을 달고 있다.[15]

황인경의 『소설 독도』의 경우, 울릉도에서 배를 타고 오키도였다. 오
키도주의 안용복 일행이 아오시마에 가둬 두었다. 탈출하여 안용복 일
행의 배는 어느덧 대마도 연안에 와 닿았다. 안용복이 대마도주에게 만
났다. 에도에서 온 命에서 "막부는 조선인 안용복의 상륙을 불허한다.
안용복은 조선 조정의 뜻과 무관한 개인의 움직임이란 사실이 밝혀졌기
때문이다. 또한, 안용복이 요구하는 과거의 불미스러운 사건들은 이미
지난 일인 바, 막부에선 그의 소송을 받아들이지 않는다. 당장 일본에
피해를 거두고 본국으로 돌아가라. 만일 명을 어길 시, 일본은 조선과의
난도 불사한다."고 하였다. 안용복 일행의 배들이 천천히 대마도 앞바다
를 벗어났고, 강원도 양양 작은 포구에 닿았다. 압송하여 한양에 들었다.
네 번째 안용복과 숙종이 만났다. 월경죄로 안용복이 유배하였다. 그 이

劉日夫·영해 사람 劉奉石·平山浦 사람 李仁成·樂安 사람 金成吉과 順天 중
(僧) 雷憲·勝淡·連習·靈律·丹責과 延安 사람 金順立 등과 함께 배를 타고 울
릉도에 갔다."

15) 같은 책 권30, 숙종 22년 9월 25일(무인), "배를 타고 곧장 백기 주로 가서 鬱陵子
山兩島監稅라 가칭하고 장차 사람을 시켜 본도에 통고하려 하는데, 그 섬에서
사람과 말을 보내어 맞이하므로, 저는 푸른 철릭[帖裏]를 입고 검은 布笠을 쓰고
가죽신을 신고 교자를 타고 다른 사람들도 모두 말을 타고서 그 고을로 갔습니
다." ; 『竹島考』 下, 「조선국이 우리 번에 사신을 보내다」.

듬해, 왜의 사신단이 조선에 당도했다. 그들이 숙종에게 건넨 문서엔 울릉도와 독도를 조선의 땅이리고 인정하는 내용이 담겨 있었다. 더불어 왜인늘의 울릉도, 독도 항해를 금지시키고 몰래 다녀간 왜인들은 참수형에 처했다는 이야기도 적혀 있었다. 모두 안용복의 공이었다.

제3절 김하기의 『해제 어둔』(『독도전쟁』)

　김하기 소설가가 2013~2014년까지 377회에 걸쳐 「경상일보」에 연재했던 '해제 어둔'이 최근 역사 장편소설인 『독도전쟁』 1·2로 나왔다. 소설은 조선 숙종 때 독도를 수호했던 '바다의 제왕' 박어둔의 생애를 그렸다. 특히 김하기 작가는 박어둔이라는 인물이 출생의 비밀을 갖고 있는 것으로 설정했다. '대대로 양반가에서 태어난 그가 왜 업둥이란 이름으로 자라야 했던가?'에 고심했던 것이다. 결국 부모가 역적이 됐고, 박어둔은 부모를 밀고한 종 천막개의 집에 업둥이로 들어간다는 이야기로 소설은 시작된다. 박어둔은 이동영과 박창우, 송시열 문하에서 학문을 닦아 소과·대과에 합격해 울진현감으로 부임했다. 이후 숙종의 명을 받아 울릉도, 독도 탐사에 나섰다. 1693년 박어둔은 안용복과 함께 도일했고, 조선과 일본 간에는 치열한 쟁계가 벌어졌다. 조선과 일본 간 영토분쟁이다. 결국 1696년 1월 일본 막부는 일본 어민에게 '竹島渡海禁止令'을 내렸고, 독도를 조선의 땅으로 회복시켰다. 또 박어둔은 울릉도와 독도에서 왜적을 소탕한 뒤 아시아 해상항로를 개척해 일본, 대만, 베트남, 아프리카를 거쳐 유럽에 처음 들어가 교황을 알현했다. 이후 그는 사람들로부터 바다의 제왕인 '海帝'라고 불렸다. 이처럼 책은 우리에게 잘 알려지지 않은 박어둔의 삶을 그리며 독도가 왜 조선의 땅인지 명확하

게 밝히고 있다. 김하기 작가는 "일본이 독도를 '竹島'라고 하며 호시탐
탐 우리의 땅을 노리고 있는 지금, 말없이 자신의 삶에서 독도를 사랑하
고 독도를 지켜낸 '소리 없는 영웅' 박어둔의 삶이 그 어느 때보다 절실
한 시점에서 박어둔을 형상화하게 됐다."면서 소설 기획 동기를 밝혔다.
또 그는 "그동안 박어둔을 통해 조선의 바다와 아시아의 바다, 세계의
바다를 마음껏 항해했다. 꿈속에서 박어둔과 같이 여러 번 항해했고 그
항로가 실제 작품 속에 반영됐다."고 말했다.[16]

　"박어둔은 울릉도와 독도에서 왜적을 소탕한 뒤 아시아 해상항로를
개척해 일본, 대만, 베트남, 아프리카를 거쳐 유럽에 처음 들어가 교황을
알현했다. 이후 그는 사람들로부터 바다의 제왕인 海帝라고 불렸다."고
한 것은 한일 양국에 문헌이 안 드러나고, 잘못되었다.

---

16) 『경상일보』 2016년 1월 25일자, 「독도 지켜낸 '소리 없는 영웅' 박어둔의 삶」.

제3장 끝말

역사소설의 경우 역사기록에서 근거한다. 리성덕의 『울릉도』의 경우, 역사적 사실에 근거한다. 황인경의 『소설 독도』의 경우, 역사적 사실에 근거해서 안 맞다. 김하기의 『해제 어둔』(『독도전쟁』)의 경우, '박어둔은 울릉도와 독도에서 왜적을 소탕한 뒤 아시아 해상항로를 개척해 일본, 대만, 베트남, 아프리카를 거쳐 유럽에 처음 들어가 교황을 알현했다. 이후 그는 사람들로부터 바다의 제왕인 海帝라고 불렸다.'고 한 것은 한일 양국에 문헌이 안 드러나고, 잘못되었다.

리성덕의 『울릉도』·황인경의 『소설 독도』(독도 영웅, 의인 안용복의 삶과 애환)·김하기의 『해제 어둔』(『독도전쟁』 1·2)을 구독하였다. 김래주의 『대조선인 안용복』(1·2), 차상찬의 『해상의 쾌인 안용복』, 권오단의 『안용복』(울릉도와 독도의 영유권을 되찾아온 조선의 어부), 권오단의 『우리땅 독도를 지킨 안용복』, 고정옥의 『고정옥 선생님이 들려주는 안용복』 책은 품절되어 구독하지 못하였다.

제16편
맺음말

독도를 지킨 사람들 가운데 빠짐없이 등장하는 인물이 '安龍福'이다. 우리나라에서 안용복을 숙종 때 울릉도와 독도가 조선 땅임을 일본 막부정부가 자인하도록 활약한 '민간 외교가'라고 하거나, 흔히들 '將軍'으로 부른다. 1954년, 부산의 애국단체인 大東文敎會에서 '독전왕 안용복 장군'으로 추존식을 거행한 것이 안용복을 '將軍'으로 칭하게 된 계기이다. 부산 수영사적공원에 안용복을 모시는 사당인 '守彊祠'가 있고, 그 앞에 '安龍福 將軍 像'이 있다. 울릉도 독도박물관 앞에 '안용복장군충혼비'가 있다. 그 때문에 흔히들 '안용복'을 '將軍'으로 인식한다. 한국에서는 '안용복'을 독도를 지키는 영웅으로 치켜세우는 반면, 일본의 경우 연구자들도 '안용복'을 '모든 악의 근원'이라고 한다.

한국과 일본이 독도가 자국의 영토라고 주장하는 역사적인 근거를 밝히는 사료들은 현재 거의 다 제시되었다고 해도 좋을 정도이다. 그런데도 한국 측의 독도 연구, 안용복을 연구하는 태도는 일본의 사료들을 도외시한 채, 국내의 사료들과 한국에게 유리한 사료들만을 대상으로 하여 이루어졌다는 문제점을 지니고 있다. 한편 일본 측 안용복 연구의 경우 일본의 유리한 사료들을 부각하였다.

지금의 경우, 한·일 양국에서 '안용복'에 치중하여 연구하는 경향이 있다. 흔히들 안용복을 독도를 지킨 인물로 치켜세우면서, '장군', 혹은 '민간 외교가'로 부르며 영웅시한다. 하나의 역사적 사실에는 여러 가지 원인이 복합되어 있다. 어느 개인의 능력이나 심리상태가 역사적 사실의 중요 원인으로 부각되면 역사가 우연의 소산물로 이해되거나 영웅주의 역사관에 빠질 위험이 있다. 안용복 개인의 영웅적 활동에 국한하여 독도영유권을 언급하는 틀을 깨고, 1693년에 안용복 일행의 울릉도 행과 일본 어부들의 안용복 납치는 독도영유권에 집착하지 말고, 거시적 시각에서 17세기 소빙기에 따른 대재난을 극복하기 위한 노력의 일환이었음을 드러내었다.

한국 연구자들은 그간 『숙종실록』과 『승정원일기』 등을 중심으로 안용복 사건과 '鬱陵島爭界'를 다루고 있다. 이들 사료에 근거하면 1693년(숙종 19) 봄에 안용복과 박어둔 등의 어부가 울릉도에 고기잡이 나갔다가 일본 오야가의 어부들에 의해 일본에 납치되었을 때 "울릉도와 독도는 일본 땅이 아니기 때문에 일본 어민들의 출어를 금지시키겠다."는 에도 막부의 서계를 받았다고 한다. 그때 쓰시마 번주는 안용복으로부터 서계를 빼앗고, 50일을 억류하다가 부산포의 왜관으로 이송하였다. 안용복은 부산포의 왜관에서도 40일이나 더 구금된 후 동래부로 넘겨졌다. 동래부에서 안용복은 서계 강탈 사건에 대하여 소상하게 보고했지만 동래부사에 의해 '越境罪人'으로 몰려 감금되었다. 에도 막부의 명령을 받은 쓰시마 번주는 橘眞重을 사신으로 파견하여 울릉도가 일본의 '竹島'라고 주장하면서 조선어민들의 출어를 금지하여 달라는 요구를 함으로써 '鬱陵島爭界', 즉 '竹島一件'이 발생하였다.

한일 양국 사이에 '鬱陵島爭界'가 벌어지는 와중인 1696년(숙종 22) 봄인 안용복이 재차 鬱陵島와 子山島(독도)를 거쳐 일본에 들어가 울릉도와 독도가 조선의 영토임을 주장하였음을 『숙종실록』과 『승정원일기』 등은 전한다. 그러나 숙종 19년(1693)과 22년(1696)의 안용복의 진술이 적혀 있는 『숙종실록』 등의 조선 측 사료들, 이에 근거한 한국의 연구 성과를 일본 측에서 신빙성이 없는 것으로 치부하고 있다.

안용복과 동시대에 살았던 이익은 안용복을 '漁氓'이라고 하면서 '동래부(경상좌수영) 전선의 櫓軍', 즉 능로군으로 '왜관을 출입하여 倭語를 잘하였다.'고 하였다. 능로군은 戰船에서 노를 젓는 수졸을 말한다. 그렇지만 일본의 사료인 『竹島考』에 실려 있는 안용복 호패에는 '私奴'로 되어 있다. 한국과 일본의 양국 연구자들의 경우 안용복의 호패에 주목하여 안용복을 노비로 보는 것이 일반적이다. 순흥안씨의 경우 안용복을 '순흥안씨'라고 한다. 순흥안씨의 '역적으로 몰리면서 奴婢가 되었다.'라고 말한다. 순흥안씨 족보에는 안용복의 이름이 나오지 않는다.

일본의 1696년의 안용복 심문 사료인 「元祿九丙子年朝鮮舟着岸一卷之覺書」에 의하면 또 다른 호패가 나온다. 그 호패에는 '通政大夫'라고 새겨져 있고, '갑오년(1654)'에 출생했다고 되어 있다. 안용복은 통정대부가 된 적이 없다. 그래서 한국과 일본 연구자들이 대부분이 호패를 가짜로 여긴다. 동래부사 권이진이 변경의 일, 즉 왜관에 관련된 일을 논한 장계의 일부인데, "역관들이 물화를 팔고자 할 때 서울에 사는 私奴로 핑계하여 왜인으로 하여금 역관의 물건임을 알지 못하게 하였다."는 기록이다. 이 사료에 의거한다면 안용복은 동래에 살고 있던 역관으로서, 서울에 사는 吳忠秋의 私奴로 가탁하여 왜인과 사사로이 무역을 하는 潛商이었다고 볼 수 있다. 그 근거는 다음과 같다. 첫째, 삼척첨사 張漢相이 1694년 9월, 울릉도 수토 시 '別遣驛官 安愼徽'와 함께 갔다. 安愼徽는 동래의 왜관 역관이다. 둘째, 이규원 검찰사가 1882년 5월 5일에 道方廳浦에 이르렀는데 "해안가에 왜인들의 판막이 있었으므로 먼저 사람을 시켜 통고한 후에 막으로 들어가니 왜인 6~7명이 문을 나서 영접하였으나, 東萊通辭를 미처 평해군에 대령시키지 못해 당초에 데리고 오지 못했으므로 말이 통하지 않아 글을 써서 문답하였습니다."라고 하였다. 셋째, 울릉도 수토관은 반드시 왜학 역관을 동행하였다. 첫째~셋째의 예를 보면 안용복은 동래의 역관 출신이다.

동래의 역관으로서 잠상이었던 안용복은 일본어를 잘 알고 있고, 한일 양국의 관계에 정통하였고, 그의 어머니가 울산에 살고 있었으므로 자주 울산을 드나들었을 것이다. 그로 인해 울릉도에 드나들었던 어민들로부터 울릉도 사정을 듣고 상업적 이익을 얻기 위해 숙종 19년(1693)에 울산의 박어둔 등과 함께 울릉도 행을 행하였을 것이다. 안용복이 울릉도를 기반으로 하여 상업적 이익을 추구하고자 하였음은 숙종 22년(1696)의 안용복의 활동에서 더 확신할 수 있다. 「元祿九丙子年朝鮮舟着岸一卷之覺書」를 살펴보면 "배 13척 중에 12척은 竹島(울릉도)에서 미역과 전복을 따고 대나무를 벌채하였다."고 하였고, "올해는 전복이 많지 않았다."고 한 것에서도 울릉도를 떠나 고기잡이를 하는 사람들을 밑천으로 삼는 조직적인 부상대고 존재의 가능성을 점칠 수 있다. 이러한 안용복의 활동으로 인해 1693년에 일본에서 출어하러 온 오야 가문의 선단과 충돌할 수밖에 없었을 것이다. 박어둔은 "벼 25석과 銀子 9냥 3전 등의 물건을 배에 싣고 생선과 바꾸고자 울진에서 삼척으로 향하다가 풍랑 때문에 울릉도에 왔다."고 한 진술에서 어려운 생활을 타개하기 위해 진상품 조달을 핑계로 상품의 교환을 목적으로 울산에서 출발했으나 문제가 되자 이렇게 둘러대었다고 보아야 한다.

숙종 대는 울릉도·독도 해역을 두고 일본과의 영토분쟁이 일어났을 뿐만이 아니라 압록강과 두만강을 사이에 두고 청나라와 '犯越'을 둘러싼 분쟁도 있었다. 조일, 조청 사이의 영토분쟁은 북쪽의 내륙과 동해 바다, 그리고 시간적 차이로 인해 각기 별개의 사건으로 다루어졌다.

안용복이 살았던 시대는 17세기의 소빙기로 인한 대재난의 절정시기이다. 을병대기근(1695~1699년) 시에도 사망자는 서열, 연령별로는 아약자, 노약자, 임산부, 신분별로는 노비를 비롯한 상민층이 대부분이 있을 것으로 생각된다. 그리고 아약자 및 노비층의 다수가 호적에 등재되지 않았을 것임을 예상한다면, 이 시기 희생자의 예상 수치는 400여만 명에 이른다. 당시 인구가 최소 1천 2백만 명~최대 1천 6백만 명에 이른다고 가정했을 때, 전체 인구의 25~33% 정도가 이 시기에 희생되었을 것으로 여겨진다.

대재난에 빠진 조선의 동남해연안민들이 삶을 개척하기 위해 울릉도·독도에 많이 들어갔다. 그 일원 가운데 '안용복'과 '박어둔'이 일본 오야가의 어부들에 의해 납치되었다. 그것으로 인해 조선 조정-동래부와 일본 에도 막부-쓰시마 번에서 '鬱陵島爭界(竹島一件)'가 발생하였다. '안용복 납치사건'으로 인해 조선 조정은 우리나라 동남해연안민들이 울릉도와 독도에 드나들었다는 것을 알게 되었다. 일본 어부들에 의해 납치되었다는 것을 알게 되어 적극적으로 일본 에도 막부-쓰시마 번과의 외교 교섭을 통해 울릉도와 독도를 지킬 수 있었다. 민초들의 적극적 삶이 있었기 때문에 조선 조정은 울릉도와 독도를 지켜낼 수 있었다. '안용복'을 강조하기 보다는 '鬱陵島爭界(竹島一件)'를 강조하여야 한다.

일본의 경우 1618년, 혹은 1625년 경, 오야·무라카와 두 가문의 경우 울릉도와 다른 섬인 황폐한 섬인 '竹島'를 개척한다고 내세워 '竹島渡海免許'를 발급받아 그들의 영지인 것처럼 행세하면서 다른 일본 어부들을 배제한 채 울릉도로 건너왔다. 조선의 어부들은 해금정책 때문에 관에 알리지 않고 몰래 왔고, 오야·무라카와 두 가문은 폐도를 개척하여 자신의 영지인 것처럼 행세하였기 때문에 서로 묵인한 채 각기 어로 활동을 하면서 상업 활동을 하였을 것이다. 그렇지만 숙종 조 조선에서 울릉도와 독도로의 어로 활동과 상업 활동을 위해 동남해연안민들이 울릉도로 대거 진출하면서 양측은 충돌하게 되었고, 결국 오야 가문의 어부들이 안용복·박어둔 납치사건으로 발전하게 되었다고 보아야 한다. 1693년의 오야 가문의 안용복·박어둔 납치사건은 조선에서 건너온 어채인과 일본 오야, 무라카와 두 가문이 상업적, 무역 활동의 주도권 쟁탈로 인해 그간의 묵인관계가 깨어지면서 일본 어부들의 무력 사용으로 인해 역사의 표면으로 드러난 것이라고 보아야 할 것이다.

안용복과 함께 울릉도에서 일본 어부들에 의해 일본에 납치된 박어둔은 3년에 한번 울산 사람들은 ‘國主의 용도’로 전복 채취를 하였고, 작년(1692)에도 울산 사람이 20명 정도 건너갔으며, 별도로 숨겨서 말할 것이 아니라고 하였다는 것은 울산 지역민들이 공공연히 울릉도, 독도에 드나들었다는 것을 알 수 있다.

안용복·박어둔이 울산의 1척의 배를 타고 울릉도에서 일본 오야가의 어부들에 납치된 것을 안용복·박어둔과 울릉도에 같이 왔던 울산 어민들이 경상감영에 보고하였다. 1693년 8월, 경상감영의 장계에 의하면 울산 어민들이 울릉도에 표류했다고 보고하였고, 그 일행 중에 안용복과 박어둔 두 사람이 일본 오야가의 어부들에 의해 칼과 조총으로 위협하여 납치하였다. 그 보고를 접한 조선의 조정은 경상도 연해의 수령을 지낸 사람들을 조사하여 바닷가 어민들이 자주 울릉도와 다른 섬(독도)에 왕래하면서 대나무도 베어오고 미역과 전복도 따오고 있다는 것을 인식하였다.

동남해연안민들의 울릉도 어로활동을 하는 관에 알리지 않고 몰래 들어갔고, 적발이 되면 ‘풍파 때문에 무릉도에 표류했다.’고 둘러대었다. ‘연해의 백성들은 본래 고기잡이로 생계를 유지하므로, 법으로 금함을 무릅쓰고 이익을 탐하여' 울릉도에 드나들었다. 그런 상황이다 보니 울릉도에서 일본인들을 조우했다 하더라도 관에 보고할 리 없었다. 일본 오야·무라카와의 두 가문 역시 에도 막부로부터 도해면허를 받은 것이 무인도임을 내세워 받았기 때문에 조선인들을 만나더라도 그것을 기록에 남기지 않았다. 돗토리 번에서 '竹島는 이나바·호키의 부속이 아닙니다.'라고 보고한 것처럼 오야·무라카와의 두 가문 역시 울릉도로의 도해가 불법적인 것을 잘 알고 있었을 것이다. 그렇기 때문에 조선에서 울릉도에 어채활동을 한 것을 본국에 알리지 않았고, 그들만이 어로 활동을 독점한 것처럼 말하기 위해 에도 막부에 호키국의 영지라고 하면서 土官이 파견되었다는 거짓 보고를 평상시 하였다고 보아야 한다.

1693년 9월 초, 쓰시마 번주는 쓰시마 번의 가로인 다다 요자에몬(多田與左衛門=橘眞重)이 大差使 正官에 선임되었고, 도해를 명령했다. 예조 참판, 예조 참의, 동래부사, 부산첨사에게 도주의 친서(서계)를 전달하라고 하였다. 서계의 내용은 첫째, 안용복 등을 납치한 경위와 竹島는 일본 땅이므로 조선인의 竹島 출입을 금해야 한다는 것이었다. 둘째, '울릉도'를 숨기고 '본국의 竹島'라고 하고, 셋째, '土官'을 파견했다고 한다. 실제 일본 사료에 의하면 '土官'을 파견하지 않으면서 무라카와 가문, 오야 가문의 어부들이 울릉도에 갔다. 무라카와 가문, 오야 가문이 자기 영지로서 '土官'을 파견했다는 거짓말을 했다. 넷째, 조선 조정에서 속히 변방 포구에 정령을 내어 어민에게 금지조항을 내려달라고 하였다. 1692년에 竹島에 건너온 조선의 어부들에게 土官이 國禁을 상세히 알려주었음에도 불구하고, 1693년에 다시 오자 土官이 2명을 중질로 삼고자 하였다고 한 기록을 통해 그간 오야, 무라카와 두 가문은 竹島가 자기들의 영지인 것처럼 행세하면서 土官을 파견한 것으로 행세하였음을 알 수 있다. 또 오야 가문이 돗토리 번 보고를 하여 안용복·박어둔을 납치한 후 영지를 침입한 조선인을 土官이 잡아왔다고 하였을 가능성이 많았다. 그런 거짓 보고를 받은 에도 막부와 쓰시마에서 '본국의 竹島'라고 하면서 竹島에 조선인의 어로 활동의 금지를 요구하였다고 보아야 한다.

10월 22일, 다다 요자에몬(多田與左衛門=橘眞重) 일행이 쓰시마의 포구에 출범하여 11월 1일, 안용복·박어둔을 연행해 부산의 절영도에 계류하여 다음 날 2일에 왜관에 도착했다. 조선 조정은 울릉도에 일본인이 살게 되는 것이 걱정이었고, 이제까지 신경 쓰지 않았던 섬 때문에 일본과의 우호가 손상되는 것을 우려하고 있었다. 다다 요자에몬(多田與左衛門=橘眞重)은 公儀(에도 막부)의 명이라는 명분으로 동래부를 설득해 대차사 정관의 자격으로 '竹島一件' 제1차 교섭에 임하였다. 이에 대해 조선 조정은 대차사와 공적인 접위관으로 홍문관 교리 洪重夏를 중앙에서 임시로 파견해 동래부사와 함께 교섭에 임하도록 했다. 접위관 홍중하 등이 12월 7일에 동래부에 들어왔다. 1차의 양자 회담은 12월 10일, 왜관에서 열렸다.

조선 조정은 11월 18일에 竹島와 울릉도가 다른 섬인 것처럼 '2島 2名'라고 하여 울릉도에 대한 영유권을 궁리해 방침을 정하여 홍중하 접위관 및 동래부사의 답변은 다음과 같다. 첫째, 두 사람을 돌려주어 확실하게 인수받았고, 둘째, 조선인이 국경을 넘어 일본의 竹島에 건너간 것과 관련해서 못된 자들을 각각 처벌하고, 셋째, 竹島로 건너간 것도 필시 다른 뜻이 있었던 것이 아니라 물고기를 잡기 위해 간 것이라고 알고 있고, 넷째, 조선에 울릉도라는 곳이 있어 울릉도에 가려고 하다고 竹島로 간 것이고, 다섯째, 먼 곳이기 때문에 울릉도에도 가지 말도록 예전부터 지시해 두었고, 여섯째, 향후 竹島에 가지 말도록 지엄하게 분부하여 두겠다.

　조선 조정과 접위관 및 동래부사는 竹島가 조선의 울릉도를 알고 있었기 때문에 일본과의 우호가 손상되는 것을 우려해 짐짓 국경을 넘어 일본의 竹島에 건너가 처벌하고, 넌지시 조선에 울릉도라는 곳이 있다고 언급하였다. 홍중하 접위관의 시나리오를 파악한 다다 예자에몬 정관의 회담에서 조선의 유화정책을 일축하여 첫째, 竹島, 즉 울릉도는 임진왜란 이후 일본의 영토가 되었고, 둘째, 섬 하나를 두 개로 만들어 하나는 竹島, 하나는 울릉도라고 해두었을 경우, 만일 향후 또 다시 조선인이 오는 일이 발생한다면 매우 위험천만일이 될 것이라는 이유 때문에 ‘2島 2名’을 반대하였고, 셋째, 회답서 등에 필요 없는 울릉도를 기재하는 일이 없도록 요구하였다. 박동지가 회답 서신을 작성할 때 ‘일본어에는 竹島로’, ‘조선어로는 울릉도’라고 해두고, 『輿地勝覽』에 적혀 있으니 버려둔 섬이라고 할지라도 명목을 남겨두도록 하라는 것이 조선국 주장 내용이라고 은밀히 아비루 소베에게 정관에게 전달해달라고 했다. 박동지가 말한 회답서의 내용, 즉 ‘일본어에는 竹島로’, ‘조선어로는 울릉도’라고 한 내용을 부정하여 회답서 안에 조금이라도 울릉도를 언급한다면 사자가 수령하지 않을 것이라고 답하였다.

　1694년 1월 15일, 접위관이 보낸 사자 자격으로 差備官 박동지·김판사·훈도 변동지가 왜관에 들어와서 조선 조정의 회답서 사본을 전했다. 회답서에서 “비록 우리 영토인 울릉도라고 하더라도 아득히 멀리 있는 까닭으로 절대로 임의로 왕래하는 것을 허락하지 않는데, 하물며 그 밖에 있어서이겠습니까? 이번에 어선이 감히 귀 지역의 竹島에 들어가서 …”라고 하여, 2도 2명설, 곧 한 섬에 두 개의 이름이 있음을 인정하고 있다. 바꾸어 말하면 조선에는 울릉도가 있고 일본에는 竹島가 있는데, 조선의 어선이 '귀 지역의 竹島(貴界竹島)'에 들어갔다고 하였다. 이것은 당시 예조에서 사건을 명확하게 해결하려는 것이 아니라, 적당하게 무마하려는 애매모호한 태도를 취했다는 것을 말해준다. 이와 같은 태도는 쓰시마 측이 노리고 있던 의도, 즉 울릉도라는 이름을 드러내지 않고 竹島가 일본의 땅이란 사실만을 강조하여 이 섬을 통째로 탈취하겠다는 계략에 말려들었다고 볼 수밖에 없다. 왜냐하면 우리 영토인 울릉도를 강조하고 있기는 하지만, 竹島를 일본의 경역으로 인정을 하고 있기 때문이다.

흔히들 당시 조정에서는 일본 측에서 말하는 竹島가 곧 조선의 울릉도라는 사실을 분명히 인식하고 있었지만, 외교적인 마찰을 우려한 나머지 울릉도가 사실상 비워서 내버려둔 땅과 마찬가지이니 일본 어민의 범월행위를 묵인하자는 식의 결론을 내린 것이라고 하였다. 또 조정은 이제까지 신경 쓰지 않았던 섬 때문에 일본과의 우호가 손상되는 것을 우려하여 竹島와 울릉도가 다른 섬인 것처럼 2도 2명책을 궁리했다는 것이다.

박동지가 쓰시마 도주에게 두터운 은혜를 입은 일본인 한 사람을 조선에 둔 것과 마찬가지라는 생각을 하여 당초 조정의 상의에서는 그저 있는 그대로 일본의 竹島에는 가지 않았으며 우리나라의 울릉도에 간 것이라고 회답하는 것이 지당하다는 결론이 나왔다는 것을 들어 박동지가 놀라 조정의 판서들 댁을 박동지 스스로 돌아다니며 접위관의 생각인 것처럼 말씀드려 숙종의 동의를 얻었다. 드디어 땅은 일본에게 건네고 이름만 조선에 남기는 것을 타협점으로 하여 교섭이 결렬되는 일이 없도록 하라고 조정의 뜻이 결정되어 예조 참판 회답서에 '2도 2명설'을 채택하였다.

다다 요자에몬(多田與左衛門=橘眞重) 정관의 답변은 예조 참판의 회답서 중 '울릉도 삭제'를 요구하였고, 접위관의 답변은 비록 조정에 전달하더라도 결코 '울릉도' 삭제하거나 고칠 수 없다고 하였다.

1694년 2월 27일, 다다 요자에몬(多田與左衛門=橘眞重) 일행이 예조 참판의 회답서를 가지고 쓰시마에 도착하였다. 다음 날인 2월 28일, 그동안의 교섭 상황을 보고하자 쓰시마 번에서는 다시 조선 측이 보낸 답서의 개찬을 요구하기로 하였다. 3월, 재 협상단을 꾸렸다. 대차사 정관에는 1차 교섭 때와 마찬가지로 다다 요자에몬(多田與左衛門=橘眞重), 도선주 요네다 류자에몬(米田柳左衛門), 봉진 데라사키 요시에몬(寺崎与四右衛門)이 임명되어 도해를 지시하였다. 그 목적은 문제가 되었던 '弊境之鬱陵島' 구절의 삭제를 요구하는 쓰시마 번주 소 요시자네의 서간을 전달하기 위해서였다. 다다 요자에몬(多田與左衛門=橘眞重) 일행은 윤 5월 13일에 왜관으로 왔다. 다다 요자에몬(多田與左衛門=橘眞重)이 지니고 건너간 예조 참판, 예조 참의, 동래부사, 부산첨사에게 전달하였다. 쓰시마 번주 서간은 우리가 보낸 서한에서 울릉도의 일을 언급하지 않았고, 예조 참판 회답서 사본의 경우 '울릉도'라는 명칭이 있으니 '울릉'이라는 명칭을 빼주기 바란다고 언급하였다.

그 사이 조선 조정에서는 4월, 甲戌換局으로 인해 남인정권이 실각하고, 소론정권이 집권하게 되어 南九萬을 영의정, 朴世采를 좌의정, 尹趾完을 우의정으로 기용하였다. 남인정권을 울릉도에 대한 온건론을 제기했다. 반면 소론정권은 울릉도에 강경론에 대처하였다. 남구만은 왜인들이 말하는 竹島가 우리나라의 울릉도이며, 지난번 일본에 보낸 회답서는 특히 모호하니 마땅히 접위관을 파견하여 앞서의 회답서를 되돌려

받고, 울릉도에 들어오는 일본인을 모두 용납하지 않아야 한다고 했다. 남구만 정권은 숙종에게 강경한 대응을 요청하면서 쓰시마 번의 '울릉' 두 글자를 삭제해달라는 쓰시마의 요구에 불응하고, 오히려 앞서 쓰시마에 건넸던 회답서계의 회수를 결정했다.

'鬱陵島爭界' 2차 교섭이 시작되었다. 다다 요자에몬(多田與左衛門=橘眞重)은 서계 속의 '竹島'와 '울릉'이 '1島 2名'처럼 보여서 혼동되므로 양국의 분쟁이 끝나지 않는다고 하며 '울릉'이라는 두 글자를 삭제해 줄 것을 요청하고, 8월 25일, 작년에 다다 요자에몬(多田與左衛門=橘眞重)이 수령하여 귀국했던 조선 측 답신을 되돌려주었다. 조정에서 새로운 서계의 지급에 앞서 쓰시마로부터 앞서의 회답서계를 수령한 이유는 '竹島=일본 령'이라는 문구가 들어 있는 문서를 남기지 않음으로써, 앞으로 야기될 수도 있는 영유권 논쟁의 단서를 없애려는 의도였던 것으로 보인다. 그런데 그때까지도 쓰시마 번은 이제까지 대조선 교섭 과정을 막부에 보고하지 않았다.

유집일은 접위관으로 파견되기에 앞서 안용복을 불러 사정을 보고받았다. 안용복은 처음 일본에 갔을 적에는 매우 대우를 잘 받았는데 나가사키 섬에 이르러 침책이 시작되었다고 진술하였다. 쓰시마 번주의 '竹島'란 말은 곧 장차 강호, 에도 막부에 공을 과시하기 위한 계책이라고 하였다. 유집일이 그제야 倭差를 꾸짖기를, "우리나라에서 장차 일본에 글을 보내 안용복 등을 침책한 상황을 갖추어 말한다면, 모든 섬들이 어찌 아무 일이 없을 수 있겠는가?" 하니, 왜차들이 서로 돌아보며 실색하여 비로소 스스로 굴복하였다. 이에 이르러 남구만이 다음과 같이 전일의 回書를 고치기를 하였다. 조정은 첫째, 울릉도와 竹島를 '2島 2名'으로 하던 방침을 접고 竹島와 울릉도는 '1島 2名'으로 하나의 섬이고 울릉도는 조선 땅이라고 하고, 둘째, '우리의 백성들이 국경을 넘어' 방침을 접고 일본이 월경 침입이라고 하였으며, 셋째, 앞으로 연해 등지에 科條를 엄하게 세워 이를 각별히 신칙하도록 할 것이라는 방침을 접고 동도(江戶)에 전보하여 귀국의 변방 해안 사람들을 거듭 단속하여 울릉도에 오가며 다시 사단을 야기하는 일이 않도록 신칙하도록 하게 해달라고 전했다. 일본인의 울릉도 도해 금지를 요구하는 서한으로 다다 요자에몬(多田與左衛門=橘眞重)은 놀라 쓰시마 번주에 보고하였고, 귀국할 뜻을 전했다. 이와 같은 조선에서의 상황이 쓰시마에 전해지자 전 도주 소 요시자네를 비롯한 쓰시마의 가로들은 다다 요자에몬(多田與左衛門=橘眞重)이 몇 년이 걸리더라도 이번과 같은 非法, 非道를 인정해서는 안 된다. 이러한 선례를 깨는 일을 용인한다면 앞으로의 대조선 교섭에 악영향이 미친다는 엄한 질책을 담은 회신을 보냈다.

조선의 강경한 서한에 대해 쓰시마 번은 1694~1695년 5월까지 1년여에 걸친 쓰시마 번의 노력은 필사적이었다. 서계 개찬 교섭을 위해 왜관에 체류 중이던 다다 요자에몬(多田與左衛門=橘眞重) 등 차왜 일행이 조선과의 외교 협상을 성사시키기 위해 쓰시마 번과 얼마나 긴밀하게 연락하게 주고받으면서 교섭을 진행하고 있는지가 잘 나타나 있다. 양측의 팽팽한 의견 대립으로 좀처럼 해결 기미가 보이지 않자 쓰시마 번에서는 이듬해인 1695년 5월에 다다 요자에몬(多田與左衛門=橘眞重)의 귀국을 명하였다.

소 요시자네는 그간 은퇴하여 1여년을 조선과의 협상을 뒤에서 지켜보았는데, 문제가 해결되어 가기는커녕 도리어 수렁으로 빠지게 되자 드디어 협상 전면에 직접 나서게 되었다. 그가 전면에 나서야 했던 또 하나의 이유는 현재의 번주이고 자신의 장남이었던 소 유시츠쿠의 죽음이었다.

소 요시자네가 제시한 의문점을 전제로 다다 요자에몬(多田與左衛門=橘眞重)은 새로운 답서에 대해 구체적인 역사적 사실에 근거하여 조선 측의 해명을 요구하였다. 그것이 ‘詰問四箇條’이다. 소위 힐문4개조는 1695년 5월 15일, 동래부에 전달되었다. ‘힐문4개조’는 첫째, 조선에서는 수시로 관리(公差)를 파견하여 울릉도를 왕래 수색하게 했다는 데 일본의 어민들은 그곳에서 조선인을 한 번도 만난 적이 없었으니 그 뜻이 무엇인지 모르겠다. 둘째, ‘뜻밖에 귀국 사람들이 멋대로 국경을 넘어와서’, ‘귀국 사람들이 우리나라 국경을 침범해 와서’라는 구절이 있는데 이미 78년, 59년, 30년 표류한 일본인들이 어로를 위해 竹島에 왔다고 했는데 그때는 왜 문제를 삼지 않았는가? 셋째, ‘하나의 섬이 두 가지 이름으로 불린다는 것은 다만 우리나라 서적에 기록되어 있을 뿐만 아니라 貴州 사람들도 또한 모두 알고 있는 바입니다.’라고 하였는데, 지난 번 회답서계에 ‘귀국의 竹島’, 혹은 ‘우리나라의 울릉도’라고 표현한 이유는 무엇인가? 넷째, 82년 전에는 ‘礒竹島’(울릉도)에 일본인이 들어가는 것을 문제 삼고, 78년 전에 일본인들이 竹島에 고기잡이 하러 갔다가 표류했을 때는 국경침월을 문제 삼지 않았는데 그 이유는 무엇인가? 라는 내용이다.

조선 측의 강경 태도에 아무런 성과도 없이 6월 10일에 왜관을 떠났다. 다다 요자에몬(多田與左衛門=橘眞重) 일행이 6월 10일 왜관을 떠나 이틀 후 절영도에 있을 때 조선정부의 ‘힐문4개조’에 대한 답신이 전달되었다. 1차 회답서계에서 귀국의 竹島와 우리나라의 울릉도라는 표현은 예조의 관원이 옛일에 밝지 못했기 때문으로 조정이 그 실언을 꾸짖었다고답했다. 조선 정부가 1차 교섭 때와 전혀 다른 태도 변화를 보인데에는 남인정권에서 소론정권으로 정국 변화라는 조선 정부 내의 정치 세력의 변화도 있지만, 임진왜란 이후 일관되게 추진되어 왔던 대일정 책의 외교 자세의 변화에서 찾을 수 있을 것으로 보인다. 임진왜란 이후 국내외 정세 속에서 '조용한 외교' 내지 '방어적 외교'를 지향해왔던 조선은 다치바나 일행이 가지고 온 제1차 서계에 대해서는 竹島 문제가 조일 간에 영토 문제로 확대되는 것이 바람직하지 않다고 판단했기 때문에 기존의 외교 자세를 견지해 '우리나라의 울릉도'와 '귀계의 竹島'라는 이중적 표현을 사용했지만, 쓰시마 번에서 다시 사자를 보내어 지속적으로 완강하게 '울릉'이라는 문구를 삭제하기를 요청하면서부터는 기존 외교 자세를 버릴 수밖에 없다고 생각한 듯하다. 다다 요자에몬(多田與左衛門=橘眞重)의 귀국 후에 쓰시마 번 내부에서 강경 노선에 대한 반성이 일어났다. 후에 '竹島一件'의 해결에 크게 이바지한 온건파의 쓰야마 쇼우에몬(陶山庄右衛門)은 타국의 섬을 억지로 빼앗아 에도의 公儀로 바치는 방법은 "不義라 할 수는 있어도 忠功이라고 말할 수는 없다."고 비판하였다. 바로 안용복이 말하는 '에도에 공을 과시하기 위한 계책'이라는 비판과 일맥상통하는 바가 있다.

1693년 5월 이후 피랍인 송환 및 조선의 竹島渡海禁止 협상을 전담하여 지휘하였던 섭정 도주 소 요시자네는 막부에 더 이상 조선과의 교섭 결과를 숨길 수 없었기 때문에 그간의 교섭 내용에 관하여 보고하였다. 1695년 8월 30일에 쓰시마를 떠나 소 요시자네는 10월 6일에 江戶에 들어갔다.

막부는 竹島에 관한 조사를 시작했다. 12월 24일, 아베는 돗토리 번의 에도 번저에 7개조의 질문을 했다. 그 1조에서 "인슈(因州), 하큐슈(伯州)에 부속한 竹島는 언제부터 양국에 속했습니까?"라고 질문하였다. 막부로서는 竹島가 틀림없이 이나바국과 호키국을 지배하는 돗토리 번에 소속하는 섬이라고 생각하고 있었던 것이다. 막부는 7, 80년의 '潛商 사건' 때 竹島를 조선 영토라고 판단한 역사를 잊었던 것으로 생각된다. 이에 대한 돗토리 번의 회답은 "竹島는 이나바와 호키의 소속은 아닙니다."라고 해 돗토리 번의 영토가 아님을 단언했다. 더 중요한 것은 제7조에서 "竹島 이외에 양국에 속하는 섬이 있습니까?"라고 막부가 질문한 것이다. 이에 대한 돗토리 번의 회답은 "竹島와 松島, 그 외에 양국에 속하는 섬은 없습니다."라고 하여 竹島와 松島에 관해서도 돗토리 번에 부속하는 것이 아님을 단언했다. 에도 막부에서 묻지도 않은 독도에 대해 돗토리 번이 돗토리 번 땅이 아니라고 답변하자 막부는 松島의 존재도 몰랐던 것이다. 에도 막부는 돗토리 번이 竹島와 松島는 자기 영토가 아니라는 것을 문서로 공식 확인한 것이다. 한편 에도 막부는 마쓰에 번(松江藩)에 대해서도 관할지역의 竹島(울릉도) 도해에 대해 조회하여 1월 26일자 회답서에서 오키(隱岐)·이즈모(出雲) 사람은 竹島(울릉도) 도해에 적극적인 관련이 없음을 확인했다.

1696년 1월 28일에 老中 4명이 참석한 자리에서 老中 토다 야마시로노카미(戶田山城守)가 쓰시마의 텐류인(宗龍院, 宗義眞)에 각서를 전달함과 동시에 요나고 백성의 竹島渡海禁止를 했다. 같은 날, 1월 28일에 老中 4명이 서명한 竹島渡海禁止의 봉서가 에도의 돗토리 번저로 넘어갔다. 그로 인해 돗토리 번주에게 발행된 막부의 竹島渡海許可證은 2월 9일에 막부에 반납되었다. 그렇지만 돗토리 번에 竹島渡海禁止의 봉서가 전달된 것은 8월 1일이었다. 老中이 전달 시기를 늦춘 이유는 쓰시마 번의 요청을 배려했기 때문이다. 쓰시마 번은 '竹島一件' 교섭에서 조선에 대해 조선인의 竹島渡海禁止를 요구하는 중이었고, 그 와중에 막부에 의한 일본인의 竹島渡海禁止令이 쓰시마 번 이외에서 조선에 알려지면 쓰시마 번의 입장이 곤란할 수 있다. 그 때문에 소 요시자네가 막부에 竹島渡海禁止令의 공개를 늦추도록 요청하였다.

1696년 1월 28일에 막부의 '竹島(울릉도)渡海禁止令'은 대마도에도 전해졌다. 막부는 "竹島에 일본인이 거주했다는 사실이 없고, 일본 것이었다는 증거도 없는 이상 竹島에 관해서는 이쪽(일본)에서 문제 삼을 사안이 아니다."고 하여, "威光이나 武威를 배경으로 조리에 맞지 않는 일을 강하게 주장할 필요가 없다."고 지시하였다. 나아가 조선에 대해 쓰시마도가 그간에 서계 개찬 요구를 철회하고, 막부가 일본인의 竹島渡海를 금지한 사실을 전하도록 하는 교섭 안을 제시했다. 이로써 조선인의 竹島渡海禁止 요구로 시작된 '鬱陵島爭界'는 조선과 에도 막부, 대마도의 외교 협상에서 竹島의 영속 문제로 확대되었다. 에도 막부에 의한 竹島渡海禁止令은 바로 조선에 전달되지 않았다. 에도 막부의 일본인의 竹島渡海禁止 명령을 받은 소 요시자네는 막부의 지시를 곧 바로 조선에 전하지 않고, 소 요시츠구(宗義倫)의 사망을 문위하기 위해서 1696년 10월에 문위행이 대마도에 건너오게 되면 조선 측에 전할 것이라고 하면서 막부의 명령 수행을 지연시켰다.

쓰시마 번은 '竹島一件' 교섭이 암초에 부딪친 가운데, 그것을 어떻게 조선에 전달할 것인지 고민하였다. 그때까지의 쓰시마 번은 조선인의 도해 금지를 요구하고 있는 상황에서 에도 막부의 일본인의 竹島渡海禁止令은 쓰시마 번의 요구와는 반대의 결론이기 때문에 그것을 쉽게 조선에 전달할 수 없었기 때문이다. 자칫 잘못하면 지금까지의 교섭이 쓰시마 번이 독단적으로 한 것이고, 막부의 명령에 거슬러 행동을 한 것이라는 비난을 조선에서 받을 우려가 있다.

1696년 1월에 있었던 막부의 '竹島渡海禁止令'이 조선에 전달되지 않은 상황에서 그해 봄 안용복이 울산 배에 타고 울릉도로 건너갔다. 비변사에 안용복을 심문하였을 때 안용복은 동래에 살고 있었는데, 어머니를 만나기 위해 울산에 갔다가 마침 승려 雷憲 등을 만나, 1693년 울릉도에 다녀왔는데, 그곳에는 해산물이 풍부하다는 사실을 말하고, 울산 배에 11명이 타고 울릉도로 건너갔다. 일본 배가 많이 와서 정박하여 우리 뱃사람들이 다 두려워하였다. 안용복이 앞장서서 말하기를, "울릉도는 본디 우리 지경인데, 왜인이 어찌하여 감히 지경을 넘어 침범하였는가? 너희들을 모두 포박하여야 하겠다." 하고, 이어서 뱃머리에 나아가 큰소리로 꾸짖었더니, 왜인이 말하기를, "우리들은 본디 松島에 사는데 우연히 고기잡이 하러 나왔다. 이제 本所로 돌아갈 것이다."고 하였다. 재차 안용복이 "松島는 子山島(독도)로서, 그것도 우리나라 땅인데 너희들이 감히 거기에 사는가?"라고 하였다. 드디어 이튿날 새벽에 배를 몰아 子山島에 갔는데, 왜인들이 막 가마솥을 벌여 놓고 고기 기름을 다리고 있었습니다. 제가 막대기로 쳐서 깨뜨리고 큰 소리로 꾸짖었더니, 왜인들이 거두어 배에 싣고서 돛을 올리고 돌아가므로, 제가 곧 배를 타고 뒤쫓았습니다. 그런데 갑자기 광풍을 만나 표류하여 玉岐島(오키도)에 이르렀다. 島主가 들어온 까닭을 물으므로, 안용복이 말하기를, "근년에 내가 이곳에 들어와서 울릉도·子山島 등을 조선의 지경으로 정하고, 관백의 서계까지 있는데, 이 나라에서는 定式이 없어서 이제 또 우리 지경을 침범하였으니, 이것이 무슨 도리인가?"하자, 마땅히 伯耆州에 轉報하겠다고 하였으나, 오랫동안 소식이 없었습니다. 제가 분완을 금하지 못하여 배를 타고 곧장 백기 주로 가서 '鬱陵子山兩島監稅'라 가칭하고 장차 사람을 시켜 본도에 통고하려 하는데, 그 섬에서 사람과 말을 보내어 맞이하므로, 저는 푸른 철릭[帖裏]를 입고 검은 布笠을 쓰고 가죽신을 신고 轎子를 타고 다른 사람들도 모두 말을 타고서 그 고을로 갔습니다. 저는 도주와 廳 위에 마주 앉고 다른 사람들은 모두 中階에 앉았는데, 도주가 묻기를, "어찌하여 들어왔는가?" 하므로, 답하기를 "전일 두 섬의 일로 서계를 받아낸 것이 명백할 뿐만이 아닌데, 對馬島主가 서계를 빼앗고는 중간에서 위조하여 두세 번 差倭를 보내 법을 어겨 함부로 침범하였으니, 내가 장차 관백에게 상소하여 죄상을 두루 말하려 한다." 하였더니, 도주가 허락하였다. 드디어 李仁成으로 하여금 疏를 지어 바치게 하자, 대마도주의 아비가 백기 주에 간청하여 오기를, "이 소를 올리면 내 아들이 반드시 중한 죄를 얻어 죽게 될 것이니 바치지 말기 바란다."고 하였으므로, "관백에게 稟定하지는 못하였으나, 전일 지경을 침범한 왜인 15인을 적발하여 처벌하였습니다."고 하였다. 이어서 안용복에게 말하기를, "두 섬은 이미 너희나라에 속하였으니, 뒤에 혹 다시 침범하여 넘어가는 자가 있거나 도주가 혹 함부로 침범하거든, 모두 國書를 만들어 譯官을 정하여 들여보내면 엄중히 처벌할 것이다."하고, 이어서 양식을 주고 차왜를 정하여 호송하려 하였으나, 제가 데려가는 것은 폐단이 있다고 사양하였다고 하였다.

에도 막부는 조선인들을 추방한다는 결정에 이르기까지 몇 번이나 방침을 바꿨다. 처음에는 이나바에서 조선인들의 소송을 받아들일 수밖에 없다던 老中 오오쿠보도 다음날 7월 24일에는 생각을 바꾸었다. 모든 소송은 나가사키에 가지 않는다면 돌려보내라는 지시를 돗토리 번의 요시다 헤이마와 나가사키 번의 스즈키 한베(鈴木半兵衛) 두 사람에게 전했다. 이에 대해 쓰시마 번은 안용복 등을 직접 추방시킬 것을 老中에게 진언했다. 쓰시마 번의 요청에 따라 안용복 등을 직접 돌려보내라고 돗토리 번에 최종 지시했다. 7월 24일에 老中은 쓰시마 번의 제1안을 받아들여 안용복 등을 직접 돌려보내라고 돗토리 빈에 최종 지시했다. 이에 따라 안용복 능 11명은 8월 6일에 가로에서 추방당했다. 그 후 쓰시마 번의 통역이 돗토리 번에 도착했으나 조선인이 떠난 뒤였으므로 그대로 돌아갔다. 결국 안용복 일행의 송환은 나가사키와 쓰시마를 경유하는 표류민 송환 루트가 아니라 돗토리 번령에서 강원도 양양현으로 바로 보내졌고, 1693년 때와 달리 차왜의 수행도 없었다.

에도 막부의 일본인의 竹島渡海禁止 명령을 받은 소 요시자네는 막부의 지시를 곧 바로 조선에 전하지 않고, 소 요시츠구(宗義倫)의 사망을 문위하기 위해서 1696년 10월, 문위행이 대마도에 건너오게 되면 조선 측에 전할 것이라고 하면서 막부의 명령 수행을 지연시켰다. 그러한 와중에 1696년에 안용복이 도일이 행해졌다. 안용복 문제와 함께 '竹島一件' 교섭의 해결이 급하게 되었다.

쓰시마 번은 '竹島一件' 교섭이 암초에 부딪친 가운데, 그것을 어떻게 조선에 전달할 것인지 고민하였다. 그때까지의 쓰시마 번은 조선인의 도해 금지를 요구하고 있는 상황에서 에도 막부 일본인들의 竹島渡海禁止令은 쓰시마 번의 요구와는 반대의 결론이기 때문에 그것을 쉽게 조선에 전달할 수 없었기 때문이다. 자칫 잘못하면 지금까지의 교섭이 쓰시마 번이 독단적으로 한 것이고, 막부의 명령에 거슬러 행동을 한 것이라는 비난을 조선에서 받을 우려가 있다. 에도 막부의 일본인들의 竹島渡海禁止 명령을 받은 소 요시자네는 막부의 지시를 곧 바로 조선에 전하지 않고, 소 요시츠구(宗義倫)의 사망을 문위하기 위해서 1696년 10월 문위행이 대마도에 건너오게 되면 조선 측에 전할 것이라고 하면서 막부의 명령 수행을 지연시켰다. 쓰시마 번은 막부와 협의해 老中의 "가볍

게 끝내도록 하라."는 의향을 받아들여 일본의 竹島渡海禁止를 구두로
전달하기로 했다. 쓰시마 번의 요구와는 정반대의 결과를 전달하므로
보내는 것을 주저한 결과였다. 도해 금지를 가볍게 구두로 전하는 것은
조선에서 도해 역관사가 쓰시마로 파견된 기회를 이용했다. 10월 16일에
소우 요시자네는 쓰시마에 와 있던 조선의 도해 역관인 변동지와 송판
사를 불러 구두로 막부의 결정을 전달했다. 그것을 구상서로 해서 양 역
관에게 건네주었다. 동시에 안용복 등이 쓰시마 번을 경유하지 않고 돗
토리 번으로 소송하러 온 사실을 추궁하는 구상서도 건넸다. 그러나 일
본어의 구상서는 "낙착을 보기 어렵다."는 역관의 의견으로 인해 두 통
의 구상서를 한문으로 바꾸어 6명의 가로 6인의 年寄들이 서명 날인한
뒤 역관에게 건넸다.

   에도 막부와 쓰시마 번은 竹島까지의 거리는 조선쪽이 가깝다는 것
과, 그 섬에 조선과 일본 어민이 난입하여 潛通과 私市의 폐단, 즉 밀무
역을 할 가능성이 있다는 이유 등을 들어 일본인의 도해 금지를 공식으
로 내렸다. 이 중요 문서는 메이지 시대에 내무성이 竹島의 귀속문제를
조사했을 때에도 인용되었다. 이 문서를 조선에 넘김으로써 '竹島一件'
교섭은 거의 끝난 것과 마찬가지였다. 역관인 변동지와 송판사는 1697년
1월에 귀국했으므로 조정에 일본인 도해 금지가 전달된 것은 그 이후이
다. 쓰시마 번은 동년 2월에 아비루 소헤이(阿比留惣兵衛) 등을 조선에
보내 동래부사 이세재에게 글을 올려 막부의 명에 의해 일본인의 竹島
(울릉도) 출어를 금지시켰다는 것을 통고했다. 다만 울릉도와 竹島가 같
은 섬이라는 것과 그것이 조선 령이라는 것을 승인하는 건에 대해서는
언급하지 않았다. 그러나 조선정부로서는 당면과제인 어업금지에 만족
하였다. 다음 해인 1698년에 예조 참판 李善溥 명의로 막부 결정에 사의

를 표하고, 아울러 竹島 1島 2名의 이유를 설명했다. '竹島一件'은 전말
은 이것으로 끝났다.

'鬱陵島爭界'가 진행되는 동안 조선정부는 1694년 가을에 울릉도 형편
을 살펴 鎭을 설치하여 지키게 할 것인가를 살피기 위해 張漢相을 삼척
첨사로 삼아 울릉도에 파견하였다. 張漢相의 『鬱陵島事蹟』(1772)의 경
우, "동쪽을 바라보면 바다 가운데 한 섬이 보이는데 아득히 辰方(동남
쪽)에 위치하며 그 크기는 울도의 3분의 1 미만이고 (거리는) 삼백여 리
에 불과하다."고 하였다. 비록 크기는 과장되어 있지만 張漢相이 확인한
이 섬은 바로 독도를 가리키는 것이다. 張漢相이 독도를 이렇게 정확하
게 관찰할 수 있었던 것은 울릉도에 입도한 시점이 울릉도에서 독도를
관찰하기에 가장 적절한 가을 청명한 날에 해당하는 시점이기 때문이
다. 독도에 관한 첫 기록인『세종실록』「지리지」의 기록, "두 섬(우산·
무릉도)이 서로 떨어짐이 멀지 않아 풍일이 청명하면 바라볼 수 있다."
는 내용을 울릉도 수토관이 확인하여 문헌에 남긴 최초의 기록이다.

당초 남구만은 울릉도에 진의 설치를 염두에 두었지만 張漢相이 돌아
와 보고한 바를 바탕으로 하여 백성들을 들어가 살게 할 수 없고, 한두
해 간격을 두고 수토하게 하는 것이 마땅하다고 건의함으로써 수토정책
이 세워지게 되었다. 일본으로 하여금 울릉도와 독도가 우리나라의 땅
임을 대내외적으로 확인하는 과정이었다. 수토정책은 울릉도에 입도한
동남해연안민들의 수토에 목적이 있기 보다는 일본으로 하여금 울릉도
가 우리나라 땅임을 확인시키고자 하는 데 주된 목적이 있었다. 숙종 조
이후 울릉도의 수토는 매 2년간, 즉 3년마다 월송만호와 삼척영장이 교
대로 한번 씩 하는 것이 정식이었다. 울릉도 수토는 1694년에 張漢相의
울릉도 수토로부터 1894년에 수토제도가 공식적으로 종료될 때까지 200

년간 지속되었다.

수토정책에도 불구하고 울릉도에는 조선 측으로부터 사람들이 건너 갔고, 그들의 활동 반경이 독도에 미쳐 독도가 울릉도의 삶의 텃밭으로 기능하였음을 입증하여야 한다. 일본은 17세기 중엽을 제기하면서 독도가 울릉도로 가는 길목에 있으므로 도중에 정박장 내지 강치 또는 전복을 채취하는 어장으로 이용되었다고 한다. 이에 상응하여 조선의 사람들이 울릉도에 들어갔고, 그들이 독도로 가서 어로 활동을 하였다는 것을 제시할 사료를 적극 발굴할 필요가 있다. 17세기 일본의 독도 고유영토설은 사실상 안용복의 활동으로 인해 성립할 수 없는 것이다.

일본의 경우 '竹島渡海禁止令'은 독도 도항을 금지한 것이 아니기 때문에 독도는 여전히 일본의 영토라고 우긴다. 일본의 오야 가문(大谷家)의 사료에서 '竹島近邊松島'(1659년), 혹은 '竹島內松島'(1660년)라고 한 바와 같이 '竹島渡海禁止令'에는 松島, 즉 독도도 포함되었다. '竹島渡海禁止令'이 내려진 이후 일본에서 독도만을 대상으로 어로 활동을 한 기록이 전하지 않는다.

1722년에 이와미주(石見州) 어민의 울릉도 밀항사건이 발생하자 에도막부는 대마도에 대해 안용복사건 때의 竹島渡海禁止令이 독도에도 적용되는지에 대해 조회했다. 쓰시마 번의 답변은 "(松島 또한) 竹島와 마찬가지로 일본인들이 건너가 고기잡이를 하는 것을 금지시켰다고 생각할 수 있습니다."고 하였다.

그 후 '竹島渡海禁止令' 해제 청원 과정에서 『大谷氏舊記』 등에 의하면 1740년에 오야 가쓰후사(大谷勝房)는 에도 막부에 "竹島·松島 양도 도해가 금지된 이후에는 호키(伯州)의 요나고(米子) 성주가 가엽게 여겨 주신 덕택에 생활하고 있다."고 진술하고 있다. 그렇기 때문에 '竹島渡海

禁止令'에 독도가 포함되지 않았다는 일본의 주장의 경우 성립하지 않는다.

일본의 경우 1696년에 '竹島渡海禁止令'으로 인해 울릉도와 독도 도항이 금지되었다. '竹島渡海禁止令'이 내려진 이후에 일본은 울릉도 도항을 하면 처벌되었다. 1833년, 막부의 허가 없이 월경하여 竹島(울릉도)에 건너가 밀무역을 한 것이 발각되어 밀무역을 주도한 이마즈야 하치에몬(會津屋八衛門)과 하시모토 산베(橋本三兵衛) 등이 1836년에 처형되었다. 이마즈야 하치에몬은 이와미국(石見國) 마쓰하라우라(松原浦 ; 현재의 시마네 현 하마다시 마쓰바라정[松原町])에서 운송선 1척을 소유하여 직접 화물을 싣고 운항하는 해상 화물의 운송 중개를 하기도 한 해상 화물 운송업자였다. 하치에몬은 마쓰하라우라와 홋카이도의 마쓰마에(松前)를 오가며 물자를 나를 때 울릉도 주변을 통과하는 일이 있어 울릉도의 풍부한 임수산 자원에 대해 주목하였으며, 1824년에는 직접 울릉도에 건너가 조사를 했다. 1830년대 무렵 이와미국을 통치하고 있던 하마다 번은 재정이 궁핍한 상태였는데, 하치에몬은 그것을 기회로 하마다 번의 勘定方 하시모토 산베에게 "竹島에 건너가서 자연 그대로 방치되어 있는 대나무와 목재를 벌채하고, 해산물을 가져오면 藩의 이익이 된다."라고 설득하였다. 이 계획에 하마다 번의 家老 오카다 다노모(岡田賴母)와 年寄役 마쓰이 즈쇼(松井圖書)도 가담했다. 당시 막부의 요직 筆頭老中이었던 영주 마쓰다이라 스오노카미 야스토(松平周防守康任)의 묵인 하에 이들은 1833년 7월 울릉도에 도항하여 큰 대나무와 진기한 목재, 큰 전복 등을 가지고 돌아왔다. 그 후 일본도 등을 가져가 조선과 중국의 상인들과 교역하여 막대한 이익을 얻었다. 그러나 1836년 막부의 명으로 일본 각지의 상황을 조사하고 있던 마미야 린조(間宮林藏)에게 발각되어 하치에몬은 오사카 奉行所에서 파견된 자들에게 체포되어, 하시모토 산베와 함께 1836년 12월 23일에 처형되었다. 또한 하치에몬이 조사를 받던 중에 오카다 다모노, 마쓰이 즈쇼를 비롯한 하마다 번의 중신 수십 명이 막부의 용서를 빌며 할복하였다. 3대 하마다 번주 마쓰다이라 야스토는 영구 칩거를 명령받았으며, 새로 4대 번주가 된 마쓰다리 야스타카(松平康爵)도 그해 3월 무쓰국(陸奧國)의 다나구라(柵倉 ; 현재의 후쿠시마현[福島縣])로 轉封되었다. 막부는 다음 해인 1837년 2월 21일, 이 사건을 전국에 공표하고 해외 도항 엄금을 영을 내렸다. 하치에몬을 조사한 조서인 『竹島渡海一件記』(1836), 「朝鮮竹嶋渡航始末記」(1870)는 여기에 하치에몬이 그린 지도인 「竹嶋方角圖」(1833)가 부록으로 첨부됐으며, 이 지도에 조선 영토는 붉은색으로, 일본 영토는 노란색으로 채색되어 있다. 울릉도와 독도 역시 붉은색으로 표시되어 조선의 영토임을 분명하게 나타내고 있다. 일본 에도 막부가 울릉도에 무단으로 입국하여 밀무역을 하는 하치에몬을 사형시키고, 해안에 竹島渡海를 금지하는 푯말을 세웠다.

메이지 시대의 「朝鮮國交際始末內探書」와 「太政官指令」에서도 ‘元祿年刊’의 일, 안용복 사건을 거론하면서 독도가 조선의 영토임을 공식적으로 확인했다.

참고문헌

□ 사료

◎ 한국 사료

『各司謄錄』·『疆界考』·「公納成册開國伍百肆年乙未 十一月二十八日」·『규장각 한국본 도서 해제 사부』·『關東邑誌』·「邱山洞重修記」·「狗巖洞金宗伊各樣公納抄出」·『幾年東槎錄』·『蘭谷集』·「도감 박억이영세불망지판」·『東萊府啓錄』·「東萊府事例」·『同文彙考』·『東醫寶鑑』·『萬機要覽』·『明宗實錄』·『武鑑』·『默齋日記』·『眉巖日記』·『辟疫新方』·『邊例輯要』·『備邊司謄錄』·『西溪雜錄』·『碩齋稿』·『星湖僿說』·『星湖先生全集』·『世宗實錄』·『續大典』·「搜討節目」·『順菴先生全集』·『順興安氏族譜』·『肅宗實錄』·『承政院日記』·『新增東國輿地勝覽』·『新撰辟瘟方』·『瑣尾錄』·『藥泉集』·『언서정감록』·『輿地圖』·『旅庵全書』·『研經齋全集』·『燃藜室記述』·『英祖實錄』·『五洲衍文長箋散稿』·「完文」·「鬱陵島檢察日記」·「鬱陵島 道洞里 辛卯銘 刻石文」·「鬱陵島圖形」·「鬱陵島內圖」·「鬱陵島外圖」·「鬱陵島事蹟」·『蔚山府戶籍大帳』·「월송영장장원인영세불망지판」·「월송영장황공영세불망지판」·「李奎遠鬱陵島檢察啓草本」·『頤齋亂藁』·『日省錄』·『仁祖實錄』·「임꺽정」·「전임 손주형·손종간·손수백 영세불망지판」·「장길산」·『正祖實錄』·『鄭鑑錄』·『增正交隣志』·『芝峯類說』·『靑城雜記』·『推案及鞫案』(「咸以完金戣等推案人」·「李榮昌推案」·「壬寅逆賊仁邦京來等推案」)·『哲宗實錄』·『春官志』·「평해 군수 심능무·이윤흡 영세불망지판」·「평해 군수 이용익영세불망지판」·『漂人領來謄錄』·『太宗實錄』·『通志館志』·『한길댁 생활일기』·「海左全圖」·『허생전』·『顯宗改修實錄』·『홍길동전』·『和國志』·『顯宗實錄』·『弘齋全書』·『熙朝軼事』

◎ 일본 사료

『(國元表書札方)每日記』·『控帳』·『磯竹島事略』(『磯竹島覺書』)·「多氣甚麼襪誌」·『大谷氏旧記』·『伯耆民談記』·『伯耆民諺記』·『伯耆志』·『石見外記』·『竹島考』·『竹嶋紀事本末』·『竹嶋之書附』·『譯官記』·『異本伯耆志』·『因藩志』·『因府年表』·『因府歷年大雜集』·『因幡國江朝鮮人致渡海候付豊後守樣へ御伺被成候次第幷御返答之趣其外始終之覺書』·『御用人日記』·『御用人日記瀉』·『譯官記』·「元祿九丙子年朝鮮舟着岸一卷之覺書」·「元祿六年癸酉年竹嶋一件拔書」·『隱州視聽合紀』·『日本外交文書』·「朝鮮國交際始末內探書」·『宗家文庫史料目錄(日記類)』·「朝鮮竹嶋渡航始末記」·『朝鮮通交大記』·『鳥取藩史』·『竹島考證』·『竹嶋紀事』·『竹嶋紀事本末』·「竹島図說」·「竹嶋方角圖」·『竹島渡海一件記』·「竹島渡海由來記拔書控」·『竹島文談』·『竹島雜誌』·『竹嶋之書附』·「竹島に關する七個條返答書」「竹島販圖所屬考」·『增補珎事錄』·「池田家文書」·「村川家附竹島渡海」·『村川氏舊記』·「太政官指令」·『通航一覽』

□ 저서·논문

강명관,『조선의 뒷골목 풍경』푸른역사, 2003
강준식,『독도의 진실』소담출판사, 2012
경상북도 독도사료연구회,『2010 경상북도 독도사료연구회 연구보고서』경상북도·
    안용복재단, 2010
_____,『2011 경상북도 독도사료연구회 연구보고서』경상북도·
    안용복재단, 2011
경상북도·독도사료연구회편,『독도관계 일본고문서 1』경상북도, 2014
_____,『독도관계 일본고문서 2』경상북도, 2015
권삼문,「울진의 고문서」『향토문화』11·12, 향토문화연구회, 1997
권오단,『안용복』산수야, 2010
____,『우리땅 독도를 지킨 안용복』산수야, 2010
고동환,『조선시대 서울도시사』태학사, 2007

고희종 외 2인, 「한반도 주변 해역 5개 정점에서 파랑과 바람의 관계」『한국지구과
　　학회지』26, 2005
권　정, 「안용복에 관한 한·일(韓·日)의 인식」『일본문화연구』34, 동아시아일본학
　　회, 2010
권정 편역, 『御用人日記』선인, 2010
권오엽, 「안용복의 일본 도해의 의미」『일본어문학』31, 한국일본어문학회, 2006
　　　, 「『元祿九年丙子年朝鮮舟看岸一卷之覺書』와 安龍福」『일본어문학』39, 한국
　　일본어문학회, 2008
　　　, 『독도와 안용복』충남대학교출판부, 2009
　　　, 「『控帳』의 竹島와 安龍福」『일본문화학보』44, 한국일본문화학회, 2010
　　　, 「염간 박어둔과 독도」『일본문화학보』46, 한국일본문화학회, 2010
권오엽 편주, 『일본고문서의 독도, 控帳』책사랑, 2010
　　　　　, 『岡嶋正義古文書』선인, 2011
권오엽 편역주, 『竹嶋之書附』대구한의대 안용복연구소 번역총서 1, 지성인, 2012
고정옥, 『고정옥 선생님이 들려주는 안용복』산하, 2015
권혁성, 「長生竹島記』戱文 분석-내용의 독자성에 대해서」『일본어문학』62, 한
　　국일본어문학회, 2014
김강일·윤유숙·하혜정, 『울릉도·독도 일본 사료집Ⅰ』동북아역사사료총서 42, 동
　　북아역사재단, 2012
김기혁, 「조선후기 울릉도 수토기록에 나타난 부속도서의 표상연구」『역사와 지리
　　로 본 울릉도·독도』동북아역사재단, 2011
　　　, 「조선후기 울릉도 수토기록에 나타난 부속도서의 표상연구」『역사와 지리로
　　본 울릉도·독도』동북아역사재단, 2011
김대원, 「18세기 민간의료의 성장」『한국사론』39, 국사편찬위원회, 1998
김동철, 「조선 후기 왜관 개시무역과 동래상인」『민족문화』21, 한국고전번역원,
　　1998
김덕진, 『大饑饉, 조선을 뒤덮다』푸른역사, 2008
김래주, 『대조선인 안용복』1·2, 늘푸른소나무, 2005
김명기, 『안용복의 도일활동과 국제법』독도조사연구학회, 책과사람들, 2011
　　　, 『독도 총람』영남대학교 독도연구소 독도연구총서 11, 선인, 2015

김문기, 「17세기 중국과 조선의 소빙기 기후변동」『역사와 경계』77, 부산경남사학
　　회, 2010
＿＿＿, 「17세기 중국과 조선의 재해와 기근」『이화사학연구』43, 이화여자대학교
　　이화사학연구소, 2011
＿＿＿, 「17세기 중국과 조선의 기근과 국제적 곡물유통」『역사와 경계』85, 부산경
　　남사학회, 2012
김병렬,『독도전쟁』다다미디어, 2001
김병우, 「안용복 연구현황과 과제」『경주사학』34, 동국대학교 사학회, 2011
김병우·김호동·이케우치 사토시·박병섭,『한·일 양국의 관점에서 본 울릉도·독도』
　　대구한의대학교 안용복연구소, 지성인, 2012
김병우 편역,『한국이 기억하는 안용복-문헌사료의 집성-』대구한의대학교 안용복
　　연구소 번역총서 4, 지성인, 2015
김성우, 「17세기의 위기와 숙종대 사회상」『역사와 현실』25, 1997
김수희, 「개척령기 울릉도와 독도로 건너간 거문도 사람들」『한일관계사연구』38,
　　2011
김수희 편역,『독도관계사료집 Ⅱ-시마네 현 소장 행정문서』선인, 2015
김　영, 「17~8세기 한일외교의 양상 고찰 - 대마도의 多田与左衛門과 雨森芳州를
　　중심으로」『일본문화학보』63, 한국일본문화학회, 2014
김의환·이태길,『증보 안용복장군』안용복장군기념사업회, 1996
김원룡,『울릉도』국립박물관고적조사보고 제4책, 1963
김하기,『해제 어둔』경상일보, 2013~2014
＿＿＿,『독도전쟁』1·2, 쌤앤파커스, 2015
김　호,『허준의 동의보감연구』일지사, 2011
김호동, 「조선시대 울릉도 수토정책의 역사적 의미」『이수건교수정년기념 한국중
　　세사논총』이수건교수정년기념논총간행위원회, 2000
＿＿＿, 「조선 초기 울릉도·독도에 대한 '공도정책' 재검토」『민족문화논총』32, 영
　　남대학교 민족문화연구소, 2005
＿＿＿,『독도·울릉도의 역사』경인문화사, 영남대학교 독도연구소 독도연구총서 1,
　　2007
＿＿＿, 「조선 초기 울릉도·독도 관리정책」『동북아역사논총』20, 동북아역사재

단, 2008

_____, 「독도영유권 공고화를 위한 조선시대 수토제도의 향후 연구방향 모색」『독도연구』5, 영남대학교 독도연구소, 2008

_____, 「지방행정체계상에서 본 울릉도·독도 지위의 역사적 변화」『한국행정사학회』23, 한국행정사학회, 2008

_____, 「『竹島問題에 관한 調査研究 最終報告書』에 인용된 일본 에도(江戸)시대 독도문헌 연구」『인문연구』55, 영남대학교 인문과학연구소, 2008

_____, 「조선 숙종조 영토분쟁의 배경과 대응에 관한 검토-안용복 활동의 새로운 검토를 위해-」『대구사학』94, 대구사학회, 2009

_____, 「이케우치의 '일본 에도시대의 다케시마·마츠시마 인식'에 대한 문제 제기」『독도연구』6, 2009

_____, 「『竹島考證』의 사료 왜곡-'한국 측 인용서'를 중심으로-」『일본문화학보』40, 한국일본문화학회, 2009

_____, 「독도 영유권 공고화와 관련된 용어 사용에 대한 검토」『대구사학』98, 대구사학회, 2010

_____, 「울릉도·독도 어로 활동에 있어서 울산의 역할과 박어둔-조선 숙종조 안용복·박어둔 납치사건의 재조명-」『인문연구』58, 영남대학교 인문과학연구소, 2010

_____, 「한일 양국에서 누가 먼저 '독도'를 인지하였는가-일본 외무성의 竹島 홍보 팸플릭의 포인트 1·2 비판」『민족문화논총』44, 영남대학교 민족문화연구소, 2010

_____, 「독도 영유권 공고화와 관련된 용어 사용에 대한 검토」『대구사학』98, 대구사학회, 2010

_____, 「체계적인 학교급별 독도교육의 방안 검토」『독도연구』11, 영남대학교 독도연구소, 2011

_____, 「일본의 독도 '고유영토설' 비판」『민족문화논총』49, 영남대학교 민족문화연구소, 2011

_____, 「『竹島考』 분석」『인문연구』63, 영남대학교 인문연구소, 2011

_____, 「울릉도와 독도로 건너간 사람들」『해양문화연구』78, 전남대학교 이순신해양문화연구소, 2012 ;『독도영유권 확립을 위한 연구』V 영남대학교 독도연

구소 독도연구총서 9, 선인, 2013

_____, 「조선시대 독도·울릉도에 대한 인식과 정책」『역사학연구』48, 호남사학회, 2012

_____, 「울릉도, 그리고 일본 고문서 속의 독도」『세계의 섬을 찾아가다』국립제주 박물관 문화총서 12, 국립제주박물관, 서경문화사, 2013

_____, 「한국 고지도가 증명하는 독도 영유권」『독도연구』15, 영남대학교 독도연 구소, 2013

_____, 「제1·2기 '『죽도 문제에 관한 조사연구』중간·최종보고서'의 비교」『일본문 화연구』47, 동아시아일본학회, 2013

_____, 「교육과정과 해설서의 독도기술과 학교급별 체계적 독도교육의 방안 모색」 『역사교육논집』51, 경북대학교 역사교육학회, 2013

_____, 「安龍福이 살았던 시대」『민족문화논총』57, 영남대학교 민족문화연구소, 2014

_____, 「越松浦鎭의 역사」『사학연구』115, 한국사학회, 2014

_____, 「우리나라 독도교육 정책의 현황과 과제」『독도연구』17, 영남대학교 독도 연구소, 2014

_____, 「울진과 울릉도·독도의 역사적 상관성」『울진 대풍헌과 조선시대 울릉도·독 도의 수토사』영남대학교 독도연구소 독도총서 14, 선인, 2015

_____, 「일본이 기억하는 조선인 안용복」『안용복 : 회생과 고난으로 독도를 지킨 조선의 백성』대구한의대학교 안용복연구소 학술총서 5, 지성인, 2016

_____, 「『竹嶋紀事』분석-안용복·박어둔 진술서 분석 및 '于山島' 기록을 중심으로-」 『대구사학』122, 대구사학회, 2016

김화경, 「磯竹島사략의 해설」『독도연구』창간호, 영남대학교 독도연구소, 2005

_____, 「안용복의 2차 도일 활동에 관한 연구」『독도연구』창간호, 영남대학교 독 도연구소, 2005

_____, 「일본측 독도 영유권 주장의 허구성에 관한 연구-최근에 일본에서 발견된 안용복의 진술 사료를 중심으로」『국학연구』7, 한국국학진흥원, 2005

_____, 「박어둔과 울릉도 쟁계에 관한 연구」『인문연구』58. 영남대학교 인문연구 소, 2010

_____, 『독도의 역사지리학적 연구』영남대학교 독도연구소 독도연구총서 7, 경인

문화사, 2011

남기훈, 「17세기 朝日 양국의 울릉도·독도인식」『한일관계사연구』 23, 2005

리성덕, 『울릉두』 문예출판사, 1990

바른역사정립기획단, 『독도논문번역선』 1, 2005

박병섭, 「안용복 사건에 대한 검증」 한국해양수산개발원보고서, 2007

_____, 「안용복사건 이후의 독도 영유권 문제」『독도연구』 13, 영남대학교 독도연
　　　구소, 2012

_____, 「200년 이후 독도 관련 일본학계의 역사학 연구」『일본문화연구』 49, 동아
　　　시아일본학회, 2014

박찬열·정꽃님, 『소리 없는 전쟁 독도戰』 방송문화진흥총서 160, 나무와 숲, 2015

박현진, 「17세기 말 鬱陵島爭界 관련 한·일 '교환공문'의 증명력 - 거리관습에 따
　　　른 조약상 울릉·독도 권원 확립·해상국경 묵시 합의」『국제법학회논총』
　　　58(3), 대한국제법학회, 2013

방기혁·정영미 공저, 『울릉도·독도 사수실록-안용복의 역사행적을 찾아서-』 비봉
　　　출판사, 2007

배민순, 「울릉도 독도 쟁계에 대한 일본의 주장 분석과 비판 : 안용복의 행적을 중
　　　심으로」 세종대학교 정책과학대학원 국제지역과 일본학전공, 2014

배우성, 『조선후기 국土官과 천하관의 변화』 일지사, 1998

배우성·구병진 역, 『국역 同文彙考 疆界 史料』 동북아역사재단, 2007

배재홍, 「조선후기 울릉도 수토제 운용의 실상」『대구사학』 103, 대구사학회, 2011

백인기, 「조선후기 울릉도 수토제도의 주기성과 그 의의-숙종부터 영조까지를 중심
　　　으로」『이사부와 동해』 6, 한국이사부학회, 2013

서울대학교도서관, 『규장각 한국본 도서 해제 사부 4』 1984

손승철, 「1696년, 安龍福의 제2차 渡日 공술사료-元祿九丙子年朝鮮舟着岸一卷
　　　之覺書에 대하여」『한일관계사연구』 24, 한일관계사학회, 2006

_____, 「조선시대 '空島政策'의 허구성과 '搜討制' 분석」『이사부와 동해』 창간호,
　　　한국이사부학회, 2010

_____, 「17세기말 안용복 사건을 통해 본 조일 간의 해륙경계분쟁」『한일관계사연
　　　구』 42, 한일관계사학회, 2012

_____, 『울릉도 독도 품은 강원도 사람들』 강원도민일보·삼척시, 2012

_____, 「조선후기 수토기록의 문헌사적 연구」『울진대풍헌과 조선시대 울릉도·독도의 수토사』영남대학교 독도연구소 독도연구총서 14, 2015

송병기,『울릉도와 독도』단국대학교 출판부, 1999

_____,『독도영유권사료선』한림대학교 출판회, 2004

_____,『울릉도와 독도』단국대학교 출판부, 2005

_____,「안용복의 활동과 울릉도쟁계」『역사학보』192, 역사학회, 2006

_____,『재정판 울릉도와 독도』단국대학교 출판부, 2007

_____,「안용복의 활동과 죽도(울릉도)도해 금지령」『동양학』43, 단국대학교 동양학연구소, 2008

송휘영,「울릉도쟁계(竹島一件)의 결착과 스야마 쇼에몽(陶山庄右衛門)」『일본문화학보』49, 한국일본문화학회, 2011

송휘영 편역,『일본 향토사료 속의 독도』영남대학교 독도연구소 사료총서 1, 선인, 2014

_____,『독도관계 사료집 Ⅰ-일본 근세지방문서』선인, 2015

신동규,「근세시기(朝鮮後期·江戶時代) 韓·日간 獨島 연구의 쟁점과 문제점 고찰」『한국사학보』28, 고려사학회, 2007

신용하,『독도의 민족영토사연구』지식산업사, 1996

_____,『독도, 보배로운 한국영토』지식산업사, 1996

_____,『독도연구총서』1~10, 독도연구보전협회, 1998

_____,『신용하의 독도 이야기』살림, 2004

_____,『개정증보 독도영유권에 대한 일본주장 비판』서울대학교출판문화원, 2011

심현용,「조선시대 울릉도·독도 搜討관련 '蔚珍 待風軒' 소장자료 考察」『강원문화사연구』13권, 2008

_____,「울진 대풍헌 현판」『대구사학』98권, 대구사학회, 2010

_____,「조선시대 울릉도 수토정책에 대한 고고학적 시·공간 검토」『영토해양연구』6, 동북아역사재단 독도연구소, 2013

장순순,「조선후기 對馬藩의 조선 교섭과 1693년 울릉도 영속시비」『동북아역사논총』37, 동북아역사재단, 2012

_____,「17세기 조일관계와 '鬱陵島爭界'」『역사와 경계』84, 부산경남사학회, 2012

_____,「조선후기 對馬藩의 조선 교섭과 1693년 울릉도 영속시비」『동북아역사논

총』 37, 동북아역사재단, 2012

_____, 「17세기 후반 '鬱陵島爭界'의 종결과 對馬島(1696년~1699년)」『한일관계사연구』45, 힌일관계사학회, 2013

_____, 「17세기 후반 안용복의 피랍·도일사건과 의미」『이사부와 동해』5, 한국이사부학회, 2013

_____, 「1696년 안용복의 渡日과「元祿九丙子年朝鮮舟着岸一卷之覺書」」『한일관계사연구』 2014, 한일관계사학회, 2014

정경희, 「숙종 대 탕평론과 '탕평'의 시도」서울대학교 국사학과 석사학위논문, 1993

정성일, 「조선과 일본이 은유통 교섭(1697~1711)」『한일관계사연구』 42, 한일관계사학회, 2012

_____,『朝鮮後期 漂流民과 韓日關係』국학사료원, 1999

정영미 역,『竹島考』上·下, 경상북도·안용복재단, 2010

정훈식, 「조선후기 일본론에서 대마도와 안용복」『역사와 경계』89, 부산경남사학회, 2013

조 광, 「독도 연구의 현황과 전망」『한·일 양국의 관점에서 본 울릉도 독도』대구한의대학교 안용복연구소 학술총서 1, 지성인, 2012

정석종,『조선후기사회변동연구』일조각, 1983

_____,『조선후기의 정치와 사상』한길사, 1994

조용헌, 「조선선비의 노블레스 오블리제는 무엇인가」『5백년 내력의 명문가 이야기』푸른역사, 2002

진재교, 「원중거의「안용복전」연구-'안용복'을 기억하는 방식」『진단학보』108, 진단학회, 2009

차상찬,『해상의 쾌인 안용복』이프리북스, 2013

최장근,『독도의 영토학』대구대학교출판부, 2008

안용복장군기념사업회,『守疆祠志』2004

양태진,『독도연구문헌집』경인문화사, 1998

_____,『한국독립의 상징 독도』백산출판사, 2004

영남대학교 독도연구소,『독도 영유권 확립을 위한 연구』영남대학교 독도연구소 독도연구총서 3, 경인문화사, 2009

영남대학교 독도연구소,『독도 영유권 확립을 위한 연구』Ⅱ, 영남대학교 독도연구
　　　소 독도연구총서 4, 경인문화사, 2010

　　　　　　　　　　　,『독도 영유권 확립을 위한 연구』Ⅲ, 영남대학교 독도연구
　　　소 독도연구총서 6, 경인문화사, 2011

　　　　　　　　　　　,『독도 영유권 확립을 위한 연구』Ⅳ, 영남대학교 독도연구
　　　소 독도연구총서 8, 선인, 2012

　　　　　　　　　　　,『독도 영유권 확립을 위한 연구』Ⅴ, 영남대학교 독도연구
　　　소 독도연구총서 9, 선인, 2013

　　　　　　　　　　　,『독도 영유권 확립을 위한 연구』Ⅵ, 영남대학교 독도연구소
　　　독도연구총서 12, 선인, 2015

　　　　　　　　　　　,『독도 영유권 확립을 위한 연구』Ⅶ, 영남대학교 독도연구
　　　소 독도연구총서 13, 선인, 2015

　　　　　　　　　　　,『울진 대풍헌과 조선시대 울릉도·독도의 수토사』영남대학
　　　교 독도연구소 독도연구총서 14, 선인, 2015

영남대학교 민족문화연구소,『울릉도·독도의 종합적 연구』영남대학교 출판부,
　　　1998

영남대학교 민족문화연구소 편,『울릉도·독도 주민의 생활구조와 그 변천 발전』
　　　영남대학교 출판부, 2003

영남대학교 민족문화연구소,『독도를 보는 한 눈금 차이』선출판사, 2006

오상학,「조선시대 지도에 표현된 울릉도·독도 인식의 변화」『문화역사지리』제18
　　　권 1호, 한국문화역사지리학회, 2006

오오니시 토시테투 저 ; 권정 역,『안용복과 원록각서』한국학술정보, 2011

울릉군지편찬위원회 편,『울릉군지』울릉군, 1989

월간조선,『독도, 130문 130답』2011년 6월 월간조선 특별부록

원연희,「안용복의 제1차 渡日에 관한 연구」『강원사학』25, 강원사학회, 2011

유미림,「「울릉도」와「울릉도 사적」역주 및 관련기록의 비교연구」한국해양수산
　　　개발원연구보고서, 2007

　　　　,「안용복 사건, 과거시험에 출제되다」『영토해양연구』2, 동북아역사재단 독
　　　도연구소, 2011

　　　　,『우리 사료 속의 독도와 울릉도』지식산업사, 2013

유소민 지음 ; 박기수·차경애 옮김, 『기후의 반역』 성균관대학교 출판부, 2005

유재춘, 「동해안의 수군유적 연구 - 강원도지역을 중심으로」 『이사부와 동해』 창간호, 한국이사부학회, 2010

義城金氏 松湖公派 종친회, 『松湖實蹟』 1998

윤유숙, 「근세 돗토리 번 (鳥取藩) 町人의 울릉도 도해」 『한일관계사연구』 42, 한일관계사학회, 2012

_____, 「1693년 조선인의 돗토리 번(鳥取藩) 연행 사건과 쓰시마 번(對馬藩)」 『동양사학연구』 23, 동양사학회, 2013

_____, 「1696년 오키(隱岐)에 도항한 조선인들의 송환과정 검토」 『일본역사연구』 38, 일본사학회, 2013

이병휴, 「울진지역과 울릉도·독도와의 역사적 관련성」 『울릉도·독도 주민의 생활구조와 그 변천 발전』 영남대학교 민족문화연구소 편, 영남대학교 출판부, 2003

이성임, 「조선중기 양반의 경제생활과 재부관」 『한국사시민강좌』 29, 일조각, 2001

이승진, 「울릉도 역사의 새로운 발견 - 세 가지 각석문의 검토」 『울릉문화』 5, 2000

이준구, 「조선시대 울릉도·독도의 파수꾼 안용복」 『영남을 알면 한국사가 보인다』 대구사학회편, 푸른역사, 2005

_____, 「17세기 말, 號牌·戶籍이 말하는 울릉도·독도 파수꾼 安龍福과 朴於屯」 『朝鮮史研究』 14, 2005

이일걸, 「동북공정과 간도 영유권 문제」 『한국사론』 41, 국사편찬위원회, 2004

이 훈, 『대마도 역사를 따라 걷다』 역사공간, 2005

이태진, 「국제무역의 성행」 『한국사시민강좌』 9, 일조각, 1992

_____, 「小氷期(1500~1750) 천변재이 연구와 『조선왕조실록』」 『역사학보』 역사학회, 1996

_____, 「외계충격 대재난설과 인류역사의 새로운 해석」 『역사학보』 164, 역사학회, 1999

_____, 『동경대생들에게 들려준 한국사』 태학사, 2005

이현호, 「일제시기 이주어촌 ‘방어진’과 지역사회 동향」 『역사와 세계』 33, 효원사학회, 2008

이 훈, 「조선후기의 독도 영속시비」 『독도와 대마도』 지성의 샘, 1996

이희환, 『조선후기 당쟁연구』 국학사료원, 1995

추효상, 「하계 한국 남해의 해항 변동과 멸치 초기 생활기 분포 특성」 『한국수산경
　　　영지』 35, 2002

하우봉, 「원중거(元重擧)의 한일관계사 인식 『화국지(和國志)』를 중심으로」 『한
　　　일관계사연구』 50, 한일관계사학회, 2015

한국근대사자료연구협의회, 『獨島研究』 1985

한국정신문화연구원, 『獨島研究』 1996

한국학중앙연구원, 『이재난고로 보는 조선 지식인의 생활사』 2007

한국해양수산개발원 편, 『독도사전』 한국해양수산개발원, 2011

현대송 편, 『한국과 일본의 역사인식』 나남, 2008

호사카 유지, 『우리 역사 독도』 책문, 2009

홍성근·문철영·전영신·이효정, 『독도! 울릉도에서는 보인다』 동북아역사재단,
　　　2010

황인경, 『소설 독도』 북스타, 2015

岡田卓己, 「元祿竹島一件-鬱陵島爭界の解決における 對馬藩家臣の役割-
　　　「竹嶋紀事」 と 「竹島文談」を中心に -」 『일본문화연구』 54, 2015

內藤正中, 『竹島(鬱陵島)ためぐる日鮮關係史』 多寶出版, 2000

　　　　　, 『竹島(鬱陵島)をめぐる日朝關係史』 多賀出版, 2001

內藤正中 ; 권오엽·권정 역, 『독도와 죽도』 제이앤씨, 2005

大西俊輝 著, 권오엽·권정 역, 『獨島』 59, 제이앤씨, 2005

大西俊輝 著, 권정 역, 『안용복과 원록각서』 한국학술정보, 2011

島根縣竹島問題研究會, 『竹島に關する調査研究最終報告書』 2007

陶山庄右衛門 ; 권오엽·오니시 토시테루 편주, 『죽도문담』 한국학술정보, 2010

衫原隆, 「大谷家, 村川家 關係文書再考」 『竹島問題に關する調査研究 最終
　　　報告書』 竹島問題研究會, 2007

第2期 島根縣竹島問題研究會, 『竹島に關する調査研究中間報告書』 2011

　　　　　　　　　　　　　　, 『竹島に關する調査研究最終報告書』 2012

第3期 島根縣竹島問題研究會, 『竹島に關する調査研究最終報告書』 2015

田村淸三郞, 『島根縣竹島の新研究』 島根縣 발행, 1996

竹內猛 ; 송휘영·김수희 역, 『獨島=竹島 문제 '고유영토론'의 역사적 검토』 선인,
　　　2013

池內 敏,「竹島渡海と鳥取藩」『鳥取地域史硏究』1, 1999

_____,「竹島一件の再檢討—元祿六~九年の日朝交涉」『名古屋大學文學部硏究論集』 史學 47, 2001

_____,「東平行一件の再檢討」『大君外交と武威』名古屋大學出版會, 2006

_____,『大君外交と武威』名古屋大學出版會, 2006

_____,「隱岐·村上家文書と安龍福事件」『鳥取地域史硏究』9, 2007

이케우치 사토시,「일본 에도시대(江戶時代)의 다케시마(竹島)-마츠시마(松島) 인식」『독도연구』6, 영남대학교 독도연구소, 2009

池內 敏,『竹島問題とは何か』名古屋大學出版會, 2012

_____,「安龍福事件考」『한·일 양국의 관점에서 본 울릉도 독도』대구한의대학교 안용복연구소 학술총서 1, 지성인, 2012

川上健三,『竹島の歷史地理學的硏究』古今書院, 1966

塚本孝,「竹島領有權問題の経緯(第2版)」『調査と情報』289, 國會図書館, 1996

下條正男,「竹島問題考」『現代ュリア』1996년 5월호

_____,「'竹島의 날' 조례로부터 2년」'改竄된 韓國의 論據', 島根縣 竹島問題硏究會,『竹島問題에 관한 調査硏究最終報告書』2007

부록

한국의 안용복 관련 사료

1. 개요

(1) 사서류

차례	년도	출처	일자	적요
1	1693	『승정원일기』	10월 28일	동래부사가 竹島에서 표류한 사람들을 차왜가 데려온다고 보고함
2		『비변사등록』	11월 14일	바닷가 어민들이 자주 무릉도와 다른 섬에 왕래하면서 대나무도 베어오고 전복도 따오고 있다.
3		『숙종실록』	11월 18일	울산의 어부들이 해변에서 표류하여 울릉도에 이르다
4	1694	『승정원일기』	1월 15일	민암이 竹島는 울릉도인 듯 하다고 아룀
5		『숙종실록』	2월 23일	울산의 고기잡이 40여명이 울릉도에 배를 대었는데 왜인의 배가 박어둔·안용복 2인을 잡아가버림
6		『승정원일기』	3월 3일	연해의 백성들이 외양에 왕래하며 범월하는 일에 대한 논의
7		『승정원일기』	윤5월 24일	고기잡이 하는 사람들이 이따금 울릉도에 가서 고기잡이 한다는 증언 청취
8		『승정원일기』	윤5월 24일	울릉도를 점거하려고 하는 왜인에 대한 대처 논의
9		『승정원일기』	7월 4일	남구만, 삼척첨사로 하여금 울릉도 조사하자는 건의
10		『비변사등록』	7월 4일	남구만, 삼척첨사로 하여금 울릉도 지키게 하라는 건의
11		『승정원일기』	7월 16일	울릉도에 설진하자는 건의
12		『숙종실록』	8월 14일	울릉도 문제를 왜와 교신하다
13		『비변사등록』	10월 15일	삼척첨사張漢相의 울릉도 시찰보고

차례	년도	출 처	일자	적 요
14		『승정원일기』	10월 21일	삼척첨사張漢相의 울릉도 왕래 선박 조성 때의 불법 처결에 관한 논의
		『비변사등록』	10월 22일	삼척첨사張漢相의 처벌에 관한 용서 건의
15	1695	『비변사등록』	5월 22일	전 접위관 홍중하가 울릉도에서 붙잡혔다가 돌아온 사람이 동래 땅에 있었는데도 그 실상을 조사하지 않았음
16		『숙종실록』	8월 29일	동래인 안용복 등이 일본국에서 왜인과 송사하고 돌아오니 잡아 가두다
17		『숙종실록』	9월 2일	안용복 등을 경옥에 나치하여 사핵할 것을 허락하다
18		『승정원일기』	9월 12일	안용복 압송 추문에 관한 비변사의 계
19		『숙종실록』	9월 22일	안용복이 동래에서 변정에 관계되는 일로 잡혀오다
20		『숙종실록』	9월 25일	비변사에서 안용복 등을 추문하다
21	1696	『숙종실록』	9월 27일	영의정 유상운이 안용복의 죄에 대해 말하다
22		『승정원일기』	9월 27일	안용복, 이인성 처치하는 문제
23		『숙종실록』	10월 13일	좌의정 윤지선이 안용복의 죄를 논하고 죽이기를 청하다
24		『승정원일기』	10월 13일	개인적으로 伯耆州에 가서 울릉도에 대해 公文을 받고 상소도 못文한 안용복의 처리에 대한 논의
25		『숙종실록』	10월 23일	승지 유집일의 안용복 推問에 관한 보고
26		『승정원일기』	10월 23일	유집일이 입시하여 招辭의 앞뒤가 맞지 않은 안용복의 신문에 대해 논의함
27		『승정원일기』	윤3월 3일	유명웅이 안용복의 일 등을 논의함
28	1697	『승정원일기』	윤3월 3일	안용복의 타국을 천입했던 죄에 대한 처벌 문제 등을 논의함

차례	년도	출처	일자	적요
29		『숙종실록』	3월 27일	유상국이 안용복의 죄를 논하다
30		『승정원일기』	3월 27일	류상운등이 입시하여 금령을 범한 안용복을 처벌하는 문제 등에 대해 논의함
31		『승정원일기』	4월 10일	안용복에 대한 감사정배의 명을 환수하기를 청하는 류중무등의 계
32		『승정원일기』	4월 11일	안용복을 감사정배하라는 명의 환수등을 청하는 류중무 등의 계
33		『승정원일기』	4월 12일	안용복을 감사정배하라는 명의 환수 등을 청하는 류중무 등의 계
34		『승정원일기』	4월 13일	류중무가 입시하여 안용복을 감사정배하라는 명의 환수등에 대해 논의함
35		『승정원일기』	4월 13일	류상운등이 입시하여 울릉도의 어채금지 등에 대해 논의함
36		『숙종실록』	9월 5일	관왜 문제의 처리에 대한 이세재·비변사 등의 논의

(2) 기타

차례	저자명	출처	적요
1		1693년 9월	竹島에서 붙잡힌 두 사람을 데려오는 봉행차왜가 출항하기를 기다린다는 것을 알리는 선문두왜가 옴
2		1693년 11월	차왜 접대를 조정에 아룀
3		1693년 11월	접위관을 선발하여 어민들의 어채행위 금지
4	『邊例集要』	1695년 2월	이희롱 재직시 '울릉'이란 두 글자를 삭제해 주기를 원함
5		1693년 12월	竹島에 들어온 40여명 가운데 2명을 백기 주태수가 인질로 잡아 가두고 강호에 알림
6		1693년 12월	竹島에서 어민들이 붙잡힌 것은 매우 놀라운 일

차례	저자명	출처	적 요
7		1694년 1월	竹島에서 붙잡힌 울산의 박어둔, 안용복 문초
8		1694년 2월	서계 가운데 竹島 외의 울릉도 글자 삭제 요구
9		1694년 2월	차왜의 울릉 2자 삭제의도에 관한 저의 추정
10		1694년 2월	차왜가 서계 외 예단, 일공은 받지 않고 돌아감
11		1694년 2월	울릉도는 우리의 땅임을 보여야 한다는 주장이 거론됨
12		1694년 5월	전날의 서계 중에 `울릉'이란 두 글자를 삭제해 주기를 청함
13		1694년 8월	박어둔, 안용복이 무릉도에서 왜인의 칼과 조총의 위협에 피랍되었다는 경상감영의 장계
14		1694년 8월	竹島와 울도의 1島 2名에 관한 논의
15		1694년 8월	일도이명설
16		1694년 8월	차왜 울도가 조선의 지방이 됨을 밝히는 회답 서계 요구
17		1694년 8월	일도이명설에 대한 논의
18		1694년 10월	회답서계 개찬의 건
19		1694년 12월	서계회답 받기 전에 돌아갈 수 없다는 차왜
20		1694년 12월	서계 회답 불가의 뜻 천명
21		1695년 2월	이희룡 재직시 `울릉'이란 두 글자를 삭제해 주기를 원함
22		1695년 5월	귤진중이 동래부에 보낸 서계에 관한 보고
23		1695년 5월	서계 처리에 관한 비변사의 견해 개진
24		1695년 6월	차왜의 서계와 회답서계 처리 건
25		1697년 1월	竹島渡海禁止에 있어서의 대마도주의 역할
26		1697년 3월	임금이 재가한 사항을 재판왜에게 언급
27		1697년 4월	재판차왜가 서계의 일을 조정에 논함
28		1697년 6월	울도에 관한 일을 서계에 전해 줌
29		『萬機要覽』	문헌비고 울릉도 사실
30	예조 전객사	『漂人領來謄錄』	국경을 범한 죄인 안용복의 죄를 논한 일 -적으로 일본에 건너 간 안용복의 처리에 대한 조정의 논의 (9월 30일)

차례	저자명	출처	적요
31	〃	〃	-안용복의 처리에 대한 재외 대신들의 의견 (10월 15일)
32	남구만	『藥泉集』	유상국에게 답함-안용복 처리건
33	이익	『星湖僿說』	울릉도
34	〃	『星湖先生全集』	박사수의 안용복전
35	신경준	『疆界考』	울릉도-안용복이 울릉도가 자국의 땅임을 밝힘
36	이긍익	『燃藜室記述』	울릉도
37	이맹휴	『春官志』	鬱陵島爭界
38	성대중	『青城雜記』	울릉도를 지킨 안용복
39	원중거	『和國志』	안용복전
40	안정복	『順菴先生文集』	이정조 가환에게 편지를 보내다
41	윤행임	『碩齋稿』	안용복
42	김건서	『增正交隣志』	울릉도의 竹島 변정정말
43	서영보 심영규	『萬機要覽』	문헌비고에 울릉도라는 실제가 있다
44	정조	『弘齋全書』	안용복이 왜정에 들어가서 시비곡직을 따짐
45	〃		안용복의 호걸스러움
46	이규경	『五洲衍文長箋散稿』	울릉도의 사적에 대한 변증설
47	〃	〃	海浪島磹磹磯辨證說
48	성해응	『研經齋全集』	菀陵島志
49	이경민	『熙朝軼事』	안용복
50	송병화	『蘭谷集』	안용복전
51	이원익	『紀年東史約』	무신 張漢相을 울릉도에 가서 살펴보도록 보내었다.
52	울산부	『蔚山府戶籍大帳』	
53	신경준	『旅菴全書』	안용복 일
54	이윤재	「쾌걸 안용복」	울릉도를 중심으로 한 2백 년 전의 조선 외교 문재
55	수춘 산인	「삼촌설(三寸舌)로 울릉도(鬱陵島) 탈환(奪還)한 해상(海上)의 쾌인용사(快人勇士) 안	안용복(安龍福)은 어떠한 인물(人物)인가? 삼촌설(三寸舌)로 어랑도주설복(五郎島主說服)

차례	저자명	출처	적요
		용복(安龍福)」	범월죄(犯越罪)로 옥중생활(獄中生活) 이개년(二箇年) 백기도주(伯耆島主)와 변관(辯判)하야 울릉도 영土官 확인(鬱陵島領土權確認)
56	장지연	「안용복(安龍福)」	안용복에서 신분제약이 철저했던 사회에서 뛰어난 이름을 남기면서 역관, 혹은 사노 드의 구체적인 행적을 밝히려 했다.
57	독립신문	「독립은 동포의 일체부책」	안용복은 일개 통역으로 왜국에 赴하여 울릉도를 還完한지라 개인으로도 能爲하고자 하난고 세월를 다시 遷延치 말고 각기 고유한 의무를 卽行할지어다
58	안확	「안용복과 울릉도」	안용복과 울릉도 윤행임(尹行恁)의 설
59	동아일보	「독도의 비밀열사 안용복」	이조십구대 숙종 대왕의 재위연소는 사십육년이다. 일, 청소년시대 이, 해상의 맹자 삼, 제일차일본 행 사, 제이차일본 행

◎ 1693년

○ 동래부사가 竹島에서 표류한 사람들을 차왜가 데려온다고 보고함

來善曰 東萊府使 以竹島漂人等 差倭出來時率來之意 旣已言及於留館倭處云 不久當出來 接慰官 豫爲差出以待之 何如? 黥曰 今番則必有爭詰之事 接慰官 各別擇差 何如? 上曰 以狀啓見之 將必有爭持之弊 接慰官 擇差以送 可也(『승정원일기』 354책, 숙종 19년 10월 28일).

睦來善이 말하기를, "東萊府使가 竹島에서 표류한 사람들을 差倭가 올

때 데려온다는 뜻은 벌써 留館倭人에게 언급하였다고 합니다. 오래지 않
아 올 것이니 接慰官을 미리 차출하여 기다리는 것이 어떠합니까?"라고
하고, 閔黯이 말하기를, "이번은 반드시 다투어 따지고 들 일이 있을 것
이니, 접위관을 각별히 골라 차출함이 어떠합니까?"라고 하니, 상께서
말씀하시기를, "狀啓를 보건대, 반드시 다툼의 소지가 있을 것이니, 접위
관을 (각별히) 골라서 보내는 것이 옳을 것이다."라고 하셨다.

○ 바닷가 어민들이 자주 무릉도와 다른 섬에 왕래하면서 대나무도
　베어오고 전복도 따오고 있다

今十一月十三日大臣·備局堂上引見入侍時 左議政睦所啓 卽接東萊府
使狀啓 則奉行差倭之所言頗順 別無難處之端矣 慶尙道沿海漁氓 雖稱
因風漂泊於武陵島云云 而得聞曾經沿海守令之言 海畔漁氓 頻頻往來於
武陵島及他島 伐取大竹 且捕鰒魚云 雖非漂風 亦或爲取利而往來 漁探
爲業之民 雖難一切禁斷 彼旣以嚴立科條 禁斷爲言 在我之道 不可無禁
令申飭之擧矣 右議政閔曰 待接慰官回還 可以詳知 而我國浦邊居民 以
漁探爲業 雖欲嚴禁 其勢末由 唯當隨現禁斷矣 上曰 海浦漁氓 日日逐利
乘船入海 勢難一切禁斷 以絶其生道 而今後則別爲申飭 使不得輕出 接
慰官 亦以此意措辭對答 可也(『비변사등록』 숙종 19년 11월 14일).

이번 11월 13일 대신과 비국 당상을 인견하여 입시하였을 때에 좌의
정 睦來善이 아뢰기를 "방금 동래부사의 장계를 보니 사명을 봉행하는
差倭의 말씨가 꽤 온순하여 별로 난처한 사단은 없을 것이라고 하였습
니다. 경상도 연해의 어민들은 비록 풍파 때문에 武陵島에 표류하였다
고 칭하고 있으나 일찍이 연해의 수령을 지낸 사람의 말을 들어보니 바

닷가 어민들이 자주 무릉도와 다른 섬에 왕래하면서 대나무도 베어오고 전복도 따오고 있다 하였습니다. 비록 표류가 아니라 하더라도 더러 이익을 취하려 왕래하면서 漁採로 생업을 삼는 백성을 일체 금단하기는 어렵다고 하겠으나 저들이 기왕 엄히 조항을 작성하여 금단하라고 하니 우리 도리로는 금령을 발하여 신칙하는 거조가 없을 수 없겠습니다." 하고, 우의정 閔黯은 아뢰기를 "接慰官이 돌아와 봐야 자세히 알 수 있겠으나 우리나라 해변의 주민들은 어채로 업을 삼고 있으니 아무리 엄금하려 해도 어쩌지 못하는 형편입니다. 오직 적발되는 대로 금단할 수밖에 없습니다." 하니, 임금이 이르기를 "바닷가 어민들은 날마다 이익을 따라 배를 타고 바다로 들어가야 하니 일체 금단하여 살아갈 길을 끊을 수는 없는 형편이나 이 뒤로는 특별히 신칙하여 경솔하게 나가지 못하게 하고 접위관도 이런 뜻으로 措辭하여 대답하는 것이 좋겠다." 하였다.

○ 울산의 어부들이 해변에서 표류하여 울릉도에 이르다

丁巳/接慰官洪重夏辭陛 左議政睦來善 右議政閔黯 與重夏同爲請對 重夏言 : "倭人所謂竹島 卽我國鬱陵島 今以爲不關而棄之則已 不然則 不可不預爲明辨 且彼若以人民入接 則豈非他日之憂乎?" 來善 黯俱以爲 : "倭人之徙入民戶 旣不能的知 此是三百年空棄之地 因此生釁失好 亦非 計也" 上從黯等言 蓋蔚山漁人 自海邊漂至鬱陵島 島上三峰接天 中有數 十戶人家遺址 草木則多竹葦 禽獸則多烏鳶猫狸 爲倭人所執去 自其島 至伯耆洲 七晝夜 時倭請以犯境之罪 罪漁人 太宗朝 宰臣申叔舟 浮海入 審鬱陵島 記其形止而來 今漁人所言 與其記言相符 議者皆以爲 此明是 鬱陵島 而廟堂乃以爲等棄之地 而不欲辨爭 其計誤矣(『숙종실록』 권25, 숙종 19년 11월 18일<정사>).

접위관 洪重夏가 하직 인사를 하고, 좌의정 睦來善, 우의정 閔黯이 홍중하와 함께 請對하였다. 홍중하가 아뢰기를, "倭人이 이른바 竹島는 바로 우리나라의 울릉도입니다. 지금 상관하지 않는다고 해서 내버린다면 그만이겠지만, 그렇지 않다면 미리 명확히 판변하지 않을 수 없습니다. 그리고 또 만약 저들의 인민이 들어가서 살게 한다면 어찌 뒷날의 걱정꺼리가 아니겠습니까?" 하고, 목내선·민암은 아뢰기를, "왜인들이 民戶를 옮겨서 들어간 사실은 이미 확실하게 알 수는 없으나, 이것은 3백 년 동안 비워서 내려둔 땅인데, 이것으로 인하여 釁端을 일으키고 우호를 상실하는 것은 또한 좋은 계책이 아닙니다." 하니, 임금이 민암 등의 말을 따랐다. 대체로 울산의 고기잡이 하는 사람이 해변에서 표류하여 울릉도에 이르렀는데, 섬 위에는 세 봉우리가, 하늘에 닿아 있고 섬 가운데는 수십 호되는 인가의 허물어진 터가 있었으며, 초목으로는 대나무와 갈대가 많았고 날짐승과 길짐승으로는 까마귀·소리개·고양이·너구리·살쾡이가 많았는데, 왜인들이 잡아가는 바가 되었으며, 그 섬으로부터 伯耆洲까지는 7주야가 걸린다. 이때 왜가 국경을 침범한 죄로 고기잡는 사람을 처벌하기를 청하였다. 태종 조의 宰臣 申叔舟가 배를 타고 울릉도에 들어가 살펴보고 그곳의 形止를 기록하여 왔었는데, 지금 고기잡이 하는 사람이 말한 바가 그 기록에서 말하는 것과 서로 부합이 되므로 의논하는 자들이 모두 이것은 분명 울릉도라고 여겼지만, 廟堂에서는 버려둔 땅과 같이 여기고 분변하여 다투려고 하지 않았으니, 그 계책이 잘못되었다.

◎ 1694년

○ 引見 때 金澍 등이 입시하여 동래부사의 장계에 거론한 竹島 문제 등에 대해 논의함

上曰 昨見東萊府使狀啓 則所謂竹島 似是蔚陵島矣. 來善曰 考見各人招辭 其中一人所到之島 又是別島矣 未知此島 果是倭人所謂竹島乎? 黯曰 渠之所屬之島 似是竹島矣(『승정원일기』 355책, 숙종 20년 1월 15일).

상께서 말씀하시기를, "어제 동래부사의 狀啓를 보니, 이른바 竹島라고 하는 곳은 울릉도인 듯하다고 한다."라고 하니, 來善이 말하기를, "각각 사람들의 招辭를 살펴보건대, 그 중 한 사람이 도착한 섬은 또한 다른 섬이라고 하니, 이 섬이 과연 왜인이 말하는 竹島인지 알지 못하겠습니다."라고 하였으며, 黯이 말하기를, "그들에게 속한 섬이 竹島인 듯합니다."라고 하였다.

○ 울산의 고기잡이 40여명이 울릉도에 배를 대었는데 왜인의 배가 박어둔·안용복 2인을 잡아가버림

癸酉春 蔚山漁採人四十餘口 泊船於鬱陵島 倭船適到 誘執朴於屯·安龍福二人而去 及其冬 對馬島使正官橘眞重 領送於屯等 仍請禁我人之漁採於竹島者 其書曰 : "貴域瀕海漁氓 比年行舟於本國竹島 土官詳諭國禁 固告不可再 而今春漁氓四十餘口 入竹島雜然漁採 土官拘其二人 爲一時證質 本國因幡州牧 馳啓東都 令漁氓附與弊邑 以還故土 自今以後 決莫容船於彼島 彌存禁制 使兩國交誼 不坐釁郄" 自禮曹覆書曰 : "弊邦禁束漁氓 使不得出於外洋 雖弊境之鬱陵島 亦以遼遠之故 不許任

意往來 況其外乎? 今此漁船 敢入貴境竹島 致煩領送 遠勤書諭 隣好之
誼 實所欣感 海氓獵漁 以爲生理 不無漂轉之患 而至於越境深入 雜然漁
採 法當痛懲 今將犯人等 依律科罪 此後沿海等處 嚴立科條而申勅之"
仍以校理洪重夏 差接慰官 至東萊倭館 則橘眞重 見覆書中弊境鬱陵之
說 甚惡之 謂譯官曰 : "書契只言竹島固好 必奉鬱陵者 何也?" 仍屢請刪
改 而私送其從倭 通議於馬島 殆至半月 遷延未決 重夏使譯官責之 從倭
私謂譯官曰 : "島主必欲刪鬱陵二字 而如有難處者 亦許受書正官之委曲
請改 自爾如此" 又迭爲游辭以爭之 朝廷終不聽 橘眞重計窮情露 乃受書
以歸 於是 治泊船鬱陵島人 或刑訊或編配 後承旨金龜萬侍講筵 白上曰
: "臣昔爲江原都事 至海上 問居人以鬱陵島 則爲指示之 臣早起遙望 三
峰歷歷 及日出 都不可見矣 以此比之於靈巖月出山之望濟州 則尙爲近
矣 臣謂當置鎭于此島 以備不虞 向者漁採人之謫配 恐爲過也" 上曰 :
"爾言亦有見矣"

　史臣曰 : "倭人所謂竹島 卽我國鬱陵島 而鬱陵之稱 見於羅·麗史乘及
唐人文集 則其來最遠矣 島中多產竹 亦有竹島之稱 而其實一島 二名也
倭人隱鬱陵之名 但以竹島漁採爲辭 冀得我國回言 許其禁斷然後 仍執
左契 以爲占據之計 我國覆書之必擧鬱陵者 乃所以明其地之本爲我國也
倭人之必欲改鬱陵二字 而終不顯言竹島之爲鬱陵者 蓋亦自病其曲之在
已也 噫! 祖宗疆土 不可以與人 則明辨痛斥 使狡倭無復生心 義理較然
而過於周愼 徒欲羈縻 如犯人等科罪之語 尤示弱於隣國 可勝惜哉?"

　是夏 南九萬白上曰 : 東萊府使報 : '倭人又言「朝鮮人入於吾竹島 宜
禁其更入也」 臣見『芝峰類說』(故判書李睟光所著 芝峯卽其號) 倭奴占
據礒竹島 礒竹 卽鬱陵島也 今倭人之言 其爲害 將無窮 前日答倭書 殊
糢糊 宜遣接慰官 推還前書 直責其回賓作主可也' 新羅圖 此島亦有國名

納土貢 高麗太祖時 島人獻方物 我太宗朝 不勝倭患 遣按撫使 刷出流民
而空其地 今不可使倭居之 祖宗疆土 又何容與人乎?” 申汝哲曰 : “臣聞
寧海漁人 島中多大魚 又有大木大竹如杠 土且沃饒 倭若據而有之 旁近
江陵、三陟必受其害” 上用九萬言 命還前書(『숙종실록』 권26, 숙종 20
년 2월 23일 <신묘>).

　계유년 봄에 울산의 고기잡이 40여명이 울릉도에 배를 대었는데, 왜
인의 배가 마침 이르러, 朴於屯·安龍福 2인을 꾀어내 잡아서 가버렸다.
그 해 겨울에 대마도에서 正官 橘眞重으로 하여금 박어둔 등을 기느려
보내게 하고는, 이내 우리나라 사람이 竹島에 고기 잡는 것을 금하기를
청하였는데, 그 서신에 이르기를, “귀역의 바닷가에 고기 잡는 백성들이
해마다 본국의 竹島에 배를 타고 왔으므로, 土官이 國禁을 상세히 알려
주고서 다시 와서는 안 된다는 것을 굳이 알렸는데도, 올봄에 漁民 40여
명이 竹島에 들어와서 난잡하게 고기를 잡으므로, 土官이 그 2인을 잡아
두고서 한때의 證質로 삼으려고 했는데, 본국에서 幡州牧이 東都에 빨리
사실을 알림으로 인하여, 어민을 弊邑(대마도)에 맡겨서 고향에 돌려보
내도록 했으니, 지금부터는 저 섬에 결단코 배를 용납하지 못하게 하고
더욱 禁制를 보존하여 두 나라의 交誼로 하여금 틈이 발생하지 않도록
하십시오.” 하였다. 예조에서 회답하는 서신에 이르기를, “弊邦에서 어민
을 금지 단속하여 外洋에 나가지 못하도록 했으니 비록 우리나라의 울
릉도일지라도 또한 아득히 멀리 있는 이유로 마음대로 왕래하지 못하게
했는데, 하물며 그 밖의 섬이겠습니까? 지금 이 漁船이 감히 貴境의 竹
島에 들어가서 번거롭게 거느려 보내도록 하고, 멀리서 書信으로 알리
게 되었으니, 이웃 나라와 교제하는 情誼는 실로 기쁘게 느끼는 바입니

다. 바다 백성이 고기를 잡아서 생계로 삼게 되니 물에 떠내려가는 근심이 없을 수 없지마는, 국경을 넘어 깊이 들어가서 난잡하게 고기를 잡는 것은 법으로서도 마땅히 엄하게 징계하여야 할 것이므로, 지금 범인들을 형률에 의거하여 죄를 科하게 하고, 이후에는 연해 등지에 科條를 엄하게 제정하여 이를 신칙하도록 할 것이오.” 하였다. 이내 校理 洪重夏를 접위관으로 임명하여 동래의 왜관에 이르게 했는데, 귤진중이 우리나라의 회답하는 서신중에 ‘우리나라의 울릉도란 말’을 보고는 매우 싫어하여 통역관에게 이르기를, “書契에 다만 라고만 말하면 좋을 것인데, 반드시 울릉도를 들어 말하는 것은 무슨 이유인가?” 하면서, 이내 여러 번 刪改하기를 청하고는, 사사로이 그 따라온 왜인을 보내어 대마도에 통하여 의논하기를 거의 반달이나 되면서 시일을 지체하여 결정하지 않으므로, 홍중하가 통역관으로 하여금 이를 책망하니, 따라온 왜인이 사사로 통역관에게 이르기를, “島主는 반드시 울릉이란 두 글자를 깎아 버리려고 했으니, 難處한 일이 있는 듯하며, 또한 자세히 고치기를 청하는 正官의 서신을 받아야하기 때문에 저절로 이와 같이 되었다.” 하고는, 또 번갈아 근거 없는 말을 하면서 다투므로, 우리 조정에서 마침내 들어주지 않았다. 귤진중이 꾀가 다하고 사실이 드러나게 되어 그제야 서계를 받고서 돌아갔다. 이에 울릉도에 배를 정박했던 사람을 治罪하여 혹은 刑訊하기도 하고, 혹은 귀양 보내기도 하였다. 후에 승지 金萬龜가 講筵에 모시고 있다가 임금에게 아뢰기를, “신이 옛날에 江原都事가 되었을 때, 바닷가에 이르러 거주하는 사람에게 울릉도를 물었더니 가리켜 보이므로, 신이 일찍이 일어나 멀리서 바라보니 세 봉우리가 뚜렷했는데, 해가 뜰 때에는 전혀 볼 수가 없었습니다. 이로써 靈巖의 月出山에서 濟州를 바라본 것에 비한다면 오히려 가까운 편입니다. 신은 마땅히 이 섬

에 鎭을 설치하고서 뜻밖의 변고에 대비해야 된다고 생각합니다. 지난
번에 고기 잡는 사람을 귀양 보낸 일은 아마 지나친 듯합니다." 하니, 임
금이 말하기를, "그대의 말이 또한 所見이 있도다." 하였다. 史臣은 논한
다. 왜인들이 말하는 竹島란 곳은 곧 우리나라의 울릉도인데, 울릉이란
칭호는 신라·고려의 史書와 중국 사람의 文集에 나타나 있으니 그 유래
가 가장 오래 되었다. 섬 가운데 대나무가 많이 생산되기 때문에 또한
竹島란 칭호가 있지마는, 실제로 한 섬에 두 명칭인 셈이다. 왜인들은
울릉이란 명칭은 숨기고서 다만 竹島에서 고기 잡는다는 이유를 구실로
삼아서, 우리나라의 회답하는 말을 얻어서 그 禁斷을 허가받은 후에 이
내 左契(약속한 서계)를 가지고서 占據할 계책을 삼으려고 했으니, 우리
나라의 회답하는 서계에 반드시 울릉이란 명칭을 든 것은, 그 땅이 본디
우리나라의 것임을 밝히기 때문이다. 왜인들이 반드시 울릉이란 두 글
자를 고치려고 하면서도, 끝내 竹島가 울릉도가 된 것을 드러나게 말하
지 않는 것은, 대개 그 왜곡이 자기들에게 있음을 스스로 걱정했기 때문
이다. 아! 祖宗의 강토는 남에게 줄 수가 없으니 명백히 분변하고 엄격
히 물리쳐서 교활한 왜인으로 하여금 다시는 마음을 내지 못하도록 할
것이 의리가 분명한데도, 주밀하고 신중한 데에 지나쳐서 다만 견제하
려고 한 것이 범인들에게 科罪하는 말과 같이, 더욱 이웃 나라에 약점을
보였으니, 이루 애석함을 견디겠는가?

이해 여름에 南九萬이 임금에게 아뢰기를, "동래부사의 보고에 왜인
이 또 말하기를, '조선 사람은 우리의 竹島에 마땅히 다시 들어오는 것
을 금지해야 할 것이다.'라고 하는데, 신이 『芝峰類說』故 판서 李睟光이
저술한 책으로, 芝峰은 그의 호이라를 보니, 왜놈들이 竹島(礒竹島)를 점
거했는데, 礒竹島는 곧 울릉도이다.'라고 했습니다. 지금 왜인의 말은 그

해독이 장차 한정이 없을 것인데, 전일 왜인에게 회답한 서계가 매우 모호했으니, 마땅히 접위관을 보내어 전일의 서계를 되찾아 와서 그들이 남의 의사를 무시하고 방자하게 구는 일을 바로 책망하는 것이 좋겠습니다. 신라 때 이 섬을 그린 그림에도 또한 나라 이름이 있고 土貢을 바쳤으며, 고려 태조 때에 섬사람이 方物을 바쳤으며, 우리 태종 때에 왜적이 침입하는 근심을 견딜 수가 없어서 按撫使를 보내어 流民을 찾아내오게 하고는, 그 땅을 텅 비워 두게 했으나, 지금 왜인들로 하여금 거주하게 할 수는 없습니다. 조종의 강토를 또한 어떻게 남에게 줄 수가 있겠습니까?" 하였다.

申汝哲은 아뢰기를, "신이 寧海의 어민에게 물으니, '섬 가운데 큰 물고기가 많이 있고, 또 큰 나무와 큰 대나무가 기둥과 같은 것이 있고, 토질도 비옥하다.'고 하였는데, 왜인이 만약 점거하여 차지한다면 이웃에 있는 강릉과 삼척 지방이 반드시 그 해를 받을 것입니다." 하니, 임금이 남구만의 말을 들어 써서 전일의 서계를 돌려오도록 명하였다.

○ 연해의 백성들이 외양에 왕래하며 범월하는 일에 대한 논의

大臣·備局堂上引見 入侍時 右議政閔黯所啓 竹島事 旣已收殺 其所謂犯越罪人等 當有照勘之擧 而沿海民人 本來以漁採爲生 冒犯貪利 常常往來於外洋 致有如此生梗之患 似當各別嚴治 今此罪人等 若施以輕律 則難杜後日之弊矣. 領議政權大運曰 各人等 雖有冒出外洋之罪 愚氓不必深治 刑推放送 似可矣. 左副承旨李玄紀曰 東邊民人 田土瘠薄 不能耕作 惟事漁採 雖曰加嚴飭 萬無不出外洋之理矣. 黯曰 事係邊上 不可歇治 分別首從 船主及沙工 則徒年定配 其餘 則刑推放送 似可矣. 上曰 依爲之(『승정원일기』355책, 숙종 20년 3월 3일).

대신들과 비변사 당상들을 引見하여 입시했을 때, 우의정인 閔黯이 아뢴 것은, "竹島의 일은 이미 收殺하여 그 이른바 犯越한 죄인들을 마땅히 照勘해야 할 일이나, 연해의 백성들은 본래 고기잡이로 생계를 유지하므로, 법으로 금함을 무릅쓰고 이익을 탐하여 늘 먼 바다를 왕래하여 이와 같은 사단이 생기는 근심이 있게 되었으니, 각별히 엄하게 다스림이 마땅할 듯합니다. 이제 이 죄인들을 만약 가벼운 법률로써 (은혜를) 베푼다면, 뒷날에 일어날 폐단을 막기 어려울 것입니다."라고 하는 것인데, 영의정인 權大運이 말하기를, "각각의 사람들이 비록 먼 바다로 나가는 죄를 저질렀으나, 어리석은 백성은 꼭 엄하게 다스릴 필요는 없으니, 刑推하고 풀어주는 것이 옳을 듯합니다."라고 하였으며, 좌부승지인 李玄紀가 말하기를, "동해 가에 사는 백성들은 田土가 척박하여 농사를 지을 수 없으므로 오직 고기잡이만을 합니다. 비록 날로 엄하게 타일러 경계시키더라도 먼 바다로 나가지 않을 리가 만무합니다."라고 하였으며, 閔黯이 말하기를, "일이 邊境에 관계되는 일이니, 느슨하게 다스릴 수 없습니다. 首從을 분별하여 船主와 沙工은 徒年으로 정배하고, 그 나머지는 刑推하고 풀어주는 것이 옳을 듯합니다."라고 하니, 상께서 말씀하시기를, "그대로 시행하라."라고 하셨다.

○ 고기잡이 하는 사람들이 이따금 울릉도에 가서 고기잡이 한다는 증언 청취

南九萬曰 卽見東萊府使狀啓 則向者倭人來言 朝鮮人入於五竹島 此後則無使更入云 彼所謂竹島 卽我國蔚陵島也 臣見芝峯類說則曰 倭奴占據磯竹島 磯竹 卽蔚陵島也 島一也 而名稱有異 彼不曰蔚陵 而曰竹島者 此不過厭其有蔚陵之名也 彼漢一出來 尙可惡說 再出則其爲害 將至

無窮 豈不大可慮哉? 臣意則宜遣接慰官 前去書啓還送事言之 且以回賓
作主事 責之矣 上曰 予見芝峯類說及興地圖 則蔚陵島人所居之地也 倭
人所謂竹島 必是蔚陵島也 其據名稱說 意慮巧矣 以此責之 可也 申汝哲
曰 倭人之據名稱說 其造意之巧險 於此可見 若不辨別 任其所爲 則彼將
來據其地 略無忌心 其爲貽害 必至無矣 柳尙運曰 彼漢 一向施惡 使我
國之人 不得接足於其島 或有入去者 則彼必捉送致責 其弊難支矣 上曰
若無變通之擧 則必將有如此之弊矣 南九萬曰 臣於向者 登大關嶺 望見
其地勢 則其島與蔚珍縣相對 其中多有崇山峻嶺 地方可百餘里矣 申汝
哲曰 臣適往觀魚臺 望見其島 則其間相距 不甚遼遠 視若南山之近矣 問
諸漁人曰 汝等漁於彼乎? 答曰 彼處 多有大魚 故時時往漁矣 且其上 有
大木參天 竹大如杠 地且沃饒云 彼若知其可居而來據之 則其附近三陟·
江陵等地 受害必多 甚可慮也 南九萬曰 臣見新羅圖 則此島 亦有國名
降新羅納土貢 高麗太祖時 島人獻方物 我太宗朝 不勝倭患 遣按撫使 刷
出流民 而空其地 卽今倭人來據 非但以祖宗之地 棄與他人 將來之患 有
不可勝言者矣 更遣接慰官 前去書狀還送事 言之 何如? 上曰 前去書狀
還送事 送言 可也(『승정원일기』 358책, 숙종 20년 윤5월 24일).

　南九萬이 말하기를, "막 동래부사의 狀啓를 보니, 지난번에 왜인이 와
서 '조선인들이 五竹島에 들어오니, 이다음부터는 다시 들어오지 못하게
해 주십시오.'라고 했다고 합니다. 저들이 말하는 竹島는 곧 우리나라의
울릉도입니다. 신이 『芝峯類說』을 보니, '왜노가 礒竹島를 점거하였으
니, 礒竹은 곧 울릉도이다. 섬은 하나인데, 명칭이 다르니, 저들이 울릉
이라고 하지 않고, 竹島라고 하는 것, 이것은 울릉이란 이름이 있는 것
을 싫어하는데 지나지 않는다. 저들이 한 번 (울릉도에) 오는 것은 오히

려 나쁘게 말할 수 있으며, 거듭 온다면 그 폐해가 됨이 장차 무궁함에 이를 것이니, 어찌 크게 염려하지 않을 수 있겠는가?'라고 하였습니다. 신의 의견은 마땅히 접위관을 보내어 回賓作主한 일을 꾸짖어야 할 것입니다."라고 하니, 상께서 말씀하시기를, "내가 『芝峯類說』과 「輿地圖」를 보니, 울릉도는 바람 때문에 표류하는 사람이 머무는 곳이다. 왜인이 말하는 竹島는 반드시 울릉도일 것이다. 그 명칭을 근거로 해서 말하는 것은 의도가 교묘한 것이다. 이것으로 그들을 꾸짖는 것이 옳을 것이다."라고 하셨다.

申汝哲이 말하기를, "왜인이 명칭을 근거로 해서 말하는 것은 그 造意가 교묘하고 나쁜 것을 여기에서 알 수 있습니다. 만약 분별없이 임의로 한 것이라면, 저들이 앞으로 그곳을 근거로 해서 거의 꺼리는 마음이 없을 것이고, 그 피해를 주는 것도 없을 것입니다."라고 하였다.

柳尙運이 말하기를, "저들이 한 결 같이 악의적으로 우리나라 사람들에게 그 섬에 발을 붙이지 못하게 하고, 혹 들어가는 사람이 있으면, 저들이 반드시 붙잡아 보내어 꾸짖음에 이르게 되니, 그 폐단을 감당하기 어렵습니다."라고 하니, 상께서 말씀하시기를, "만약 형편에 따라 융통성 있게 처리하지 못하면, 반드시 이와 같은 폐단이 있을 것이다."라고 하셨다.

南九萬이 말하기를, "신이 지난번에 대관령에 올라서 그 지세를 바라보니, 그 섬과 울진현이 서로 마주하고 있으며, 그 가운데 높은 산과 높은 고개가 많이 있어 땅이 사방으로 거의 백여 리입니다."라고 하였다.

申汝哲이 말하기를, "신이 마침 魚臺에 가서 그 섬을 바라보니, 그 사이의 거리가 그리 멀지 않아 南山처럼 가까운 곳을 보는 듯하였습니다. 고기 잡는 사람들에게 묻기를, '너희가 저곳에서 고기를 잡느냐?'라고 하니, 대답하기를, '저곳엔 큰 고기가 많이 있으므로 이따금 가서 고기를 잡습니다. 또한 그 위에 하늘을 찌를 듯한 큰 나무가 있으며, 대나무의 크기가 장대와 같으며, 땅도 비옥합니다.'라고 하였습니다. 저들이 만약 살 만하다는 것을 알고 와서 근거지로 삼는다면, 그 부근의 삼척과 강릉 등의 지방은 반드시 많은 피해를 입을 것이니, 매우 염려가 됩니다.'라고 하였다.

南九萬이 말하기를, "신이 「新羅圖」를 보니, 이 섬은 또한 나라이름이 있고, 신라이래로 土貢을 바쳤습니다. 고려 태조 때에 섬사람들이 方物을 바쳤으며, 우리 태종 조에는 왜구의 근심을 견디기 어려워 按撫使를 파견하여 流民을 샅샅이 조사하여 찾아내어 그 땅을 비워 두었습니다. 지금 왜인들이 와서 근거지로 삼게 하는 것은 祖宗의 땅을 내버려 다른 사람에게 주는 것뿐만 아니라, 장래의 근심을 다 이루 말할 수 없는 것이 있습니다. 다시 접위관을 보내어 이전에 보낸 書狀을 돌려주는 일을 말하는 것이 어떠합니까?"라고 하니, 상께서 말씀하시기를, "이전에 보낸 서장을 돌려주는 일을 말함이 옳을 것이다."라고 하셨다.

○ 울릉도를 점거하려고 하는 왜인에 대한 대처 논의

(執義金夢臣) 又啓曰 大臣 以蔚陵島事上達 而臣亦有所懷 敢達矣 以倭人再出之事觀之 則其情節甚惡 爭之而得勝 則可以如殿下敎矣 如不勝 則不如不爭之爲愈 故敢此仰達 上曰 彼若來據其島 則其患可慮 故有是敎矣 金夢臣曰 臣意則不如量力而處之也(『승정원일기』358책, 숙종 20년 윤5월 24일).

(執義인 金夢臣이) 또 아뢰어 말하기를, "大臣들이 울릉도의 일을 상

달하니, 신도 저의 생각을 감히 말씀드립니다. 왜인이 거듭 出來한 일을
보면, 그 정황이 아주 나쁩니다. 그들과 다투어 이긴다면, 전하의 傳敎와
같은 것이며, 만일 이기지 못한다면, 다투지 않은 것만 못합니다. 그러므
로 감히 이것을 말씀드립니다."라고 하니, 상께서 말씀하시기를, "저들
이 만약 그 섬에 와서 점거한다면, 그 근심을 매우 염려할 만하므로 이
런 전교가 있었다."라고 하셨다. 金夢臣이 말하기를, "신의 의견은 힘을
헤아려 처리하는 것만 못합니다."라고 하였다.

○ 남구만, 삼척첨사로 하여금 울릉도 조사하자는 건의

引見入侍時 領議政南九萬所啓 以欝陵島事 接慰官差出已久 而近日
臣及他大臣 有故 國書一款 尙未得完定矣 此則當於後日備局諸臣齊會
時 相議定奪 而蓋此島形止 自朝家曾無的知事 事之疎虞 莫此爲甚 卽今
三陟僉使有闕之代 令該曹極擇差送 使之親入島中 審視其形勢 然後或
募民入去 或設鎭防守 以杜日後旁伺之患 似合事宜 敢此仰稟 上曰 欝陵
事 形勢 使人往見 可知其虛實 依所達施行 可也(『승정원일기』 360책,
숙종 20년 7월 4일).

引見하여 입시했을 때, 영의정인 南九萬이 아뢴 것은, "울릉도의 일로
접위관을 差出한 지가 이미 오래 되었는데, 요사이 신과 다른 대신들이
일이 있어서 國書 1 款을 아직 完定하지 못하였습니다. 이것은 마땅히
훗날에 비변사의 여러 신하들이 함께 모였을 때, 서로 의논하여 定奪하
소서. 그리고 대개 이 섬의 형편은 조정에서 일찍이 的確하게 아는 일이
없었으니, 일의 허술함이 이보다 심한 것이 없습니다. 이제 闕員이 있는
삼척첨사의 代任은 해당 관청에서 잘 골라서 差送하고, 그에게 친히 섬

안으로 들어가서 그 형세를 살펴보게 한 뒤에 혹 백성을 모아서 들어가
게 하거나, 혹은 鎭을 설치하고 막아 지키게 하여 뒷날 곁에서 엿보는
근심을 막는 것이 일에 마땅할 듯하여 감히 이것을 아룁니다."라고 하
니, 상께서 말씀하시기를, "울릉도의 일은 형세가 사람에게 가서 보게
하여 그 허실을 알고 나서 陳達한 바대로 시행함이 옳을 것이다."라고
하셨다.

　巳時, 上御熙政堂, 領議政南九萬引見 … 九萬曰 以欝陵島事 接慰官
差出已久 而臣及他大臣 有故 國書一款 未及完定 故至今不得發遣 異國
之人 若知朝廷之有故未遣 則豈非未安之甚者乎? 備局引見時 則每患稠
擾 不能各盡所見 臣方入侍 當以所懷先稟 當初國書中 以我國欝陵亦以
海禁 禁人往來 至於竹島 又何可不禁之意 答送 而倭人之俗 以誅戮爲事
彼曰 竹島 而我答以欝陵 則奉使者 似難免罪 故極以回報於江戶 爲難
言於渡海譯官曰 竹島與欝陵 一也 直謂之竹島 無往來事 可矣 而不然
勢將又爲出來矣 今果出來 臣意 則直爲次1)送 未爲不可 而右相之意 則
國書 自朝廷旣已成送之後 渠又私自持還 勒令改送 何可曲循其意 以傷
事體乎云 小臣迷見 我國事 尙不能盡知 況他國之事 何以得遙度乎? 雖
然 以前書復授來使 則決無持去之理 故有改送之意矣 右相 則素多計慮
且奉使日本 習知彼情 其言亦自有理 若謂之欝陵與竹島 一島 二名 自是
我國地方 爾自犯越 我國豈有犯越之事云爾 則彼必無辭矣 然而彼若果
有窺覘之意 則似不可但已 其爲慮 誠不少矣 且欝島 雖曰我地 自前(二
行缺) 令該曹極擇差送 使之親入島中 審視其形勢 然後或募民入居 或設
鎭防守 以杜日後傍伺之患 以合事宜 敢此仰稟 上曰 欲先見其島而後 改

---

1)『승정원일기』초서 원본을 찾아본 결과 '次'자가 아니라 '改'임.

作國書耶? 九萬日 我國人之不往來於此島 久矣 島中之有何事 全無所知
故欲送人矣 國書 則何可等待其往來 當與大臣及備局堂上 相議從速爲
之矣 上曰 欝陵島形勢 使人往見 則可知其虛實 依所達施行 可矣 上又
曰 欝陵與竹 明非二島 卽見東萊府使所報漂人之說 亦如是矣 狡倭情狀
叵測 指此而謂渠地方 仍欲據有 甚可痛也 當初回答 終始模糊 依前日備
局收議 直截回報 嚴示防塞之意 宜矣(『승정원일기』360책, 숙종 20년 7
월 4일).

사시에 상께서 희정당에 납시어 영의정 남구만을 인견하실 때, … 九
萬이 말하기를, “울릉도일로 접위관을 差出한 지가 이미 오래 되었는데,
신과 다른 대신들이 일이 있어서 國書 1款을 아직 完定하지 못하였습니
다. 그러므로 지금까지 발송하지 못하였으니, 다른 나라사람이 만약 조
정에 일이 있어 겨를이 없음을 안다면, (이것은) 매우 편안하지 못함이
아니겠습니까? 비변사를 引見할 때는 늘 분잡함을 근심하여 각각의 소
견을 다할 수 없었습니다. 신이 바야흐로 入侍하여 마땅히 저의 생각을
먼저 아룁니다. 애초 국서 중에 ‘우리나라의 울릉도도 海禁하여 사람의
왕래를 금지하는데, 竹島에 이르러서는 또한 어찌 금하는 뜻이 없을 수
있겠습니까? 회답을 보내되, ‘왜인의 풍속은 주륙을 일삼는다.”라고 하
니, 저들이 말하기를, ‘竹島인데 우리가 울릉으로 대답한다면, 사신으로
서 을 받든 사람이 죄를 면하기 어려울 듯하므로 江戶에 回報하는 것을
몹시 어렵게 생각했습니다.’라고 했습니다. 渡海譯官에 말하기를, ‘竹島
와 울릉도는 하나인데, 다만 그것을 竹島라고 하는 것은 왕래하는 일이
없기 때문에 가능한 것입니다. 그렇지 않다면 형세가 장차 또 出來할 것
입니다. 지금 과연 출래한다면 신의 의견은 곧바로 고쳐 보내는 것을 불

가하다고 여기지 않지만, 右相의 의견은 국서가 조정에서 이미 작성되어 보낸 뒤로부터 그들이 또한 사사로이 지니고 돌아가서 강제로 고쳐 보내니, 어찌 굽혀 그들의 뜻을 따라서 事體를 손상하겠습니까?'라고 하였습니다. 小臣의 의견은 우리나라의 일도 아직 다 알 수 없는데, 하물며 다른 나라의 일을 어찌 멀리서 헤아릴 수 있겠습니까? 그렇지만 이전의 서계를 온 사신에게 다시 준다면, 결코 가지고 갈 리가 없습니다. 그러므로 고쳐서 보낼 뜻이 있습니다. 우상은 평소 계책이 많고, 또한 일본에 사신으로 가서 저들의 사정을 잘 알고 있으니, 그의 말도 일 리가 있습니다. 만약 그들에게 '울릉도와 竹島는 한 섬에 두 이름이 있다. 우리나라의 지방인데, 너희가 스스로 犯越하지 우리나라가 어찌 범월하는 일이 있겠는가?'라고 말한다면, 저들은 반드시 할 말이 없을 것입니다. 그렇지만 만약 과연 偵探할 뜻이 있다면, 불가함에 그칠 뿐만이 아니라 그 염려됨이 진실로 적지 않습니다. 또한 울릉도가 비록 우리 땅이라고 하나, 이전부터 …(二行缺) … 해당 관청으로 하여금 잘 골라서 差送하고, 그에게 친히 섬 안으로 들어가서 그 형세를 살펴보게 한 뒤에, 혹 백성을 모아서 들어가 살게 하거나, 혹은 鎭을 설치하고 막아 지키게 하여 뒷날 곁에서 정탐하는 근심을 막는 것이 사리에 마땅하여 감히 이것을 말씀드립니다."라고 하였다. 상께서 말씀하시기를, "그 섬을 먼저 보고 난 뒤에 국서를 고쳐 작성하자는 것인가?'라고 하시니, 南九萬이 말하기를, "우리나라 사람들이 이 섬에 왕래하지 않은 지가 오래 되어 섬 안에 어떤 일이 있는지 전혀 알 길이 없으므로 사람을 보내고자 하는 것입니다. 국서는 어찌 그 왕래를 미리 준비하고 기다릴 수 있겠습니까?(국서는 그것을 예상하고 미리 준비하지 않는다는 뜻임) 마땅히 대신들과 비변사의 堂上과 함께 상의해서 서둘러 작성해야 할 것입니다."라고 하였다.

상께서 말씀하시기를, "울릉도의 형세는 사람에게 가서 보게 한다면, 그 허실을 알 수 있을 것이니, 陳達한 대로 시행함이 옳을 것이다." 라고 하시고, 상께서 또 말씀하시길, "울릉도와 竹島는 분명히 두 섬이 아니다. 지금 동래부사가 보고한 漂人의 말을 보니, 또한 이와 같다. 교활한 왜인의 정상은 헤아리기 어려우니, 이것을 지적하여 저들에게 '(우리나라의) 지방을 점유하려고 하니 몹시 통탄할 일'이라고 말하라. 맨 처음의 회답은 처음부터 끝까지 모호하니, 전날 비변사의 의론을 수렴한 것을 따라 간략하게 回報하여 변방을 막는 뜻을 엄중히 보이는 것이 마땅할 것이다."라고 하셨다.

○ 남구만, 삼척첨사로 하여금 울릉도를 지키게 하자는 건의

今七月初四日領議政南引見入侍時領議政南所啓 以鬱陵島事 接慰官差出已久 而近日臣及他大臣有故 國書一款 尙未得完定矣 此則當於後日備局諸臣齊會時相議定奪 而蓋此島形止 自朝廷曾無的知 事事之疏虞 莫此爲甚 卽今三陟僉使有闕之代 令該曹極擇差送 使之親入島中 審視其形勢 然後或募民入居 或設鎭防守 以杜日後旁伺之患 似合事宜 敢此仰稟 上曰 鬱陵島形勢 使人往見 可知其虛實 依所達施行可也(『비변사등록』 숙종 20년 7월 4일).

오늘 초4일 영의정 南九萬을 인견하여 입시하였을 때에 영의정 남구만이 아뢰기를 "울릉도 문제로 접위관을 차출한 지 이미 오래인데 근 일 신 및 다른 대신의 유고로 國書 문제를 아직도 완결 짓지 못하였습니다. 이는 마땅히 앞으로 비국의 여러 신하가 모두 모일 때에 상의하여 결정하겠으나 대체로 이 섬의 사정을 조정에서 정확히 아는 일이 없으니 일

의 허술함은 이 보다 심할 수가 없습니다. 현재 三陟僉使가 결원인데 그 후임을 해조로 하여금 잘 가려서 차출하여 보내고 직접 섬으로 들어가게 하여 그 사정을 살피게 한 뒤에 백성을 모집하여 들어가 살게 하거나 진을 설치하고 지키게 하여 앞으로 외인들이 틈을 노리는 일을 막는 것이 사리에 맞을 듯합니다. 감히 이를 여쭙니다." 하니, 임금이 말하기를 "울릉도의 형세는 사람을 시켜 가 보게 하여야 그 허실을 알 수 있다. 아뢴 바에 의하여 시행하는 것이 좋겠다." 하였다.

○ 울릉도에 설진하자는 건의

前武兼宣傳官成楚珩疏曰 … 所謂備豫之策 有六. 一曰 鳥嶺·竹嶺 設兵使·營將 鬱陵島設鎭 一也. 二曰 洞仙嶺·靑石洞設鎭 是也. 三曰 平山月籠洞築城儲穀 是也. 四曰 各處戰船 皆使之泛留水中 是也. 五曰 各其軍官 一定額數 而汰其餘 悉充軍額之逃故. 六曰 諸處軍器等物 使之無時點閱 是也(『승정원일기』 360책, 숙종 20년 7월 16일).

前武兼宣傳官인 成楚珩의 상소에 이르기를, … 이른바 예비책이란 것은 여섯 가지가 있습니다. 첫째, 조령과 죽령에 兵使와 營將을 설치하고, 울릉도에 鎭을 설치하라고 하는 것이 하나이며, 둘째, 洞仙嶺과 靑石洞에 진을 설치하라는 것이 이것이며, 셋째, 평산 月籠洞에 성을 축조하고 곡식을 저장하라는 것이 이것이며, 넷째, 각 곳의 戰船은 모두 물 위에 띄워 머물게 하라는 것이 이것이며, 다섯째, 각각의 그 軍官은 액수를 일정하게 하여 그 나머지는 도태시키고, 軍額을 채울 逃故를 알아야 한다는 것이며, 여섯째, 여러 곳의 軍器 등의 물건은 무시로 점검하게 하라는 것이 이것입니다.

○ 울릉도 문제를 왜와 교신하다

初南九萬以鬱陵島事 白上 議遣接慰官 直責其回賓作主 及倭差還 持春間所受回書而至 又致對馬島主書曰:"我書曾不言鬱陵回書 忽擧鬱陵二字 是所難曉 只冀删之" 九萬遽欲從其言 改前書 尹趾完執不可曰:"旣以國書 付之歸使 何取復來請改乎? 今若責之以竹島是我鬱陵島 我人之往 何嘗犯界乎? 則倭必無辭矣" 九萬遂以此入奏 上曰:"狡倭情狀 必欲據而有之 其依前日所議 直辭以報之" 九萬曰:"曾聞高麗毅宗 初欲經理鬱陵 而東西只二萬餘步南北亦同之 土壤褊小 且多巖石 不可耕 遂不復問 然此島在海外 久不使人視之 倭言又如此 請擇三陟僉使 遣于島中 察其形勢 或募民以居之 或設鎭以守之 可備旁伺之患也" 上許之 遂以張漢相爲三陟僉使 接慰官兪集一 受命南下 蓋安龍福·朴於屯 初至日本 甚善遇之 賜衣服及椒燭以遣之 又移文諸島 俾勿問 而自長碕島 始侵責之 對馬島主書契竹島之說 是爲他日徵功於江戶之計也 集一問龍福 始得其實 乃喝倭差曰:"我國將移書于日本 備言侵責龍福等之狀 諸島安得無事?" 倭差相顧失色 始自折服 至是 九萬改前日回書曰:"弊邦江原道蔚珍縣 有屬島曰鬱陵 在本縣東海中 而風濤危險 船路不便 故中年移其民空其地 而時遣公差 往來搜檢矣 本島峰巒樹木 自陸地歷歷望見 而凡其山川紆曲 地形闊狹 民居遺址 土物所產 俱載於我國『輿地勝覽』書 歷代相傳 事跡昭然 今者我國海邊漁氓 往于此島 而不意貴國之人 自爲犯越 與之相値 乃反拘執我人 轉到江戶 幸蒙貴國大君 明察事情 優加資遣 此可見交隣之情 出於尋常 欽歎高義 感激何言? 雖然我氓漁採之地 本是鬱陵島 而以其產竹 或稱竹島 此乃一島而二名也 一島 二名之狀 非徒我國書籍之所記 貴州人亦皆知之 而今此來書中 乃以竹島爲貴國地方欲令我國禁止漁船之更往 而不論貴國人侵涉我境 拘執我氓之失 豈不

有欠於誠信之道乎? 深望將此辭意 轉報東都 申飭貴國邊海之人 無令往
來於鬱陵島 更致事端之惹起 其於相好之誼 不勝幸甚" 倭差見之 請改侵
涉拘執等語 集一不從 倭差又請得第二書 (請刪鬱陵二字之書)之回答 集
一曰：“汝若受上船宴 則吾當歸奏朝廷而成送之 蓋權辭也" 倭差遂受上
船宴 集一乃復命 然倭差不肯歸 漢相以九月甲申 乘舟而行 十月庚子 還
至三陟 言倭人往來固有迹 而亦未嘗居之 地狹多大木 水宗(海中水激處
猶陸之有嶺也)亦不平 艱於往來 欲知土品 種麰麥而歸 明年復往 可以驗
之 九萬入奏曰：“不可使民入居 間一二年搜討爲宜" 上從之 又言：“禮
曹所藏 有丁卯伯耆州倭 漁于其食邑竹島 漂到我界之文 東萊府所藏 有
光海甲寅 倭有送使探視礒竹島之言 朝廷不答 使東萊峻斥之之文 倭之
漁採此島 其亦久矣" 上曰：“然 時漢相所圖上山川道里 與『輿地勝覽』
所載多舛 故或疑漢相所至 非眞鬱陵島也."(『숙종실록』 권27, 숙종 20년
8월 14일 <기유>)

당초에 南九萬이 울릉도에 관한 일로 임금에게 아뢰어, 접위관을 보
내 맞바로 回賓作主하는 짓을 책망하게 하기로 의논하였다. 倭差가 돌아
오면서 봄 무렵에 받아 간 回書를 가지고 왔고, 또한 對馬島主의 書契를
바쳤는데, 이르기를, “우리의 서계에는 일찍이 울릉도를 언급하지 않았
는데, 회서에는 갑자기 '울릉' 두 글자를 거론했습니다. 이는 알기 어려
운 바이니 오직 삭제하기 바랍니다." 하였다. 남구만이 그만 그 말을 따
라 앞서의 서계를 고치려고 하자, 尹趾完이 안된다고 고집하기를, “이미
國書로 돌아가는 사자에게 붙였는데, 어찌 감히 다시 와서 고치기를 청
할 수 있겠습니까? 만일 이번에 책망하기를, '竹島는 곧 우리 울릉도이
다. 우리나라 사람이 가는 것이 어찌 경계를 범한 것인가?' 하고 한다면,

왜인들이 할 말이 없을 것입니다." 하였다.

　남구만이 드디어 이를 가지고 들어가 아뢰니, 임금이 이르기를, "교활한 왜인들의 정상으로 보아 필시 점거하여 소유하려는 것이니, 전일에 의논한 대로 바로 말을 하여 대꾸해 주라." 하였다. 남구만이 아뢰기를, "일찍이 듣건대, 고려 의종 초기에 울릉도를 경영하려고 했는데, 동서가 단지 2만여 보뿐이고 남북도 또한 같았으며, 땅덩이가 좁고 또한 암석이 많아 경작할 수 없으므로 드디어 다시 묻지 않았습니다. 그러나 이 섬이 해외에 있고 오랫동안 사람을 시켜 살피게 하지 않았으며, 왜인들의 말이 또한 이러하니, 청컨대 삼척첨사를 가려서 보내되 섬 속에 가서 형편을 살펴보도록 하여, 혹은 민중을 모집하여 거주하게 하고 혹은 鎭을 설치하여 지키게 한다면, 곁에서 노리는 근심거리를 방비할 수 있을 것입니다." 하니, 임금이 윤허하였다.

　드디어 張漢相을 삼척첨사로 삼고, 접위관 兪集一이 명을 받고 남쪽으로 내려갔다. 대개 安龍福과 朴於屯이 처음 일본에 갔을 적에 매우 대우를 잘하여 의복과 胡椒와 초[燭]를 주어 보냈고, 또한 모든 섬에 移文하여 아무 소리도 못하게 했는데, 長碕島에서 侵責하기 시작했다. 對馬島主의 書契에 '竹島'란 말은 곧 장차 江戶에서 공을 과시하기 위한 계책이었는데, 유집일이 안용복에게 물어보자 비로소 사실을 알았다. 그제야 倭差를 꾸짖기를, "우리나라에서 장차 일본에 글을 보내 안용복 등을 侵責한 상황을 갖추어 말한다면, 모든 섬들이 어찌 아무 일이 없을 수 있겠는가?"하니, 왜차들이 서로 돌아보며 실색하고 비로소 스스로 굴복하였다. 이에 이르러 남구만이 전일의 회서(回書)를 고치기를, "우리나라 강원도의 울진현에 속한 울릉도란 섬이 있는데, 本縣의 東海 가운데 있고 파도가 험악하여 뱃길이 편리하지 못하기 때문에, 몇 해 전에 백성을 옮겨 땅을 비워 놓고, 수시로 公差를 보내어 왔다 갔다 하여 搜檢하도록 했습니다. 本島는 峰巒과 수목을 내륙에서도 역력히 바라볼 수 있고, 무릇 산천의 굴곡과 지형이 넓고 좁음 및 주민의 遺址와 나는 토산물이 모두 우리나라의 『輿地勝覽』이란 서적에 실려 있어, 역대에 전해 오는 사적이 분명합니다. 이번에 우리나라 해변의 어민들이 이 섬에 갔는데, 의외에도 貴國 사람들이 멋대로 침범해 와 서로 맞부딪치게 되자, 도리어 우리나라 사람들을 끌고서 江戶까지 잡아갔습니다. 다행하게도 귀국 大君이 분명하게 사정을 살펴보고서 넉넉하게 路資를 주어 보냈으니, 이는 교린하는 인정이 보통이 아님을 알 수 있는 일입니다. 높은 의리에 탄복하였으니, 그 감격을 말할 수 없습니다. 비록 그러나 우리나라 백성이 漁採하던 땅은 본시 울릉도로서, 대나무가 생산되기 때문에 더러 竹島라고도 하였는데, 이는 곧 하나의 섬을 두 가지 이름으로 부른 것입니다. 하나의 섬을 두 가지 이름으로 부른 상황은 단지 우리나라 서적에만 기록된 것이 아니라 貴州 사람들도 또한 모두 알고 있는 것입니다. 그런데 이번에 온 書契 가운데 竹島를 귀국의 지방이라 하여 우리나라로 하여금 어선이 다시 나가는 것을 금지하려고 하였고, 귀국 사람들이 우리나라 지경을 침범해 와 우리나라 백성을 붙잡아간 잘못은 논하지 않았으니, 어찌 誠信의 도리에 흠이 있는 일이 아니겠습니까? 깊이 바라건대, 이런 말뜻을 가지고 東都에 轉報하여, 귀국의 변방 해안 사람들을 거듭 단속하여 울릉도에 오가며 다시 사단을 야기하는 일이 없도록 한다면, 서로 좋게 지내는 의리에 있어 이보다 다행함이 없겠습니다." 했었는데, 倭差가 보고서 '침범해 오다[侵涉]'와 '붙잡아 갔다[拘執]' 등의 語句를 고치기를 청했으나, 유집일이 들어주지 않았다. 왜차가 또한 제2의 서계의 ('울릉' 두 글자를 삭제해 주기를 청한 서계이다.) 회답을 받기를 청하므로, 유집일이 말하기를, "만일 그대가 上船宴을 받기로 한다면, 내가 마땅히 돌아가 조정에 아뢰어 마련해 보내겠다." 하였으니, 대개 임시변동하여 한 말인데, 왜차가 드디어 상선연을 받았고, 유집일도 이에 復命하였다. 그러나 왜차는 돌아가려고 하지 않았다. 張漢相이 9월 갑신에 배를 타고 갔다가 10월 경자에 삼척으로 돌아왔는데, 아뢰기를, "왜인들이 왔다 갔다 한 자취는 정말 있었지만 또한 일찍이 거주하지는 않았습니다. 땅이 좁고 큰 나무가 많았으며 水宗이 (바다 가운데 물이 부딪치는 곳이니, 육지의 고개가 있는 데와 같은 것이다.) 또한 평탄하지 못하여 오고가기가 어려웠습니다. 土品을 알려고 麰麥을 심어놓고 돌아왔으니 내년에 다시 가 보면 징험할 수 있을 것입니다." 하였다.

남구만이 입시하여 아뢰기를, "백성이 들어가 살게 할 수도 없고, 한두 해 간격을 두고 搜討하게 하는 것이 합당합니다." 하니, 임금이 그대로 따랐다. 또 아뢰기를, "예조에서 간직하고 있는 문서에는 '정묘년에 伯耆州의 왜인이 그의 식읍 竹島에서 고기를 잡다가 우리나라 지경으로 漂流해 왔다.'는 글이 있고, 동래부에 간직한 문서에는 '광해 갑인년에 왜가 사자를 보내 礒竹島를 探視하겠다고 말했으나 조정에서 답하지 않고, 동래부로 하여금 준엄하게 배척하도록 했다.'는 기록이 있으니, 왜인들이 이 섬에서 漁採해 온 지가 또한 오래 된 것입니다." 하니, 임금이 이르기를, "그렇다." 하였다. 이때 張漢相이 그려서 올린 山川과 道里가 『輿地勝覽』의 기록과 틀리는 것이 많으므로, 혹자는 張漢相이 가 본 데가 진짜 울릉도가 아닐 것이라고 의심하기도 하였다.

○ 삼척첨사張漢相의 울릉도 시찰보고

司啓辭三陟僉使張漢相 去月十九日發船到蔚陵島 今月初六日還到三

陟 初九日使其軍官持馳報備邊司文狀及地圖來納 當此風高之節 行中員役皆得無事回來 誠爲多幸 張漢相上送報狀及地圖 並爲封進 以備睿覽之意 敢啓 答曰 知道(『비변사등록』숙종 20년 10월 15일).

비변사에서 아뢰기를 "삼척첨사張漢相이 지난달 19일 배를 띄워 울릉도에 도착하고 이달 초 6일 삼척에 돌아왔습니다. 초 9일 그 군관을 시켜 비변사에 馳報할 문서 및 지도를 갖고 와서 바쳤습니다. 바람이 센 계절을 맞이하여 일행 員役이 모두 무사히 돌아왔으니 참으로 다행한 일입니다. 張漢相이 올려 보낸 보고서 및 지도를 아울러 봉하여 올려 睿覽에 대비함을 감히 아룁니다." 하니, 알았다고 답하였다.

○ 삼척첨사張漢相의 울릉도 왕래 선박 조성 때의 불법 처결에 관한 논의

引見入侍時 領議政南九萬所啓 卽接江原監司啓本 三陟僉使張漢相鬱陵島往來船隻造成之際 差使員 分定雜物 未免有過濫之弊 並與漢相而論罷矣. 第聞江原道沿海各邑 曾無體大船隻造成之事 故其所任使之人 猝然當之 事多生疎 許多雜物 旣難斟酌 則設有濫觸之弊 元無大段深咎之事. 且漢相 乘危涉險 往來於累朝所不通之地 雖不必以此爲渠之功勞 亦不必以微細之事 輒加譴責 況以差員生疎之罪 並及於僉使 似涉至重 張漢相 合有容恕之道矣. 上曰 差員則固有濫徵之罪 而至於並罷張漢相 則實涉過重 勿罷 可也(『승정원일기』362책, 숙종 20년 10월 21일).

인견하여 입시했을 때, 영의정인 남구만이 아뢴 것은, "막 강원감사의 啓本을 접하니, 삼척첨사인 張漢相이 울릉도를 왕래할 배를 造成할 때,

差使員이 雜物을 나누어 배정하는데, 분수에 넘치게 많은 폐단이 있으니, 한상과 함께 論罪해야 할 것입니다. 다만 강원도 연해의 각 읍들이 일찍이 봄체가 큰 배를 조성한 일이 없었으므로, 책임 지워 일을 맡긴 사람들이 갑자기 그 일을 당하게 되니, 일이 많이 生疎하고, 많은 잡물은 이미 짐작하기가 어렵습니다. 설사 너무 많아지는 폐단이 있더라도 본래 대단히 크게 근심할 일은 없을 것입니다. 또 한상이 위험을 무릅쓰고서 여러 朝에 걸쳐 통행하지 않던 땅을 왕래하니, 비록 이것을 그의 공로로 삼을 필요는 없겠지만, 또한 아주 작은 일로 갑자기 譴責할 필요도 없습니다. 게다가 차사원이 일에 생소한 죄를 첨사에게 아울러 미치게 하는 것은 너무 심한 듯합니다. 張漢相을 용서하는 것이 마땅할 것입니다.”라고 하니, 상께서 말씀하시기를, “차사원은 진실로 濫徵한 죄가 있으나, 張漢相을 함께 파직함에 이르게 하는 것은 진실로 너무 심하니, 파직하지 않는 것이 옳을 것이다.”라고 하셨다.

○ 삼척첨사 張漢相의 처벌에 관한 용서 건의

今十月二十一日大臣・備局堂上引見入侍時領議政南所啓 卽接江原監司啓本 則三陟僉使張漢相 鬱陵島往來船隻造成之際 差使員分定雜物 未免有過濫之弊 竝與漢相而論罪矣 第聞江原道沿海各邑 曾無體大船隻造成之事 故其所任使之人 猝然當之 事多生疏 許多雜物 旣難斟酌 則設有濫傷之弊 元無大段深咎之事 且漢相乘危涉險 往來於累朝所不通之地 雖不必以此爲渠之功勞 亦不必以微細之事 輒加譴責 況以差員生疏之罪 竝及於僉使 似涉至(過)重 張漢相合有容恕之道矣 上曰 差使員則固有濫徵之罪 而至於竝罷張漢相 則實涉過重 勿罷可也(『비변사등록』 숙종 20년 10월 22일).

이달 21일 대신과 비국당상을 인견 입시하였을 때 영의정 남구만이 아뢰기를 "방금 강원감사의 계본을 본즉 삼척첨사張漢相이 울릉도를 왕래할 배를 조성할 때에 차사원이 잡물을 배정하였으니 지나친 폐단이 아닐 수 없으므로 張漢相과 아울러서 파직이 되어야 한다고 논하였습니다. 들은즉 강원도 연해 각 읍에는 본래 몸통이 큰 배를 조성한 일이 없었으므로 책임을 맡은 사람이 갑자기 담당하여 일에 생소한 점이 많다고 하였습니다. 허다한 잡물을 짐작하기가 어려웠을 것이나 설령 범람한 폐단이 있었을지라도 본래 대단히 허물할 일은 없습니다. 또 張漢相은 위험한 배를 타고 험한 바다를 건너 여러 세대 불통인 곳을 왕래하였습니다. 비록 굳이 이것을 그의 공로로 삼을 것은 없으나 또한 미세한 일로 곧 견책을 가할 필요는 없습니다. 더구나 차사원의 생소한 죄로 인하여 아울러 첨사에게까지 미침은 과중한 듯하니, 張漢相에게 관용하는 일이 있어야겠습니다."

하니, 임금이 말하기를 "차사원에게는 진실로 지나치게 거둔 죄가 있으나 張漢相까지 아울러서 파직하는 문제에 있어서는 실로 과중하니 파직치 않는 것이 좋다." 하였다.

◎ 1695년

○ 전 접위관 홍중하가 울릉도에서 붙잡혔다가 돌아온 사람이 동래 땅에 있었는데도 그 실상을 조사하지 않았음

今五月二十日領左相請對入侍時 領議政南所啓 … 又所啓 持平李世載所論兪集一事 語意甚重 臣請陳其曲折矣 倭人 以蔚陵島事 欺瞞我國

恐嚇愚弄者 誠不勝其痛駭 一番改給書契 已是重難之事 又答追後書契
一從其言 甘心受侮 極爲疲弊 此朝廷之所以不許再答書者也 在集一之
道 旣當接待之任 則奉承朝令 嚴辭峻斥 待其結末然後 上來爲可 而乃以
上船宴旣已設行之故 一邊離發上來 而又以成送答書追給之意 啓請朝廷
假令朝家 依其言成送接慰官 旣歸之後 誰當傳給於倭人乎 事甚不當 其
時以此之故 接慰官·東萊府使 竝請從重推考 今番朴再興入去之時 臣又
以接慰官 雖生疏未諳規例 汝則接待倭人之事 必無不知之理 而乃有此
事 皆汝之罪 今番渡海 汝若不得竣事而歸 則必當竝與前罪 重處之意 申
飭以送矣 備局之所以責集一者 止於如此矣 今臺臣疏中 有逞其欺詐之
語 倭人 亦以見欺於接慰官 怨罵云 此乃非常之罪 似不可循例處斷矣 承
旨崔商翼曰 臣嘗爲接慰官 故亦知接待倭人之事 使事旣竣 設行上船宴
而倭人上船後 始爲上來者 例也 倭人 旣已受宴之後 寧有不去之理哉 其
間必有曲折矣 南曰 前接慰官洪重夏下去時 所謂蔚島被擄回還人 在於
東萊地 而不爲招問其事狀 只以差倭恐喝之言 上聞朝廷 以致其時禮曹
回答書契 不能明白攻破矣 及兪集一下去時 則先問於被擄者 悉得日本
人接待之事及馬島人中間操弄情狀 每於言端 提起詰問 故倭人 先自折
服 凡於前後書契援受之際 不敢更爲如前作梗者 實由於先得其要領故也
此則集一處事 遠勝於重夏矣 雖然 欺倭辱命之狀 果如臺疏 則亦豈可以
他事之稍善 有所容貸乎 臣未知集一此擧 果出於誑誘自便之計乎 或由
於不識規例之致乎 有難的知矣 第邊事極重 而人言如此 所當拿問 而其
在事機得失之間 亦有不可不慮者 頃見東萊府使與臣私書 則以爲差倭
初則以爲不得答書之前 終不徑歸云矣 頃日備局回啓 判付公事下去後
以其措語 責論於差倭 則乃曰 當初不知兩度書契回答之意 竝在於一書
之中 相持至此矣 今乃大覺 更無可論之事 而書契中拘執二字 似觸江戶

之怒 若改給此語 則當卽入去云 更以不可改之意 嚴辭峻責 則差倭等 辭
氣沮屈 更無所言云 蓋差倭之至今留在者 只以朝家 從前於此等事 不能
堅持 末終 必從其言故也 旣知朝廷之意終不撓改 則無端入去 亦涉無聊
故以此爲言 欲爲入去之楷梯 其情狀 雖不可測 而比之初頭 頗摧折矣 今
若以接慰官欺倭之故 聲罪重處 則差倭聞此 必將增氣 且所謂倭人 以爲
賣己怨罵等語 必頃查問於東萊及往來譯官然後 可知其虛實 差倭 必以
此執言 雖已有入去之意 更輟其行 後發怳然之言 難保其必無 此等事勢
不可不顧慮 集一 姑先罷職 更觀差倭去留形止然後 處之何如 上曰 兪集
一 姑先罷職 徐觀前頭差倭去留 而更論其罪 可也 南曰 以渠自明之言
雖難准信 且先罷後推 觀其緘辭而處之 何如 上曰 依爲之(『비변사등록』
숙종 21년 5월 22일).

　이번 5월 20일 영·좌상이 청대하여 입시하였을 때에 영의정 남구만이
아뢰기를 … 또 아뢰기를 "지평 李世載가 兪集一을 논한 어조가 매우 신
랄합니다. 신이 그 곡절을 아뢰겠습니다. 왜인이 울릉도의 일로 우리나
라를 기만하고 공갈하고 우롱한 바가 참으로 통악스럽고 해괴하여 견딜
수 없을 지경입니다. 한 번 서계를 고쳐서 주는 것만도 중난한 일인데
추후의 서계에 또 답하여 한 결 같이그들의 말에 따르고 수모를 감수하
는 것은 매우 졸렬한 일입니다. 그래서 조정에서 재차 답서를 요구하는
것을 불허한 것입니다. 유집일의 도리에서는 기왕 접대의 소임을 맡았
으니 조정 명령을 받들어 준엄한 언사로 指斥하고 결말이 나는 것을 보
고 올라와야 하는데도 上船宴을 이미 베풀었다는 핑계로 일방적으로 떠
나서 올라와버렸고, 또 답서를 만들어 추후하여 보내주자는 뜻으로 조
정에 계청까지 하였습니다. 가령 조정에서 그의 말대로 답서를 작성하

여 보내준다 한들 접위관이 돌아와 버린 처지에 누가 왜인에게 전해주
겠습니까? 매우 부당한 일입니다. 그래서 그때에도 이 일 때문에 접위관
과 동래부사를 모두 무겁게 추고 하자고 청했던 것입니다. 이번에 朴再
興이 들어갈 때에도 신이 또 '접위관은 비록 생소하여 규례를 몰랐다 하
더라도 너는 왜인을 접대하는 일을 모를 이치가 없는데도 결국 이런 일
이 있게 된 것은 모두 너의 잘못이다.' 하고, 이번에 건너가서 네가 만일
일을 잘 마치고 돌아오지 못한다면 반드시 먼저의 죄까지 합쳐서 무겁
게 처치하겠다는 뜻으로 신칙하여 보냈습니다. 비국에서 유집일을 책망
한 것은 이런 일 뿐이었는데 이번 臺臣의 소 중에는 왜인들이 우리를 기
만하려는 기도를 이루어 주려 한 것이라는 말이 있고 또 왜인들은 접위
관에게 속았다고 원망하는 불평이 있다고도 하였습니다. 이는 예사로운
죄가 아니므로 순례대로 처단할 수 없습니다." 하니, 승지 崔商翼이 아
뢰기를 "신도 전에 접위관을 지냈기 때문에 왜인을 접대하는 일을 조금
은 알고 있습니다. 사명을 마치고 상선연을 베푼 뒤에도 왜인이 배에 올
라야만 돌아오는 것이 전례입니다. 왜인이 잔치를 베풀어 준 뒤에도 어
떻게 떠나지 않을 리가 있겠습니까? 그 사이에는 반드시 곡절이 있는 것
입니다." 하였다. 남구만이 아뢰기를 "전 접위관 洪重夏가 내려갔을 때
에 이른바 울릉도에서 붙잡혔다가 돌아온 사람이 동래 땅에 있었는데도
그 실상을 조사하지 않고 다만 차왜의 공갈하는 말만 듣고 조정에 上聞
하였기 때문에 예조의 회답서계에서 명백하게 논박하지 못하게 만든 것
입니다. 유집일이 내려갔을 때에는 먼저 붙잡혔던 자들에게 물어 일본
인들이 접대해 주던 일과 대마도 사람이 중간에서 농간한 실상을 모두
탐지하고 말끝마다 끌어내어 힐문하였기 때문에 왜인들이 먼저 굴복하
여 전후로 서계를 주고받을 때에 다시는 전처럼 버티지 못한 것입니다.

이는 사실 그가 먼저 실상을 파악하였기 때문인데 이 점은 유집일의 처사가 홍중하보다는 나은 셈입니다. 그러나 왜인도 속이고 사명을 욕되게 한 실상이 과연 臺疏와 같다면 어떻게 다른 일이 조금 나았다 하여 용서할 수 있겠습니까? 유집일의 이 일이 과연 왜인을 속이고 저만 편하려 한 계책에서 나온 것인지 혹은 규례를 모르는 소치에서 나온 것인지 신은 확실하게 알지 못합니다마는 변방의 일은 극히 중대한 것이고 남들의 말도 이러하니 의당 구속 문초하여야 하겠으나 事機의 득실도 생각하지 않을 수 없습니다. 얼마 전에 동래부사와 신이 私信을 주고받았는데 거기에 보면 차왜가 처음에는 답서를 받지 못하면 돌아가지 않겠다고 말하더니 지난번 비국의 회계에 대해 判付하신 내용의 공문이 내려간 뒤에 그 사연으로 차왜에게 꾸짖고 타이르고 하니 그제야 말하기를 '당초에는 두 번의 서계에 대해 회답하는 내용이 한 번의 글속에 포함되어 있는지를 모르고 이토록 버티었으나 이제는 확실히 깨달았으니 다시 논란할 일은 없겠으나 서계 중의 '拘執'이란 두 글자가 江戶의 노여움에 저촉될 염려가 있으니 이 문구만 고쳐서 주면 당장 들어가겠다.' 하여 서계를 다시는 고칠 수 없다는 뜻으로 엄히 가책하니 차왜들이 사기가 위축되어 다시는 말을 못하였다고 하였습니다. 대체로 차왜들이 지금까지 머물러 있는 것은 조정에서 종전에는 이런 일들에 확고한 태도를 견지하지 못하고 결국엔 반드시 그들의 말을 들어주었기 때문입니다. 이번에는 조정의 뜻을 끝끝내 꺾을 수 없음을 알면서도 그대로 돌아가기는 무료하기 때문에 이것으로 말을 걸어 들어가는 빌미를 삼으려고 함이니 그 속셈을 헤아릴 수는 없으나 처음에 비하면 꽤 풀이 꺾인 셈입니다. 그런데 지금 만일 접위관이 왜인을 속였다는 까닭으로 죄를 성토하고 중벌에 처한다면 차왜는 이 말을 듣고 필시 氣習을 돋굴 것입니다.

또 이른바 왜인이 저를 팔고 속이고 하였다고 책망하고 있다는 등의 말은 반드시 동래부사와 왕래한 역관들에게 사문한 뒤라야 그 허실을 알 수 있습니다. 차왜가 이미 들어갈 뜻을 가졌다가도 이 말로 꼬투리를 잡아 계획을 번복하고 거드름을 피우는 말을 하는 일이 꼭 없으리라고 보장하기도 어렵습니다. 이러한 사정을 생각하지 않을 수 없으니 유집일을 우선 파직하고 차왜가 떠나는지의 여부를 다시 관망한 뒤에 처리하는 것이 어떻겠습니까?" 하니, 임금이 이르기를 "유집일을 우선 파직하고 앞으로 차왜가 떠나는지 머무르는지를 천천히 살펴서 다시 그 죄를 논하는 것이 좋겠다." 하였다. 남구만이 아뢰기를 "그가 발명하는 말을 그대로 믿을 수는 없으나 우선 先罷後推하여 그의 緘辭를 받아본 뒤에 처리하는 것이 어떻겠습니까?" 하니, 임금이 그렇게 하라고 하였다.

◎ 1696년

○ 동래인 안용복 등이 일본국에서 왜인과 송사하고 돌아오니 잡아 가두다

東萊人安龍福 興海人劉日夫 寧海人劉奉石 平山浦人李仁成 樂安人 金成吉 順天僧雷憲·勝淡·連習·靈律·丹責·延安人金順立等 乘船往鬱 陵島 轉入日本國伯耆州 與倭人相訟後 還到襄陽縣界 江原監司沈枰 捉 囚其人等馳啓 下備邊司(『숙종실록』 권30, 숙종 22년 8월 29일<임자>).

동래 사람 安龍福·흥해 사람 劉日夫·영해 사람 劉奉石·平山浦 사람 李仁成·樂安 사람 金成吉과 順天 중 雷憲·勝淡·連習·靈律·丹責과 延安

사람 金順立 등과 함께 배를 타고 울릉도에 가서 일본국 伯耆州로 들어가 倭人과 서로 송사한 뒤에 襄陽縣 지경으로 돌아왔으므로, 江原監司 沈枰이 그 사람들을 잡아가두고 치계하였는데, 비변사에 내렸다.

○ 안용복 등을 경옥에 나치하여 사핵할 것을 허락하다

以江原監司沈枰狀啓 備邊司請安龍福等十一人 拿致京獄 明覈以處 允之(『숙종실록』 권30 숙종 22년 9월 2일<을묘>).

강원감사 沈枰의 狀啓에 따라 비변사에서 안용복 등 11인을 京獄에 拿致하여 분명히 査覈하여 처치하기를 청하니, 윤허하였다.

○ 안용복 압송 추문에 관한 비변사의 계

(備邊司)又啓曰 頃因江原監司沈枰狀啓 罪人安龍福等十一名 押送京 中事 覆啓分付矣.卽者龍福等十名 纔以押來 所當移刑曹推問 而係關邊 情事體 與他罪人有異 令本司堂上·刑曹堂上各一員 齊會本司 ——究覈 稟處 而其中金順立一名下陸之後 卽還延安本土云 今方密關分付 使之 掩捕上送矣 敢啓. 傳曰 知道(『승정원일기』 367책, 숙종 22년 9월 12일).

(비변사에서) 또 아뢰어 말하기를, "지난번 강원감사인 심평의 狀啓로 인하여 죄인 안용복 등 11명을 押送하는 일을 覆啓하라고 분부하셨습니다. 곧 용복 등 10명을 막 압송해 와서 마땅히 형조로 옮겨 推問하였는데, 변방의 사정과 관련하여 다른 죄인과는 달라서 本司의 당상과 형조의 당상 각각 1원으로 하여금 본사에 함께 모여 하나하나 아뢴 것에 대한 실상을 조사하였습니다. 그런데 그 중 김순립 한 사람은 뭍에 내린

뒤에 곧장 연안 본토로 돌아왔다고 합니다. 지금 몰래 關文으로 분부하여 체포해 올려 보내게 해야 함을 감히 아룁니다." 전교하시기를, "알았다."라고 하셨다.

○ 안용복이 동래에서 변정에 관계되는 일로 잡혀오다

時 安龍福自東萊拿來 命備局堂上、刑曹堂上各一員 齊會備局 究覈稟處. 以其事關邊情也(『숙종실록』 권30, 숙종 22년 9월 22일<을해>).

이때 안용복이 동래에서 잡혀왔는데, 備局의 당상과 형조의 당상 각각 1원이 비국에 같이 모여서 究覈하여 稟處하라고 명하였다. 그 일이 邊情에 관계되기 때문이다.

○ 비변사에서 안용복 등을 추문하다

備邊司推問安龍福等 龍福以爲 : "渠本居東萊 爲省母至蔚山 適逢僧雷憲等 備說頃年往來鬱陵島事 且言本島海物之豐富 雷憲等心利之 遂同乘船 與寧海篙工劉日夫等 俱發到本島 主山三峰 高於三角 自南至北爲二日程 自東至西亦然 山多雜木、鷹、烏猫 倭船亦多來泊 船人皆恐 渠倡言 : '鬱島本我境 倭人何敢越境侵犯? 汝等可共縛之' 仍進船頭大喝倭言 : '吾等本住松島 偶因漁採出來 今當還往本所' 松島卽子山島 此亦我國地 汝敢住此耶?' 遂以翌曉 拕舟入子山島 倭等方列釜鬵煮魚膏 渠以杖撞破 大言叱之 倭等收聚載船 擧帆回去 渠仍乘船追趁 猝遇狂飆 漂到玉岐島 島主問入來之故 渠言: '頃年吾入來此處 以鬱陵、子山等島定以朝鮮地界 至有關白書契 而本國不有定式 今又侵犯我境 是何道理?' 云爾 則謂當轉報伯耆州 而久不聞消息 渠不勝憤惋 乘船直向伯耆州 假

稱鬱陵、子山兩島監稅 將使人通告本島 送人馬迎之 渠服靑帖裏 着黑
布笠 穿皮鞋乘轎 諸人竝乘馬 進往本州 渠與島主 對坐廳上 諸人竝下坐
中階 島主問 : '何以入來?' 答曰 : '前日以兩島事 受出書契 不啻明白 而
對馬島主奪取書契 中間僞造 數遣差倭 非法橫侵 吾將上疏關白 歷陳罪
狀' 島主許之 遂使李仁成 構疏呈納 島主之父來懇伯耆州曰 : '若登此疏
吾子必重得罪死 請勿捧入' 故不得稟定於關伯 而前日犯境倭十五人 摘
發行罰 仍謂渠曰 : '兩島旣屬爾國之後 或有更爲犯越者 島主如或橫侵
竝作國書 定譯官入送 則當爲重處' 仍給糧 定差倭護送 渠以帶去有弊
辭之" 云 雷憲等諸人供辭略同 備邊司啓請 : "姑待後日登對稟處" 允之
(『숙종실록』 권30, 숙종 22년 9월 25일<무인>).

비변사에서 안용복 등을 추문하였는데, 안용복이 말하기를, "저는 본
디 동래에 사는데, 어미를 보러 울산에 갔다가 마침 중 雷憲 등을 만나
서 근년에 울릉도에 왕래한 일을 자세히 말하고, 또 그 섬에 해물이 많
다는 것을 말하였더니, 雷憲 등이 이롭게 여겼습니다. 드디어 같이 배를
타고 영해 사는 뱃사공 劉日夫 등과 함께 떠나 그 섬에 이르렀는데, 主
山인 三峯은 삼각산보다 높았고, 남에서 북까지는 이틀 길이고 동에서
서까지도 그러하였습니다. 산에는 잡목·매·까마귀·고양이가 많았고, 왜
선도 많이 와서 정박하여 있으므로 뱃사람들이 다 두려워하였습니다.
제가 앞장서서 말하기를, '울릉도는 본디 우리 지경인데, 왜인이 어찌하
여 감히 지경을 넘어 침범하였는가? 너희들을 모두 포박하여야 하겠다.'
하고, 이어서 뱃머리에 나아가 큰소리로 꾸짖었더니, 왜인이 말하기를,
'우리들은 본디 松島에 사는데 우연히 고기잡이 하러 나왔다. 이제 本所
로 돌아갈 것이다.' 하므로, '松島는 子山島로서, 그것도 우리나라 땅인

데 너희들이 감히 거기에 사는가?' 하였습니다. 드디어 이튿날 새벽에 배를 몰아 子山島에 갔는데, 왜인들이 막 가마솥을 벌여 놓고 고기 기름을 다리고 있었습니다. 제가 막대기로 쳐서 깨뜨리고 큰 소리로 꾸짖었더니, 왜인들이 거두어 배에 싣고서 돛을 올리고 돌아가므로, 제가 곧 배를 타고 뒤쫓았습니다. 그런데 갑자기 광풍을 만나 표류하여 玉岐島에 이르렀는데, 島主가 들어온 까닭을 물으므로, 제가 말하기를, '근년에 내가 이곳에 들어와서 울릉도·子山島 등을 조선의 지경으로 정하고, 關白의 서계까지 있는데, 이 나라에서는 정식이 없어서 이제 또 우리 지경을 침범하였으니, 이것이 무슨 도리인가?' 하자, 마땅히 伯耆州에 轉報하겠다고 하였으나, 오랫동안 소식이 없었습니다.

제가 憤悗을 금하지 못하여 배를 타고 곧장 백기 주로 가서 鬱陵子山兩島監稅라 가칭하고 장차 사람을 시켜 본도에 통고하려 하는데, 그 섬에서 사람과 말을 보내어 맞이하므로, 저는 푸른 철릭[帖裏]를 입고 검은 布笠을 쓰고 가죽신을 신고 轎子를 타고 다른 사람들도 모두 말을 타고서 그 고을로 갔습니다. 저는 도주와 廳 위에 마주 앉고 다른 사람들은 모두 中階에 앉았는데, 도주가 묻기를, '어찌하여 들어왔는가?' 하므로, 답하기를 '전일 두 섬의 일로 서계를 받아낸 것이 명백할 뿐만이 아닌데, 대마도주가 서계를 빼앗고는 중간에서 위조하여 두세 번 差倭를 보내 법을 어겨 함부로 침범하였으니, 내가 장차 관백에게 상소하여 죄상을 두루 말하려 한다.' 하였더니, 도주가 허락하였습니다. 드디어 李仁成으로 하여금 疏를 지어 바치게 하자, 도주의 아비가 백기 주에 간청하여 오기를, '이 소를 올리면 내 아들이 반드시 중한 죄를 얻어 죽데 될 것이니 바치지 말기 바란다고 하였으므로, 관백에게 稟定하지는 못하였으나, 전일 지경을 침범한 왜인 15인을 적발하여 처벌하였습니다.'라고 하였다. 이어서 저에게 말하기를, '두 섬은 이미 너희나라에 속하였으니, 뒤에 혹 다시 침범하여 넘어가는 자가 있거나 도주가 혹 함부로 침범하거든, 모두 국서를 만들어 역관을 정하여 들여보내면 엄중히 처벌할 것이다.' 하고, 이어서 양식을 주고 차왜를 정하여 호송하려 하였으나, 제가 데려가는 것은 폐단이 있다고 사양하였습니다." 하였고, 雷憲 등 여러 사람의 供辭도 대략 같았다. 비변사에서 아뢰기를, "우선 뒷날 登對할 때를 기다려 稟處하겠습니다."하니, 윤허하였다.

○ 영의정 유상운이 안용복의 죄에 대해 말하다

庚辰/引見大臣 備局諸臣 領議政柳尙運曰 : "安龍福不畏法禁 生事他國 罪不可容貸 且彼國解送漂海人 必自對馬島 例也 而直自其處出送 不可不以此明白言及 而龍福姑待渡海譯官還來後 置斷宜矣" 左議政尹趾善亦以爲然 刑曹判書金鎭龜曰 : "臣以領相之言 往問右議政徐文重 以爲 : '此事所關不輕 自古交隣之事 初似微細 末或至大 對馬島若聞龍福之事 必憾怒我國 宜先通報 而囚龍福等 以待彼中消息 然後論斷' 判府事申翼相以爲 : '通告對馬島 似不可已 而聽其所言後處置 有同稟令 一邊通告 一邊處斷 似當' 云矣" 上問諸臣 諸臣皆以爲 : "龍福罪狀難貸 先通島主後 更觀事機而處斷爲宜" 上曰 : "龍福之罪 決不可貸 亦不可不通告馬島 渡海譯官還來後處之可矣" 尙運請問議于南九萬、尹趾完 允之 尙運曰 : "李仁成製疏 其罪亦重 而若論首、從 仁成爲從 宜斷以次律 其餘只爲漁採而去 當置而不論矣" 上可之(『숙종실록』 권30, 숙종 22년 9월 27일<경진>).

大臣과 備局의 諸臣을 인견하였다. 영의정 柳尙運이 말하기를, "안용복은 법금을 두려워하지 않고 다른 나라에서 일을 일으켰으므로, 죄를 용서할 수 없습니다. 또 저 나라에서 漂海人을 보내는 것은 반드시 대마도에서 하는 것이 규례인데, 곧바로 그곳에서 내보냈으니, 이것을 명백히 언급하지 않을 수 없으나, 안용복은 渡海譯官이 돌아온 뒤에 처단하여야 하겠습니다." 하였는데, 좌의정 尹趾善도 그렇게 말하였다. 형조판서 金鎭龜가 말하기를, "신이 영상의 말에 따라 우의정 徐文重에게 가서 물었더니, '이 일은 관계되는 바가 가볍지 않다. 예전부터 교린에 관한 일은 처음에는 작은듯하다가 끝에 가서는 매우 커진다. 대마도에서 안용복의 일을 들으면, 우리나라에 원한을 품을 것이니 먼저 통보하고, 안용복 등을 가두고서 저들의 소식을 기다린 뒤에 논단해야 할 것이다.' 하고 판부사 申翼相은, '대마도에 통고하는 것은 그만둘 수 없을 듯하나, 그 말을 들은 뒤에 처치하면 稟令과 같으니, 한편으로 통고하고 한편으로 처단하는 것이 마땅할 듯하다.' 하였습니다."하니, 임금이 諸臣에게 물었다. 제신이 다 말하기를, "안용복의 죄상은 용서하기 어렵습니다. 먼저 島主에게 통고한 뒤에 다시 事機를 보아서 처단하는 것이 마땅하겠습니다." 하니, 임금이 말하기를, "안용복의 죄는 결코 용서할 수 없고, 대마도에 통고하지 않을 수도 없다. 도해 역관이 돌아온 뒤에 처치하는 것이 옳겠다." 하였다. 유상운이 南九萬·尹趾完에게 문의하기를 청하니, 윤허하였다. 유상운이 말하기를, "李仁成은 疏를 지었으므로 그 죄가 또한 무거우나, 首犯·從犯을 논한다면 이인성은 종범이 되니, 次律로 결단하여야 마땅합니다. 그 나머지는 고기잡이하러 갔을 뿐이니, 버려두고 논하지 않는 것이 마땅합니다." 하니, 임금이 윤허하였다.

○ 안용복, 이인성 처치하는 문제

引見時 領議政柳尙運所啓 安龍福等捧招 昨已啓下 今當稟定矣. 臣意
則龍福飄風虛實 姑置勿論 漂到之後 有此作用 卽一不畏法禁 生事他國
之亂民也. 不可容貸 而且彼國 每於漂海人還送之際 毋論漂到於何所 必
自對馬島還送 乃是例也. 雖尋常漂船 亦且如此 況此呈文之人 不送對馬
島 直自其處出送 而又爲成給文字 不可不以此 明白言及於彼中矣 龍福
到彼所爲之事 只憑其招 亦有不可盡信者 龍福則姑待渡海譯官還來後處
斷 似宜矣 上曰 諸臣所見 何如? 左議政尹趾善曰 安龍福罪犯 更無容貸
之事 不必久囚 而領相所達 誠然 依此爲之 似好矣. 柳尙運曰 昨日 使刑
曹判書金鎭龜 往問於不入侍大臣處矣. 使之仰達 何如? 金鎭龜曰 臣以領
相之言往問 則右議政徐文重以爲 龍福爲人 雖曰愚濫 而此事所關 亦爲
不輕. 自古交隣之事 初似微細 而或至於大段矣 卽今對馬島 居在兩國之
間 則勿論事之大小 必以誠信待之 無有隱諱 似宜矣. 島主之事 龍福 旣
已往訴於伯耆州 日後島主 若或聞知 則必以他路相通 致疑於我國 而亦
必有憾怒之心 因渡海譯官之行 先爲通報 而龍福等處置 則姑爲仍囚 以
待彼中消息 然後論斷 似爲得宜云矣. 行判中樞府事申翼相則以爲 別無
他見 而第對馬島主處通告事 似不可已 至於聽其所言後 處置罪人 則有
同稟令 一邊通告 而從速處斷 似當云矣. 臣觀右相之意 亦非謂待彼所言
然後處之也 姑先以龍福罪狀 方自朝廷推問之意 通於對馬島 而徐觀彼
中消息而處斷 似宜云矣 兵曹判書閔鎭長曰 安龍福之當初入去者 必是
直入彼境之意也 若爲飄風 則自對馬島還來 乃是古例也. 今則不然 而又
有上疏之事 其罪誠不可貸 而對馬島主處 若不通之 則旣非誠信以待之
道 而後患亦不可不念矣 且處置雖遲延 當觀彼中事機而處之 似好矣. 吏
曹判書崔錫鼎曰 龍福 雖曰無知常漢 旣與作罪我境者有異 而犯境爭地

等事 極爲陰兇 生事邊境之罪 何可容貸乎? 旣有此事 而不爲通報於島主
亦非誠信之道 處置則當觀前頭事機爲之 似好矣. 金鎭龜曰 安龍福不可容
貸之事 諸臣旣已陳達矣 臣亦無他所見矣. 對馬島主處 則不可不速爲通告
而處置事 姑觀前頭事機而爲之 未晩矣. 工曹參判吳道一曰 龍福 當斷一
罪 彼國之傳通事情 事理皎然 諸臣之議歸一 臣固無用更議 而但念安龍
福之罪狀 只是關係邊情 事體重大而已. 實則愚蠢之人 希功罔上而已 若
竝與仁成而正法 則誠恐過重 仁成則次律施行 似合矣. 金鎭龜曰 延安人
金順立 自襄陽先往他處 故祕關于開城府及延安等處 以爲捉來之地 而
姑無形影 待其入來後 似當一時處置矣. 行副司直徐宗泰曰 此事雖未有
前頭憑問之端 事或有不可知者 其爲處斷 旣非時日爲急 姑爲更觀彼島
聲息而處之 爲當矣. 上曰 專主此事者 安龍福也. 勿論飄風犯境與否 而爲
此擧措 其罪決不可貸也 且對馬島 居在兩國之間 則龍福 所當自馬島付
送 而今則直自伯耆州送來 旣非前例 且爲上疏 詆毁島主 則日後島主 必
無不知之理 似不可不通告於對馬島 而待其渡海譯官之歸 處之 尤爲詳
備矣 柳尙運曰 此事關係非細 發遣備局郞廳 以上敎問議于領府事南九
萬 領敦寧尹趾完以來 更稟處之 何如? 上曰 依爲之. 柳尙運曰 李仁成 製
給龍福之疏 其罪亦重 而若以首從言之 則龍福爲首 仁成爲從. 仁成則斷
以次律 其餘各人 以海曲愚氓 只聞龍福敎誘之言 爲海採而去 竝置而不
論 似宜矣. 上曰 李仁成 頗知文字 故亦助成此事矣 旣已助成此事 則其
罪比他人雖重 而較諸龍福 則似下一等矣 其他人等 俱是脅從 同謀之迹
似無可問矣 尹趾善曰 龍福有意入去之狀 的然無疑 渠旣不文 必求仁成
之稍解文字 敎誘率往 則仁成 不無當初謀議之迹 而雖或見欺而往 其可
駁之文 皆出於其手 則作此文書 生事於他國之後 豈有可生之理乎? 臣意
決不可容貸也. 閔鎭長曰 李仁成 雖有罪 比之龍福則差輕 若一體論斷則

似過矣. 此外諸人 必是脅從 似不可問矣. 崔錫鼎曰 國家用罰 必觀其情
犯之如何 以情言之 則龍福當爲首惡 而仁成乃其次也 分等論罪 似好矣.
金鎭龜曰 仁成 旣作其文書 其罪亦不可容貸 而觀其情狀 則比龍福差輕
雖用次律 似不爲失刑矣. 吳道一曰 一罪論斷 須十分無疑 然後可以論之.
仁成 雖已作文 而亦無顯然知情之事 不論首從 一體論斷 似爲太過矣. 徐
宗泰曰 李仁成 其初似無知情之事 而到彼後 作成文字 出於龍福之敎誘
迫脅 則情犯 與龍福有間 用以次律 似當矣. 金鎭龜曰 觀李仁成私記冊
子 此非還歸後爲之者 乃在彼中時所記 而以爲龍福在彼時 勸我作文而
誘脅之 渠以日後得罪之事爲慮 則雷憲 以其五寸叔 亦勸之 故爲之云.以
此觀之 仁成 似不可以知情 斷之矣. 其餘他人 旣愚且迷 必是脅迫於龍
福之致 似不宜更問矣. 上曰 左相之以李仁成事陳達之言 不爲無見 而第
以情罪言之 則龍福 旣是首惡 決不可活 而仁成之作文 似爲脅從 減等無
妨 其餘則放釋 宜矣.柳尙運曰 此事 使東萊府 言及倭館耶? 上曰 此豈可
使東萊府使言及耶? 當有國書矣.柳尙運曰 若只言龍福處置之事 則當使
東萊府使言及 而竝及伯耆州違法之事 則似當有國書. 前去渡海譯官 已
發船 則似當別送一譯矣 李仁成 雖論以次律 旣是受罪之人 則不可輕放
與龍福姑爲仍囚 其餘八人 則姑待其一人捉來 且待在外大臣處 問議以
來後放送 而雷憲 雖曰有勸成疏文之事 不可又爲分別定罪矣 上曰 依爲
之. 首惡次律 旣已分等 其餘則一體處之 可也(『승정원일기』367책, 숙종
22년 9월 27일).

인견했을 때, 영의정인 柳尙運이 아뢰기를, "안용복 등의 捧招는 어제
이미 啓下하셨으니 지금은 마땅히 稟定해야 할 것입니다. 신은 용복이
飄風 때문에 이른 것인지 아닌지는 우선 따지지 않더라도 표류해서 도

착한 뒤에 이러한 작용이 있으니, 곧 온통 법으로 금하는 것을 두려워하지 않고 다른 나라에서 문젯거리를 만든 亂民이라 생각합니다. 용서할 수 없으며, 또한 저 나라가 늘 바다를 표류하던 사람을 돌려보낼 때, 어느 곳에서 표류했는지는 따지지 않고, 반드시 대마도에서 돌려보내는 것이 곧 전례였습니다. 비록 일반적으로 표류하는 배 또한 이와 같은데, 하물며 정문한 사람을 대마도로 보내지 않고 곧바로 그 곳에서 내보낸 것에 있어서이겠습니까? 또 지어준 문자는 어쩔 수 없이 이로써 저들에게 명백하게 언급해야 할 것입니다. 용복이 저곳에 도착하여 한 일은 다만 그가 문초에 진술한 내용을 따르는 것도 다 믿을 수 없는 것이 있습니다. 용복은 우선 도해역관이 돌아오기를 기다린 뒤에 처단하는 것이 옳을 듯합니다."라고 하였다. 상께서 말씀하시길, "여러 신하들의 의견은 어떻습니까?"라고 하니, 좌의정인 尹趾善이 말하기를, "안용복의 범죄는 다시 용서할 수 없는 일이니, 오래 가두어 둘 필요가 없고, 영상께서 말씀드린 것이 참으로 그러하니, 이를 따라서 하는 것이 좋을 듯합니다."라고 하였다. 柳尙運이 말하기를, "어제 형조판서인 金鎭龜로 하여금 입시하지 않은 대신들에게 가서 여쭙게 하였습니다. 그들에게 (의견을) 여쭈어 보니 어떠하였습니까?"라고 하니, 金鎭龜가 말하기를, "신이 영상의 말씀을 (그들에게) 가서 여쭈니, 우의정인 徐文重은 '용복의 사람됨이 비록 愚濫하다고 하나, 이 일과 관계된 것이 또한 가볍지 않습니다. 예로부터 교린의 일은 처음엔 아주 작은 일인 듯하다가 혹 대단한 일이 되기도 하였습니다. 지금 대마도가 두 나라 사이에 있으니, 일의 크고 작음을 가리지 말고, 반드시 정성과 믿음으로 대우하여 숨기고 꺼리는 것이 없게 함이 옳을 듯합니다. 도주의 일은 용복이 이미 백기 주에 가서 하소연하였으니, 뒷날에 도주가 만약 혹 들어서 안다면, 반드시 다른 길을 통해서 우리나라에 의심을 보낼 것이고, 또한 반드시 서운하고 노여운 마음이 있을 것이니, 도해역관이 가는 편에 먼저 통보하고, 용복 등의 처리는 우선 계속 가두어 두었다가 저들의 소식을 기다린 뒤에 논단함이 옳을 듯합니다.'라고 하였습니다. 행판중추부사인 申翼相은 '별다른 의견이 없으며, 다만 대마도주에게 통고하는 일은 그만둘 수 없을 듯합니다. 그가 하는 말을 들은 뒤에 죄인을 처리하는 것은 같은 품령이 있으면, 한 편으론 통고하고 그것을 따라 빠르게 처단함이 마땅한 듯합니다.'라고 하였습니다. 신이 우상의 뜻은 보건대, 또한 저들이 말하는 것을 기다린 뒤에 처리해야 한다고 하지 않았습니다. 우선 용복의 죄상을 바야흐로 조정에서 추문한 뜻을 대마도에 통보하고, 천천히 저들의 소식을 보면서 처단함이 옳은 듯하다고 하였습니다."라고 하였다. 병조판서인 閔鎭長이 말하기를, "안용복이 애초부터 들어간 것은 반드시 저들의 경내로 곧장 들어가려는 의도입니다. 만약 飄風 때문이라면 대마도에서 돌아오는 것이 곧 전례입니다. 지금은 그렇지 않고, 또 소를 올린 일이 있으니, 그 죄를 진실로 용서할 수 없습니다. 그리고 대마도주에게 만약 그것을 통보하지 않는다면, 이미 정성과 믿음으로 대우하는 것이 아니며, 뒷날의 우환도 염려하지 않을 수 없습니다. 또한 (안용복의) 처리 문제는 비록 지연되더라도 마땅히 저들의 사기를 보고서 처리함이 좋을 듯합니다."라고 하였다. 이조판서인 崔錫鼎이 말하기를, "용복은 비록 상식을 알지 못하는 사람이지만, 이미 우리의 경내에서 죄를 지은 사람과는 다르고, 국경을 침범하고 땅을 다투었던 일 등은 지극히 음흉합니다. 변경에서 문젯거리를 만든 죄는 어찌 용서할 수 있겠습니까? 이미 이러한 일이 있는데, 도주에게 통보하지 않는다면, 또한 정성과 믿음의 도가 아닐 것입니다. 처리는 마땅히 앞으로 되어가는 일의 기미를 보고서 하는 것이 좋을 듯합니다.”라고 하였다. 金鎭龜가 말하기를, “안용복을 용서할 수 없는 일은 여러 신하들이 이미 말씀드렸습니다. 신도 다른 의견은 없습니다만, 대마도수에게는 빨리 동고하지 않을 수 없고, (안용복을) 처리하는 일은 우선 앞으로 되어가는 일의 기미를 보고 해도 늦지 않을 것입니다.”라고 하였다. 공조참판인 吳道一이 말하기를, “용복은 마땅히 하나의 죄로 처단해야 하며, 저 나라에 사정을 전하여 통보하는 것도 사리에 명확합니다. 여러 신하들의 의론이 하나로 모아졌으니, 신은 진실로 다시 의론할 필요는 없을 것 같습니다만, 다만 안용복의 죄상은 변정에 관련된 것이라 일의 중대함을 염려할 따름입니다. 실상은 愚蠢한 사람이 공을 바라고 欺君罔上하였을 뿐입니다. 만약 仁成과 똑같이 해서 법으로 바로잡는다면, 진실로 너무 무거운 듯하니, 인성은 次律로 시행함이 합당할 듯합니다.”라고 하였다. 김진귀가 말하기를, “연안인 金順立이 襄陽에서 먼저 다른 곳으로 갔으므로, 개성부와 연안 등의 곳에 몰래 關文을 보내어 잡아오는 바탕으로 삼고, 우선 서로 관련되어 있다는 정황이 없으니, 그가 들어오기를 기다린 뒤에 동시에 처리함이 마땅할 듯합니다.”라고 하였다. 行副司直인 徐宗泰가 말하기를, “이 일은 비록 앞으로 문제가 될 단서는 없지만, 일이란 혹 알 수 없는 것이 있는 법입니다. 그를 처단함은 이미 날이 급한 것이 아니니, 우선 다시 저 섬의 소식을 듣고 처리함이 마땅할 것입니다.”라고 하니, 상께서 말씀하시기를, “이 일을 혼자서 주동한 사람은 안용복이다. 飄風 때문에 국경을 침범한 여부를 따지지 않더라도, 이런 일을 한 것은 그 죄가 결코 용서할 수 없는 것이다. 또한 대마도가 두 나라 사이에 있으니, 용복이 마땅히 대마도에서 還送되어야 하는데, 지금은 곧바로 백기 주에서 보내왔으니, 이미 전례에 없던 일이다. 또한 소를 올린 것은 도주를 비방하고 헐뜯은 것이다. 뒷날에 도주가 반드시 알지 못할 리가 없으니, 어쩔 수 없이 대마도에 통고해야 할 듯하고, 도해역관이 돌아오기를 기다려 처리해야 할 것이니, 더욱 자세히 준비하라."라고 하셨다. 柳尙運이 말하기를, "이 일의 관계가 작지 않으니, 備局의 郎廳에게 보내어 맡겨서 영부사인 남구만과 영돈녕인 尹趾完에게 문의해서 다시 아뢰어 처리하게 함이 어떻습니까?"라고 하니, 상께서 말씀하시기를, "그렇게 시행하라!"라고 하셨다. 柳尙運이 말하기를, "李仁成이 용복의 疏를 지어 준 것은 그 죄가 무겁습니다. 만약 首犯者와 從犯者로서 말한다면, 용복이 수범자가 되고 仁成이 종범자가 됩니다. 인성은 次律로써 단죄하고, 그 나머지 각각의 사람들은 바닷가의 어리석은 백성들로 다만 용복이 꼬드기는 말을 듣고 바다에서 고기를 잡기 위해 간 것뿐이니, 나란히 두고서 논죄하지 않는 것이 옳을 듯합니다."라고 하니, 상께서 말씀하시기를, "이인성이 자못 문자를 아는 까닭으로, 또한 이 일을 도와 이루게 하였다. 이미 이 일을 도와 이루게 하였다면, 그 죄가 다른 사람에 견주어 비록 무겁지만, 그것을 용복과 비교하면, 한 등급 아래인 듯하다. 그 다른 사람들은 모두 위협에 눌려 따른 것이니, 함께 도모한 자취는 물을 만한 것이 없는 듯하다."고 하셨다. 尹趾善이 말하기를, "용복이 들어갈 의도가 있었다는 정상(은 분명히 의심할 여지가 없으며, 그가 이미 글을 알지 못하니, 반드시 인성이 글을 조금 아는 것을 구하여 꼬드겨 데려 갔으니, 인성이 처음부터 모의한 자취가 없지 않고, 비록 속아서 갔으나, 그 놀랄 만한 글이 모두 그의 손에서 나왔으며, 이러한 문서를 지어서 다른 나라에서 문젯거리를 만든 뒤니, 어찌 살려 줄 이치가 있겠습니까? 신의 생각은 결코 용서할 수 없다는 것입니다." 라고 하였다. 閔鎭長이 말하기를, "이인성이 비록 죄가 있으나, 용복에게 그것을 견준다면, 조금 가벼우니, 만약 똑같이 논단한다면 너무한 듯합니다. 이 밖에 여러 사람들은 반드시 위협에 눌려 따랐을 것이니, (죄를) 물을 만한 것이 없는 듯합니다."라고 하였다. 崔錫鼎이 말하기를, "국가에서 벌을 줄 때는 반드시 죄를 저지른 정상이 어떠한지를 보아야 합니다. 정상으로 말한다면, 용복이 마땅히 首惡이 되고, 인성이 곧 그 다음입니다. 등급을 나누어 논죄하는 것이 좋을 듯합니다."라고 하였다. 金鎭龜가 말하기를, "인성이 이미 그 문서를 지었으니, 그 죄는 또한 용서할 수 없으며, 그 정상을 본다면, 용복에 비해서는 조금 가벼워 비록 차율을 쓰지만, 벌을 주지 않을 수는 없을 듯합니다."라고 하였다. 吳道一가 말하기를, "하나의 죄로 논단하여 충분히 의심의 여지가 없게 된 뒤에야 논할 수 있습니다. 인성이 비록 이미 글을 지었으나, 또한 환하게 정상을 알고 한 일이 아니니, 수범자와 종범자를 따지지 않고, 똑같이 논단한다면 너무 지나친 듯합니다."라고 하였다. 徐宗泰가 말하기를, "이인성이 그 처음에는 정상을 알지 못하고 한 일인 듯하며, 저곳에 도착한 뒤에 문자를 작성한 것은 용복의 꼬드김과 위협에서 나온 것이니, 죄를 저지른 정상이 용복과는 다릅니다. 차율을 쓰는 것이 마땅할 듯합니다."라고 하였다. 김진귀가 말하기를, "이인성이 사사로이 기록한 책자를 보니, 이것은 되돌아간 뒤에 쓴 것이 아닙니다. 곧 저쪽에 있을 때 기록한 것이고, 용복이 저쪽에 있을 때 나에게 글을 쓰기를 권하며 꼬드기고 위협하였다고 하였습니다. 그가 뒷날 죄를 받을 일을 염려하니, 雷憲이 그의 5촌 아재비로서 또한 권하므로 그렇게 하였다고 했습니다. 이로써 보건대, 인성은 정상을 알지 못하고 결단한 듯합니다. 그 나머지 다른 사람들은 이미 어리석고 또 미혹되어 반드시 용복에게 위협을 당한 까닭일 것이니, 다시 (죄를) 묻는 것은 옳지 않을 듯합니다."라고 하니, 상께서 말씀하시기를, "좌상이 이인성의 일에 대해 진달한 말은 의견이 없는 것이 아니지만 (일리가 있지만), 다만 죄의 정상으로 말한다면, 용복은 이미 주범이니 결코 살려 둘 수 없으며, 인성이 글을 지은 것은 위협에 눌려 따랐던 것 같으니, (죄의) 등급을 낮춰도 무방할 것이며, 그 나머지는 석방하는 것이 마땅할 것이다."라고 하셨다. 유상운이 말하기를, "이 일은 동래부로 하여금 왜관에 언급하게 해야 합니까?"라고 하니, 상께서 말씀하시길, "이것을 어찌 동래부사에게 언급하게 할 수 있겠는가? 마땅히 국서가 있어야 할 것이다."라고 하셨다. 유상운이 말하기를, "만약 용복을 처리하는 일만 말한다면, 마땅히 동래부사로 하여금 언급하게 하고, 아울러 백기 주에서 법을 어긴 일에 대해서는 마땅히 국서가 있어야 할 듯합니다. 이전에 갔던 도해역관이 이미 출항하였다면, 마땅히 별도로 한 역관을 보내야 할 듯합니다. 이인성은 비록 차율로 논죄하더라도 이미 죄를 지은 사람이니, 가벼이 석방할 수 없고, 용복과 함께 우선 계속 가두어 두어야 할 것입니다. 그 나머지 8명은 우선 한 사람을 잡아오기를 기다리고, 또한 재외 대신을 기다려 문의한 뒤에 풀어주어야 할 것입니다. 그리고 雷憲은 비록 疏文을 작성하는 것을 권유한 일이 있다고 하지만, 분별해서 죄를 결정할 수는 없습니다."라고 하니, 상께서 말씀하시길, "그렇게 시행하라. 首惡과 次律로 이미 (죄의) 등급이 나누어졌고, 그 나머지는 똑같이 처결함이 옳을 것이다."라고 하셨다.

○ 좌의정 윤지선이 안용복의 죄를 논하고 죽이기를 청하다

引見大臣 備局諸臣 左議政尹趾善曰 : "安龍福事 問于在外大臣 則領敦寧尹趾完以爲: '龍福私往他國 猥說國事 彼或認爲朝廷所使 則事甚可駭 論其罪犯 當殺無疑 而但念馬島之人 從前欺詐者 以我國不得通江戶

之故耳 今知別有他路 則必將大生恐怯 而聞龍福之被誅 則又喜其路之
永塞矣 我國之誅龍福 以法則是 以計則非 廢法固不可 失計亦可惜 至於
通報島中 梟示館外 以快狡倭之心 未免爲自損之歸’ 云 領府事南九萬以
爲 : 龍福癸酉年往鬱島 被虜於倭人 入去伯耆州 則本州成給鬱島永屬朝
鮮公文 且多有贈物 出來時 路由馬島 公文、贈物 盡爲馬島人所奪云 而
不以其言爲必可信矣 今見龍福 再往伯耆州呈文 則前言似是實狀 龍福
之冒禁再往 挑出事端之罪 固不容誅矣 然而對馬倭之假稱鬱陵以竹島
虛托江戶之命 欲使我國 禁人往來於鬱島 其中間欺�証操弄之狀 今因龍
福而畢露 此則亦一快事也 龍福之有罪無罪 當殺不當殺 自我國徐當議
處 馬島之米、布、紙 減分細瑣之事 皆不當擧論矣 至於事係鬱島 變幻
欺謾之狀 不可不因此機會 使萊府送書馬島 條列詰問 明辨痛斥 彼若更
有巧飾不服之言 自我又送書以問曰 : ‘汝居兩國間 凡事之無信如此 龍
福以漂風殘氓 無國書而自爲呈文 不可取信 固也 自朝廷將欲別遣使臣
於日本 審其虛實 汝將何以處之?’ 云爾 則馬島倭 必大生恐怯 服罪哀乞
然後 龍福之罪 自我議其輕重而處之 鬱島事 使倭人不敢更有開口 則狡
倭嘗試之計 庶可少縮 此乃上策 如不能然 亦宜使萊府 送書島主 先陳龍
福擅自呈文之罪 更陳本島虛稱竹島之失 分數開說 委曲措辭 待其回答
後處之可也 龍福斷罪之意 決不可語及於書契中 此爲中策 至若馬島用
奸欺我之狀 則不問而置之 龍福呈文辨正之罪 則先論而殺之 惟救得免
於島主之憾恨 其示弱甚矣 且島主之意 雖內以快其讎爲幸 外必不肯釋
然感謝於我 今後凡事 少有不如意者 必以龍福藉口 爲侮脅我國之語柄
不久將以鬱島執言 而連續送差 我何以堪之乎? 似是下策’ 云 在外大臣
之意 皆以殺龍福爲不可 而南九萬之上策 似難輕議 不罪龍福而專責馬
島 則有若自朝家使爲者然矣 安龍福、李仁成姑爲仍囚 待首相出仕後處

之 其餘脅從 既傳生議 先爲放釋乎?" 上曰 : "領相出仕後 商議稟處 諸
人先爲放送" 知事申汝哲曰 : "龍福之事 雖極痛駭 國家所不能爲之事 渠
能爲之 功過足以相掩 不可斷以一罪也" 趾善曰 : "不殺龍福 則末世奸民
必多生事於他國者 何可不殺也?" 上曰 : "待領相出仕後處之."(『숙종실록』
권30, 숙종 22년 10월 13일 <병신>).

大臣과 備局의 諸臣을 引見하였다. 좌의정 尹趾善이 말하기를, "안용
복의 일을 외방에 있는 대신에게 물었더니, 영돈녕 尹趾完은 말하기를,
'안용복은 사사로이 다른 나라에 가서 외람되게 나라의 일을 말하였는
데, 그가 혹 조정에서 시킨 것처럼 하였다면 매우 놀라운 일이니, 그 죄
를 논하면 마땅히 죽여야 하는 데 의심할 바가 없습니다. 단지 대마도
사람이 전부터 속여 온 것은 우리나라에서 강호와 교통하지 못하였기
때문인데, 이제 다른 길이 따로 있는 것을 알았으니, 반드시 크게 두려
움이 생길 것이나, 안용복이 주살되었다는 말을 들으면 또 그 길이 영구
히 막힌 것을 기뻐할 것입니다. 우리나라에서 안용복을 죽이는 것이 법
으로는 옳겠지만 계책으로는 그릇된 것이므로, 법을 폐기하는 것은 진
실로 불가하나 계책을 잃는 것도 아까운데, 대마도에 통보하고 왜관 밖
에 효시하여 교활한 왜인의 마음을 시원하게 하는 데 이르러서는 스스
로 손상하는 데로 돌아가는 것을 면하지 못할 것입니다.' 하고, 영부사
남구만은 말하기를, '안용복이 계유년에 울릉도에 갔다가 왜인에게 잡
혀 백기 주에 들어갔더니, 본주에서 울릉도는 영구히 조선에 속한다는
공문을 만들어 주고 중물도 많았는데, 대마도를 거쳐서 나오는 길에 공
문과 중물을 죄다 대마도 사람에게 빼앗겼다 하나, 그 말을 반드시 믿을
만하다고 여기지는 않았습니다마는, 이제 안용복이 다시 백기 주에 가

서 문文한 것을 보면 전의 말이 사실인 듯합니다. 안용복이 금령을 무릅
쓰고 다시 가서 사단을 일으킨 죄는 진실로 주살하지 않을 수 없습니다.
그러나 대마도의 왜인이 울릉도를 竹島라 거짓 칭하고, 강호의 명이라
거짓으로 핑계대어 우리나라에서 사람들이 울릉도에 왕래하는 것을 금
지하게 하려고 중간에서 속여 농간을 부린 정상이 이제 안용복 때문에
죄다 드러났으니, 이것은 또한 하나의 쾌사입니다. 안용복에게 죄가 있
고 없는 것과 죽여야 하고 죽이지 말하야 하는 것은 우리나라에서 천천
히 의논하여 처치할 것이고, 대마도에 주는 쌀·베·종이를 줄이는 자질
구레한 일은 다 거론하는 것이 마땅하지 못하나, 울릉도를 變幻하고 속
인 정상에 관계되는 일에 이르러서는 이 기회로 인하여 동래부로 하여
금 대마도에 글을 보내어 조목으로 열거하여 힐문해서 명확하게 분별하
여 매우 배척하지 않을 수 없습니다. 저들이 만약에 다시 교묘히 꾸며서
승복하여 말하지 않는다면, 우리나라에서 또 글을 보내어 묻기를, '너희
가 두 나라 사이에 있으면서 모든 일에 이렇게 신의가 없으니, 안용복이
풍랑에 표류한 잔약한 백성으로서 국서가 없이 스스로 정문한 것은 진
실로 믿을 수 없으므로, 조정에서 따로 사신을 일본에 보내어 그 허실을
살피게 하려는데, 너희는 장차 어떻게 처치하겠는가?'하면, 대마도의
왜인이 반드시 크게 두려움이 생길 것입니다. 그런 뒤에 안용복의 죄를
우리나라에서 그 경중을 의논하여 처치하고, 울릉도의 일은 왜인이 감
히 다시 입을 열지 못하게 하면, 교활한 왜인이 시험하여 보려는 생각을
조금 줄일 수 있을 것이니, 이것이 상책입니다. 그렇게 할 수 없다면, 또
한 동래부로 하여금 도주에게 글을 보내어 먼저 안용복이 마음대로 정
문한 죄를 말하고, 다시 본도에서 죽더라고 거짓 칭한 잘못을 말하되,
이치를 가려서 타이르고 자세히 조사하고서 그 회답을 기다란 뒤에 처

치하는 것이 옳겠고, 안용복을 단죄한다는 뜻은 결코 세계 가운데에 말하여서는 안되니, 이것이 중책입니다. 대마도에서 간사한 술책으로 우리를 속인 정상은 힐문하지 않고서 버려두고, 안용복이 정문하여 변정한 죄는 먼저 논하여 죽인다면, 도주의 원한을 면하고자 하는 것으로 매우약한 것을 보이는 것입니다. 또 도주의 뜻은, 속으로는 원한을 푼 것을다행스럽게 여기더라도 겉으로는 반드시 분명하게 우리에게 감사해 하지 않을 것이니, 이 뒤로 모든 일에 조금이라도 뜻대로 되지 않는 것이있으면, 반드시 안용복의 일을 핑계거리로 삼아 우리나라를 모욕하고협박하는 말의 근본을 삼고 오래지 않아 울릉도의 일로 말을 고집하여잇달아 差人을 보낼 것인데, 우리가 어떻게 감당하겠습니까? 이것은 하책일 듯합니다.' 하였습니다. 외방에 있는 대신의 뜻은 다 안용복을 죽이는 것을 옳지 않다 하나, 남구만의 상책은 쉽사리 의논하기 어려울 듯합니다. 안용복을 죄주지 않고 오로지 대마도를 꾸짖으면, 마치 국가에서시킨 것인 듯할 것이니, 안용복·이인성은 우선 그대로 가두어 두었다가수상이 출사하기를 기다린 뒤에 처치하고, 그 나머지 위협 때문에 따른자는 이미 살리는 의논에 붙였으니, 먼저 석방하여야 하겠습니다." 하니,임금이 말하기를, "영상이 출사한 뒤에 상의하여 품처하고, 사람들은 먼저 놓아 보내도록 하라." 하였다. 知事 申汝哲이 말하기를, "안용복의 일은 매우 놀랍기는 하나, 국가에서 못하는 일을 그가 능히 하였으므로 공로와 죄과가 서로 덮을 만하니, 一罪로 결단할 수 없겠습니다." 하고, 윤지선이 말하기를, "안용복을 죽이지 않으면, 말세의 간사한 백성 중에반드시 다른 나라에서 일을 일으키는 자가 많아질 것이니, 어찌 죽이지않을 수 있겠습니까?" 하니, 임금이 말하기를, "영상이 출사한 뒤에 처치하라." 하였다. 윤지선이 敗船의 쌀을 해변 고을에 나누어 준 것은 우선

기한을 물려서 받아들이기를 청하니, 윤허하였다.

○ 개인적으로 伯耆州에 가서 울릉도에 대해 公文을 받고 상소도 呈文한 안용복의 처리에 대한 논의

　　大臣·備局堂上引見入侍時 左議政尹趾善所啓 安龍福事 備局郎廳 問於在外大臣處 書其所言而來矣領敦寧府使[領敦寧府事]尹趾完則以爲 安龍福 私往他國 猥說國之重事 彼或認爲朝廷所使 則事之可駭 莫此爲甚 論其罪犯 當殺無疑但念馬島之人 從前欺詐 無有紀極者 以我國非渠 不得通江戶之故耳今知別有他路 則必將大生恐怵之心 而聞龍福之被誅 則又喜其路之永塞矣我國之誅龍福 以法則是 以計則非 廢法固不可 失計亦可惜今者廟謨已定 何敢獨爲異議? 然所以誅之者 爲慮後弊 以警我人而已 至於通報島中 梟示館外 以快狡倭之心 未免爲自損之歸云領府事南九萬以爲 龍福 癸酉年 往鬱島 被擄於倭人 入去伯耆州 則本州成給鬱島永屬朝鮮公文 且多有贈物 出來時 路由馬島 公文·贈物 盡爲馬島人所奪云 而不以其言 爲必可信矣今見龍福 再往伯耆州呈文 則前言似是實狀龍福之冒禁再往鬱島 及漂到他國 假稱監稅 將至於上疏呈文 挑出事端之罪 固不容誅矣然而對馬倭之假稱鬱陵以竹島 虛托江戶之狀 欲使我國禁人往來於鬱島 其中間欺詆操弄之狀 今仍龍福而畢露 此則亦一快事也龍福之有罪無罪 當殺不當殺 自我國徐當議處 馬島之米·木·紙等減分細瑣之事 皆不當擧論矣至於事係鬱島 變幻欺謾之狀 不可不困[因]此機會 使萊府送書馬島 條列詰問 明辯而痛斥之矣彼若更有巧飾不服之言自我又送書以問曰 汝居兩國間 凡事之無信如此 龍福 以漂風賤氓 無國書 自爲呈文 日本之不可取信 固也自朝廷 將欲別遣使臣於日本 以審其

虛實 汝將何以處之云爾 則馬島倭 必大生恐怵 服罪哀乞夫然後 龍福之
罪 自我議其輕重而處之鬱島事 使倭人不敢更有所開口 則狡倭嘗試之計
庶可少縮矣操縱之權在我 而日後之患可慮 此實不可失之機 乃是上策也
如不能然 亦宜使東萊府使 送書於島主 先陳龍福擅自呈文之罪 更陳本
島奪取龍福公文之狀 且陳本島虛稱竹島之失 分數開說 委曲措辭 待其
回答 然後處之 可也龍福斷罪之意 決不可語及於書契中矣 此爲中策也
至若馬島用奸欺我之狀 則不問而置之 龍福呈文辯正之罪 則先論而殺之
惟求得免於島主之憾恨 其示弱甚矣且島主之意 雖內以快其讐爲幸 外必
不肯釋然感謝於我 今後凡事 少有不如其意者 反必以龍福藉口 爲侮脅
我國之語柄 不久將以鬱島執言 而連續送差 我何以堪之乎? 似是下策云
在外大臣之意 皆以爲 殺龍福則正中島主之奸計云 而南九萬之上策 似
難輕議且龍福 非偶然飄風之比 而自伯耆州 私自往來 朝家不罪龍福 而
專責馬島 則有若自朝家使爲者然矣安龍福·李仁成 則姑爲因囚 待首相
出仕後處之 其餘脅從者 朝家旣溥之生議 則滯囚可慮 先爲放釋乎? 上曰
領府事上策 未知 何如? 待領相出仕後 更加商議稟處 似好龍福·仁成 待
大臣間議後之 此外諸人 則先爲放送 可也知中樞府使[知中樞府事]申
汝哲曰 久在病伏中 未得參於廟議 而第聞龍福之事 斷以死罪云 臣意則
不然龍福 以濫猾之民 稱以國使 呈文他國 其所爲 極其過甚 而犯越之罪
當死無赦然而功過相準 國家所不能爲之事 渠以無知小民 能爲上書於彼
國 島主之居在中間 欺蔽江戶 出船自食等事 盡言之 在外大臣所謂 殺龍
福 則島主必悅之云者 其言正是矣龍福 不可以一罪斷之矣尹趾善曰 不
殺龍福 則末世奸民 必多生事他國者 義州民人等 亦多有效之者 龍福 何
可不殺乎? 上曰 在外兩大臣及訓將之言 不無所見 而今此龍福之事 不害
於國 而只是島主之事而已日後奸民 若因此效尤 有以國家祕密之事漏通

者 則甚爲可慮 此亦有所見矣待領相出仕後處之 可也(『승정원 일기』
367책, 숙종 22년 10월 13일).

대신들과 비변사 당상들을 인견하여 입시했을 때, 좌의정인 尹趾善이
아뢴 것은 안용복의 일로 비변사의 郞廳이 재외 대신들에게 문의하여
그들이 말한 것을 써서 온 것이었다. 영돈녕부사인 윤지완은 "안용복은
사사로이 다른 나라에 가서 분수에 넘치게 나라의 중대사를 말하였습니
다. 저들이 혹 조정에서 사신을 보낸 것으로 인지하였다면, 깜짝 놀랄
만한 일이 이보다 심한 것이 없으니, 그의 범죄를 논한다면 마땅히 죽인
다고 해도 의심의 여지가 없습니다. 다만 염려하건대, 馬島의 사람은 이
전부터 속임수가 끝간 데를 모르는데, 우리나라가 그곳이 아니면 강호
와 통할 수가 없는 까닭일 뿐입니다. 이제 별도로 다른 길이 있음을 안
다면, 반드시 두려운 마음이 크게 일어날 것이고, 용복이 죽임을 당했다
는 것을 듣는다면, 또한 그 길이 영원히 막힘을 기뻐할 것입니다. 우리
나라에서 용복을 죽이는 것이 법으로는 옳지만 계책으로는 옳지 않습니
다. 법을 폐하는 것은 진실로 옳지 못하지만, 계책을 잃는 것도 매우 애
석한 일입니다. 이제 조정의 계책이 이미 정해졌으니, 어찌 감히 異論이
있겠습니까? 그러나 그를(용복) 죽이는 것이 뒷날 폐해가 될까 염려하여
우리들을 경계할 뿐입니다. 대마도에 통보함에 이르러서는 館外에서 (안
용복을) 효시하면 교활한 왜놈의 마음에 쾌재를 부르게 하여 스스로 손
해됨을 면하지 못할 것입니다."라고 하였습니다. 영부사인 남구만은 "용
복이 계유년(1693, 肅宗 19)에 울릉도에 갔다가 왜인에게 붙잡혀 백기 주
로 들어가니, 본주에 울릉도가 영원히 조선에 속한다는 공문을 지어주
었습니다. 또한 주는 물건이 많았는데, 돌아올 때 길이 대마도를 경유하

게 되어 공문과 준 물건들을 대마도사람들에게 모두 빼앗겼다고 하는
데, 그의 말이 반드시 믿을 만한 것은 아닙니다. 이제 용복이 거듭 백기
주로 가서 정문한 것을 본다면, 전에 한 말이 실제의 상황인 듯합니다.
용복이 법으로 금함을 어기고 거듭 울릉도에 간 것과 표류하다가 다른
나라에 이르러 監稅官이라고 사칭하고 장차 상소, 정문함에 이른 것은
시비를 걸어올 일의 단서를 만든 죄니, 진실로 죽음으로도 용납할 수 없
는 일입니다. 그러나 대마도의 왜인이 울릉도를 竹島로 사칭하고 강호
에 가탁하는 상황은 우리나라로 하여금 사람들이 울릉도를 왕래하는 것
을 금지하게 하려는 속셈입니다. 그 중간에서 속이고 조롱한 정황은 이
제 용복으로 인해서 모두 드러났으니, 이것은 또한 하나의 통쾌한 일입
니다. 용복의 죄 있고 없음과 죽여야 하는지 말아야 하는지는 우리나라
에서 천천히 논의하여 처리해야 하고, 대마도의 쌀, 목화, 종이 등을 減
分하는 자질구레한 일은 모두 거론하지 말아야 합니다. 일이 울릉도에
관계됨에 이르러 종잡을 수 없이 바뀌고 속이는 상황은 이번 기회에 동
래부사로 하여금 대마도에 서계를 보내어 조목조목 열거하여 따져 묻고
옳고 그름을 분명하게 가려서 그들을 몹시 배척하지 않을 수 없습니다.
저들이 만약 다시 교묘하게 꾸며서 불복하는 말이 있다면, 우리가 또 서
계를 보내어 물어 말하기를, '너희가 두 나라 사이에 있으면서 모든 일
에 믿음이 없음이 이와 같은가? 용복은 바람 때문에 표류한 미천한 백성
으로 국서 없이 제 멋대로 정문하였으니, 일본이 믿을 수 없음은 진실로
그러하다. 조정에서 장차 별도로 일본에 사신을 보내어 그 허실을 살피
려고 하니, 너희는 장차 어떻게 처리할 것이냐?'라고 하면, 대마도의 왜
인이 반드시 두려움이 크게 일어나서 죄를 자복하고 애걸할 것입니다.
무릇 그런 뒤에 용복의 죄는 우리가 그 경중을 논의하여 처리하면 됩니

다. 울릉도의 일은 왜인에게 감히 다시는 입을 열지 못하게 하면, 교활한 왜인이 일찍이 시험해 보려던 계획이 아마 거의 조금은 위축될 것입니다. 操縱하는 유리한 형세가 우리에게 있으나, 뒷날의 근심을 염려할 만합니다. 이것은 실로 잃을 수 없는 기회이니, 곧 이것이 상책입니다. 만일 그렇게 할 수 없다면, 또한 마땅히 동래부사로 하여금 대마도주에게 서계를 보내어 먼저 용복이 제 멋대로 정문한 죄를 말하고, 그 다음 본도(대마도)에서 용복의 공문을 빼앗은 정상을 말하고, 또한 본도(대마도)에서 竹島를 사칭한 잘못을 말하게 하는 것 등, 몇 가지로 나누어 말하되, 간곡하게 말을 엮어서 그들의 회답을 기다린 뒤에 처리하는 것이 옳을 것입니다. 용복을 단죄하는 뜻은 결코 서계 중에 언급하지 않는 것, 이것이 중책이 됩니다. 가령 대마도가 간교함으로 우리를 속인 정상에 이르러서는 불문에 부치고, 용복이 정문하여 시비를 가리려 한 죄는 먼저 논의하여 그를 죽일 것이며, 오직 대마도주의 원망을 사지 않으면, 그가 몹시 약한 모습을 보일 것입니다. 또한 대마도주의 뜻이 비록 마음속으론 원수를 갚는 것을 후련하게 여겨 다행으로 생각할 것이나, 밖으론 반드시 마음이 확 풀려 우리에게 감사하려 하지 않을 것입니다. 지금부터 이후로는 모든 일이 그의 뜻과 같지 않음이 조금이라도 있으면, 도리어 용복을 핑계 삼아서 우리나라를 깔보고 위협하는 말꼬리를 잡을 것이며, 오래지 않아 장차 울릉도로 말의 빌미를 삼아 연이어 차왜를 보낼 것이니, 우리가 어찌 그것을 감당할 수 있겠습니까? 이것이 하책인 듯합니다."라고 하였습니다. 재외 대신들의 뜻은 모두 '용복을 죽이는 것은 바로 대마도주의 간교한 계책을 적중하게 하는 것이다.'라고 하였으나, 남구만의 (말한) 상책을 가볍게 논의하기는 어려울 듯합니다. 또한 용복이 우연히 飄風으로 그곳에 이른 것도 아니고, 백기 주에서 사사로

이 왕래하였는데, 조정에서 용복에게 죄를 주지 않고, 오로지 대마도주만 꾸짖는다면, 마치 조정에서 그렇게 하라고 한 것처럼 될 것입니다. 안용복과 이인성은 우선 계속 가두어 두고 수상이 출사하기를 기다린 뒤에 처리해야 할 것이며, 그 나머지 위협에 눌려 따랐던 사람들은 조정에서 이미 그것을 두루 의론한즉, 계속 가두어 두는 것을 염려하니 우선 석방해야 할 것입니다."라고 하니, 상께서 말씀하시길, "영부사(남구만)가 말한 상책이 아직 어떠한 것인지 알지 못하겠다. 영상이 출사하기를 기다린 뒤에 다시 서로 의론하여 (어떻게) 처리할지 아룀이 좋을 듯하다. 용복과 인성은 대신들의 문의를 기다린 뒤에 처리하도록 하라. 이밖에 여러 사람들은 우선 석방함이 옳도다."라고 하셨다. 지중추부사인 申汝哲이 말하기를, "오랫동안 병환 중에 있어서 조정의 회의에 참여하지 못하였습니다. 다만 용복의 일은 죽을 죄로 단죄한다고 들었습니다만, 신의 의견은 그렇지 않습니다. 용복이 아주 교활한 백성으로서 나라의 사신을 사칭하고 다른 나라에 정문하였으니, 그의 소행은 그 죄과가 아주 크고, 犯越한 죄는 마땅히 죽음을 면하기 어렵습니다. 그러나 공과가 서로 비슷하니 국가가 능히 할 수 없는 바의 일입니다. 그가 무지한 소민으로서 능히 다른 나라에 글을 올려서 대마도주가 (조선과 일본의) 중간에 있으면서 강호를 欺蔽하고 배를 떠어 自食하는 것 등의 일을 거리낌 없이 다 말하였습니다. 재외 대신들이 이른바 '용복을 죽이면 대마도주가 반드시 그것을 기뻐할 것이다.'라고 한 것, 그 말이 바로 이것입니다. 용복을 하나의 죄로 처단할 수 없습니다."라고 하였다. 尹趾善이 말하기를, "용복을 죽이지 않으면, 말세의 간교한 백성이 반드시 다른 나라에서 문젯거리를 만드는 일이 많을 것이며, 의주의 백성들도 그를 본받은 자가 많을 것이니, 용복을 어찌 죽이지 않을 수 있겠습니까?"라고 하니, 상께서 말씀하시기를, "재외 두 대신과 訓將의 말이 일 리가 없 는 것은 아니나, 지금 이 용복의 일은 나라에 해가 되지 않고, 다만 대마 도주의 일일 뿐이다. 뒷날 간교한 백성이 만약 이러한 잘못된 것을 본받 아서 국가의 비밀스런 일을 누설하는 자가 있으면, 매우 염려할 만한 일 이라는 것도 일 리가 있는 것이다. 영상이 출사하기를 기다린 뒤에 처리 하는 것이 옳을 것이다."라고 하셨다.

O 승지 유집일의 안용복 추문에 관한 보고

引見大臣 備局諸臣 … 承旨兪集一日 : "臣頃年奉使東萊也 推問安龍 福 以爲 : '伯耆州所給銀貨及文書 馬島人刦奪' 今番渠之呈于伯耆州也 以爲馬島人僞稱以二千金贖渠 出送本國爲辭 而欲徵其銀於本國 前後之 言 大相違盩 且馬島人 元無以贖銀來徵之事 壬戌約條 亦涉秘密 龍福何 以得聞? 且倭人皆以爲竹島卽伯耆州食邑 必不以龍福一言 快稱朝鮮之 地 而龍福呈文中 屢稱鬱島之爲本國地 而倭人問答及出送龍福文書 一 不擧論 此等事情 極涉可疑 更覈得實後 論罪宜矣" 上從之(『숙종실록』 권30, 숙종 22년 10월 23일<병오>).

대신과 비국의 일을 인견하였다. … 승지 兪集一이 말하기를, "신이 근년 동래에 봉사하였을 때에 안용복을 추문하였더니, 말하기를, '백기 주에서 준 은화와 문서를 대마도 사람이 겁탈하였다.' 하였는데, 이번 그 가 백기 주에 정문한 데에는, '대마도 사람이 2천 금으로 나를 贖하여 본 국에 내보낸다고 거짓말을 하고 그 은은 본국에서 받겠다고 하였다.'고 하였으니, 전후에 한 말이 매우 어그러집니다. 또 대마도 사람은 본디 贖銀을 와서 거둔 일이 없고, 임술약조도 비밀에 관계되는데, 안용복이 어떻게 들을 수 있었겠습니까? 또 왜인은 모두 竹島가 백기 주의 식읍이라 하므로, 안용복이 한 번 말하였다 하여 조선 땅이라 쾌히 말하지는 않았을 것이고, 안용복의 정문 가운데에는 울릉도는 본국 땅이라고 여러 번 말하였으나, 왜인이 문답한 문서와 안용복을 내보낸다는 문서에는 일체 거론하지 않았습니다. 이러한 사정들은 매우 의심스러우니, 다시 覈査하여 실정을 알아 낸 뒤에 죄를 논하는 것이 마땅하겠습니다." 하니, 임금이 그대로 따랐다.

○ 유집일이 입시하여 招辭의 앞뒤가 맞지 않은 안용복의 신문에 대해 논의함

引見入侍時 左副承旨兪集一所啓 臣頃見安龍福文書 其中有數件更爲鉤問之事 敢此仰達矣臣頃年奉使東萊之時 推問於龍福 則伯耆州所給銀貨及文書 馬島之人劫奪云云 故其時 封其招辭 以私書通于大臣矣今番渠之呈于伯耆州也 以爲馬島之人 僞稱以二千金贖渠出送本國爲辭 而欲徵其銀於本國云 以此條列於七害之中 前後之言 大段相反 且馬島之人 元無以贖銀來徵於我國之事 夫與他國相爭之事 必須明白 然後可以折服 而所言若是做作 則必不見信於他國 情狀可惡且壬戌年信使時約條之事 初無文書 亦涉祕密 若無傳說之人 龍福何以得聞 而有此呈訴他國之事乎? 倭人往來於鬱島 今已歲久 曾前屢次漂倭 皆以爲竹島 卽伯耆州食邑云 以此觀之 則伯耆州之人 必不以龍福之一言 快稱朝鮮之地 而龍福呈文中 累稱鬱島之爲本國地云 而倭人許多問答說話及龍福出送文書中 一不擧論鬱島事 未知倭人難爲辭而不復提起乎? 抑龍福元無言及於彼國者 而擬作此書疏 欲爲誇張要功之地乎? 此等事情 極涉可疑 更爲推問 覈得其實狀後 論罪 宜矣臣適知玆事本末 故敢此仰達 下詢于大臣處

之 何如? 趾善曰 龍福之言 多有虛僞 不可取信 以此發爲問目 更爲詳細 究問 宜矣上曰 依爲之. <備局謄錄>(『승정원일기』 368책, 숙종 22년 10월 23일).

인견하여 입시했을 때, 좌부승지인 兪集一이 아뢴 것은, "신이 지난번에 안용복과 관련된 문서를 보니, 그 중에 몇 건은 다시 신문해야 할 일이 있어서 감히 이것을 말씀드립니다. 신이 지난해 동래부사의 사명을 받들고 있을 때, 용복을 추문하니, 백기 주에서 준 은화와 문서를 대마도사람이 겁을 주어 빼앗았다고 하였습니다. 그래서 그 때 그의 招辭를 봉하여 私書로 대신들에게 통보하였습니다. 이번에 그가 백기 주에 정문한 것은 '대마도 사람들이 二千金으로 그를 속죄하여 본국으로 내보낸다고 사칭하고, 본국에서 그의 은화를 징수하려고 한다.'라고 하는 것이었습니다. 이로써 7가지 해악을 조목조목 나열한 것 중에 앞뒤의 말이 대단히 서로 어긋나고, 또한 대마도사람들이 본래 속죄하는 돈을 우리나라에 와서 받아 간 일이 없습니다. 무릇 다른 나라와 서로 다투는 일은 반드시 (일이) 명백해진 뒤에 折服할 수 있고, 할 말을 만약 이와 같이 짓는다면, 반드시 다른 나라에 믿음을 주지 못할 것이니, 정상이 아주 나쁩니다. 또한 임술년(1682, 肅宗 8) 信使가 왔을 때 약조한 일은 처음엔 문서가 없이, 또한 비밀로 교섭하였으니, 말을 전한 사람이 없는데, 용복이 어떻게 듣고서 이렇게 다른 나라에 呈訴하는 일이 있겠습니까? 왜인이 울릉도를 왕래한 지는 이제 이미 세월이 오래 되었습니다. 일찍이 이전에 여러 번 표류했던 왜인들이 모두 竹島는 곧 백기 주의 식읍이라고 하였습니다. 이로써 본다면, 백기 주 사람들이 반드시 용복의 한마디 말로써 조선의 땅이라고 시원스럽게 말해 주지 않았을 것이고, 용

복의 정문 중에 울릉도가 우리나라 땅임을 여러 번 말했다고 하는데, 왜
인과 많이 문답했던 말과 용복이 보낸 문서 중에는 한 번도 울릉도의 일
을 거론하지 않았으니, 왜인이 말하기가 곤란하여 다시 제기하지 않은
것인지, 아니면 용복이 본래 저들 나라에 언급하지 않은 것인데, 이러한
書疏를 지어서 자기의 공을 과장해서 자랑하려는 것인지 알지 못하겠습
니다. 이런 사정들은 지극히 의심할 만한 것이니, 다시 추문하여 그 실
상을 밝힌 뒤에 죄를 논하는 것이 옳을 것입니다. 신이 마침 이 일의 본
말을 아는 까닭으로 감히 이것을 말씀드립니다. 대신들에게 下問하시어
처리하심이 어떠합니까?"라는 것인데, 趾善이 말하기를, "龍福의 말은
거짓이 많아 믿을 수 없으니, 이로써 問目을 만들어 다시 상세하게 신문
함이 옳을 것입니다." 라고 하니, 상께서 말씀하시기를, "그대로 시행하
라."라고 하셨다.

◎ 1697년

○ 유명웅이 안용복의 일 등을 논의함

**掌令兪命雄所啓 罪人生伊事 李東郁等事 安龍福事. 上曰 勿煩(『승정
원일기』 370책, 숙종 23년 윤3월 3일).**

掌令인 兪命雄이 아뢴 것은 죄인 生伊의 일과 李東郁 등의 일, 그리고
안용복의 일이다.
상께서 말씀하시길, "번거롭게 하지 말라."라고 하셨다.

○ 안용복의 타국을 擅入했던 죄에 대한 처벌 문제 등을 논의함

大臣・備局堂上引見入侍時 右議政崔錫鼎所啓 伏見東萊府使李世載狀
啓 則倭人 以兩款事 欲得書契爲請. 自前彼若無書契 則自此無回答之事
似不當聽施 而今若以無書契爲言 則彼人之出送差倭不難 或有差倭出來
之事 則尤爲有弊. 且彼之不送書契 而直請自此成送書契者 似亦有意. 凡
交隣之道 彼若不順 則我無屈下之義 而今已歸曲於義倫 則亦不宜遽衣
[表]邁邁之色 彼雖無書契 依其所請成給 則似爲合宜矣. 臣見領府事南九
萬 則以爲安龍福出來之後 知其奸情 事當責諭於彼中 龍福擅入他國之
罪 法當梟示 而兩件事 皆已後時 事機亦有不得率爾處置者 至於書契 則
因其所請而成給 爲宜云. 他大臣之意 亦皆如此矣. 上曰 見其狀啓措語
則倭人必欲受去書契云. 彼旣如是懇請 成給書契 可也. 崔錫鼎曰 彼之所
請者 兩度書契 而合而爲一度 似可矣. 上曰 一書契合兩款爲之 可也(『승
정원일기』 370책, 숙종 23년 윤3월 3일).

대신과 비변사의 당상을 인견하여 입시했을 때, 우의정인 崔錫鼎이
아뢴 것은, "삼가 동래부사인 李世載의 장계를 보니, 왜인이 두 가지 조
목에 관한 일로 서계를 얻으려고 청하였다고 합니다. 이전부터 저들은
만약 서계가 없으면, 이로부터 회답하는 일이 없었으니, 마땅히 들어주
지 말아야 할 듯하나, 지금 만약 서계가 없이 말을 한다면, 저 사람이 差
倭를 보내기 어려울 것이고, 혹 차왜가 오는 일이 있으면, 더욱 폐단이
있을 것입니다. 또한 저들이 서계를 보내지 않고, 곧바로 이로부터 서계
를 작성해 보내 줄 것을 청하는 것은 또한 어떤 의도가 있는 듯합니다.
무릇 교린의 도는 저들이 만약 불순하면, 우리가 굽혀 낮추는 의리가 없
으나, 이제 이미 義倫에게 잘못을 돌렸으니, 또한 갑자기 탐탁지 않는

기색을 드러내는 것은 옳지 않습니다. 저들이 비록 서계가 없으나, (서계를) 작성해 주기를 청하는 것을 따르면, 합당할 듯합니다.

신이 보건대, 영부사인 남구만은, '안용복의 일이 생긴 뒤로 그들(대마도 왜인)의 간사한 마음을 알았으니, 저들을 責論함이 마땅한 일일 것이며, 용복이 함부로 다른 나라에 들어간 죄는 법으로는 마땅히 효시해야 하나, 두 건의 일이 모두 때가 지났으며, 事機도 갑자기 처리할 수 없는 것이 있으니, 서계가 오면 요청한 바대로 (서계를) 작성해 주는 것이 마땅하다.'라고 하였고, 다른 대신들의 의견도 모두 이와 같았습니다."라고 하는 것인데, 상께서 말씀하시기를, "그 장계의 내용을 보니, 왜인이 반드시 서계를 받아가고자 한다고 한다. 저들이 이미 이처럼 간청하니, 서계를 작성해 주는 것이 옳을 듯하다."라고 하셨다. 崔錫鼎이 말하기를, "저들이 청하는 것은 두 번의 서계인데, 합하여 한 번 하는 것이 옳을 듯합니다."라고 하니, 상께서 말씀하시기를, "한 번의 서계에 두 가지 조목을 합쳐서 작성하는 것이 옳을 것이다."라고 하셨다.

○ 유상국이 안용복의 죄를 논하다

引見大臣 備局諸臣 領議政柳尙運 右議政崔錫鼎 稟奏文撰出事 請以世子誕生後 卽通彼國 且告宗廟 定以嫡長子 中宮鞠養 無異已出 臣民屬望已久 皇明祖訓五百里內宗藩 慮有嫡庶爭立之患 有此定制 而非可用於外藩之意 爲言 上從之 錫鼎言 : "臣方帶文衡 固當撰奏文 而亦當會衆說而折衷 請令承文提調 竝皆製述" 尙運言 : "雖非承文提調 如吳道一 崔奎瑞 李彦綱 俱有文望 宜使撰出" 錫鼎曰 : "京畿監司李畬 亦可使撰上竝從之 畬則以外官故 只令相議 尙運曰 : "安龍福在法當誅 而南九萬、尹趾完 皆以爲不可輕殺 且島倭送書 歸罪前島主 而鬱島則禁倭往

來 無他端 而猝然自服 似不無所由 龍福不可徑先處斷 其意蓋以倭人折
服 爲龍福之功也” 上意亦以爲然 命減死定配 憲府屢啓爭之 不從 尙運
仍以錫鼎吏判時箚 覆奏 : “其一 量田事 徐觀年事更稟 ; 其二 免稅事 亦
待後日稟處 ; 其三 身役事 除見存外 切勿加定 ; 其四 海西大同事 待監
司狀聞後稟定 ; 其五 減兵額事 倉卒難可變通 熟講而處之 ; 其六 貢物量
減事 就元額中不緊者 更爲稟處 ; 其七 年分實結分定事 遙度爲難 不可
輕易爲之 ; 其八、其九 飢民設粥、發賣事 旣已施行 今無更議事 ; 其十
崇節儉事” 上命諸臣各陳所懷 諸臣皆陳抑奢從儉之道 執義李廷謙 乃歸
咎於紀綱之頹弛 左議政尹趾善曰 : “法官不聽干請 則紀綱當自立矣” 廷
謙曰 : “卽今宰相子弟 方營大家 宏侈過制 如是而尙可望有崇儉之效耶?”
尙運折之曰 : “今日則惟當勉戒君上而已 何必多言?” 趾善弟趾慶 方爲郵
官 貪黷無厭 廣營家舍 人皆駭歎 而以相臣故 莫敢言 趾善法官干請之說
觸激廷謙之怒 乘憤發說 而猶不擧名 尙運知其有所指 逆沮之(『숙종실록』
권31, 숙종 23년 3월 27일<무인>).

　대신과 비국의 여러 신하들을 인견하였다. 영의정 柳尙運, 우의정 崔
錫鼎이 奏文을 지어낼 일을 아뢰고, 啓請하기를, “세자가 탄생한 뒤에 즉
시 彼國에 통보하였고, 또 종묘에 고하여 적장자로 정하고, 中宮이 기르
시기를 자신이 낳은 것과 다름이 없어 신민들이 바라고 기대한 지 이미
오래 되었습니다. 皇明祖訓 5백 리 안은 宗藩이므로 적자와 서자가 옹립
되기를 다투는 근심이 있을까 염려하여 이런 제도를 정하여 두었으나,
外藩에는 적용할 만한 것이 못 된다는 뜻으로 말해야 합니다.” 하니, 임
금이 그대로 따랐다.
　최석정이 말하기를, “신이 바야흐로 文衡을 맡고 있으니, 奏文을 짓는

것이 진실로 당연합니다. 그러나 여러 사람의 말을 모아 절충하는 것이
적당하겠습니다. 청컨대 승문원 제조로 하여금 아울러 모두 짓도록 하
소서." 하니, 柳尙運이 말하기를, "비록 승문원 제조가 아니라 하더라도
吳道一·崔奎瑞·李彦綱 같은 이는 모두 文望이 있으니, 지어내게 하는 것
이 적당합니다." 하자, 崔錫鼎이 말하기를, "경기감사 李畬도 짓도록 하
는 것이 좋겠습니다." 하니, 임금이 모두 그대로 따랐다. 이여는 지방관
이라는 것 때문에 단지 상의하도록 하였다. 柳尙運이 말하기를, "안용복
은 법으로 마땅히 주살해야 하는데, 남구만·윤지완이 모두 가벼이 죽일
수 없다고 하고, 또 島倭가 서신을 보내어 죄를 전 도주에게 돌리고, 울
릉도에는 왜인의 왕래를 금지시켜 다른 흔단이 없다고 하면서 갑자기
자복하였으니, 까닭이 없지 않을 듯하므로, 안용복은 앞질러 먼저 처단
할 수가 없다고 하였습니다. 그 뜻은 대체로 왜인의 기를 꺾어 자복시킨
것을 안용복의 공으로 여긴 것입니다." 하니, 임금의 뜻도 그렇게 여겨
減死하여 정배하도록 명하였다. 헌부에서 여러 번 아뢰면서 다투었으나,
따르지 않았다. 柳尙運이 인해서 崔錫鼎이 이조판서였을 때의 箚子를 覆
奏하기를, "첫째 量田에 관한 일은 천천히 농사를 관찰하여 다시 稟旨하
겠으며, 둘째 세금을 면제하는 일 또한 후일을 기다려 稟處하겠으며, 셋
째 身役에 관한 일은 현재 살아 있는 자를 제외하고는 절실하게 보태어
정하지 말도록 하겠으며, 넷째 海西에 대동법을 시행하는 일은 감사의
狀聞을 기다린 뒤에 稟定하겠으며, 다섯째 兵額을 줄이는 일은 갑자기
변통하기 어려우니 곰곰이 강구해서 처리하겠으며, 여섯째 공물을 헤아
려서 감해야 한다는 일은, 元額 가운데 긴절하지 않은 것은 다시 품처하
겠으며, 일곱째 年分의 결실을 나누어 정하는 일은 멀리서 헤아리기 어
려우니 가볍게 생각할 수 없으며, 여덟째와 아홉째 굶주린 백성에게 設

粥하는 것과 <창고의 곡식을> 발매하는 일은 이미 시행하고 있으니, 지금 다시 의논할 일이 없으며, 열째 절약하고 검소한 것을 숭상하는 일입니다." 하였다.

임금이 여러 신하들에게 각기 마음에 품은 바를 진달하도록 명하자, 여러 신하들이 모두 사치를 억제하고 검소함을 따르는 도리를 진달하였다. 집의 李廷謙이 인해서 잘못을 기강이 무너지고 해이한 데로 돌리자, 좌의정 尹趾善이 말하기를, "法官이 간청을 들어주지 않으면 기강이 응당 저절로 세워질 것입니다." 하니, 李廷謙이 말하기를, "지금 재상의 자제들이 큰 집을 짓고 있는데, 넓고 사치하기가 제도에 지나칩니다. 이와 같이 하고서도 오히려 검소함을 숭상하는 성과를 바랄 수 있겠습니까?" 하니, 柳尙運이 힐난하기를, "오늘은 오직 君上을 경계하여 힘쓰도록 하는 것이 적당할 뿐인데, 무슨 많은 말이 필요한가?" 하였다.

尹趾善의 아우 尹趾慶이 지금 郵官인데, 탐욕스러움이 끝이 없어 집을 크게 지으니 사람들이 모두 놀라고 탄식하였지만, (그 형이) 相臣이었기 때문에 감히 말을 못했다. 윤지선은 법관이 간청을 들어준다는 말로 李廷謙의 화를 건드리고 격동시켜 분노한 김에 말을 뱉기는 하였어도 오히려 이름은 거론하지 않았는데, 유상운이 그가 지목하는 바가 있음을 알고 미리 저지시킨 것이다.

○ 柳尙運 등이 입시하여 禁令을 범한 안용복을 처벌하는 문제 등에 대해 논의함

領議政柳尙運所啓 安龍福 旣犯禁令 論以國法 不可容貸 臣等初以此意稟定 而姑待渡海譯官之廻還 欲知彼中動靜而處之矣其時領敦寧府事 尹趾完 領中樞府事南九萬 皆以爲 龍福 罪雖當死 而事機不可殺爲言 諸

大臣 習知彼中事情 故有此容貸之論也上曰 其時左相 曾已入達矣柳尙
運曰 渡海譯官回還時 島倭送書 歸罪於已死之前島主 而鬱島則禁倭人
使不得往來 狡倭情狀 巧詐萬端 雖未知緣何自服如此 而差倭遣以謾書
之後 久無消息 無他端而猝有此自服之事 以此觀之 似不可無所以致此
之由況今玆事 未及結句 龍福 雖有犯法之罪 徑先處斷 不如姑觀前頭之
爲愈矣上曰 安龍福所犯 不可不論以一罪 而領府事・領敦寧及頃日筵中
申汝哲 所見皆同 以爲若殺龍福 則彼無忌憚之心云者 亦出於深慮 故欲
觀勢處之矣今者無他端 而彼乃順服 此必有曲折 以法論之 則不可容貸
而事機如此 減死遠配 可也(『승정원일기』 370책, 숙종 23년 3월 27일).

영의정인 柳尙運이 아뢴 것은, "안용복이 이미 금령을 어겼으니, 國法
으로 논한다면 용서할 수 없습니다. 신들이 처음에 이러한 뜻으로 稟定
하였으나, 우선 도해역관이 돌아오기를 기다려 저들의 동정을 알고서
처리하려고 하였습니다. 그 때 영돈녕부사인 尹趾完과 영중추부사인 남
구만이 모두 '용복은 죄가 비록 죽어야 마땅하나, 事機가 죽여서는 안
된다.'고 하니, 여러 대신들이 저들의 사정을 먼저 알아야 한다고 하므로
이런 용서에 대한 논의가 있었습니다."라는 것인데, 상께서 말씀하시기
를, "그 때 좌상이 일찍 들어와서 벌써 陳達한 것이다."라고 하셨다. 柳
尙運이 말하기를, "도해역관이 돌아올 때 대마도의 왜인이 서계를 보내
어 죄를 이미 죽은 전 도주에게 돌리고, 울릉도엔 왜인을 금지시켜 왕래
하지 못하게 한다고 하였으니, 교활한 왜인의 정상과 여러 가지 교묘한
속임수는 비록 이와 같음을 자복할지는 알 수 없으나, 差倭가 謾書를 보
낸 뒤로 오랫동안 소식이 없고, 다른 단서가 없는데, 갑자기 이것을 자
복할 일이 있겠습니까? 이로써 보건대 여기에 이를 까닭이 없지 않을 수

없을 듯합니다. 하물며 지금 이 일이 아직 결말을 맺지 못한 데에 있어서이겠습니까? 용복이 비록 법을 어긴 죄가 있으나, 급하게 먼저 처단하는 것이 우선 앞으로 되어가는 상황을 보고서 하는 나음만 같지 못합니다.”라고 하니, 상께서 말씀하시기를, “안용복이 법을 어긴 것은 하나의 죄로 논하지 않을 수 없다. 영부사, 영돈녕, 그리고 지난날 이 자리에서 申汝哲도 의견이 모두 같으니, 만약 용복을 죽이면 저들이 꺼리는 마음이 없을 것이라고 한 것도 깊은 염려에서 나온 것이므로 형세를 지켜보고 처리하려고 한다. 지금 다른 단서가 없는데, 저들이 곧 순순히 자복하는 것, 이것은 반드시 (무슨) 곡절이 있어서 일 것이니, 법으로 논한다면 용서할 수 없으나, 사기가 이와 같으니, 사형에서 감하여 멀리 유배를 보냄이 옳을 것이다.”라고 하셨다.

○ 안용복에 대한 減死定配의 명을 환수하기를 청하는 柳重茂
　등의 계

掌令柳重茂·李東馣啓曰　請還收罪人安龍福減死定配之命(『승정원일기』 371책, 숙종 23년 4월 10일).

장령인 柳重茂와 李東馣이 아뢰어 말하기를, “죄인 안용복을 사형에서 (등급을) 낮추어 정배한다는 명을 도로 거두어 주시기를 청합니다.”라고 하였다.

○ 안용복을 減死定配하라는 명의 환수 등을 청하는 柳重茂
　등의 계

掌令柳重茂·李東馣啓曰　請還收罪人安龍福減死定配之命(『승정원일

기』 371책, 숙종 23년 4월 11일).

장령인 柳重茂와 李東馣이 아뢰어 말하기를, "죄인 안용복을 사형에
서 (등급을) 낮추어 정배한다는 명을 도로 거두어 주시기를 청합니다."
라고 하였다.

　○ 안용복을 감사정배하라는 명의 환수 등을 청하는 柳重茂
　　등의 계
掌令柳重茂·李東馣啓曰　請還收罪人安龍福減死定配之命(『승정원일
기』 371책, 숙종 23년 4월 12일).

장령인 柳重茂와 李東馣이 아뢰어 말하기를, "죄인 안용복을 사형에
서 (등급을) 낮추어 정배한다는 명을 도로 거두어 주시기를 청합니다."
라고 하였다.

　○ 柳重茂가 입시하여 안용복을 감사정배하라는 명의 환수등에
　　대해 논의함
重茂所啓　請還收罪人安龍福減死定配之命. 上曰　勿煩(『승정원일기』
371책, 숙종 23년 4월 13일).

柳重茂가 아뢴 것은 죄인 안용복을 사형에서 (등급을) 낮추어 정배한
다는 명을 도로 거두어 주시기를 청하는 것이었는데, 상께서 말씀하시
기를, "번거롭게 하지 말라."라고 하셨다.

○ 柳尙運 등이 입시하여 울릉도의 漁採 금지 등에 대해 논의함

尙運曰 鬱陵島事 今已明白歸一 倭人則禁本國人漁採爲言 我國則以時時送人搜討之意 答送於書契中矣. 海外絶島 雖不可每年入送 旣係地方 且是無人之島 不可不間間送人巡檢而來 故敢此仰達. 上曰 我國地方 不可以永棄 逐年入送 亦多有弊 間二年入送 可也. 尙運曰 若以三年一次 定送爲式 則上上年 旣已往見而來 明年當入送 而聞本島必五月間風和之時 可以往來云. 以明年五月間入送似宜 而差送之人 則每當入送之時 稟旨差送 何如? 上曰 依爲之(『승정원일기』 371책, 숙종 23년 4월 13일).

柳尙運이 말하기를, "울릉도의 일은 이제 이미 명백하게 한 군데로 귀결되었습니다. 왜인이 본국의 사람들에게 고기잡이를 금지시키겠다고 말하기에, 우리나라는 때때로 사람을 보내어 수색하겠다는 뜻으로 서계 중에 회답하여 보냈습니다. 바다 밖에 멀리 떨어진 섬이라 비록 해마다 들여보낼 수는 없지만, 이미 (우리나라의) 지방이고, 또한 사람이 살지 않는 섬이니, 틈틈이 사람을 보내어 순찰하고 오게 하지 않으면 않되겠기에, 감히 이것을 말씀드립니다."라고 하니, 상께서 말씀하시기를, "우리나라의 지방이니, 영원히 버려둘 수는 없으나, 해마다 들여보내는 것도 폐단이 많을 것이니, 2년의 틈을 두고 들여보내는 것이 옳을 것이다."라고 하셨다. 柳尙運이 말하기를, "만약 3년에 1번씩 정하여 보내는 것으로 방식을 삼는다면, 上上年에 이미 가서 보고 왔으니, 내년에 마땅히 들여보내야 할 것이고, 본도(本島)는 반드시 5월 사이 바람이 잠잠할 때 왕래할 수 있다고 들었으니, 내년 5월 사이에 들여보내는 것이 마땅할 듯합니다. 그리고 차출하여 보내는 사람은 늘 들어갈 때를 당하여 差送을 품지함이 어떠합니까?"라고 하니, 상께서 말씀하시기를, "그대로 시행하

라."라고 하셨다.

　○ 관왜 문제의 처리에 대한 이세재·비변사 등의 논의

　壬午 東萊府使李世載啓言 : "舘倭言 : '做此妄擧 俺之指揮 亦俺之罪 本府循例應接之事 意謂一切防塞 昨日開市 依前許之 羞愧惶感 敢不唯命是從?' 判五郞倭言 : '裁判不聽吾挽止 終至此境 吾所幹事 亦恐不順 豈不悶乎?' 似出於自反愧屈之意 而不過虛喝而欲爲脅持 哀乞而欲爲彌縫 反復之狀 明若觀火 而不少寬貸 一向峻斥 亦恐有轉激之患 雖施寬大之典 恐無損於國體" 備邊司回啓曰 : "所謂虛喝哀乞云者 正得狡倭之本情 裁判自爲擔當 有若罪罰非所可及於其身者然 情狀絶痛 闌出之倭 不可不正法 裁判首先壞約 責令館守 傳通島中 得其處置回報 指揮之裁判、闌出之送使 竝皆停供 進上宴等例行之事 亦令停止 俾折其驕恣之習 何如?" 傳曰 : "允" 世載以此責諭館守 則館守以爲: "闌出之事 何敢曰在館不知? 有罪無罪 與裁判實無異同 旣是同罪之人 何敢通報島中?" 裁判倭曰 : "貴國硫黃潛商事 其時島主無一言爭辨 癸酉龍福出送後 禮曹書契云依律科罪 而龍福又入耆州 此固疑朝廷之指使 而島主思量大體 終不問其由 俺之闌出 比此二事 豈無輕重之殊乎?" 至是 領相柳尙運入白曰 : "指揮闌出之裁判 尙請處置於島中 身自犯罪之送使 不可付送書契 以書契持來之人旣犯法 自島中卽當處置 他送使代來之後 當爲回答之意 分付東萊府使 使之明白言及於館守 當初請改書契 亦待島中處置裁判後 議其改給" 上從之 是後特送使及裁判 不肯入去 以死抵賴 又言於世載曰 : "若許改書契 則當有輸誠圖報之事 勿罷作米 而以四十同綿布 添加於元數 則當勝作米一斗之減 此若不便 則作米綿布四百同外 其餘七百同 或以白絲價銀 依定式每一疋八錢計給 未收作米萬餘石內 除

出五千石 以爲輸誠之資 其餘未收 以銀計給 而每一石折銀二兩五錢 九
送使內 只出送第一船 五日雜物 雖入給代官宴需 減除柴炭 折半入給"
世載以此馳啓 又陳館守倭 終不承命通報島中之狀 備局覆啓曰 : "送使
倭等屢次闌出 惟當堅守約條 速令正法 今何可因其懇乞而有所容恕乎?
所謂五件事 出於倭人等 情見勢屈 緩辭自免 今以些少利害 有所撓動 則
適爲見輕受侮之歸 今此作變 出於常理之外 不善禁戢之罪 誠難責之於
邊臣 而當初則以別樣嚴治之意陳啓 數次問答之後 便生寬貸之意 委曲
費辭 必欲開許 其虧失國體 玩愒邊情之罪 不可以問備薄罰 警責而止 請
李世載拿問處之 裁判等輟供事 前後狀聞 只言以輟供之意 責誚而已 無
自某日停止之語 極爲朦朧 此一款 請令道臣行査啓聞" 從之(『숙종실록』
권31, 숙종 23년 9월 5일<임오>)

　　동래부사 李世載가 아뢰기를, "館倭가 말하기를, '이렇게 망령된 일을
한 것은 내가 지휘한 것이니, 역시 나의 죄입니다. 본부에서 전례를 따
라 응접하는 일을 일체 막으려 한다고 생각하였는데, 어제 開市하기를
그전처럼 허락하였으므로, 부끄럽고 황공하여 감격하였으니, 감히 명령
을 따르지 않겠습니까?' 하였습니다. 判五郞倭는 말하기를, '裁判이 나의
만류를 듣지 않고 마침내 이런 지경에 이르렀으며, 내가 주간하는 일도
아마 따르지 않을 듯하니 어찌 민망하지 않겠습니까?' 하였는데, 스스로
반성하며 부끄럽게 여기고 굴복하는 뜻에서 나온 듯하였으나, 허세를
부리며 위협하여 협박하는 마음을 가지려고 하고, 애걸하면서 미봉하려
는 데 지나지 않으니, 되풀이하는 상황이 불을 보듯 분명합니다. 그러나
조금도 너그럽게 용서하지 않고 한 결 같이준엄하게 배척을 하니, 아마
도 격렬한 데로 변하는 근심이 있을 듯합니다. 비록 관대한 은전을 베푼

다 하더라도 아마 국가의 체모에는 손상됨이 없을 듯합니다." 하였다.

비변사에서 回啓하기를, "이른바 허세를 부리며 위협하고 애걸한다는 것은 바로 교활한 왜의 본정을 알아낸 것입니다. 재판이 스스로 담당하겠다는 것은 죄벌이 자신에게는 미칠 만한 것이 못된다고 여기는 것과 같음이 있으니, 정상이 매우 통탄스럽습니다. 함부로 나온 왜는 법으로 바로잡지 않을 수 없으며, 재판은 맨 먼저 약속을 무너뜨렸으니, 館守에게 책임지워 島中에 전달 통보해서 처치하여 回報하게 하고, 지휘한 재판과 함부로 나온 送使는 모두 供進을 정지하게 하고, 上宴 등 으레 행하던 일도 정지하도록 하여 그들의 교만하고 방자한 습관을 꺾는 것이 어떻겠습니까?" 하니, 전교하기를, "윤허한다." 하였다.

李世載가 이것으로 館守를 책망하고 타이르니, 관수가 말하기를, "함부로 나간 일을 어찌 감히 館에 있으면서 몰랐다고 말할 수 있겠습니까? 죄가 있고 없고는 재판과 실제로 다름이 없으니, 이미 죄가 같은 사람으로 어떻게 감히 島中에 통보하겠습니까?" 하고, 裁判倭는 말하기를, "귀국에서 유황을 몰래 판 일에 대해서는 그 당시 도주가 한마디도 다투며 분변하는 일이 없었습니다. 계유년에 안용복을 내보낸 뒤에 예조의 서계에 이르기를, '律에 의거하여 科罪하겠다.'고 하였는데, 안용복이 또 薈州에 들어갔으니, 이것은 진실로 조정에서 시키고 지시한 것이라고 의심하였지만, 도주가 대체를 생각하고 헤아려서 끝내 그 까닭을 묻지 않았었습니다. 제가 함부로 나간 것은 이 두 가지 사건에 비교하여 경중이 다르지 않겠습니까?" 하였다.

이때에 이르러 영의정 柳尙運이 들어와서 아뢰기를, "함부로 나가도록 지휘한 재판은 오히려 島中에서 처치하도록 청해야 하고, 자신이 스스로 죄를 범한 송사에게는 서계를 보낼 수 없습니다. 그리고 서계를 가지고 온 사람이 이미 법을 범하였으므로, 도중에서 즉시 처치하는 것이 마땅하니, 다른 송사가 대신 온 뒤에 회답하는 것이 타당하다는 뜻을 동래부사에게 분부하여 그로 하여금 명백히 館守에게 언급하고, 당초 서계를 고쳐 달라고 청한 것도 도중에서 재판을 처치하는 것을 기다린 뒤에 고쳐 주는 것을 의논하게 하소서." 하니, 임금이 그대로 따랐다.

이 뒤에 特送使 및 재판이 기꺼이 들어가지도 않고 죽기로 범한 죄를 승복하지 않으면서, 또 李世載에게 말하기를, "만약 서계를 고치도록 허락한다면 응당 정성을 다하여 보답하기를 도모하는 일이 있을 것이며, 作米을 없애지 말게 하고, 40同의 면포를 원래의 숫자에다 더 보탠다면 작미 한 말[斗]을 감하는 것보다 나을 것입니다. 이것이 만약 불편하다면 作米綿布 4백 동 외에 그 나머지 7백 동은 白綿 값으로 은을 정식에 의하여 한 필마다 8전씩 계산하여 주소서. 그러면 거두지 않은 작미 1만여 석 가운데 5척 석은 덜어내어 정성을 다하는 사료로 삼겠습니다. 그 나머지 거두지 않은 것은 은으로 계산하여 주되, 1석마다 값을 깎아 은 2냥 5전으로 하겠습니다. 그리고 9인의 送使 가운데 단지 제 第一船을 내보내면서, 5일 간의 잡물을 비록 代官倭의 宴需에 입급한다 하더라도 땔나무와 숯을 덜어버리면 절반은 입급해야 합니다." 하였는데, 이세재가 이것을 치계하였다.

또 館守倭가 끝내 명을 받들지 않고 島中에 통보하는 상황을 진달하자, 비국에서 覆啓하기를, "送使倭 등이 여러 차례 함부로 나왔으니, 약조를 굳게 지켜 빨리 법으로 바로잡도록 하는 것이 타당합니다. 그런데 지금 어찌 그들이 간절히 비는 것을 인하여 용서할 수 있겠습니까? 이른바 다섯 건의 일은 왜인들이 실정이 드러나고 형세가 궁해져 부드러운 말로 스스로 면해보려고 하는 데서 나온 것입니다. 지금 조그마한 이해로써 흔들리는 바가 있게 되면, 우연하게도 업신여김을 당하는 데로 돌아가게 됩니다. 이번에 이 변고로 일으킨 것은 상리 밖에서 나왔으니, 제대로 금지시키지 못한 죄를 진실로 변장에게 책임지우기는 어렵습니다. 당초에는 보통과 다르게 엄히 다스릴 뜻으로 진달하였다가, 몇 차례 문답한 뒤에 문득 너그럽게 용서할 뜻을 내어 상세하게 쓸데없는 말로 반드시 허락하려고 하니, 국가의 체모를 실추시키고 변방의 실정을 헛되이 보내며 대수롭지 않게 여긴 죄를 間備의 가벼운 벌로 경책하는 데 그치게 할 수는 없습니다. 청컨대 李世載를 잡아다 추문하여 조처하게 하소서. 그리고 재판 등에게 支供을 중지하게 하는 일은 전후의 狀聞에서 단지 지공을 중지한다는 뜻으로 責諭하기를 말하였을 뿐이었고, 어느 날부터 정지하자는 말은 없었으니, 매우 흐리멍텅합니다. 청컨대 道臣으로 하여금 조사를 행하여 啓聞하게 하소서." 하니, 그대로 따랐다.

2. 기타

1) 예조 전객사편, 『邊例集要』

○ 竹島에서 붙잡힌 두 사람을 데려오는 봉행차왜가 출항하기를 기다린다는 것을 알리는 선문두왜가 옴

(癸酉)九月, 以竹島所捉二人領送事奉行差倭 乘船待風事 先文頭倭出來事 啓(『邊例集要』 권1, 「別差倭」 계유년<1693년> 9월).

계유년(1693) 9월, 竹島에서 붙잡힌 두 사람을 데려오는 일로 奉行差倭

가 배를 타고 바람을 기다린다는 일을 알리는 先文頭倭가 나온 일을 장
계하였다.

回啓 所謂竹島被捉 似是日者慶尙監司狀啓中 蔚山船人兩名 漂入蔚
陵島 爲倭所擄云者 而同島我國之地也 或有船人之往來 元非日本之所
可禁 奉行差倭 決不當接待之意 嚴辭責諭於舘守倭處[竹島事 見鬱陵島
條.](『邊例集要』권1,「別差倭」계유년<1693년> 9월)

回啓하기를 "이른바 竹島에서 붙잡혔다고 하는 것은 요전에 경상감사
의 장계 중에 울산의 뱃사람 두 명이 표류하다가 울릉도로 들어가서 왜
인에게 붙잡혔다고 하는 것을 이르는 듯합니다만, 그 섬은 우리나라의
땅이니, 간혹 뱃사람의 왕래가 있었다고 하더라도 원래 일본이 금할 수
있는 곳이 아닙니다. 奉行差倭는 결코 접대하기에 마땅하지 않다는 뜻으
로 舘守倭에게 엄한 말로 꾸짖고 타일러야 합니다."라고 하였다. [竹島의
일은 울릉도조에 보인다.]

○ 접위관을 선발하여 어민들의 어채행위 금지

回啓 奉行差倭 旣已出來 則交隣之道 不可不接待 接慰官差出下送 漁
氓頻頻往來於武陵島及他島 伐取大竹 且捕鰒魚云 雖難一切禁斷 彼旣
以嚴立科條禁斷爲言 在我之道 不可不禁 今後則各別申飭 使之不得輕
出 接慰官亦以此意措辭對答 可也事 傳敎(『邊例集要』권1,「別差倭」
계유년<1693> 9월).

회계하기를, "봉행차왜가 이미 출래하였으니, 교린의 도리로 접대하

지 않을 수 없으므로 접위관을 선발하여 내려 보내시고, 어민들이 자주 무릉도와 다른 섬에 왕래하면서 큰 대나무를 베거나 또한 鰒魚를 잡는 다고 하니, 비록 모두 금하여 단절시키기는 어렵겠지만, 저들[일본]이 이 미 科條를 엄하게 세워 금단한다는 말을 하니, 우리나라의 도리에 있어 서도 금하지 않을 수 없습니다. 지금부터 뒤로는 각별히 경계하여 이들 로 하여금 가벼이 나올 수 없도록 하시고, 접위관도 이러한 뜻으로 말을 만들어 대답함이 옳은 일입니다."라고 하였는데, 傳敎가 있으셨다.

○ 전날의 서계 중에 '울릉'이란 두 글자를 삭제해 주기를 청함

(甲戌)閏五月 府使韓命相時 竹島事回書請改差備橘眞重 奉進一人·侍 奉二人·伴從十六名·格倭七十名·副船都船主一人 持禮曹參判·參議了 書契 東萊·釜山了書契出來 前日書契中蔚陵二字 渠甚厭聞 縷縷相爭 今又出來 敢請刪去 情狀庸惡 不當接待之意 嚴辭責諭 書契謄本段 依例 上送事 啓(同月 接慰官及首譯差送 接待事關來到)(『邊例集要』권1,「別 差倭」갑술년<1694> 5월).

갑술년(1694) 윤5월, 동래부사로 韓命相이 재직할 때, 竹島의 일로 회 답한 서계를 고쳐주길 청하는 差備 橘眞重과 奉進 1명, 侍奉 2명, 伴從 16명, 格倭 70명, 副船都船主 1명이 예조 판서·예조 참의가 보낸 서계와 동래부사·부산첨사가 보낸 서계를 지참하고 왔는데, 전날의 서계 중에 '울릉'이란 두 글자를 그들이 (강호에) 上聞하기를 너무 싫어해서 누누 이 쟁론합니다. 이제 또 출래하여 감히 삭제해 주기를 청하니 정상이 좋 지 않습니다. 접대가 부당하다는 뜻으로 엄한 말로 꾸짖고 타일렀습니 다. 서계의 謄本은 전례대로 올려 보내는 일을 아룁니다. [같은 달, 접위

관과 首譯을 차출하여 보내고, 접대의 일로 關文이 이르다].

○ 竹島에 들어온 40여명 가운데 2명을 백기 주 태수가 인질로 잡
  아 가두고 강호에 알림

癸酉康熙三十二年十二月 府使成瓘時 竹島事出來差倭橘眞重茶禮 與
京接慰官洪重夏 同往設行之日 竹島被擄人二名 禁徒倭領來 及其茶禮
垂畢之時 差倭請與平坐 考前例 已有丁未·庚寅平坐之禮 故許就平坐
則差倭言曰 我國有竹島 貴國漁民 潛來魚采 曾非一二 而責諭還送矣 今
春四十餘人 又爲入來 其中二人 伯耆州太守 執質轉報江戶 附與本道 使
之還送貴國 而日後倘復入往 或有潛商之弊 或有殺害之患 則豈不爲莫
大之慮乎 願自今嚴立科條 更無如前之弊云云 臣等 以定奪辭意答之曰
今此漁民 入往竹島而被捉云 我國 亦有鬱陵島在海中 而我國立法 使不
得出去外洋 未知被捉人等 或爲貪魚出海越境 有此被捉是喩 旣已被捉
則越境之罪 當爲治之 此後亦當嚴立科條 使不得越境云云 差倭曰 今以
竹島被捉人說話之際 提起鬱陵島 抑有何意耶 臣等責譯官曰 汝必傳言
不詳矣 因令往傳曰 爾國自有竹島 我國自有鬱陵島 本不干涉 而今此說
話 提起鬱陵者 無他也 所以明言我國之地 猶且嚴禁其入去之意 而非謂
此罪人等 由蔚陵島 轉往竹島也 差倭曰 所教辭意今已悉之 回答書契中
但以竹島被捉人論罪之意 措辭爲好 差倭又曰 大差疊到 貽弊貴國 心甚
不安 日供熟供 決不欲受之 進上宴時 亦不欲受宴云云 其日供一款 急速
指揮 以爲奉行之地事 啓(『邊例集要』 계유년<1693> 12월).

계유년 12월, 부사 成瓘이 재임할 때, 竹島의 일로 찾아온 差倭 橘眞重
에게 베푸는 茶禮에 京接慰官 洪重夏와 함께 (다례를) 베풀어 행하는 날

에 가니, 竹島에서 붙잡힌 2명을 禁徒倭가 이끌고 왔습니다. 다례를 마칠 쯤에 이르러 차왜가 함께 편히 앉기를 청하였습니다. 전례를 상고해 보니, 이미 정미년과 경인년에 平坐했던 예가 있었으므로, 편히 앉는 것을 허락해 주니 차왜가 말하기를, "우리나라에 竹島라는 섬이 있는데, 귀국의 어민이 몰래 와서 고기를 잡는 일이 일찍이 한두 번이 아니었으나 꾸짖고 타일러 보냈습니다. 올봄에 40여명이 또 들어왔는데, 그 가운데 두 사람을 伯耆州의 태수가 인질로 잡고 강호에 전하여 알리니, 本道에 맡겨서 귀국으로 돌려보내게 했습니다. 그리고 나중에 만일 다시 들어가서 혹 몰래 장사를 하는 폐단이 있고, 혹 사람을 죽이는 근심이 있다면, 아주 큰 염려가 되지 않겠습니까? 바라건대, 지금부터 科條를 엄하게 세워서 다시는 전과 같은 폐단이 없도록 해 주십시오."라고 하였습니다. 신들이 定奪하신 뜻으로써 대답하여 말하기를, "지금 이 어민들이 竹島에 들어가서 붙잡혔다고 하는데, 우리나라도 울릉도가 바다 가운데에 있어서 우리나라도 법으로 정하여 바깥 바다로 나가지 못하게 합니다. 붙잡힌 사람들은 혹 고기를 탐내어 바다로 나가서 국경을 넘었다가 이렇게 붙잡혔을 것이니, 이미 붙잡혔다면 마땅히 국경을 넘은 죄로 다스려야 할 것입니다. 이 뒤로는 마땅히 科條를 엄하게 세워 국경을 넘지 못하게 하겠습니다."라고 하였습니다. 差倭가 말하기를, "지금 竹島에서 붙잡힌 사람의 말을 할 때, 울릉도를 제기하였는데, 도대체 무슨 뜻이 있습니까?"라고 하여, 신들이 역관을 꾸짖어 "너는 반드시 전하는 말이 자세하지 못하다."라고 하고, 인하여 가서 전하게 하여 말하기를, "당신 나라에는 竹島가 있고, 우리나라에는 울릉도가 있어 본래 간섭하지 않았는데, 지금 이 말을 할 때 울릉도를 제기한 것은 다름이 아니라, 우리나라 땅임을 분명히 말하고, 또한 거기에 들어가는 것을 엄격하게 금하려는 뜻이지, 이 죄인들이 울릉도를 거쳐 竹島로 옮겨 간 것을 말한 것이 아닙니다."라고 하였습니다. 차왜가 말하기를, "말씀하신 뜻을 이제 잘 알았습니다. 회답하는 서계 중에 竹島에서 붙잡힌 사람들의 죄를 논한 것만은 어구를 엮은 것이 참 좋습니다."하고, 차왜가 또 말하기를, "大差께서 거듭 오셔서 귀국에 폐를 끼치게 되어 마음이 몹시 불안하여 日供과 熟供을 결코 받으려 하지 않으시며, 進上宴을 베풀 때도 그 연회를 받으려 하지 않으십니다."라고 하였습니다. 그 일공 1관을 서둘러 지시하여 奉行이 있는 곳에 시행하게 하였습니다. 이 일을 아룁니다.

○ 竹島에서 어민들이 붙잡힌 것은 매우 놀라운 일

回啓 今此漁民被捉於竹島 則事極驚駭 別爲申禁之意 撰書契下送 朝夕接供 依定式擧行事 更爲開諭 竹島見捉兩人處 竹島去伯耆州遠近幾許 發問目取招 星火啓聞(『邊例集要』 계유년<1693> 12월).

回啓, 이번에 竹島에서 이 어민들이 붙잡힌 것은 매우 놀라운 일입니다. 따로 거듭 금지하는 뜻을 서계에 써서 내려 보내고, 조석으로 대접하는 음식은 정해진 예식에 따라 거행하는 일을 다시 깨우쳐 주어야 합니다. 竹島에서 붙잡힌 두 사람에게 竹島에서 백기 주까지의 거리가 얼마쯤인지 問目을 만들어 問招하여 서둘러 아뢰도록 해야 할 것입니다.

○ 竹島에서 붙잡힌 울산의 박어둔, 안용복 문초

甲戌正月 竹島被捉罪人蔚山居朴於屯・安龍福處 發問目推問 則朴於屯招內 癸酉三月 租二十五石・銀子九兩三錢等物 載持貿魚次 自蔚珍向三陟之際 漂風到泊於所謂竹島 而竹島至於伯耆州遠近事段 矣身留駐本

島第三日　倭人七八名　不意中乘船來到　執捉矣身　仍自其島　發船經三晝
四夜之後　始達伯耆州爲白乎旀　竹島大小周回段　其大　較之於釜山前洋
絶影島　則二倍有餘是白遣　周回則不能詳知　而所見極廣闊是白乎旀　山
形段　山有三峯　高峻接天是白遣　其餘多是平廣之地　而川水　流出於海是
白乎旀　樹木·芦竹·禽獸等物段　有柯重木·柄子木·香木　又有冬栢木是
白遣　有大竹　其節甚長　其圍甚大　而直聳參天是白遣　又有箭竹是乎旀　島
中人戶居住事段　卽今雖無居住之人戶　而遺基礎石相連　而空基　多有生
蒜之處是白乎旀　本島去伯耆州水路里數事段　矣身被捉入去之時　得水疾
僵臥船中　只記三晝四夜之後　得達伯耆州　而水路里數　不能詳知是白乎
旀　此島前後　更無他島云云　安龍福招內　山形草木等辭緣一樣　而末端良
中　矣身被捉人入去之時　經一夜　翌日晩食後　見一島在海中　比竹島頗大
云云　緣由馳啓　狀錄　無回下(『邊例集要』권17,「鬱陵島」갑술년<1694>
정월).

갑술년(1694) 정월, 竹島에서 붙잡힌, 울산에 사는 朴於屯, 安龍福에게
問目을 만들어 問招하니, 박어둔이 문초에 진술한 내용 중에, "1693년(계
유)년 3월에 벼 25석과 은자 9냥 3전 등의 물건을 배에 싣고 고기와 바꾸
고자 울진에서 삼척으로 향할 때 바람 때문에 표류하여 이른바 '竹島'에
배를 정박하게 되었습니다. 그리고 竹島에서 백기 주까지의 거리는 제
가 이 섬에 머문 지 3일째 되는 날 왜인 7~8명이 갑자기 배를 타고 와서
저를 붙잡았으며, 이어서 그 섬에서 배가 떠나 사흘 낮과 나흘 밤이 지
난 뒤에 비로소 백기 주에 닿게 되었사오며, 竹島의 크기와 둘레는 그
크기가 부산 앞바다의 絶影島에 견주면 두 배가 조금 넘사옵고, 둘레는
자세히 알 수는 없으나, 제가 보기엔 매우 광활하였사오며, 산의 형세는

산에 세 봉우리가 있는데, 높이가 매우 높아 하늘에 닿을 듯하였사옵고, 그 나머지는 대체로 평평하고 넓은 땅이었습니다. 그리고 시냇물은 바다로 흘러들어갔사오며, 나무, 芦竹, 새와 짐승은 柯重木, 柄子木, 香木이 있으며, 또 동백나무가 있사옵고, 큰 대나무가 있는데 그 마디가 몹시 길며, 그 둘레가 아주 커서 곧게 솟아올라 하늘에 닿을 듯하였사옵고, 또 箭竹이 있사오며, 섬 안 인가에 사람이 거주하는 일은 지금은 비록 사람이 거주하는 인가가 없으나, (그 집들의) 주춧돌이 남아 서로 이어져 있고, 빈 터엔 달래가 자라는 곳이 많이 있사오며, 이 섬에서 백기 주까지 水路로 몇 리인지는 제가 붙잡혀 들어갈 때 水疾에 걸려 배 안에 누워 있어서 사흘 낮과 나흘 밤이 지난 뒤에 백기 주에 닿았다는 것만 기억할 뿐, 물길로 몇 리인지는 자세히 알지 못하오며, 이 섬의 앞뒤로 다시 다른 섬이 없었습니다.”라고 하였습니다. 안용복을 문초하여 진술한 내용 중에, 산의 형세와 초목 등의 말은 (박어둔과) 꼭 같았고, 끝부분에 “제가 붙잡힌 사람으로 들어갔을 때, 하룻밤을 지내고 다음날 늦게 식사를 한 뒤에 바다 가운데 하나의 섬이 있음을 보았고, 竹島에 견주어 자못 크다고 생각했습니다.”라고 하였습니다. 이런 까닭으로 급히 아룁니다.

○ 서계 가운데 竹島 외의 울릉도 글자 삭제 요구

二月 回答書契 謄示於差倭 則以爲 蔚陵島何爲而擧論耶 答以 我國海禁極嚴 雖我國之蔚陵島 亦不許任意入往 況於他國之界乎 今此漁民 冒禁塞境 當治其罪 申嚴其禁之意也 遣辭之際 其勢自不得不如此 差倭曰 回書中 只言竹島事固好矣 請刪去蔚陵島之文字 答以首尾語意 極其穩順 請改之言 必無聽從之理事 啓. 無回下(『邊例集要』갑술년<1694> 2월).

갑술년(1694) 2월, 回答書契를 差倭에게 베껴서 보여주니, "울릉도는 무엇 때문에 거론합니까?"하기에, "우리나라가 海禁을 매우 엄하게 하여 비록 우리나라의 울릉도도 임의로 들어가는 것을 허락하지 않는데, 하물며 다른 나라의 경계에 있어서이겠습니까? 이제 이 어민들이 변경의 금함을 무릅쓰고 넘어선 것은 마땅히 그 죄를 다스려 그 금함을 엄하게 한다는 뜻을 펴야 할 것입니다. 그 회답하는 서계를 지어 보낼 때, 그 형세가 어쩔 수 없음이 이와 같았습니다."라고 대답하였습니다. 차왜가 말하기를, "회답서계 중에 竹島의 일만은 참으로 좋습니다만, 울릉도란 글자를 삭제해 주기를 청합니다."라고 하였습니다. 처음부터 끝까지 말뜻이 지극히 온순하나, 고쳐 주기를 청하는 말은 꼭 들어줄 만한 이치가 없다고 대답하였습니다. 이 일을 아룁니다.

　○ 차왜의 울릉 2자 삭제의도에 관한 저의 추정

　同月 差倭以爲 書契旣不許改 勢不得已受去矣 今十五日入給云云 當初請删蔚陵二字 其計實出於奸巧 而所以請删之意 則以其隱諱之故 前後之言 終不成說 及至不許删去之後 使之入給者 蓋欲實其迫不得已之狀 以爲歸報島主之計 其爲情態 亦甚詐密事啓 無回下(『邊例集要』 갑술년<1694> 2월).

　같은 달(1694년 2월), 差倭가 서계엔 이미 고쳐 주는 것을 허락하지 않고, 형세가 어쩔 수 없어서 받아 가니, 오는 15일에 입급한다고 합니다. 애초에 '울릉' 두 글자를 삭제해 주기를 청한 것은 그 계획이 실로 간교함에서 나온 것이고, 삭제를 청하는 뜻은 꺼리는 것이 있어 감추어 숨기고자 하는 까닭입니다. 앞뒤의 말이 끝내 말이 되지 않으며, 삭제를 허락하지 않은 뒤에 입급하게 한 것은 실로 어쩔 수 없는 상황에 부딪히자 도주에게 돌아가 알리려는 계획이었을 것입니다. 그 정황이 또한 몹시 거짓되고 은밀하였습니다. 이 일을 아룁니다.

　　○ 차왜가 서계 외 예단, 일공은 받지 않고 돌아감

　同月　書契別幅　依例設茶入給　至於禮單‧日供　終始不捧而歸　館守言 內　朝廷下送之禮單與日供　有異差倭　入去之後　如有通報之事　則不無追 捧之勢云云事　啓　狀錄　無回下(『邊例集要』 갑술년<1694> 2월).

　같은 달(1694년 2월), 서계와 別幅은 전례를 따라 다례를 베풀고 입급 하였으며, 禮單과 日供에 이르러서는 끝까지 받지 않고 돌아갔습니다. 館守의 말 중에, "조정에서 내려 보낸 예단과 일공은 다른 차왜가 들어 간 뒤에 만일 통보할 일이 있다면, 追捧할 형세가 없지 않았을 것입니 다."라고 하였습니다. 이 일을 아룁니다.

　　○ 울릉도는 우리의 땅임을 보여야 한다는 주장이 거론됨

　同月　京接慰官別單　大略今此差倭出來之事　固有一島　二名之疑　非無 卞覈之意　而海濤微茫之中　島之一與二　難可以明知　以難明之事　至發釁 端於和好之隣邦　有非周愼之道　故姑爲分而二之之論　以示蔚島則爲吾土 之狀　而方當還朝所聞說話　別爲開錄于左.

　第一條　差倭　或慮我國有爭卞之事　別爲帶來曉解文字之倭人　以此推 之　似是差倭　亦知其爲1島　2名　第二條　通事倭　問於譯官曰　罪人等　何不 更推耶　答以　爾國旣云　入往竹島　則何可不信而更推乎　通事倭曰　誠然矣 迷劣罪人等　其所入往之島　爲竹島與蔚陵島　何能記得乎云云　以此推之

似是罪人等 以入往蔚陵島 爲言於彼中 第三條 差倭忽發言曰 蔚陵島 固
知其爲貴國地 而壬辰後 爲日本占據者 芝峯說中 不有之乎 譯官答 以壬
辰之被掠 其獨蔚島而已 畢竟日本之所占據者 雖一草一木 莫不復歸於
我國 蔚島自在復歸之中矣 芝峯謾筆 豈爲眞的可據之文 而乃敢援此爲
言耶 差倭低頭不答 差倭以芝峰之所記 欲爲嘗試之計 譯官所答 破其肝
膽 故差倭 乃以蔚·竹各自爲島之說 畢其言端 而終不敢以一島 二名發
說者 盖緣自反而不縮 第四條 差倭率來人摠兵衛曰 毋論蔚與竹 海島之
中 兩國民之互相往來 不無潛商之弊 蔚島 則自貴國禁其入往 竹島則 自
日本禁其往來 可無後慮 譯官答曰 爾等宜以竹島亦禁之意 爲言於江戶
矣 摠兵衛曰 竹島多大竹 爲其伐取需用 雖難一切禁斷 不許頻數往來 則
似無逢着之患矣云云 第五條 摠兵衛曰 回書中 必入蔚陵文字 似有深意
何不言之耶 譯官曰 作文之際 欲明我國海禁之嚴 而證言我島亦禁之意
也 豈有他意 摠兵衛曰 吾等 旣知蔚島之爲貴國地 自可有言於江戶 而但
恐貴國 先入此二字於書中以送之 後復有次第卞問之擧矣 倘或如此 則
島主豈不重得罪於江戶乎 所慮在此云云 譯官曰 卞問之言 實是意外 將
謂證何說卞何事耶 兵衛曰 人之思慮 無所不知故云 非必謂有可證之說
可卞之事也云云 第六條 差倭問於譯官曰 蔚陵島 在於何邊海中耶 譯官
曰 在於蔚珍·三陟等地越邊矣 差倭曰 竹島自蔚陵島相距幾何云耶 譯官
曰 但知蔚陵而不聞竹島在何處耳 公則知蔚陵島自竹島相距幾何耶 差倭
曰 吾亦但知竹島耳 差倭復問曰 蔚島山形何如 譯官曰 公等 不見輿地勝
覽乎 有三峯云矣 差倭笑曰 竹島亦有三峯云 兩島峯數 偶然相同 亦是怪
底事云云 第七條 今以倭人前後語意觀之 則其爲一島 二名之狀 可以推
知 朝家以蔚陵二字 擧論於書契中 雖未若洞卞直斥之爲快 而其爲他日
證信之資 則足可爲明文 事雖異順 而意實深遠 差倭之請刪 盖亦揣此 而

以其猶愈於直輿爭卞之故 終至順受而歸(『邊例集要』 갑술년<1694> 2월).

같은 달(1694년 2월), 京接慰官의 別稟은 대략 이번에 차왜가 찾아온 일입니다. 진실로 하나의 섬에 두 가지 이름의 의심이 있으니 辨覈할 뜻이 없지 않으나, 파도가 아득한 가운데 섬의 하나둘을 분명하게 알기는 어렵고, 분명히 알기 어려운 일로 화친을 맺어 사이가 좋은 이웃나라와 틈이 생기는 실마리를 내는 것은 두루 살펴 깊이 삼가는 道가 아닙니다. 그러므로 우선 나누어 그것을 둘로 하는 논의를 해서 울릉도는 우리의 땅이 되는 정상을 보여야 할 것입니다. 그래서 바야흐로 조정에 돌아가자마자 아뢰어야 할 말들을 별도로 아래에 기록합니다.

제1조, 差倭가 혹시 우리나라가 다투어 시비를 가릴 일이 있을까 염려하여 따로 문자를 曉解하는 왜인을 데려와서 이로써 규명하려 하니, 차왜가 또한 그 하나의 섬이 두 가지 이름을 가짐을 아는 듯합니다.

제2조, 通事倭가 역관에게 물어 말하기를, "죄인들을 어찌 다시 문초하지 않습니까?"라고 하기에 "당신 나라에서 이미 竹島에 들어갔다고 말했으니, 어찌 믿지 못하고 다시 문초할 수 있겠습니까?"라고 대답하니, 통사왜가 말하기를, "참으로 그렇습니다. 어둡고 못난 죄인들이 그들이 들어간 섬이 竹島와 울릉도가 됨을 어찌 기억할 수 있겠습니까?"라고 하였습니다. 이로써 규명하니 죄인들이 울릉도에 들어간 것을 저들에게 말한 듯합니다.

제3조, 차왜가 갑자기 말하기를, "울릉도가 진실로 귀국의 땅임을 압니다만, 임진년(1592, 선조25) 뒤로 일본이 차지하게 된 것은 芝峯의 말중에 있지 않습니까?"라고 하여 역관이 대답하기를, "임진년에 약탈된 것이 다만 울릉도뿐이겠습니까? 결국은 일본이 차지한 것은 비록 하나

의 풀과 나무라 하더라도 우리나라로 다시 되돌아오지 않은 것이 없으니, 울릉도는 저절로 다시 되돌아온 것 중에 있습니다. 芝峯謾筆이 어찌 참으로 근거할 만한 글이 된다고 감히 이것을 원용하여 말하십니까?"라고 하니, 차왜가 머리를 숙이고 대답을 하지 못했습니다. 차왜가 지봉이 기록한 것으로 일찍이 시험해 보려는 계획을 삼았는데, 역관의 대답이 그 속마음을 꿰뚫어 보았습니다. 그래서 차왜가 곧 울릉도와 竹島는 각각 자기의 섬이 된다는 말로써 그의 말끝을 맺고, 끝내 '1島 2名'을 감히 말하지 못한 것은 대개 스스로 돌이켜 보아 위축되지 않아서인 것 같습니다.

제4조, 차왜가 데려온 사람인 摠兵衛가 말하기를, "울릉도와 竹島를 따지지 말고 바다 섬 가운데에 두 국민들이 서로 왕래하며 몰래 장사를 하는 폐단이 없지 않으니, 울릉도는 귀국에서 들어가는 것을 금지하고, 竹島는 일본에서 그 왕래하는 것을 금지한다면, 뒷걱정이 없을 것입니다."라고 하니, 역관이 대답하여 말하기를, "당신들은 마땅히 竹島도 금지시킨다는 뜻으로 강호에 말해야 할 것입니다."라고 하였습니다. 총병위가 말하기를, "竹島엔 큰 대나무가 많아서 그것을 베어서 필요한 곳에 쓰기 때문에 비록 모두 금하여 못하게 하기는 어려우나, 자주 왕래하는 것을 허락하지 않는다면, 근심거리는 되지 않을 듯합니다."라고 하였습니다.

제5조, 총병위가 말하기를, "회답서계 중에 '울릉'이란 글자가 반드시 들어간 것엔 깊은 뜻이 있는 듯한데, 어찌 말하지 않습니까?"라고 하니, 역관이 말하기를, "글을 지을 때 우리나라가 해금을 엄격히 함을 밝히고, 우리 섬도 금지한다는 뜻을 증명하여 말하고자 하는 뜻이니, 어찌 다른 뜻이 있겠습니까?"라고 하였습니다. 총병위가 말하기를, "우리들은

울릉도가 귀국의 땅임을 이미 알고 있으나, 강호에서 스스로 어떤 말을 둘 만한 것이고, 귀국이 이 두 글자를 서계 중에 먼저 넣어서 보내니, 뒤에 차례로 卞問하는 일이 다시 있을까 두려워할 뿐입니다. 혹시 이와 같다면 도주께서 어찌 강호에 거듭 죄를 얻지 않겠습니까? 걱정이 되는 것이 여기에 있습니다."라고 하니, 역관이 말하기를, "卞問의 말은 실로 뜻밖이며, 장차 무슨 말을 증명하고 무슨 일을 辨正함을 말한 것입니까?"라고 하였습니다. 총병위가 말하기를, "사람의 생각은 모르는 것이 없는 까닭으로 말한 것입니다. 반드시 증명할 만한 말과 변정할 만한 일이 있음을 말한 것은 아닙니다."라고 하였습니다.

제6조, 차왜가 역관에게 "울릉도가 어느 쪽의 바다에 있습니까?"하고 물으니, 역관이 "울진과 삼척 땅의 건너편에 있습니다."라고 말했습니다. 차왜가 "竹島는 울릉도로부터 거리가 얼마쯤입니까?"라고 말하니, 역관이 "다만 울릉도만 알 뿐이고, 竹島가 어느 곳에 있는지는 듣지 못하였습니다. 공은 울릉도가 竹島로부터 거리가 얼마쯤인지 알고 있습니까?"라고 말했습니다. 차왜가 "나도 竹島만 알 뿐입니다."라고 하고, 차왜가 다시 "울릉도는 산의 형세가 어떠합니까?"하고 물으니, 역관이 "공들은 『輿地勝覽』을 보지 못했습니까? 세 봉우리가 있다고 합니다."라고 하였습니다. 차왜가 웃으며 "竹島도 세 봉우리가 있다고 합니다. 두 섬의 봉우리 수가 우연히 서로 같으니, 또한 괴이한 일입니다."라고 했습니다.

제7조, 이제 왜인이 앞뒤로 말한 뜻을 살펴보니, 그들이 '1島 2名'의 형상을 미루어 알고, 조정에서 '울릉' 두 글자로 서계 중에 거론한 것을 비록 洞卞하여 直斥하는 통쾌함만 같지는 못하지만, 그들이 다른 날에 證信의 사료로 삼으면, 明文으로 삼을 만하다고 여긴 것이니, 일은 비록

순조로우나, 뜻은 실로 심원합니다. 차왜가 삭제하기를 청한 것은 또한 이것을 헤아린 것 같으며, 곧바로 함께 다투어 시비를 가리는 것보다 오히려 낫다고 여긴 까닭입니다. 마침내 아주 순순히 받아들이고 돌아갔습니다.

○ 차왜 접대를 조정에 아룀

(癸酉)十一月　竹島被捉漁民領來奉行差倭橘眞重　奉進一人·侍奉二人·伴從十六名·格倭七十名·副船都船主一人　持禮曹參判·參議了書契東萊·釜山了書契出來 我人二名被擄一款 不可不憑問 故出送之意言及則稱以接慰官相接時率現 而不爲出給 情狀無據 然卽今事勢 同差倭似不可無接待之道 請令廟堂稟處事 啓(『邊例集要』 권1, 「別差倭」 계유년 <1693> 5월).

계유년(1693) 11월, 竹島에서 붙잡힌 어민을 데려오는 奉行差倭 橘眞重과 奉進 1명, 侍奉 2명, 伴從 16명, 格倭 70명, 副船都船主 1명이 예조판서·예조 참의가 보낸 서계와 동래부사·부산첨사가 보낸 서계를 지참하고 와서 우리나라의 두 사람이 사로잡힌 한 건을 憑問하지 않을 수 없다고 합니다. 그래서 出送할 뜻을 언급하니, 접위관과 서로 만났을 때 따라와 알현하지 않았음을 핑계대면서 出給하니 않으니, 정상이 터무니없습니다. 그렇다면 지금 일의 형세가 이 차왜를 접대하는 도리가 없어서는 안 될 듯하여 조정에서 稟處해야 할 일임을 아룁니다.

○ 박어둔, 안용복이 무릉도에서 왜인의 칼과 조총의 위협에 피랍
  되었다는 경상감영의 장계

八月 慶尙監營狀啓內 朴於屯·安龍福·金加乙洞·金自信·徐化立·李
還·梁淡沙里·金得生等 漂到武陵島 而其中安龍福·朴於屯二人 被捉於
倭人 其餘各人逃還 各各取招則 矣等 漂到武陵島 金得生等六人 下陸隱
匿 朴於屯二人 未及下船之前 倭人八名 乘船忽到 以刀釼·鳥銃 威脅兩
人 執捉以去事(『邊例集要』 갑술년<1694> 8월).

갑술년(1694년) 8월, 경상감영의 장계 안에 朴於屯·安龍福·金加乙洞·
金自信·徐化立·李還·梁淡沙里·金得生 등이 표류하다가 무릉도에 닿았
고, 그 중에 안용복과 박어둔 두 사람이 왜인에게 붙잡혔으며, 그 나머
지 각각의 사람들은 도망쳐 돌아왔다고 하고, 각각 문초하니 자기들은
표류하다가 무릉도에 닿았는데, 김득생 등 여섯 사람은 뭍에 내려 숨었
으며, 박어둔 등 두 사람은 미처 배에서 내리기 전에 왜인 8명이 배를 타
고 갑자기 이르러 칼과 조총으로 두 사람을 위협하여 잡아간 일입니다.

○ 竹島와 울도의 1島 2名에 관한 논의

同月 府使韓命相時 差倭橘眞重 以回書請改事 還爲出來 及其茶禮之
日 差倭曰 俺之當初書契中 只有竹島申禁之語 而回答書契 揷入蔚島 語
甚摸糊 日後如有難處之事 島主將未免重罪 此豈非大可悶迫乎 請删蔚
島二字者 良以此也云云 臣等答曰 邊民之不許任意往來蔚島云者 非有
他意也 兩國隣好歲久 我國海禁之事 亦欲使爾國聞知者 可見誠意相孚
也 且竹島 不知在於何處 而爾國之人 不來於蔚島 我國之人 不往於竹島
則有何後日難處之端 而必欲請删耶 正官又曰 江戶見此書契 若以蔚·竹

相混 咎責島主 則間於兩國者 勢將不安 有所不可不言者也 島主雖或躬
進京中 暴白朝廷 不可不請刪蔚島云云 大槩若欲因前羈縻之計 則一島
二名之說 姑不可發端 而若欲洞卜情狀 以爲直斥之計 則使譯輩 往來脅
持 數日之內 一島 二名之說 自不得不發 故姑爲延拖 以待廟堂擇於斯二
者 從長指揮事 啓(『邊例集要』 갑술년<1694> 8월).

같은 달(갑술, 1694년 8월), 부사 韓命相이 재임할 때, 차왜인 橘眞重이
回答書契에 고쳐주기를 청한 일로 다시 찾아왔는데, 다례를 베푸는 날에
미쳐서 차왜가 말하기를, "나의 애초 서계 중엔 竹島에 들어가는 것을
금한다는 말만 있었는데, 회답서계엔 '蔚島'를 끼워 넣어 말이 아주 모
호합니다. 나중에 만약 난처한 일이 있으면, 도주께서 장차 중죄를 면하
기 어려우니, 이 어찌 크게 걱정할 만한 것이 아니겠습니까? '울도' 두
글자를 삭제해 주기를 청한 것은 진실로 이 때문입니다."라고 하였습니
다. 신들이 대답하여 말하기를, "변방의 백성들이 임의로 울릉도에 왕래
하는 것을 허락하지 않는다고 말한 것은 다른 뜻이 있는 것이 아니라,
두 나라가 이웃으로 사이좋게 지낸 세월이 오래 된지라, 우리나라가 海
禁하는 일을 당신 나라에서 듣고 알게 하려 것이니, 성의가 서로 미덥게
함을 알 수 있을 것입니다. 또한 竹島가 어디에 있는지 알지 못하고, 당
신 나라의 사람들이 울릉도에 오지 않으며, 우리나라 사람들이 竹島에
가지 않으면, 어찌 나중에 난처한 단서가 있다고 반드시 삭제하기를 청
하려고 하십니까?"라고 하였습니다. 正官이 또 말하기를, "강호에서 이
서계를 보고 만약 울릉도와 竹島를 서로 혼동하여 도주에게 잘못을 꾸
짖는다면, 두 나라 사이에 형세가 장차 편안하지 못할 것이니, 말하지
않을 수 없는 것이 있습니다. 도주께서 혹 몸소 京中에 나아가서 조정에

해명하더라도 '울도'를 삭제하는 것을 청하지 않을 수 없습니다."라고
하였습니다. 대개 이전의 굴레에 매인 계획으로써 하려 한다면, 1島 2名
의 말은 짐짓 처음부터 꺼낼 수 없을 것이며, 만약 정상을 살펴 옳고 그
름을 가려서 곧바로 면전에서 나무랄 계획이었다면, 역관들로 하여금
끼고서 왕래하는 며칠 안에는 1島 2名의 말을 스스로 꺼내지 않게 할 것
입니다. 그러므로 우선 일을 지연시키면서 廟堂에서 이 둘을 가리기를
기다렸다가 長의 지시를 따라야 할 것입니다. 이 일을 아룁니다.

　○　一島二名說

　回啓 一島 二名之說 旣有數日內不得不發之勢 則因使譯輩 更加詰問
得其明白之言 後許捧前後書契 急速上送爲白乎㫆 所謂一島 二名 倭人
雖或發說是乎乃 我國書契 自當善爲措辭 不必以差倭之言爲證 亦使方
便開諭宜當 所謂機權之事 未知何事 亦爲啓聞(『邊例集要』 갑술년
<1694> 8월).

　回啓, 1島 2名의 말은 이미 며칠 안에 꺼내지 않을 수 없는 형편이니,
역관들에게 다시 따져 묻게 하여 명백한 말을 얻고 난 뒤에 앞뒤의 서계
를 받드는 것을 허락하여 서둘러 올려 보내게 하옵시며, 이른바 '일도이
명'이란 것을 왜인이 혹 발설하오나, 우리나라의 서계에 스스로 글을 잘
지으면 되지 차왜의 말로 증거를 삼을 필요는 없으며, 또한 방편을 일러
주게 하는 것이 마땅할 것입니다. 이른바 機權의 일은 무슨 일인지 알지
못하여 또한 아룁니다.

○ 차왜가 울도가 조선의 지방이 됨을 밝히는 회답서계 요구

同月 差倭 初欲删改蔚島 以爲要切於日本之計 到今理窮勢屈 旣發一島 二名之後 不可售其奸計 猝然變幻其辭說 反若輸誠於朝廷 欲掩其前日欺詐之迹 言于臣等曰 回答書契中 明其蔚島之爲朝鮮地方 而來脈證據及昔日民居形止 詳細載錄 使日本人 洞然皆知更無後言云云 前日自禮曹回答書契及今番差倭賫書契 幷以捧上上送事 啓(『邊例集要』 갑술년<1694년> 8월).

같은 달(1694년 8월), 차왜가 처음 蔚島 두 글자를 删改하려고 일본의 계책을 간절히 요구하였으나, 지금까지 이치가 막혀 어쩔 수 없고 형세도 꺾였으며, 이미 1島 2名의 문제를 제기한 뒤로 그 간사한 계책을 이룰 수 없자, 갑자기 그 말을 변환하여 도리어 조정에 정성을 다하는 듯하며, 그 전날의 속이려던 자취를 掩蔽하고자 하여 신들에게 말하기를, "회답서계 중에 울도가 조선의 지방이 됨을 밝히고, 來脈하는 증거와 옛날 백성들이 살던 형세를 상세하게 기재한다면, 일본인으로 하여금 환하게 모두 알고 뒷말이 없게 하겠다."고 하였습니다. 전날에 예조에서 보낸 회답서계와 이번 차왜가 보낸 서계를 함께 받들어 올려 보내는 일을 아룁니다.

○ 一島二名說에 대한 논의

回啓 今此差倭 以蔚島換名竹島 而又以我國漁氓 冒入其地 被捉於倭人樣 張皇辭說 請令嚴禁 及今一島 二名現發之後 則又爲變說 反若爲我朝廷擔當宣力者然 情狀可惡 但念待遠人之道 如此等事 不必摘快深責 反失其歡 回答書契 令該曹 撰出下送 爲此一事 再度往復 極涉支離 今

番賚來本島書契及禮單雜物 幷爲還退 東萊·釜山所送書契·雜物 亦令一體還給(『邊例集要』 갑술년<1694> 8월).

回啓, 이번 차왜가 울도를 竹島로 이름을 바꾸고, 또 우리나라 어민들이 그 땅에 금함을 무릅쓰고 들어가서 왜인에게 붙잡혔다는 것을 장황하게 말하여 엄하게 금지시킬 것을 요구합니다. 이제 1島 2名의 문제를 드러낸 뒤로는 또 말을 바꾸어 도리어 우리 조정에서 (그 일을) 담당하여 힘을 쓰는 자가 그렇게 한 것처럼 하니 정상이 매우 좋지 않습니다. 다만 염려하건대, 멀리 있는 사람의 말을 기다려서 이와 같은 일들을 깊이 꾸짖는 것으로 쾌함을 삼을 필요는 없습니다. 도리어 기쁘지 않을 뿐입니다. 회답서계는 해당 기관으로 하여금 지어서 내려 보내게 하고, 이 한 가지 일을 위하여 두 번 왕복하게 하는 것은 지극히 따분한 일입니다. 이번에 보내온 本島의 서계와 禮單, 잡물은 함께 돌려보내고, 동래와 부산에 보낸 서계와 잡물도 전부 돌려주게 해야 합니다.

○ 회답서계 개찬의 건

十月 前書回書下來入給 則差倭 以書中辭意 無非觸怒於日本之人 決難彌縫於江戶 請改撰入給 而各別嚴責 仍爲入給 今番差倭持來書契及物件 旣受還退 事理不可 請仍納書契物件後 受答云云 而自朝廷 不許責令 仍前分付還給事 啓 無回下(『邊例集要』 갑술년<1694> 10월).

갑술(1694년) 10월, 지난 번 서계에 대한 회답서계가 내려와 보내주니, 차왜가 서계 중의 말뜻이 일본사람들에게 노여움을 사지 않음이 없어 결단코 강호에 미봉하기 어렵다고 하며 개찬하여 보내주길 요청하였으나, 특별히 엄하게 꾸짖고 나서 보내주었습니다. 이번 차왜가 가져온 서계와 물건을 이미 돌려주었는데, 사리에 맞지 않는다며 서계와 물건을 바친 뒤에 회답을 받겠다고 청하였습니다. 그러나 조정에서 허락하지 않는 책령으로 인하여 전에 분부하신 돌려주라는 일을 아룁니다.

○ 서계회답 받기 전에 돌아갈 수 없다는 차왜

十二月 府使李喜龍時 差倭言內 禮單段 進上肅拜後呈納之物也 還爲持去 事體未安 書契未受答之前 決無入去意事 啓(『邊例集要』 갑술년 <1694> 12월).

갑술(1694년) 12월, 부사 李喜龍이 재임할 때, 차왜의 말 중에 "禮單은 進上肅拜한 뒤에 바치는 물건입니다. 다시 가져가라고 하는 것은 事體가 편안하지 않습니다."라고 하고, 서계 끝에 회답을 받기 전에는 결코 들어갈 뜻이 없다고 한 일을 아룁니다.

○ 서계 회답 불가의 뜻 천명

回啓 初答書契之後 因其所請改給 今若又作後書回答 則不但遲離莫甚 其在國體 亦不無顧損 以此責諭 使差倭 不敢生意於受答宜當(『邊例集要』 갑술년<1694> 12월).

回啓, 처음 서계에 회답한 뒤로 요청한 것을 고쳐 주었는데, 이제 또 뒤에 보낸 서계에 회답을 한다면, 지루함이 매우 클 뿐만이 아니라, 국가의 체면에 있어서도 깎여짐을 생각하지 않을 수 없습니다. 이로써 꾸짖고 타일러서 차왜로 하여금 감히 회답을 받는 것에 뜻을 두지 못하게 함이 마땅할 것입니다.

○ 이희룡 재직시 ʼ울릉ʼ이란 두 글자를 삭제해 주기를 원함

乙亥二月 府使李喜龍時 差倭橘眞重之出來 專爲前書契中 蔚陵二字
請刪 而及其改受書契 則不唯不刪蔚島文字 並與竹島而同歸我國地方
則欲改書契本意歸虛 而蔚島爭辨 非自今日 已有前事 故同書契無辭順
受是白遣 後書契回答 願以慇懃措辭以給亦爲白有矣 後書契回答 今以
再度往復 事體支煩是如 不爲書給叱分不喩 所呈書契別幅 亦且還給 極
爲切迫是如 因此久留不歸 旣知其終不順便 不爲陳稟 致誤機事 則實爲
惶恐 令廟堂指揮事 啓(『邊例集要』 권1,「別差倭」 을해년<1695> 2월).

을해년(1695) 2월, 동래부사 李喜龍이 재직할 때, 差倭인 橘眞重의 출
래는 오로지 전번 서계 중에 ʼ울릉ʼ이란 두 글자를 삭제해 주길 청하기
위함이었는데, 그 고쳐 받은 서계에 이르러서는 ʼ울도ʼ란 글자를 삭제하
지 못했을 뿐만 아니라, 아울러 竹島와 함께 우리나라의 지방으로 돌리
니, 서계를 고치려던 본의가 虛事가 되었습니다. "울릉도의 爭辨은 오늘
부터가 아니라 전부터 있었던 일이므로, 이 서계를 말없이 순순히 받사
옵고, 나중의 서계 회답은 은근하게 말을 엮어서 주시길 원하옵기에, 나
중의 서계 회답은 이제 두 번 왕복하는 것으로 事體가 따분하고 번거롭
습니다. 서계를 주시지 않을 뿐만 아니라 올린 서계와 별폭도 돌려주시
니, 지극히 절박합니다."라고 하며, 이로 인해서 오래 머물며 돌아가지
않으니, 이미 그가 끝내 순조롭지 않을 것임을 알고 있습니다. 아뢰지
않고 중요한 일을 그르쳤으니, 실로 황공합니다. 조정에서 지시할 일임
을 아룁니다.

○ 귤진중이 동래부에 보낸 서계에 관한 보고

乙亥五月 裁判倭招訓導 傳給一封書 乃橘眞重之所呈東萊府 仍爲呈
納朝廷書也 同書幅 上送備局 而大差倭橘直重 以日供禮單等折米一千
八百石 不可呑食 使代官 從後計納云云 故旣許接待 則還納日供 事體不
當是如 分付是白在果 後書契回答事段 進上別幅 還給難便 略干回禮 不
害爲厚往薄來之道事 啓(『邊例集要』 을해년<1695> 5월).

을해(1695년) 5월, 裁判倭가 訓導를 불러 한 통의 封書를 전해 주었는
데, 곧 橘眞重이 동래부에 보낸 것입니다. 인하여 조정에 바치는 글을 써
서 書幅과 함께 備局에 올려 보냅니다. 大差倭인 橘眞重이 日供과 예단
등, 쌀로 계산하여 1,800석은 다 먹일 수 없다며, 代官으로 하여금 뒤따
라 계산하여 들이게 했다고 합니다. 그래서 이미 접대를 허락하였으니
日供을 還納하는 것은 事體에 마땅하지 않다고 분부하였거니와 뒤에 서
계로 회답한 일은 進上한 別幅을 돌려주기가 편하지 않으니, 조금 謝禮
하는 것이 두터이 주고 박하게 받는 도리에 해가 되지 않을 것입니다.
이 일을 아룁니다.

○ 서계 처리에 관한 비변사의 견해 개진

回啓 差倭之呈書 乃是自前我國所卞破之事 其回答撰送 而日供禮單
更爲分付 使之受去是白乎旀 後書契不答事 旣已分付 則邊臣之以此爲
請 不當(『邊例集要』 을해년<1695> 5월).

回啓, 차왜가 바친 서계는 곧 전부터 우리나라에 辨破하던 일이니, 그
회답서계를 지어서 보내고, 日供과 禮單은 다시 분부하여 받아가게 하옵

시며, 뒤의 서계에 회답하지 않은 일은 이미 분부하였으니, 비변사의 신하가 이를 청하는 것은 마땅하지 않습니다.

○ 차왜의 서계와 회답서계 처리 건

六月 差倭呈書回書及後書契別幅物件 一倂下送 傳給於差倭待風所 則差倭言內 疑問答書 從容閱審 明當回答 而至於書契物件之還給 抑何意耶 宴席日供雜物 幷以萬無受去之理云云 入歸事 啓. 狀錄 無回下(『邊例集要』 을해년<1695> 6월).

同月 差倭發船之後 裁判倭 招訓導 傳給答書 辭極悖慢 不可上聞 謄本上送備局 正本段 還給裁判 且前月來呈一書 所懷則與前所言無異 而規式則使是書契一張 依此書改給亦爲白去乙 答以如許寫本 不敢聞諸朝廷果如 峻斥不捧事 啓

兩狀回啓 第二度後書契 旣不回答 則進上物件 無可受之理 雜物作米 差倭旣已入歸 姑爲留置 以觀前頭 五月呈書 規式與書契一樣 其措語似有曲折 以峻斥不聞 只陳不捧曲折 極涉疎漏 府使推考何如

上曰 如有謄本 則使之上送事 傳教

七月 倭書謄本一款 當初橘眞重所呈書幅規式 與書契一樣 且其書中 蔚陵島雖歸之於我國 而渠國 已作屬島云云者 事甚不當 若改書呈納 則當爲啓聞是如 謄書後還給其書矣 橘倭不爲改呈 徒懷怒氣而歸 同書草本 上送備邊司事 啓 無回下(『邊例集要』 을해년<1695> 7월).

을해(1695년) 6월, 차왜가 올린 서계와 회답서계 및 뒤의 서계와 별폭, 물건은 다 함께 내려 보내서 차왜가 있는 待風所에 전해주니, 차왜의 말 중에 "의심에 대한 회답서계는 조용히 살펴보고 내일 마땅히 회답해야

겠지만, 서계와 물건을 돌려주는데 이르러서는 도대체 무슨 뜻입니까? 연회를 베푸는 자리의 日供과 잡물은 함께 받아갈 이치가 萬無합니다" 라고 하였습니다. 入歸하는 일을 아룁니다.

같은 달(을해, 1695년 6월), 차왜가 배를 타고 떠난 뒤에 裁判倭가 訓導 를 불러서 답서를 전해주었는데, 말이 지극히 거칠고 거만하여 上께 드릴 수 없어 謄本을 비변사에 올려 보내고, 正本은 裁判倭에게 돌려주었습니다. 또한 지난달에 올린 한 통의 서계는 품은 마음이 전에 말한 것과 다름이 없고, 法式은 이 서계 한 장을 따라 이 서계에 의지하여 고쳐준 것이라고 하였거늘, 寫本처럼 회답하고 감히 조정에 그것을 묻지 못하였습니다. 엄하게 물리치고 받들지 못한 일을 아룁니다.

兩狀回啓, 두 번째 뒤로 서계에 이미 회답하지 않은 것은 진상한 물건이 받을 만한 이유가 없었기 때문이고, 잡물과 作米는 차왜가 벌써 돌아가서 우선 맡아 두었습니다. 앞선 5월에 올린 서계를 보니, 법식과 서계가 한결같았고, 그 措語는 曲折이 있는 듯하니 엄하게 물리치고 들어주지 말아야 합니다. 다만 받들어 올리지 못한 곡절은 지극히 엉성하니 부사에게 推考하게 함이 어떻겠습니까? 上께서 말씀하시길, "만일 등본이 있으면 올려 보내게 하라!"고 傳敎하셨다.

을해(1695년) 7월, 倭書의 등본 1관은 애초 橘眞重이 올린 書幅의 법식이 서계와 꼭 같고, 또한 그 서계 중에 울릉도는 비록 우리나라에 귀속시켰으나, 그 나라가 이미 (자기 나라에) 속한 섬이라고 말한 것은 일이 매우 마땅하지 않습니다. 만약 서계를 고쳐 바친다면 마땅히 아뢰어 올려야 할 것이라고 서계를 베낀 뒤에 그 서계를 돌려주었습니다. 차왜 귤진중이 고쳐서 올리지 않고 노기만 품고 돌아갔습니다. 같은 서계의 草本을 비변사에 올려 보낸 일을 아룁니다.

○ 竹島渡海禁止에 있어서의 대마도주의 역할

丁丑正月 府使李世載時 裁判差倭平成常 副特送使茶禮罷後 來請見
臣 依例許接 則同倭言于臣曰 前島主義倫生時 以竹島事 再送大差倭矣
義倫死後 新島主入往江戶 則關白問 竹島之於兩國道里 孰遠孰近 島主
謂 近於朝鮮 此非日本之地 不可相爭 且兩國之人 送相往來 則亦不無潛
商之弊云 則關白 一依其言 以日本之人 切勿往竹島之意 分付伯耆事 乃
歸一 今已彌縫 島主周旋之力多矣 朝廷以嘉尙之意 成送書契 則其爲生
色 爲如何哉云云 臣答曰 旣有與爾酬酢之言 從當啓聞

回啓 島有居民基地 又有國乘野史 又有往復文書 則勿論彼遠此近 壃
界自分 彼旣付書於渡海譯官 今又面陳於邊臣 禁人往來 顯有引咎之意
則朝家大體 不必更責 前事亦非書契成送之事 以此言及館守(『邊例集要』
정축년<1697> 정월).

정축(1697년) 1월, 부사 李世載가 재임할 때, 裁判差倭인 平成常이 副
特送使의 다례를 마친 뒤에 찾아와서 신을 만나보기를 청하기에 전례대
로 허락하고 만나주었더니, 이 왜인이 신에게 말하기를, "전 대마도주인
宗義倫이 살아 있을 때, 竹島의 일로 大差倭를 거듭 보냈으며, 종의륜이
죽은 뒤에 새 대마도주가 강호에 들어가니, 關白이 묻기를, '竹島가 두
나라에서 거리로 누가 멀고 누가 가까우냐?'하시기에 도주가 말씀드리
기를, '조선에 가깝습니다. 이것은 일본의 땅이 아니니, 서로 다툴 수 없
습니다. 또한 두 나라 사람들을 보내어 서로 왕래하게 하면, 또한 몰래
장사를 하는 폐단이 없지 않을 것입니다'라고 하니, 관백이 한 결 같이
그 말을 따라 일본 사람들은 절대로 竹島에 가지 말라는 뜻을 백기 주에
분부한 일은 곧 하나로 귀결되는 것입니다. 이제 잘 미봉된 것은 도주가

주선한 힘이 크기 때문입니다. 조정에서 가상하다는 뜻으로 서계를 지어서 보내시면, 그가 생색이 남이 어떠하겠습니까?"라고 하였습니다. 신이 대답하여 말하기를, "이미 당신과 더불어 나눈 말이 있으니, 이 뒤에 마땅히 아뢰겠습니다."라고 하였습니다.

回啓, 섬에 백성들이 살던 터가 있고, 또 國乘野史가 있으며, 또 왕복한 문서가 있으니, 저들이 멀고 우리가 가깝다는 것은 물론이요, 경계가 스스로 나뉘어졌으며, 저들이 이미 바다를 건너온 역관에게 서계를 부쳤고, 이제 또 비변사의 신하를 대면하고 진술하여 사람들의 왕래를 금하여 스스로 책임을 지게 하는 뜻이 현저하게 있으니, 조정의 대체는 다시 꾸짖을 필요가 없다는 것이며, 전의 일도 서계를 지어 보낼 일이 아니고 이 말을 館守에게 전해야 한다는 것입니다.

○ 임금이 재가한 사항을 재판왜에게 언급

三月 依啓下辭意 言及於裁判倭 則言內 以竹島事 島主告于關白 使日本人 永勿往來 則爲朝鮮致誠 莫大於此事 啓

回啓 倭人 必欲受去書契云 彼旣如是懇請 則成給書契可也事 傳教(『邊例集要』 정축년<1697> 3월).

정축(1697년) 3월, 上께서 재가하신 뜻을 따라 裁判倭에게 언급하니, 그의 말 중에 "竹島의 일을 대마도주가 關白에게 고하여 일본사람들로 하여금 영원히 왕래하지 못하게 하니, 조선을 위해 정성을 다함이 이보다 큰 것이 없다."고 하였습니다. 이 일을 아룁니다.

回啓, 왜인이 반드시 서계를 받아가려고 한다고 합니다. 저들이 이처럼 간청하니, 서계를 지어서 주는 것이 옳다고 전교하소서.

○ 재판차왜가 서계의 일을 조정에 논함

四月 裁判差倭 以書契事 無朝廷回下是如 高聲肆毒於譯官 故已許書
契之意言及 則同倭 不信而益倍肆毒 而差倭發惡 盖出於因此事受責島
中之致事 啓(『邊例集要』 정축년<1697> 4월).

回啓 同書啓 以酊菴差備譯官處 逢授下送 今至十餘日 不得傳給 稽傳
之罪 不可不懲 譯官上來後 科罪事分付(『邊例集要』 정축년<1697> 4월).

정축(1697년) 4월, 裁判差倭가 서계의 일로 조정에서 回下가 없다고 하
며 역관에게 큰 소리로 독기를 부렸습니다. 그래서 이미 허락한 서계의
뜻을 언급하니, 그 왜인이 믿지 않고 더욱더 독기를 부렸습니다. 차왜가
발악하는 것은 아마도 이 일로 인해서 島中의 문책을 받는 데에 이를까
하는데서 나온 듯합니다. 이 일을 아룁니다.

回啓, 같은 서계는 酊菴 差備譯官에게 맡겨서 내려 보내게 하였는데,
이제 10여일이 지나도록 전해주지 못했으니, 전해주는 것을 지체한 죄
를 주지 않을 수 없습니다. 역관이 올라 온 뒤에 단죄하는 일을 분부하
소서.

○ 울도에 관한 일을 서계에 전해 줌

六月 蔚島事 書契入給 則裁判諸倭 無不感祝 謄本入送島中 及見島中
回報後 差倭等以爲 竹島之歸一 出於關白之命 使島主轉達朝廷 亦出於
關白之令 故前日譯官回還之時 島主面囑 歸報朝廷 而恐不能詳報 奉行
等略聲其槩 以爲不忘之記 今於書契中 只擧奉行等文字 全沒島主之面
言 則奉行爲重 島主爲輕分叱不喩 當初此島相爭時 竹島之名 已入江戶
之耳 今此書契中 不曰竹島 曰蔚島 則江戶必以島名之不同 有所究問於

島中 朝廷如有過慮 蔚島之下 以一名竹島縣註似好 至於始雖錯認 終能
敦復云者 不無非責之微意 決難歸報江戸 此書契若不改撰 則島主之獲
罪丁寧 願以此意 轉聞朝廷 善辭改撰下送 亦縷縷懇乞事 啓(『邊例集要』
정축년<1697> 6월)

정축(1697년) 6월, 蔚島에 관한 일은 서계를 전해주니, 여러 裁判倭가
感祝하지 않는 이가 없었습니다. 등본을 島中에 들여보내고 도중의 回報
를 본 뒤에, 차왜 등이 "竹島가 하나로 귀결된 것은 關白의 명에서 나온
것이며, 대마도주에게 조정에 전달하게 한 것도 관백의 명에서 나온 것
입니다. 그러므로 전날 역관이 되돌아갈 때, 대마도주가 대면하고 부탁
하여 조정에 돌아가 알리게 하였는데, 자세히 알릴 수 없을까 하여 奉行
등이 그 大綱을 대략 소리내어 읽어 잊어버리지 않고 기억하게 하였습
니다. 이제 서계 중에 봉행 등의 문자만 거론하고, 대마도주가 직접 얼
굴을 마주하고 한 말은 전혀 없으니, 봉행은 무겁게 여기고 대마도주는
가볍게 여기는 것일 뿐입니다. 애초 이 섬을 두고 서로 다툴 때에 竹島
의 이름이 벌써 강호의 귀에 들어갔는데, 이제 이 서계 중에 竹島라고
하지 않고 울도라고 하니, 강호에서 반드시 섬의 이름이 같지 않은 것으
로 島中에 캐어묻는 것이 있을 것입니다. 조정에서 만일 지나치게 염려
됨이 있으시면, 울도의 글자 아래에 '一名 竹島縣'이란 註를 다는 것이
좋을 듯합니다. 처음에는 비록 잘못 인식했더라도 끝내 敦復하다고 할
수 있는 것입니다. 잘못됨을 책망하는 작은 뜻이 없지 않으니, 결단코
강호에 돌아가 보고하기 어렵습니다. 이 서계는 만약 고쳐 짓지 않는다
면, 대마도주가 틀림없이 죄를 얻을 것이니, 원컨대 이러한 뜻을 조정에
전하여 알려서 좋은 말로 고쳐지어서 내려 보내주십시오. 또한 끊임없

이 간청합니다.”라고 하였습니다. 이 일을 아룁니다.

　○ 대마도주를 포용하기를 건의함

　回啓 大略其間情弊所在 姑置勿論 旣以島主獲罪爲慮 欲爲彌縫江戶
之計云 則揆以朝廷大體 姑示包容 俯循其情 不害爲綏遠之道 就原書契
中 略加删改 下送宜當(『邊例集要』 정축년<1697> 6월).

　回啓, 대략 그 사이 情弊의 所在는 우선 따지지 말고, 이미 대마도주가
죄를 얻는 것을 염려하여 강호를 미봉하려는 계획을 한다고 하니, 조정
의 대체를 헤아려서 우선 포용함을 보이고 굽어 그의 정을 따라도 먼 곳
을 편안히 하는 방법으로 해가 없을 것이니, 곧 본래의 서계 중에 간략
하게 删改를 하여 내려 보내심이 마땅할 것입니다.

　○ 재판에게 고쳐온 서계를 전해 줌

　七月 裁判處改來書啓入給 則以爲奉行下文字如前仍存 決不可以此彌
縫於江戶云云 若欲一切揮斥 則於作米事 似有失機會之歎 卽今事勢兩
難 方令更探倭情之何如事 啓 無回下(『邊例集要』 정축년<1697> 7월).

　정축(1697년) 7월, 裁判에게 고쳐 온 서계를 전해주니, 奉行이 쓴 문자
가 여전히 남아있다며 결단코 이것으로 강호를 미봉할 수 없다고 합니
다. 만약 모두 배제하고자 한다면 作米에 관한 일은 때를 놓친 탄식이
있을 듯하니, 바로 지금 일의 형세가 진퇴양난입니다. 바야흐로 왜의 정
황이 어떠한지 다시 살피게 해야 합니다. 이 일을 아룁니다.

2) 예조 전객사편, 『漂人領來謄錄』

O 국경을 범한 죄인 安龍福의 죄를 논한 일[犯境罪人安龍福論罪事]
　　사적으로 일본에 건너 간 안용복의 처리에 대한 조정의 논의임

今九月二十七日 大臣備局堂上引見入侍時 領議政柳尙運所啓 安龍福
等捧招 昨已啓下 皆當稟定矣 臣意則龍福颶風虛實 姑置勿論 漂到之後
有此作用 卽一不畏法禁 生事他國之亂民也 不可容貸 而且彼國 每於浮
海人還送之際 亡論漂到於何所 必自對馬島還送 乃是例也 雖尋常漂舡
亦且如此 況此呈文之人 不送對馬島 直自其處出送 而又爲成給文字 不
可不以此明白言及於彼中矣 龍福到彼所爲之事 只憑其招 亦有不可盡信
者 龍福 姑待渡海譯官還來後處斷 似宜矣 上曰 諸大臣所見 何如 左議
政尹○○曰 安龍福罪犯 更無容貸之事 不必久囚 而領相所達 誠然 依
此爲之 似好矣 柳○○曰 昨日 使刑曹判書金鎭龜 往問於不入侍大臣處
矣 使之仰達 何如 金○○曰 臣以領相之言往問 則右議政徐○○以爲
龍福爲人 雖曰愚濫 而此事所關 亦爲不輕 自古 交隣之事 初似微細 而
或至於大段矣 卽今 對馬島 居在兩國之間 則勿論事之大少 必以誠信待
之 無有隱諱 似宜矣 島主之事 龍福 旣已往 訴於伯耆州 日後島主 若或
問之 則又以他路相通 致疑於我國 而亦必有憾怒之心 因渡海譯官之行
先爲通報 而龍福等處置 則姑爲仍囚 以待彼中消息然後論斷 似爲得宜
云 行判中樞府事申○○則以爲 別無他見 而第對馬島主處通告事 似不
可已 至於聽其所言後 處置罪人 則有同稟令 一邊通告 而從速處斷 似當
云矣 臣觀 右相之意 亦非詣待彼所言然後處之也 姑先以龍福罪狀 方自
朝廷推問之意 通於對馬島 而徐觀彼中消息而處斷 似宜云矣 兵曹判書
閔鎭長曰 安龍福 當初入去者 必是直入彼境之意也 若爲飄風 則自對馬

島還來 乃是古例也 今則不然 而又有上疏之事 其罪誠不可貸 而對馬島
主處 若不通之 則旣非誠信以待之道 而後患 亦不可不念矣 且處置 雖或
遲延 當觀彼中事機而處之 似好矣 吏曹判書崔錫鼎曰 龍福 雖曰無知常
漢 旣與作罪我境者 有異 而犯境爭地等事 極爲陰凶 生事邊境之罪 何可
容貸乎 旣有此事 而不爲通報於島主 亦非誠信之道 處置則當觀前頭事
機爲之 似好矣 金鎭龜曰 安龍福 不可容貸之事 諸臣旣已陳達 臣亦無他
所見矣 對馬島主處 則不可不速爲通告 而處置事 姑觀前頭事機而爲之
未晚矣 工曹參判吳道一曰 龍福之當斷一罪 彼國之傳通事情 事理皎然
諸臣之意歸一 臣固無用更議 而但念 安龍福之罪狀 只是關係邊情 事體
重大而已 實則愚蠢之人 希功罔上而已 若並與仁成而正法 則誠恐過重
仁成 則次律施行 似合矣 金鎭龜曰 延安人金順立 自襄陽 先往他處 故
秘關于開城府 及延安等處 以爲捉來之地 而姑無形影 待其入來後 似當
一時處置矣 行副司直徐宗泰曰 此事 雖未有前頭憑問之端 而事或有不
可知者 其爲處斷 旣非時日爲急 姑爲更觀彼島聲息而處之 爲當矣 上曰
專主此事者 安龍福也 勿論飄風犯境與否 而爲此擧措 其罪決不可貸也
且對馬島居在兩國間 則龍福 似當自馬島付送 而今則直自伯耆州送來
旣非前例 且爲上疏 詆毁島主 則日後 島主 必無不知之理 似不可不通告
於對馬島 而待其渡海譯官之歸處之 尤爲詳細矣 柳○○曰 此事關係非
細發 遣備局郎廳以上 敎問議于領府事南○○·領敦寧尹○○以來 更稟
處之 何如 上曰 依爲之 柳○○曰 李仁成 製給龍福之疏 其罪亦重 而若
以首從言之 則龍福爲首 仁成爲從 仁成斷以次律 其餘各人 以海曲愚氓
只聞龍福敎誘之言 爲海採而去 並置而不論 似宜矣 上曰 李仁成 以頗知
文字之故 亦爲助成此事矣 旣已助成此事 則其罪比他人 雖重 而較諸龍
福 則似下一等矣 其他人等 俱是脅從同謀之迹 似無可問矣 尹○○曰

龍福 有意入去之狀 的然無疑 渠旣不文 必求仁成之稍解文字 教誘率往
則仁成 不無當初謀議之迹 而雖或見欺而往 其可駭之文 皆出於其手 則
作此文書 生事於他國之後 豈有可生之理乎 臣意 決不可容貸也 閔鎭長
曰 李仁成 雖有罪 比之龍福則差輕 若一體論斷 則似好矣 此外諸人 必
是脅從 似不可問矣 崔錫鼎曰 國家用罰 必觀其情犯之如何 以情言之 則
龍福 當爲首惡 而仁成 乃其次也 分等論罪 似好矣 金鎭龜曰 仁成 旣作
其文書 其罪 亦不可容貸 而觀其情狀 則比龍福差輕 雖用次律 似不爲失
刑矣 吳道一曰 一罪論斷 頃十分無疑然後 可以論之 仁成 雖已作文 而
亦無顯然知情之事 不論首從 一體論斷 似爲太過矣 徐宗泰曰 李仁成 其
初似無知情之事 而到彼後 作成文字 出於龍福之敎誘迫脅 則情犯 與龍
福有間 用以次律 似當矣 金鎭龜曰 觀李仁成私記冊子 此非還歸後爲之
者 乃在彼中時所記 而以爲龍福在彼時 勸我作文而誘脅之 渠以日後得
罪之事爲慮 則雷憲 以其五寸叔 亦勸之 故爲之云 以此觀之 則仁成事
不可直以知情斷之矣 其餘他人 旣愚且迷 必是脅迫於龍福之致 似不宜
更問矣 上曰 左相之以李仁成事陳達之言 不無意見 而第以情罪言 則龍
福 旣是首惡 決不可活 而仁成之作文 似爲脅從 減等無妨 其餘則放釋宜
矣 柳○○曰 此事 使東萊府 言及倭舘耶 上曰 此豈可使東萊言及耶 當
有國書矣 柳○○曰 若只言龍福處置之事 則當使東萊言及 而並及伯耆
州違法之事 則似當有國書 前去渡海譯官 已發舡 則似送別送一譯矣 李
仁成 雖論以次律 旣是受罪之人 則不可徑放 與龍福 姑爲仍囚 其餘八人
則姑待其一人捉來 且待在外大臣處問議以來後 放送 而雷憲 雖曰 有勸
仁成疏文之事 不可又有分別定罪矣 上曰 依爲之 首惡次律 旣已分等 其
餘 則一體處之 可也.(備邊司 禮曹 刑曹等 了奉承傳)(숙종 22년<1696> 9
월 30일).

이달 9월 27일에, 대신, 비변사 堂上들을 引見하여 入侍하였을 때, 영의정인 柳尙運이 아뢴 것은 다음과 같다. "안용복 등을 문초하는 것은 어제 이미 재가를 받았으니, 모두 稟定해야 합니다. 신의 생각은 용복이 風浪 때문인지 아닌지는 우선 따지지 말고, 漂流하다가 도착한 뒤에 이러한 작용이 있었습니다. 이것은 온통 법으로 금하는 것을 두려워하지 않고, 다른 나라에서 사단을 일으킨 亂民이니 용서할 수 없습니다. 또한 그 나라[일본]에서는 늘 바다에서 표류하던 사람들을 되돌려 보낼 때, 어느 곳에서 표류하다가 도착했는지를 따지지 않고, 반드시 대마도에서 환송하는 것이 전례였습니다. 비록 보통의 표류하던 배도 이와 같은데, 하물며 이 사람은 못文한 사람으로 대마도에서 보내지 않고, 곧바로 그 곳(백기 주)에서 내보냈으며, 또한 글을 지어주었기 때문에 이것으로 저들에게 명백하게 언급하지 않을 수 없음에 있어서이겠습니까? 용복이 그곳(백기 주)에 도착해서 한 일은 그의 문초한 것을 따를 뿐, 또한 다 믿을 수 없는 것이 있습니다. 용복은 우선 渡海譯官을 기다려 돌아온 뒤에 처단하는 것이 마땅할 듯합니다."라고 하였다. 상께서 말씀하시기를, "여러 대신들의 의견은 어떠하오?"라고 하니, 좌의정인 윤○○이 말하기를, "안용복의 범죄는 다시 용서할 수 없는 일이니, 오래 가두어 둘 필요가 없습니다. 領相께서 말씀드린 것이 진실로 그러하니, 이를 따라서 시행함이 좋을 듯합니다."라고 하였다. 류○○이 말하기를, "어제 형조판서인 金鎭龜에게 입시하지 못한 대신들에게 가서 묻게 하였으니, 그에게 아뢰게 함이 어떠합니까?"라고 하니, 金鎭龜가 말하기를, "신이 영상의 말씀을 듣고 가서 물으니, 우의정인 서○○는, '용복의 사람됨이 비록 우람하나, 이 일의 관계된 바가 또한 가볍지 않습니다. 예로부터 교린과 관련된 일은 처음엔 미세한 듯하지만, 혹 대단한 데까지 이릅니다. 바로 지금 대마도가 두 나라 사이에 있으니, 일의 크고 작음을 막론하고 반드시 성신으로 대우해야 할 것입니다. 숨기고 꺼리는 것이 없게 함이 마땅할 듯합니다. 도주[대마도주]의 일은 용복이 벌써 가서 백기 주에 하소연하였으니, 나중에 도주가 혹여 그것을 묻는다면, 또한 다른 길로 서로 통행한 것으로 우리나라에 의심을 둘 것이며, 또한 반드시 서운함과 분노의 마음을 가질 것이니, 도해역관이 가는 편에 먼저 통보해야 할 것이고, 용복 등의 처리는 우선 계속 가두어 두었다가 저들의 소식을 기다린 뒤에 논단함이 마땅할 듯합니다.'라고 하였으며, 行判中樞府事인 신○○는, '별다른 의견은 없습니다만, 대마도주에게 통고하는 일은 그만둘 수 없을 듯합니다. 그[대마도주]의 말을 들은 뒤에 죄인을 처리함에 이른다면, 같은 명령이 있을 것이니, 한편으론 (대마도주에게) 통고하고 (또 한편으로는) 조속히 (안용복 등을) 처단함이 마땅할 듯합니다.'라고 하였습니다. 신이 우상의 의견을 보건대, 또한 저들이 말한 것이 이르기를 기다린 뒤에 그들을 처리하자는 것이 아니라, 우선 용복의 죄상을 바야흐로 조정에서 추문한다는 뜻으로 대마도에 통고하고, 천천히 저들의 소식을 보면서 처단함이 마땅할 듯하다고 한 것 같습니다."라고 하였다. 병조판서인 閔鎭長이 말하기를, "안용복이 처음 들어갈 때 반드시 저들의 지경으로 곧장 들어갈 뜻이 있었습니다. 만약 풍랑 때문이라면 대마도에서 돌아오는 것이 전례인데, 지금은 그렇지 않으며, 또 상소한 일이 있으니, 그의 죄는 진실로 용서할 수 없으며, 대마도주에게 만약 그것을 통보하지 않는다면, 이미 성신으로 대우하는 도리가 아닐 것이고, 후환도 염려하지 않을 수 없습니다. 또한 처리 문제는 혹 지연시키더라도 마땅히 저들의 사기를 보면서 처리함이 좋을 듯합니다."라고 하였다. 이조판서인 崔錫鼎이 말하기를, "용복이 비록 무지한 보통사람이나, 이미 우리 지역에서 죄를 지은 사람과는 다르며, 국경을 넘어가고 땅을 다툰 일 등은 지극히 음흉하니, 변경에서 사단을 일으킨 죄를 어찌 용서할 수 있겠습니까? 이미 이런 일이 있는데, 내마도주에게 통보하지 않는 것도 성신의 도리가 아닐 것이며, 처리는 마땅히 앞으로 되어 가는 사기를 보면서 시행함이 좋을 듯합니다.”라고 하니, 金鎭龜가 말하기를, “안용복을 용서할 수 없다고 한 일은 여러 신하들이 이미 말씀드렸으니, 신도 다른 의견은 없습니다만, 대마도주에게는 서둘러 통고하지 않을 수 없으며, 처리하는 일은 우선 앞으로 되어 가는 사기를 보면서 시행해도 늦지 않을 것입니다.”라고 하였다. 공조판서인 吳道一이 말하기를, “용복을 마땅히 一罪로 논단함과 저 나라에 사정을 전하여 통고하는 일은 사리가 분명합니다. 여러 신하들의 의견이 하나로 모아졌으니, 신이 굳이 다시 의론할 뜻은 없습니다만, 안용복의 죄상이 다만 邊情에 관계되어 사체가 중대하다는 것이 염려될 뿐입니다. 실제는 어리석은 사람이 공을 바라고 임금을 기망한 것일 뿐입니다. 만약 仁成과 함께 (같은 형량의) 법률로 다스린다면, 진실로 인성에게는 지나치게 무거운 듯하니, 次律로써 시행함이 합당할 듯합니다.”라고 하였다. 金鎭龜가 말하기를, “延安人 金順立은 襄陽에서 먼저 다른 곳으로 갔으므로, 비밀리에 개성부와 연안 등지에 關文(공문서)을 돌려 잡아오게 할 일이나, 우선 종적을 모르니 그가 들어오기를 기다린 뒤에 한꺼번에 처리하는 것이 마땅할 듯합니다.”라고 하였다. 行副司直인 徐宗泰가 말하기를, “이 일이 비록 앞으로 憑問할 단서는 없지만, 일은 혹 알 수 없는 것이 있습니다. 그를 처단하는 것은 이미 시일이 급하지 않으니, 우선 저 섬[대마도]의 소식을 다시 살펴보고 처리함이 마땅할 것입니다.”라고 하니, 상께서 말씀하시기를, “이 일을 主動한 자는 안용복이다. 풍랑 때문에 국경을 넘은 여부를 따지지 말고, 이러한 행동을 했으니 그 죄는 결코 용서할 수 없다. 또한 대마도가 두 나라 사이에 위치하고 있으니, 용복은 대마도에서 보내옴이 마땅한 듯한데, 지금은 곧장 백기 주에서 보내왔으니, 이미 전례에 없던 것이다. 또한 상소를 올려 도주[대마도주]를 비방하였으니, 나중에 도주가 반드시 모를 리가 없다. 대마도에 통고하지 않을 수 없는 듯하나, 도해역관이 돌아오기를 기다렸다가 처리하자는 것이 더욱 상세하다."라고 하셨다. 류○○이 말하기를, "이 일과 관계된 것이 작은 일이 아닙니다. 비변사의 郎廳 이상인 자에게 領府事인 남○○[남구만]과 領敦寧인 윤○○[윤지완]에게 문의하여 오게 한 다음 다시 아뢰어 처리함이 어떠합니까?"라고 하니, 상께서 말씀하시기를, "그대로 시행하라."라고 하셨다. 류○○이 말하기를, "李仁成이 용복의 疏狀을 지어준 것은 그 죄가 또한 무겁지만, 만약 주범과 종범으로써 말한다면, 용복이 주범이 되고 인성이 종범이 되니, 인성은 次律로 단죄할 것이며, 그 나머지 각각의 사람들은 바닷가에 사는 어리석은 백성으로 다만 용복이 꼬드기는 말을 듣고 바다의 어물을 채취하러 간 것뿐이니, 나란히 두고 논죄하지 않는 것이 마땅할 듯합니다."라고 하니, 상께서 말씀하시기를, "이인성이 자못 글을 아는 까닭으로 또한 이 일을 도와 이루어지게 하였다. 이미 이 일을 도와 이루게 하였다면, 그 죄가 다른 사람에 견주어 비록 무겁지만, 용복과 비교하면 한 등급 아래인 듯하다. 그 다른 사람들은 모두 협박에 의해 따라가서 동모한 행적이니, 죄를 물을 만한 것이 없는 듯하다."라고 하셨다. 윤○○이 말하기를, "용복은 의도적으로 들어간 정상이 분명하여 의심할 여지가 없으며, 그가 이미 글을 몰라 반드시 인성이 글을 조금 아는 것에서 구해 꼬드겨 데려 간 것이니, 인성은 처음부터 모의한 자취가 없지 않습니다. 그러나 혹여 속아서 갔더라도 놀랄 만한 글이 모두 그의 손에서 나왔으니, 이러한 문서를 지은 것은 다른 나라의 뒤에서 사단을 일으킨 것입니다. 어찌 살려 둘 이치가 있겠습니까? 신의 의견은 결코 용서할 수 없다는 것입니다."라고 하였으며, 閔鎭長이 말하기를, "이인성은 비록 죄가 있으나, 그것을 용복과 견주면 조금 가볍습니다. 만약 한 덩어리로 논단하면 좋을 듯합니다. 그 밖의 여러 사람들은 반드시 협박에 의해 따라갔을 것이니, 죄를 물을 수 없을 듯합니다."라고 하였으며, 崔錫鼎이 말하기를, "국가에서 벌을 줄 때는 반드시 그 죄를 지은 정상이 어떠한지를 살펴보아야 합니다. 정상으로써 말한다면, 용복은 마땅히 주범(首惡)이 되어야 하고 인성은 바로 그 다음입니다. 등급을 나누어 논죄함이 좋을 듯합니다."라고 하였으며, 金鎭龜가 말하기를, "인성이 이미 그 문서를 지었으니, 그 죄도 용서할 수 없으나, 그 정상을 살펴보면, 용복과 견주어 조금 가벼우니, 비록 차율을 쓰더라도 失刑이 되지는 않을 듯합니다."라고 하였으며, 吳道一이 말하기를, "하나의 죄로 논단함은 지난번 충분히 의심이 없은 뒤에 논할 만한 것이었습니다. 인성이 비록 이미 글을 지었으나, 또한 현저하게 정상을 안 일이 없으니, 주범과 종범을 따지지 않고 한 덩어리로 논단함은 너무 지나친 듯합니다."라고 하였으며, 徐宗泰가 말하기를,

"이인성이 그 처음엔 정상을 안 일이 없는 듯하나, 저곳에 도착한 뒤에 글을 지은 것이 용복의 꼬드김과 협박에서 나왔다면, 죄를 지은 정상이 용복과는 틈이 있으니, 차율을 쓰는 것이 마땅할 듯합니다."라고 하였으며, 金鎭龜가 말하기를, "이인성이 사적으로 기록한 책자를 보니, 이것은 돌아온 뒤에 기록한 것이 아니라, 바로 저곳에 있을 때 기록한 것이며, '용복이 저곳에 있을 때, 나에게 권하여 글을 짓게 하면서 꼬드기고 협박했으며, 그가 나중에 죄를 지을 일을 염려하니, 雷憲이 그의 5촌

아저씨로서 또한 그것을 권하여 지었다.'고 합니다. 이로써 본다면 인성의 일은 다만 정상을 알았다는 것만으로 단죄할 수 없습니다. 그 나머지다른 사람들은 이미 어리석고 미련하여 반드시 용복에게 협박을 당한까닭일 것이니, 다시 죄를 묻는 것은 마땅하지 않은 듯합니다."라고 하니, 상께서 말씀하시기를, "좌상이 이인성의 일을 진달한 말이 그럴 듯한 의견이나, 다만 죄를 지은 정상으로 말한다면, 용복은 이미 주범[首惡]이니 결코 살려 둘 수 없으며, 인성이 글을 지은 것은 협박에 의해따른 듯하니, 등급을 낮추어도 무방할 것이다. 그 나머지는 석방함이 마땅하다."라고 하셨다. 류○○이 말하기를, "이 일을 동래부로 하여금 왜관에 언급하게 해야 합니까?"라고 하니, 상께서 말씀하시기를, "이것이어찌 동래부로 하여금 언급하게 할 만한 일인가? 마땅히 국서가 있어야할 것이다."라고 하셨다. 류○○가 말하기를, "만약 용복을 처리하는 일만 말한다면, 마땅히 동래부로 하여금 언급하게 해야 할 것이나, 백기주에서 법을 어긴 일을 아울러 언급한다면, 마땅히 국서가 있어야 할 듯합니다. 앞서 간 도해역관이 벌써 출항하였다면, 별도로 한 역관을 보내야 할 듯하며, 이인성은 비록 차율로써 논죄하였지만, 이미 죄를 받은사람이니, 서둘러 석방할 수 없고 용복과 함께 우선 계속 가두어 둘 것이며, 그 나머지 8인은 우선 그 한 사람[김순립]을 잡아오고, 또한 재외대신들에게 문의하여 오게 한 뒤에 풀어줄 것이며, 雷憲은 비록 인성에게 권하여 소장을 짓게 한 일이 있다고 하지만, 또한 분별하여 죄를 정할 수는 없습니다."라고 하니, 상께서 말씀하시기를, "그대로 시행하라. 주범[首惡]과 차율은 이미 등급이 나누어졌으며, 그 나머지는 한 덩어리로 처리함이 옳을 것이다."라고 하셨다.

○ 국경을 넘는 죄를 지은 안용복(安龍福)에 대한 일[犯越人安龍
福事]

안용복(安龍福)의 처리에 대한 재외(在外) 대신(大臣)들의 의견임

今十月十三日 大臣備局堂上引見入侍時 左議政尹○○所啓 安龍福事
備局郞廳問於在外大臣處 書其所言而來矣 領敦寧府事尹○○則以爲 安
龍福私往他國 猥說國之重事 彼或認爲朝廷所使 則事之可駭 莫此爲甚
論其罪犯 當殺無疑 但念馬島之人 從前欺詐 無有紀極者 以我國非渠 不
得通江戶故耳 今知別有他路 則必將大生恐㤼之心 聞龍福之被誅 則又
喜其路之永塞矣 我國之誅龍福 以法則是 以計則非 廢法固不可 失計亦
可惜 今者廟謨已定 何敢獨爲異論 然其所以誅之者 爲慮後弊 以警我人
而已 至於通報島中 梟示舘外 以快狡倭之心 未免爲自損之歸云 領府事
南○○以爲 龍福 癸酉年 往鬱島 被擄於倭人 入去伯耆州 則本州成給
鬱島永屬朝鮮公文 且多有贈物 出來時 路由馬島 公文贈物 盡爲馬島人
所奪云 而不以其言 爲必可信矣 今見龍福 再往伯耆州呈文 則前言似是
實狀 龍福之冒禁再往鬱島 及漂到他國 假稱監稅 將至於上疏呈文 挑出
事端之罪 固不容誅矣 然而對馬倭之假稱鬱陵以竹島 虛托江戶之命 欲
使我國禁人往來於鬱島 其中間 欺誑操弄之狀 今因龍福而畢[畢]露 此則
亦一快事也 龍福之有罪無罪 當殺不當殺 自我國徐當議處 馬島之米木
紙等減分細鎖[瑣]之事 皆不當擧論矣 至於事係鬱島 變幻欺謾之奸狀 不
可不因此機會 使萊府送書馬島 條列詰問 明卞而痛斥之矣 彼若更有巧
餙不服之言 自我又送書以問曰 汝居兩國間 凡事之無信如此 龍福 以漂
風賤氓 無國[書]而自爲呈文 日本之不取信 固也 自朝廷 將欲別遣使臣
於日本 以審其虛實 汝將何以處之云爾 則馬島倭 必大生恐㤼 伏罪哀乞

夫然後 龍福之罪 自我議其輕重而處 鬱島事 使倭人不敢更有所開口 則
狡倭嘗試之計 庶幾小縮矣 操縱之權在我 而日後之患可塞 此實不可失
之幾[機] 乃是上策也 必不能然 亦宜使東萊府使 送使於馬島 先陳龍福
擅自呈文之罪 更陳本島奪取龍福公文之狀 且陳本島虛探竹島之失 分段
開說 委曲措辭 待其回答然後處之 可也 龍福斷罪之意 決不可語及於書
契中矣 此爲中策也 至若馬島用奸欺我之狀 則不問而置之 龍福呈文卞
正之罪 則先論而殺之 惟求得免於島主之憾恨 其示弱甚矣 且島主之意
雖內以快其讐爲幸 外必不肯釋然感謝於我 今後凡事 少有不如其意者
反必以龍福藉口 爲侮瀆我國之話柄 不久將以鬱島執言 而連續送差 我
何以堪之乎 似是下策云 在外大臣之意 皆以爲 殺龍福則正中島主之奸
計云 而南〇〇之上策 似難輕議 且龍福 非隅[偶]然漂風之比 而自伯耆
州 私自往來 朝家不罪龍福 而專責馬島 則有若自朝家使爲者然矣 安龍
福李仁成 則姑爲仍囚 待首相出仕後處之 其餘脅從者 朝家旣溥之生議
則滯囚可慮 先爲放釋乎 上曰領府事上策 未知何如 待領相出仕後 更加
商議稟處 似好 龍福仁成 待大臣間議後處之 此外諸人 則先爲放送 可也
知中樞府事申汝哲曰 臣久在病伏中 未得參於廟議 而第聞龍福之事 斷
以死罪云 臣意不然 龍福 以奸猾之人 稱以國使 呈文他國 其所爲 極其
過甚 而犯越之罪 當死無赦 然而功過相准 國家所不能爲之事 渠以無知
小民 能爲上書於彼國 島主之居在中間 欺蔽江戶 出舡自食等事 盡言之
在外大臣所謂 殺龍福 則島主必脫之云者 其言正是矣 龍福 不可以一罪
斷之矣 尹〇〇曰 不殺龍福 則末世奸民 必多生事於他國者 義州民人等
亦多有效之者 龍福 何可不殺乎 上曰 在外兩大臣及訓鍊大將之言 不無
意見 然而今此龍福之事 不害於國 而只是島主之事 而日後奸民 若因此
效尤 有以國家秘密之事漏通者 則甚爲可慮 此亦有所見矣 待領相出仕

後處之 可也.(備邊司 禮曹 捧承傳)(숙종 22년<1696> 10월 15일).

이달 10월 13일에, 대신, 비변사 당상들을 인견하여 입시하였을 때, 좌의정인 윤○○[윤지선]이 아뢴 것은 안용복의 일로 비변사의 낭청이 재외 대신들에게 문의하여 그들이 말한 바를 써서 가져 온 것이었다. 그 내용은 다음과 같다.

영돈녕부사인 윤○○[윤지완]은, "안용복이 사사로이 다른 나라에 가서 분수에 넘치게 나라의 중대사를 말했으니, 저들이 혹여 조정에서 사신으로 보낸 것으로 인지하였다면, 깜짝 놀랄 만한 일이 이보다 심한 것이 없으니, 그의 범죄를 논한다면 마땅히 죽인다고 해도 의심의 여지가 없습니다. 다만 염려가 되는 것은 대마도의 사람들은 이전부터 속임수가 종잡을 수가 없다는 것이니, 우리나라는 그곳[대마도]이 아니면 강호와 통할 수가 없는 까닭일 뿐입니다. 이제 별도로 다른 길이 있음을 안다면, 반드시 두려운 마음이 크게 일어날 것이나, 용복이 죽임을 당했다는 것을 듣는다면, 또한 그 길이 영원히 막힘을 기뻐할 것입니다. 우리나라가 용복을 죽이는 것은 법으로는 옳지만 계책으로는 옳지 않습니다. 법을 폐하는 것은 진실로 옳지 못하지만, 계책을 잃는 것도 매우 애석한 일입니다. 이제 조정의 계책이 이미 정해졌으니, 어찌 감히 이론이 있겠습니까? 그러나 그[용복]를 죽이는 것이 뒷날 폐해가 될까 염려하여 우리들을 경계할 뿐입니다. 대마도에 통보함에 이르러서는 館外에서 (안용복을) 효시하면 교활한 왜놈의 마음에 쾌재를 부르게 하여 스스로 손해됨을 면하지 못할 것입니다."라고 하였으며, 領府事인 남○○[남구만]은, "용복이 계유년(1693, 숙종 19)에 울릉도에 갔다가 왜인에게 사로잡혀 백기 주로 들어가니, 본주[백기 주]에서 울릉도가 영원히 조선에 속한다는 공문을 지어주었습니다. 또한 주는 물건이 많았는데, 돌아올 때 길이 대마도를 경유하게 되어 공문과 준 물건들을 대마도사람들에게 모두 빼앗겼다고 하는데, 그의 말을 반드시 믿을 만한 것은 아닙니다. 이제 용복이 거듭 백기 주로 가서 呈文한 것을 본다면, 전에 한 말이 실제의 상황인 듯합니다. 용복이 법으로 금함을 무릅쓰고 거듭 울릉도에 간 것과 표류하다가 다른 나라에 이르러 監稅官이라고 사칭하고 장차 상소, 정문함에 이른 것은 사단을 불러올 일의 단서를 만든 죄니, 진실로 죽음으로도 용납할 수 없는 일입니다. 그러나 대마도의 왜인이 울릉도를 竹島로 가칭하고 거짓으로 강호의 명이라고 핑계 대는 것은 우리나라로 하여금 사람들이 울릉도를 왕래하는 것을 금지하게 하려는 속셈입니다. 그 중간에서 속이고 조롱한 정황은 이제 용복으로 인해서 모두 드러났으니, 이것은 또한 하나의 통쾌한 일입니다. 용복의 죄 있고 없음과 죽어야 할지 말아야 할지는 우리나라에서 천천히 논의하여 처리해야 할 것이며, 대마도의 쌀, 목화, 종이 등을 減分하는 자질구레한 일들은 모두 거론하지 말아야 합니다. 일이 울릉도에 관계됨에 이르러 종잡을 수 없이 바뀌고 속이는 간사한 정상은 이번 기회에 동래부사로 하여금 대마도에 서계를 보내어 조목조목 열거하여 따져 묻고 옳고 그름을 분명하게 가려서 그들을 몹시 배척하지 않을 수 없습니다. 저들이 만약 다시 교묘하게 꾸며대며 불복하는 말이 있으면, 우리가 또 서계를 보내어 물어 말하기를, '너희가 두 나라 사이에 있으면서 모든 일에 믿음이 없음이 이와 같은가? 용복은 풍랑 때문에 표류한 미천한 백성으로 국서 없이 제 멋대로 정문하였으니, 일본이 믿지 못함은 진실로 그러하다. 조정에서 장차 별도로 일본에 사신을 보내어 그 허실을 살피려고 하니, 너희는 장차 어떻게 처리할 것이냐?'라고 하면, 대마도의 왜인이 반드시 두려움이 크게 일어나서 죄를 자복하고 애걸할 것입니다. 무릇 그런 뒤에 용복의 죄는 우리가 그 경중을 논의하여 처리하면 됩니다. 울릉도의 일은 왜인에게 감히 다시는 입을 열지 못하게 하면, 교활한 왜인이 일찍이 시도해 보려던 계획이 거의 조금은 위축될 것이니, 조종하는 유리한 형세가 우리에게 있어서 뒷날의 근심을 막을 수 있습니다. 이것은 실로 잃을 수 없는 기회이니, 곧 이것이 상책입니다. 반드시 그렇게 할 수 없다면, 또한 마땅히 동래부사로 하여금 대마도에 사신을 보내어 먼저 용복이 제멋대로 정문한 죄를 말하고, 그 다음 본도(대마도)에서 용복의 공문을 빼앗은 정상을 말하고, 또한 본도(대마도)에서 헛되이 竹島를 찾아가는 잘못을 말하는 것 등, 몇 가지로 나누어 말하게 하되, 간곡하게 말을 엮어서 그들의 회답을 기다린 뒤에 처리하는 것이 옳을 것입니다. 용복을 단죄하는 뜻은 결코 서계 중에 언급하지 않는 것, 이것이 중책이 됩니다.

가령 대마도가 간교함으로 우리를 속인 정상에 이르러서는 불문에 부치고, 용복이 정문하여 시비를 가리려 한 죄는 먼저 논의하여 그를 죽일 것이며, 오직 대마도주의 원망을 사지 않으면, 그가 몹시 약한 모습을 보일 것입니다. 또한 대마도주의 뜻이 비록 마음속으론 원수를 갚는 것을 후련하게 여겨 다행으로 생각할 것이나, 밖으론 반드시 마음이 확 풀려 우리에게 감사하려 하지 않을 것입니다. 지금부터 이후로는 모든 일이 그의 뜻과 같지 않음이 조금이라도 있으면, 도리어 용복을 핑계 삼아서 우리나라를 깔보고 위협하는 말꼬리를 잡을 것이며, 오래지 않아 장차 울릉도로 말의 빌미를 삼아 연이어 差倭를 보낼 것이니, 우리가 어찌 그것을 감당할 수 있겠습니까? 이것이 하책인 듯합니다."라고 하였습니다. 在外 大臣들의 의견은 모두 "용복을 죽이는 것은 바로 대마도주의 간교한 계책을 적중하게 하는 것이다."라고 하였으나, 남○○[남구만]이

말한 상책을 가볍게 논의하기는 어려울 듯합니다. 또한 용복이 우연히
飄風으로 그곳에 이른 것도 아니고, 백기 주에서 사사로이 왕래하였는
데, 조정에서 용복에게 죄를 주지 않고, 오로지 대마도주만 꾸짖는다면,
마치 조정에서 시켜서 그렇게 한 것처럼 될 것입니다. 안용복과 이인성
은 우선 계속 가두어 두고 수상이 출사하기를 기다린 뒤에 처리해야 할
것이며, 그 나머지 위협에 눌려 따랐던 사람들은 조정에서 이미 그것을
두루 의론한즉, 계속 가두어 두는 것을 염려하니 우선 석방해야 할 것입
니다."라고 하니, 상께서 말씀하시길, "영부사[남구만]가 말한 상책이 아
직 어떠한 것인지 알지 못하겠다. 영상이 출사하기를 기다린 뒤에 다시
서로 의론하여 (어떻게) 처리할지 아룀이 좋을 듯하다. 용복과 인성은
대신들의 문의를 기다린 뒤에 처리하도록 하라. 이 밖에 여러 사람들은
우선 석방함이 옳도다."라고 하셨다. 知中樞府事인 申汝哲이 말하기를,
"신은 오랫동안 병환 중에 있어서 조정의 회의에 참여하지 못하였습니
다. 다만 용복의 일은 죽을죄로 단죄한다고 들었습니다만, 신의 의견은
그렇지 않습니다. 용복이 간사하고 교활한 백성으로서 나라의 사신을
사칭하고 다른 나라에 정문하였으니, 그의 소행은 그 죄과가 아주 크고,
犯越2)한 죄는 마땅히 죽음을 면하기 어렵습니다. 그러나 功過가 서로
비슷하고, 국가가 능히 할 수 없는 바의 일입니다. 그가 무지한 小民으
로서 능히 다른 나라에 글을 올려서 대마도주가 (조선과 일본의) 중간에
있으면서 강호를 欺蔽3)하고 배를 띄어 自食4)하는 것 등의 일을 거리낌
없이 다 말하였습니다. 재외 대신들이 이른바 '용복을 죽이면 대마도주

---

2) 범월(犯越) : 남의 국경을 침범하거나 남의 나라에 몰래 들어감을 이른다.
3) 기폐(欺蔽) : 어떤 일을 속이고 숨김을 이른다.
4) 자식(自食) : 스스로의 힘으로 생계를 유지함을 이른다.

가 반드시 그것을 기뻐할 것이다.'라고 한 것, 그 말이 바로 이것입니다. 용복을 하나의 죄로 처단할 수 없습니다."라고 하였으며, 윤○○[윤지선]이 말하기를, "용복을 죽이지 않으면, 말세의 간교한 백성이 반드시 다른 나라에서 사단을 일으키는 일이 많을 것이며, 의주의 백성들도 그를 본받은 자가 많을 것이니, 용복을 어찌 죽이지 않을 수 있겠습니까?"라고 하니, 상께서 말씀하시기를, "재외 두 대신과 훈련대장(訓將)의 말이 일 리가 없는 것은 아니나, 지금 이 용복의 일은 나라에 해가 되지 않고, 다만 대마도주의 일일 뿐이다. 그리고 나중에 간교한 백성이 만약 이러한 잘못을 본받아서 국가의 비밀스런 일을 누설하는 자가 있으면, 매우 염려할 만한 일이라는 것도 일 리가 있다. 영상이 출사하기를 기다린 뒤에 처리하는 것이 옳을 것이다."라고 하셨다.

3) 남구만, 『藥泉集』

○ 유상국에게 답함

今處置龍福 有上中下三策 甲戌年 接慰官兪集一之下去東萊也 龍福呈所志 以爲癸酉年往鬱島被虜於倭人 入去伯耆州 則本州成給鬱島永屬朝鮮公文 且多有贈物 出來則路由馬島 公文贈物盡爲馬島人所奪云 而不以其言爲必可信矣 今見龍福再往伯耆州呈文 則前言似是實狀 龍福之冒禁再往鬱島及漂到他國 假稱監稅將 至於上疏呈文 挑出事端之罪 固不容誅矣 然而對馬倭之假稱鬱陵以竹島 虛託江戶之命 欲使我國禁人往來於鬱島 其中間欺誑操弄之狀 今因龍福而畢露 此則亦快事也 龍福之有罪無罪 當殺不當殺 自我國徐當議處 馬島之米木紙等減分細瑣之事

皆不當擧論矣 至於事係鬱島 變幻欺謾之奸狀 不可不因此機會使萊府送
書馬島 條列詰問 明辨而痛斥之矣 彼若更有巧飾不服之言 自我又送書
以問曰 汝居兩國間 凡事之無信如此 龍福以漂風賤氓 無國書而自爲呈
文 日本之不取信固也 自朝廷將欲別遣使臣於日本 以審其虛實 汝將何
以處之云爾 則馬島倭必大生恐怯 服罪哀乞 夫然後龍福之罪 自我議其
輕重而處 鬱島之事使倭人不敢更有所開口 則狡倭嘗試之計 庶幾小縮矣
操縱之權在我 而日後之患可塞 此實不可失之幾 乃是上策也 如不能然
亦宜使東萊府送書於島主 先陳龍福擅自呈文之罪 更陳本島奪取龍福公
文之狀 且陳本島虛稱竹島之失 分段開說 委曲措辭 待其回答 然後處之
可也 龍福斷罪之意則決不可徑先語及於書契中 此爲中策也 至若馬島用
奸欺我之狀則不問而置之 龍福之呈文辨正之罪則先論而殺之 惟求得免
於島主之憾恨 其示弱甚矣 且島主之意 雖內以快其讎爲幸 外必不肯釋
然感謝於我 今後凡事少有不如其意者 則反必以龍福藉口 爲侮脅我國之
話柄 不久又將以鬱島執言 而連續送差我何以堪之乎 此似是下策耳 且
待外夷之道 雖曰略釁而推誠 至於公然欺弄之事 終不敢一言以辨之 寧
有是理亦豈可終保其無事乎 且龍福疏文旣入於日本 則雖不呈納於關伯
早晩或不無因此發爲事端者 有事端然後必以龍福對辨可以了當 決不可
徑先處斷 姑爲拘囚以待之如何 且此乃彼此爭詰之端 朝廷不可先犯手勿
論某策 皆以東萊府使書契行之似可矣.

龍福雖曰汎濫生事 然其爲人似非庸碌 緩急或不無可用 張俊花園老卒
亦稱大宋回易使於海外諸國 苟其事於國家無害 何必至於殺之乎 且此人
以鬱島屬我國事 兩度辨明於日本 而自我殺之 則乃所以快馬島之心 增
馬島之氣 使之益長其姦 而自我必欲發明鬱島之爲我地之意 則其勢不能
不因此而有所摧屈矣 如何如何 因此來備郞聞之 備局諸宰之意亦有以爲

不必殺者云 幸望更詢而處之如何(南九萬, 『藥泉集』 第31, 書, 「答柳相國」 숙종 22년<1696> 10월 5일).

　지금 안용복을 처리하는 데에는 상책, 중책, 하책의 세 가지 방책이 있습니다. 갑술년(1694)에 접위관 兪集一이 동래에 내려갔을 때에 안용복이 所志를 올려 말하기를 "계유년(1693)에 울릉도에 갔다가 왜인들에게 사로잡혀 백기 주로 들어갔는데, 본주에서는 울릉도가 영원히 조선에 속한다는 공문을 만들어 주고 또 많은 선물을 주었습니다. 나올 때에 대마도를 경유하게 되었는데, 공문과 선물을 대마도 사람들에게 모두 빼앗겼습니다." 하였습니다. 그러나 저는 그 말을 꼭 믿을 만하다고는 여기지 않았는데, 이제 안용복이 다시 백기 주에 가서 정문한 것을 보니, 예전의 말이 사실인 듯합니다. 안용복이 금령을 범하고 두 번이나 울릉도에 가고 표류하여 다른 나라에 이르러서 監稅將이라고 사칭하며 심지어는 상소하고 정문하여 사단을 야기한 죄로 말하면 진실로 죽임을 당해도 용서받지 못할 것입니다. 그러나 대마도의 왜인들이 울릉도를 竹島라고 거짓으로 칭하고 강호의 명령이라고 허위로 핑계 되어 우리나라 사람들이 울릉도에 오가는 것을 금지하고자 중간에 속이고 농간한 실상이 이제 안용복을 통하여 모두 탄로 났으니, 이는 또한 통쾌한 일입니다.

　안용복이 죄가 있는가 없는가와 마땅히 죽여야 하는가 죽이지 말아야 하는가는 우리나라에서 천천히 의논하여 처리해야 할 것이요, 대마도의 쌀과 목면과 종이 등을 減分하는 세세한 일은 모두 거론해서는 안 됩니다. 그러나 울릉도에 관계된 일로 이리저리 변경하여 속인 간사한 실상으로 말하면 이번 기회를 통해 동래부사로 하여금 대마도에 글을 보내

어 조목조목 힐문해서 분명히 분별하고 통렬히 배척하게 하지 않아서는
안 됩니다.

저들이 만약 다시 교묘하게 꾸미고 승복하지 않는 말을 할 경우 우리
나라에서 또다시 글을 보내어 따지기를 "너희가 우리와 왜 양국 사이에
있으면서 매사에 신실하지 못함이 이와 같다. 안용복이 풍랑에 표류한
천한 백성으로서 국서 없이 제 스스로 정문 하였으니, 일본에서 믿어 주
지 않은 것이 당연하다. 조정에서 별도로 사신을 일본에 보내어 그 허실
을 살피고자 하니, 너희들은 장차 어떻게 대처하겠는가?"라고 하면 대마
도의 왜인들은 반드시 크게 두려워하고 겁을 먹어서 죄를 인정하고 애
걸할 것입니다. 그런 다음 안용복의 죄는 우리나라에서 그 경중을 의논
하여 처리하고, 울릉도의 일에 대해 왜인들로 하여금 감히 다시는 입을
벌려 말하지 못하게 한다면 우리의 뜻을 떠보려던 교활한 왜인들의 계
책이 위축될 것입니다. 그리하여 조종하는 권한을 우리가 잡게 되어 후
일의 환난을 막을 수 있을 것이니, 이는 실로 놓칠 수 없는 기회인바 이
것이 바로 상책입니다.

만일 이렇게 하지 못한다면, 동래부로 하여금 대마도주에게 글을 보
내어 먼저 안용복이 제멋대로 정문한 죄를 말하고, 다음은 本島에서 안
용복의 공문을 빼앗아 간 내용을 말하고, 또 본도에서 울릉도를 竹島라
고 거짓으로 칭한 잘못을 말하여, 안건을 나누어 조목조목 간곡히 글을
만들어 보내고 회답하기를 기다린 뒤에 처리해야 할 것이요, 안용복을
단죄하려는 뜻은 결코 서계 안에 먼저 언급해서는 안 되니, 이것이 중책
입니다.

만약 대마도에서 간사한 꾀를 써서 우리를 속인 실상은 따지지 않고
그대로 내버려 두고, 안용복이 정문하여 시비를 분별해서 바로잡은 죄

를 먼저 논하여 그를 죽여서 오직 대마도주의 유감을 풀어 주려고만 한다면 나약함을 보임이 심합니다. 또 대마도주의 뜻이 속으로는 통쾌하게 원수를 갚아 준 것을 다행으로 여기더리도 겉으로는 반드시 석연히 우리에게 감사해하지 않을 것입니다. 그리하여 이 다음부터는 모든 일이 조금이라도 자기들 뜻대로 되지 않는 것이 있으면 도리어 반드시 안용복을 구실로 삼아서 우리나라를 업신여기고 위협하는 화두로 삼고, 오래지 않아 또다시 울릉도를 가지고 트집 잡아 연달아 사신을 보낸다면 우리가 어떻게 감당하겠습니까. 이것이 하책일 듯합니다.

또 외방의 오랑캐를 대하는 방도는 비록 분쟁의 단서를 줄이고 정성을 미루는 것이라고 하나 공공연히 속이고 농간하는 일에 대해서 끝내 감히 한마디 말도 따지지 못한다면 어찌 이러한 이치가 있으며, 또한 어찌 끝내 무사함을 보장할 수 있겠습니까. 또 안용복의 상소문이 이미 일본에 들어갔으면 비록 關伯에게 글을 바치지는 않았다 해도 조만간 혹 이로 인하여 사단이 생겨날 것이니, 사단이 생긴 뒤에는 반드시 안용복을 대질시켜 분별하여야만 일을 끝마칠 수 있을 것입니다. 그러므로 결코 안용복을 먼저 처단해서는 안 되니, 우선 구류하고 기다리는 것이 어떻겠습니까. 또 이것은 바로 피차간에 다투고 힐난하는 단서이니, 조정에서는 먼저 손을 대지 말아야 합니다. 어떤 계책이든 막론하고 모두 동래부사가 서계로 시행하는 것이 좋을 듯합니다.

안용복이 비록 외람되이 사단을 만들었다고 하나 사람됨이 녹록하지 않은 듯하니, 위급할 때에 혹 쓸 만할 것입니다. 張俊의 화원에 있던 늙은 병졸도 해외의 여러 나라에 大宋回易使라고 칭하였으니, 진실로 그 일이 국가에 해로움이 없다면 하필 죽이기까지 할 것이 있겠습니까. 또 이 사람이 울릉도는 우리나라에 속한다는 사실을 두 번이나 일본에 가서 분변하여 밝혔는데, 우리나라에서 그를 죽인다면 이는 대마도 왜인들의 마음을 통쾌하게 해 주는 것이요, 대마도의 기세를 등등하게 하여 간악함을 더 자라나게 하는 것입니다. 그리고 우리 측에서 울릉도가 반드시 우리 땅이라는 뜻을 발명하고자 한다면 그 형세가 이로 인하여 꺾이고 굽히는 바가 생길 것이니, 어떻겠습니까. 이곳에 온 비변사 낭관을 통하여 들으니, 비변사 재신들의 뜻도 굳이 안용복을 죽일 필요가 없다고 말하는 자가 있다 하니, 바라건대 다시 물어서 조처하시는 것이 어떻겠습니까.

　○ 최여화에게 답함

　示及倭書契事　萊伯亦有書於僕　且有狀啓　左右相及禮判之意　亦欲許之云　而僕意有不然　當初卽爲作答則或可　而到今持久之後　不可勉從一也　接慰之送　專爲國書之與受　而今追送東萊替給　不可刱開無前之例二也　此猶只就此一事言之而已　倭人又有闌出犯約事　而背約不奉法　我亦無如之何　時未決正　而遽許此答書　則其疲軟莫甚日後何以自立乎　以此意通告于兩相　僕出回啓草送之　去夜始啓下　暫此送去　覽還如何闌出回啓　乃左相所草云矣廣尹爲接慰時　一邊狀請答書　一邊先爲上來　此乃大是失著如曰不可不作答則當身留以待　如曰已竣事上來　何可留後尾　使朝廷難處乎　以此其時亦已推考矣　此乃廣尹自做其錯之事　故必欲朝廷副其許答　以爲苟且彌縫之地　其言殊不是　但其究問龍福　得其要領　乃得分明其事　此足以贖其後失　故僕亦不之深咎也　未知廣尹知此意否　今此兩狀啓　萊伯所處極迂闊　從前朝廷無一堅持之事　邊臣亦公然以朝廷之不能持久　倭人之必得其請馳啓豈不可駭乎　曾聞東萊狀啓未封上前　倭人必先知之　備局回啓未到東萊之前　倭人亦先聞之云　萊伯狀啓　倭人必卽得見　設

令倭人初有欲去之意 見此狀啓後則豈不變計仍留耶(南九萬,『藥泉集』
第32, 書,「答崔汝和」).

　보내온 편지에 언급한 왜인의 서계에 대해서 동래부사도 나에게 편지
를 보내는 한편 장계도 올렸는데, 좌상·우상과 예조 판서의 뜻은 저들의
요구를 허락하고자 한다고 하나 나의 생각은 그렇지 않소. 당초에 즉시
답서를 써 보냈다면 혹 괜찮지만 지금까지 오랫동안 버틴 뒤에 마지못
해 따를 수 없는 것이 첫 번째 이유이고, 접위관을 보낸 것은 오로지 국
서를 주고받기 위해서인데 이제 와서 동래부사를 보내서 대신 주게 한
다면 전에 없던 준례를 만드는 것이니 이렇게 할 수 없는 것이 두 번째
이유이오. 그러나 이것은 그래도 이 한 가지 일만 가지고 말했을 뿐이오.
　왜인들이 또 허가 없이 함부로 경계 밖으로 나와 약속을 범한 일이
있는데, 약조를 저버리고 법을 이행하지 않는데도 우리가 그들을 어찌
할 수가 없어서 아직 결단하여 바로잡지 못하는 마당에 대번 이 답서를
허락해 준다면 피폐하고 연약함이 이보다 더 심할 수가 없으니, 후일에
어떻게 자립할 수 있겠소. 내 이러한 뜻으로 두 정승에게 통고하였소.
　나는 출사하여 回啓하는 초안을 잡아 보내어 어젯밤에 비로소 啓下받
았기에 잠시 이것을 보내는 것이니, 살펴보고 나서 돌려주는 것이 어떻
겠소. '허가 없이 경계 밖으로 함부로 나온 데 대한 회계'는 바로 좌상이
초한 것이라 하오.
　廣州府尹이 접위할 때에 한편으로는 장계를 올려 답서를 청하고 한편
으로는 먼저 올라왔으니, 이것이 바로 큰 실책이오. 만일 답서를 써 주
지 않을 수 없다고 판단했다면 마땅히 자신이 남아서 기다렸어야 하고,
만일 이미 일을 끝내고 올라왔다면 뒤끝을 남겨 두어 조정으로 하여금

난처하게 해서는 안 되었소. 이 때문에 그 당시에 이미 추고하였던 것이오. 이는 바로 광주 부윤이 스스로 잘못되게 만든 일이므로 반드시 조정에서 자신의 요청에 부응하여 답서 보내는 것을 허락하여 구차하게 미봉할 수 있기를 바라는 것인데, 그의 말은 매우 옳지 않소. 다만 안용복에게 캐물어서 요령을 알아내고는 마침내 이 일을 분명히 처리하였으니, 이는 그 뒤의 잘못을 충분히 속죄할 수 있으므로 내 또한 깊이 허물하지 않은 것이오. 광주 부윤도 이러한 뜻을 알고 있는지 모르겠소.

지금 이 두 장계 중에 동래부사가 대처한 것은 너무나 오활하오. 종전에 조정에서 한 가지도 굳게 지킨 일이 없지만 변방의 신하가 또한 공공연히 "조정에서 오랫동안 버티지 못하여 왜인들이 틀림없이 그들의 소청을 얻을 것이다."라는 내용으로 급히 파발마를 달려 장계를 올리니, 이 어찌 놀랄 만하지 않겠소. 일찍이 듣자니 동래부사의 장계를 봉함하여 올리기 전에 왜인들이 반드시 먼저 알고, 비변사의 회계가 동래에 도착하기 전에 왜인들이 또한 먼저 들었다 하오. 그렇다면 동래부사의 이번 장계를 왜인들이 반드시 곧바로 보았을 것이니, 설령 왜인들이 처음에 떠나고자 하는 뜻이 있었다 하더라도 이 장계를 본 뒤에는 어찌 계획을 바꾸어 그대로 머물지 않겠소.

4) 이익, 『星湖僿說』

○ 鬱陵島

鬱陵島在東海中 一名于山國 … 芝峯類設云 鬱陵島 壬辰後 被倭焚掠 無復人烟 近聞倭占據礒竹島 或謂礒竹即鬱陵也 倭以漁氓安龍福犯越事

來爭 以芝峯類設及禮曹回答 有貴界竹島之語爲證 … 安龍福者 東萊府
戰船櫓軍也 出入倭館 善倭語我 肅廟十九年癸酉夏 漂泊鬱陵島 倭船七
艘先到 時倭已慈爭島之端 龍福與倭辨詰 倭怒執以歸拘五浪島 龍福謂
其島主曰 鬱陵芋山本屬朝鮮 朝鮮近而日本遠 何故拘執我不歸 島主送
諸伯耆州 伯耆島主 待以賓禮 賚銀許多 辭不受 島主問 汝欲何爲 龍福
又言其故曰 禁止侵擾以厚交隣 是吾願也 島主許之 稟于江戶 成契券與
之 遂遣還 行到長掎島 島主黨馬島 奪其券送之馬島 馬島主囚之 聞于江
戶 江戶復爲書契 令勿侵兩島 且令護送 馬島主復奪其書 契囚五十日 押
送東萊倭舘 又留之四十日送之東萊府 龍福悉訴之 府使不以聞 以犯越
刑之二年 乙亥夏 龍福憤鬱不已 誘販僧五人及掉工四人 復至鬱陵 我國
三商船先泊 漁採硏竹 有倭船適至 龍福令諸人縛執 諸人懼不從 倭云我
等漁採松島偶至此卽去 龍福曰 松島本我芋山島 明日追至芋山島 倭擧
帆走 龍福追之 漂泊于玉岐島 轉至伯耆州 島主款迎 龍福自稱鬱陵搜浦
將 乘轎入 與島主抗禮 言前後事甚詳 且云我國歲輸未一石 必十五斗 綿
布一匹三十五尺 紙一卷二十張 馬島偸損 謂未石七斗 布匹二十尺 載紙
爲三卷 吾將欲直達于關伯 治欺詆之罪 同行有稍鮮文字者 製疏示島主
馬島主父聞之 乞憐於伯耆州 事遂已 慰諭送還曰 爭地事悉如汝言 有不
如約者當重罰之 秋八月 還泊襄陽 方伯狀聞 拿致龍福等于京 諸人納供
如一 朝議以犯越挑釁將斬之 惟領敦寧尹趾完曰 龍福雖有罪 馬島從前
欺詐者 徒以我國不得專通江戶故耳今知別有他路勢 必恐怯今誅龍福非
哉也領中樞南九萬曰馬島之 欺詐非龍福 無以畢露 其罪之有無姑置 爭
島事 不可不因此機會 明辨痛斥之 書問馬島曰 朝廷將別遣使 直探其虛
實云爾 則馬島必大恐服罪 然後 龍福事徐議其輕重 未晩 此上策也 不然
使萊府送書島中 先陣龍福擅自呈文之罪 次陳本島假稱竹島 奪取公文之

失 待其回答 而龍福斷罪之意 決不可及於書中 此中策也 至差不問馬島
奸欺之狀 而先殺龍福 以快其心 彼必以此籍口 侮我脅我 將何以堪之 此
下策也 於是 朝廷用中策 島主果自服 罪歸於前島主 不復往來鬱陵 朝廷
乃減龍福死配去云 愚按 安龍福直是英雄儔匹 以一卒之賤出 萬死之計
爲國家抗强敵拆奸萠息累世之爭復一州之土　此諸傳介子陳湯其事尤難
非傑然者不能也朝廷不惟不之賞 前刑後配 摧陷之不暇 哀哉 鬱陵縱云
土薄 馬島亦土無數尺 而倭所窟宅 歷世爲患 一 或見奪 是增一馬島也
方來之禍 何可勝言 以此論之 龍福非特一世之公也嶼 古今稱張循王花
園老卒爲人 豪然其所辨不過大費販殖之間 其於國家計策 未必優焉 差
龍福者當厄難之際拔之行伍 借之翼角 得行其志 則所就豈止於此(李瀷,
『星湖僿設』卷3,「天地門」鬱陵島).

울릉도

　울릉도는 동해 가운데 있는데, 우산국이라고도 한다. …『芝峰類說』
에, "울릉도는 임진왜란 후에 왜적의 분탕과 노략질을 겪어 다시 인적이
없었는데, 근자에 들으니 왜적이 礒竹島를 점거했다 하며, 혹자의 말에
의竹島는 곧 울릉도라고 한다." 하였다. 왜인들이 어부 안용복이 월경한
일로써 와서 쟁론할 때『芝峰類說』과 예조의 회답 가운데 '貴界'니, '竹
島'니 하는 말이 있는 것으로 증거를 삼았다. … 안용복은 동래부 戰船
에 예속된 櫓軍이니, 왜관에 출입하여 왜어에 능숙하였다.

　숙종 19년 계유 여름에 풍랑으로 울릉도에 표류했는데, 왜선 7척이 먼
저 와서 섬을 다투는 분쟁이 일고 있었다. 이에 용복이 왜인들과 논란하
니, 왜인들이 노하여 잡아가지고 五浪島로 돌아가 구금하였다.

　용복이 도주에게 "울릉 우산은 원래 조선에 예속되어 있으며, 조선은

가깝고 일본은 멀거늘 어찌 나를 구금하고 돌려보내지 않는가?" 하니, 도주가 백기 주로 돌려보냈다. 이에 백기도주가 賓禮로 대우하고 많은 은자를 주니 모두 사양하고 받지 않았다. 도주가 "그내의 하고자 하는 것은 무엇인가?" 하니 용복이 전후 사실을 말하고 이르기를, "침략을 금지하고 이웃 나라끼리 친선을 도모함이 소원이다."고 하니, 도주가 이를 승낙하고 강호 막부(江戶幕府)에 품하여 契券을 출급하고 돌아가게 하였다. 이에 출발하여 장기도에 이르니 도주가 대마도와 符同하여 그 계권을 빼앗고 대마도로 압송하였다. 대마도주가 또 구금하고 강호 막부로 보고하니, 강호에서 다시 서계를 보내고 울릉 우산 두 섬을 침략하지 못하게 하였으며, 또 본국으로 호송하라는 지령이 있었다. 그런데 대마도주는 다시 그 서계를 빼앗고 50일을 구금하였다가 동래부 왜관으로 보냈는데, 왜관에서 또 40일을 留連시켰다가 동래부로 돌려보냈다.

이에 용복이 이 사실을 모두 호소하니, 부사가 상부에 보고하지도 않고 越境한 일로 2년의 형벌을 내렸다. 을해(1695, 숙종 21) 여름에 용복이 울분을 참을 수 없어 떠돌이 중 5인과 沙工 4인과 배를 타고 다시 울릉도에 이르니, 우리나라 상선 3척이 먼저 와서 정박하고 고기를 잡으며 대나무를 벌채하고 있었는데, 왜선이 마침 당도하였다. 용복이 여러 사람을 시켜 왜인들을 포박하려 했으나 여러 사람들이 두려워하여 좇지 않았으며, 왜인들이 "우리들은 松島에서 고기잡이를 하다가 우연히 이곳에 왔을 뿐이다." 하고 곧 물러갔다. 용복이, 松島도 원래 우리 于山島라 하고 다음날 于山島로 달려가니, 왜인들이 돛을 달고 달아나거늘 용복이 뒤좇아 玉岐島로 갔다가 백기 주에까지 이르렀다. 이에 도주가 나와 환영하거늘, 용복이 울릉도 搜捕將이라 자칭하고 교자를 타고 들어가 도주와 대등한 예로 대하고 전후의 일을 소상히 말하였다.

그리고 또 "우리나라에서 해마다 쌀 1석에 반드시 15두요, 면포 1필은 35척이며, 종이 1권에 20장으로 充數해 보냈는데, 대마도에서 빼먹고 쌀 1석은 7두, 면포 1필에 20척, 종이는 3권으로 절단하여 강호로 올려 보냈으니, 내가 장차 이 사실을 關白에게 곧장 전달하여 그 속인 죄상을 다스리게 하겠소." 하고 동행 가운데 문학에 능통한 자를 시켜 소장을 지어 도주에게 보여 주었다.

대마도주의 부친된 자가 이 말을 듣고 백기 주에 달려와 용서해 주기를 애걸하므로 그 일은 이로써 결말을 지었다. 그리고 과거의 일을 사과하고 돌려보내며, "섬을 가지고 다툰 일은 모두 그대의 말대로 준행할 것이요, 만약 이 약속을 어기는 자가 있으면 마땅히 중벌에 처하겠소." 라고 하였다.

추 8월에 양양에 다다르니, 方伯이 이 사실을 장계로써 보고하고 용복 등 일행을 서울로 압송하였다. 여러 사람의 공초가 한 결 같이나오니 조정의 의론이 월경하여 이웃 나라와 쟁단을 일으켰다 하여 장차 참형에 처하려 하였다.

오직 영돈녕부사 尹趾完이 "용복이 비록 죄는 있으나 대마도가 예전부터 속여 온 것은 한갓 우리나라가 강호와 직통하지 않은 때문이었습니다. 이제 별달리 통하는 길을 알았으니 대마도에서 반드시 두려워할 것인데, 오늘날 용복을 참형에 처하는 것은 국가의 좋은 계책이 아니옵니다."라고 하였다.

또 영중추부사 남구만은 "대마도에서 속여온 일은 용복이 아니면 탄로되지 않았을 것이니, 그 죄상이 있고 없는 것은 아직 논할 것이 없고, 섬을 다투는 일에 대하여는 이 기회에 밝게 변론하고 중엄하게 물리치지 않을 수 없습니다. 그런즉 대마도에 서계를 보내어 '조정에서 장차 강호에 직접 사신을 보내어 그 허실을 탐지하겠다.' 한다면 대마도에서 반드시 크게 두려워하여 服罪할 것입니다. 그런 후에 용복의 일은 그 경중을 서서히 논의하더라도 늦지 않을 것이니, 이것이 상책이요, 그렇지 않다면 동래부를 시켜 대마도에 서계를 보내어 먼저 용복이 임의로 글을 올린 죄상을 말하고, 다음에 울릉도를 竹島라고 가칭한 것과 공문을 탈취한 도주의 과실을 밝혀 그 회답을 기다릴 것이요, 용복을 죄줄 뜻은 서계 가운데 미치지 않을 것이니, 이는 중책이요, 만약 대마도의 속여온 죄상을 묻지도 않고 먼저 용복을 죽여 저들의 마음을 쾌하게 해준다면 저들이 반드시 이로써 구실을 삼고 우리를 업신여기며 우리를 협박할 것이니, 장차 어떻게 감당하겠습니까? 이것이 하책이옵니다."라고 하였다.

이에 조정에서 중책을 채용하니, 도주가 과연 自服하여 허물을 전 도주에게 돌리고 다시 울릉도에 왕래하지 않았으며, 조정에서는 용복을 극형에서 감하여 변방으로 귀양 보냈다.

나는 생각건대, 안용복은 곧 영웅호걸인 것이다. 미천한 일개 군졸로서 만 번 죽음을 무릅쓰고 국가를 위하여 강적과 겨루어 간사한 마음을 꺾어버리고 여러 대를 끌어온 분쟁을 그치게 했으며, 한 고을의 토지를 회복했으니 傅介子와 陳湯에 비하여 그 일이 더욱 어려운 것이니 영특한 자가 아니면 할 수 없는 일이다.

그런데 조정에서는 상을 주지 않을 뿐만 아니라, 전에는 형벌을 내리고 뒤에는 귀양을 보내어 꺾어버리기에 주저하지 않았으니, 참으로 애통한 일이다.

울릉도가 비록 척박하다고 하나, 대마도도 또한 한 조각의 농토가 없는 곳으로서 왜인의 소굴이 되어 역대로 내려오면서 우환거리가 되고 있는데, 울릉도를 한 번 빼앗긴다면 이는 또 하나의 대마도가 불어나게 되는 것이니 앞으로 오는 앙화를 어찌 이루 말하겠는가?

이로써 논하건대, 용복은 한 세대의 공적을 세운 것뿐이 아니었다. 고금에 張循王의 花園老卒을 호걸이라고 칭송하나, 그가 이룩한 일은 대상 大商巨富에 지나지 않았으며, 국가의 큰 계책에는 도움이 없었던 것이다.

용복과 같은 자는 국가의 위급한 때를 당하여 항오에서 발탁하여 장수급으로 등용하고 그 뜻을 행하게 했다면, 그 이룩한 바가 어찌 이에 그쳤겠는가?

5) 이익, 『星湖先生全集』

… 彼每來爭鬱陵島 有直通之路 近時朴判書師洙有安龍福傳 其事極可觀. …(李瀷, 『星湖先生全集』 卷12, 書, 「答鄭汝逸」 乙丑)

… 저들이 항상 울릉도에 와서 다투는 것은 직통하는 길이기 때문입니다. 근래에 판서 朴師洙가 쓴 安龍福傳이 있는데, 그의 사건은 꽤 볼 만합니다. …

6) 신경준, 『旅菴全書』

安龍福者東萊人也 隷櫓軍善日本語 肅宗癸酉夏 入海漁採 漂到鬱陵島 遇人其船被拘 入日本五浪島 龍福言於島主曰 自鬱陵距我國一日程 距日本五日程 非屬我國者乎 朝鮮人自往朝鮮地 何拘爲 島主知不可屈

解送伯耆州 太守厚遇饋銀幣 龍福不受曰 願日本勿復以鬱陵島爲辭 受
銀非吾志也 太守遂稟關伯 作書契受之 言鬱陵非日本界 行至長岐島 島
主卽馬島之黨也 求見書契 示之奪不還 送龍福于馬島 時馬島主僞藉關
伯命 數以鬱陵爭之 其實非關伯意也 鬱陵饒魚竹 倭利其有 且差倭至 則
國家待至豊厚 倭因此來往不止 至是恐龍福盡發其姦狀 牢囚久之 押送
東萊 又囚于舘 前後九十日始還 龍福言于府使 不以聞明年接慰官至東
萊 龍福又訴前事 朝廷亦不之信 此時差倭累至 若將生釁國人憂之 而不
知爲馬島所瞞 龍福憤甚 走蔚山海邊 有商僧雷憲等艤舟 龍福誘之曰 鬱
陵島多海蔘 吾當爲汝指其路 僧欣然從之 遂擧帆三晝夜泊鬱陵島 有舶
自東至 龍福目諸人縛之 船人怯不發 龍福獨前憤罵曰 何故犯我境 對曰
本向松島 固當去也 龍福追至松島 又罵曰松島卽芋山島 爾不聞芋山亦
我境乎 麾杖碎其釜大驚走 龍福轉至伯耆州言其狀 太守悉捕治之 龍福
乃詭稱鬱陵監稅官 升堂與太守 抗禮大言曰 馬島之居間矯誣 豈其獨鬱
陵一事 我國所送幣貨 馬島轉賣日本 多設機詐 米十五斗爲一斛 馬島以
七斗爲一斛 布三十尺爲一疋 而馬島以二十尺爲一疋 紙一束甚長 而馬
島截爲三束 關伯從何而知之 不能爲我達一書於關伯乎 太守許之 馬島
主父時在江戶聞之 大懼乞於太守曰 書朝而入 則吾兒夕而死 子其圖之
太守歸語龍福曰 毋庸上書 且速歸馬島 如更爭界者 可差人賫書來 龍福
還泊襄陽告于官 且獻在伯耆時呈太守文 以證前事 諸從者一一納供 如
龍福言無異辭 於是 馬島知不可復誑 抵書萊府謝曰 不敢復遣人至鬱陵
是時事由龍福發 故倭疾之 以龍福行不由馬島爲罪 舊約有自馬島向釜山
一路以外皆禁之文故也 朝議皆以龍福罪當斬 獨寧敦寧尹趾完領中樞南
九萬 以爲殺之適足以快馬島憤 且其人傑黠非碌碌者 宜留爲他日用 乃
流之 至今不復指鬱陵之爲日本地 皆龍福之功也(申景濬,『旅菴全書』卷

7, 「疆界考」 4, 昭代, 鬱陵島).

안용복이란 자는 동래인이니, 櫓軍에 예속되었으며 일본말을 잘 하였다.

숙종 계유년(1693, 숙종 19) 여름에, 바다로 나아가서 고기잡이[漁採]를 하다가 표류하여 울릉도에 닿았는데, 다른 사람에게 그의 배가 구속당함을 만나서 일본의 五浪島로 들어갔다.

용복이 도주(五浪島 島主)에게 말하기를, "울릉도에서 우리나라와의 거리는 하루가 걸리는 노정이고, 일본과의 거리는 5일이 걸리는 노정이니, 우리나라에 속하는 것이 아니겠습니까? 조선 사람들이 스스로 조선 땅에 가는데, 어찌 구속을 하십니까?"라고 하니, 도주가 굴복시킬 수 없음을 알고, 백기 주로 解送하다. 伯耆州 太守가 두터이 대하고 銀幣를 주니, 용복이 받지 않고 말하기를, "바라건대, 일본이 다시는 울릉도로 말을 내지 마소서. 은폐를 받는 것은 내 뜻이 아닙니다."라고 하였다. 태수가 마침내 關伯에게 아뢰어 서계에 써서 받으니, "울릉도는 일본의 경계가 아니다"라고 말했다. 가다가 長岐島에 이르렀는데, 도주[長岐島 島主]는 바로 대마도의 徒黨이니, 서계를 보여 달라고 청하여 그것을 보여주니, 빼앗아서 돌려주지 않고, 용복을 대마도로 보냈다. 이때 대마도도주는 거짓으로 관백의 명을 빙자하여 자주 울릉도로 다투니, 그것은 사실 관백의 뜻이 아니었다. 울릉도에는 물고기와 대나무가 풍부하여 왜가 그것을 소유함을 이롭게 여겼다. 또한 差倭가 오면, 국가에서 대우함이 지극히 풍요로우니, 왜가 이 때문에 왕래를 그치지 않았다. 이에 이르러, 용복이 그들의 간사한 정상을 모두 드러낼까 두려워하여 그를 오랫동안 감옥에 가두었다가 동래로 압송하였으며, 또 왜관에서도 가두니, 앞뒤로 90일 만에 비로소 돌려보냈다. 용복이 부사(동래부사)에게 말하기를, "내

년에 접위관이 내려옴을 알리지 마소서.”라고 하였다. 용복이 또 앞서
있었던 일을 하소연하니, 조정에서도 그것을 믿지 않았다. 이것은 당시
에 差倭가 여러 차례 오니, 장차 불화가 생기면[生釁] 백성들이 근심할
것이고, 대마도에 속임을 당함을 알지 못했기 때문이다.

용복이 몹시 분하여 울산 바닷가로 달려가니, 商僧인 雷憲 등이 출항
차비를 하고 있었다. 용복이 그들을 꾀어서 말하기를, “울릉도에 海蔘이
많다. 내가 너희에게 그 길을 가리켜줄 것이다.”라고 하니, 승이 기뻐하
며 그를 따랐다. 마침내 돛을 올리고 사흘 밤낮을 가서 울릉도에 배를
대자, 어떤 배가 동쪽에서 옴에 용복이 눈짓으로 여러 사람들에게 그들
을 묶게 하니, 뱃사람들이 겁이 나서 하지 못했다. 용복이 혼자 앞으로
나아가 성을 내며 꾸짖기를, “무슨 까닭으로 우리의 영토를 침범하였느
냐?”라고 하니, 대답하기를, “본래 松島로 향해 가던 길이니, 진실로 마
땅히 떠나갈 것입니다.”라고 하였다. 용복이 뒤쫓아 가서 松島에 이르자,
또 꾸짖어 말하기를, “松島는 바로 芋山島이다. 너희가 于山島도 우리 땅
임을 듣지 못했느냐?”라고 하며, 지팡이를 휘둘러 그들의 솥을 부수니,
몹시 놀라 달아나 버렸다.

용복이 돌아서 백기 주에 이르러 그 정상을 말하니, 태수가 그들을 모
두 체포하여 治罪하였다. 용복이 곧 ‘鬱陵監稅官’이라 거짓으로 칭하고,
堂으로 올라가 태수와 함께 대등한 예로써 큰 소리로 말하기를, “대마도
가 거간꾼으로 (우리나라와 일본을) 속인 것이 어찌 울릉도 한 가지 일
[鬱陵一事]뿐이겠습니까? 우리나라에서 보낸 幣貨(財貨)를 대마도가 일
본에 되팔면서 속이는 일이 많으니, 쌀의 경우는 15말이 한 섬[斛]이 되
는데, 대마도는 7말을 한 섬이라고 하며, 베[布]의 경우는 30자[尺]가 한
필인데, 대마도는 20자를 한 필이라 하며, 종이 한 束은 매우 긴 것인데,

대마도는 3속을 떼어냅니다. 關伯께서 무엇으로써 그것을 알겠습니까? 우리를 위해 한 통의 서계를 관백께 전달할 수 없겠습니까?"라고 하니, 태수가 허락하였다. 대마도 도주의 아비가 이때 강호에 있었는데, 그것을 듣고 크게 두려워하여 태수(伯耆州 太守)에게 청하여 말하기를, "서계가 아침에 들어가면, 우리 아이는 저녁에 죽습니다. 그대가 그것을 도모해 주십시오."라고 하였다. 태수가 돌아와 용복에게 말하기를, "서계를 올리지 마시고, 또한 대마도로 서둘러 돌아가십시오, 만일 다시 경계를 다툴 일[爭界]라면, 差人이 서계를 가져 오는 것이 옳을 것입니다."라고 하였다. 용복이 다시 襄陽에 배를 대고 관에 고하였으며, 또한 백기주에 있을 때 태수[백기 주 태수]에게 올린 글을 바쳐서 앞서 있었던 일의 證左로 삼았다. 따라갔던 여러 사람들을 하나하나 納供하니, 용복의 말과 같고 다른 말이 없었다.

이에 대마도는 다시는 속일 수 없음을 알고, 동래부에 서계를 보내 사죄하여 말하기를, "다시는 감히 사람을 보내어 울릉도에 이르게 하지 않겠습니다."라고 하였다. 당시의 일은 용복으로 말미암아 드러나게 된 까닭으로. 왜가 그를 미워하여 용복의 행로가 대마도를 경유하지 않은 것으로 죄를 삼았으니, (이것은) 舊約에 '대마도에서 부산으로 향하는 하나의 길 이외에는 모두 금지한다.'는 문구가 있기 때문이다.

조정의 의론은 모두 용복의 죄는 죽어 마땅하다고 하였으나, 寧敦寧인 尹趾完과 領中樞인 南九萬만은 그를 죽이는 것은 다만 대마도의 분함을 시원하게 할 뿐이며, 또한 그는 인걸로 녹록하지 않은 자임을 헤아려 살려 두고 나중에 씀이 옳을 것이라고 하니, 곧 그를 유배하였다. 지금까지 울릉도를 가리켜 다시는 일본 땅이라고 하지 않는 것은 모두 용복의 공이다.

7) 이긍익, 『燃藜室記述』

鬱陵島 一名武陵 一名羽陵 在東海 島與蔚珍縣相對 島中有大小山 地方百里 風便二日可到(『芝峰類說』).

新羅智訂王時 號于山國 降新羅 納土貢(『芝峰類說』 ○詳見新羅屬國于山國).

島在蔚珍縣正東海中 淸明則峯頭山根 歷歷可見 地廣上肥 以其產竹 故謂竹島 以有三峯 故謂三峰島 至於于山羽陵蔚陵武陵礒竹 皆音訛而然也(『春官志』).

鬱陵島 與日本之隱岐州相近

海中有大獸 牛刑赤眸無角 群臥海岸 見人獨行害之 遇人多走入水 名可之

高麗太祖庚寅 土頭貢獻 授使白吉爵 以土頭爲正朝 顯宗壬戌 島民被女眞寇掠逃來者 多處之禮州爲編戶 德宗壬申 島主遣其子夫於仍多郎來貢 仁宗己未 溟州道監倉使李陽實 入島取菓核木葉異常者以獻 毅宗己卯 王聞島中地廣土肥 可以居民 遣溟州監倉金柔立往視 欲復爲縣 回奏云 島有大山 自山頂東距海一萬餘步 西距海一萬三千餘步南距海一萬五千餘步 北距海一萬餘步 有村落墟七所 破礎尙存 或有石佛塔鐵鍾 土產 []胡藥本石南等草 地多巖石 人不可居 遂寢其議 後崔忠獻 以本島土壤膏沃 多珍木海錯 遣使移本郡民以實之 後屢爲風濤所盪 州覆人多物故 因還其民 高元之際 本國反臣李樞等 告于元 以鬱陵島多珍怪之材 元遣使入島 欲伐木以納 上表陳乞得止

我 太宗朝 聞流民多逃入其島 再命三陟金麟雨 爲安撫使刷出

世宗二十年 遣縣人萬戶南顯 率數百人 往搜遁民 盡俘金丸等七十餘人而來 其地遂空

成宗二年 有告別有三峯島在海東中者 乃遣朴元宗往見之 因風濤不得渡而還 同行一船 泊鬱陵島 只取大竹大鰒魚回啓云 島中無民居矣.

地沃饒 竹大如杠 鼠大如猫 桃核大於升云 壬辰變後 人有往見者 亦被倭焚掠 無復人烟 近聞倭占居礒竹島 或謂礒竹 卽鬱陵島也(『芝峯類說』).

光海甲寅 倭差船二隻 謂將探蟻竹島形止 且曰島在慶尙江原之間 朝廷惡其猥越 不許接待 只令東萊府使朴慶業答書曰 足下非不知此島之橫占 乃欲攙越窺覘 是誠何心 恐非隣好之道 所謂蟻竹道 實我國之鬱陵島也 介於慶尙江原海洋 載在輿地 焉可誣也 盖自羅麗以來 取考方物 逮至我朝 屢刷逃民 今雖廢棄 豈可容他人冒居乎 前日復書 已悉梗槩 貴島宜瞿然改圖 而今乃直以解纜發船爲言 不幾於輕朝廷而昧道理乎 貴島於我國 往來過行 唯有一路 譬若門戶 此外無論漂船 皆以賊船論斷 弊鎭 沿海長官 唯知嚴守約束而已 不知其他 唯貴島 審區土之有別 知界限之難侵 恪守信義 努力自勗 免致謬戾 尙克有終

自新羅異斯夫威服之後 屬在我國 昭著史籍 지蜂類說云 近間倭占據礒竹島 或謂礒竹 卽鬱陵也 倭人執此爲案 自萬曆甲寅以後 曉曉不已 其實非關白意 只馬島倭 利其魚竹 且爲差倭之豐待 特書契來往不止(『春官志』).

肅宗癸酉 對馬島主抵書于萊府曰 朝鮮人犯越于日本礒竹島 被獲押送盛稱朝鮮之不能禁斷 日本之寬容還送 請日後禁斷 回答書契 汎稱我國鬱陵島 亦以海禁 一切禁人出入云云(『通文館志』).

癸酉年間 東萊人案龍福 魚採鬱陵 遇倭船擊走之 轉至伯耆州 言於太守曰 馬島之居間矯誣 不獨鬱陵一事 我國幣貨轉賣之際 多設機詐 十五斗一斛米 以七斗爲穀 三十七尺一匹布 以二十尺爲正 二十番一束長紙 載爲三束 關白安從知之 願爲我達之 馬島主聞之大懼 不敢復遣人至鬱

陵 朝廷遂遣武臣張漢相 往審鬱陵 自是定爲法 越松萬戶三陟營將 每五
年輪回一往 倭自此不復指鬱陵爲日本也 皆龍福功也 馬島嫉龍福 以行
不由馬島 請罪我國 朝議皆以爲當斬 獨領敦寧尹趾完 領中樞南九萬 謂
其人桀黠可用 殺之 適足快馬島憤 乃流之(『春官志』).

乙亥 島酋又抵書萊府 更提礒竹島事 而至擧癸酉回答書契中貴國竹島
弊境鬱陵島云者 有若以竹島與鬱陵 爲二島者然 故其答書曰 會在八十
二年前甲寅 貴國頭倭 以礒竹島形止探見事 持書契出來 朝廷令府使朴
慶業答書云云 上見 今此書辭 亦載於來書 若欲知此書源委 此一書足矣
其後三度漂倭 或稱往採于鬱陵島 或稱魚採于竹島 而并付於順歸船 不
以犯越爲責 前後意義 各有所在 頭倭之來 責以信義者 以探見形止 有侵
越之情也 漂船之泊 只各異 只摘回答措語之差殊 有若詰問 此豈誠信相
接之義耶 時遣公差 往來搜檢 使我國輿地勝覽書 詳記新羅高麗及本朝
太宗世宗成宗三朝 屢遣官人島中之事 且前日援慰官洪重夏下去時 貴州
惣兵衛言於譯官朴自興曰 以輿地勝覽觀之 鬱陵島果是貴國地云 近間公
差之不常往來 漁氓之禁其遠入 盖爲海路之多險故也 今者捨自前記載之
書而不信 乃反以彼我人之不相逢値於島中爲疑 不亦異乎 一島 二名云
者 雖本載於我國 今番發其言端 實自貴州正官之口 癸酉初度答書所謂
貴界竹島 樊境鬱陵島云者 乃其時南官官之不詳故事之致 朝廷方咎其失
言 此際貴州出送其書 而請改 故朝廷因其請而改之 以正初書之失 到今
唯當以改送之書考信云(『通文館志』).(이긍익, 『燃藜室記述』 별집 제**17**
권, 邊圉典故, 諸島)

○ 울릉도는 일명 武陵, 혹은 羽陵이니, 동해에 있으며 울진현과 마주
보고 있다. 섬 안에 크고 작은 산이 있고 지방이 1백 리이며, 배편으로

이틀이면 도착할 수 있다.(『芝峰類說』)

○ 신라 智訂王 때에는 于山國이라 불렀는데, 신라에 항복하고 土貢을 바쳤다.(『芝峰類說』)

○ 신라 속국 우산국조에 상세하게 보인다. 섬이 울진현의 바로 동쪽 바다 가운데에 있다. 날씨가 청명하면 봉우리 끝이며 산 뿌리를 역력히 볼 수 있다. 지역이 넓고 땅이 비옥하며 대나무를 생산하므로 竹島라고 이르고, 세 봉우리가 있으므로 三峯島라고도 하며, 우산·우릉·울릉·무릉·礒竹 등은 모두 訛音으로 그렇게 된 것이다.(『春官誌』)

울릉도는 일본의 은기주와 서로 가깝다. 바다 가운데 큰 짐승이 있는데 모양은 소 같고 눈동자가 붉으며 뿔이 없다. 떼를 지어 해안에 누워 있다가 사람이 혼자 가는 것을 보면 해치고, 많은 사람을 만나면 달아나 물속으로 들어가 버린다. 이름은 可之라 한다.

○ 고려 태조 경인년(930)에 토민 우두머리가 토산물을 바치므로 白吉에게 버슬을 주고, 토민 우두머리를 正朝로 삼았다. 현종 임술년(1022)에 섬 백성이 여진의 침략을 입어 도망해 오는 자가 많았으므로 禮州에 살게 하여 백성으로 만들었다. 덕종 임신년(1032)에는 도주가 그의 아들 夫於仍多郎을 보내어 조공했고, 인종 기미년(1139)에는 溟州道 監倉使 李陽實이 섬으로 들어가 이상한 과실이며 나뭇잎을 가져와 바쳤다. 의종 기묘년(1159)에 임금이 섬 안이 넓고 비옥하여 백성이 살 만하다는 말을 듣고, 명주 감창 金柔立을 보내 보게 하고서 다시 현으로 삼으려고 했는데, 돌아와 아뢰기를, "섬에 큰 산이 있는데 산마루에서 동쪽은 바다까지가 1만여 보이며, 서쪽은 바다까지가 1만 3천여 보이고, 남쪽은 바다까지가 1만 5천여 보이며, 북쪽은 바다까지가 1만여 보이고, 촌락 터가 7개 소인데 부서진 주춧돌이 아직 남아 있으며, 혹은 석불·石塔·鐵鍾이

있고, 토산으로 柴胡·藁本·石南 등 풀이 나며, 땅에 암석이 많아 사람이 살 수 없습니다.”고 하니, 그 의논은 마침내 중지되었다. 후에 崔忠獻이 이 섬 토양이 기름지고 진기한 나무와 해산물이 많다 하여 本郡의 백성을 옮겨 채우게 하였으나, 뒤에 누차 풍랑을 만나 배가 전복되어 사람이 많이 죽었으므로 그 백성들을 돌아오게 했다. 고려와 원 나라 때에 反臣 李樞 등 이 원 나라에 울릉도에 진기한 재목이 많다고 고하여, 원 나라에서 사신을 보내 섬으로 들어가서 나무를 베어 바치라고 하니, 表文을 올려 진정하여 그만두게 되었다.

○ 우리 태종조에 유민이 많이 이 섬으로 도망쳐 들어갔음을 듣고, 두 번이나 삼척 金麟雨에게 명하여 안무사로 삼아 찾아 내오게 했다.

○ 세종 20년(1438)에 현인인 萬戶 南顥를 보내 수백 명을 거느리고 도망친 백성을 수색하게 하여, 金丸 등 70여명을 모조리 잡아 오니, 이 섬이 드디어 비게 되었다.

○ 성종 2년(1471)에 바다 동쪽 가운데에 따로 三峯島가 있다고 한 자가 있어서 朴元宗을 보내 가 보게 하였더니, 풍랑으로 인하여 건너가지 못하고 돌아왔다. 동행한 배 하나가 울릉도에 정박하여 단지 大竹과 大鰒魚를 가지고 와서 回啓하기를, “섬 안에 백성이 살고 있지 않다.”고 했다.

○ 땅이 비옥하여 대나무가 나무 기둥 만하게 크고, 쥐가 고양이 만하게 크며 복숭아가 되[升]보다 크다고 한다. 임진란 후에 가 본 사람이 있었는데 또한 왜놈에게 불사르고 노략질을 당하여 다시는 인가가 없었다. 근자에 들으니, 왜가 礒竹島를 점거해 산다고 하는데, 혹은 의죽이 바로 울릉도라고 한다.(『芝峰類說』)

○ 광해 갑인년(1614)에 왜가 배 두 척을 보내 장차 礒竹島의 행세를 탐색하겠다고 하고 또 그 섬이 경상과 강원 사이에 있다 하였다. 조정이

그 외람됨을 미워하여 접대를 허락하지 않고, 단지 동래부사 朴慶業에게 명하여 답서하기를, "그대가 이 섬을 제멋대로 차지한 것을 알지 못하는 것은 아니지만, 이에 외람되게 엿보려고 하니 이것이 진실로 무슨 심보인가. 이웃 나라와 우호하는 도리가 아닌 듯하다. 이른바 礒竹島는 실은 우리나라의 울릉도인데, 경상과 강원의 바다에 끼어 있고 『輿地勝覽』에 실려 있으니 어찌 속일 수 있겠는가. 대개 신라와 고려 이래로 토산물을 취해 왔으며, 우리 조정에 이르러 누차 逃民을 찾아내 왔는데, 지금 비록 폐기되었으나 어찌 다른 사람이 사는 것을 용납하겠는가. 전날 답서에서 대강을 말했으니 貴島가 마땅히 두려워하며 생각을 고쳐야 할 것이다. 그런데 이제 곧장 배를 떠나 보내겠다고 말하니, 조정을 가볍게 여기고 도리에 어두운 짓에 가깝지 않은가. 귀도가 우리나라에 왕래하여 지나는 데는 오직 한 길이 있을 뿐이니, 비유하건대, 문호와 같다. 이 밖은 漂流船을 막론하고 다 賊船으로 단정할 것이며, 연해 장관은 오직 단속을 엄하게 하여 지킬 줄만 알 뿐 그 밖에는 알지 못하니, 오직 귀도는 국토에 구별이 있어 경계는 침범하기 어렵다는 것을 살펴서 신의를 조심하여 지키고 노력하며 스스로 힘써 오류를 범함이 없이 능히 시종여일하기를 바란다." 하였다.

신라 때 異斯夫가 위협으로 굴복시킨 후로 우리나라에 예속되었음은 역사서에 밝게 나타나 있다. 『芝峰類說』에 이르기를, "근자에 들으니, 왜가 礒竹島를 점거했다고 한다. 혹 의죽은 바로 울릉이라고 이른다." 하였으므로 왜인이 이를 잡고 말썽을 삼아 萬曆 갑인년(1614) 이후에 떠들어 마지 아니하였다. 그러나 사실은 關白의 뜻이 아니라, 단지 대마도의 왜가 울릉도에서 나는 고기며 대[竹]를 탐내고 또 왜국 사신의 풍성한 환대를 받으므로 서계를 가지고 내왕하기를 그치지 않은 것 뿐이다.(『春

官志』)

○ 숙종 계유년(1693)에 대마도주가 동래부에 글을 보내 말하기를, "조선인이 일본 礒竹島를 침범해 들어왔으므로 붙잡아 압송한다." 하고, 조선이 금단하지 못한 것과 일본이 관용하여 환송한다고 과장하여 말하며, 후일에는 금단해 줄 것을 청하였다. 회답 서신에 범범하게 우리나라 울릉도에도 해금으로써 일체 사람들의 출입을 금한다고 칭하였다.(『通文館志』)

○ 계유 연간에 동래 사람 안용복이 울릉도에서 고기잡이를 하다가 왜선을 만나 추격하다가 伯耆州에 이르러 태수에게 말하기를, "대마도가 중간에 들어 속이는 것이 유독 울릉도 사건 하나뿐이 아니다. 우리나라 물건을 전매할 때에 15두가 1곡인 7두를 1곡이라 하고, 37척이 1필인 베를 20척으로 1필이라 하며, 20번이 1속인 長紙를 쪼개어 3속으로 하니, 관백이 어찌 알 수 있겠는가. 원컨대, 나를 대신하여 보고해 달라."고 하니, 대마도주가 듣고 크게 두려워하여 동래부에 글을 보내어 사죄하기를, "감히 다시는 울릉도에 사람을 보내지 않겠다."고 하였다. 조정에서 드디어 무신 張漢相을 파견하여 울릉도를 살펴보게 하였으며, 이로부터 법을 정하여 월송만호와 삼척영장이 5년마다 돌아가며 한 번씩 가게 하였다. 왜가 이로부터 다시는 울릉도를 가리켜 '일본 땅'이라고 하지 못하게 되었으니, 모두가 안용복의 공이다. 대마도에서 안용복이 일본으로 가면서 대마도를 경유하지 않은 것을 시기하여, 우리나라에 죄 주기를 청하니 조정 의논이 모두 목베어 죽여야 마땅하다고 했으나, 유독 영돈녕부사 尹趾完·영중추부사 南九萬이 말하기를, "그 사람이 억세고 영리하여 쓸 만하다. 죽이면 단지 대마도의 분통만 쾌하게 해 줄 것이다."고 하니, 이에 귀양보냈다.(『春官志』)

○ 을해년(1695)에 도추(道酋 ; 對馬島主)가 또 동래부에 글을 보내어 다시 礒竹島 문제를 제기하면서 심지어는 계유년 회답 서신 중에 '귀국 竹島와 폐경 울릉도라' 고 한 말을 들면서 마치 竹島와 울릉도가 두 섬인 것처럼 하였으므로, 그 답서에 말하기를, '일찍이 82년 전 갑인에 귀국의 頭倭가 礒竹島 형세를 탐색한다고 하여 서신을 가져 왔으나, 조정에서 부사 박경업으로 하여금 답서하기를……' 했는데, 위에 보인다. 이제 그 글이 또한 온 편지에 실려 있으니, 만약 이 사건의 본말을 알고자 한다면 이 서면 하나로도 충분하다. 그 후에 세 번이나 표류해 온 왜인이 혹은 울릉도에 재목을 베러 간다고 하고 혹은 竹島에 고기잡이 간다고 하는 것을 함께 順歸船에 부쳐 보냈고, 국경 침범한 것을 꾸짖지 않은 것은 전후에 뜻이 각각 있는 바이다. 두왜가 왔을 때 신의로 책망한 것은 형세를 탐색함은 국경 침범할 정상이 있기 때문이고, 표류선이 닿았을 때 단지 순순히 돌려 보낸 것은 물에 빠져 살아 남은 생명이 속히 돌아갈 것을 빌므로 돌려 보냄이 급했기 때문에 다른 것을 물을 여가가 없었기 때문이다.이제 전후의 사정이 각기 다른 것을 생각하지 않고 단지 회답한 말의 차이만 지적하여 힐문하는 것 같으니, 이것이 어찌 성신으로 서로 사귀는 의리이겠는가. 때로 관원을 보내고 왕래하며 수색하여 검사한 것은 우리나라 『輿地勝覽』에 신라·고려 및 본조의 태종·세종·성종 三朝에서 누차 관인을 섬 안에 파견했던 일이 상세하게 기록되어 있고, 또 전일 접위관 洪重夏가 내려 갔을 때 귀주의 惣兵衛가 역관 朴自興에게 말하기를, '『輿地勝覽』을 보건대, 울릉도는 과연 귀국 땅이다.' 하였다. 요사이 우리 관원의 왕래가 잦지 않고 어민들을 멀리 들어가지 못하게 금하는 것은 대개 해로가 많이 험하기 때문이다. 이제 전부터 기재된 책을 제쳐놓고 믿지 않고서 도리어 두 나라 사람이 섬 안에서

서로 만나지 못한 것을 의심하니 이상하지 않은가. 한 섬이 이름이 둘이라 한 것은 비록 본래 우리나라 문헌에 실려 있더라도, 이번에 그 말이 생긴 것은 실은 귀주의 正官 입에서 나온 것이다. 계유년 첫 번 답서에 이른바, '귀계 竹島와 폐경 울릉도'라고 한 것은 바로 그때 예조관이 고사에 밝지 못한 탓이므로, 조정에서 바야흐로 그 실언을 책망했으며, 그때에 귀주에서 그 서면을 보내 고쳐주기를 청했으므로, 조정에서도 그 청을 따라서 고쳐 처음 서면의 실언을 바로잡았으니, 지금은 마땅히 고쳐 보낸 서면으로써 살펴서 믿어야 할 것이다." 하였다.(『通文館志』)

8) 이맹휴 편, 『春官志』

鬱陵島爭界

鬱陵島在江原道海中屬蔚珍縣 輿地勝覽曰 一云武陵 一云羽陵 在蔚珍正東海中 三峯岌嶪撑空 南峯稍卑 風日淸明 則峯頭樹木及山根沙渚歷歷 則可見 風便則二日可到 一說 于山鬱陵本一島 東史云新羅時 于山恃險不服 智證王十二年 異斯夫爲何瑟羅州軍主 多造木獅載戰船 往謂之曰 爾若不服 當縱此獸踏殺 國人恐懼來降 高麗太祖十三年 島人白吉土豆 獻方物 毅宗十二年 王聞島中地廣土肥 可以居民 遣溟州道監倉金柔立往視 柔立回奏云 島有大山 從山頂向東行至海萬餘步 向西行萬三千步 向南行萬五千步 向北行八千步 有村落基址七所 或有鐵鐘石佛石塔 多生柴胡藁本石南草 後崔忠獻獻議 移東郡民以實之 屢爲風濤所蕩覆 遂止 本朝太宗時 聞流民逃入者多 命三陟人金獜雨爲按撫使 刷出空其地 獜雨言 土地沃饒 竹大如杠 鼠大如猫 桃核如升 凡物稱是 世宗二十年 又遣縣人萬戶南顥 率數百人 往搜之 盡俘逋民金丸等七十餘人而

還 地邃空 成宗二年 有告別有三峯島 乃遣朴元宗往覓之 遇風濤而歸泊
鬱陵 取大竹大鰒以獻 判書李晬光芝峯類說云 鬱陵 壬辰變後 被倭焚掠
無復人烟 近聞倭占據礒竹島 或謂礒竹卽鬱陵也 此說亦據傳聞而云爾
倭人執此爲案 自萬曆甲寅以後 曉曉不已 然此亦非日本之意 只馬島倭
聘詐如此 盖是島以其產竹也 故謂竹島 有三峯也 故謂三峯島 至於于山
羽陵蔚陵武陵礒竹 皆音號轉訛而然也 自異斯夫威服之後來 屬于我 昭
著史籍 苟許其來居必爲邊患 是地 有巨竹大魚之利 故馬島倭所耽耽然
挩 近五十餘年 更不敢動想 亦辭屈而然也 萬曆四十二年光海四年(甲寅)
倭差舡三隻至 謂將探見礒竹島形止 持書契來納(書契不傳) 且曰 島在慶
尙江原之間 朝廷 惡其猥越 不許接待 只令東萊府使朴慶業 答之 其書曰
足下 非不知此島之不可橫占 而乃欲擾越窺覘 是誠何心 恐非終好之道
所謂礒竹島 實我國之蔚陵島也 介於慶尙江原海洋 而載在輿圖 奚可誣
也 盖自羅麗以來 收取方物 逮至 我朝 屢刷逃民 今雖廢棄 豈可容他人
冒居耶 前日復書已悉梗槩 貴島宜瞿然改圖 而今乃直以鮮纜發舡爲言
不幾於輕朝廷而昧道理乎 貴島於我國往來通往 惟有一路 譬若門戶 此
外 無論漂舡眞假 皆以賊舡論斷 弊鎭沿海將官 惟知嚴守約束而已 不知
其他 惟貴島審區土之有別 知界限之難侵 恪守信義努力 自勖免致謬戾
尙克有終(今以前日復書之說觀之 是前已有所往復也)
　康熙四十二年肅宗十九年 (癸酉) 九月 馬島太守平義倫 遣倭差 押還
漂民二口 貽書于禮曺曰 貴域漁氓 行舡於本國竹島 極是不可到之地也
以故 土官詳諭國禁 今春亦復不顧國禁 漁氓四十餘口 往入竹島雜然漁
採由是 土官拘留其漁氓二人(一曰安龍福 一曰朴於屯)爲質於州司 以爲
一時之證 我國因幡州牧 連以前後事狀馳報東蒙 令彼漁民 附與弊邑 以
還本土 不佞想 夫我殿下從愛黎庶無間遠近 旣往不咎 惟緣鴻庇二漁氓

得還故土也 此事所係非細兩國交誼 豈可不思无妄之禍耶 速加政令於邊
浦 堅制禁條 隣陸悠久之一好事也 禮曺答曰 弊邦海禁至嚴 制束海民 使
不得出於外洋 雖弊境之蔚陵島 亦以遼遠之 故切不許任意往來 況其外
乎 今此漁舡 敢入貴界竹島 致煩領送 隣好之誼 實所欣感 海氓獵漁以爲
生理 或不無遇風漂轉之患 而至於越海深入 法當痛懲 今將犯人依律罪
(此禮曹參判書契也 倭人 抵參議及東萊釜山二守書 與我之答書辭意皆
同 故不 錄以下同)是時 接慰官洪重夏至東萊 傳授答書 則倭差以爲 只
論竹島事足矣 何爲而擧蔚陵耶 譯官答曰 所以明我國之亦嚴海禁也 倭
曰 蔚陵島固知爲貴國地 壬辰後 爲日本所占據者 貴國芝峯類說中不有
之乎 譯官輩茫然不知所對 首譯朴再興卽應之曰 類說中誠有之 然此又
有大不然者 壬辰之亂 日本兵深入我境 西至於平安 北至於咸鏡 大小沿
海郡邑 皆爲亂兵所據 奚獨蔚陵一島而已 倭兵敗歸之後 通好講和 人民
之俘虜者盡刷以還 已失之地復爲我國之有 則蔚陵亦在其中 類說所論非
所可援 況文士一時漫筆 何足爲明證 倭低頭良久曰 竹島自竹島 鬱陵自
鬱陵 何必多言 明日復問曰 鬱陵距竹島幾何 再興曰 但聞鬱陵 不聞竹島
在何邊 倭曰 吾亦但聞竹島 不聞蔚陵 復曰 蔚陵島山形何若 再興曰 爾
不見輿地勝覽乎 有鼎立三峯 倭笑曰 異哉 竹島亦有三峯 遂罷 明年二月
倭復至 請去書契中鬱陵二字

甲戌二月 馬島太守平義倫 奉書于禮曺曰 向者 貴國漁民往入本國竹
島者回還焉 今回簡 有蔚陵島名 是所難曉也 只冀除却鬱陵之名 禮曺答
書曰 鬱陵在江原道蔚珍縣東海中 而風濤危險舡路不便 故中年移其民空
其地 而時遣公差來往搜撿矣 凡其山川紆曲 地形濶狹 民居遺地 土物所
産 俱載於我國輿地勝覽 歷代相傳事蹟昭然 今者我國漁氓往于其島 而
不意貴國之自爲犯越 與之相値 乃反拘執二氓 轉到江戶 幸蒙貴大君 明

察事情　優加資送　欽歎高義　感激何言　雖然　我國漁採之地　本是鬱陵島
而以其產竹　或称竹島　此乃一島而二名也　一島　二名之狀　非徒我國書籍
之所記　貴州人亦皆知之　而來書中　乃以竹島爲貴國地方　欲令我國禁止
漁舡　而不論貴國人侵涉我境　拘執我氓之失　不有欠於誠信之道乎　深望
將此意轉報東武　申飭貴國海邊之人　無令往來於鬱陵島　更致事端之惹起
　　時廟議以爲　邊氓之蘭入蔚陵者　不可不嚴防　乃白于上曰　東海邊土性
磽确　不能耕作　海上之民　惟以漁採爲活計況　鬱陵島產大竹大鰒　故沿海
漁人　冒禁貪利出入無常　雖欲一切禁斷　其勢末由　惟當隨現懲治　而若施
以輕律　則無以杜日後之弊　上　以漁民生理所關　難於切禁　只命就其中分
首從　舡主篙公定配　餘則杖放
　　乙亥五月　島倭橘眞重　上書於東萊府　以竹島事　設疑問四條　一曰　回答
書云　時遣公差　往來搜撿云　謹按　因幡伯耆二州邊民　年年往竹島　淹留以
漁採　二州牧　年年獻鰒魚於東都　貴國　若實有遣公差之事　我民未曾奏與
貴國公差相遇于彼島　不知何也　一曰　回答書中　不意貴國人自爲犯越　謹
按　兩國通好之後　往來竹島之漁民　漂到貴國地　禮曺參議與書於弊州　送
返漂民之事總三度矣　其中　七十八年前書云　倭人馬多三伊等　往漁于鬱
陵島　遇風漂到　玆付順歸倭舡　盖八十二年前言　不容許他人之冒居　則無
七十八年前　聞他人往漁而容許之理矣　當時　若以兩國相歡之　故不禁止
我氓往漁　則無書中不述其情由之理矣　是誠可疑也　伏乞開示　東萊府回
答曰　曾在甲寅　貴州頭倭　以磺竹探見事　出來朝廷　以爲猥越不許接待　令
東萊府使朴慶業答書　若欲此事源委　此一書足矣　安用許多葛藤之說乎
其後　日本三度漂倭付於順歸舡送貴州云　而不以犯越侵涉爲責　前後意義
各有所在　頭倭之人責以信義者　以探見形止　有侵越之情也　漂舡之泊　只
令順付者　漂溺餘生　乞得速還　則資送是急　不暇問他　與國之禮有當然者

夫豈有容許我土之意乎 時遣公差往來搜撿云者 我國輿地勝覽詳記 新羅
高麗及本朝太宗世宗 成宗三朝 屢遣官人於島中之事 且前日 按慰官洪
重夏下去時 貴州摠兵衛称號人言於譯官朴再興曰 輿地勝覽觀之 鬱陵島
果是貴國地云 此書 貴州人所嘗見 今乃舍自前記載之書而不信 乃反以
彼我人之不相逢値島中爲疑 不亦異乎 一島 二名云者 朴慶業書中 旣有
礒竹島實我國鬱陵之語 且朴再興正官擧倭相見時 正官乃發我國芝峯類
說之說 類說曰 礒竹卽鬱陵也 然則一島 二名之說 雖載於本國書 今番發
其言端 室自貴州正官之口 此豈可疑而請問者乎

癸酉年 初度答書 所謂貴界竹島弊境鬱陵島云者 有若以爲二島者 然
此乃其時南宮 之官不詳故事之致 朝廷方咎其失言 此際貴州出送其書而
請改 故朝廷因其請而改之 以正初書之失 到今 惟當一以改送之書 考信
而已 初書 旣以錯誤而改之 則何足爲今日憑問之端乎

丙子十月 馬島奉行倭平眞顯等六人 寄書于我國譯官卞宋兩人書 凡二
道 其一論竹島事 曰先太守 以竹島去本邦太遠 而去貴國却近 恐兩地人
殽雜 必有陰通私市等事 卽下令 永不許人往來漁探 夫釁隙生於細微 禍
患興於下賤 古今通病慮 寧勿預 是以 百年之好偏欲彌篤 而一島之微遽
付不較 豈非兩邦之美事乎 其一論安龍福擅行事 曰 貴國人十一口 以今
夏抛錨於因幡州 以啓事爲辭 兩邦交通 只由對馬一路 盟約在前 關係非
小 下令於因幡 卽時趕回不容轉啓 本州處乎兩邦之間 專掌通好 其來久
矣 今乃一朝 捨本州而由他路 背定約而行私計 貴國宜嚴申舊 杜防私弊
務使不至于妄生事端 以取紛擾 朝議 以其事端重大 使禮曺參議朴世[火+
雋] 直貼書于對馬島太守 曰 蔚陵之爲我地 輿圖所載 文跡昭然 無論彼
此遠近 疆界自別 貴州旣知鬱島與竹島爲一島而二名 則其名雖異 其爲
我地則一也 貴國下令 永不許人往來漁探 辭意丁寧可保久遠無他 我國

亦當分付官吏 以時檢察俾絶兩地人往來殽雜之弊矣 昨年 漂氓事 海濱
之人 以舟楫爲業 飄風焂忽易及飄蕩 以至冒險重溟 轉入貴國 豈可以此
有所致疑於違定約而由他路乎 若其呈書 誠有妄作之罪 故已施幽殛之典
矣 益務誠信 以全大體 更勿生釁於邊疆 庸非彼此之大願者耶

　時有安龍福者 東萊人也 隷戰舡櫓軍 自幼善倭語 康熙癸酉夏 操舡入
大海漁採 漂到蔚陵 遇倭舡 被拘入日本五浪島 龍福 爲島主備言蔚陵屬
我國狀 曰 自鬱陵距我國一日程 距日本五日程非屬我國者乎 朝鮮人自
往朝鮮地 何拘爲 島主知不可屈 解送伯耆州 州太守亦厚遇之 饋銀弊 龍
福不受曰 願日本勿復以鬱陵島辭 受銀非吾志也 太守曰 諾 遂禀關伯 作
書契受之 言鬱陵非本日界 行至長碕島 島主馬島主之黨也 求見書契 龍
福出示之 島主奪不還 送龍福于馬島 時島主指鬱陵爲竹島 爲藉關伯命
數遣人爭之 其實非關伯意也 鬱陵 饒魚竹 倭利其有 且倭差至 則國家待
之豊 倭欲因此 丐酒食 來往不止 至是 恐龍福盡發其奸狀甚惡焉 牢囚久
之 押送東萊 又囚于館 前後九十日始還 龍福言于府使 府使不以聞 明年
朝廷 遣接慰官至萊 龍福又訴前事 朝廷亦不之信也 時倭差累至 虛疑恫
喝 若將生釁然 國人擧以爲憂 不知爲馬島所瞞 龍福憤甚 走至蔚山海邊
有商僧雷等艤舡 龍福誘謂曰 蔚陵多海菜 吾當爲汝指其路 僧欣然從之
遂擧帆三晝夜泊鬱陵 倭舶自東至 龍福目諸舡人縛之 舡人㤼不發 龍福
獨前奮罵 何故犯我境 倭對曰 本向松島 固當去也 卽去 龍福追至松島
又罵曰 松島卽芋山島 爾不聞芋山亦我境乎 麾杖碎其釜 倭大驚走 龍福
轉至伯耆州 言其狀 太守悉捕治之 龍福乃詭稱鬱陵監稅官 升堂與太守
抗禮 大言曰 馬島之居間矯誣 豈獨鬱陵一事 我國所賜弊貨 馬島諸賣轉
日本 多設機詐 米十五斗爲一斛 馬島以七斗爲斛 布三十七尺爲一匹 馬
島以二十尺爲匹 紙二十番爲一束 且甚長 馬島截爲三束 關伯安從知之

子能爲我達一書於關伯乎 太守許之 馬島主之父 時在江戶 聞之大懼 乞
於太守曰 書朝而入 則吾兒夕而死 子其圖之 太守歸語龍福曰 毋庸上書
且速歸馬島如更爭界者 可差人賫書來 龍福還泊襄陽 告于官 且獻在伯
者時呈太守 文以證前事不誣 同舡者十餘人 一一納供 如龍福言無異辭
於是 倭知不可復誑也 抵書萊府謝曰 不敢復遣人至鬱陵 是時事由龍福
發 故倭嫉之 以龍福行不由馬島爲罪 舊約 有自馬島向釜山一路以外皆
禁之文故也 朝議皆以爲 龍福罪當斬 獨領敦寧尹趾完 領中樞南九萬謂
殺之適足快馬島憤 且其人桀黠非碌碌者 宜留爲他日用 乃流之 朝廷 又
遣武臣張漢相 往審鬱陵 自是 定爲法越松萬戶及三陟營將 每五年一往
更送行焉 倭至今不復指鬱陵爲日本地 皆龍福之功也(李盟休 編, 『春官
志』三, 附錄 鬱陵島爭界).

鬱陵島爭界

　　울릉도는 강원도 바다 가운데 있는 울진현에 속한다. 『輿地勝覽』에
이르기를, "혹은 武陵이라고도 하고 혹은 羽陵이라고도 하는데, 울진의
정동쪽 바다 가운데에 위치하였다. 세 봉우리가 우뚝하여 하늘에 솟아
있는데 남쪽 봉우리가 조금 낮다. 바람과 날씨가 청명하면 봉우리 꼭대
기의 수목과 산의 모래사장을 역력히 볼 수 있는데, 바람이 순하면 2일
이면 갈 수가 있다." 하였다. 일설에는 "于山과 울릉은 본래 한 섬이라
한다." 하였다.

　　東史에는 다음과 같이 실려 있다. 신라 때에는 우산이 험함을 믿고 복
종하지 않았는데, 지증왕 12년에 異斯夫가 하슬라주의 군주가 되어, 나
무사자(木獅)를 많이 만들어 전함에 싣고 가서 말하기를, "너희들이 만

약 복종하지 않는다면 이 짐승들을 놓아 짓밟아 죽이겠다." 하니, 나라 사람이 두려워 항복하였다 한다.

고려 태조 13년에 島人 白吉 土豆가 方物을 바쳤다.

의종 12년에 왕이, 섬 가운데 땅이 넓고 비옥하여 백성을 거주시킬 수 있다는 말을 듣고 溟洲道 監倉 金柔立을 시켜 가보게 하였다. 유립이 돌아와 아뢰기를, "섬에 큰 산이 있는데, 산꼭대기로부터 동쪽 바닷가까지는 만 여보이고 서쪽으로는 1만 3천보이고, 남쪽으로는 1만 5천보이고, 북쪽으로는 8천보였는데, 촌락 터가 7개소나 있으며, 鐵鍾·石佛·石塔이 있고, 柴胡·藁本 石南草가 많이 납니다." 하였다. 뒤에 崔忠獻이 獻議하기를, "東郡 백성을 옮겨 채워두자."고 하였으나 여러 번 풍랑에 전복되어 결국 중지하고 말았다.

본조 태종 때는 유민으로 도망해 들어간 자가 많다 하여 삼척 사람 金獜雨를 안무사로 삼아 보내어 데려오고 그곳을 비웠다. 인우는 말하기를, "토지가 아주 비옥하여 대(竹) 크기가 다릿목(杠)만 하고 쥐가 고양이만 하고 복숭아 씨가 되(升)만 한데 다른 모든 물건이 이와 같았습니다." 하였다.

세종 20년에 또 울진현 사람과 만호 南顥에게 수백인을 딸려 보내 수색케 하여 도망간 백성 金丸 등 70여인을 잡아 돌아오니 그곳은 결국 비워졌다.

성종 21년에 따로 三峯島가 있다고 고하여 곧 朴元宗을 보내어 조사하게 하였더니, 풍랑을 만나 울릉도에 돌아가 정박하면서 큰 대와 큰 전복을 취하여 바쳤다.

판서 李晬光의 『芝峯類說』에 이르기를, "울릉도는 임진년 병란 후에 왜적의 노략질을 받아서 다시는 인가가 들어서지 못하였는데, 근래에 들건대 왜가 磯竹島를 점거하였다 한다. 혹 磯竹은 곧 울릉이라 한다.”
하였다. 이 말을 전해 듣고서 말한 것이다. “왜인은 이 점을 들어 案을
만들어 萬曆 갑인년부터 논쟁해 마지않았다. 그러나 이 또한 일본의 뜻
이 아니라 대마도 왜인의 변덕스러움이 이와 같은 것이다.

대개 이 섬은 대가 나는 까닭에 竹島라 이르고 세 봉우리가 있기 때문
에 三峯島라 하여, 于山이니, 羽陵이니 蔚陵이니 武陵이니 磯竹이니 하
는 것은 모두가 발음이 잘못 전해져 그런 것이다.

異斯夫가 威服시킨 후로부터 우리나라에 소속시켰다는 것은 사적에
분명하며, 단지 와서 살게 한 것은 邊患이 되기 때문이었다. 그리고 큰
대와 고기의 이점이 있기 때문에 대마 왜의 탐탐 노리는 바가 되었으나,
근 50여 년 동안에는 감히 다시 생각을 못하는 것은 말이 서지 않아서
(屈) 그런 것이다.

만력 42년 광해 4년(갑인년)에 왜의 差船 3척이 磯竹島의 形止를 조사
하겠다면서 서계와 采納을 가져 왔다. (서계는 전하지 않음) 또 말하기
를, “섬은 경상·강원의 중간에 있다.” 하였으나, 조정에서는 그의 猥越함
을 미워하여 접대를 허락하지 않고, 다만 동래부사 朴慶業으로 하여금
답하도록 하였는데, 그 글에 이르기를, “足下는 이 섬이 橫占할 수 없다
는 것을 모르지 않을 것인데, 과분하게 엿보고자 하는 것은 정말 무슨
마음이요. 아마 수호의 도가 아닐 것입니다. 소위 磯竹島는 실로 우리나
라의 울릉도로 경상·강원 해양의 경계이며, 輿圖에도 실려 있는데 어찌
속일 수 있겠소. 대개 신라·고려 이래로 방물을 받아 왔으며, 지금까지
도 우리 조정에서는 누차 도망한 백성을 刷還하였으니, 지금 비록 버려
두었다 하더라도 타인이 함부로 사는 것을 용납할 수야 있겠소. 전번 회
답한 편지에 그 대강을 다하였으니, 귀도에서 마땅히 두려운 듯 계획을

고쳐야 하는데 이제 직접 닻줄을 풀어 배를 띄우겠다고 말하니, 이것은 조정을 가벼이 여기고 도리를 흐리게 하는 것이 아니겠소. 귀도와 우리나라에 왕래하고 통행하는 것은 단지 한 길뿐으로 문호(와 같으니 이 길 이외는 표류선이든 아니든 간에 모두 賊船으로 논단하겠소. 弊鎭의 沿海 將官은 단지 엄하게 약속을 지킬 줄만 알 뿐이고, 다른 것은 모릅니다. 귀도는 영토의 구별을 잘 살피고 한계를 벗어나 침입하는 어려움을 알아 신의를 정성껏 지키고 노력하고 스스로 힘써서 잘못을 저지르지 마시고 끝을 잘 맺으십시오." 하였다. (지금 전일 회답 편지의 말로 본다면 전에도 이미 왕복하였던 것이 있었다.)

강희 42년 숙종 19년(계유년) 9월에, 馬島太守 平義倫이 差倭를 보내 漂民 두 사람을 돌려보내면서 예조에 편지를 보내기를, "귀역 어민이 본국 竹島에서 고기잡이를 하였는데, 이는 극히 갈 수 없는 곳이라서 土官이 國禁이라는 것을 타일렀지만, 금년 봄에 또 국금을 아랑곳하지 않고 어민 40여명이 竹島에 들어가서 뒤섞여서 고기 잡고 벌목하였습니다. 이 때문에 土官이 그 어민 두 사람(한 사람은 安龍福이고, 한 사람은 박어둔이었다.)을 州司에 인질로 잡아 한때의 증거로 하였습니다. 우리나라는 因幡州牧이 연달아온 전후의 일을 東武에 치보하여, 저 어민들로 하여금 폐읍에 붙여 본국으로 돌려보내게 하였습니다. 저(不佞)는 생각건대, 우리의 전하가 원·근을 가릴 것 없이 백성을 두루 사랑하시어 지난 일을 허물하지 않으시고 오직 널리 비호함으로 인하여 두 어민이 고국으로 돌아가게 되었습니다. 이 일은 두 나라 交誼에 관계가 적지 않으니, 어찌 无妄의 화를 생각하지 않아서야 되겠습니까? 속히 변방 포구에 政令을 내려 禁條를 제정하시는 것이 오랫동안의 인접국가로써 한 좋은 일이겠습니다." 하였다.

　예조에서 답하기를, "폐방은 海禁이 지극히 엄하여 海民을 단속하여 외양에 나가지 못하도록 하였다. 비록 우리나라 국경에 있는 울릉도도 역시 멀기 때문에 임의로 내왕하지 못하도록 하였는데 황차 국경밖이겠습니까. 지금 이 어선은 귀국의 경계인 竹島에 감히 들어가서 領送하는 데에 번거로움을 끼쳤으니 隣好의 誼야 실로 고마운 바입니다. 어민은 고기잡이를 生理로 여기고 있는데, 혹 풍랑을 만나 표류할 화난이 없지 않을 것이나, 바다를 건너뛰어 깊이 들어간 것에 대해서는 법으로 마땅히 징계해야겠지요. 지금 범인을 律에 의하여 죄 주겠습니다. (이것은 예조 참판의 서계이다. 왜인의 參議와 동래부사·부산첨사에게 보내온 편지와 우리의 답서는 사의가 모두 같아서 적지 않는다. 이하 같음)

　이때 접위관 洪重夏가 동래에 이르러 답서를 전하자 倭差가 말하기를, "竹島 일만 논하면 족한데 하필 울릉도를 거론하십니까 " 하므로 역관이 답하기를, "우리나라도 역시 해금을 엄하게 한다는 것을 밝히려는 때문이오." 하자, 왜가, "울릉도야 확실히 귀국의 땅임을 알지만 임진난 후에는 일본이 점거하게 된 것은 귀국 「芝峰類說」에도 있지 않소." 하므로 역관배들은 망연히 대답할 바를 모르고 있는데 首譯 朴再興이 즉시 응하기를, "유설 가운데 분명히 있긴 합니다만 이것은 전혀 그렇지가 않습니다. 임진년의 난이란 일본 병사가 우리나라 국경에 깊숙이 들어 왔으니, 서쪽으로는 평안에 이르기까지, 북으로는 함경에 이르기까지 크든 작든 모든 연해 도읍이 모두 亂兵의 점거하는 것이 되었으니, 어찌 유독 울릉도 한 섬만이겠습니까. 倭兵이 패하여 돌아가고 친교를 맺어 강화하고 포로가 된 백성도 모두 쇄환하고 잃었던 땅도 다시 우리나라의 소유로 되었은 즉 울릉도도 그 가운데 들어 있는 것입니다. 유설의 논한 바를 援用할 수도 없습니다. 황차 문사의 한때 漫筆인데 어찌 분명한 증

거로 할 수 있겠습니까?" 하니 차왜는 머리를 숙이고 한참 있다가 "竹島
는 竹島요, 울릉도는 울릉도인데 하필 말을 많이 하지요." 하였다. 다음
날 다시 묻기를, "울릉도는 竹島와 얼마나 됩니까" 하므로, 재홍이, "울
릉도는 들었지만 竹島는 어디에 있는지 듣지 못했소." 하자 왜는 "나도
竹島는 들었어도 울릉도는 듣지 못했소." 하고는 다시, "울릉도의 산형
은 어떠합니까?" 재홍이, "당신은 『輿地勝覽』도 보지 않았소. 세 봉우리
가 쭈빗쭈빗 서 있답니다." 하니 왜가 웃으며, "이상도 하다. 竹島에도
세 봉우리가 있는데." 하고는 드디어 파하였다. 다음 해 2월에 왜가 다시
와서 서계 가운데 울릉 두 자를 빼달라고 청하였다.

  갑술 2월에 대마태수 平義倫이 편지를 예조에 받들어 이르기를, "지난
번 귀국 어민이 우리나라 竹島에 들어가 돌려보냈습니다. 그런데 금번
회답 편지에는 울릉도라는 이름이 들어 있으니, 이해할 수가 없군요. 단
지 바라건대, 울릉이라는 이름을 빼주십시오." 하였다. 예조에서는 답서
하기를, "울릉은 강원도 울진현의 동쪽 바다 가운데에 위치하였는데, 풍
파가 위험하여 뱃길이 불편하여서 중년에 거기에 있는 백성을 이주시키
고 비워두고 때로 公差를 보내어 내왕하여 수색케 하였습니다. 무릇 그
곳 산천이 꾸불꾸불하고 지형은 넓었다 좁았다 하며 백성이 거주했던
遺址와 土物 소산이 모두 우리나라 『輿地勝覽』에 실려 있으며, 역대로
전하는 사적에도 환합니다. 그런데 이번 우리나라 어민이 그 섬에 갔는
데 의외로 귀국이 스스로 국경을 범하여 서로 상치하였다가는 도리어
두 백성을 붙잡아 강호로 보냈으나 다행히 귀 大君의 사정을 밝게 살핌
에 힘입어 우대하여 보내 주시니 高義를 欽歎하여 감복됨을 이루 다 말
하겠습니까? 그러나 우리나라에서 고기 잡고 채벌한 곳은 본래 울릉도
요, 거기서 대(竹)가 나기 때문에 혹 竹島라 칭하니 바로 이름은 둘이지

만 같은 한 섬입니다. 이름은 다르지만 같은 섬이라는 사실은 비단 우리 나라 서적에 기록되었을 뿐 아니라 귀주 사람도 모두 알고 있습니다. 보낸 편지 가운데 竹島를 귀국 지방이라 하여 우리나라로 하여금 고기잡이 배를 금지시키려 하여 귀국 사람이 우리 국경을 침범하여 우리 백성을 구속한 실수는 논하지도 않았으니, 성신의 도에 흠이 있지 않겠습니까? 깊이 바라건대, 이 뜻을 東武에 아뢰고 귀국 해변 사람에게 신칙하여 울릉도에 왕래하여 더욱 사단을 야기시키지 마십시오.” 하였다.

당시 廟議는 邊民이 울릉도에 마구 들어가는 것은 엄하게 막아야 한다고 생각하고 상에게 아뢰기를, “동해 바닷가는 토질이 모래와 자갈이 많아 경작할 수 없어 바닷가 백성들은 오직 고기잡이, 벌채로 생활해 나가고 있는데, 울릉도에는 큰 대와 전복이 나므로 연해 고기잡이하는 사람들은 금함을 무릅쓰고 이익을 탐하여 무상으로 출입하고 있습니다. 비록 일체 금단하려 하나 그 형세가 어쩔 수 없습니다. 마땅히 보이는 대로 징치해야 하며 만일 輕律로 한다면 일후의 폐를 막을 수 없습니다.” 하자, 상은 “어민들의 생활 방편에 관계되느니만큼 몹시 금지시키기 어려우니, 다만 그 가운데서 우두머리와 따라간 자를 나누어 배 주인이나 뱃사공은 定配하고 나머지는 곤장을 때려 석방하라.” 명하였다.

을해년 5월에 대마도 왜 橘眞重이 동래부사에 편지를 올려 竹島 일로 의문을 들었는데 네 가지였다.

1. 회답한 편지 가운데, “公差를 보내어 왕래를 수색하려 하였다……” 하였습니다. 삼가 생각하건대 因幡·伯耆의 두 주 변방 백성들은 해마다 竹島에 들어가 머물면서 고기잡이도 하고 벌목도 하여 두 주에서는 해마다 전복·고기를 東都에 바칩니다. 귀국이 만약 실제로 公差를 보낸 일이 있었다면 우리 백성이 아직까지 그 섬에서 귀국의 공차를 만났다는

것을 아뢴 적이 없고 모르고 있는 것은 무슨 일입니까?

　1. 회답하는 편지 가운데 생각지도 않게 귀국 사람들 스스로가 국경을 넘었다고 하였습니다. 삼가 생각하건대, 두 나라가 서로 친교를 맺은 후 竹島에 왕래하던 어민이 귀국 땅에 표류하였습니다. 예조 참의는 弊州에 편지를 보내고 표류민을 돌려준 일이 모두 세 번이었습니다. 그 가운데 78년 전의 편지에는 "왜인 馬多三伊 등이 울릉도에 가서 고기잡이하다가 풍랑을 만나 표류하여 돌아가는 왜선 편에 보냅니다."하였으니, 대개 82년 전에 타인이 무릅쓰고 거주하는 것을 용납하지 않았다면 78년 전에는 타인이 가서 고기잡이하는 것을 용납할 리가 없지 않습니까. 당시에 만약 두 나라가 서로 잘 지냈기 때문에 우리 백성이 가 고기잡이 하는 것을 금지하지 않았다면 편지 가운데 그 사정을 기술하지 않을 수 없는 것이니, 이는 정말 의심스럽습니다. 開示하여 주시옵소서" 하였다.

　동래부사가 회답하기를, "지난 갑인년에 귀주 頭倭가 礒竹을 수색하겠다는 일로 우리 조정에 나왔으나 猥越하다고 하여 접대하지 못하게 하고 동래부사 朴慶業으로 하여금 답서하게 하였으니 만약 이 일의 근원을 알고자 한다면, 이 한 통의 편지만 해도 족한데 어찌 많은 갈등의 말을 쓰겠소. 그 뒤 '일본의 세 번의 표류한 왜인을 돌아가는 배편에 귀주로 보냈다.' 하였는데, 국경을 범하였거나 침노한 것으로 책하지 않은 것은 전후 의의가 각각 그 소재가 있습니다. 두왜에 대해 신의로써 책망한 것은 그 形止를 정탐하겠다는 것은 국경을 범하고 침노할 정상이 있음입니다. 표류한 선박을 돌려보낸 것은 표류하다가 살아남은 사람이 속히 돌아가기를 애걸하면 資送이 시급하므로 다른 것은 물을 필요가 없으며 우호하는 나라의 예에 당연히 그래야 하는 것이니, 무릇 어찌 우리 영토를 용납할 뜻이 있었겠습니까. 때로 공차를 보내어 왕래를 수색

하였다 하였는데 우리 『興地勝覽』에도 상세히 기록되어 있지만 신라·
고려와 본조의 태종·세종·성종께서 관인을 섬 가운데 보냈으며, 또 전
일 접위관 洪重夏가 내려왔을 때 귀주 毬兵衛라 칭호하는 사람이 역관
朴再興에게 말하기를, 『興地勝覽』을 보니 울릉도는 과연 귀국 영토더군
요.'라고 하였습니다.

이 편지는 귀주 사람이 일찍이 본 것인데, 이제 스스로 전번에 쓴 편
지를 버려두고 믿지 않으면서 도리어 귀도 사람과 우리나라 사람이 그
섬에서 만나지 않은 것을 의심하시니 이상하지 않습니까? 같은 섬이면
서 이름이 다르다는 것은 박경업의 편지 가운데 이미 礒竹島는 실로 우
리나라 울릉도라는 말이 있습니다. 또 박재홍이 正官倭와 만났을 때 정
관왜가 우리나라 『芝峯類說』의 말을 들추어 말하기를, "礒竹은 곧 울릉
이다."라고 하였으니, 그렇다면 같은 섬이면서 이름이 다르다는 설은 비
록 우리나라 서적에 실려 있지만, 이번에는 그 말의 단서를 내놓은 것을
실로 귀주 정관의 입으로부터였으니 이것이 어찌 의심스러워 묻기를 청
할 수 있겠습니까.

계유년 첫 번째 답서에 이른바 귀주의 竹島는 폐방의 울릉도입니다.
한데 대하여 마치 두 개의 섬으로 여긴 듯하지만, 이것은 당시 예조의
관리가 고사를 잘 알지 못한 탓이었습니다. 그래서 조정에서 바야흐로
그 실언을 허물하였는데, 차제에 귀주는 그 편지를 보내어 고치기를 청
하므로 조정에서는 그 청으로 인하여 고쳐서 처음 편지의 실수를 바로
잡았습니다. 지금 와서는 마땅히 한 결 같이고쳐 보낸 편지로 考信할 뿐
이요. 처음 편지는 이미 착오였기 때문에 고쳤은 즉 어찌 오늘날 憑問할
단서가 되겠습니까 하였다.

병자년 10월에 馬島奉行倭 平眞顯 등 6인이 우리나라 역관 변·송 두

사람에게 편지를 띠웠는데, 모두 두 차례였다.

그 한 가지는 竹島 일을 논한 것이었는데, 이르기를 "먼저 태수는 竹島가 우리나라와는 너무 멀고 귀국과는 도리어 가까우니 아마도 두 나라 사람이 뒤섞여 몰래 私市를 통하는 등의 일이 있을 것이라 하여 즉시 영을 내려 영구히 내왕하여 고기잡이나 벌목하는 것을 허락하지 않았습니다. 무릇 틈이란 것은 미세한 데서 생기고 禍患이란 것은 下賤에서 나오는 것이 예나 지금이나 공통된 병통이니 어찌 미리 막지 않겠습니까. 이로써 백년의 우호는 더더욱 독실하게 해야 할 것이고 섬 하나의 미세한 곳은 계교하지 않는 것이 두 나라의 아름다움이 아니겠습니까?" 하였다.

그 한 가지는 안용복이 마음대로 행동한 것을 논한 것인데 이르기를 "귀국 사람 11명이 금년 여름에 因幡州에 닻을 던지고는 啓事한다 하였습니다. 두 나라의 교통은 대마도를 경유한 한 길 뿐이라는 맹약이 전에 있어 관계가 작지 않아 인번에 영을 내려 즉시   아 데려와 轉啓하지 못하도록 하였습니다. 본주는 두 나라 사이에 처해 있어 전적으로 通好를 장악해 온지 오래 되었는데, 이제 하루아침에 본주를 버리고 다른 길을 경유하여 定約을 위배하고 사사로운 계책을 행하였으니, 귀국은 마땅히 구약을 엄하게 신칙하고, 사사로운 폐단을 막아 망령되이 사단을 일으켜 어지러움을 가져오지 않도록 하십시오." 하였다.

조정 의논은 그 사단이 중대하다 하여 예조 참의 朴世㷀을 시켜 직접 대마도 태수에 편지를 보내도록 하였는데, 이르기를 "울릉이 우리나라 영토라는 것은 輿圖에도 실려 있고, 文跡에도 분명합니다. 피차 원근을 물론하고 경계가 분명합니다. 귀주도 이미 울릉과 竹島가 한 섬이면서 이름이 둘이라는 것을 알고 있으니, 그 이름이 비록 다를지라도 우리나라 땅임은 하나이니 귀국이 영을 내려 영원히 사람들이 내왕하면서 고기잡이나 벌목하지 못하게 하겠다는 말뜻이 정녕하여 오래도록 딴 일이 없음을 보증할 수 있으니, 우리나라도 역시 관리에게 분부하여 때때로 검찰하여 두 나라 사람들이 내왕하여 혼잡하게 하는 폐단을 막게 하겠습니다. 작년에 표류된 백성에 관한 일입니다. 바다에 빠진 사람은 뱃일을 업으로 삼았는데, 飃風이 어느새 바뀌어 유랑되어 여러 번 죽을 고비를 넘기다 귀국에 표류되었으니, 어찌 이 일로써 정약을 위반하고, 다른 길을 경유하였다고 의심할 수 있겠습니까. 그 文書가 참으로 망령되이 지은 죄가 있어 이미 幽殛의 법을 시행하였습니다. 더욱 성신을 힘쓰고 대체를 온전히 하여 다시 邊疆에서 틈을 만들지 마시는 것이 어찌 피차간의 지극한 소원이 아니겠소." 하였다.

그때 안용복이란 자가 있었는데, 동래 사람이다. 전선의 櫓軍으로 있었는데, 어려서부터 왜말을 잘 하였다. 강희 계유년 여름에 배를 몰고 대해로 들어가 고기잡이를 하다가 울릉도에 표류되어 왜선을 만나 붙잡혀 일본 오랑도로 들어갔다. 용복은 도주에게 울릉도는 우리나라에 속한다는 것에 대해 갖추어 말하기를, "울릉도로부터 우리나라는 하루길이요, 일본은 5일 길이니 우리나라에 속하는 것이 아닙니까. 조선 사람이 조선 땅에 갔는데 왜 붙잡습니까" 하였다. 도주는 굴복 시킬 수 없음을 알고 백기 주로 보내자, 백기 주 태수도 역시 후히 접대하고 銀幣를 주었다. 용복은 받지 않으면서 말하기를 "원컨대, 일본은 다시는 울릉을 들추지 마시오. 은을 받는 것은 나의 뜻이 아니오" 하자, 태수는 말하기를 "좋다."하고는 관백에게 稟하여 서계를 써서 주었는데, 거기에 "울릉은 일본의 지역이 아니다."하였다. 長崎島에 도착하자 장기도 도주는 대마도주와 한 黨인지라 서계를 보자고 하였다. 용복이 내보이자 도주는 빼앗아 가고는 돌려주지도 않고 용복을 마도로 보냈다. 그때 도주는 울릉을 竹島라 지칭하고는 관백의 명이라 빙자하고 자주 사람을 보내 다투었으나, 실은 관백의 뜻이 아니었다. 울릉도는 고기와 대나무가 풍부하여 왜는 그것을 이익으로 삼았고, 또 差倭가 우리나라에 오면 풍성하게 대접하여 왜는 이것으로 인하여 酒食을 애걸하여 왕래가 그치지 않던 터라 이때에 이르러 용복이 그 간악한 형상을 모조리 폭로할까 심히 미워하였다. 그리하여 가둬놓기를 오래 동안 하다가 동래로 압송하고 또 관에 가둔 지 전후 90일만에야 비로소 풀려 돌아왔다.

용복이 부사에게 말하였으나, 부사는 나라에 알리지도 않았다. 다음 해 조정에서 접위관을 보내어 동래에 이르렀다. 용복은 또 그에게 전후 사정을 이야기 하였으나, 조정에서도 역시 믿으려 하지 않았다. 그때 차왜가 자주 와 근거 없이 위협하여 곧 틈이 생길 것 같아 온 국민은 모두 근심스럽게 여겼으되, 대마도의 기만이라고는 알지 못하였다.

용복은 심히 분하여 울산 해변가로 달려가니 商僧 雪 등의 蟻船이 있었다. 용복은 유인하여 말하기를, "울릉도에는 海菜가 많소. 내가 당신네들을 위하여 그 길을 가르쳐 주겠소"하니, 승은 혼연히 따랐다. 드디어 닻을 올리고 3일 동안 밤낮으로 가서 울릉도에 정박하였다. 왜선이 동으로부터 이르자 용복은 선인을 눈짓하여 결박하라 하였으나, 선인은 겁에 질려 움직이지 못했다. 용복이 혼자 앞에서 "무엇 때문에 우리의 국경을 침범하였느냐?"고 욕을 퍼붓자, 왜는 "본래는 松島로 가는 것이었습니다. 마땅히 가야겠지요." 하고는 바로 떠나 버렸다. 용복은 또 뒤 아 松島에 이르러서는 "松島는 곧 于山島인데, 于山島도 우리나라 국경이라는 것을 듣지 못했느냐?"고 욕하면서 막대기를 휘둘러 솥(釜)을 부수자 왜는 크게 놀라 달아나버렸다. 용복은 백기 주에 이르러서 그 정상을 말하

자, 태수가 모두 잡아 다스리는데, 용복은 鬱陵監稅官이라 거짓 칭하고
는 堂에 올라 태수와 동등한 예절을 하고 큰 소리 치기를, “馬島가 중간
에 들어서 속인 것이 어찌 울릉도 한 일뿐이리오. 우리나라에서 내린 貨
幣는 마도에서 모두 사서 일본으로 넘기는데 대부분 속이고 있소. 쌀 15
두가 1곡인데, 마도에서는 7두를 1곡으로 하고, 포 37척이 1필인데, 마도
에서는 20척을 1필로 하고, 종이 20번이 1속이고 매우 긴데, 마도에서는
잘라서 3속으로 하고 있으나 관백이 어떻게 알겠소. 그대는 날 위하여
관백에게 편지 한 통을 보내줄 수 있겠는가?” 하자, 태수가 허락하였다.
그때 마도주의 아비가 강호에 있었는데, 그 말을 듣고는 몹시 두려워 태
수에게 애걸하기를, “편지가 아침에 들어오면 내 자식은 저녁에 죽네.
그대가 잘 도모해 보라” 하자, 태수는 돌아와 용복에게 말하기를 “수고
스럽게 편지 올릴 필요 없이 속히 돌아가시고 대마도가 만약 다시 경계
문제를 다투면 사람을 보내 편지를 가져오도록 하시오.” 하였다. 용복은
돌아와 양양에 정박하면서 관가에 보고하고 백기 주에 있을 때 태수에
게 올린 글을 바쳐 전후의 일이 거짓 아님을 증거로 삼았고, 배에 같이
탔던 10여 인도 일일이 공술하기를, 용복의 말과 같아 전혀 딴 말이 없
었다. 이에 왜는 다시는 속일 수 없음을 알고는 동래부사에게 편지를 보
내어 사죄하기를 “감히 다시는 울릉도에 사람을 보내지 않겠습니다.” 하
였다.

  이때 일은 용복으로 부터 탄로되었기 때문에 매우 미워하여 용복이
마도를 거치지 않았다는 것을 죄로 삼았으니, 이는 옛 약조에 “마도로부
터 부산으로 향하는 한 길 이외는 모두 금한다”는 조문이 있기 때문이다.
  조정의 논의는 모두 용복의 죄는 마땅히 목을 베어야 한다고 말하였
으나 領敦寧 尹趾完과 領中樞 南九萬은 이르기를 “죽이는 것은 마침 마

도의 분을 씻어주는 데에 족할 뿐이요. 그 사람이 녹록하지 않고, 영걸스러우니 뒷날 쓰임을 위해서 살려야 한다.” 하여 이내 유배시켰다.

조정에서는 또 무신 張漢相을 울릉도에 보내어 수색케 하였다. 이로부터 월송만호와 삼척영장은 5년마다 1번씩 가는데 교대로 가도록 법으로 장하였으며, 왜가 지금도 다시는 울릉도가 일본 땅이라고 지칭하지 못하는 것은 모두 용복의 공이다.

9) 성대중,『靑城雜記』

○ 울릉도를 지킨 安龍福

嘐嘐齋金公用謙 嘗言春官志之善於余 求諸禮曹而見之 乃李孟休所編也 上卷載祀典 下卷載事大交鄰之節 而末乃載安龍福傳龍福東萊氓也 因爭鬱陵島於倭而傳爲鬱陵 本我地也 倭之漁者 闌據之 我人之以漁入者 反被其拘辱龍福憤甚 乃結漁丁以往逐之 入倭 與伯耆守抗 奮氣強辯 倭不能屈 卒以島返 其事誠壯偉然於交鄰則無與也 孟休乃編之末 其必有深意也余故寫其傳貯之及宰蔚珍 適奸民闌入島採蔘者衆 事發 道臣守宰 皆被罪 廟堂乃問鬱陵事始末於關東營 營亦無有也問之嶺東郡縣 龍福傳故在 出之自我 則猶爲吾功 而孟休之深意泯矣乃匿其傳 第報於營曰 事由安龍福 具載李孟休所編春官志之末 可覆視也事於是顯 孟休之深慮 人皆奇之 而吾亦免掠美之愧也龍福事 編入文獻備考(成大中,『靑城雜記』卷3, 醒言, 安龍福).

嘐嘐齋 金用謙이 일찍이『春官志』가 나에게 좋을 것이라고 하였으므

로 예조에서 구하여 보았는데, 李孟休가 편찬한 것이었다. 상권에는 제
사의 전례가 기재되어 있고 하권에는 사대교린의 절차가 기재되어 있으
며, 끝에 안용복전이 기록되어 있었다. 안용복은 동래 백성으로 일본에
가서 울릉도에 관하여 다투었기 때문에 전을 쓴 것이다.

　울릉도는 본디 우리 땅인데 왜국 어민들이 함부로 점거하여, 고기를
잡으러 들어간 우리나라 어부가 도리어 그들에게 붙잡혀 곤욕을 당하였
다. 안용복은 격분하여 젊은 어부들을 모아 울릉도로 가서 왜국 어민들
을 내쫓고는 왜국으로 가서 백기 주 태수에게 항의하여 강하게 따졌으
니 왜인들이 당해 내지 못하였다. 그리하여 마침내 섬을 돌려받고 돌아
왔으니 그 일은 참으로 장하였다. 그러나 교린에는 도움이 없었으니, 이
맹휴가 끝에다 편집한 것은 필시 깊은 뜻이 있었을 것이다. 그래서 나는
그 전을 베껴다가 보관하였다.

　내가 울진의 수령이었을 적에 마침 함부로 섬에 들어가 산삼을 캐는
부정한 백성들이 많았는데, 일이 발각되자 관찰사와 수령들이 모두 죄
를 받게 되었다. 조정에서 울릉도 사건의 시말을 강원도 감영에 물었으
나 강원도 감영에도 사건에 대한 기록이 없었다. 이에 영동 지역의 여러
군현에 탐문하였는데, 안용복전이 있기는 하였지만 내가 그 전을 내놓
으면 나만의 공이 되어 이맹휴의 깊은 뜻이 없어질 터였다. 그래서 그
전을 숨기고 감영에는 이렇게 보고하였다. "그 일은 안용복에게서 연유
한 것으로 이맹휴가 편찬한 『春官志』의 끝에 기재되어 있으니 살펴볼
수 있습니다." 일이 이에 드러나서 이맹휴의 깊은 생각을 사람마다 훌륭
하게 여겼고, 나도 남의 훌륭함을 훔치는 부끄러움을 면할 수 있었다.
안용복의 일은 『文獻備考』에도 편입되었다.

10) 원중거, 『和國志』

安龍福者 東萊漁戶子也 長隷戰船能櫓軍 性勁悍有機識 解文字習倭
語 勤於漁業 衣食亦自裕 肅廟癸酉夏 龍福從三人操短舠 入海釣魚 遇暴
風 漂至鬱陵島 時馬倭指鬱陵爲竹島 謂屬日本山陰道之伯耆州 誘伯耆
守人 迭來漁採於鬱陵 適見龍福等 反以爲犯境 而加束縛 押至馬府 龍福
見馬守抗聲曰 朝鮮人 自往朝鮮地 何干日本拘我至此 守曰 汝所稱鬱陵
島者 乃我伯耆州之竹島也 汝非犯境而何 龍福曰 我國之有鬱陵 輿圖昭
昭 且在我國則經日而至 在日本則五日而至 不必遠引古書 卽其道里 雖
兒童 一言可辨矣 守不能屈 遂解送伯耆州 龍福對伯耆守 遂指鬱陵事 反
復詳言 且道馬人矯誣之狀 守欣然聽之 饋以銀幣 龍福不受曰 吾非受銀
者 只要日本勿復言鬱陵事 守義之 遂馳報關白 具抵萊府書契 如龍福指
禮而送之 行至肥前州 肥前守求見書契 因奪不還 遞送龍福於馬島 是時
馬倭方日至萊舘 强爭鬱陵爲竹島 盖事成 當專鬱陵魚竹之利 事不成 猶
得賺取萊府廩犧之供 而關白及內州人 實不知之 及龍福還 自知其情狀
之 或露拘龍福於馬島九十日 益送差倭 張皇恫喝於萊府 萊府又日馳啓
言狀 而國中眞以生釁爲慮 龍福拘在馬府 行賂通消息於其家 萊府爲言
於舘倭 遂得解歸 歸告實狀於府使 且曰 伯耆書 雖見奪於肥前 彼國之人
已略知馬倭之情狀 若具書契 嚴責馬守 而絶其差倭日供 發送搜討於鬱
陵 拘馬人之漁採者 押送于馬島 則鬱陵之爭 自當永息矣 府使不信而不
以上聞 明年 接慰官至 龍福又自訴於接慰 朝廷亦不信龍福之言 而差倭
之肆喝 日以益甚 若將生事於朝夕 龍福痛馬倭之愚弄 憤己志之不伸 遂
自束輕裝 走至蔚山海濱 有商僧雷憲等十三人 操舟在岸側 龍福誑之曰
鬱陵島饒海採 且多珠貝寶物 吾嘗一至而收千金之利 汝輩欲往 吾將指
路 憲等從之 龍福操輪針 自使鷗尾 旣入深海中 兩無際涯 復約束舟人曰

此中倭人必至 舟中之人從我言者 生且有利 不從我言者 必死 憲等大懼
曰諾 遂出裝中新鮮衣 自作軍校樣 約舟人頤指 氣趣唯諾惟謹 旣至鬱陵
倭舟亦自東而來 龍福度方向 知其爲伯耆人 目舟人 使縛之 舟人惶怵 不
能動手 龍福起立船頭曰 何故犯我境 倭曰 本向松島行當去也 遂張帆東
向 龍福亦隨發船 與之偕泊于松島 復厲聲大罵曰 此乃芋山島也 爾不聞
我國有芋山島乎 舉杖擊碎其鬴鬺 佯示束縛之狀 倭大驚復揚帆東去 龍
福舉帆從之 一日一夜 偕至伯耆州 自稱鬱陵島監稅官 請與太守相見 延
之上堂 以客禮待之 時龍福毛笠具饎戰服稱身 儀表堂堂 州守與左右 幷
不知龍福爲昨年自馬島拘至者 龍福亦不自言 遂從容語守曰 吾受大將令
監稅入鬱陵 目見貴州人犯境者 當拘上大將 依律定刑 於境上 貴州人先
自逃還 故踵之至此 請如法縛囚授我 俾得籍手歸告 守曰 州人犯境罪 固
當死 請容我自刑之 以除兩國公幹之煩 何如 龍福屢示持難而末乃許之
且曰馬人之情狀 貴國豈盡知之乎 我國公貿木 每匹準三十七尺 兩端織
靑絲 而馬人截去靑絲 指爲二十尺一匹 米十五斗爲一斛 而馬人以六斗
爲一斛 紙一束三折爲三束 猶且減數以報江戶 其餘作奸 不可殫記 今又
陽操鬱陵事 以賺取日供 而屢年强聒於萊舘 我國以此益知貴國之無政
大君果知之乎否 守曰 大君何由知之 吾方忝府入江戶 當詳奏於大君 龍
福曰誠然也 吾將留待於此 幸爲我達一書於江戶也 守許之 龍福退具書
備言馬州爭鬱陵事 略舉留舘公貿等情狀 封付伯耆守 持往江戶 時馬守
之父留在江戶 見龍福書大懼 請於伯耆守曰 此書一達 吾兒不生 幸爲我
圖之 守憐之 竟不告關白 歸語龍福以事由 且曰 吾實不忍見馬守之受刑
子其速歸馬島 今後則馬島必自懲畏 君之職掌乃鬱陵事也 馬人若或復爭
惟我伯耆州亦有咎焉 君不必更來 只差人賫書報我 我當卽報於大君 遂
厚待龍福 資送銀幣 皆不受曰 吾雖以鬱陵事來此 私受銀幣非禮也 自今

貴國人至鬱陵者 當以賊論直斬殺之 無有遺 守曰諾 遂候風從輪針而發
五日而泊襄陽 告于官 又納伯耆州未達江戶之書本 遂得上聞于朝 未幾
馬守抵書萊府曰 不敢復遣人至鬱陵 朝家亦釋鬱陵爭界之憂 其後馬倭深
恨龍福 遂擧約條中 自馬島向釜山一路外皆禁之文 抵書萊府詰之事 聞
朝議 皆以爲 約條當信 龍福不可不斬 獨領敦寧尹趾完 領中樞南九萬 訓
鍊大將申汝哲 議以爲 殺龍福 適足爲馬島快意 且其人傑黠非碌碌者 宜
留 爲他日用遂流龍福於嶺東 遣武臣張漢相 往審鬱陵 自是定爲令章 三
陟營將越松萬戶間 五年迭相往審 後又以十年爲例 安龍福 竟以能櫓軍
死於謫中

　　愚嘗謂 日本山陰道 與我嶺東相對 今以安龍福來往觀之 果信矣 伯耆
州有米子城 卽因燔州鳥取城主所兼領 城主松平氏卽家康關白養孫 源忠
繼之後 歷光仲綱淸吉泰宗 今泰重穆嗣 龍福所見者 必在此中 觀其爲龍
福周旋者忠厚裕綽 與馬守輩不同 然其內州之人 實皆類此 我國之人 只
習見馬人 指謂倭 俗實然 故奰處其國 遺醜其國者 惟馬島爲然 彼安龍福
者 以眇少一賤人 灼見彼國內外人品之不同 乃能擔國事爲己務 喝開滄
溟 使舟如馬 剛柔自濟 智勇交周 揚馬人之惡於內地 張國威於一行 凜然
有藺相如甘延壽遺風 噫亦人傑也已矣 余故曰 馬倭之尙不專恣者 畏我
國之復有安龍福也(元重擧,『和國志』「安龍福傳」).

　　안용복이란 사람은 동래에 사는 어부의 아들이다. 성장해서는 戰船에
예속된 能櫓軍이다. 성품은 사납고 용감하며, 機智와 識見이 있으며, 글
을 알고 倭語를 익혔으며, 어업에 부지런하여 의식도 풍족하였다. 숙종
조 계유년(1693, 숙종 19) 여름에, 용복이 세 사람을 따라 작은 거룻배를
타고 바다에 들어가 고기를 낚다가 폭풍을 만나 울릉도에 표류하여 닿

게 되었다. 당시 馬倭는 울릉도를 가리켜 竹島라 하고, 일본 山陰道 백기 주에 속한다고 하며, 백기 주의 수령과 사람들을 꾀어서 번갈아 와서 울릉도에서 고기잡이를 하였다. 마침 용복 등을 보고 도리어 국경을 범하였다며 속박하여 馬府로 압송하여 갔다. 용복이 馬守5)를 보고 항의하여 말하기를, "조선인이 스스로 조선의 땅에 갔는데, 어찌 일본에서 막아 우리를 구속하고 여기에 이르게 했습니까?"라고 하니, 馬守가 말하기를, "너희가 말하는 울릉도란 곳은 바로 우리나라 백기 주의 竹島이다. 너희가 국경을 범한 것이 아니고 무엇이냐?"라고 했다. 용복이 말하기를, "우리나라에 울릉도가 있음은 輿圖에 아주 분명하게 나타나 있습니다. 또한 우리나라에서는 하루가 걸려서 이를 수 있고, 일본에서는 5일이 걸려서 이를 수 있으니, 멀리 고서(古書)를 인용할 필요도 없이 그 길의 里數는 비록 어린 아이라도 한 마디로 분간할 수 있습니다."라고 하니, 馬守가 능히 굴복시키지 못하고, 마침내 풀어주어 백기 주로 보냈다. 용복이 백기 주의 태수를 대면하고 마침내 울릉도의 일을 지적하여 되풀이하며 자세히 말하였다. 또한 대마도 사람들이 거짓으로 속인 정상을 말하니, 백기 주의 태수가 기쁘게 그것을 듣고 銀幣를 내려주었다. 용복이 (그것을) 받지 않으며 말하기를, "저는 은폐를 받으려는 것이 아니라 다만 일본이 울릉도의 일을 다시 말하지 말기를 요청할 뿐입니다."라고 하니, 백기 주의 태수가 의롭다고 여기고, 마침내 관백에게 서둘러 보고하고, 동래부로 보내는 서계를 갖추어 용복이 가리키는 예대로 보내주었다. 가다가 肥前州에 이르니, 비전주의 태수가 서계를 보여줄 것을 요구하여 보여주니, (서계를) 빼앗아 돌려주지 않고, 용복을 대마도로 체송하였다. 이때 마왜(馬倭)가 바야흐로 날마다 萊舘에 와서 울릉도를 竹島라고

---

5) 馬守 : 對馬州 太守를 이른다.

강변하니, 대개 일이 성사되면, 마땅히 울릉도의 물고기와 대나무의 이익을 독차지할 것이고, 일이 성사되지 않더라도 동래부에서 주는 곡식과 고기를 賺取할 수 있기 때문인데, 관백과 內州人(대마주에 사는 사람들)은 그 사실을 알지 못했다. 용복이 돌아옴에 이르러, 그 정상을 스스로 알고, 혹여 용복을 대마도에 19일 동안 구속한 사실이 드러날까봐, 더욱더 差倭를 보내어 장황하게 동래부에 공갈 협박하였다. 동래부도 날로 서둘러 계문하여 정상을 말씀드렸는데, 나라에서는 진실로 불화가 생길 것을 염려하였다. 용복이 馬府에 구속되어 있을 때, 뇌물을 주고 그의 집과 소식을 통하고 동래부에서는 舘倭에게 말하여 마침내 풀려나서 돌아올 수 있었고, 돌아와서 실상을 동래부사에게 아뢰어 또한 말하기를, "백기 주에서 준 서계는 비록 肥前州에서 빼앗겼으나, 그 나라 사람들이 이미 馬倭의 정상을 대략 알고 있으니, 만약 서계를 갖추어 대마주 태수를 엄하게 꾸짖고, 그 差倭의 日供을 끊으며, 울릉도를 수토하여 대마도 사람들이 고기 잡는 것을 구속할 사람을 보내 대마도로 압송한다면, 울릉도의 다툼은 저절로 마땅히 영원히 그칠 것입니다."라고 하니, 동래부사가 믿지 못하여 上聞하지 못하였다. 다음 해에 접위관이 이르니, 용복이 또 접위관에게 하소연하기를, "조정에서도 저의 말을 믿지 않아서 差倭의 공갈 협박이 날로 심해지니, 일이 장차 가까운 앞날에 생길 듯합니다."라고 하였다. 용복이 馬倭의 우롱을 마음 아파하고, 자기의 뜻을 펴지 못한 것을 분하게 여겨 마침내 스스로 가벼운 여장을 꾸려서 울산 바닷가로 달려가 이르니, 商僧 雷憲 등 13명이 배를 타고 언덕 쪽에 있었다. 용복이 그들을 꼬드겨 말하기를, "울릉도엔 海探가 풍부하고, 또한 珠貝와 같은 보물이 많다. 내가 일찍이 한 번 가서 천금의 이익을 얻었다. 너희가 가고자 한다면, 내가 길을 가리켜 줄 것이다."라고 하니

雷憲 등이 따라갔다. 용복이 輪針을 잡고, 스스로 치미를 이미 깊은 바다 가운데로 들이니 양쪽이 끝이 없었다. 다시 뱃사람들에게 약속하여 말하기를, "이곳에 왜인이 반드시 올 것이다. 배 안의 사람들 중에 내 말을 따르는 자는 살고 또한 이익이 있을 것이나, 내 말을 따르지 않는 자는 반드시 죽을 것이다."라고 하니, 雷憲 등이 크게 두려워하여 말하기를, "좋다."라고 하였다. 마침내 旅裝에서 조선옷을 꺼내어 스스로 軍校의 모양을 짓고 뱃사람들과 약속하고 지시하니, 기운차게 "예예, 삼가 따를 뿐입니다."라고 하였다. 이미 울릉도에 이르니, 왜인의 배도 동쪽에서 온다. 용복이 방향을 헤아려보니, 그들이 백기 주 사람들임을 알았다. 뱃사람들에게 눈짓을 하여 그들을 포박하게 하니, 뱃사람들이 두려워 손을 움직이지 못하였다. 용복이 뱃머리에 일어서서 말하기를, "무슨 까닭으로 우리의 국경을 침범하였느냐?"라고 하니, 왜인이 말하기를, "본래 松島를 향해 가다가 지나가게 되었다."라고 하였다. 마침내 돛을 달고 동쪽을 향해 가니, 용복도 뒤따라 배를 출발시켜 그들과 함께 松島에 정박하였다. 다시 성난 소리로 크게 꾸짖어 말하기를, "이곳은 바로 芋山島이다. 너희가 우리나라에 于山島가 있음을 듣지 못했느냐?"라고 하며, 지팡이를 들고 그들의 가마솥을 부수고 속박하려는 시늉을 하니, 왜인이 몹시 놀라 다시 돛을 달고 동쪽으로 갔다. 용복도 돛을 달고 그들을 뒤따라 하루 낮과 하루 밤을 지나 모두 백기 주에 이르렀다. 스스로 울릉도 監稅官이라고 사칭하고, 태수와 만나기를 청하니, 그를 이끌고 堂으로 올라가서 손님의 예로 대접하였다. 당시에 용복은 毛笠을 쓰고 꾸미개를 갖추었으며, 戰服이 몸에 꼭 맞아 겉으로 드러난 모습이 당당하였다. 백기 주의 태수는 좌우와 아울러 용복이 지난해 대마도에서 구속되어 왔던 자임을 알지 못했다. 용복도 스스로 (그것을) 말하지 않고, 마

침내 조용히 태수에게 말하기를, "저는 大將의 명령을 받고 監稅하기 위해 울릉도에 들어갔다가 귀주의 사람들이 국경을 침범한 것을 목도하였습니다. 마땅히 上大將을 구속하여 법에 따라 형벌을 주어야 하지만, 국경에서 귀주의 사람들이 먼저 스스로 도망하여 돌아가므로, 뒤쫓아 여기에 이른 것입니다. 청컨대, 법대로 죄인을 포박하여 저에게 넘겨주어 직접 끌고 돌아가 고할 수 있게 해 주십시오."라고 하니, 백기 주의 태수가 말하기를, "우리 주의 사람들이 국경을 침범한 죄는 진실로 죽어 마땅합니다. 청컨대, 우리를 용서하시고 우리 스스로 벌을 내리게 하여 두 나라 公幹6)의 번거로움이 없게 함이 어떠합니까?"라고 하였다. 용복이 여러 번 어렵다는 뜻을 보이다가 결국 허락하고, 또한 말하기를, "대마도 사람들의 정상을 귀국에서 어찌 다 알겠습니까? 우리나라의 公貿木은 한 필 당 37자를 기준으로 하고 양 끝에 靑絲를 박는데. 대마도 사람들이 청사를 끊어버리고 20자를 가리켜 한 필이라고 하며, 쌀은 15말로 한 섬을 삼는데, 대마도 사람들은 6말로 한 섬을 삼으며, 종이는 1속 3절로 3속을 삼아서 오히려 지금도 그 수를 줄여서 강호에 보고합니다. 그 나머지의 간사한 짓들은 다 기록할 수가 없습니다. 지금 또 거짓으로 울릉도의 일을 내세워 日供을 賺取하려고 여러 해 동안 萊館에 억지를 쓰며 시끄럽게 합니다. 우리나라는 이로써 더욱더 귀국의 無政함을 압니다. 大君께서는 과연 (이런 사실을) 알고 계십니까?"라고 하니, 태수가 말하기를, "대군께서 무엇으로 말미암아 그것을 아시겠습니까? 제가 당장 저의 府로 강호에 들어가 대군께 자세히 아뢰어야 할 것입니다."라고 하였다. 용복이 말하기를, "진실로 그리 해야 할 것입니다. 저는 장차 여기에 머물며 기다릴 것입니다. 바라건대 저를 위해 한 통의 서계를 강호

---

6) 公幹 : 국가나 공공 단체의 사무를 이른다.

에 전달해 주십시오."라고 하니, 태수가 허락하였다. 용복이 물러나 서계
를 갖추어 對馬州가 울릉도를 다투는 일을 다 말하고, 留館과 公貿 등의
정상을 대략 열거하고, 봉하여 백기 주의 태수에게 맡기니, 강호로 가져
갔다. 그 당시 대마주 태수의 아비가 강호에 머물고 있었는데, 용복의
서계를 보고 크게 놀라 백기 주의 태수에게 청하여 말하기를, "이 서계
가 한 번 (대군께) 전달되면, 우리 아이는 살지 못합니다. 바라건대 저를
위해 도모해 주십시오."라고 하니, 백기 주의 태수가 가엾게 여겨 결국
관백에게 고하지 않았다. 돌아와서 용복에게 사유를 말하고, 또 말하기
를, "제가 진실로 대마주 태수가 형벌을 받는 것을 차마 보지 못하겠으
니, 그대는 속히 대마도로 돌아가십시오. 지금부터는 대마도가 반드시
스스로 경계하고 두려워할 것입니다. 그대의 맡은 일은 바로 울릉도의
일입니다. 대마도 사람들이 만약 다시 (울릉도를) 다툰다면, 우리 백기
주도 잘못이 있습니다. 그대가 다시 올 필요는 없습니다. 다만 差人에게
서계를 주어 우리에게 알려주면, 우리가 마땅히 대군께 즉시 알릴 것입
니다."라고 하고 마침내 용복을 두터이 대접하였다. 銀幣을 加賚하여 보
내려 하였으나, 모두 받지 않고 말하기를, "제가 비록 울릉도의 일로 여
기에 왔지만, 사사롭게 은폐을 받는 것은 예가 아닙니다. 지금부터 귀국
의 사람들 중 울릉도에 오는 자는 마땅히 賊으로 논단하여 곧바로 斬殺
할 것이니 遺恨이 없게 하십시오."라고 하니, 태수가 말하기를, "예"라고
하였다. 마침내 바람을 관측하고 輪針을 따라 출발하였다. 5일이 지나서
襄陽에 정박하고 관아에 고하였다. 또 백기 주에서 미처 강호에 전달하
지 않은 書本을 바치니, 마침내 조정에 上聞하게 되었다. 얼마 뒤에 대마
주 태수가 서계를 동래부에 보내어 말하기를, "감히 다시는 사람을 보내
울릉도에 이르게 하지 않겠습니다. 조정에서도 울릉도의 경계를 다투는

근심이 풀릴 것입니다."라고 하였다. 그 뒤로 馬倭가 용복에게 깊이 원한을 품었는데, 마침내 약조 중에 '대마도에서 부산으로 향하는 길은 하나의 길로 그 밖의 길은 모두 금지 한다.'는 조문을 들어서 동래부에 서계를 보내 힐문하는 일이 조정에 알려져 의론하니, 모두 "조약은 신의가 있어야 하니 용복을 죽이지 않을 수 없다."고 하였다. 오직 領敦寧 尹趾完, 領中樞 南九萬, 훈련대장 申汝哲이 의론하되, "용복을 죽이는 것은 대마도의 의도를 시원하게 해 줄 뿐입니다. 또한 그 사람이 뛰어나고 영리하여 녹녹하지 않은 자니, 살려 둠이 마땅합니다."라고 하였다. 나중에 드디어 용복을 영동에 유배하게 되었다. 무신 張漢相을 파견하여 울릉도에 가서 살펴보게 했는데, 이로부터 슈章이 제정되어, 삼척영장과 월송만호사이에 5년마다 번갈아 (울릉도에) 가서 살펴보게 되었다. 뒤에 또 10년을 규례로 삼았다. 안용복은 결국 能櫓軍으로 유배 중에 죽었다.

내가 일찍이 생각해 보건대, 일본의 山陰道는 우리나라 영동과 서로 마주하고 있으니, 이제 안용복이 오가며 보았던 것은 과연 믿을 만하다. 백기 주에 米子城이 있으니, 바로 因燔州 鳥取城의 성주가 겸하여 다스리는 곳이다. 성주인 松平氏는 바로 家康 關白의 養孫이다. 源忠이 그 뒤를 이었으며, 光仲·綱淸·吉泰宗을 거쳐 지금은 泰重穆이 뒤를 이었다. 용복이 본 자는 반드시 이 중에 있을 것이고, 용복을 위해 주선한 자는 忠厚·裕綽으로 보이니, 대마주 태수들과는 다르다. 그러나 그 內州人은 진실로 모두 이와 같다. 우리나라 사람들이 다만 대마도 사람들만 익숙하게 보아 그들을 가리켜 '왜'라고 하니(俗에서는 실로 그러하다. 그러므로 그 후예가 그 나라에 살고 있다. 그 나라를 醜하게 하여 남긴 자는 오직 馬島가 그러할 뿐이다. 저 안용복이란 자가 애꾸눈을 가진 젊은 한 賤人으로서 그 나라 안팎의 사람들의 인품이 다름을 환하게 알았으니,

이에 능히 국사를 담당하는 것을 자기의 임무로 삼아 푸른 바다를 열어 배를 타고 대마도로 갔다. 剛柔自濟하며, 지략과 용맹을 함께 두루 갖추어 대마도 사람들의 간악함을 내지에 알렸고, 國威를 일행에게 크게 떨쳤으니, 늠연히 藺相如와 甘延壽의 遺風이 있었다. 아, 또한 인걸이로다. 나는 그러므로 "馬倭가 여전히 방자하게 굴지 않는 것은 우리나라에 안용복과 같은 자가 다시 있을까 두려워함이다."라고 말한다.

11) 안정복, 『順菴先生文集』

○ 李廷藻 家煥에게 편지를 보내다

… 以海島言之 肅宗癸酉 若無安龍福 則鬱陵島必爲倭人所占據矣. …
(安鼎福, 『順菴先生文集』 卷7, 書, 「與李廷藻家煥書」 乙酉)

… 海島로 말하자면 숙종 계유년(1693, 숙종 19)에 안용복이 없었다면 울릉도가 필시 왜인들에게 점거당했을 것입니다. …

12) 윤행임, 『碩齋稿』

安龍福者 東萊府人也 隸水軍 善倭語 肅廟乙亥 漂海入鬱陵島 遇倭被拘於日本之五浪島 時對馬島主欲占鬱陵 與邊臣爭不已 而倭酋實不知也 龍福謂五浪島主曰 自鬱陵距我國一日 距日本五日 非屬我國者乎 朝鮮人自往朝鮮地 何拘爲島主知不可屈 解送伯耆州 州太守厚遇饋銀幣 龍

福不受曰 願日本勿復以鬱陵島爲辭 銀幣非吾志也 太守遂禀關伯 作書

契授之 言鬱陵非日本界 時舘倭若將生釁 國人憂之 而不知爲馬島所瞞

也 龍福憤甚 走蔚山海邊 有商僧雷憲艤舟 龍福誘之曰 鬱陵島多海菜吾

當爲汝指其路 僧欣然從之 遂擧帆三夜 泊鬱陵島 時倭舶自東至 龍福目

諸人縛之舟中人㤼不發 龍福獨前憤罵曰 何故犯我境 龍福追至松島又罵

曰 松島卽芋山島 爾不聞芋山亦我境乎 麾杖碎其釜 倭大驚走 龍福轉至

伯耆州言其狀 太守悉捕治之 龍福乃詭稱鬱陵監稅官 升堂與太守抗禮大

言曰 馬島之居間矯誣 豈獨鬱陵一事 我國所送幣貨 馬島轉賣日本 多設

機詐米十五斗爲一斛 馬島以七斗爲斛 布三十尺爲一匹馬島以二十尺爲

匹 紙一束甚長 馬島截爲三束 關伯何從而知之 不能爲我達一書於關伯

乎 太守許之 馬島主父時在江戶 聞之大懼乞於太守曰 書朝而入 則吾兒

夕而死 子其圖之 太守歸語龍福曰 毋庸上書 且速歸馬島 如更爭界者 可

差人賫書來 於是倭知不可復誑 貽書萊府謝曰 不敢復遣人至鬱陵 當是

時朝廷議割鬱陵島以予倭 彼龍福者 非有職司之重命令之嚴 而出萬死之

力 跋涉水陸萬有餘里 叱狡夷如小兒 折馬島之奸謀 使鬱陵全島不入於

倭 其功可謂壯矣(尹行恁,『碩齋稿』卷9,「海東外史」, 安龍福).

안용복은 동래부 사람이다. 수군에 예속되어 있었으며 일본말을 잘했
다. 숙종 을해년(1695년)[7] 바다에 나갔다가 표류하여 울릉도에 들어갔는
데 거기서 왜인을 만나 일본 오랑도(五浪島)로 잡혀가 구금되었다. 당시
대마도주는 울릉도를 점유하려고 우리나라 변경 관리들과 다툼을 그치

---

7) 대부분의 기록에는 안용복이 처음으로 울릉도에 갔다 오랑도에 구금된 일을 숙종
   계유년(1693)으로 기록하고 있다. 여기에 기록된 을해년은 안용복이 두 번째로 울
   릉도로 가서 왜인들을 논박한 때이다.

지 않고 있었으나, 일본 관백은 실로 이런 사실을 모르고 있었다. 용복이 五浪島主에게, "울릉도는 우리나라와는 하루거리이고, 일본과는 닷새거리이니 우리나라에 속한 것이 아닌가? 조선 사람이 조선 땅에 스스로 간 것인데 어째서 구금한단 말인가?" 하니, 도주는 굴복시킬 수 없을 것을 알고 구금을 풀어 백기 주로 보냈다. 백기 주 태수가 후하게 대접하고 은자를 주었으나 용복은 받지 않고 말하기를, "일본이 다시는 울릉도를 가지고 분란 일으키지 말기를 바랄뿐 은자는 내 뜻한 바가 아니다." 라고 하였다. 태수가 마침내 관백에게 보고하니 일본 측에서는 서계를 만들어 용복에게 주면서 울릉도는 일본 땅이 아니라고 하였다.

　이때에 舘倭가 장차 분란을 일으킬 듯하여 국인들이 걱정하였으나, 대마도에게 속고 있다는 것은 알지 못했다. 용복이 분이 치밀어 올라 울산 해변으로 달려가 보니 장사치 승려인 雷憲이란 자가 배를 대고 있었다. 용복이 그를 꾀어 말하기를, "울릉도에는 미역이 많으니 내 마땅히 그대를 위해 길을 알려 주리다." 하니, 승려는 기뻐하며 그를 따랐다. 드디어 돛을 달고 삼일 밤을 가서 울릉도에 정박하였는데, 때마침 왜선이 동쪽으로부터 오는 것이었다. 용복은 사람들에게 왜인들을 결박하라 눈 짓했으나 배 안의 사람들은 겁을 내어 나서지를 못했다. 그러자 용복이 홀로 앞으로 나가 매섭게 꾸짖으며 "무슨 연고로 우리나라 경계를 침범하였느냐?" 하고, 松島까지 추격하여 또 꾸짖어 "松島는 바로 芋山島이다. 너희들은 于山島 역시 우리 경계라는 것을 듣지 못했더냐?" 라고 하며, 몽둥이를 휘둘러 솥을 깨부수니 왜인들이 놀라 도망쳤다. 용복이 배를 돌려 백기 주로 가서 그 상황을 말하니 태수가 모조리 잡아들여 치죄하였다.

　용복은 이에 자신을 '鬱陵監稅官'이라 사칭하고 당에 올라 태수와 대등한 관계의 예를 취하고서 큰 소리로 말하기를, "대마도가 우리나라와 일본 사이를 중개하면서 거짓으로 속인 일이 어찌 울릉도 한 가지 일일 뿐이겠는가? 우리나라에서 보낸 폐물과 재화를 대마도가 일본에 되팔면서 가격을 속인 일이 허다하다. 쌀은 15두가 1곡인데 대마도에서는 7두를 1곡이라고 하며, 베는 30척이 한 필인데 대마도에서는 20척을 한 필이라고 하며, 종이 1속은 매우 긴데 대마도에서는 잘라서 3속을 만드니, 관백이 무슨 수로 그것을 알겠는가? 나를 위해 관백에게 서찰 한 통을 전해줄 수 없겠는가?"라고 하니, 태수가 허락하였다.

대마도주의 아비가 마침 강호에 있었는데, 이 사실을 듣고 크게 두려워하여 태수에게 애걸하기를, "편지가 아침에 들어가면 내 자식이 저녁에 죽을 것이오. 그대는 헤아려 주시오."라고 하였다. 태수는 돌아와 용복에게 이렇게 말하였다. "애써 글을 올리지 말고 우선 속히 대마도로 돌아가라. 만일 다시 경계를 다투는 일이 발생하거든 사람을 시켜 서한을 가져오도록 하라." 이에 왜인들은 다시는 속일 수 없음을 알고 서한을 동래부에 보내어 사과하기를, "감히 다시는 울릉도에 사람을 보내지 않겠다."라고 하였다. 이때를 당하여 조정에서는 울릉도를 떼어 왜에게 줄 것을 의논하고 있었는데, 저 안용복은 중한 職司와 엄한 명령을 지니지도 않았으면서, 만 번 죽을힘을 내어 수륙만 여리를 건너가 간교한 오랑캐 꾸짖기를 어린아이 꾸짖듯 하여 대마도의 간계를 꺾고 울릉도 전체에 왜인들이 얼씬거리지 못하게 했으니 그 공이 장하다 하겠다.

13) 김건서, 『增正交隣志』

鬱陵島礒竹島 辨正顚末

鬱陵島在我國慶尙江原道之間 載在輿地 新羅高麗時 島人間納方物 自本朝以後遂廢棄 光海六年甲寅 府使尹守謙狀啓 倭小船一隻稱以探見 礒竹島形止而出來 故問島在何處 則答以介於慶尙江原之間 觀其辭意似 是鬱陵島云 伊後更無往來 至肅宗十九年癸酉 島主抵書于萊府 畧曰朝 鮮人犯越于日本礒竹島 被獲押送 盛稱朝鮮之不能禁斷 日本之寬容還送 請日後禁斷 回答書契 汎稱我國鬱陵島亦以海禁 一切禁人出入云云 至 乙亥 島酋于抵書于萊府 更提礒竹島事 而至擧癸酉回答書界中 貴界竹 島弊境鬱陵島云者有 若以竹島與鬱陵島爲二島者然 故其答書曰 曾在八 十二年前甲寅 貴州頭倭以礒竹島形止探見事 持書契出來 朝廷以爲猥越 而不許接待 只令府使朴慶業答書其畧曰 所謂礒竹島實我國之鬱陵島 介 於慶尙江原兩道海泮 而載在輿地 盖自新羅高麗曾有收取方物之事 逮至 我朝累有刷還逃民之擧 今雖廢置 豈容他人冒居 耶貴島我國往來通行 唯有一路 此外則無論漂船眞僞 皆以賊船論斷 弊鎭及沿海將官嚴守約束 貴島審區土之有分 知界限之難侵 各守信義 免至謬戾云 今此書辭亦載 於來書 若欲知此事源委 此一書足矣 其後三度漂倭或稱往採于鬱陵島 或稱漁採于竹島 而並付於順歸船 不以犯越爲責 前後意義各有所在 頭 倭之來責以信義者 以探見形止 有侵越之情也 漂船之泊只 令順付者 沉 溺餘生乞得速還 則資送是急 不暇問他 與國之禮有 當然者今者不究前 後事 狀之各異 只摘回答措語之 差殊有若詰問而重究者然 此豈誠信相 接之義耶 時遣公差往來搜檢事 我國輿地勝覽書詳 記新羅 高麗 及本朝 太宗 世宗 成宗三朝 屢遣官人島中之事 且前日接慰官洪重夏下去時 貴 州摠兵衛稱號人言於譯官朴再興曰 以輿地勝覽觀之 鬱陵島果是貴國也

云 近間公差之下常往來 漁氓之禁其遠入 盖爲海路之多險故也 今者捨
自前記載之 書而不信 乃返以彼我人之不相逢値於島中 爲疑不亦異乎 1
島 2名云者 朴慶業書中 旣有竹島實我國鬱陵島之語 且洪重夏與正官倭
相見時 正官乃發我國芝峰類說之說 類說曰 礒竹卽鬱陵島也 然則1島 2
名之說 雖本載於我國 今番發其言端 實自貴州正官之口 癸酉初度答書
所謂 貴界竹島弊境鬱陵島云者 乃其時南宮之官 不詳故事之致 朝廷方
咎其失言 此際貴州出送其書而請改 故朝廷因其請而改之 以正初書之失
到今唯當以改送之書考信云(김건서, 『增正交隣志』 제4권, 志, 「鬱陵島
礒竹島辨正顚末」).

울릉도는 우리나라 경상도와 강원도의 사이에 있는데 『輿地勝覽』에
도 실려 있다. 신라와 고려 때에 섬사람들이 간간이 방물을 바쳤는데,
본조 이후에는 드디어 폐기하였다.

광해군 6년 갑인(1614)에 동래부사 尹守謙이 장계를 올려, "倭小船 1척
이 礒竹島의 형세를 살펴보려고 온 까닭에 그 섬이 어느 곳에 있느냐고
물었더니 '경상, 강원의 사이에 있다.'고 답하였습니다. 그 말의 뜻을 살
펴보니 이것은 울릉도 같습니다."라고 하였다. 이후에는 다시 왕래가 없
었다.

숙종 19년 계유(1693)에 이르러 도주가 동래부사에게 서계를 보냈는
데, 그 대략에 이르기를 "조선인이 일본의 礒竹島를 犯越하였으므로 잡
아 압송한다." 하고 조선이 능히 금단하지 못함과 일본이 관용을 베풀어
되돌려 보낸다는 것을 자랑스럽게 말하고 이후 금단할 것을 청하였다.
회답서계에서 무릇 우리나라 울릉도도 또한 해금하는 바, 사람들이 출
입하는 것을 일체 금한다고 하였다.

을해년(1695, 숙종 21)에 이르러 島酋가 또 동래부에 서계를 보내어 礒竹島의 일을 제기하였는데, 계유년(1693, 숙종 19) 회답서계 중에 ‘당신 나라 경계는 竹島이고, 우리 경계는 울릉도’라 이른 것까지 들어 “竹島와 울릉도가 두 개의 섬인 것 같다.”고 하였다. 그러므로 답서에서 말하기를 “일찍이 82년 전 갑인년(1614, 광해군 6)에 귀주의 頭倭가 礒竹島의 형세를 살펴보는 일로 서계를 가지고 왔을 때 조정에서 함부로 국경을 넘었다고 하여 접대를 허락하지 않고 다만 동래부사 朴慶業으로 하여금 답서를 쓰게 하였는데, 그 대략에 이르기를 ‘소위 礒竹島는 실상 우리나라의 울릉도로 경상·강원 두 도의 바다 사이에 있는데, 『輿地勝覽』에도 실려 있다. 대개 신라와 고려 때부터 일찍이 방물을 거두어들이는 일이 있었는데, 본조에 이르러서는 여러 차례 도망친 백성을 쇄환한 일이 있었다. 지금은 비록 폐기하였으나 어찌 타인이 함부로 기거하는 일을 용납하겠는가. 貴島와 우리나라 사이에 왕래 통행하는 길은 오직 한 길이 있으니, 이외에는 漂船인지 아닌지를 막론하고 모두 賊船으로 간주하여 처단할 것이다. 우리 鎭營 및 연해 장관은 약속을 엄히 지키겠다. 귀도는 지경의 나눔이 있음을 살피고 경계 밖의 곳은 침범하기 어려움을 알아, 각각 신의를 지켜 잘못 어그러지는 데에 이르는 것을 면해야 할 것이다.’라고 하였다. 지금 이 편지의 말도 또한 보내온 편지에 실려 있으니 만약 이 일의 본말을 알고자 한다면 이 편지 하나로 족할 것이다. 그 후 세 번의 漂倭가 혹은 울릉도에 가서 採伐을 하려 한다고 칭하고 혹은 竹島에 가서 고기를 잡고 채벌하려 한다고 칭하기도 하였는데, 이들을 모두 되돌아가는 배[順歸船]에 부쳐 보내고 경계를 넘은 것을 책하지 않은 것은 전후 모두 이유가 각각 있었기 때문이다. 頭倭가 왔을 때 신의로 꾸짖은 것은 形止를 살펴본다는 것이 경계를 침범하려는 속뜻이 있었기 때문이다. 漂船이 정박했을 때 단지 順付하도록 한 것은 물에 빠졌다 살아난 사람들이 빨리 돌아가기를 빌었으므로 그들을 돌려보내는 것이 시급한 일이어서 다른 것은 물어볼 겨를이 없었기 때문이요, 다른 나라와의 예의에 있어서도 당연한 것이기 때문이다. 지금 전후의 상황이 각각 다름을 살피지 않고 단지 회답한 말의 어긋나는 것만 지적하고 더욱이 마치 힐문하면서 거듭 구명하려는 듯한데 이것이 어찌 성실과 신의로 서로 접촉하는 의리이겠는가. 때때로 조정에서 임명한 관리를 보내어 살피고 조사한 일은 우리나라 『興地勝覽』에도 상세히 기록한 바로, 신라, 고려 및 본조의 태종, 세종, 성종 삼조에 걸쳐 누차 관인을 섬에 보낸 일이 기록되어 있다. 또 전일 접위관 洪重夏가 내려갔을 때에 당신 나라의 摠兵衛라고 칭하는 사람이 역관 朴再興에게 말하기를 '『興地勝覽』을 보건대 울릉도는 과연 귀국의 땅이다.'라고 하였다. 근간에 公差가 항상 왕래하지 않고 고기잡는 백성에게 멀리 들어가는 것을 금한 것은 대개 해로가 험한 곳이 많기 때문이었다. 지금 이전에 기록한 서적을 무시하면서 믿지 않고 도리어 두 나라의 백성이 섬에서 만나지 않는 것을 의심하는 것 또한 이상하지 않은가. '1島 2名'이라고 운운한 것은, 朴慶業의 글 중에 이미 '竹島는 사실 우리나라 울릉도이다.'라는 말이 있었고 또 홍중하가 正官倭와 상견할 때에 정관이 우리나라의『芝峰類說』의 이야기를 말하였는데,『芝峰類說』에 이르기를 '礒竹은 곧 울릉도'라 하였기 때문이다. 그런즉 '한 섬에 두 이름'이란 설은 비록 본래 우리나라에 실려 있지만 금번에 그 말의 실마리를 끄집어낸 것은 실로 당신 나라 정관의 입에서 비롯되었다. 계유년(1693, 숙종19) 처음 답서에 이른바 '당신 나라 경계는 竹島이고, 우리나라 경계는 울릉도'라고 이른 것은 그때 南宮(예조)의 관리가 고사를 상세히 살피지 못하였기 때문이다. 그래서 조정에서는 그때 그 실언을 꾸짖었다. 이때에 귀주에서 그 글을 내보내어 고치기를 요청한 까닭에 조정에서는 그 요청에 따라 고쳐서 처음 쓴 서신의 잘못을 바로잡았으니 지금에는 오직 이 고쳐 보낸 편지로만 살펴 믿을 뿐이다."라고 하였다.

14) 서영보·심상규, 『萬機要覽』

文獻備考曰 鬱陵島在蔚珍正東海中 與日本之隱岐州相近 而三峯岌嶪 撑空 南峯稍卑 日淸則峯頭樹木及山根沙渚 歷歷可見 風便二日可到 地方百里 産柴胡·藁本·石楠·藤草·諸香木·蘆 竹多合拘者 蘆實·桃核大 可爲杯升 山猫大如犬 鼠大如猫 海中有大獸 牛形·赤眸·無角 羣臥海岸 見人獨行害之 遇人多走入水 名可之島 本于山國 新羅取之 後恐導倭爲 寇 刷出居民 空其地 高麗太祖庚寅 土頭貢獻 授使白吉爵 以土頭爲正朝 顯宗壬戌 島民 被女眞寇掠 逃來者多 處之禮州爲編戶 德宗壬申 島主遣 其子夫於仍多郎來貢 仁宗己未 溟州道首倉使李陽實入島 取菓核·木葉 異常者以獻 毅宗己卯 王聞島中地廣土肥 可以居民 遣溟州首倉金柔立 往視 欲復爲縣回奏云 島有大山 自山頂東距海一萬餘步 西距海一萬三 千餘步 南距海一萬五千餘步 北距海一萬餘步 有村落墟七所 破礎尙存 或有石佛·石塔·鐵種地多嚴石 人不可居 遂寢其議 後崔忠獻以本島土壤 膏沃 多珍木海錯 遣使移本郡民以實之 後屢爲風濤所盪 舟覆人多物故 因還其民 高元之際 本國叛臣李樞等告于元 以鬱陵島多珍怪之材 元遣 使入島欲伐木以納 上表陳乞 得止 本朝 太宗朝 聞流民多逃入其 島 再 命三陟金獜雨爲按撫使刷出 世宗二十年 遣縣人萬戶南顥 率數百人往搜 逋民 盡俘金丸等七十餘人而來 其地遂空 成宗二年 有告別三峯島者 乃

遣朴宗元往見之 因風濤不得到而還 同行一船泊鬱陵島 只取大竹 大鰒
魚回啓云 島中無居民矣(輿地志云鬱陵于山皆于山國地于山則倭所謂松
島也) 光海七年 倭差船二隻 謂將探礒竹島形止 且日 島在慶尙·江原之
間朝廷惡其猥越不許接待 只令東萊府使朴慶業答書曰 足下非不知此島
之橫占 乃欲攙越窺覘 是誠何心 恐非隣好之道 所謂礒竹島 實我國之鬱
陵島也 介於慶尙·江原海洋 載在輿地 焉可誣也 盖自羅·麗以來取考方
物 逮至我朝屢刷逃民 今雖廢棄豈可容他人冒居乎 前日復書 (今以前日
復書之說觀之前已有所往復也) 已悉梗槩 貴島宜瞿然改圖 而今乃直以
解纜發船爲言 不幾於輕朝廷而昧道理乎 貴島於我國往來過行 惟有一路
譬若門戶 此外 無論漂船 皆以賊船論斷 弊鎭沿海將官 惟知嚴守約束而
已 不知其他 惟貴島審區土之有別 知界限之難侵 恪守信義 努力自勉 免
致謬戾 尙克有終. 肅宗十九年 馬島太守平義信押還漂民二口貽書禮曹曰
貴城漁氓行舟於本國竹島 極是不可到之地也 以故土官詳諭國禁 今者復
不願國禁漁氓四十餘口往入竹島 雜然漁採 由是土官拘留其漁氓二人
(安龍福·朴於屯) 爲質於州司 以爲一時之證 我因幡州牧連前後事狀馳報
東都 蒙令被漁民附與弊邑 以還本土 不俟 想 夫我殿下泛愛黎庶無間遠
近旣往不咎 惟綠鴻庇 二漁氓得還故土也 此事所係非細 兩國豈可不思
無妄之禍耶 速加改令於邊浦 堅制禁條 隣睦悠久 一好事也 答曰 弊邦海
禁至嚴 制束海民 使不得出於外洋 雖弊境之鬱陵島亦以邈遠之故切不許
任意往來 況其外乎 今此漁船敢入貴界竹島 致煩欽送 隣好之義 實所欣
感 海氓 獵漁以爲生理 或不無遇風漂轉之患 而至於越海探入 法當痛懲
今將犯人 依律科罪 是時接慰官洪重夏至東萊府 傳授答書則差倭以爲
只論竹島事足矣 何爲以擧鬱陵耶 譯官答曰 所以明我國之亦嚴海禁也
倭曰 鬱陵島 固知爲貴國地 壬辰後 爲日本所占據者 貴國芝峯類說中不

有之乎 首譯朴再興曰 類說中誠有之 然此有大不然者 壬辰之亂 日本兵
探入我境 西至于平安 北至于咸鏡 大小沿海郡邑皆爲亂兵所據 不獨鬱
陵一島而已 則豈可以壬辰亂 兵所占據者爲言乎 類說所論 非所可援 況
文士一時漫筆 何足爲明證 二十年 馬島太守平義信奉書禮曹曰 向者貴
國漁民往入本國竹島者回還焉 回簡有鬱陵島名 是所難曉也只冀除却鬱
陵之名云云 二十一年 島倭橘眞重上書於東萊 以竹島設疑問四條 二十
二年 馬島奉行倭平眞顯等六人寄書於我國譯官卞宋兩人 其一論竹島事
其 一論安龍福擅行事 時廟堂諸議 以爭一空曠之地 以開邊釁 爲不可 獨
領相南九萬以爲 疆土受之 祖宗 不可與之 乃曰 此島 高麗得之於新羅
我朝得之於高麗 元非日本之地 以此往復不已 事遂 寢遣武臣張漢相往
審島中 自是定爲法 每三年一送人觀其島 官給斧子十五伐其竹若木 又
采土物若干納于 朝以爲信 三陟營將及越松萬戶相遞入焉 初東萊安龍福
隷櫓軍 善倭語 肅宗十九年夏 入海漁採 漂到鬱陵島 遇倭船被拘 入日本
五浪島 龍福言於島主曰 自鬱陵距我國一日程 距日本五日程 非屬我國
者乎朝鮮人自往朝鮮地 何拘爲 島主知不可屈 解送伯耆州 州太守厚遇
饋銀幣 龍福不受曰 願日本勿復以鬱陵島爲辭 受銀 非吾志也 太守遂禀
關白 作書契授之 言鬱陵非日本界 行至 奪不還 送龍福于馬島 時馬島主
僞藉關白命 數以鬱陵島爭之 其實非關白意也 鬱陵 饒魚竹 倭利其有 且
差倭至則國家待之豊厚 倭因此來往不止 至是 恐龍福盡發其奸狀 牢囚
久之 押送東萊又囚于館 前後九十日 始還 龍福言于府使 竟不聞 明年
接慰官至東萊 龍福又訴前事 朝廷亦不之信也 時差倭累至 若將生釁 國
人憂之 而不知爲馬島所瞞 龍福憤甚 走蔚山海邊 有商僧雷憲等蟻舟 龍
福誘之曰 鬱陵島多海菜 吾當爲汝指其路 僧欣然從之 遂擧帆三晝夜 泊
鬱陵島 倭舶自東至 龍福目諸人縛之 船人惻不發 龍福獨前憤罵曰 何故

犯我境　倭對曰　本向松島　固當去也　龍福追至松島　又罵曰　松島　卽芋山
島爾不聞芋山亦我境乎　麾杖碎其釜　倭大驚走　龍福轉至伯耆州　言其狀
太守悉捕治之　龍福乃詭稱鬱陵監稅官升堂　與太守抗禮　大言曰　馬島之
居間矯誣　豈獨鬱陵一事　我國所送幣貨　馬島轉賣日本　多設機詐　米十五
斗爲一斛　馬島以七斗爲斛　布三十尺爲一疋　馬島二十尺爲疋　紙一束甚
長　馬島截爲三束　關白何從而知之　不能爲我達一書於關白乎　太守許之
馬島主父時在江戶　聞之大懼　乞於太守曰　書朝而入則吾兒夕而死　子其
圖之太守歸語龍福曰　毋庸上書　且速歸馬島　如更爭界者　可差人賫書來
龍福還泊襄陽　告于官　且獻在伯耆時呈太守文以證前事　諸從者一一納供
如龍福言　無異辭　於是倭知不可復誑　抵書萊府　謝曰　不敢復遣人至鬱陵
是時　事由龍福發　故倭疾之　以龍福行不由馬島爲罪　舊約　有自馬島向釜
山一路以外皆禁之文故也　　朝議皆以龍福罪當斬獨領敦寧尹趾完領中樞
南九萬謂　殺之　適足快馬島憤且其人桀黠　非碌碌者宜留爲他日用　乃流
之　倭至今不復指鬱陵爲日本地　皆龍福功也　柳成龍答　皇朝將書曰　東海
一邊　自慶尙左道達于江原道　自江原道達于咸鏡道　皆傍海之地　南海多
島嶼東海無島嶼　且水性悍急　不利行舡　故自前賊兵雖不無犯境之時而不
常有之.

　　<文獻備考鬱陵島事實> 『文獻備考』에 이르기를, "울릉도는 울진에서
정동 쪽 바다 가운데 있고, 일본의 隱岐州와 가까우며 세 봉우리가 허공
에 높이 솟았는데, 남쪽 봉우리가 조금 낮다. 날씨가 맑을 땐 봉우리 위
에 있는 수목과 산 밑 모래톱까지도 역력히 보인다. 바람이 순풍이면 이
틀이면 갈 수 있다. 땅은 4방이 백 리쯤 되고 柴胡·藁本·石楠·藤草·각종
향나무와 범고채[藘]가 산출되며, 아름드리 대[竹]가 많으며, 범고채 열

매[蘆實]와 복숭아씨가 큰 것은 술잔이나 되를 만들 만하다. 산고양이가 개만큼 크고 쥐가 고양이 만하다. 바다 가운데 큰 짐승이 있는데 생김새가 소와 같이 눈동자는 붉고 뿔이 없다. 떼를 지어 해안에 누웠다가 사람이 혼자서 오는 것을 보면 해치는데 대개는 사람을 만나면 흔히 달아나 물속으로 들어간다. 이 섬은 可之島로서 본래는 于山國이었는데, 신라 때 쳐서 빼앗았다가 뒤에 그들이 왜인들을 끌어들여 도적질을 할까 두려워서 주민들을 모두 육지로 몰아내고 그 땅을 비워 두었다. 고려 태조 13년 경인(930년)에 토착민의 우두머리가 와서 공물을 바치자 그에게 白吉이란 벼슬을 주고 토착민의 우두머리로 正朝를 삼았다. 현종 13년 임술(1672년)에 島民들이 여진 병의 약탈을 당하여 도망해 온 자가 많으므로 이들을 禮州에 살게 하고 호적에 편입시켰다. 덕종 원년 임신(1032년)에 島主가 그 아들 夫於仍多郎을 보내어 조공하였고, 인종 17년 기미(1139년)에 명주도의 首倉使 李陽實이 섬에 들어가 과일[菓]의 씨와 이상한 나뭇잎을 가져와 바쳤다. 의종 13년 기묘(1159년)에 왕은 이 섬이 땅이 넓고 흙이 기름져 백성을 살릴 수 있다는 말을 듣고 명주의 首倉 金柔立을 보내어 시찰하게 하고 다시 현으로 만들려고 하였는데, 돌아와 보고하기를, '섬 안에 큰 산이 있는데 산꼭대기에서 동쪽으로 바다까지 10,000여 보, 서쪽으로 13,000여 보, 남쪽으로 15,000여 보, 북쪽으로 바다까지가 10,000여 보에 부락의 옛터가 일곱 군데 있어서 깨어진 주춧돌이 남아있으며, 石佛·石塔과 鐵鍾 따위가 있으나 지면에 암석이 많아서 사람이 살 수가 없습니다.' 하였으므로, 드디어 중지하고 말았다. 뒤에 崔忠獻이 이 섬의 토지가 비옥하고 진기한 수목과 해산물이 많다고 하여 사신을 보내어 본군의 주민을 옮기려 하였으나 여러 번 풍랑을 만나 배가 뒤집히고 사람이 많이 죽었기 때문에 드디어 그 주민들을 도로 돌려

보내고 말았다. 고종·원종 때에 본국 叛臣 李樞 등이 원 나라에 알리기를, '울릉에 진기한 재목이 많다. 하였으므로, 원에서 사람을 보내어 재목을 베어 들이려고 하였는데, 글을 올려 사정하여 중지시켰다. 본조 태종 때에 유민들이 이 섬으로 많이 들어갔다는 말을 듣고 삼척의 金獜兩을 안무사로 임명하여서 두 번이나 데려왔다. 세종 20년 현인인 만호 南顥가 수백 명을 거느리고 가서 도망자를 수색하여 金丸 등 70여 인을 잡아 모조리 데려온 뒤엔 이 땅은 텅 비게 되었다. 성종 2년(1471년)에, 누가 말하기를, '三峰島란 섬이 따로 있다.' 하여, 朴宗元을 보내어 조사하였는데 풍랑 때문에 이르지 못하고 돌아오는 길에 일행이었던 배 한 척이 울릉도에 닿아서 큰 대[竹]와 큰 전복만 갖고 돌아와서 상주하기를, '섬에는 사람이 살지 않습니다.' 하였다. (興地志에, '鬱陵·于山은 다 于山國 땅이며, 이 우산을 왜인들은 松島라고 부른다.'고 되어 있다.) 광해군 7년(1615년)에 왜인이 배 두 척을 보내서, '礒竹島의 상황을 탐지한다.' 하고, 또 말하기를, '섬이 경상도와 강원도의 사이에 있다.' 하였다. 조정에서는 그 건방지고 주제넘음을 미워하여 접대를 허락하지 않고, 동래부사 朴慶業을 시켜 답서하기를, '귀하가 이 섬을 점령함은 가로채는 것이 됨을 모르는 것이 아닐 터인데 남의 땅을 넘보는 것은 무슨 마음이냐? 아마도 이것은 선린 우호의 도리가 아닌 성 싶다. 이른 바 礒竹島란 실로 우리나라의 울릉도로서, 경상도와 강원도 바다 사이에 있음은 興地書에 실렸는데 어떻게 속일 수 있겠는가? 신라·고려 때부터 토산물을 받아 들였고, 본조에 와서도 여러 번 도피한 백성을 붙잡아 들였다. 지금 비록 폐기하였을망정 다른 나라 사람이 불법으로 거주함을 어찌 용납하겠는가?(전일 답서 여기에 전일 답서라 한 것을 보면 전에도 왕복한 사실이 있음을 알 수 있다) 에서 이미 그 대략을 밝혔으니, 貴島

에서는 뚜렷한 반성이 있어야 하겠거늘 이제 배를 출발시키겠다고 하
니, 이는 우리 조정을 업신여기고, 도리에 어두운 것이 아닌가? 귀도기
우리나라에 통행함에는 오직 하나의 길이 있으니, 비유컨대 門戶와 같
다. 이 밖에 표류하는 선박이라도 모두 적선으로 단정하겠다. 우리 鎭의
연해 장관은 다만 엄하게 약속을 지킬 줄 알 뿐이고 다른 것은 모른다.
그러니 귀도는 영토란 구별이 있음을 살피고, 한계선을 침범할 수 없다
는 것을 알아서, 각별히 신의를 지키기로 스스로 힘써서 허물을 저지르
지 않도록 하여 유종의미가 있게 하라.’ 하였다. 숙종 19년(1693년)에 대
마도 태수 平義信이 표류민 2명을 압송하면서 예조에 보낸 글에, ‘귀역
의 어민이 본국 竹島에 배를 타고 들어 왔는데, 이곳은 와서는 안 되는
지역[極是不可到之地]이다. 그러므로 지방관이 국가의 금법을 상세히 일
러 주었거늘 이제 다시 금법을 돌아보지 아니하고 어민 40여명이 竹島
에 들어와서 멋대로 고기잡이를 하였기 때문에 지방장관이 그 어민 2명
(安龍福과 朴於屯)을 구금하여 州司에게 볼모로 맡겨 놓고 일시의 증거
로 삼으려고 한 것이다. 우리는 번주목을 통하여[我因幡州牧] 전후의 사
실을 종합하여 東都에 보고했더니, 그 어민을 弊邑에서 인수하여 본국으
로 돌려 보내주라는 분부를 받았다. 본인은 우리 전하께서 널리 백성을
사랑함이 멀고 가까움에 다름이 없으므로 과거는 허물치 않고 오직 혜
택을 베풀어 2명의 어민을 그들의 고국에 돌려보낸 것이다. 이 사실은
관계가 중대하니, 양국은 어찌 불의의 사태에 대해 염려하지 않을 수 있
겠는가? 속히 邊浦에 다시 명령하여 금지조항을 단단히 마련하여 이웃
나라와의 화목함을 길이 보존하는 것이 좋은 일인가 생각한다.’ 하였다.
답서에 이르기를, ‘弊國은 해상의 금령이 매우 엄격하여 해변의 거민들
을 먼 바다에 나가지 못하게 단속[制束海民使不得出於外洋]하며 우리의

영토인 울릉도까지도 멀다고 하여[以遼遠之故] 결코 마음대로 왕래하지 못하게 하는데 하물며 그 밖이겠는가? 지금 우리의 어선들이 귀국의 영토인 竹島에 침입하여 송환의 귀찮스러움을 끼치었으니 이웃 나라로서의 호의에 대하여 실로 고맙게 여기는 바이다. 해변의 백성이란 고기잡이로 생활[生理]을 하기 때문에 혹 풍랑을 만나서 표류하는 일이 없는 것도 아니지만 바다를 건너 깊숙이 들어간 데 대해서는 법으로 엄중히 징계해야 할 것이다. 지금 이 범인들은 법에 의해 죄를 다스리겠다.' 하였다. 이때 접위관 洪重夏가 동래부에 이르러 답서를 전달하니, 파견된 왜인이 말하기를, '竹島 사건만 말해도 될 터인데 하필 울릉도를 들어서 말할 게 무엇이냐?' 하였다. 역관은 대답하기를, '우리나라도 해상의 금병을 엄격하게 밝히기 위함이다.' 하니, 왜인이 말하기를 '울릉도가 귀국의 영토인 줄은 잘 알지만 임진란 뒤엔 일본의 점령지가 되었다고 귀국의 『芝峯類說』에 있지 않느냐?' 하였다. 수석 역관 朴再興이 말하기를, '유설 가운데 사실 그 말이 있기는 하지만 그것을 절대로 그렇게 보아서는 안 된다. 임진란 때에 일본 병이 우리 경내에 깊이 들어와서 서쪽으로는 평안도에 이르렀고, 북쪽으로는 함경도까지 이르렀으니, 크고 작은 해안지방의 군읍(郡邑)들은 모두 난병에게 점령되었던 바, 울릉도 뿐만은 아니었는데 [不獨鬱陵一島而已] 어찌 임진란 중에 난병들이 점거한 것을 가지고 말할 수 있겠는가? 유설에서 말한 것을 끌어올 것이 아니다. 더구나 문사의 일시적인 (漫筆) 밝은 증거가 될 수는 없다.'고 논박하였다. 20년에 대마도 태수 平義信이 예조에 서한을 보내어 이르기를, '지난 번 본국의 竹島에 들어온 귀국의 어민을 송환한데 대한 귀국의 답서에 울릉도의 명칭이 들었는데, 이것은 이해 할 수 없다. 울릉도란 명칭만을 지워 주기 바란다. 운운.' 하였고, 21년에 대마도의 왜인 橘眞重이

동래부에 서신을 올리어 竹島에 대한 의문점 4개조를 말하였으며, 22년
엔 대마도 奉行 왜인 平眞顯 등 6인이 우리나라의 역관 卞·宋 두 사람
앞으로 서신을 보냈는데, 하나는 竹島에 대한 논의였고, 하나는 안용복
자의로 행동한 사건을 논한 것이었다. 이때 조정의 여론은, '하나의 빈
땅을 가지고 국제적인 분쟁을 일으키는 것이 옳지 않다.' 하였는데, 오직
영의정 南九萬은, '강토는 조종에서 물려받은 것이니 줄 수 없다.' 하였
으며, 이어서, '이 섬은 고려가 신라에서 받고, 我朝가 고려에게서 받은
것이며, 원래가 일본 땅이 아니다.' 하여, 이러한 서한이 오고 가다가 잠
잠해졌다. 무신 張漢相을 보내어 울릉도를 조사하였고, 이때부터 법으로
정하여 3년마다 한 번씩 사람을 보내어 그 섬을 조사하고 관에서 도끼
15자루를 주어 그곳 대와 나무[木]를 베었고, 또 토산물을 채취해서 정부
에 바치는 것으로써 하나의 신표[信]를 삼게 하였다. 삼척영장과 월송만
호가 번갈아 여기에 들어갔다. 동래 사람 안용복은 櫓軍에 속하여 일본
말에 능통하였는데, 숙종 19년(1693년) 여름에 바다에 들어가 고기잡이
를 하다가 표류되어 울릉도에 이르렀다가 倭船을 만나 붙들려서 일본의
五浪島에 들어갔다. 용복은 도주에게, '울릉도가 우리나라에서는 하루
길이요, 일본에서는 닷새 길이니 울릉도는 우리나라에 붙은 것이 아니
냐? 조선 사람이 조선 땅에 갔는데 어째서 구속하느냐?' 하니, 도주는 그
를 굴복시키지 못할 듯하여 풀어서 백기 주로 보냈다. 백기 주의 태수는
그를 잘 대접하고 은 폐물을 주었다. 용복은 받지 않고 말하기를, '나는
일본이 울릉도를 가지고 말썽을 부리지 않을 것을 원할 뿐이고, 은을 받
을 생각은 없다[受銀非吾志也].'고 하였다. 태수는 드디어 관백에게 보고
하고 울릉도는 일본의 영토가 아니라는 서류를 만들어 주었다. 그는 가
다가 長碕島에 들렀는데, 도주는 대마도의 일당으로서 서류를 보자고

요구하여 보였더니, 서류를 빼앗고 용복을 대마도로 보내었다. 이때 대마도주는 관백을 핑계하고 자주 울릉도를 들어서 다투었는데 사실은 관백의 뜻이 아니었다. 울릉도에는 물고기와 대[竹]가 풍부하였으므로 왜인들은 그 이권을 차지하려고 했던 것이며, 또한 그들의 파견원이 우리나라에 오면 조정에서는 그들을 후하게 대우한 탓으로 그들의 내왕이 끊이지 않았던 것이다. 그들은 용복이 이 부정한 내막[奸狀]을 모조리 폭로할까 두려워하여 오랫동안 구금하였으며, 동래로 압송하여서도 館에 가두었다가 전후 90일 만에야 풀려나왔다. 용복은 전후 사실을 부사에게 말했지만, 끝내 보고하지 않았다. 이듬해 접위관이 동래에 왔을 때에도 용복은 또 이 사실을 호소하였으나 조정에서 그를 믿어주지 아니하였다[亦不之信也]. 그 뒤에 파견된 왜인이 여러 번 와서 분쟁을 일으킬 듯하였는데, 우리나라에서는 그를 걱정은 하면서도 대마도[馬島]에게 우리가 속임을 당하는 줄은 알지 못하였다. 용복은 분개해서 울산 해변으로 갔는데 마침 거기엔 商僧 雷憲 등이 와 정박하고 있었다. 용복은 그들을 꾀어서 말하기를, '울릉도에는 海菜가 많으니 내 그대들을 위해 길을 인도하겠다.' 하니, 그들은 기뻐하며 선뜻 좇았다. 밤낮 사흘 만에 울릉도에 닿았더니 왜선[倭舶]도 동쪽으로부터 와 닿았다. 용복은 여러 사람에게 눈짓하여 왜인들을 묶으라고 하였으나, 선원들은 겁이 나서 나서지 않았다. 용복은 앞에 나서서 꾸짖기를, '어찌 하여 우리 영토를 침범하느냐?' 하니, 왜인은 대답하기를, '본시 松島로 갈려던 길이니 가겠노라.' 하였다. 용복은 松島까지 좇아가서 또 꾸짖기를, '松島는 곧 芋山島다. 너희는 于山島가 우리의 영토라는 말을 못들었느냐?' 하고는, 몽둥이를 휘둘러 가마솥을 부시니 왜인들은 매우 놀라 달아나 버렸다. 용복은 그 길로 백기 주로 가서 그 사실을 말하니, 태수는 그들을 모조리 잡아서 치죄하였다. 용복은 자기가 울릉도의 監稅官이라고 사칭하고 당상에 올라가서 태수와 서로 대등한 예를 치루고서 큰 소리로 말하기를, '대마도가 중간에 끼어서 속이는 것은 울릉도 문제뿐만이 아니다. 우리나라에서 보내는 물품을 대마도가 일본에 轉賣하되 흔히 속임수를 쓴다. 쌀은 15두가 1곡인데도 대마도는 7두를 1곡으로 치고, 베와 무명은 30척이 1필인데도 대마도에서는 20척을 1필로 치며, 종이 1속이면 매우 길다란데 대마도에서는 끊어서 3속으로 만든다. 관백이 이런 내용을 어떻게 알겠는가? 그러니 귀하는 나를 위해 관백에게 서한 한 통을 전달하지 않겠는가?' 하였다. 태수는 이를 허락하였는데 마침 대마도주의 아버지가 강호에 있던 터라, 이 말을 듣고 크게 두려워하며 태수에게 애걸하기를, '서한이 아침에 들어가면 내 아들은 저녁에 죽을 것이니, 태수는 생각해 달라.' 하였으므로, 태수는 용복에게 돌아와 말하기를, '일부러 書狀을 올릴 필요 없이 속히 대마도로 돌아가라. 만약 다시 국경 문제로 분쟁이 있거든 사람을 보내어 서장을 갖고 오도록 하라.' 하였다. 용복은 襄陽에 돌아와서 관에 보고하고 또 백기 주에 있을 때 태수에게 보낸 서장을 바치어서 앞의 일들을 증명하였으며, 따라갔던 여러 사람들도 저마다 용복의 진술과 일치하고 틀리지 아니하였다. 이리하여 왜인들은 더 이상 속일 수 없다는 것을 알고 서한을 동래부에 보내와 사과하기를, '다시는 사람을 울릉도로 보내지 아니하겠다.' 하였다. 이때에 그 내용이 용복으로 인해서 발각되었다는 것을 알고 왜인은 그를 미워하여 용복이 갈 때 대마도를 거쳐서 가지 않았다는 사실을 트집하여 죄로 삼았다. 옛 조약에, '대마도에서 부산으로 다니는 한 길 외에는 어떤 길도 금한다.'고 되어 있었기 때문이었다. 조정의 의론은 모두 용복의 죄가 참형에 해당한다고 하였으나, 敦寧府 尹趾完과 領中樞 南九萬만은, '그를 죽이는 것은 대마도의 분함을 씻어 주는데 족할 뿐이다. 그리고 용복은 위인이 걸출하고 용렬한 자는 아니다. 마땅히 그를 살려서 후일에 쓰임이 되도록 해야 한다.'고 주장하여, 마침내 귀양을 보내는데 그쳤다. 일본이 그 뒤로 지금까지 울릉도가 저희네 땅이라고 주장하지 못하는 것은 다 안용복의 공적이다.

<柳成龍所論> 유성룡이 명나라 장수에게 보낸 답서에, '동해 一邊이 경상좌도에서 강원도에 이르며, 강원도에서 함경도에 이르기까지가 다 바다에 면한 지역이다. 남해는 섬들이 많지만 동해는 섬들이 없고, 또한 물결이 급하여 배가 통행하기에 불편하다. 그러므로 적병들이 국경을 침범하는 때가 아주 없는 것은 아니지만 늘 있지는 않다.' 하였다." 하였다.

15) 정조, 『弘齋全書』

昔有東萊水軍安龍福者 單身入倭庭 爭鬱陵島 面折倭酋不少挫 而倭人不復窺鬱陵 若使此人者守邊 顧不害爲漢高帝之猛士矣 公於西北邊禁 旣有以振國綱而樹邦憲 又設追捕武士於海西 其制置之綜密 比嶺南沿海之瞭望 尤有勝焉 予每於此 不覺拊髀而歎也(정조, 『弘齋全書』제13권, 서인6, 익정공주고군려류서 경신년 변어인).

옛날에 동래 수군 안용복이라는 자가 단신으로 倭庭에 들어가서 울릉도를 놓고 왜놈 추장을 상대로 조금도 꺾이는 기색 없이 대놓고 시비곡직을 따져 그 후부터는 왜놈들이 다시 울릉도를 넘보지 못했다고 하는데, 만약 그러한 인물이 변방을 지킨다면 아마 漢 高帝의 용맹한 군사가 되고도 남을 것이다.

공이 서북 지역의 邊禁에 있어 이미 나라의 기강을 떨치고 법을 수립한 바 있거니와 海西에다는 또 追捕武士를 두기도 하여 그 빈틈없는 조치가 영남 연근해의 敵情을 살피는 것에 비하면 더욱 훌륭한 것이다. 나는 늘 그 점에 대해 나도 모르게 무릎을 치며 감탄하곤 한다.

國俗以畏首畏尾 軟懦沒稜角爲賢 故一有跅弛之士 出於其間 則羣起而咻之 如安龍福者 豈非奇傑之類 而其時朝議 皆欲必置之法 若無南相一言 幾乎不免 俗尙之迫隘如此 雖有豪傑之才 何能容也(『弘齋全書』卷173, 日得錄13, 人物[三]).

나라의 습속이 전전긍긍하며 앞뒤로 두려워하여 연약하게 모가 없는 것을 어질다고 하기 때문에 그중에 한 사람이라도 세속에 얽매이지 않은 인물이 나오면 떼로 일어나 지목하여 떠들어 댄다. 예를 들어 안용복 같은 사람은 어찌 호걸스런 인물이 아니겠는가. 그러나 당시에 조정의 의논이 모두들 기필코 죽이려고 하였다. 만약 南相의 한마디가 없었더라면 거의 죽음을 면하지 못했을 것이다. 풍속의 숭상하는 것이 이렇게 협소하고 박절하니 설사 호걸스런 인재가 있다 하더라도 어떻게 용납을 받겠는가.

16) 이규경, 『五洲衍文長箋散稿』

○ 울릉도의 사적에 대한 변증설

… 肅宗十九年癸酉夏東萊戰船艙軍安龍福 潛入倭中 有爭島之擧

　肅廟十九年癸酉夏　東萊戰船艙軍安龍福　出入倭館　善倭語　漂泊鬱陵
島　倭船七艘先到　時倭已惹爭島之端　龍福與倭辨詰　倭怒執以歸拘五浪
島　龍福言島主曰　鬱陵、芉山　今屬朝鮮　朝鮮近而日本遠　何故拘執我不
歸　島主送諸伯耆　島主待以賓禮　賚粮許多　辭不受　島主問汝欲何爲　龍福
又言其故　禁止侵擾　以厚交隣　是吾願也　島主許之　禀于江戶　成契券與之
遂遣還行到長崎島　島主黨馬島　奪其券　送之馬島　島主囚之　聞于江戶　江
戶復爲書契　令勿侵兩島　且令護送　馬島主復奪其書契　囚五十日　押送東
萊倭館　又留之四十日　送之東萊府　龍福悉訴之　府使不以聞　以越犯刑之
以寢其事　此而寢之可乎

　二十一年乙亥夏　龍福憤鬱不已　誘販僧復入倭中　爭詰竹島　以更不相
爭爲約　而還泊襄陽　方伯狀聞以犯越罪當斬　用相臣議　原恕刑配

　肅廟二十一年乙亥夏　龍福憤鬱不已　誘販僧五人及棹工四人　復至鬱陵
我國三商船先泊漁採斫竹　有倭船適至　龍福令諸人縛執　諸人懼不從　倭
云　我等漁採松島　偶至此即去龍福曰　松島本我芉山島　明日　追至芉山島
倭擧帆走　龍福追之　漂泊于玉岐島轉至伯耆州　島主款迎　龍福自稱鬱陵
搜捕將　乘轎入與島主抗禮　言前後事甚詳　且言我國歲輸米一石必十五斗
綿布一匹三十五尺　紙一卷二十張　馬島偸損　謂米石七斗　布匹二十尺　截
紙爲三卷　吾將欲直達于關白　治欺誑之罪　同行有稍解文字者　製疏示島
主　島主父聞之　乞憐於伯耆州　事遂已　慰諭送還曰　爭島之事　悉如汝言
有不如約者　當重罰之　同年秋八月　還泊襄陽府　方伯狀聞　拿致龍福等于
京　諸人納供如一　朝議以犯越挑釁將斬之　惟領敦寧尹趾完曰　龍福雖有
罪　然馬島從前欺詐者　徒以我國不以專通江戶故耳　今知別有他路　必爲
恐愶　今誅龍福非計也　領中樞南九萬曰　馬島之欺詐　非龍福無以畢露　其
罪之有無姑置　爭島事不可不因此機會　明辨痛斥之　書問馬島曰　朝廷將

別遣使 直探其虛實云爾 則馬島必大恐服罪 然後龍福事 徐議其輕重 未晚也 此上策也 不然 使萊府送書島中 先陳龍福擅自呈文之罪 次陳本島假稱竹島奪取公文之失 待其回答 而龍福斷罪之意 決不可及於書中 此中策也 至若不聞馬島奸欺之狀 而先殺龍福 以快其心 彼必以此藉口 侮我脅我 將何以堪之 此下策也 於是 朝廷用中策 島主果自服 歸罪於前島主 不復往來鬱陵 朝廷乃減龍福死 配去 倭至今不復指鬱陵爲日本地 皆龍福之功也

　星湖李瀷曰 龍福直是英雄儔匹 以一卒之賤 出萬死之計 爲國家 抗强敵折奸萌 息累世之事 復一州之土 比諸傅介子、陳湯 其事尤難 非傑然者不能也 朝廷不惟不之賞 前刑後配 摧陷之不暇 哀哉 鬱陵縱云土薄 馬島亦土無數尺 而爲倭所窟宅 歷世爲患 一或見奪 是增一馬島 方來之憂 何可勝言 以此論之 龍福非特一世功也歟 古今稱張循王花園老卒爲人豪 然 其所辦 不過大賈販殖之間 其於國家計策 未必優焉 若龍福者 當危難之際 拔之行伍 借之翼角 得行其志 則所就豈止於斯 按倭以漁氓安龍福犯越事來爭 以『芝峯類說』及禮曹回答 有貴界、竹島之語爲證 朝廷遣武臣張漢相往審之 南北七十里東西六十里云云 於是 朝廷費辭往復 彌縫乃止. …(李圭景,『五洲衍文長箋散稿(고전간행회본 권35)』經史篇・論史類, 論史,「鬱陵島事實辨證說」)

　… 숙종 19년 계유(1693) 여름에는 동래부의 戰船에 예속된 艣軍이다. 안용복이 몰래 왜인들 속에 들어가 이 섬의 소유권을 놓고 왜인들과 다툰 일이 있었다. 숙종 19년 여름의 일이다. 동래부의 전선에 예속된 노군 안용복은 왜관에 드나들어서 왜어에 능숙하였는데, 풍랑으로 인해 울릉도에 표류되었을 때 왜선 7척이 먼저 와서 이 섬의 소유권을 놓고 논쟁

을 벌이고 있었다. 이에 용복이 왜인들과 시비를 벌이니, 왜인들이 노하여 그를 잡아가지고 五浪島로 가서 구금하므로 용복이 도주에게 말하기를, "울릉과 芋山은 본디 조선에 예속되어 있으며, 조선과는 가깝고 일본과는 먼데, 어째서 나를 구금해 놓고 돌려보내지 않는가?" 하니, 도주가 그를 백기 주로 보내었다. 백기도주가 용복에게 賓禮로 대우하고 많은 銀子를 주었으나 모두 사양하고 받지 않으므로, 도주가, "그대가 요구하는 것은 무엇인가?" 물었다. 용복이 다시 전후 사실을 말하고 이르기를, "침략을 금지하고 이웃 나라끼리 서로 친선을 도모하는 것이 나의 소원이다." 하자, 도주가 이를 승낙하고 강호 막부에 품하여 契券을 작성하여 주고 보내 주었다. 이리하여 용복이 長崎島에 이르니, 장기도주가 대마도와 符同하여 그 계권을 빼앗고 대마도로 압송하였다. 대마도주가 용복을 구금하고 강호 막부에 보고하니, 강호에서 다시 서계를 보내고 울릉과 우산 두 섬을 침략하지 못하게 하는 한편, 본국으로 호송하라는 명령을 내렸다. 그런데 대마도주는 그 서계를 다시 빼앗고 50일 동안이나 구금하였다가 동래부 왜관으로 압송하였는데, 왜관에서도 40일 동안이나 억류시켰다가 동래부로 돌려보냈다. 용복이 동래부에 와서야 이 사실을 죄다 열거하여 호소하니, 부사가 상부에 보고하지도 않고 이유 없이 월경했다 하여 임의대로 형벌을 가하고는 이 일을 숨겨버렸으니, 이런 사실을 숨겨버려서야 되겠는가.

　숙종 21년(을해) 여름에 용복이 그때의 울분을 참지 못하고 떠돌이 중들을 달래어 다시 울릉도에 들어가 이 섬을 놓고 분쟁을 벌인 끝에, 다시는 서로 분쟁하지 않기로 약조를 체결하고 襄陽으로 돌아왔는데, 方伯이 이들의 월경한 죄는 의당히 베어야 한다고 狀啓를 올렸으나, 相臣의 의논에 의해 정상을 참작하여 유배의 형에 그쳤다.

숙종 21년 여름에 용복이 울분을 참지 못하고 떠돌이 중 5인과 沙工 4인을 달래어 다시 배를 타고 울릉도에 이르니, 우리나라 商船 3척이 먼저 와서 정박하고 고기를 잡으며 대나무를 벌채하고 있었는데, 마침 倭船이 당도하였다. 용복이 여러 사람을 시켜 왜인들을 포박하도록 명하였으나, 모두들 겁을 먹고 따르지 않았는데 왜인들이 스스로 말하기를, "우리들을 松島에서 고기잡이를 하다가 우연히 이곳에 당도하였을 뿐이다." 하고 즉시 물러갔다.

용복이 말하기를, "松島는 본디 우리나라 芋山島이다." 하고, 다음날 于山島로 달려가니, 왜인들이 돛을 올리고 달아나므로 용복이 뒤쫓아 가는 도중 玉岐島에 표류하다가 다시 백기 주에 당도하였다. 그러자 백기도주가 나와서 환영하므로 용복이 울릉도 搜捕將이라 자칭하고 轎子를 타고 들어가서 도주와 대등한 예로 인사를 나눈 뒤 전후의 일을 상세하게 설명하고 이어 말하기를, "우리나라에서 해마다 쌀은 1석을 15두로, 면포는 1필을 35척으로, 종이는 1권을 20장으로 充數하여 보냈는데, 대마도에서 모두 빼먹고는, 쌀은 1석을 7두, 면포는 1필을 20척, 1권의 종이는 3권으로 각기 절단하여 江戶로 올려 보냈으니, 내가 이 사실을 곧장 관백에게 전달하여 그 기만한 죄상을 다스리도록 하려 하오." 하고, 동행했던 인사 중에 약간 글을 아는 자를 시켜 소장을 지어 도주에게 보였다. 대마도주의 아버지 된 자가 이 말을 듣고 백기 주에 달려와 용서해 주기를 애걸하므로, 관백에게 죄상을 전달하겠다는 일은 이로써 그만두었다. 이에 그들은 지난 일을 사과하고 용복을 전송하면서, "섬을 가지고 다투어 온 일에 대해서는 모두 그대의 말대로 따를 것이오. 만일 이 약속을 어긴 일이 있을 경우에는 마땅히 중벌에 처하겠소." 하였다. 이해 가을 8월에 용복이 襄陽府에 다다르니, 방백이 이 사실을 狀啓로 보고하고 용복 등 일행을 서울로 압송하였다. 여러 사람의 拱招가 한 결같이 나오므로 조정의 의논이, 국경을 넘어서 이웃나라와 쟁단을 일으켰다 하여 斬刑에 처하려 하였다. 그런데 당시 領敦寧府事 尹趾完만이, "용복이 비록 죄는 있으나 대마도가 예전부터 속여온 것은 한갓 강호와 직통하지 않은 때문이었다가 지금 별달리 통하는 길을 찾았으니, 대마도에서 반드시 두려워할 것인데, 이때에 용복을 참형에 처하는 것은 국가의 좋은 계책이 아닙니다." 하였다. 領中樞府事 南九萬도 말하기를, "대마도에서 속여 온 일은 용복이 아니었더라면 다 드러날 수 없는 것이니, 그 죄의 유무는 막론하고, 우선 섬을 다투는 일에 대하여 이 기회를 통해 밝게 변석하고 엄중하게 물리치지 않을 수 없습니다. 그러므로 대마도에 서계를 보내어 묻기를 '조정에서 곧 강호에 직접 사신을 보내어 그 허실을 탐지하겠다.'고 한다면, 대마도에서 반드시 크게 두려워하여 복죄할 것입니다. 그런 다음에 용복의 일에 대해 그 경중을 서서히 논의하더라도 늦지 않을 것이니, 이것이 제일 좋은 방책입니다. 그렇게 하지 않으려면 동래부를 시켜 대마도에 서계를 보내어 먼저 용복이 임의로 글을 올린 죄상을 말하고, 다음에 울릉도를 竹島라 가칭한 것과 공문을 탈취한 도주의 과실을 밝혀 그에 대한 회답을 기다릴 것이며, 용복을 처벌한다는 뜻은 절대로 서계 가운데 언급하지 말 것이니, 이것이 그 다음가는 방책입니다. 만약 대마도의 기만해 온 죄상을 묻지도 않고 먼저 용복을 죽여 그들의 마음을 상쾌하게 한다면, 그들이 반드시 이것으로 구실을 삼고 우리를 업신여기고 협박할 것이니, 이 일을 장차 어떻게 감당해 내겠습니까. 이것이 가장 졸렬한 방책입니다." 하므로 조정에서 그 다음가는 방책을 채용하니, 도주가 과연 자복하여 허물을 전 도주에게 돌리고 다시는 울릉도에 왕래하지 않았으며, 조정에서는 용복을 극형에서 감하여 변방으로 귀양보냈다.

　생각건대, 지금까지도 왜인들이 다시는 울릉두를 가리켜 일본 땅이라 하지 못하는 것은 모두 용복의 공로이다. 星湖 李瀷은 말하기를, "안용복은 바로 영웅 호걸이다. 미천한 일개 군졸로 만 번 죽음을 무릅쓰고 국가를 위하여 강적과 겨루어 간사한 마음을 꺾어버리고 누대(累代)에 걸쳐 벌여온 분쟁을 종식시켰으며 一州의 땅을 되찾았으니, 傅介子와 陳湯의 일보다도 더욱 어려운 일이었다. 이야말로 뛰어난 인물이 아니면 할 수 없는 일이다. 그런데도 조정에서는 상을 주지 않을 뿐만 아니라, 앞서는 참형을 운운하고 뒤에는 귀양을 보내어 꺾어버리기에 급급하였으니, 참으로 애통한 일이다. 울릉도가 비록 척박한 땅이고 대마도 역시 한 조각의 농토도 없는 곳이지만, 대마도는 왜인의 소굴이 되어 역대로 내려오면서 우환거리가 되고 있는데, 만일 울릉도를 한번 저들에게 빼앗긴다면 이는 또 하나의 대마도가 생기게 되는 것이니, 닥쳐올 우환을 어찌 다 말할 수 있겠는가. 이로써 논하건대, 용복은 한 세대의 공적만을 세운 것뿐이 아니었다.

　고금에 張循王의 花園老卒을 호걸이라고 칭송하나, 그가 이룩한 일은 기껏 大商・巨富에 지나지 않았고 국가를 위한 계책에는 큰 도움이 없었던 것이다. 만일 이 용복 같은 이는 국가가 위급한 때에 항오에서 발탁, 장수급으로 등용하여 자기의 뜻을 충분히 펴게 하였다면 그가 이룩한 공적이 어찌 이것뿐이었겠는가." 하였다. 상고하건대, 왜인들이 漁父 안용복이 越境한 일로 와서 논쟁한 데 대해『사설』에, "그들이『芝峯類說』과 예조의 回答 가운데 있는 '귀계'니 '竹島'니 하는 말을 들어서 증거를 대자, 조정에서 무신 張漢相을 울릉도로 보내어 살펴보게 했는데, 그의 복명에 '남북은 70 리요, 동서는 60 리이며……' 하였다. 이리하여 조정에서는 누차 사신을 보내어 그 일을 무마시켰다." 하였다. …

17) 성해응, 『研經齋全集』

… 肅宗十九年 馬島太守平義信 押送漂民二口朴於屯, 安龍福貽書禮
曹曰 貴域漁氓 不顧國禁 四十餘口入竹島漁採土官拘其二人爲證 我因
幡州牧 連馳報東都 蒙令附弊邑還本土 此事係非細兩國豈可不思無妄之
禍耶 速令邊浦堅制禁條 隣睦悠久 答曰 弊邦海禁至嚴 制東海民使不得
出外洋 雖弊境之鬱陵島 亦以遼遠 不許往來 今漁船敢入貴界竹島 致煩
領送 隣好之義 案所欣感 海氓採漁爲生 或患漂風 至於越海深入 法當痛
懲 今將杞人依律科罪 是時接慰官洪重夏至東萊 傳授答書 差倭以爲只
論竹島事足矣 何爲擧鬱陵耶 譯官答曰 所以明我國亦嚴海禁也 倭曰 鬱
陵島固爲貴國 壬辰後爲日本所占據 貴國芝峰類說不云乎 首譯朴再興曰
類說誠有之 然壬辰之亂 日本兵深入我境 西至于平安北至于咸鏡 大小
沿海郡邑 皆爲亂兵所據 不獨鬱陵而已 類說所論 非所可援 況文士一時
漫筆 何足爲明證 二十年 馬島太守平義信奉書禮曹曰 回簡有鬱陵名 是
所難曉 二十一年 島倭橘眞重上書於東萊 以竹島設疑問四條 二十二年
馬島奉行倭平眞顯等六人 寄書於我國譯官卞, 宋兩人 其一論竹島事 其
一論安龍福擅行事 時廟堂諸議以爲爭一空曠之地 以開邊釁不可 獨領相
南九萬以爲彊土受之祖宗 不可與之 乃曰此島高麗得之於新羅 我朝得之
於高麗 元非日本之地 往復不已 事遂寢 遣武臣張漢相往審島中 自是定
爲法 每三年 一差觀其島 官給斧十五 伐其竹若木 又采土物若干 納于朝
以爲信 三陟營將及越松萬戶相遞入焉 初東萊安龍福隸櫓軍善倭語 肅宗
十九年夏 入海漁採 漂到莞陵島 遇倭船被拘 入日本五浪島 龍福言於島

主曰 自鬱陵去我國一日程 距日本五日程 非屬我國者乎 朝鮮人自往朝
鮮地 何拘爲 島主知不屈解送伯耆州 州太守厚遇之 饋銀幣龍福不受曰
願日本勿復以鬱陵爲辭 受銀非吾志也 太守遂作書契 禀關白授龍福 言
鬱陵非日本界 行至長碕島 島主馬島之黨也 求見書契 奪不還 送龍福于
馬島 時島主僞籍關白命 數爭鬱陵島 鬱陵饒魚竹 倭利其有 且差倭至則
國家待之豊 倭因此來往不止 至是恐龍福發其奸狀 牢囚久之 押送東萊
又囚于舘前後九十日始還 龍福言于府使 竟不以聞 明年 接慰官至東萊
龍福又訴前事 朝廷亦不信也 時差倭累至 若將生釁 國人憂之而不知爲
馬島所瞞 龍福憤甚走蔚山海邊 有商僧雷憲等艤舟 龍福曰 鬱島多海菜
吾當爲汝指其路 僧欣然從之 遂擧帆三晝夜 泊鬱陵島 倭船自東至 龍福
目諸人縛之 船人怯不發 龍福獨前憤罵 何故犯我境 倭對曰 本向松島 固
當去也 退去 龍福追至松島 又罵曰 松島卽芋山島 爾不聞芋山亦我境乎
麾杖碎其釜 倭大驚走 龍福轉至伯耆州 言其狀 太守悉捕治之 龍福乃詭
稱鬱陵監稅官 升堂與太守抗禮大言曰 馬島之居間矯誣 豈獨鬱陵事哉我
國所送弊貨 馬島轉賣日本 多設機詐 米十五斗爲一斛 馬島以七斗爲斛
布三十尺爲一疋 馬島以二十尺爲疋 紙二十番爲一束 且甚長馬島截爲三
束 關白何從而知之 子能爲我達關白乎 太守許之 馬島主之父時在江戶
聞之大懼 乞太守曰 書入則兒死子其圖之 太守歸語龍福曰 毋庸上書 且
速歸 馬島如更爭界者 可差人賫書來 龍福還泊襄陽 告于官 且獻在伯耆
時呈太守文 以證前事 於是倭知不可復誣 抵書萊府謝曰 不敢復爭鬱陵
是時事由龍福發 故倭疾之 罪龍福行不由馬島 朝議皆以龍福當斬獨領敦
寧尹趾完，領中樞南九萬謂殺之 適足快馬島憤 且其人桀黠非碌碌者 宜
留爲他日用乃流之 倭至今不復至鬱陵者 皆龍福功也(成海應,『研經齋全
集』外集 卷45, 地理類,「菀陵島志」).

··· 숙종 19년(1693년)에 대마도 태수 평의신이 표류하던 어민 박어둔, 안용복 두 사람을 압송하고 예조에 서한을 보내었는데, 그 내용은 다음과 같다.

"귀국의 어민이 나라에서 금지하는 것을 살피지 않고 40여 인이나 竹島에 들어와 고기를 잡자, 지방관이 그들 중 두 사람을 잡아서 증빙으로 삼았다. 우리는 번주목을 통해 계속 동도에 파발을 띄워 보고하였는데 우리 읍에서 데리고 본토로 돌려보내라는 명령을 받았다. 이 일은 작은 일이 아니다. 양국이 어찌 뜻밖의 변고에 대해 헤아리지 않을 수 있겠는가? 속히 포구마다 금지의 법령을 엄히 제정할 것을 명하여야 양국의 우의가 지속될 것이다." 이에 답하였다. "우리나라는 불법조업을 금지하는 명령이 아주 엄격하다. 동해의 어민들을 단속하여 바깥 바다로 나갈 수 없게 하고 있으며 비록 우리 경계인 울릉도라 하더라도 역시 멀기 때문에 왕래를 금지하고 있다. 지금 어선이 귀국 경계인 竹島에 함부로 들어갔음에도 번거롭게 송환해주니 우호의 뜻에 대해 실로 기쁘고 고마운 바이다. 어민들은 고기를 잡아서 생계를 유지하기에 풍랑을 만나 표류하는 근심이야 항상 있는 것이지만, 바다를 넘어 깊이 들어간 것은 국법으로 엄히 벌해야 마땅한 일이다. 이제 범인들은 법에 의거하여 죄를 따질 것이다." 이 때 접위관 홍중하가 동래에 이르러서 답서를 전해주자 왜의 사신은 다만 竹島만 거론해도 충분할 것을 왜 울릉도까지 거론하느냐고 하였다. 역관이 답하였다. "우리나라 역시 불법조업에 대해 엄히 금함을 밝힌 것이다." 왜의 사신이 말하였다. "울릉도는 본래 귀국의 영토였으나 임진란 이후 일본의 점거지가 되었다고 귀국의 『芝峯類說』에서 말하지 않았는가?" 수석 역관 박재홍이 말하였다. "『芝峰類說』에 정말 그런 언급이 있다. 그러나 임진왜란은 일본의 군대가 우리 국경 깊숙이 침략한 사건이다. 서쪽으로는 평안도, 북쪽으로는 함경도까지 이르렀으니, 크고 작은 해안의 군읍들도 모두 나병들에게 점거되었었다. 유독 울릉도뿐이겠는가? 『芝峰類說』에서 말한 것은 취할 바가 아니다. 하물며 문인이 한때 쓴 만필이 어찌 명백한 증거가 될 수 있겠는가?"

숙종 20년(1694년) 대마도 태수 평의신이 예조에 서한을 보내 말하였다. "보내준 답신에 울릉도의 이름이 있는데 이는 이해하기 어려운 바이다." 또한 숙종 21년(1695년) 대마도 왜인 귤진중이 동래부에 서신을 올려서 竹島에 대한 의문점 4개조를 제기하였다.

숙종 22년(1696년) 대마도에서 봉행직책을 맡은 평진현 등 왜인 6인이 우리 역관 변씨·송씨 두 사람에게 서신을 보냈는데, 그 한 가지는 竹島의 일을 거론한 것이고, 다른 하나는 안용복의 자의적 행동에 대한 일이었다. 당시 조정의 여러 의론은 일개 빈 땅을 다퉈서 인국과의 다툼을 일으키는 것은 안 된다는 것이었으나, 오직 영의정 남구만만이 강토는 선조들에게서 물려받은 것이니 줄 수 없다고 생각했다. 이에 다음과 같이 말하였다. "이 섬은 고려가 신라에게서 받은 것이고, 우리 조선은 고려에게서 받은 것으로 원래부터 일본 땅이 아니다." 그 후에 서신들이 왔다갔다 끊이지 않다가 일이 마침내 잠잠해졌다.

무신 張漢相을 파견하여 섬 안을 조사하게 하고 이때부터 법을 정하였으니, 매 3년 마다 한 번 씩 사람을 파견하여 그 섬을 살피고 관에서 도끼 15자루를 대주어 대나무와 나무를 베어 내고, 또 약간의 토산물을 채취하여 조정에 바치는 것으로 신표로 삼게 한 것이었다. 삼척영장과 월송만호가 번갈아 섬에 들어갔다.

애초에 동래 사람 안용복은 능로군에 소속되어 일본어를 잘하였는데, 숙종 19년(1693년) 여름에 바다로 들어가 고기를 잡다가 표류하여 울릉도에 이르렀다가 일본 배를 만나 사로잡혀 일본의 오랑도로 끌려갔다. 안용복이 도주에게 말하였다. "울릉도에서 우리나라까지는 하룻길이지만, 일본과의 거리는 닷새길이나 되니 우리나라에 속한 곳이 아니겠는가? 조선인이 스스로 조선 땅에 간 것이 어찌 구속될 일인가?" 이에 도주는 안용복이 굴하지 않을 것을 알고 풀어주면서 백기 주로 보냈다. 백기 주의 태수는 후하게 대접하고 은과 폐물을 주었으나 안용복은 받지 않고 말하였다. "일본이 다시는 울릉도를 구실로 삼지 않기를 원할 뿐, 은을 받는 것은 나의 뜻이 아니다." 태수는 마침내 서계를 작성하여 관백에게 아뢰고 안용복에게 서계를 주었는데 울릉도는 일본의 땅이 아니라고 언급한 것이었다. 안용복의 행렬이 장기도에 이르렀는데 그곳 도주는 대마도주와 같은 일당이었다. 서계 보기를 요구하더니 빼앗아 돌려주지 않고는, 안용복을 대마도로 보내버렸다. 당시 대마도주는 관백의 명을 거짓 빙자하여 여러 번 울릉도를 두고 다투었었는데 울릉도는 어류와 대나무가 풍부하였기에 왜는 울릉도 점유를 이롭게 여겼고, 게다가 왜의 사신이 이르면 우리나라에서 대우함이 좋았기에 왜는 이러한 이유들 때문에 왕래하며 다투기를 그치지 않았던 것이었다. 이때에 이르러 안용복이 관백의 명을 거짓빙자한 간악한 내막을 발설할까 두려워서 오랫동안 가두었다가 동래부로 압송하고는 또 왜관에 구금하였으니 전후 90일만에야 비로소 돌아오게 되었다. 안용복은 전후과정을 부사에게 말하였으나 부사는 끝내 보고하지 않았고, 다음 해 접위관이 동래부에 이르자 안용복은 다시 앞의 일을 호소하였으나 조정에서도 역시 믿어주지 않았다. 이 때 왜의 사신이 여러 번 이르러 양국에 다툼이 생기려고 하였는데, 나라 사람들이 우려하면서도 대마도주에게 속고 있음은 알지 못했다.

안용복은 울화가 치밀어서 울산 바닷가로 달려갔는데 장사하는 商僧
이었던 雷憲 등이 배를 대고 있었다. 안용복이 말하였다. "울릉도에는
미역이 많으니 내가 그대들을 위해 그 길을 알려 주겠다." 그러자 중들
이 기뻐하며 그 말을 따랐다. 마침내 돛을 올리고 삼일 밤낮을 항해하여
울릉도에 정박하였는데, 왜의 선박이 동쪽에서부터 와서 이르렀다. 안용
복은 여러 사람에게 눈짓하여 왜인들을 포박하려했지만, 선원들은 겁이
나서 나서지 못하였다. 안용복이 홀로 앞장서서 그들을 꾸짖으며 말하
였다. "어찌하여 우리 국경을 침범하였느냐?" 왜인이 대답하였다. "원래
松島를 향해 가고 있었으니, 가야겠다." 그러고는 물러가는데 안용복은
추적하여 松島에 이르러 다시 꾸짖었다. "松島는 곧 于山島이다. 너희는
于山島 역시 우리의 영토임을 듣지 못했느냐?"하면서 몽둥이를 휘둘러
솥단지를 부서버렸다. 왜인들이 크게 놀라 도망갔고, 안용복은 이리저리
쫓다 백기 주에까지 이르러서 그 정황을 말하자 그곳 태수가 모두 잡아
죄를 다스렸다. 안용복은 이에 울릉도 감세관이라 거짓으로 칭하고 당
에 올라 태수와 대등한 예를 행하고서 큰소리로 말하였다. "대마도가 사
이에서 거간질하며 속이고 있는 것이 어찌 유독 울릉도에 관한 일 뿐이
겠는가? 우리나라가 보낸 재물을 대마도는 일본에 되팔면서 대부분 농
간을 부리고 있다. 쌀은 15두가 1곡인데 대마도는 7두를 1곡으로 한다.
베는 30척이 1필인데 대마도는 20척을 1필로 한다. 종이는 20번이 1속이
고 또한 아주 긴데 대마도에서는 이걸 잘라서 3속으로 만들어 판다. 관
백이 어찌 일일이 알 수 있겠는가? 그대는 나를 위해 관백에게 서신을
전해줄 수 있겠는가?" 곧 태수가 허락하였는데, 대마도주의 아버지가 당
시 강호에 있었기 때문에 그 말을 듣고 크게 두려워하여 태수에게 애걸
하며 말하였다. "서신이 관백께 들어가면 우리 애는 죽임을 당할 것이

니, 태수께서 헤아려 주소서." 그 후 태수는 돌아와 안용복에게 말하였
다. "서신을 올리는 것은 별 소용이 없을 듯하니 어서 돌아가시오. 만일
대마도가 다시 국경을 가지고 다툰다면 사람을 보내어 서신을 가지고
오도록 하시오." 안용복은 돌아와 양양에 정박한 후 관아에 보고하였고
또한 백기 주에 있을 때 태수에게 올렸던 글을 바쳐서 앞의 일을 증명하
였다. 이에 왜는 다시 속일 수 없음을 알고 서신을 동래부에 보내어 사
죄하여 말하였다. "다시는 감히 울릉도를 가지고 다투지 않을 것이다."
바로 이때의 일이 안용복으로부터 일어난 것이어서 왜는 그를 미워하였
기에 안용복의 행로가 대마도를 경유하지 않았음을 핑계로 죄를 주고자
하였다. 조정의 논의는 모두 안용복을 참형에 처해야 한다고 하였으나,
오직 영돈녕부사 윤지완과 영중추부사 남구만만은 조정의 논의에 반대하
며 말하였다. "그를 죽이면 단지 대마도주의 분함을 풀어주기에 족할 뿐
이다. 그는 사람됨이 용감하고 영리하여 평범한 자가 아니니 마땅히 살
려두어 뒷날의 쓰임으로 삼아야 한다." 그래서 안용복은 귀양으로 감형
되었다. 왜가 지금까지 다시는 울릉도에 이르지 않는 것은 모두 안용복
의 공이다.

○ 安龍福傳 載於李孟休所著春官志 我之鬱陵島 不被倭人侵牟 龍福
功也 考龍福所 抵伯耆州 卽倭山陰道中一州也 考其界 似與我關東 隔一
海耳 嘗聞襄陽人漁採 爲風所驅 過水宗甚峻 舟緣之上下 遂至倭境云 想
伯耆境耳 龍福發馬島 欺倭狀曰 我國所送幣米 十五斗爲一斛 馬島以七
斗爲斛 布三十尺爲一疋 馬島以二十尺爲一疋 紙二十番爲一束 馬島截
爲三束 馬島之居中 乾沒可知 而介于兩國 設機詐以食 終必構釁 構釁則
路必梗 伯耆之船路 固宜講之 然終古嶺東少倭寇者 海路險故也 昔渤海

之通倭 往往由鰕夷國及出羽能登加賀之地 出羽倭東山道也 能登加賀
倭北陸道也 與我咸鏡北道相對 倭約渤海使 路由龍原 泊筑紫道筑紫者
筑前也 然渤海使舶多出於能登 至修餙停宿之所 不惟路便 其無險阻可
知 熟於海路者 自當知之 壬辰之亂 加賀守直茂 從淸正入北路 欲審此路
也歟(成海應,『硏經齋全集』續集 卷1, 文3, 「題安龍福傳後」).

　안용복전은 이맹휴가 저술한『春官志』에 실려 있다. 내가 울릉도에
갔을 때는 왜인들의 침범을 받지 않고 있었으니 안용복의 공 때문이었
다. 안용복이 갔던 백기 주를 살펴보면 왜의 산음도 중 하나의 주이다.
그 경계를 살펴보면 우리 관동과 비슷하여 바다를 사이에 두고 있을 따
름이다. 일찍이 양양 사람이 고기잡이를 하다가 풍랑에 휩쓸려 물마루
가 아주 높은 곳을 지나게 되어 배가 그곳을 따라 위로 아래로 떠다니다
마침내 왜의 경계에 이르렀다더라고 들은 적이 있다. 생각해보니 백기
주의 경계였을 것이다. 안용복이 대마도가 왜를 속이고 있음을 밝혀낸
문서에서 다음과 같이 말하였다. "우리나라가 보낸 비단과 쌀은 15두가
1곡인데 대마도에서는 7두를 1곡으로 하고, 베 30척이 1필인데 대마도는
20척을 1필로 하고, 종이 20번이 1속인데 대마도는 잘라서 3속으로 만든
다." 이것을 보면 대마도가 중간에서 속여 착취했다는 것을 알만 하다.
양국을 중개하면서 농락을 부려 먹었으니 끝내는 다툼의 단서를 만들게
될 것이고 다툼의 단초를 제공하면 항로가 반드시 막히게 될 것이다. 이
때문에 안용복이 백기 주로 갔던 항로를 진실로 익혀야 하는 것이다.
　예로부터 영동지방에 왜구들이 적었던 것은 바닷길이 험한 덕분이었
다. 옛날 발해가 왜와 소통할 때 종종 하이국·출우·능등·가하의 지역을
경유하였는데, 출우는 왜의 동산도이고, 능등과 가하는 왜의 북륙도로써

우리 함경북도와 마주하고 있는 곳이다. 왜가 발해의 사신과 약속하기를 바닷길은 용원을 경유하여 축자도에 정박하도록 하자고 했는데 축자는 축전이다. 그러나 발해 사신의 배는 대부분 능등을 지나다녀서 능등에다 쉴 수 있는 곳을 만들기에 이르렀다. 발해가 약속을 깨면서까지 능등쪽 항로를 이용한 이유는 항로가 편한 것뿐이 아니라 그곳에 험한 곳이 없었음임을 알 만하다. 바닷길에 익숙한 자라면 저절로 그 점을 깨달았을 것이다. 임진왜란 중에 가하수직무가 가등청정을 따라 북로로 조선에 들어왔는데 이는 이 길을 살피고자 했기 때문일 것이다.

18) 이경민, 『熙朝軼事』

安龍福者東萊府人也隸水軍善倭語　肅廟乙亥漂海入鬱陵島　遇倭被拘於日本之五浪島　時對馬島主欲占鬱陵與邊臣爭不已而倭酋實不知也　龍福謂五浪島主曰自鬱陵距我國一日距日本五日非屬我國者乎　朝鮮人自往朝鮮地何拘爲島主知不可屈解送伯耆州州太守厚遇饋銀幣龍福不受曰願日本勿復以鬱陵島爲辭銀幣非吾志也　太守遂禀關白作書契授之言鬱陵非日本界時館倭若將生釁國人憂之而不知爲馬島所瞞也　龍福憤甚走蔚山海邊有商僧雷憲艤舟龍福誘之曰鬱陵島多海菜吾當爲汝指其路僧欣然從之遂擧帆三夜泊鬱陵島時倭舶自東至　龍福目諸人縛之舟中人怯不發　龍福獨前憤罵曰何故犯我境　龍福追至松島又罵曰松島卽芋山島爾不聞芋山亦我境乎　麾杖碎其釜倭大驚走　龍福轉至伯耆州言其狀太守悉捕治之龍福乃詭稱鬱陵監稅官升堂與太守抗禮大言曰馬島之居間矯誣豈獨鬱陵一事我國所送幣貨馬島轉賣日本多設機詐米十五斗爲一斛馬島以七斗爲斛布三十尺爲一匹馬島以二十尺爲四　紙一束甚長馬島截爲三束　關白何從

而知之不能爲我達一書於關白乎 太守許之馬島主父時在江戶聞之大懼 乞
於太守曰書朝而入則吾兒夕而死子其圖之 太守歸語龍福曰毋庸上書且速
歸馬島如更爭界者可差人賫書來於是倭知不可復誑貽書萊府謝曰不敢復
遣人至鬱陵當是時朝廷議割鬱陵島以予倭彼龍福者非有職司之重命令之
嚴而出萬死之力跋涉水陸萬有餘里叱狡夷如小兒折馬島之奸謀使鬱陵全
島不入於倭其功可謂壯矣.-碩齋稿-(李慶民,『熙朝軼事』卷上,「安龍福」).

　안용복은 동래부 사람이다. 水軍에 속했는데 일본말을 잘 하였다. 숙
종 을해년에 바다를 표류하다가 울릉도에 들어갔는데, 왜인을 만나 일
본의 五浪島에 갇혔다. 이때 대마도주가 울릉도를 점령하려고 동래부사
(邊臣)와 더불어 논쟁이 그치지 않고 있었으나 일본의 막부에서는 아는
바가 없는 일이었다. 용복은 五浪島主에게 "울릉도부터 조선까지의 거
리가 하룻길이요 일본에서는 닷새길이니, 조선의 영토에 속한 것이 아
니겠는가? 조선 사람이 스스로 조선 땅에 왔는데, 어째서 나를 이렇게
잡아 놓는가?" 하고 말하였다. 도주는 굴하지 않고 안용복을 호키 주로
보내니, 호키태수는 그를 후하게 맞이하여 은과 예물들을 노자로 주었
다. 그러나 용복은 받지 않고 말했다. "일본은 다시 울릉도를 가지고 말
을 하지 말라. 이런 노자돈은 나의 뜻이 아니요."라고 하였다. 태수는 드
디어 막부에 품신하여 서계를 주며 울릉도는 일본의 영토가 아니라고
말하였다. 이때 왜관에서는 문제를 일으키려는 듯해서 나라 사람들이
걱정을 하였으나, 대마도주의 속임수 때문임을 알지 못했다.

　용복은 매우 분하여 울산의 해변으로 달려갔는데, 장사하는 중 雷憲
의 일행이 배를 대고 있었다. 용복은 그들을 꾀어 "울릉도에 가면 海菜
가 많은데 내가 그대를 위해 길을 안내하겠다."고 하였다. 중은 기꺼이

그를   아갔다. 드디어 배에 돛을 올려 사흘 밤 만에 울릉도에 도착하였
다. 이때 일본 상선이 동쪽으로부터 오니, 용복은 눈앞에서 여러 사람을
시켜 왜인들을 포박하려 했으나 여러 사람들이 두려워하여 좇지 않았
다. 용복 만이 혼자 앞에 나가 성을 내며 꾸짖으며 말했다. "어째서 우리
영토를 침범하였느냐?" 하였다. 용복은 松島에 쫓아가서 또 꾸짖으며
"松島는 즉 芋山島다. 너 듣지 못했느냐? 우산이 우리 영토인 것을 …"
하고 지팡이로 그들의 가마솥을 치니, 일본인들이 크게 놀라서 달아나
버렸다. 용복은 호키 주(伯耆州)로 옮겨가서 그 정황을 이야기 하니, 태
수가 그들을 모두 잡아 들여 치죄하였다. 용복은 울릉도監稅官이라고
속여서 태수와 대등한 예로 당에 올라 큰 소리가 말하였다. "대마도의
居間 행위가 꾸며서 남을 속이고 있는데, 어찌 유독 울릉도 하나만의 문
제겠소? 우리나라에서 보내는 비단과 재화를 대마도에서 일본에 전매하
는데, 일을 꾸며 속이는 것이 많았소. 쌀 50말이 한 곡인데, 대마도에서
7말을 한 곡으로 만들고, 포목 30자가 한 필인데, 20자로 4필을 만들고,
종이 한 묶음이 매우 긴 것을 대마도에서는 3개로 묶음으로 잘라서 만
드니, 막부의 관백이 어떻게 이것을 알겠소? 내가 이것을 관백에게 글로
알리지 않을 수 없소." 하니 태수가 허락하였다. 이때 대마도주의 아버
지가 에도에 있다가 이 소식을 듣고 크게 두려워하여 호키 도주에게 글
을 보내서 애걸하여 말했다. "안용복의 글이 아침에 들어가면 나의 아들
은 저녁이면 죽을 것이니, 제발 그대는 그 글을 올리지 말기를 바랍니
다." 호키도주가 돌아와서 용복에게 말하기를 "글을 올리지 말고 속히
돌아가 주기 바라오. 쓰시마 도주가 다시 영토 문제로 분쟁을 일으키면,
사람을 보내서 내게 글을 전해주시오." 이에 왜인들은 다시는 속을 수
없다는 것을 알고서는, 동래부에 다시는 울릉도에 사람을 보내지 않겠

다는 사죄의 글을 보냈다. 이때에 조정에서 울릉도를 나누어 왜인들에
게 주자는 의론이 있었는데 저 용복이라는 사람은 맡은 직책이 없는데
도, 여러 번 엄한 명령을 내려서 만 번 죽을힘을 내어 수륙 만여 리를
건너다니며 저들의 잘못을 꾸짖기를 어린아이에게 하듯이 하였다. 하여
쓰시마 도주의 간계를 꺾고, 울릉도를 온전하게 왜인들에게 넘어가지
않게 하였으니, 그 공이 장하도다.

19) 송병화, 『蘭谷集』

安龍福者 東萊櫓軍也 善倭語 肅宗十九年夏 入海漁採 漂到鬱陵島 遇
倭船 被拘入日本五浪島 龍福言於島主曰 自鬱陵距我國一日程 距日本
五日程 非屬我國者乎 朝鮮人自往朝鮮地 何拘爲 島主知不可屈 解送伯
耆州 太守厚遇饋銀幣 龍福不受曰 願日本勿復以鬱陵島爲辭 受銀非吾
志也 太守稟關伯 作書契授之 言鬱陵非日本界 行至長崎島 島主卽馬島
之黨也 求見書契出示之 奪不還送龍福于馬島 時馬島主僞藉關伯命 數
以鬱陵島爭之 其實非關伯意也 鬱陵饒魚竹 倭利其有 且差倭至 則國家
待之豐厚 倭因此來往不止 至是 恐龍福盡發其奸狀 牢囚久之 押送東萊
又囚于館 前後九十日始還 龍福言于府使 竟不聞 明年 差倭接慰官至東
萊 龍福又訴前事 朝廷亦不之信也 時差倭屢至 若將生釁 國人憂之 而不
知爲島主所瞞 龍福憤甚 走蔚山海邊 有商僧雷憲等艤船 龍福誘之曰 鬱
陵島多海菜 吾當爲汝指其路 僧欣然從之 遂擧帆三晝夜泊鬱陵島 倭舶
自東至 龍福目諸人縛之 船人怯不能發 龍福獨前憤罵曰 何故犯我境 倭
對日本向松島固當去也 龍福追至松島 又罵曰 松島卽芋山島爾 不聞芋
山亦我境乎 杖揮碎其釜 倭大驚走 龍福轉至伯耆州 言其狀 太守悉捕之

龍福乃詭稱鬱陵監稅官 升堂與太守抗禮大言曰 馬島之居聞矯誣 豈獨鬱陵一事 我國所送幣貨 馬島轉賣日本 多設機詐 米十五斗爲一斛 馬島以七斗爲斛 布三十尺爲一疋 馬島以二十尺爲疋 紙一束甚長 馬島截作三束 關伯何從以知之 不能爲我達一書於關伯乎 太守許之 馬島主父 時在江戶 聞之大懼 乞於太守曰 書朝以入則吾兒夕以死 子其圖之 太守歸語龍福曰 毋庸上書 且速歸馬島 如更爭界者 可差人賫書來 龍福還泊襄陽告于官 且獻其伯耆時呈太守文 以證前事 諸從者一一納供 如龍福言無異辭 於是 倭知不可復誑 抵書萊府謝曰 不敢復遣人至鬱陵 是時事由龍福 發故倭疾之 以龍福行不由馬島爲罪 舊約 有自馬島向釜山一路以外是禁之文故也 朝議皆以龍福罪當斬 獨領敦寧尹趾完 領中樞南九萬謂殺之適足快馬之憤 且其人桀黠非碌碌者 宏峕爲他日用 乃流之 倭至今不復指鬱陵爲日本地 皆龍福功也

按文獻備考 載龍福事如此 余特表出而爲傳以勵今之人 今之人稱我國爲韓半島 蓋以我國北陸 而東西南皆海故也 嗚呼 鬱陵島又半島中一彈丸若半島 而龍福猶以爲不可與人 與肉食者謀 而不能得 則乃私自出計奮不顧身越海爭界 使倭不敢復遣人至鬱陵島 今之人則歸然坐廟堂上 使彼統監大韓全島 而莫之誰何 乃反爲倀鬼 而殺吾忠良如龍福者 以快其憤 是龍福之罪人也 可勝痛哉 龍福東萊一櫓軍也(宋炳華,『蘭谷集』別集 卷6,「安龍福傳」).

안용복은 동래부의 櫓軍으로 일본말을 잘했다. 숙종 19년(1693) 여름, 바다에 나가 고기잡이를 하다 표류하여 울릉도에 이르렀는데, 왜선을 만나 납치되어 일본 五浪島로 가게 되었다. 용복이 오랑도주에게 "울릉도는 우리나라와는 하룻 거리이고, 일본과는 닷새 거리이니 우리나라에 속한 것이 아니겠는가? 조선 사람이 조선땅에 스스로 간 것인데 어찌 구금한단 말인가?"라고 하니, 도주는 굴복시킬 수 없음을 알고 구금을 풀어 伯耆州(호키슈, 지금의 돗토리 현)로 보냈다. 백기 주 태수가 후하게 대접하고 은자를 주자 용복은 받지 않고 말하기를 "일본이 다시는 울릉도를 가지고 분란 일으키지 말기를 바랄뿐 은자는 내 뜻한 바 아니다."라고 하였다. 태수는 관백에게 보고하고 서계를 만들어 용복에게 주며 울릉도는 일본 땅이 아니라고 하였다. 가다가 長崎島(나가사키)에 이르렀는데, 장기도의 도주는 바로 대마도의 일당이었다. 서계를 보여달라 하여 꺼내 보여주었더니 빼앗아 돌려주지 않고 용복을 대마도로 보냈다. 당시 대마도주는 관백의 명을 위조하여 자주 울릉도를 가지고 분쟁을 일으키고 있었으나, 기실 관백의 뜻이 아니었다. 울릉도는 어류와 대나무가 풍부하여 왜인들이 그 이권을 노린데다 差倭가 오면 우리나라에서 후덕하게 대해 주었으므로 왜인들이 이 때문에 왕래를 그치지 않았는데, 이때 이르러 용복이 그 간악한 정상을 다 들추어낼까 두려워하여 오랫동안 强禁하였으며, 동래로 압송해서도 다시 왜관에 억류시켜 전후 구십일이 지나서야 비로소 풀려나왔다. 용복이 이러한 사실을 동래부사에게 보고하였으나 부사는 끝내 조정에 보고하지 않았고, 다음 해 差倭 接慰官이 동래에 왔을 때 용복이 다시 앞서의 일을 호소하였으나 조정 역시 그 말을 믿어주지 않았다. 이때에 差倭가 자주 와서 장차 마찰을 일으킬 듯하였다. 국인들이 이를 걱정하였으나 대마도주에게 속고 있다는 것은 알지 못하였다. 용복은 분이 치밀어 올라 울산 해변으로 달려갔는데 장사치 승려인 雷憲 등이 배를 대고 있었다. 용복이 그를 꾀어 말하기를, "울릉도에는 海菜가 많은데, 내 마땅히 그대를 위해 길을 안내해 주리다."라고 하자, 雷憲이 흔연히 따랐다. 드디어 돛을 달고 삼일 밤낮을 가서 울릉도에 정박하였는데 왜선이 동쪽으로부터 오는 것이었다. 용복이 사람들에게 왜인들을 결박하라 눈짓하였으나 선원들은 겁이 나 나서지를 못하였다. 용복이 홀로 앞으로 나아가 매섭게 꾸짖으며 "무슨 연고로 우리나라 경계를 침범하였느냐?"라고 하자, 왜인들이 대답하기를 "본래 松島로 향하던 길이니 당연히 떠날 것입니다." 라고 하였다. 용복이 松島까지 아 가서는 "松島는 바로 芋山島이다. 너희들은 于山島 역시 우리 땅이라는 것을 듣지 못하였더냐?" 라고 꾸짖으며 몽둥이를 휘둘러 솥을 깨부수니 왜인들이 크게 놀라 도망쳤다. 용복이 배를 돌려 백기 주로 가서 그 상황을 말하니 백기 주 태수가 모조리 잡아들여 치죄하였다. 용복이 이에 鬱陵監稅官이라 사칭하고서 당에 올라 태수와 대등한 예를 취하고는 큰 소리로 말하기를 "대마도가 우리나라와 일본 사이를 중개하면서 거짓으로 속인 일이 어찌 울릉도 한 가지 일일뿐이겠는가? 우리나라에서 보낸 폐물과 재화를 대마도가 일본에 되팔면서 가격을 속인 일이 허다하다. 쌀은 15두가 1곡인데 대마도에서는 7두를 1곡이라 하며, 베는 30척이 한 필인데 대마도에서는 20척을 한 필이라 하며, 종이 한 속은 매우 긴데 대마도에서는 잘라서 세 속을 만드니, 관백이 무슨 수로 그것을 알겠는가? 나를 위해 관백에게 서찰 한 통을 전해줄 수 없겠는가?"라고 하니, 태수가 허락하였다. 대마도주의 아비가 마침 강호에 있었는데, 이 사실을 듣고 크게 두려워하여 태수에게 애걸하기를 "서찰이 아침에 들어가면 내 자식이 저녁에 죽을 것이오. 그대는 헤아려 주시오."라고 하였다. 태수는 돌아와 용복에게 이렇게 말하였다. "애써 글을 올리지 말고 우선 속히 대마도로 돌아가라. 만일 다시 경계를 다투는 일이 발생하거든 사람을 시켜 서한을 가져오도록 하라." 용복은 돌아와 강원도 양양에 정박하고 관에다 이 사실을 보고하였다. 또 백

기 주에 있을 당시 백기 주 태수에게 보낸 서장을 바쳐 앞의 일들을 증
명하였으며, 따라간 여러 사람들의 진술 하나 하나도 용복의 말과 일치
하여 차이점이 없었다. 이에 왜인들은 다시 속일 수 없음을 알고 서한을
동래부에 보내어 사과하기를 "감히 다시는 울릉도에 사람을 보내지 않
겠다."라고 하였다.

이때에 일이 용복 때문에 발단된 것이므로 왜인들이 그를 미워하여
용복이 대마도를 통하지 않은 것을 죄로 삼았으니, 옛 약조에 '대마도에
서 부산으로 가는 한가지 길 이외에는 금지한다.'라는 글이 있었기 때문
이다. 조정의 의론이 모두 용복의 죄가 참형에 해당한다고 하였으나 오
직 영돈녕부사 윤지완과 영중추부사 남구만이 "용복을 죽이는 것은 대
마도주의 분함만 씻어줄 뿐이요, 또 그 사람됨이 걸출하고 영리하여 녹
녹한 자가 아니니 의당 남겨두어서 다른 날 등용하도록 해야 한다."라고
하여 귀양만 가게 되었다. 왜인들이 지금까지 울릉도를 가리켜 다시 자
기네 땅이라고 못하는 것은 모두 용복의 공로이다.

『文獻備考』를 살펴보니 용복의 일이 이와 같이 실려 있었는데, 내가
특별히 표출하여 전을 지어서 지금의 사람들을 권면한다. 지금 사람들
은 우리나라를 한반도라고 일컫는데, 대개 우리나라 북쪽은 육지이고
동서남 삼면은 모두 바다이기 때문이다. 아아! 울릉도는 다시 반도 중의
일개 탄환만한 조그마한 땅이거늘, 용복은 오히려 남에게 주는 것이 불
가하다고 여겼다. 관직에 있는 자들과 모의해 봐도 어쩔 도리가 없자 마
침내 혼자서 계책을 내어 분연히 자신의 몸도 돌아보지 않은 채 바다를
건너가 국경을 다투어서 왜인들로 하여금 감히 다시는 울릉도로 사람을
보내지 못하게 하였다. 그런데 지금 사람들은 묘당 위에 고고하게 앉아,
저 일본인들로 하여금 대한제국[8] 전체를 統監하게 하고서 뭐라고 해보

지도 못하고는 도리어 倀鬼같은 앞잡이가 되어 우리의 안용복 같은 忠
良한 이들을 죽여 저들의 분했던 마음이나 씻어주고 있으니 이는 용복
의 죄인인 것이다. 어찌 비통함을 이루 다 할 수 있겠는가? 용복은 동래
부의 한 櫓軍이었다.

20) 이원익, 『紀年東史約』

○ 遣武臣張漢相往審鬱陵島

先是 倭人以鬱陵島壬辰後爲倭占據 引李晬光 芝峯類說爲證 首譯朴
再興辨斥之 又有東萊檀軍安龍福善倭語入海漁採 漂到鬱陵島被拘入馬
島 乃曰 鬱陵距我國一日程 距倭五日程 非屬我國者乎 朝鮮人自往朝鮮
地何拘爲時 馬島主利鬱陵之魚竹僞藉關白 命數以島爭之 其實非關白意
也 領相南九萬以爲此島高麗得之於新羅 我朝得之於高麗 又非日本之地
屢書辨明 島主知不可誣 抵書萊府 謝曰 不敢復遣 人至鬱陵自是三年一
審 以三陟營將月松萬戶相遞(李源益, 『紀年東史約』 卷26, 「本朝紀」 丙
子 22年).

무신 張漢相을 울릉도에 가서 살펴보도록 보내었다. 이에 앞서 왜인
이 울릉도가 임진란 이후로 왜의 점거지가 되었음을 이수광의 『芝峰類
說』을 인용하여 증거로 삼았는데, 수석 역관인 박재흥이 변론하여 물리

---

8) 대한제국 : 원문은 全島인데, 모든 섬을 가리킨다기보다는 半島인 우리나라와 그
   에 소속된 부속 도서들을 모두 지칭하여 표현한 말인 듯 하여 우리나라 전체로
   보았습니다.

쳤다. 또한 동래의 櫓軍이었던 안용복은 일본어를 잘하였는데 바다에
들어가 고기를 잡다가 표류하여 울릉도에 이르렀다가 사로잡혀서 대마
도로 끌려갔었다. 이에 안용복이 말하였다. "울릉도에서 우리나라까지는
하룻길이지만, 일본과의 거리는 닷새길이나 되니 우리나라에 속한 곳이
아니겠는가? 조선인이 스스로 조선 땅에 간 것이 어찌 구속될 일인가?"
라고 하였다. 당시 대마도주는 울릉도의 어류와 대나무를 이롭게 여겨
관백의 명을 거짓 빙자하여 여러 번 울릉도를 두고 다투었었는데 실제
로는 관백의 뜻이 아니었다. 영의정 남구만은, "이 섬은 고려가 신라에
게서 받은 것이고, 우리 조선은 고려에게서 받은 것으로 일본 땅이 아니
다."라고 하였다. 여러 차례의 서계로 사리를 밝혀내자 대마도주는 속일
수 없음을 깨닫고 동래부에 서계를 보내 사죄하면서, "감히 다시는 사람
을 보내 울릉도에 이르도록 하지 않겠다."라고 하였다. 이로부터 3년마
다 한번 씩 섬을 살펴보도록 하였는데, 삼척영장과 월송만호가 번갈아
섬에 들어갔다.

21) 『蔚山府 戶籍大帳』

○ 울산부 청량면 목도리 16통 5호

第五新戶 大代來 兵營鹽干 良海尺 朴於叱屯 年貳拾柒辛丑 本慶州
父正兵已山 祖通政大夫國生 曾祖嘉善大夫芿叱石 外祖定虜衛尹守今
本坡平 妻私婢千時今 年貳拾貳丙午 本蔚山 上典京居前監司鄭先 父私
奴千鶴 祖山伊 曾祖不知 外祖金海 本蔚山 母私婢卜春(숙종 13년(1687
년)『蔚山府戶籍大帳』울산부 청량면 목도리 16통 5호).

　제5신호는 大代에서 왔다. 병영 鹽干이자, 양인 海尺인 朴於叱屯의 나이는 27세 신축생이다. 본관은 경주, 부친은 正兵 己山이며, 조부는 통정대부 國生, 증조부는 가선대부 芿叱石이다. 외조부는 정로위 윤수금이며, 본관은 파주이다. 부인은 私婢 千時今, 나이는 22세 병오생이다. 본관은 울산이며, 상전은 서울에 사는 전 현감 鄭先이다. 부친은 私奴 千鶴, 조부는 山伊, 증조는 不知, 외조는 김해이며, 본관은 울산이다. 모친은 私婢 卜春이다.

　　22)『旅菴全書』

　○『旅菴全書』[9]

　<안용복 일>

　안용복이란 자는 동래인이며, 노군에 예속되었고 일본말을 잘 하였다. 숙종 계유년(1693년, 숙종 19년) 여름에 바다로 나아가서 고기잡이를 하다가 표류하여 울릉도에 닿았는데, 다른 사람에게 그의 배가 구속 당함을 만나서 일본의 오랑도로 들어갔다. 용복이 도주에게도 하기를, "울릉도에서 우리나라와 거리는 하루가 걸리는 노정이고, 일본과의 거리는 5일 걸리는 노정이니, 우리나라에 속하는 것이 아니겠습니까? 조선 사람

---

9)『旅菴全書』는 조선 후기 문신학자인 신경준의 시문집으로 그의 현손인 신익구가 1910년에 간행한『여암유고』의 1939년 신재휴가 편집한『旅菴全書』권7의「疆界考」, '安龍福事'로 실려 있다. 신경준은 역사지리에 가장 심혈을 기울여「疆界考」를 저술하면서 우리나라가 생긴 이래 우리나라에서 명멸한 여러 나라들의 국토와 위치와 그 경계를 구획한 방법을 밝혔다. 이때 울릉도의 국경획정의 공적으로 안용복의 일을 거론했던 것이다.

들이 스스로 조선 땅에 가는데, 어찌 구속을 하십니까?"라고 했다. 도주가 굴복시킬 수 없음을 알고 백기 주로 해송하였다.

백기 주 태수가 두터이 대우하고 은폐를 주었으나, 용복이 받지 않고 말하기를, "바라건대, 일본이 다시는 울릉도로 말을 내지 마소서. 은폐를 받는 것은 내 뜻이 아닙니다."라고 하였다. 태수가 마침내 관백에게 아뢰어 서계에 써서 받으니, "울릉도는 일본의 경계가 아니다."라고 말했다. 가다가 장기도에 이르렀는데, 장기도 바로 대마도의 도당이있다. 서계를 보여 달라고 청하여 그것을 보여주니, 빼앗어서 돌려주지 않고, 용복을 대마도로 보냈다.

이때 대마도 도주는 거짓으로 관백의 명을 빙자하여 자주 을릉도를 다투니, 그것은 사실 관백의 뜻이 아니었다. 울릉도에는 물고기와 대나무가 풍부하여 대마도 왜가 그것을 소유함을 이롭게 여겼다. 또한 차왜가 오면 국가에서 대우함이 지극히 풍요로우니, 왜가 이 때문에 왕래를 그치지 않았다. 이에 이르러 용복이 그들의 간사한 정상을 모두 드러낼까 두려워하여 그를 오랫동안 감옥에 압송하였다. 또 왜관에서 가두니 앞뒤로 90일 만에 비로소 돌려보냈다.

용복이 동래부사에 말하기를, "내년에 접위관이 내려옴을 알리지 마소서."라고 하였다. 용복이 또 앞서 있었던 일을 하소연 하였지만, 조정에서도 그것을 믿지 않았다. 이것은 당시에 여러 차례 오니, 장차 불화가 생기면 백성들이 근심할 것이고, 대마도에 속임을 당함을 알지 못했기 때문이다.

용복이 몹시 분하여 울산 바닷가로 달려가니, 상승닌 뇌한 등이 출항 차비를 하고 있었다. 용복이 그들을 꾀어서 말하기를 "울릉도에 해삼이 많다. 내가 너희에게 그 길을 가리켜줄 것이다."라고 하니, 승이 기뻐하며 그를 따랐다. 마침내 돛을 올리고 사흘 밤낮을 가서 울릉도에 배를 대자, 어떤 배가 동쪽에서 옴에 용복이 눈짓으로 여러 사람들에게 그들을 묶게 하니, 뱃사람들이 겁이 나서 하지 못했다. 용복이 혼자 앞으로 나아가 성을 내며 꾸짖기를, "무슨 까닭으로 우리의 영토를 침범하였느냐"라고 했다. 그들이 대답하기를, "본래 송도로 향해 가던 길이니, 진실로 마땅히 떠나갈 것입니다."라고 하였다. 용복이 뒤쫓아 가서 송도에 이르자, 또 꾸짖어 말하기를, "송도는 바로 于山島이다. 너희가 于山島도 우리 땅임을 듣지 못했느냐?"라고 하며, 지팡이를 휘둘러 그들의 솥을 부수니, 몹시 놀라 달아나 버렸다.

용복이 돌아서 백기 주에 이르러 그 정상을 말하니, 태수가 그들을 모두 체포하여 치죄하였다. 용복이 곧 '울릉도감세관'이라 거짓으로 칭하고, 당으로 올라가 태수와 함께 대등한 예로써 큰 소리로 말했다. "대마도가 거간꾼으로 속인 것이 어찌 울릉도 한 가지 일뿐이겠금니까? 우리나라에서 보낸 폐화를 대마도가 일본에 되팔면서 속이는 일이 많다. 쌀의 경우는 15말이 한 섬이 되는데, 대마도는 7말을 한 섬이라고 하며, 배의 경우는 30자가 한 필인데, 대마도는 20자를 한필이라 하며, 종이 한 속은 매우 긴 것인데, 대마도는 3속을 떼어냅니다. 관백께서 무엇으로써 그것을 알겠습니까? 우리를 위해 한 통의 서계를 관백께 전달 수 없겠습니까?"라고 하니, 태수가 허락하였다.

대마도 도주의 아비가 이때 강호에 있었다. 이러한 사슬을 듣고 크게 두려워하여 태수에게 청하여 말하기를, "서계가 아침에 들어가면, 우리 아이는 저녁에 죽습니다. 그대가 그것을 도모해 주십시오."라고 하였다. 태수가 돌아와 용복에게 말하기를, "서계를 올리지 마시고 또한 대마도로 서둘러 돌아가십시오. 만일 다시 경계를 다툴 일이라면, 차인이 서계를 가져 오는 것이 옳을 것입니다"라고 하였다.

용복이 다시 양양에 배를 대고 관에 고하였으며, 또한 백기 주에 있을 때 태수에게 올린 그을 바쳐서 앞서 있었던 이의 증좌로 삼았다. 따라갔던 여러 사람들을 하나하나 납공하니, 용복의 말과 같고 다른 말이 없었다. 이에 대마도는 다시는 속일 수 없음을 알고, 동래부에 서계를 보내 사죄하여 말하기를, "다시는 감히 사람을 보내어 울릉도에 이르게 하지 않겠스니다."라고 하였다. 당시의 일은 용복으로 말미암아 드러나게 된 까닭으로, 애가 그를 미워하여 용복의 행로가 대마도에서 경유하지 않은 것으로 죄를 삼았다. 이것은 구약에 '대마도에서 부산으로 향하는 하나의 길 이외에는 모두 금지한다'는 문구기 있기 때문이다.

조성의 의론은 모두 용복의 죄는 죽어 마땅하다고 하였으나, 영돈령 윤지와과 영중ㅊ 남구만 만은 그를 죽이는 것은 다만 대마도의 분함을 시원하게 할 뿐이며, 또한 그는 인걸로 녹록하지 않은 자임을 헤아려 살려 두고 나중에 씀이 옳을 것이라고 하니, 곧 그를 유배하였다. 지금까지 울릉도를 가리켜 다시는 일본 땅이라 하지 않는 것은 모두 용복의 공이다.

23) 「쾌걸 안용복」-울릉도를 중심으로 한 2백년 전의 조선 외교문제

○ 『동광』10)

무명(無名)한 영웅이란 많이 초택간(草澤間)에

우리가 매양 역사인물를 들 때 그 인격의 숭고보다 작위의 현달(顯達)을, 훈공(勳功)의 기위(奇偉)보다 위세의 혁력(赫烈)을 더욱 주중(注重)할 뿐이요, 몸이 초개(草芥)에 묻혀 있어 민족을 위하여 사회를 위하여 그의 한 일이 희생적 사공(事功)으로 마친 기다(幾多)의 호걸이란 그의 한 일이 인멸(湮滅)되고 이름조차 전함이 없이 되고 만 것이 어찌는 아깝지 아니하랴. 우리가 그러한 인물의 전기에서 얼마라도 남아 있는 일화(逸話)를 들추어내어 그의 편언척사(片言隻事)의 하나라도 알아 보은 것이 어느 점에서 우리 역사의 정체(正體)를 구함에 결핍이 없을 것이라 한다.

2세기 전에 국계 계쟁(國界係爭) 사건

지금으로부터 한 2백여 년 전의 일이다. 동해에 원격(遠隔)하여 있는 울릉도 문제로 조선과 일본 사이에 한 국제관계가 생기었다.

그 문제의 내용은 울릉도가 본래 분명히 조선의 영토이거늘, 저 야심(野心)한 대마도주(對馬島主)가 그것을 자기의 영토라 하여 무리하게 점탈코자 하므로 동래부사(東萊府使)로부터 항의를 제출하게 되어 이에

---

10) 『동광』은 1926년 5월 20일 창간한 월간종합지로 주요한이 편집 겸 발행인이었다. 이광수와 김억, 김동환, 양주동 등이 집필진으로 참여하여 사회, 역사, 문화 등 각 분야에 걸친 논설과 문학작품을 다양하게 실었다. 1933년 1월 통권 40호로 폐간되었다. 이 글은 『동광』 제1호(1926년 5월 1일 발행)와 제2호(1926년 6월 1일)에 게재된 이윤재의 글이다.

경토(境土) 계쟁(係爭)이 생기게 됨이다. 실상인즉 이건 사건에 애초에 막부(幕府)에는 하등 관계가 없고 다만 대마도주(對馬島主)의 자의(自意) 천행(擅行)하려 함에 지나지 아니하였다.

대마도주(對馬島主)가 그 야심을 채우려고 공중 허위의 사실을 둘러 대기만 하므로 해서, 이 문제가 얼른 낙착(落着)되지 아니하고 길게 끌어가게 되었다. 동래부사(東萊府使)의 항의하는 말 가운데 『芝峰類說』에 쓰이어 있는 『鬱陵壬辰 被倭焚掠 無復人烟 近聞倭占據礒竹島 所謂礒竹 卽鬱陵也』라는 것과 예조회답(禮曹回答)에 『有貴界竹島之語』라는 것으로 가지고 증거를 세우는 일까지 있는 것을 보아도 그 문제가 얼마로 복잡다단하였음을 미루어 알 것이다.

이러한 경우에 있는 중대 문제를 누가 능히 해결을 임할 것인가? 당시 조야(朝野)를 물론하고 외교에 당할 만한 명류(名流) 정치가도 많기야 했겠지마는, 그들의 하는 일이란 다만 사리(私利)를 쟁(爭)하며는지 이러한 문제 같은 것이야 생각이라고 하여 볼 여가가 없었다. 그러나 미관말직(微官末職)의 이름도 없는 일개 천부(賤夫)로 수륙 만 리에 동서분치(東西奔馳)하여 죽음을 내기하고 오로지 국사에 진췌(盡瘁)한 자는 오직 안용복(安龍福) 그 사람이다.

일 선부(日船夫)에게 잡혀 오랑도(五浪島)로

안용복(安龍福)은 경상도 동래부(東萊府) 사람이니 이름은 수영(水營) 선군(船軍)의 군적(軍籍)에 둔 지극히 미천한 일개 졸오(卒伍)로 왜관(倭館)에 출입하면서 일본어를 선조(善操)하였다. 숙종(肅宗) 19년(4026년) 우연히 울릉도에 표착(漂着)하였다. 언제 왔던지 거에 벌써 왜선(倭船) 7소(艘)가 닿아 있어 자유로 어채(漁採)에 종사하고 있었다.

이를 본 안용복(安龍福)은 참을래야 참을 수 없는 의분(義憤)을 여기지 못하여 그들에게 향하여 외인(外人)으로 함부로 남의 경토(境土)를 범함이 옳으냐고 굳세게 말하여 즉시에 퇴거하기를 요구하였다. 이렇게 항의한 끝에 중과난적(衆寡難賊)으로 세부득이(勢不得已)하여 그들의 손에 잡혀 오랑도(五浪島)로 가게 되었다.

용복(龍福)은 울분함을 이기지 못하는 일변에 또 생각하기를 '저따위 무지한 기개(幾個) 선부(船夫)들과 서로 다투는 것이 무슨 소용이 있을까, 차라리 저 위정자를 보고 한 번 항변하는 것이 나으리라' 하였다. 그리하여 이를 한 큰 기회로 알고 맘속으로 희부자승(喜不自勝)하였다.

함함(涵涵)한 변설(辯說)에는 그들도 굴복해

용복(龍福)은 마침내 오랑도(五浪島)에 구치(拘置)하는 몸이 되었다. 말할 수 없는 그들의 무한한 능멸에도 조금도 고생으로 알지 아니하였고 도리어 이를 낙으로 삼았으며 한 번 도주(島主)를 대면하는 때는 나의 가슴에 있는 뜻을 시원하게 한 번 내뿜어 보리라 하고 가만히 기다리고 지내었다.

하루는 도주(島主)가 용복(龍福)을 불러 물었다.

"너는 어찌하여 울릉도에 있는 일본인을 내어 쫓으려 하였느냐" 용복(龍福)은 말하였다.

"울릉 우산(芋山)이 본대 조선에 속한 땅임은 역사를 상고하여도 소연(所然)한 증거가 있고 또 지리상으로 좇아 볼지라도 울릉도가 조선과는 겨우 1일정(日程) 밖에 아니 되고, 일본과는 5일정(日程)이나 멀지 있으니 당연히 조선에 속할 것임은 조금도 용의(容疑)할 것이 없다. 그런데 조선 사람으로 조선 땅에 가는 것을 너희들이 관계할 것이 무엇이냐?"

유창한 일본말로 현하(懸河) 같은 변설을 토하니 도주(島主)가 한 마디 말도 답변하지 못하였다. 용복(龍福)은 더욱 기운을 내어 상경히 논변하니 도주(島主)가 기가 막히어 어찌할 줄 알지 못하고 어름어름하다가 아무리 하여도 스스로 처단하기 어려울 줄 알고 백기 주(伯耆州)로 넘겨 보내었다.

백기도주(伯耆島主)의 주는 후궤(厚饋)까지 사각(辭却)

용복(龍福)은 백기 주(伯耆州)로 가서 도주(島主)에게 더욱 강경히 항변하여 격절(激切)한 언론으로 전후 사실을 일일이 일일이 설파하니 도주(島主)까지 빈례(殯禮)로 대접하고 그 분노를 해위(解慰)코저 하여 자량(資粮)까지 궤유(饋遺)하였다. 그러나 용복(龍福)이 말하였다.

"오직 나의 바라는 바는 일본이 이후로는 영원히 울릉도로써 분요(紛擾)의 사단(事端)을 장만하지 말아서 교린(交隣)의 뜻을 저버리지 아니함이 족한 것으로 알뿐이요, 이따위 양폐(粮幣) 같은 것이야 본래 나의 뜻이 아닌즉 결코 받을 수 없다."

그리고는 굳이 사양하고 물리치니 도주(島主)가 이 말을 듣고 크게 그 의(義)에 감복하였다.

도주(島主)는 용복(龍福)의 요구에 응하여, 울릉도가 확실히 조선의 영토인 것을 보장하기 위하여 즉시 그 사실을 가지고 강호(江戶府)에 품백(品白)하고 울릉도가 일본계(日本界)가 아니라는 서계(書契)를 써 주고 그새 여러 가지 층절(層折)은 자기네들의 오해에 인함이라 함을 절절히 사과하고 도로 고국으로 돌려보내었다. 용복(龍福)은 일이 다 성공된 줄 알고 스스로 기쁨을 이기지 못하여 곧 등정(登程)하다.

장기(長岐)에서 대마도(對馬島) 또 동래(東萊)로 압송

용복(龍福)이 돌아오는 길에 장기도(長岐島)에 들리니, 장기도(長岐島)의 도주(島主)는 본래 대마도주(對馬島主)와 부동(符同)하여 서로 내약이 있었으므로 용복(龍福)을 잡아다가 갖은 학대를 하고 백기 주(伯耆州)에서 얻어 서계(書契)까지 빼앗고 대마도(對馬島)로 잡아 모냈다.

대마도주(對馬島主)가 용복(龍福)을 옥에 가두고 강호부(江戸府)에 그 의향(意向)을 물었다. 강호(江戸)에서는 도로 서계(書契)를 보내어 주어 양도(兩島)를 침로(侵擄)하지 말게 하며 또 그이를 잘 호송하라는 훈칙(訓勅)이 있었다. 그러나 도주(島主)는 오히려 강곽(剛愎)하여 그 말을 듣지 아니할뿐더러, 도로 그 서계(書契)까지 탈환하고 그냥 가두어 두었다가 50여 일을 지난 뒤에 겨우 동래(東萊) 왜관(倭館)으로 압송하고 말았다. 왜관(倭館)에서 또 40일을 구류하여 두었다가 마침내 동래부(東萊府)로 넘기어 보내게 되었다.

용복(龍福)은 이 사건이 본대 강호(江戸) 막부(幕府)에서 하는 일이 아니요, 한갓 일개 대마도주(對馬島主)의 중간 농간인 것이 더욱 통분하여 여겨, 어떤 경우라도 어느 때든지 원만한 해결이 있기까지 이를 기어이 획책하고야 말리라는 결심이 더더욱 굳어졌다.

또 옥중 생화 2년 범월(犯越)이 그 죄명(罪名)

그러나 용복(龍福)은 일이 이렇게 실패에 미치매 분노와 원한은 어디에 비할 데 없었다. 호천곡지(呼天哭地)하여도 신소무처(申訴無處)하여 스스로 한탄할 뿐이었다. 용복(龍福)이 동래부(東萊府)에 이르매 부사(府使)는 이를 외국과 관계되는 일이라 하여 매우 중대시하며 엄중히 국문(鞫問)하기로 하였다. 용복(龍福)은 이에 대하여 전후 내력을 상세히 아리고 또 대마도주(對馬島主)의 흉계를 극히 통론(痛論)하여 조정(朝庭)으로서 마땅히 일본 막부에 교섭하여서 울릉이 확실히 우리의 국계(國界)임을 주장하여야 할지요, 만일 조속히 이를 귀정(歸正)하지 않고 시일을 천연(遷延)하다가는 종내(終乃) 그 땅을 잃어버리고 말리라는 이유까지 들어서 격절(激切)히 말하였다. 그러나 부사(府使)는 그 말을 조금도 청종(廳從)하지 아니할뿐더러, 막하(幕下) 일개 백성 사람으로 넘치기 국사(國事)를 간여하는 것이 만만 부당한 일이라 하고 범월(犯越)하였다는 죄목 아래에 엄혹(嚴酷)히 형벌하여 옥에 가두었다. 이는 대마도주(對馬島主)가 동래부사(東萊府使)에게 글을 보내어 안용복(安龍福)을 엄히 징치(懲治)하여 달라는 요청에 말미암음이다. 2년이란 긴 세월의 뇌옥(牢獄) 생활로 날을 보내고 있다가 이에 겨우 몽방(蒙放)함을 얻어 자유로운 몸이 되었다.

아아, 여태까지 몹쓸 험난과 갖은 고초를 겪어가며 싸워 오던 결과가 이에 이르러 그만 다 수포로 돌아가고 말았다.

(문제의 안용복(安龍福)이 울릉도를 어떻게 회복하나? 차호(次號)에 완결)

울산(蔚山)에서 동행 얻어 다시 울릉도로

용복(龍福)은 가슴속에 서린 분한과 억울함을 참을래야 참을 수 없이 혼자 스스로 한탄만 할 뿐이었다.

"아아, 세상에 어찌 공리(公理)가 있다 하리오. 저 요세배(妖細輩)가 멀쩡하게 남의 땅을 빼앗으려 하건마는 이를 항의하려 하긴 고사하고 도리어 그를 찾기로 애쓰는 자가 형벌를 받고 말았구나. 아아, 나는 조선 사람이다. 살아도 조선을 위해 살며 죽어도 조선을 위해 죽을 것이다.

몸이 부수어지고 뼈가 닳아 없어지는 한이 있더라도 나의 최초의 결심은 조금이리도 변할 리가 없다. 인제는 법리(法理)도 쓸데없고 의논도 쓸데없다. 다만 한 완력만으로써 그들하고 싸움하여 죽기를 맹서하리라." 이와 같이 든든한 결심을 하였다. 그러나 자기와 뜻 같은 자 한 사람도 없음을 한탄하고 완연히 실의한 사람처럼 이리저리 방랑하고 돌아다니었음을 뿐이다.

울산(蔚山) 해안으로 돌아다니다가 하루는 상승(商僧) 5인과 초공(梢工) 4인을 만나서 서로 무슨 이야기를 하다가 그들이 흥리(興利)하겠다는 의사가짐을 알고, 옳다구나 이 사람들을 데리고 함께 가는 것이 또한 일조가 되리라 생각하고 다음과 같이 말하였다.

"그대들이 울릉도에 가보았는가."

"아니 우리는 아직 거기를 가 본 일이 없어."

"하, 그대들이 장사하여 이익을 보겠다면서 여태 울릉도에를 못 가 보았다는 말인가?"

"울릉도에 무슨 이익 생길 일이 있을까?"

"아직 모르는구나, 세상에 해엽(海葉)를 채취하는데서 더 이익이 되는 것이 무엇이 있는가?"

"아아, 그러면 우리가 어찌하여 울릉도에 한번 가볼 수 있을까?"

"만일 꼭 가기로 작정하면 내 그대들을 위하여 지로(指路)를 하여 주리라."

이렇게 서로 의론할 결과 10인이 함께 배에 올라 울릉도로 향하여 갔다.

왜선(倭船)을 구축(驅逐)하여 일기(壹岐)로 백기(伯耆)에

바다에 떠 삼 주야를 지나 울릉도에 닿으니 벌써 우리나 상선 셋 척이

와서 어채(漁菜)와 작죽(斫竹)에 종사하고 있었다. 마침 이 때에 왜선(倭船) 1척이 와 닿는다. 용복(龍福)이 그를 보고 분기기 충천하여 동행한 여러 사람더러 저놈들이 항상 여기에 접족(接足)을 못하게 여러 사람들이 다 그 말을 듣고 같이 분기를 내었다. 용복(龍福)은 여러 사람들에게 그 선인(船人)들을 다 묶으라 하고 앞으로 달려들며 말하였다.

“이놈들아, 너희들은 무슨 까닭으로 항상 범경(犯境)을 하느냐?”

일인(日人)들은 벌벌 떨며 말하였다.

“그런 게 아니라 우리가 송도(松島)에서 어채(漁菜)하옵다가 우연히 밀치어 여기까지 오게 된 것이요, 일부로 범경(犯境)하자는 뜻은 아닙니다.”

용복(龍福)은 더욱 성내어 말하였다.

“저런 미친놈들 보아. 송도(松島)가 곧 우산(芋山)이 아니냐. 우산(芋山)이 본래 우리나라 경계인 줄 몰랐더냐? 별수 없이 저놈들을 다 죽이어 버리여야 다시는 후환이 없겠지.”

일선인(日船人)들이 땅에 엎드려 말하였다.

“살려 주십시오 살려 주십시오. 종금(從今)이후로는 결코 귀국의 경계를 범하지 않겠습니다.”

용복(龍福)은 막대로 들어 배에 있는 가마와 여러 기구를 때려 부수고 말하였다.

“빨리 가지 아니하면 다 죽이겠다.”

선인(船人)들이 크게 공겁(恐怯)하여 설설 기어 급히 배에 올라 황망히 달아났다. 용복(龍福)은 생각하고 생각해도 분해 못 견디었다. 그놈들을 그대로 살리어 보낸 것을 후회하여 동행자들과 의논하고 익일 첫새벽에 于山島(芋山島)로 달리어 가니 일선인(日船人)들이 용복(龍福)의 오는 것을 보고 혼이 나서 빨리 돛을 달고 달아난다. 용복(龍福)은 그놈들

을 잡으려고 뒤를 쫓아 가 일기도(壹岐島)까지 이르렀다. 거기서 다시
아무리 하여도 우리 울릉을 잃어버리기 쉬우리니 한 번 더 교섭할 수밖
에 없다고 하고 백기 주(伯耆州)로 향하여 갔다.

대마도주(對馬島主)의 죄는 용대(容貸)할 수 없다

용복(龍福)이 백기 주(伯耆州)에 이르러 도주(島主)를 보니 도주(島主)
가 관곡(官穀)한 뜻으로 환영하고 국빈으로 예우한다. 용복(龍福)이 가만
히 생각하였다.

'내가 아무 직권이 없어 말하면 별로 효력이 생기지 아니할 터이니 차
라리 이 뒤에 나라로서 직권 남용의 죄를 받을망정 이런 경우에 임시 권
도(權度)를 쓰지 아니할 수 없다.'

거짓으로 자기가 울릉도 감새관이라 일컫고 도주(島主)에게 전후의
사정을 낱낱이 들어 엄중히 항변하니, 도주(島主)가 모든 것이 다 자기
나라의 잘못임을 말하여 사과한다. 용복(龍福)은 또 대마도주(對馬島主)
의 비행을 공격하며 말하였다.

"대마도주(對馬島主)의 중간 농간으로 협잡 사기하는 것을 어찌 울릉
도 하나로만 볼 수 있으리오. 우리나라에서 해마다 실어 보내는 미폐(米
幣)에까지 속이는 일이 많다. 본디 미(米) 50두를 1곡(斛)으로 또 포(布)
35척을 1필(疋)로 하거늘 대마도주(對馬島主)가 20척으로 하여 필척(疋
尺)을 감축하고 지(紙) 1속(束)이 매우 길거늘 잘라서 3속(束)을 내는데
관백(關伯)이야 이런 줄 어찌 알리오. 내 지금으로 바로 관백(關伯)에게
이 사실을 말하여 그 기광(欺狂)한 죄를 핵탄(覈彈)하리라." 하고 동행자
더러 공문을 만들라 하여 강호부(江戶府)로 보내려 하였다.

대마도주(對馬島主)의 부친이 강호(江戶)에 있다가 이 말을 듣고 크게

놀래어 백기 주주(伯耆州主)를 찾아보고 간절히 애걸하였다.

"과연 그러한 사실이 막부에 들리기만 하면 큰일이다. 공문이 아침에 오게 되면 내 아들은 저녁이면 죽으리니 어찌하면 좋게 할 수 있소?"

주주(州主)가 말하였다.

"글쎄 어떻게 할 도리가 없소. 이 일은 울릉도 문제로 하여 생긴 것이니 그것만 내 안용복(安龍福)에게 한 번 용서를 빌어 보겠소."

"그는 즉시로 내 아들에게 편지하여 울릉도를 침해하지 말게 할 터이니 아무쪼록 무사하기만 하여 주면 실로 백골난망이겠소."

백기 주주(伯耆州主)가 빨리 돌아와 용복(龍福)을 보고 말하였다.

"당신이 대마도주(對馬島主)의 비행을 막부에 알리지 마시오, 금후로는 절대로 그런 일이 없기로 내가 보증하오리다. 그리고 또 당신 지금 귀국(貴國)으로 돌아가시면 울릉도가 확적(確的)히 귀국(貴國)의 국계(國界)인 것을 보장하오리다. 이후라도 만일 울릉도로 하여 쟁단이 생긴다 하면 내 그 책임을 질 터이니 조금도 염려 마시오."

용복(龍福)이 그 간청에 어찌할 수 없어 다음과 같이 말하였다.

"그러면 나는 귀군(貴君)만 믿고 돌아가리니 이 뒤에 그로 하여 생기는 모든 귀군(貴君)이 질 것이요."

그러고는 겨우 떠나 귀국하여 8월 초순에 양양(襄陽)에 도착하였다.

국토를 아주 회수 그 보수(保酬)는 중형(重刑)

대마도주(對馬島主)가 인제는 다시 더 사기하여 볼 수 없음을 각파(各破)하였다. 그리하여 공문을 동래부(東萊府)에 보내어 지극히 사과하는 뜻을 표하고, 이후는 감히 사람을 울릉도에 보내지 아니라하리라는 뜻을 말하여 또 용복(龍福)의 범월(犯越)한 사실에 미치어 은연히 유감의 뜻을 표시하였다. 동래부사(東萊府使)가 이 사실을 경상감사에게 보(報)하고 용복(龍福) 등 일행을 잡아 보내니 감사로서 또 조정에 장계(狀啓)하여 용복(龍福) 등 압송했다.

조정에서 용복(龍福) 등을 형조에 맡기어 엄중히 고문하니, 여러 사람의 공술(供述)이 일치되었기 때문에 조의(朝議)에서 다음과 같이 말하였다.

"안용복(安龍福) 등은 천자범월(擅自犯越)하여 외국에 흔단(釁端)을 장단케 할 장본인인진즉 그 죄가 크다. 마땅히 극형에 처하여야 할 것이라."

그러고는 참형에 처하기로 작정되었다.

용복(龍福)은 본래 일신의 안락을 돌아보지 아니하고 다만 국사에 희생하겠다는 각오가 있었으므로 하여, 참형한다는 선고에도 다만 이렇게만 생각하였을 뿐이었다.

"나 죽는 것은 조금도 아깝지 아니하다. 그러나 저 반복무상한 소추배(小醜輩)가 행여나 우리 울릉도를 다시 침월하지나 아니할는지."

다만 죽을 날만 기다리고 있었다.

용복(龍福)의 무리를 장차 행형(行刑)하려 할 즈음에 영돈녕(領敦寧) 이지완(李趾完)이 이의를 제기하였다.

"용복(龍福)이 비록 죄 있으나 마도(馬島)가 본래부터 사기하는 것은 아정(我庭)에서 강호(江戶)로 직통하지 못함인데 지금은 딴 길이 있음을 알았은즉, 용복(龍福)을 죽이는 것이 옳지 못하다."

또 영중추(領中樞) 남구만(南九萬)은 말하였다.

"대마도주(對馬島主)의 기광(欺誑)을 용복(龍福)이 아니면 폭로할 수 없었겠고, 먼저 울도(鬱島) 사건이 이 기회로 하여 잘 타첩(他帖)될 모양이니, 먼저 마도주(馬島主)로 하여금 자복(自服)하게 한 연후에 용복(龍

福)부터 먼저 행형(行刑)하여 도주(島主)의 휼계(譎計)에 이용거리가 되고 보면, 저가 그로써 한 구실을 삼아 도로 호통을 부리게 되면 우리는 무엇으로 그와 대변하리오. 이것이 한 실책(失策)이 아니냐."

이러구러 조정에서 다시 의논하여 울도(鬱島) 사건을 먼저 해결한 후에 용복(龍福)을 행형(行刑)하기로 결정되었다.

조정에서 이에 대마도주(對馬島主)에게 힐책하니 도주(島主)가 과연 자복(自服)한다. 허물은 대도주(對島主)에게 돌려보내고 이 후로는 확실히 울릉도가 조선의 영지(領地)임을 승인하며 침월(侵越)을 엄금하여 그런 폐단이 없을 것을 보증한다는 공문이 왔다. 적년(積年)토록 문제의 울릉도 사건은 이로써 원만히 해결되고 말았다. 그러나 용복(龍福) 일행에게는 사형에 일등(一等)을 감(減)하여 유배로 작정되었다.

'아아, 만사(萬死)의 힘으로 수륙만리를 발섭(跋涉)하여 가며 울도(鬱島) 회수의 공로자로서 안용복(安龍福)은 쓸쓸한 고도(孤島)에서 자유로운 몸이 되지 못하고 일생을 마치었다. 아아, 세상에는 안용복(安龍福) 같은 자 과연 몇 사람이나 있는고.'(完).

24) 「삼촌설(三寸舌)로 울릉도(鬱陵島) 탈환(奪還)한 해상 (海上)의 쾌인용사(快人勇士)의 왜인용사(倭人勇士) 안 용복(安龍福)

○ 『별건곤』[11]

수춘산인(壽春山人)

안용복(安龍福)은 어떠한 인물(人物)인가?

안용복(安龍福)은 숙종 대왕(肅宗大王) 때 사람으로, 경상도 동래(慶尙 道 東萊) 태생이다. 집안이 원래 한미한 탓으로 공부할 기회를 얻지 못 하고 해변가에서 어려서부터 배타기(乘舟)에 종사하여 항해술이 능한 까닭에 일찍이 수영 주군(水營舟軍)으로 뽑혀서 그곳에 복무를 하고 있 었다. 그는 그렇게 일개 군졸(軍卒)의 천역으로 있었지만 위인이 대담 쾌활하고 적개심(敵愾心)이 강하여 자기의 의리에 틀리는 일이 있으면 비록 당장에 몸을 희생할지라도 조금도 굴복하지 않고 싸우며 또 변재 (辯才)가 능하여 누구와 무슨 변론을 하게 된다면 그들을 설복시키고, 그 외에도 일본말에 능통해서 수영에서 왜관(倭館)과 무슨 교섭이 있을 때이면 대개 그를 사용하게 되었었다.

숙종 21년 을해(乙亥) 여름이었다. 그는 배를 타고 부산 근해(釜山近

---

11) 『별건곤』은 1926년 1926년 11월 1일 창간한 월간 문학잡지로 야사, 기행문, 소설, 시 등을 싣는 취미잡지로 알려졌으나 내용으로 보면 단순한 취미잡지는 아니었 다. 차상찬, 박달성, 이서구 등이 주요 집필자로 참여하였으며, 생활개선과 문맹퇴 치에 관해 한용운, 이상협, 주요섭 등이 글을 싣기도 했다. 그러나 1934년 3월 통 권 101호를 끝으로 폐간되었다. 이 글은 『별건곤』 제65호(1933년 7월 1일)에 수춘 산인(壽春山人)이 「삼촌설(三寸舌)로 울릉도(鬱陵島) 탈환(奪還)한 해상(海上) 의 쾌인용사(快人勇士)의 왜인용사(倭人勇士) 안용복(安龍福)」이란 제목으로 쓴 글이다. 수춘산인은 차상찬의 필명이다.

海)를 항행하다가 뜻밖에 풍랑을 만나서 정처 없이 먼 바다로 떠나려다
가 우연히 울릉도(鬱陵島)에 표착하게 되었다. 그는 물론 울릉도 행이
처음이지만은 그곳이 당당한 조선의 영토인 것은 이미 잘 알았었다. 그
러나 급기야 가서 본즉 뜻밖에 일본어선(日本漁船) 7척이 와서 제 마음
대로 고기를 잡고 있었다.

원래에 적개심이 많은 그는 그것을 보고 당장에 분기가 충천하여 그
들을 보고 힐책하되 외국 사람으로 우리 영토에 들어와서 함부로 어업을
하는 것은 절대로 허락지 않는 것이니 즉시 퇴거하라고 요구하였었다.

그러나 그들은 용복의 단독무원(單獨無援)한 것을 업신여기고 그의
요구를 듣지 않을 뿐 아니라 도리어 그를 잡아가지고 오랑도(五郞島-長
岐前海에 있는 섬)라는 섬으로 갔었다. 보통사람 같으면 고독한 단신으
로 그러한 곳을 가게 되니 공포(恐怖)와 위험(危險)을 여간 느낄 것이 아
니겠지마는 대담 무적한 그는 도리어 생각하였다.

"내가 국가의 영토권 침해(國家領土權侵害) 문제를 가지고 싸울진대
무지한 몇 개의 어부들과 싸우는 것보다는 이 기회를 타서 즉시 그들의
위정자(爲政者)를 찾아 가서 보고 바로 담판하여 그들로 하여금 다시 우
리의 침해치 않게 하는 것이 좋겠다."

삼촌설(三寸舌)로 어랑도주설복(五郞島主說服)

그리하여 용복은 오랑도에 갇힌 몸이 되어 그들에게 무한한 고초와
능욕을 당하면서도 조금도 괴롭게 생각지 않고 다만 기회를 타서 한번
도주(島主)와 면회를 하여 자기의 주장하고 싶은 말을 다하리라고 고대
하고 있었다.

하루는 도주가 용복을 보고 물었다.

"너는 어찌하여 울릉도에 있는 일본 어부를 쫓으라고 하였느냐" 용복이 대답하였다.

"어느 나라를 물론하고 외국 사람을 그 나라 영토에 자유출입을 금하는 것은 국법에 당연한 일이다. 울릉도는 원래 우산국(于山國)으로서 옛날 신라시대(新羅時代)부터 조선에 속한 것은 역사상에 확연한 증거가 있을 뿐 아니라 또 지리로 말하더라도 울릉도가 조선에서는 겨우 하루밖에 아니 되지만은 일본과는 닷새가 걸리니 당연이 조선에 속할 것은 두말할 것도 없다. 조선 사람으로 조선 땅에 가는 것이 무슨 관계가 있으며·또 자가 영토 안에 침입한 외국인을 가라고 한 것이 무슨 잘못이 있느냐?"

유창한 일본말로도 또한 항변을 하니 처음에 그를 굴복시키라고 톡톡히 벼르던 도주도 그의 조리 있는 말과 강경한 태도에 크게 감복하야 감히 어찌하지 못하고 그만 호송하여 백기 주(伯耆州)로 넘기었다.

용복은 백기 주로 가서 그 주의 토주관(土主官)을 보고 더욱 강경한 태도로 일본어부들의 불법한 행동과 또 오랑도주(五郞島主)의 자기에 대한 무리한 학대 등 여러 가지의 전후 사실을 들어서 말하니 토주관이 크게 감격하여 용복을 융숭하게 대접하고 그의 분로를 풀어주고 위로하기 위하여 은(銀)과 기타 여러 가지의 방물을 주니 그것을 다 거절하고 말하였다.

"내가 원래에 뜻을 먹은 것은 이 뒤로부터 일본사람이 영구히 우리 울릉도를 침해하지 말아서 두 나라가 서로 국제의 의를 상하지 말도록 하자는 것이요, 그까진 보물이나 방물 같은 것은 나의 바라는 바가 아니다."

도주가 더욱 그의 의(義)에 감복하여 드디어 관백(關伯)에게까지 품하여 그 땅에 침입하는 것을 엄금하겠다는 약정서(約定書)까지 작성하여 주고 또 용복에게 전후의 잘못된 것을 사과하였었다.

범월죄(犯越罪)로 옥중생활(獄中生活) 이개년(二箇年)

일이 이와 같이 잘 진행되고 보니 용복은 자기의 소망을 이렇다 하고 마음에 스스로 기쁨을 이기지 못하며 고국으로 돌아가려고 길을 떠났었다. 창파만경(蒼波萬頃)에 외로운 배를 젓고 하루 이틀 항해를 하다가 중도에 장기(長岐)에 들르니 장기의 도주(島主)는 본래 대마도주(對馬島主)의 안용복 처치에 대한 내약이 있었으므로 용복을 잡아 가두고 갖은 모욕과 학대를 하며 백기도주에게 얻은 약정서까지 강탈하고 대마도로 잡아 호송하였었다.

대마도준 용복을 옥중에 가두고 강호막부(江戶幕府)에 그 의견을 물으니 막부에서는 다시 약정서를 보내주며 양도(兩島)를 다시 침략하지 말고 용복을 다시 약정서를 보내주며 본국으로 잘 호송하라고 명령하였다. 그러나 도주는 그 명령을 묻지 많을 뿐 아니라 도리어 그 약정서까지 빼앗고 주지 않고 50여 일을 가두어 두었다가 다시 동래왜관(東萊倭館)으로 호송하니 왜관에서는 또 40여 일을 가두어 두었다가 마침내 동래부(東萊府)로 넘기었다.

그때에 동래부사가 만일 상당한 인물이었다면 그를 부사 백방할 뿐 아니라 그의 보국충성을 극히 찬양 표창하고 또 일방으로 대마도주와 강호막부에 엄중한 항의를 하였겠지만 동래부사는 원래 비겁무상의 인물은 까닭에 용복의 전후한 사실을 듣고 혹여 외국과 무슨 흔단을 일으킬까 염려하고 전전긍긍하는 중 또 대마도주로보터 용복을 엄벌하여 달아나는 청구 있고 본즉 더구나 공포한 생각이 나서 사실의 여하와 시시

비비의 여하는 묻지 않고 그저 일개 천한 백성으로 일이라 하고 소위 범월(犯越)하였다는 죄명(罪名)하에 용복을 엄하게 형벌하고 옥에 가두었다가 2년 만에 석방하였었다.

용복은 울릉도로 인하여 이와 같이 무한한 고초를 당하였지만은 처음에 먹은 마음을 조금도 변치 않고 기회가 있는 대로 부사와 기타 관원에게 울릉도의 영토권 확립할 것을 요청하였었다. 그러나 일반 관리들은 그것이 대마도주의 중간직간이 아니요, 강호막부에서 그러는 줄 알고 그것을 문제 삼다가 그보다 더 큰 혼란이 날까 염려하고 그저 인순고식에 침묵만 지키고 있으니 용복은 더욱 통분하게 생각하고 그곳을 떠나 울산해변(蔚山海邊)으로 옮겨가서 어떠한 기회를 기다렸었다.

백기도주(伯耆島主)와 변판(辯判)하야 울릉도 영토권 확인(鬱陵島領土權確認)

하루는 울산 해변에 일본상선(日商船) 한 척이 왔으니, 그 배의 주인은 승려의 雷憲(僧侶雷憲)이라 하는 사람이었다. 용복은 그 사람을 이용하여 울릉도 문제를 해결하라고 거짓말호 꾀어 말하되 울릉도에는 해채(海菜)가 마흔 곳이니 자기와 같이 가면 얼마든지 마음대로 딸 수 있다고 하니 그 승려가 흔연히 승낙하였었다.

용복은 그 중과 같이 배를 타고 3일 만에 울릉도에 다다르니 마침 일본 배가 동편으로부터 왔었다. 용복은 여러 사람에게 눈짓을 하여 그 배에 사람을 모조리 결박하라 하니 여러 사람들이 모두 겁을 내고 감히 덤비지 못하는지라 용복은 크게 분개하여 단신으로 그 배 퇴거하기를 요구하니 그 배는 할 수 없이 송도(卽宇山島)란 섬으로 옮겨 갔었다. 용복은 다시 송도까지 쫓아가서 또 꾸짖어 말하되 이 섬도 우리나라 땅이니

있을 수 없다 하고 장대(杖)로 솥과 그의 모든 도구를 때려 부수니 뱃사
람들이 크게 놀라서 멀리 도망을 하였다.

용복은 그 길로 다시 백기 주(伯耆州)까지 가서 그곳 토주관을 보고
못한 것을 사과하고 울릉도에 갔던 사람을 모조리 사람을 잡아다가 처
벌하니 용복은 차츰 울릉도 감세관(監稅官)이라 하고 관청에 올라가서
그 토주관과 대좌하여 대마도주(對馬島主)의 전후 작간(作奸)한 일을 들
어 말하였다.

"우리나라에서 일본 정부에 보내는 여러 가지 물건을 대마도주가 중
간에서 협잡질을 하여 쌀 15두(斗) 한 섬을 7두(斗) 한 섬으로 하고 배
(布)는 30척(尺) 한 필을 20척 한 필로 하고 종이(紙)는 장지 한 축을 잘
라서 만들어 팔아먹되 관백(關伯)은 사실도 알지 못하고 있으니, 당신은
나를 대신하여 그러한 사실을 관백에게 한번 보고하라."

그러니 토주관이 곧 허락하였었다.

그때 대마도주의 아버지는 강호(江戶)에 있다가 그 소문을 듣고 크게
두려워하여 백기도주에게 애걸하며 말하였다.

"조정에 만일 그러한 보고가 들어온다면 나의 자식은 당장에 사형을
당할 터이니 당신이 중간에서 잘 조처해서 이런 화단이 없도록 하여 주
시기 바랍니다."

도주는 그의 말을 듣고 그 보고를 중지하고 용복에게 말하였다.

"구태여 그런 보고까지 하지 않을 지라도 당신의 목적만 달하면 그
만일 터이니 아무 염려 말고 속히 대마도로 가서 도주와 잘 협정을 하
라."

그래서 용복은 그 길로 대마도에 가서 도주와 상의하여 다시는 울릉
도를 범하지 않기로 약속하니, 그 뒤부터 일본 사람이 다시 울릉도를 범

하지 않고 울릉도가 완전히 조선의 영토인 것을 인정하게 되었다.(『碩齊集』 참조)

25) 안용복(安龍福)

○ 『일사유사』[12]

안용복은 동래사람이다. 수영(水營)의 선군(船軍)이 되어 왜관(倭館)에 출입하면서 일본어를 잘 하였다. 숙종 계유년(1693년) 여름에 바다를 표류하다가 울릉도에 닿았는데 일본 배 7척이 먼저 선박해 있었다. 이 때에 대마도주(對馬島主)는 울릉도를 차지하기 위하여, 동래부사(東萊府使)와의 논쟁이 끊이지 않았다. 『芝峰類說』과 예조의 회답을 인용하여 증거로 삼으니 다툼의 시비가 가려졌다.

내가 살펴보니 『星湖僿說』에는 "『芝峰類說』에 울릉(鬱陵)이 임진년 왜구의 방화와 노략질들 당해 인적이 끊어져 버렸다." 근대에 들으니 왜인들이 의죽도(礒竹島)를 점거했다고 하는데 어떤 사람은 "의죽은 바로 울릉도"라고 한다. 또한 그 당시 예조(禮曹)의 회답(回答)을 살펴보니 '귀계(貴界)의 죽도(竹島)'라는 말이 있다고 한다 하였다.

그러나 이것은 오직 대마도주(對馬島主)가 자기 마음대로 기롱한 것

---

12) 『일사유사』는 한말의 언론이며 지사인 장지연이 엮은 열전으로 국한문혼용체이다. 그는 이 열전에서 신분제약이 철저했던 사회에서 뛰어난 재주로 이름을 남기면서 그 굴레를 극복하려 했던 중인, 하층계급 인물들의 구체적인 행적을 밝히려 했다. 『일사유사』는 장지연 사후 1922년 회동서관에 의해 유작으로 출간되었다. 『일사유사』의 권1~6에서 다른 책에서 찾아볼 수 없는 가치있는 기록을 간추려 『한국기인열전』(김영일 번역, 을유문고 19, 1969)으로 대중에 알려졌다.

이고, 실제로는 일본의 막부(幕府)가 알고 있는 것은 아니었다. 안용복 (安龍福)이 그 일에 분개하여, 일본 뱃사람과 항변을 그만두지 않았다. 한 일본 뱃사람이 성을 내면서 돌아와 안용복을 체포하여 오랑도(五郞島)에 구금시켰다. 이에 용복이 도주(島主)에게 말하길, "울릉(鬱陵)과 우산(芋山)리 본래 조선에 속했던 것은 고대로부터 이미 그러하였다. 지형을 따져봐도 조선은 근거리로 하루길이고 일본은 원거리로 닷새 길이니 조선에 속한 것이 분명하다. 조선인이 조선의 땅을 왕래하거늘 어찌 구금할 수 있는가!"라고 하니 도주(島主)가 굴복시킬 수 없음을 알고는 석방시켜 백기 주[伯耆州:돗토리 현]로 보냈다. 백기(伯耆)의 도주(島主)는 손님의 예로 대우하고 노잣돈과 양식을 후하게 주었다.

용복이 사양하고 받지 않으면서 "원컨대 일본은 다시는 울릉도를 가지고 시끄럽게 하지 않도록 하고 이로써 교린(交隣)을 돈독히 하는 이것이요. 곡식과 노잣돈은 나의 뜻이 아니다."라고 말했다. 도주(島主)가 이 말을 받아들이고는 에도 막부[江戶府]에 보고하여 서계를 작성하여 주면서 "울도(鬱島)는 일본의 영토가 아니다."라고 하고는 돌려보냈다. 장기도(長岐島)에 이르렀는데 도주(島主)가 대마도(馬島)와 한패여서 그 서계를 그를 대마도(馬島)로 보냈다. 대마도(馬島)의 도주(島主)가 안용복을 가두고는 에도[江戶]에 사실여부를 문의하였다. 에도[江戶]에서는 다시 서계를 만들어 주면서 대마도가 두 섬을 침범하지 말라고 명령하고 그는 호송하게 하였다. 대마도주는 오히려 이러한 에도의 명령을 듣지 않고 다시 그 서계를 뺏고는 50일이 지나서 동래의 왜관으로 압송하였다. 왜관에서는 또 40일을 구류시킨 후에 동래부로 보내었다. 용복이 자세한 상황을 호소하였지만, 동래부사는 듣지 하고 반대로 국경을 넘었다는 이유로 형벌을 위해 가두었다.

이때 왜관에서는 울릉도를 다툰 일 때문에 장차 아침저녁으로 틈이
생겨 다툼이 심해질 듯하였다. 부군(府郡)이 이것을 근심하였지만 실제
대마도주에게 속임을 당한 것은 알지 못했다. 이러한 이유로 안용복은
갇혀서 말로 밝히지 못하다가 풀려났으나 때는 이미 2년이 지난 을해년
(1695년, 숙종 21)이었다. 용복이 울분이 심하여 울산(蔚山)의 해변으로
달려가니 상승(商僧) 雷憲(雷憲) 등 다섯 사람과 뱃사람[梢工] 네 사람이
있었다. 그들을 꾀어내면서 말하길 "울릉도에는 해채(海菜)가 많으니 내
가 마땅히 너희들을 위해 길을 가르쳐 주겠다." 했다. 상승이 흔쾌히 그
따르겠다고 하여 마침내 배를 띄워 삼일 밤낮을 가서 울릉도에 정박했
다. 우리 세 상선(商船)이 먼저 정박하여 고기를 잡고 대나무를 자르는
데 마침 일본 선박이 다가오기에 안용복이 여러 사람들에 명령하여 [일
본인들을] 결박하도록 하였지만 여러 사람들이 두려워 움직이지 않았
다. 안용복이 앞으로 나아가 성내면서 꾸짖길 "무슨 까닭으로 우리 경계
를 침략하였느냐?"하고 하자 일본인들이 "우리들은 송도에서 고기를 잡
다가 여기로 왔다."라고 하니 안용복이 또 꾸짖으며 "송도는 于山島인데
너희들은 우산이 우리나라의 경계라고 들어보지도 못했는가?"라 하고는
지휘하던 나무로 가마솥을 두드리니 일본 선박이 크게 놀라 도망갔다.

다음날 새벽 안용복이 우도(芋島)로 쫓겨가니 일본 선박이 돛을 달고
도망가는데 안용복이 쫓아서 일기도(壹岐島)까지 갔다가 뱃길을 돌려
백기 주(伯岐州)에 이르니 도주(島主)가 환영하였다. 안용복이 울도감세
관(鬱島監稅官)이라 거짓으로 칭하고는 도주(島主)와 대등하게 전후의
일을 자세하게 전하면서 안용복이 말하길 "대마도(馬島)가 거간하면서
교만하게 속이는 것이 어찌 유독 울릉도 한가지의 일만이겠는가? 우리
조선이 세폐[歲幣]로 주는 곡식과 예물을 대마도에서 속이는 것이 많다"

고 하였다. "곡식은 50말이 한 곡(斛)이거늘 대마도에서는 7말 해서 곡
(斛)의 양을 줄여 버리고, 포는 35척이 한 필(疋)이거늘 대마도에서는 20
척으로 해서 한 필을 축소시키고, 종이는 한 속(束)이 무척 길지만 마도
는 잘라서 3속(束)으로 만드니 관백이 어찌 알 수 있겠는가. 내 장차 관
백에게 달려가 대마도가 속인 죄를 조사하도록 하리라." 하고 동행한 이
중에 문자를 조금 아는 이가 있어 글을 써서 도주(島主)에게 보이도록
하고, 또한 에도[江戶]에 보내도록 하였는데, 이 때 대마도(馬島) 도주(島
主)의 아버지가 에도[江戶]에 있다가 그것을 듣고는 크게 두려워하면서
백기 주(伯耆州)의 주주(州主)에게 간청하면서 "글이 아침에 들어오면
우리 아이는 저녁에 죽게 되니 그대가 일일 막아 주게나."라고 하였다.

백기도(伯耆島)의 도주(島主)가 돌아와 안용복에게 돌아가 말하길 "글
을 올리지 말고 속히 돌아가도록 하라. 마도(馬島)에서 만약 다시 경계
를 다투어 파견차 사람에게 글을 보내오면 내 마땅히 그대를 위하여 힘
을 쓰리라."고 하니 안용복이 부득이 출발하여 가을 8월에 양양(襄陽)에
돌아오니 이때 대마도(馬島)는 다시 속일 수 없음을 알고 동래부(東萊府)
에 서신을 보내어 사죄하길 "감히 다시는 울릉도에 사람이 가게 하지 않
도록 하겠다." 고 하고 이어서 안용복이 경계를 넘은 일을 말하면서 죄
주기를 이는 대개 마음에 앙금을 품고 있다가 분풀이를 한 것이다. 이
때 경상감사가 장계로 조정에 알려 안용복 등을 서울로 압송하여 신문
하였다. 여러 사람들의 공술이 한결 같았다. 조정의 의론이 국경을 넘고
소란을 피운 것으로 참형(斬刑)시키려 하였다.

영돈년(領敦寧) 윤지완(尹趾完)이 말하길 "안용복이 비록 죄가 있으나
대마도(馬島)가 예전부터 조선을 속인 것은 모두 우리 조정이 에도[江
戶]로 바로 통하지 못했기 때문이다. 지금 별도의 통로가 있다는 것을

알게 되었으니 안용복을 죽이는 것만이 계책은 아니다."라고 하였고, 영중추부사(領中樞府事) 남구만(南九萬)은 "대마도가 속인 것을 안용복이 아니면 모두 드러낼 수 없었으니 울릉도의 일은 이 기회를 통하여명백히 꾸짖지 않을 수 없으니, 대마도로 하여금 스스로 이야기하도록 한 뒤에 안용복에 대해서는 경중을 천천히 논의해도 늦지 않을 것이요. 만약 먼저 안용복을 벌주어 대마도의 흉계가 맞게 준다면 이는 그들의 마음만을 충족시켜주는 것이요. 저들이 반드시 이를 구실로 삼아 의견차이가 더욱 심해지면 장차 어떻게 감당하리오. 이는 잘못된 계책이다."라 하였다.

이때 조정에서 그의 말대로 하여 먼저 대마도를 힐난하니 대마도가 과연 복종하였다. 죄를 전도주(島主)에게 돌리고, 이 후로는 울릉도가 조선의 땅임을 확인시켜 침략해 넘어오지 않도록 하거늘 안용복을 사형을 감면시켜 유배시키는데 그쳤다. 석재(碩齋) 윤해임(尹行恁)이 말하길 "당시에 조정의 의론이 울릉도를 잘라서 주자고 했었으니, 저 힘을 내어 물길 만여 리를 건너 꾸짖기를 어린아이 대하듯 하였고, 대마도의 간악한 모략을 중단시켜 울릉도 전체가 그들에게 들어가지 않게 하였으니 그 공이 대단하다고 할 것이다."라고 하였다. 성호(星湖) 이익(李瀷)이 말하길 "안용복은 바로 영웅에 필적한만하다. 천한 군졸로서 매우 위험한 계책을 국가를 위해 강적에 맞서 간사함의 싹을 잘라버려 여러 대에 걸친 분쟁을 그치고 영토를 회복하였으나 부개자(傅介子) 진탕(陳湯)에 비유한다 해도 이 일이 더 어려울 것이다. 걸출한 사람이 아니면 할 수 없거늘 조정이 그에게 상을 주지 않았을 뿐만 아니라 도리어 전에는 형벌을 주고 뒤에는 유배를 주는 일로 다투기에 겨를이 없었으니 애통하도다." 또 말하길 "예나 지금이나 장순왕(張循王)을 화원노졸(花園老卒)로서 호

걸이 되었다고 칭송하나, 그가 이룩한 일은 대상거부(大商巨富)에 지나
지 않았으며, 국가의 위급한 때에 군졸(軍卒)에서 발탁하여 장수급으로
등용하고 그 뜻을 행하게 했다면, 그 이룩한 바가 어찌 이에 그쳤겠는
가?"라 하였다.

외사씨(外史氏)는 "안용복의 걸출한 공적은 여러 공들의 다 구비되어
있다. 당시의 조정은 눈 앞의 형세와 이익을 따지는데 급급해 않은 일이
라 치부하였기 때문에 울릉도를 잘라 양보하려 하였고, 안용복의 훌륭
한 공을 알지 못하고 형벌과 유배까지 내려 어려운 상황을 미봉하려 했
을 뿐이니, 가히 탄식할 만 하도다!"고 하였다. 이후 안용복의 일은 묻혀
져 알려지지 않은지가 오래되었다. 지난 번 『문헌비고(文獻備考)』를 편
찬할 때 내가 이것을 여러 공들에게 말하였더니, 여러 공들이 서로 다투
어 칭찬하면서 비고 안에 상세히 기록하도록 하여, 고사의 고증으로 삼
게 하니, 안용복의 공이 2백년이 지난 뒤 지금에 이르러 비로소 드러나
게 되었다. 그러나 전대의 여항의 호걸들 가운데 안용복 같이 억울하게
묻혀진 사람이 또한 얼마나 있을까. 아아 슬픈 일이로다.

26) 독립은 동포의 일체부책

○ 『독립신문』[13]

우리 만천하배달동포(滿天下倍達同胞)시여 시문(試問) 독립(獨立)을
상실(喪失)한 자(者) 누구며 회복(恢復)할 자(者)가 누구요 상실(喪失)도
각기(各其) 부책(負責)이며 회복(恢復)도 강공부책(各共負責)이라 당당(堂

---

13) 이 글은 『독립신문』 1922년 8월 1일에 실린 「독립은 동포의 일체부책」이다.

堂)한 나의 임무(任務)를 진(盡)할 뿐이오 남의 장부(臟否)를 문(問)할 바
가 아니어든 이황(而況) 나의 개인(個人)만 자중(自重)하고 타인(他人)의
당논(黨論)만 자대(自大)하여 타인(他人)을 훼방(毁謗)하거 타인(他人)을
질시(疾視)하여 구적(仇敵)으로 인정(認定)하고 리족(異族)갓치 소원(疏
遠)하야 언어문자(言語文字)의 사이에 표현(表現)한 위험상태(危險狀態)
와 혐독화얼(嫌毒禍蘖)이 필장상식(必將相食)할 조짐(兆朕)이니 거우원
려(巨憂遠慮)가 차(此)에서 숙심(孰甚)하리오 공자왈(孔子曰) 충서(忠恕)
할 뿐이라 하시고 기독왈(基督曰) 폄논(論)을 말라하시니 각오(覺悟)할지
어다 회개(悔改)할지어다 현금(現今) 물질발전(物質發展)하는 시대(時代)
에 생재(生在)하야 자상천답(自相踐踏)하고 자상교서(自相咬噬)하면 가
살(可殺)할 공적(公賊)이 재피(在彼)하고 가멸(可滅)할 수마(讐魔)가 재방
(在倣)하야 일소(一笑)를 가발(可發)할 것이며 다요(多謠)를 가조(可造)할
지로다 수적(讎敵)을 멸류(滅劉)하기가 귀각(晷刻)이 급(急)하거든 해가
(奚暇)에 사투(私鬪)를 용(勇)하리오 동시(同是) 독립분자(獨立分子)로셔
모사회(某社會)가 희망(希望)이 유(有)하면 수(誰)가 원입(願入)치 아니며
모단체(某團體)가 성예(聲譽)가 유(有)하면 수(誰)가 복종(服從)치 아닐고
일언이폐(一言以蔽)하고 각기(各其) 자반(自反)하고 겸공(謙恭)에 진심(盡
心)하며 연구(硏究)에 갈력(竭力)하야 성실진행(誠實進行)하옵시다. 우리
삼일운동(三一運動)을 흠감(歆感)하오면 단체문제(團體問題)도 각자면려
(各自勉勵)함으로 수성(遂成)한 것이라 금이반동력(今以反動力)으로 기
축(祈祝)하노니 신공기(新空氣)를 맹가(猛可)하야 장혁(墻鬩)을 숙청(肅
淸)하고 복수(復讐)로 시간문제(時間問題)를 삼으며 멸적(滅賊)으로 일용
사업(日用事業)을 삼아서 급속(急速)히 광복목적(光復目的)에 도달(到達)
하옵시다. 신포서(申包胥)난 진정(秦廷)에 칠일통곡(七日痛哭)하야 초국

(楚國)을 회복(回復)하고 안용복(安龍福)은 일개통역(一個通譯)으로 왜국
(倭國)에 부(赴)하야 울능도(鬱陵島)를 환완(還完)한지라 개인(個人)으로
도 능위(能爲)하거든 안정(安定)한 객지(客地)에서 몽예(夢囈)만 하다가
자진(自盡)하고자 하난고 세월(歲月)를 다시 천연(遷延)치 말고 각기(各
其) 고유(固有)한 의무(義務)를 즉행(卽行)할지어다.

27) 「안용복과 울릉도」

○ 『동아일보』14)

울릉도는 삼국시대의 우산국(于山國)으로서 신라 지증왕(智證王) 13년
에 이사부(異斯夫)가 그것을 복속시킨 후로 신라를 거려, 조선에 이른
것이다. 그러나 이 섬은 동해의 고도(孤島)인 만큼 본토와 교통이 불편
하여 인구기 매우 적었으며 때로는 무인도로 변한 적도 있었든 것이다.
그리하여 임란란 이후로는 일본의 어민이 자주 이 섬에 출몰함에 이르
렀으며, 그리고 일본인 사이에는 울릉도에 대하여 야심을 가짐에 이르
렀다.

이 문제는 숙종(肅宗) 때에 안용복(安龍福)의 월경사건(越境事件)으로
말미암이 울릉도의 소속문제가 표면화함에 이르렀다. 그때에 대마도 측
의 태도는 이 문제에 대하여 어름어름하는 가운데에 심각한 성격을 띠
게 되었던 것이다. 우리 측에서는 울릉도를 정당한 본국의 여토임을 주

---

14) 『동아일보』 1934년 12월 16일 1면. 김상기는 「외방에 선인의 자취(十一)」란 제목
으로 연재를 하였고, 이 글은 다섯 번째의 글이다. 제목은 「안용복과 울릉도」였
다. 현대문으로 고쳐 읽기 쉽게 정리하였다.

장함에 대하여 대마도측은 어물정하는 태도로서 『芝峰類說』 가운데에 '임진변란 이후로 가는 사람이 있었으나 또한 왜의 분탕과 노략질을 당해 다시는 인적이 없었다. 근자에 들으니 왜의 의죽도를 점령했다고 한다. 혹 의죽이라고 일 는 곳은 곧 울릉도이다(壬辰變後 人有往見者 亦被倭焚掠 無復人煙 近聞 倭○占據礒竹島 惑謂礒竹 卽鬱陵島也)'라는 등의 기사를 들어 일본의 점령권까지 주장함에 이르렀다. 그리고 당시 정부에서는 일개의 비어있는 땅을 다룸으로 인하야 사단이 열릴까 염려하여 놓아 버리자고 주장하는 어리석은 논의까지 일어났으나 영의정 남구민의 반대로 인하야 울릉도 문제가 휴지부지 얼마동안 별다른 결말을 보지 못하였다.

이 문제는 원래 안용복으로부터 단서가 발한 것이니 인용복은 동래 사람으로 일찍 능로군에 속하였고, 또 일본어에 중통하며 일본사정에도 밝았던 것이다. 그가 처음에(숙종 19년경) 어채(漁採)에 종사하다가 울릉도에 정박하였더니 그곳에서 일본 배에 구인(拘引)되어 일본 오랑도(五浪島)에 들어갔었다. 안용복이 도주(島主)에게 대하여 울릉도가 조선의 영지임을 이치를 들어 설명하고 조선인이 조선땅에 왕래하는데 무슨 까닭으로 구인하느냐고 항의함에 도주도 어찌할 없어 백기수(伯耆守) 또한 후하게 대우하고 은대(銀帶)로 써주는지라, 안용복은 그것을 받지 아니하며 백기수에 향하여 일본은 다시 울릉도를 끄집어 말하지 말라 은은 자기의 원치 아니하는 배라 하였다.

백기수는 막부에 품고하여 울릉도는 일본의 경역이 아닌 것은 문서로써 통고하는 지라 안용복이 장기도(長崎島)(장기 부근의 섬?)에 이르렀더니 그 도주는 곧 대마도주의 당여(黨與)인지라 그의 문서를 구견(求見)하고 인해 돌려보내지 아니하며 또 안용복을 대마도에 보내었다. 대마도주는 울릉도에 대한 자기의 술책이 안용복에게 간파된 것을 유감으로 하여 안용복을 오래동안 옥에 가두었다가 동래로 내여 보였던 것이다.

이에 안용복은 그의 사실을 들어 부사와 접위관에 호소하였으나 조정에서는 믿지 아니하였다. 그러나 얼마 되지 아니하여 대마도와의 사이에 위에서 말한 바와 같이 울릉도 소속 문제가 표면에 나타나자 자못 복잡화할 때 국인은 오히려 대마도주에게 만착되고 있는 것을 깨닫지 못하고 심지어 울릉도 방기론까지 나오게 되었다.

28) 「안용복과 울릉도」

○ 안확15)

유사 이래 아무 직책도 없는 개인으로서 국제 문제에 간섭하면서 죽을 힘을 다해 국경지대의 한 영역을 보전케 한 자는 안용복(安龍福) 한 사람밖에 없다. 이런 일은 조선뿐 아니라 세계사에서도 보지 못한 휘귀하고도 통쾌한 일이다.

숙종 계유 연간에 대마도주가 울릉도를 점탈하고자 하여 간악한 계책

---

15) 안확(1886~1946)은 식민시대를 살아가면서 민족문화를 자각하였고, 이에 기초한 민족운동의 의식을 고취시키는 일환으로 1940년 『朝鮮武士英雄傳』을 간행하였다. 그는 종래 안용복 관련 기록들을 참고하여 기인한 행적을 보인 역사적 인물로 안용복을 특기하고 아무런 직책도 없는 개인이 변경의 국토를 보전한 것은 유사 이래 희귀한 일로 평가했다. 그가 안용복의 동상을 울릉도에 건립할 것을 주장한 것은 안용복의 말없는 행적을 무사정신의 발로로 여겨 역사적 진실을 밝히는 것은 물론이고, 1940년대 민족말살 정책의 치하에서 민족해방운동의 불씨를 당기고자 한 것이었다. 이 글은 지음 심승구 옮김, 『자산 안확의 朝鮮武士英雄傳』(근현대국학사료 총서 4, 한국국학진흥원, 2005)을 참고하였다.

으로 예측할 수 없는 교섭을 일으켰다. 이때에 안용복은 동래 수영의 해군으로 있다가 전역하여 왜관에 출입하면서 일본어를 익히고 있었다. 계유년 여름에 우연히 울릉도에 표착하니 일본배 7척이 먼저 와 정박해 있다가 행동이 수상하다 하여 용복을 외국인으로 단속하였다. 용복이 그 일을 분히 여겨 일본배에 타고 있는 사람에게 항변하자, 뱃사람이 그를 잡아 오랑도(五浪島)에 구금하였다.

용복이 도주(島主)에게 말하기를 "울릉 우산(鬱陵芋山)이 본래 조선의 강토인 것은 옛날부터 이미 그러한 것이다. 지형으로 논하여도 조선에서는 1일 걸리는 거리이며, 일본은 거리가 멀어 5일이니, 우리나라에 속함이 분명하다. 조선인 조선 땅에 가거늘 어찌하여 억업하여 구속하느냐?" 이에 도주가 그를 굴복시킬 없음을 알고 다시 백기 주(伯耆州)로 보내었다. 백기도는 손님을 맞은 예절로 대접하고 음식과 선물을 후히 베푸는지라, 용복이 받지 아니하고 말하기를 "원컨대 일본은 다시 울릉도로써 말썽을 일으키지 말고 교린을 두텁게 할 뿐이요, 양폐(糧幣)는 내 뜻이 아니라"하였다. 도주가 항복하고 일본 정부에 품하여 한편으로 서약서(誓約書)를 써 준 다음 드디어 돌아가게 하였다. 돌아오는 길에 장기도(長崎島)에 이르니 도주가 대마도와 작당하여 그 문서를 빼앗고 대마도로 보내었다. 대마도 도주가 가두어 놓고 자신의 정부에 품문(品問)하였다. 정부는 다시 서계를 지어 보내면서 해당 섬(울릉도)을 침범하지 말게 하고 도로 조선으로 호송하라 하였다.

대마도주는 정부의 명령을 듣지 않고 다시 그 서계를 빼앗고, 50일 만에 동래왜관으로 압송하여 또 다시 억류하였다. 억류한 지 40일 만에 동래로 보내었다. 용봉 사실을 들어 자세하게 고소하였다. 그러나 부사가 듣지 않고 도리어 국경을 범한 곳을 잘못으로 잡아 형벌을 주기 위해 가

두었다. 이때에 왜관이 이 문제를 가지고 사단을 일으켜 조석으로 힐난하니, 부군(府郡)은 근심만 하고 대마도가 꾸민 간계인 줄을 알지 못하였다. 그러므로 용복은 더욱 분해하였으나 감금되어 있는 죄수로 어찌하지 못하였다. 이윽고 석방이 되니 이때가 2년이 지난 을해년이었다. 용복이 매우 울분하여 마지막으로 바로잡을 것을 결심하였다.

우선 현지 사찰을 하기 위하여 울산 해변으로 나아가서 울도(鬱島)로 가는 거리를 헤아렸다. 이때 마침 장사하는 중(僧) 雷憲(雷憲) 등 다섯사람과 뱃사공 넷사람이 있었다. 이에 이들을 꾀어 가로되 "울릉도에 해채(海菜)가 많으니 내 너희를 위하여 그 길을 가르쳐주려고 한다." 중이 즐거워하며 따르는지라, 드디어 출조하여 사흘 만에 목적지에 이르러 정박하였다. 조금 있으니 일본배가 다가오자 용복이 무리에게 명하여 "잡아 묶어 오라"고 하였다. 무리가 겁을 내며 대들지를 아니하였다. 용복이 뛰어들어 꾸짖되 "너희가 어찌하여 우리 국경에 침범하는가" 하니, 일본인이 말하기를 "우리는 송도(松島)에 고기를 잡다가 잘못하여 여기왔다"하였다. 용복이 또 꾸짖어 말하되 "송도는 于山島니 于山島가 우리 국경인 줄 모르느냐"하고 그의 기물들을 부수어버리자, 일본배가 크게 놀라 도망하였다.

다음날 아침에 그를 쫓아 백기 주에 이르니 도주가 관대히 맞았다. 용복이 속여 말하기를 "나는 울도감세관(鬱島監稅官)이라"하고 전후 사실을 들어 실상을 들어 바로잡고 다시 말하기를, "대마도가 그동안 작간한 것이 어찌 홀로 울도뿐이랴. 우리 조선에서 해마다 보내는미폐(米弊)를 속여 쌀 7말로, 포 33척을 20척으로, 종이 1속을 3분의 1로 하여 모두 떼어먹고 정부로 보내니 정부가 어찌 이것을 알리요, 내가 관백에게 직접 가서 그 죄를 물으려고 한다" 하고 그 사연을 적어주며 관백에게 부치라고 하였다.

그때에 대마도주의 아비가 강호(江戶)에 있어 그 소문을 듣고 크게 두려워하여 백기 주에게 빌며 "그 서찰이 조정에 들어오면 내 자식은 죽을터이니 백기 주가 말려 달려고"하였다. 백기 주가 돌아와 용복에게 사죄한 뒤 "편지를 취소하고 환국하면 다시 경계를 다투지 않게 할 것이요, 만일 대마도가 또 다시 잡담이 있으면 그 때는 용서치 아니 하리라"하였다. 용복이 단연 다짐을 받고 귀국하니, 대마도주가 만단(萬端)의 사고로써 동래부에 고하여 울도에 침범치 아니할 것을 맹세하였다. 용복은 그제야 바로 된줄 알고 캐연히 돌아와 양양군에 있었다.

일이 다 끝난 뒤에 경상감사기 도리어 용복 등을 체포하여 월경죄를 물어 경성으로 이송하였다. 그리하여 조정에서는 용복을 사형으로 판결하여 즉시 집형케 하려다가, 이내 조정의 의론이 다시 일어나 형의 1등을 감하여 귀양을 보내고 말았다.

지금 우리가 안용복의 그 장쾌한 의협을 생각하면 다시 말할 것도 없이 그 동상을 울도에 세울 일이거니와, 당시 조정의 무도한 처사를 생각하면 실로 천세의 유감이 있다. 그때 이면에는 어떠한 사정이 있었는지는 알 수 없으나, 만세의 유공자를 영원히 중형으로 사형함은 너무도 무리한 일이다 아니할 수 없는 일이다. 그러므로 이잔의 어진 사람들도 안용복에 대하여 만강의 동정을 표한 이가 많았으니, 윤행임(尹行恁), 이익(李瀷) 등의 논설이 모두 동감의 뜻을 나타내더라.

윤행임(尹行恁)의 설

이때의 조정은 울릉도를 떼어내어 왜인들에게 주자는 논의가 있었다. 저 용복이란 자가 맡은 무거운 직책과 막중한 명령도 없이 만번 죽을 힘을 내어 수륙 만여 리를 밟고 건너가 간교한 왜인을 어린아이처럼 꾸짖고 대마도의 간교한 계책을 한 번에 끊어버려 울릉도 전체가 저들의 손에 들어가지 않게 하였으니 가히 장하다 하겠다.

이익(李瀷)의 설

안용복은 곧 영웅호걸인 것이다. 당시 미천한 일개 군졸로소 만 번 죽음을 무릅쓴 계책을 내어 국가를 위해 강적과 겨루어 간사한 마음을 꺾어버리고 여러 대를 끌어온 분쟁을 그치게 했으며, 한 고을의 토지를 회복했으니 부개자(傅介子)와 진탕(陳湯)에 비하여 그 일이 더욱 어려운 것이니 영특한 자가 아니면 할 수 없는 일이다. 그런데 조정에서는 상을 주지 않았을 뿐만 아니라, 앞에는 형벌을 내리고 뒤에는 귀양을 보내어 꺾어버리는 것을 주저하지 않았으니 참으로 애통한 일이다.

29) 「독도의 비밀열사 안용복」

○ 『동아일보』[16]

이조십구대(李朝十九代) 숙종 대왕(肅宗大王)의 재위연수(在位年數)는

---

16) 『동아일보』 1963년 2월 17일 : 18일 : 19일 : 20일 「독도의 비밀열사 안용복」 주제 아래 「獨島秘史(독도비사) 安龍福小傳(안용복소전)」으로 국방부 전사관을 지낸 한찬석에 의해 안용복의 업적이 대중들에게 부각되기 시작하였다. 그는 독도비사 안용복소전에서 동래부 태생 안용복은 나라의 뒷받침도 국민원조도 없이 일본으로 누차 왕복하면서 잃었던 우리 강토를 찾고야 말았으니 기왕의 어느 분에도 못잖은 충신의 선열에 세워야 한다고 강조했다. 이것은 종래의 기록들이 죄인으로서의 안용복을 강조했던 대한 반성적인 측면에서 강조하기 위한 것으로 이해된다. 그러나 안용복의 행적은 심히 왜곡되기 시작했다.

사십육년(四十六年)이다.

四十六年(사십륙년)동안의 前半(전반)은 張禧嬪(장희빈)을 中心(중심)으로 亂政(난정)이 벌어지고 老論少論(노론소론) 黨派(당파)싸움이 甚(심)하였기 때문에 肅宗(숙종)을 이때 昏君(혼군)이라 부르는 사람도 있었지만 後半(후반)에 이르러서는 全國(전국)으로 微行(미행)hk면서 實情(실정)을 살폈고 이것을 民政(민정)에 反影(반영)시키면 民主善政(민주선정)을 베푸는 한편, 許多(허다)한 逸話(일화)를 남기었다. 特(특)히 過去(과거) 억울하게 罪(죄)를 졌거나 賜死黨(사사당)한 先王(선왕) 先烈(선열)의 伸冤(신원)을 斷行(단행)하여 雪恥(설치)의 大赦(대사)를 나리어서 많은 民心(민심)을 사는 等(등) 聖君(성군)으로서의 遺業(유업)을 이루었다. 따라서 洪萬選(홍만선) 李瀷(이익) 安鼎福(안정복) 金萬重(김만중)같은 學者(학자)가 續出(속출)하여 새로운 學風(학풍)의 變遷(변천)을 보게 된 것도 바로 이때다.

그러나 前期昏君(전기혼군)때에 있어서의 우리의 朝廷(조정)은 黨派(당파)싸움에 寧日(영일)이 없어 우리 疆土(강토) 한구석인 獨島(독도), 鬱陵島(울릉도)가 日本邊民(일본변민)의 占領(점령)을 當(당)하여 密航盜採(밀항도채)의 被害(피해)를 입고 있었음에도 不拘(불구)하고 이것을 對岸(대안)의 불보듯이 내버려두었다.

그러나 惟獨(유독) 東萊府胎生(동래부태생) 安龍福(안용복)만이 나라의 뒷받침도 國民(국민)의 援助(원조)도 없이 日本(일본)으로 累差(누차) 往復(왕복)하면서 孤軍奮鬪(고군분투)하여 기어히 잃었던 우리 疆土(강토)를 도루 찾고야 말았은 史上不遇(사상불우)에 處(처)한 安龍福(안용복)은 旣往(기왕) 어느분에도 못지않은 忠臣(충신)의 先烈(서녈)에 내세

위하며 特(특)히 오늘처럼 여러 가지 對日問題(대일문제)가 擡頭(대두)되고 있는 이때에 있어서 安龍福(안용복)은 우리 民族(민족)의 恩人(은인)으로 모셔야 마땅하다.

一(일), 靑少年時代(청소년시대)

家勢(가세)는 비록 넉넉하였으니 偏母膝下(편모슬하)에 자라난 安龍福(안용복)은 隣近(인근)의 孝童(효동) 또는 才童(재동)으로서 칭찬을 받아가면서 장차 자라면 나라와 民族(민족)을 爲(위)하여 一身(일신)을 바쳐 報國(보국)의 大道(대도)를 지켜야한다는 嚴(엄)란 家訓(가훈)에 몸이 젖었다. 그러나 그는 어머니도 모르는 사이에 日本語(일본어)를 배우기 시작했다. 그것이 綻露(타로)되어 어머님의 무서운 꾸중을 받은 때도 있었으나 그것은 앞으로 祥(상)스럽지 않은 對日問題(데일문제)가 일어날 것을 미리 짐작하고 그것을 解決(해결)하는 捷勁)이 日本語(일본어)를 배우는데 있으리라 생각하는 先見之明(선견지명)에 있었겠지만 그 實(실)은 初戀(초련)의 柳柳(유유)를 救出(구출)하려는 愛情問題(애정문제)도 또한 없지 않았으리라는 祕話(비화)도 있다. 이제 그 줄거리만 적어 본다면 대개 아래와 같다.

東萊(동래) 이웃 洞里(동리)에서 같이 자라나다가 生活(생활)에 조달린 柳柳處女(유유처녀)는 그의 外三寸(외삼촌)을 믿고 多大浦(다대포)로 移徙(이사)해갔다.

그러나 雪上加霜(설상가상)으로 重病(중병)에 걸린 어머님의 治療(치료)와 生不如死(생불여사)의 生活苦(생활고)를 解決(해결)하기 爲(위)하여 옛날의 孝女(효녀) 沈淸(심청)이처럼 몸을 돈과 바꾸어 對馬島(대마도)의 倭紙(왜지) 팔려간 事實(사실)이 있다한다.

安龍福(안용복)은 이러한 悲報(비보)를 듣자 곳 이 事實(사실)을 어머님께 報(보)하는 동시에 그 處女(처녀)를 救出(구출)하기 爲(위)하여 對馬島(대마도)까지 다녀오리라는 所願(소원)을 呼訴(호소)했지만 그것이 頑固(완고)한 어머님의 一言下(일언하)에 拒絶當(거절당)하자 그날부터 安龍福(안용복)은 그만 氣(기)를 잃고 자리에 누어 傷心(상심)된 나날을 한숨으로 보냈다.

이것을 가엽게 여긴 어머님은 龍福(용복)의 무거운 心懷(심회)를 불어주기 爲(위)하여 蔚山(울산)에 있는 姨母(이모)님 宅(택)에나 한번 다녀오라는 消風(소풍)의 時間(시간)을 許諾(허락)하여주었다.

安龍福(안용복)은 곳 집을 떠나 蔚山(울산)으로 가는 泰山峻嶺(태산준령)에서 不意(불의)의 山賊(산적)을 만났으나 그는 元來(원래)가 勇敢(용감)하고 智略(지략)이 많은 少年壯士(소년장사)로서 特(특)히 劍術(검술)에 能熟(능숙)하였으므로 同行(동행)의 壯丁(장정) 몇사람과 더불어 어렵지 않에 놈들을 一網打盡(일망타진)하고보니 그의 魁帥(괴수)는 意外(의외)에도 海賊(해적)이 山賊(산적)으로 變貌(변모)한 倭寇(왜구)들의 作亂(작란)이 아니었던가?

그래서 그들은 捕縛(포박)하여 大福嶺下(대복령하)에 숨어있는 그들의 巢窟(소굴)을 覆滅(복멸)하는 동시에 甚(심)하게 그의 罪狀(죄상)을 追窮(추궁)해보니 그 中(중)에서 또하나의 놀랄만한 事實(사실)이 發見(발견)되었다. 卽(즉) 이번 海賊(해적)의 本據地(본거지)는 勿論(물론) 對馬島(대마도)요 또 그의 頭目(두목)이 바로 공교롭게 柳柳處女(유유처녀)의 上典(상전)임을 알았다. 따라서 安龍福(안용복)은 그 中(중)의 魁首(괴수) 한

놈을 對馬島(대마도)로 쫓아 보내어 이 事實(사실)을 傳(전)하는 同時(동시)에 交換條件(교환조건)으로 柳柳(유유)를 急速(급속) 東萊(동래)로 돌려보내라했다.

뜻밖에도 일은 順順(순순)히 展開(전개)되어 애가 마르도록 그리웠던 柳柳處女(유유처녀)는 그 때문에 短時日內(단시일내)에 還故鄉(환고향)의 기쁨을 가졌고 拘束(구속)됐던 倭賊(왜적)들도 다시 不可侵(불가침)의 다짐을 받은 다음 各各(각각) 對馬島(대마도)로 돌려보냈다.

뒤에 安龍福(안용복)은 柳柳處女(유유처녀)와 結婚(결혼)하여 오붓한 새살림의 幸福(행복)을 누렸으나 그들은 一時(일시) 新婚家庭(신혼가정)의 樂(악)에 한참 타오르는 젊음의 힘을 그냥 묵혀 두진 않았다.

二(이), 海上의 猛者(맹자)

安龍福(안용복)은 하나의 大丈夫(대장부)로서 憤然(분연)히 떨치고 일어났다. 이때만 해도 南海(남해)로 跋扈(발호)하는 倭寇(왜구)의 弊(폐)가 날을 더 싸여 甚(심)해 짐을 따라 不安(불안) 漁村(어촌)의 安寧秩序(안녕질서)와 海岸警備(해안경비)의 大任(대임)을 맡고나선 安龍福(안용복)은 바다의 霸者(패자)로서 그 이름을 날리자 不過年餘(불과연여)에 一躍櫓軍(일약로군)의 摠管(총관)으로 登場(등장)하게 되었다.

사내다운 氣慨(기개)와 나라 爲(위)한 忠義心(충의심)에 날뛰는 安摠管(안총관)이 가는 곳에 倭寇(왜구)의 자취가 사라지고 海上(해상)의 救主(구주)로서 모든 農漁民(농어민)의 欽仰(흠앙)을 받게 되매 그는 집에 가면 사랑하는 아내 柳柳(유유)의 內助(내조)가 크고 바다로 가면 心腹(심복)하는 部下(부하)가 앞을 다투어 모여들었다.

그 中(중)에서 朴於屯(박어둔) 朴怡然(박이연)같은 靑年(청년)은 安龍福(안용복)을 爲(위)하여 犬馬(견마)의 勞(노)를 애끼지 않더니 한번은 三十餘名(삼십여명)의 船員(선원)과 獨島近海(독도근해)로 出漁(출어)하는 동시에 가끔 倭賊(왜적)이 나타난다는 事實(사실)을 살펴보고 오겠노라 願(원)하며 나섰다. 따라서 安龍福(안용복) 그를 快諾(쾌락)하여 주었더니 兩朴(양박)(朴於屯(박어둔) 朴怡然(박이연)은 三十餘名(삼십여명)의 船員(선원)과 더불어 獨島(독도)를 向(향)하여 悠悠(유유)히 浦港(포항)바다를 떠났다.

勿論(물론) 非武裝(비무장)의 平和船(평화선)이다.

그들은 따뜻한 봄날의 和暢(화창)한 氣運(기운)을 쌍돛 달고 달리는 배위에 싣고 常春(상춘)의 興(흥)겨운 노래를 주고 받으며 航行(항행)하는 기쁨에 밤가는 줄도 몰랐다.

다음날 아침 일찍이 그들은 願(원)하던 獨島(독도)의 双(쌍)섬밑으로 到達(도달)하는 동시에 東海日出(동해일출)의 佳觀(가관)을 직접 제 눈으로 바라볼수 있을 때 모두 一時(일시)에 萬歲萬歲(만세만세)부르는 歡呼聲(환호성)을 올렸다.

그러나 그것은 잠시동안의 기쁨에 머물렀다. 千萬(천만) 뜻밖에더 그들은 强力(강력)한 海賊(해적)의 奇襲(기습)을 만났으니 그것은 靑天霹靂(청천벽력)이 아닐 수 없다.

海賊(해적)은 勿論(물론) 倭寇(왜구)이며 武裝(무장)한 艦隊(함대)이므로 이를 相對(상대)하기에 何等(하등)의 準備(준비)를 갖지 못한 우리는 無謀(무모)한 接戰(접전)의 遇(우)를 被(피)하여 及其也(급기야) 뱃머리를 돌려 總退却(총퇴각)의 熊勢(웅세)로 바꾸었다.

떠나올 때 武裝(무장)못했던 잘못으로 우리들은 一戰(일전)의 기회도 얻지 못하고 그냥 退走(퇴주)의 설움을 받았으나 多幸(다행)히 人命(인명)에는 아부 損傷(손상)이 없었다지만 우리 一行(일행)의 主人公(주인공) 兩朴(양박)의 行方(행방)을 알 수 없어 큰 걱정에 憂鬱(우울)한 시간을 벗을 길이 없었다.

兩朴(양박)은 倭賊(왜적)의 急襲(급습)을 當(당)하였을 때 船員(선원)들로 하여금 빨리빨리 뱃머리를 돌리어 退却(퇴각)케 하고 自己(자기)들 두 사람은 陣頭(진두)에 서서 倭賊(왜적)을 相待(상대)하여 싸우는 척 하다가 일부러 놈들에게 拉致(납치)되어 東北方八十喇(동북방팔십리)에 距(거)한 鬱陵島(울릉도)까지 連行(연행)되어갔었다.

虎狼(호랑)의 굴에 가야만 虎狼(호랑)을 잡을 수 있다는 見地(견지)에서 大膽無雙(대담무쌍)한 兩朴(양박)은 悠悠(유유)히 놈들을 따라 鬱陵島(울릉도)애 着陸(착륙)하였다.

그리고 섬 가운데 머물러있는 동안 意外(의외)의 同胞婦女子(동포부녀자)를 만나 相互密通(상호밀통)되는 奇智(기지)를 갖고 어렵지알게 倭賊(왜적)들을 逐出(축출)하였다는 또 한줄기의 祕話(비화)도 날이있다. 그것은 이러하다.

兩朴(양박)은 着陸(착륙)하는 순간에 이렇게 외쳤다.

"이놈들아 우리들은 하늘이 낸 사람이다. 東方禮儀之國(동방예의지국)의 忠臣(충신)들을 몰라보고 너희들이 함부로 덤비다가는 今時(금시)에 天罰(천벌)을 만아 돼지도야 말테니 그것을 각오한다면 마음대로 덤벼라"

이러한 호통이 떨어지자 웬일인지 하늘에서는 雷聲霹靂(뇌성벽력)이 떨어지면 갑자기 장대 같은 우박이 쏟아졌다. 이것을 偶然(우연)한 일이

오 決(결)코 兩朴(양박)의 조화도 아무것도 아니었지만 倭賊(왜적)들은
이렇게 兩朴(양박)은 天氣(천기)에 通(통)하는 神奇(신기)한 人物(인물)임
에 놀랐다. 그래도 그들은 지지 않고 兩朴(양박)을 土窟(토굴)속에 가두
어버렸다.

兩朴(양박)은 土窟(토굴)속으로 붙 들여 들어갈 때 如前(여전)히 大聲
疾呼(대성질호)하면서 렇게 소리쳤다.

"이놈들이 아직도 너희 놈들은 나를 누군지도 모르고 마음대로 사람
을 拘束(구속)하지만 두고 봐라 이제 사흘이 못가서 너희들이 살고 있는
집집에 불을 놓아버리라"

하였다. 그랬더니 아니나 다를까!

不過三日(불과삼일)만에 倭賊(왜적)들이 살고 있는 家家(가가)戶戶(호
호)에서 怪狀(괴상)한 火災(화재)가 일어나면서 모든 家庭什物(가정집물)
은 물론 미처 일어나 나오지 못한 老弱(노약)들이 불에 타죽는 골까지를
現實(현실)로 當(당)하고 보니

"이거 정말 큰일 났다 이래서 안 되겠다."

질겁을 집어먹은 놈들은 정말 우리 兩朴(양박)을 神人(신인)으로 알고
當場(당장) 釋放(석방)하는 동시에 "우리들은 一擧(일거)에 本國(본국)으
로 물러갈 테니 제발 人命(인명)만은 살려 달라"고 哀乞伏乞(애걸복걸)
빌었다한다. 이것도 決(결)코 兩朴(양박)의 조화가 아니라 처음 投獄(투
옥)할 때 떠들언 兩朴(양박)의 호통을 가만히 듣고 있던 세 사람의 婦女
子(부녀자)가 있었으니 그는 日女服(일여복)을 입은 朝鮮同胞(조선동포)
이었다.

그들 婦女子(부녀자)는 兩朴(양박)에게 쪽지를 써 본애어 秘密(비밀)히
內通(내통)하는 동시에 사흘째되는 漆夜(칠야)를 利用(이용)하여 쥐도 새

도 모르게 집집마다 불을 놓아 버렸다.

　뿐만 아리라 釋放(석방)된 兩朴(양박)은 다시 倭賊(왜적)을 對(대)하여 이렇게 협박했나.

　“너희들도 보고 오다시피 獨島(독도)에서 退却(퇴각)한 우리 船員(선원) 三十餘名(삼십여명)은 이미 本國(본국)으로 돌아 진지 오랬을게다. 그러면 우리 朝廷(조정)에서는 正規(정규)의 櫓軍(노군)을 動員(동원)하여 이리로 襲擊(습격)해 올 테니 그리 알고있거라.”하였더니 倭賊(왜적)들은 여기서 별 수 없음을 깨닫자 곧 보따릴 짊어지고 完全撤收(완전철수)의 準備(준비)에 바빴다.

　이러한 꾀와 智略(지략)으로써 어렵지 않게 勝利(승리)를 거둔 兩朴(양박)은 悠悠凱旋(유유개선)의 노래 부르며 還港(환항)하자 卽時(즉시)로 이 事實(사실)을 安撫管(안총관)에게 報告(보고)하였다.

三(삼), 第一次日本行(제일차일본 행)

　다녀온 兩朴(양박)의 報告(보고)를 듣게 된 安龍福(안용복)은 더욱 日本(일본)에 對(대)한 憎惡感(증오감)과 疆土(강토)를 지키려는 義憤(의분)에 못 이기여 斷然(단연) 朴於屯以下精銳海兵(박어둔이하정예해병)을 거느리고 浦項(포항)을 떠났으니 때는 西紀十六九三年(서기 일육구삼년)(肅宗十九年(숙종시구년)여름이었다.

　모처럼 큰 마음먹고 獨島(독도)로 갔던 兩朴(양박)이 不意(불의)의 怪敵(괴적)을 만나 맥업시 돌아오지 않을 수 없는 苦杯(고배)를 마시었으니 安龍福(안용복)은 이러한 怨讐(원수)갚음의 意志(의지)를 세우기 爲(위)하여서도 잠자코 있을 수 없으려니와 이번에 끝장을 보기 전에는 돌아오지 않는다는 決意(결의)도 非常(비상)했다.

그리하여 朴於屯以下十餘名(박어둔이하십여명)과 더불어 鬱陵島(울릉도)에 安着(안착)한 安龍福(안용복)은 그 전날의 日本人(일본인)처럼 나무를 베어 집을 짓고 나무배인 빈자리 불은 놓아 터를 닦았다.

그리하여 거기에 씨를 뿌려 農事(농사)짓고 또 때때로 出漁(출어)하여 고기잡이와 海菜(해채)를 採取(채취)하는데 힘썼으나 그들에게 또 다시 不意(불의)의 凶變(흉변)이 일어났다.

하루는 朴於屯(박어둔)만 데리고 閑暇(한가)로히 海上(해상)에 나가 고기를 잡고있는데 이것을 好事多魔(호사다마)라할까 또 急襲(급습)해온 倭賊(왜적)을 만나 安(안)朴(박)두사람은 꼼짝못하고 놈들에게 붙들리고 알았다.

놈들은 倭賊(왜적) 大谷(대곡)이라 부르는 潛魚隊(잠어대)이었으며 배는 七隻(칠척)이었다.

조금도 겁낼것없이 自己實力(자기실력)으로 能(능)히 大谷隊(대곡대)를 對敵(대적)하여 決死的(결사적)으로 싸우려면 못 싸울바아니나 旣往(기왕) 이렇게된바에는 順順(순순)히 그들을 따라 직접 日本(일본)의 賊窟(적굴)로 들어가봄직도 할만한 일이라 생각하였기 때문이다.

安龍福(안용복)은 웃는 낯으로 日本五浪島(일본오랑도)까지 다다라가니 五浪島主(오랑도주)는 우리 두사람을 勅使待接(칙사대접)하다가 甚至於(심지어)는 밤중에 그들 寢室(침실)에 美女(미녀)까지 보내어 歡心(환심)을 사려하였고 될수있으면 適當(적당)한 手段方法(수단방법)으로 그를 懷柔(회유)하여 조선으로 돌려보내려는 눈치가 分明(분명)했다.

그리하여 여러 가지 奸邪(간사)한 交際術(교제술)을 다하여 鬱陵島(울릉도)의 獨島問題(독도문제)는 그렇게 深刻(심각)하게 介意(개의)할 必要

(필요)가 없지 않느냐고까지 나오는 態度(태도)에 더욱 可憎(가증)스러운 생각을 禁(금)할길이 없어서

「自鬱陵島(사울릉도)距一日程距日本五日程非屬往國者朝鮮人自我朝鮮地何相(거아일일장거일본오일정비속왕국자수조선인자아조산지하상)」

「鬱陵島(울릉도)獨島(독도)는 이미 新羅(신라)와 高麗(고려)때부터 鬱陵島(울릉도)에 隸屬(예속)되어 있었다)는 自古(자고)로 朝鮮(조선)의 領土(영토)이다. 地形(지형)으로 보더라도 그러하다. "朝鮮(조선)은 鬱陵島(울릉도) 및 獨島(독도)까지 一日程 (일일정)이오 너희 日本(일본)은 獨島(독도)까지 五日程(오일정)이다. 그러므로 옛날부터 鬱陵島(울릉도)와 獨島(독도)가 朝鮮(조선)에 屬(속)한지라 내가 내나라 땅에 마음대로 다니는데 어찌하여 너희들은 나를 붙들어왔으나"하고 强硬(강경)히 抗議(항의)한즉 五浪島主(오랑도주)와 똑같은 手法(수법)으로 厚待(후대)하였다.

뿐만아니라 다음잘 아침엔 큼직한 銀(은)덩어리 한 개를 安龍福(안용복)에게 주면서 "이것을 드릴테니 이번만은 鬱陵島(울릉도)와 獨島(독도)를 잊어달라"고 사정사정하였다.

「伯耆州守(백기 주수) 厚遇塊銀幣(후우괴은폐) 龍福不受曰(용복불수왈) 願日本勿易鬱陵島(원일본물이울릉도) 爲辭受銀(위사수은) 非吾志也(비오지야)」

이처럼 伯耆島主(백기도주)는 塊銀(괴은)을 주어 그의 마음을 사려하였으나 자나깨나 一片丹心(일편단심) 나라 爲(위)한 忠義(충의)에 불타는 安龍福(안용복)이가 이러한 賄物(회물)쯤에 팔려갈 사내가 아니다. 따라서 安龍福(안용복)은

"나는 우리 疆土(강토) 鬱陵島(울릉도)와 獨島(독도)를 따지려온 것이지 이러한 銀(은)덩어리를 貪(탐)내어온바아니니 願(원)컨대 日本(일본)

은 다시 鬱陵島(울릉도)에 대하여 말도마라 그러기보다 如前(여전)한 正規(정규)의 隣交(인교)를 順守(순수)함이 어떠냐"

하고 타이르는 동시에 끝까지 강경한 취하였더니 伯耆州守(백기 주수)는 이 사실을 江戶幕府(강호막부)에 報告(보고)하여 다시는 이러한 紛擾(분요)를 일으키지 않겠다는 書契(서계)를 奪取(탈취)하고 말았다.

그리하여 倭館(왜관)에서 四十日間(사십일간)이나 갇히었다가 다시 東萊府(동래부)로 引繼(인계)되었으나 東萊府(동래부)에서는 安龍福(안용복)을 繼續(계속)하여 九十日間(구십일간)의 간 날짜를 東萊監獄(동래감옥)에 넣어바렸다. 그러다가 하는 말이

"너는 조사해 보았더니 별일없다라 그러니까 나가거라."

하면서 釋放(석방)하였다하니 이것은 그때 地方末端行政(지방말단행정)의 腐敗上一面(부패상일면)으로 엿볼 수 있다.

어찌했던 安(안)朴(박) 두사람의 日本行(일본 행)은 죽도록 苦生(고생)만히고 萬事(만사)는 잡았던 고기를 다시 물에 놓아준 格(격)의 虛事(허사)로 돌아갔다. 結果(결과)가 이러하니 安龍福(안용복)의 恨(한)스러운 心情(심정) 다시 더 말할나위도 없지만 그렇다고 安龍福(안용복)은 이만한 失敗(실패)에 如前(여전)히 發剌(발자)한 初志(초지)를 맥업시 꺾을수는 없었다.

이때 獨島(독도) 鬱陵島(울릉도)의 事情(사정)은 이러했다. 이 두군데 섬에서는 옛날부녀 오징아 멸치 昆布(곤포)등의 海產物(해산물)이 豐富(풍부)할뿐 아니라 紫湖(자호) 石藍(석남) 藤草(등초) 香木(향목) 魯竹(노죽)같은 特產物(특산물)이 많았다.

더구나 果實(과실) 挑核(도핵)가술잔만하고 山猫(산묘)가 개만히거 鳥獵(조렵)가 고양이만 하였다한다. 이처럼 珍菜貴獸 (진채귀수)가 數(수)

없이 많다하여 日本人(일본인)들은 이것을 採取(채취)하는 事業(사업)에
단단한 재미를 붙일뿐外(외)라 그中(중)에서 珍需品(진수품)은 因幡州守
(인번주수)를 通(통)하여 江戸幕府(강호막부)에 進上(진상)하는 前例(전
례)를 만들고 있었다한다.

이같은 事實(사실)이 있었기 때문에 日本邊方人(일본변방인)들은 獨島
(독도)와 鬱陵島(울릉도)를 내놓지 않으려했고 그러기 爲(위)하여서는 安
龍福(안용복)에게 賄物(회물)을 주어서까지 買受(매수)하려는 手段(수단)
을 弄(농)하려했다.

뿐만아니라 日本人(일본인)들은 어디까지나 獨島(독도)와 鬱陵島(울릉
도)는 마치 自己(자기)네 領土(영토)인 것처럼 萬般設備(만반설비)를 갖
추고 百年大計(백년대계)를 세우려는 野慾(야욕)을 바랄때가 없었다.

이것을 번연히 알고있는 安龍福(안용복)은 잠시라도 마음놓고 앉아
있을 수 없는 心境(심경)에서 七顚八起(칠전팔기) 끝까지 싸워서라도 내
나라 내疆土(강토)는 내힘으로 지키고야만다는 出天之忠誠(출천지충성)
을 갖고 期必也(기필야)는 다시 집을떠나 蔚山海(울산해)를 향하였다.

더구나 이번에는 愛妻柳柳(애처유유)를 데리고 집을 떠났다.

이번만은 죽는한이 있더라도 그냥 돌아오지 않는다는 死不還(사불환)
의 悲壯(비장)한 決意(결의)를 품은 것은 勿論(물론)이다.

그리하여 집을 떠난 이때는 바로 肅宗二十二年丙子年三月(숙종이십년
병자년삼월) 초승이었다.

가다가보니 蔚山海上(울산해상)에는 閑暇(한가)로히 떠돌고 있는 商船
(상선)한隻(척) 눈에띄웠다.

어떤 漁夫(어부)에게 물어보니 그것은 順天松廣寺(순천송광사)에 籍
(적)을 둔 商僧(상승)이며 그 船主(선주)는 雷憲(雷憲)스님임을 알았다.

及其也(급기야) 쫓아가서 인사드리고 自己身分(자기신분)을 밝히는 同時(동시)에 鬱陵島(울릉도) 獨島(독도)는 우리나라 東海上(동해)에 唯一無二(유일무이)한 寶島(보도)이므로 거기로말하면 별야별 海菜珍品(해채진품)이 많이 生産(생산)하는데 그 中(중)에서도 海蔘(해삼)이 많이나기로 으뜸이니 우리 旣往(기왕)이면 그리고 한번가 봄이 어떠시냐고 꾀어보았더니 船主雷憲(선주뢰헌)스님은 一言下(일언하)에 快諾(쾌락)하면서 一面如舊(일면여구)의 好意(호의)를 보여주었다. 따라서 우리 一行(일행)이 그때 名單(명단)을 적어보면 이러하다.

雷憲(雷憲) 貨主(화주) 安龍福(안용복) 船長(선장) 劉日天(영일천) 寧海人(영해인) 李仁成(이인성) 平山浦人(평산포인)(學者(학자)) 劉奉石(유봉석) 寧海人(영해인) 李石粲(이석찬) 蔚山人(울산인) 金奉斗(김봉두) 同(동)外船員六人(외선원육인)을 合(합)하여 都合十四名(도합14명)인데 그中(중) 安龍福(안용복) 아내 柳柳夫人(유유부인)은 婦女子(부녀자)로서의 任務(임무)를 맡아보는데 힘썼다.

여기 또 한편의 文獻(문헌)을 적어보면

「蔚山海邊(울산해변) 有商僧(유상승) 雷憲等(雷憲등) 依(의) ○龍福誘之曰(용복유지일) 鬱陵島(울릉도) 多海菜(다해채) 五當指其路(오당지기로) 欣然從之遂擧帆(흔연종지수거범) 三晝夜(삼주야) 泊鬱陵島(박울릉도)」

이렇게 떠난 우리 一行(일행)은 사흘만에 無事(무사)히 鬱陵島(울릉도)에까지 到着(도착)하였더니 또 이번에도 다급한 事故(사고)하나를 만났으니 그것은 亦是(역시) 倭賊(왜적)의 急襲(급습)이었다.

「倭舶(왜박) 自至龍福目諸人縛之(자지용복목제인박지) 船人(선인)□不發(불박) 龍福(용복) 獨前慣買曰(독전분매왈) 何故犯我境(하고범아경) 倭對日本向松島因過去也(왜대일본향송도인과거야) 龍福追至松島又曰(용복

추지송도우왈) 松島昻芋山島(송도앙우山島) 肅不問芋山島案我境乎仍碍
其釜鼎倭人驚走(숙불문于山島안아경호잉애기부정왜인경주)」

위에 쓰여있다시피 우리 一行(일행)은 倭賊(왜적)을 만났을 때 우리
船員(선원)들을 보고 붙들라고 외쳤으나 우리 船員(선원)들은 겁을 먹고
動(동)하지 않으므로 龍福(용복)은 憤然(분연)히 船頭(선두)에 나서 이렇
게 호통했다.

“이놈들아 너희들은 어찌하여 우리 邊境(변경)을 犯(범)하였느냐 當場
(당장)에 물러가지 않으면 容恕(용서)하지 않으리라”하였더니 倭船主(왜
선주) 答曰(답왈)

“우리는 여기를 犯(범)한 것이 아니라 우리땅 松島(송도)로 가지 爲
(위)하여 여기를 通過(통과)하는 길이라”하였다.

“그러면 너희놈들이 말하는 松島(송도)가 어디냐”고하면서 끝끝내 그
의 뒤를 따라가 보았더니 놈들은 結局(결국) 獨島近邊(독도근변)에 가서
어물어물하더니 “여기가 바로 自己(자기)네 國土松島(국토송도)라”고 말
했다.

여기서 怒發大發(노발대발)한 安龍福(안용복)은 食刀(식도)를 들은 아
내와 더불어 倭船(왜선)에 띠어들면서 “이 도둑놈의 새끼들아! 여기가
우리 領土(영토) 獨島(독도)인데 너희나라 松島(송도)라니 무슨 수작이
냐”하더니 들었던 武器(무기) 그들의 釜鼎器(부정기)를 까부수는 동시에
그때에야 勝勢(승세)한 우리 船員(선원)들은 一時(일시)에 달려들어 그들
을 捕縛(포박)하여 帆柱(범주)기둥에 꽁꽁 비끌어매었다.

그리하여 一部逃亡(일부도망)가는 倭船(왜선)을 追擊(추격)하여 日本
玉岐島(일본옥기도(隱岐島)까지 쫓아갔다. 이번에는 정말 日本幕府(일본
막부)와 談判(담판)하여 拔本塞源(발본색원)의 最後決斷(최후결단)을 보

기 爲(위)하여서이다. 着陸二日後安龍福(착육이일후안용복)은 玉岐島主
(옥기도주)를 보고

"울릉도와 독도는 엄연한 우리나라 國土(국토)임에도 不拘(불구)하고
너희 船員(선원)들이 함부로 침범해오기를 한두번이 아니매 그냥 내버
려두면 兩國間(양국간)의 우의만 끊어지고 장차 수습하기 어려운 後顧
(후고)의 患(환)을 남길 염려가 있기에 우리는 너희들과 담판하기 위하
여 찾아났노라"고 당당하게 말하였다. 이때 安龍福(안용복) 朝鮮(조선)에
서 正式(정식)으로 파견한 監試官(감시관)인거처럼 假裝(가장)하고 모든
身分證明書(신분증명서)까지 마련하여 갖고 있었다. 島主(도주)는 말하
기를 "이것은 보통일이 아니니만큼 自己(자기) 혼자 처결할 문제가 아니
므로 伯耆州太守(백기 주태수)에게 稟(품)해봐서 回答(회답)하겠노라"하
더니 此日彼日(차일피일) 月餘(월여)를 끌어오므로 安龍福(안용복)은 이
以上(이상) 더 기다리수 없음을 宣言(선언)하고 직접 伯耆州太守(백기 주
태수)를 만났을 때 그 威風(위풍)이 늠름할뿐 아니라 朝鮮(조선)과 日本
(일본)과의 友好的關係(우호적관계)를 中心(중심)하여 알아듣게 타이르
고 또 "울릉도와 독도로 말하면 우리나라 國土(국토)가 昭然(소연)함을
너희나라 和白(화백)도 確實(확실)히 인정하고 있거늘 이제와서 中間(중
간)에선 對馬島主(대마도주)가 교활한 수단을 써서 너희나라 幕府(막부)
關伯(관백)의 耳目(이목)을 흐리게하고 있는바이니 나는 이제 여기서 공
연한 時間(시간)만 보낼것없이 직접 幕府(막부)로 찾아가서 歷史的事實
(역사적사실)을 詔達(소달)하겠노라"하였더니 伯耆州太守(백기 주태수)
는 당황하여 아무말도 못하고 있다가

"그러면 이일은 兩國間(양국간)의 大事(대사)이니만큼 경솔히 다를 수
없으므로 亦是(역시) 幕府(막부)에 報(보)하여 그 회답(회답)을 기다려서

處決(처결)하겠다"는 要領(요령)으로 如前(여전)한 時日(시일)만 천연시
키려는 無誠意(무성의)한 태도로 나왔다.

그래서 安龍福(안용복)은 이렇게 외쳤다.

非但(비단) 鬱陵島(울릉도) 芋山島事我國(우산도사아국) 所送幣貨(소송
폐화) 馬島轉保(마도전보) 日本多設機(일본다설기) 柴未十五年(시미십오
년) 爲一石(위일석) 馬島七年(마도칠년) 爲一石(위일석) 石布(석포) 三十
尺(삼십척) 爲一疋(위일필) 馬島以(마도이) 二十尺爲一疋紙束深長(이십척
위일필일지속심장) 馬島栽爲三束關伯何從而知之(마도재위삼속관백하종
이지지)」

「이놈들이 들어봐라 우리나라가 너희나라에 보내는 貿易物(무역물)로
말하면 쌀은 열닷말이 한섬인데 中間(중간)에서 對馬島主(대마도주)는
七斗(칠두)를 一石(일석)으로하여 三斗(삼두)를 橫領(횡령)하고 布木(포
목)은 三十尺(삼십척)이 한필인데 對馬島主(대마도주)는 二十尺(이십척)
을 한필호 하여 十尺(십척)을 橫領着服(횡령착복)하며 종이는 그 길이가
深長(심장)한데 그것을 三束(삼속)으로 잘라서 幕府(막부)로 보내어 나머
지는 亦是(역시) 着服(착복)하였다. 이것을 너희들은 아느냐 모르느냐 모
처럼 조선서 보내온 貿易品(무역품)을 中間對馬島主(중간대마도도주)가
巧妙(교묘)한 手段(수단)으로 世世年年(세세연년)이 橫取着服(횡취착복)
하는 것이니 나는 事實(사실)도 모르고있는 幕府關伯(막부관백)에게 告
發(고발)할테니 그리 알아라」 하였더니 伯耆州守(백기 주수)는

"그것은 네마음대로하라"고 許之(허지)하였다.

그러나 뒤에 이 事實(사실)을 어떻게 알았든지 對馬島主(대마도주)의
아버지되는 者(자)가 幕府要職(막부요직)에 있다가 이말을 듣고 깜짝놀
래어 伯耆州守(백기 주수)를 부러오려서 하는 말이 "安龍福(안용복)이가

萬一事實(만일사실)대로 그것을 告發(고발)하여 關伯(관백)이 알게되면 當場(당장)에 내 子息(자식)은 모가지가 달아날것이니 事前(사전)에 자네가 돌아가서 安龍福(안용복)을 절대 犯(범)하지 않겠다는 盟誓書(맹서서)를 주어 厚(후)히 대접하여 돌려보내달라"고 신신부탁하였다한다. 따라서 伯耆州 (백기 주)로 돌아온 太守(태수)는 安龍福一行(안용복일행)에게 다시는 우리 邊民(변민)이 獨島(독도) 鬱陵島(울릉도)를 犯(범)하지 않을 것이며 이미 犯(범)한 七隻(칠척)의 船主(선주)를 極刑(극형)에 處(처)하겠노라고 確答(확답)하였다. 後日(후일)에 또 이런 事實(사실)이 再發(재발)하였을 때 連絡(연락)해주면 亦是 嚴罰(역시엄벌)을 주겠노라 誓約書(서약서)를 꾸며서 우리손에 들려주었다.

그리고 많은 食糧(식량)과 貴(귀)한 土産物(토산물)을 선사하여 주면서 고히 돌아가달라고 哀乞伏乞(애걸복걸)빌었다.

이만하면 安龍福(안용복) 所願成就(소원성취)하였으므로 말썽 많던 疆土(강토)를 도로찾고 悠悠自適(유유자적)하자 곧 이 事實(사실)은 襄陽縣監(양양현감)을 通(통)하여 朝廷(조정)에까지 報告(보고)되었다.

文獻備考(문헌비고)에 「倭至今不復之鬱陵島(왜지금불복지울릉도) 獨島爲日本地民皆龍福功也(독도위일본지민개용복공야)」라 쓰여있고 또 一書에 「方來交復何可勝猛以此論之龍福非特一世功也(방내교부하가승맹이차론지용복비특일세공야)」라 쓰여있다.

여기 쓰인바와도 같이 日本(일본)이 뒤에 다시는 獨島(독도)와 鬱陵島(울릉도)를 건들지 않은 것은 다 이것이 龍福(용복)의 功勞(공로)가 아닐수 없으며 그를 특히 一世(일세)의 功勞者(공로자)라 하였으니 이 어찌 우연한 일이리요!

安龍福(안용복)은 實(실)로 獨島鬱陵島問題(독도울릉도문제)를 孤軍(고

군)으로 奮鬪(분투)하여 解決(해결)한 稀世(희세)의 恩人(은인)으로 모셔
야한다는데 아무도 異議(이의)를 갖지 못할것이며 하물며 오늘같은 問
題中(문제중)의 獨島(독도)임에랴!

김호동

대구출생
영남대학문과대학 국사학과
동대학원 수료 (문학박사)
영남대학국사학과 객원교수
영남대학 독도연구소 연구교수
영남대학 민족문화 연구소

『안용복(安龍福)과 '竹島一件'』

2019년 4월 20일 초판 인쇄
2019년 4월 30일 초판 발행

지 은 이   김호동

발 행 인   한정희
발 행 처   경인문화사
총 괄 이 사   김환기
편 집 부   한명진 김지선 박수진 유지혜
마 케 팅   전병관 하재일 유인순
출 판 신 고   제406-1973-000003호
주   소   파주시 회동길 445-1 경인빌딩 B동 4층
대 표 전 화   031-955-9300   팩 스   031-955-9310
홈 페 이 지   http://www.kyunginp.co.kr
이 메 일   kyungin@kyunginp.co.kr

ISBN 978-89-499-4803-4   93910
값 48,000원